L'intégralité de votre livre accessible en ligne

avec une simple connexion Internet !

OFFERT LIVRE EN LIGNE

+ Des outils utiles et intuitifs :

- sommaire interactif
- surlignage en couleurs
- notes personnelles et marque-page.

Smartphone Tablette PC/Mac

Pour ACTIVER votre livre en ligne

- Rendez-vous sur www.nathan.fr/livre-en-ligne .
- Créez un compte **Nathan** en suivant les indications en ligne.
- Cliquez sur « Activer un livre », saisissez votre clé d'activation personnelle puis le mot du livre qui vous sera demandé.

Votre clé d'activation personnelle :

1BBK7N-NWX-B24G

Pour toute CONNEXION ULTÉRIEURE

Connectez-vous sur www.nathan.fr/livre-en-ligne avec vos identifiants **Nathan**.

IMPORTANT

Votre clé d'activation est unique et personnelle : une fois utilisée, elle ne sera plus valide. Elle offre un accès de 24 mois à compter de la date d'activation. Elle est réservée à un seul utilisateur et ne peut être partagée.

Configuration minimale requise : Internet Explorer 8, Mozilla Firefox 3.4, Chrome, Safari, Opera toutes versions.

Retrouvez les conditions générales d'utilisation sur www.nathan.fr/livre-en-ligne.

Nathan

La mondialisation contemporaine 978-2-09-167373-8

La MONDIALISATION CONTEMPORAINE

RAPPORTS de FORCE et ENJEUX

Ouvrage dirigé par Nicolas Balaresque

Delphine Acloque
Agrégée de géographie, professeur
d'histoire-géographie dans l'Académie de Créteil

Nicolas Balaresque
Agrégé d'histoire, professeur en classe préparatoire
ECG au lycée Henri-IV (Paris)

Aurélien Delpirou
Agrégé de géographie, maître de conférences
à l'École d'urbanisme de Paris

Judicaëlle Dietrich
Agrégée de géographie, maîtresse de Conférences
en géographie à l'université Jean Moulin - Lyon 3

Hadrien Dubucs
Agrégé de géographie, maître de conférences
à Sorbonne Université

Jean-Yves Piboubès
Agrégé d'histoire, professeur en classe préparatoire
ECG au lycée Hélène Boucher (Paris)

Cécile Picardat
Agrégée d'histoire-géographie, professeur
de chaire supérieure en classe préparatoire
aux grandes écoles au lycée Henri-IV (Paris)

Nathan

Dans la même collection

Les grandes Mutations du monde – De 1913 à nos jours
Ouvrage coordonné par Éric Godeau
Auteurs : Nicolas Balaresque, Noël Bonhomme, Ismaël Ferhat, Matthieu Osmont, Jean-Yves Piboubès

Dans la collection Prépas commerciales

Majorez vos entretiens
Olivier Jaoui

Dans la collection Guide

*Nouvelle Histoire du monde contemporain – De la fin du XIX*e *siècle à nos jours*
Sous la direction de Jean-Yves Piboubès
Préface de Bertrand Badie
Auteurs : Nicolas Balaresque, Juliette Benelli, Mathias Burgé, Julie Delamard, Léo Cayeux, Virgile Cirifice, Éric Godeau, Mathilde Harel, Stephanie Leu, Philippe Lacombe, Thomas Maineult

Ressources numériques

Pour accéder à vos ressources numériques vous pouvez :
– soit flasher les QR Codes avec votre téléphone ;
– soit utiliser l'URL de type « liennathan » que vous trouverez à côté de chaque QR Code.

Relecture préparation de copie : Catherine Lainé
Maquette intérieure : Dany Mourain
Mise en page : Alinéa
Couverture : Lucas Cholewa
Cartographie : Légendes cartographie
Fabrication : Christine Aubert

ISBN : 978-2-09-167373-8

Sommaire

CHAPITRE 8
L'ARCHIPEL MÉTROPOLITAIN MONDIAL 155

Delphine Acloque

CHAPITRE 9
LE RETOUR DES FRONTIÈRES 175

Cécile Picardat

PARTIE 3

La France, une puissance en mutation depuis les années 1990

Introduction

Le développement du capitalisme libéral depuis le XIXe siècle s'est accompagné de son expansion géographique continue, contrariée par les guerres mondiales, les logiques divergentes du colonialisme puis du socialisme, libérée enfin, dans le dernier quart du XXe siècle, de ces obstacles. L'internationalisation des échanges ne connaît alors quasiment plus de limites spatiales, ce qui signifierait son entrée dans une nouvelle phase, celle de la mondialisation. Dans une perspective économique, celle-ci consisterait en une convergence des prix, une homogénéisation des marchés locaux en un seul marché unique, intégré. Une telle tendance ne peut être relevée à aucune autre des époques d'élargissement des échanges, pas plus à la Renaissance qu'à la fin du XIXe siècle. Les révolutions techniques de la communication ont en effet bouleversé nos sociétés et nos économies, rendant possible une quasi-instantanéité des informations. Dans le même temps, l'expansion et la densification des réseaux de communication fluidifiaient et intensifiaient les mobilités à l'échelle de la planète.

UN SYSTÈME : CAPITALISME ET DISPARITÉS

Le processus de mondialisation résulte en effet d'une convergence de logiques à l'œuvre dans divers domaines. Les améliorations techniques dans les transports et dans la production, la révolution numérique des communications et celle de l'informatique permettent des ruptures quantitatives et qualitatives dans les échanges. Des modes d'organisation anciennement repérés prennent une nouvelle dimension. Les **économies-monde** analysées par Braudel autour des premiers empires coloniaux du XVIe siècle – à savoir l'organisation des flux autour d'un centre – préfiguraient les dynamiques de polarisation et de diffusion qui se jouent désormais à l'échelle de la planète. Le capitalisme sans frontières des banquiers génois ou des Fugger, la puissante famille de marchands d'Augsbourg, annonçait les logiques des firmes transnationales : une organisation en réseau qui permet d'abolir les distances tout en jouant sur les différenciations offertes par les territoires. L'élargissement planétaire de ce jeu constitue alors **un système-monde d'interactions impliquant, à une échelle ou une autre, les différents territoires**. Ce concept, défini dans les années 1970 par le sociologue et historien américain Immanuel Wallerstein, suppose une organisation systématique et universelle autour de centres s'appuyant sur des périphéries, et l'imposition d'un mode de production unique. Il met en valeur les disparités structurelles d'une économie mondialisée, insiste sur les dépendances, à rebours de la vision irénique, développée dans les années 1990, d'une mondialisation dispensatrice des bienfaits du développement. Dans le même mouvement donc, le processus de mondialisation est à la fois unificateur du monde dans une logique économique libérale extensive, tout comme il recherche et exploite les différences offertes par les différents territoires qu'il hiérarchise.

L'IMPACT SOCIAL : BAISSE DE LA PAUVRETÉ ET HAUSSE DES INÉGALITÉS

Mais là où ces logiques capitalistes pouvaient auparavant se déployer à leur rythme propre, déconnecté souvent de celui de la civilisation matérielle dans laquelle était immergé l'essentiel de l'humanité, la mondialisation multiplie les interconnexions, imbrique en profondeur les différents plans de l'économie, du travail, des cultures, des modes de vie et de l'environnement : elle correspond à « l'invention d'un espace d'échelle mondiale », à tous les niveaux, selon le géographe Jacques Lévy. La logique de l'efficacité des firmes transnationales, par exemple, leur permet de générer un quart de la richesse du monde, en produisant tout autour de la planète. Ce rôle économique décisif a aussi un prix socialement élevé : elles ne fournissent dans le même temps que 4 % des emplois. Mise en contact des différents espaces du monde, la mondialisation impose en effet des rapprochements et une mise en concurrence des territoires. Cette compétition universelle heurte les sociétés qu'elle bouleverse, diffuse certes la croissance économique mais s'appuie aussi sur des inégalités dont elle exploite les dynamiques. Cette question est au cœur des débats intellectuels, comme des réactions politiques, sur les conséquences de la mondialisation. D'un côté, elle a coïncidé avec une diminution de la pauvreté globale, une autre rupture historique sans précédent : depuis les années 1990, et jusqu'en 2020, 550 millions de personnes sont passées au-dessus du seuil de pauvreté. Les écarts entre pays ont aussi récemment diminué, après un creusement spectaculaire à partir de la moitié du XXe siècle. Si on compare le niveau de vie entre les 10 % les plus riches et les 10 % les plus pauvres de la planète, on passe d'un rapport de 1 à 100 en 1989 à un taux de 1 à 90 en 2006. Pour les plus optimistes, la mondialisation serait donc un processus vertueux de redistribution permanente des richesses. Pourtant, ces derniers chiffres peuvent aussi être lus différemment : l'écart en valeur absolue entre les 10 % les plus riches et les 10 % les plus pauvres est passé, dans le même temps, de 6 000 à 27 000 euros. C'est un autre versant de la mondialisation qui apparaît alors, une amplification des inégalités locales, internalisées, qui bouleverse les équilibres de sociétés traditionnellement égalitaires, comme en Chine, et accentue des tendances antérieures, y compris dans les pays riches, comme aux États-Unis. Ses effets diffèrent selon les catégories sociales, et partout, y compris dans les plus pauvres des pays en développement, des élites bien insérées dans le jeu des échanges mondialisés engrangent les bénéfices liés à leur position : elles sont liées à l'exploitation des matières premières, au déploiement des infrastructures de communication ou aux économies culturelles ou sportives. À l'inverse, les classes moyennes des pays riches s'estiment déclassées, tandis que celles des émergents, au Brésil ou en Turquie par exemple, s'inquiètent de la fragilité de leur ascension récente.

L'UNIFORMISATION CULTURELLE

Processus omni-englobant, la mondialisation s'accompagne d'une culture de masse, objet d'un marché global, qui impose des références universelles construites autour du sport-spectacle, de la variété internationale et des figures médiatisées du *star-system*. Cette diffusion universelle d'une culture populaire mondiale, qui s'est installée en quelques années, reste équivoque. Elle s'appuie sur un essor formidable de la circulation des informations, mais aussi sur une rupture historique dans la mobilité. Depuis l'origine de l'humanité, l'immense majorité des hommes ne quittaient pas, leur vie durant, un cercle d'une vingtaine de kilomètres autour de leur lieu de naissance. Un Français de 2020 parcourt, lui, plus de 15 000 km dans l'année (moins de 10 000 en 1980). Au début du XXIe siècle, un touriste (ils sont près d'un milliard et demi chaque année) parcourt à lui seul plus de 1 000 km en moyenne. Il serait pour autant illusoire de croire en l'émergence d'une société-monde, régie par les mêmes soucis globalisés, porteuse d'une opinion publique mondiale. Au contraire, plus la mondialisation est perçue comme un écrasement des cultures locales, une négation des particularismes, plus elle réactive en retour les affirmations identitaires et réveille les marqueurs civilisationnels. Elle est donc à la fois porteuse d'homogénéisation et de distinction, d'uniformisation culturelle et de singularisation des sociétés. Le renouveau de l'islamisme ou les tensions religieuses en Asie du Sud-Est, par exemple, sont aussi, au-delà des contextes locaux, des contrecoups de l'immixtion des logiques globalisées dans des sociétés qui se sentent agressées. Tout comme le nouveau souffle des mouvements sociaux dans les pays développés, ou en Amérique latine, mais aussi l'essor des nationalismes populistes. Loin de correspondre à une poussée continue, la mondialisation est créatrice de crises ; loin de glisser sur les progrès dont elle est porteuse, elle se frotte à la rugosité du monde dans une réception conflictuelle qui infléchit plus ou moins profondément son cours.

LES CHANGEMENTS DE RYTHME

Celui-ci n'a ainsi rien de linéaire. Si la mondialisation se lit dans l'essor des échanges internationaux, leur nature mouvante découpe sa dynamique en différentes phases. Dans un premier temps, c'est la **fragmentation des chaînes de production** qui en a été le moteur : la segmentation des processus industriels favorise la captation des fonctions productives par des pays-ateliers, en fonction de leurs avantages comparatifs. Mais les progrès de l'automatisation, la valorisation des données numérisées (*big data*) et l'essor de nouveaux outils (imprimantes 3D) ne justifient plus l'éclatement de la chaîne de valeur puisque la main-d'œuvre compte moins qu'avant dans le coût final. Comme, par ailleurs, les salaires augmentent dans ces nouveaux territoires de l'industrie, produire en Chine pour le marché européen ou américain n'est plus une option évidente depuis le milieu des années 2010. La **contraction de cette chaîne de valeur globale** n'efface pourtant pas, loin de là, la mondialisation. En 2020, on estimait ainsi que la distance moyenne entre un consommateur et un producteur s'établissait à 6 700 km. Si un économiste comme Patrick Artus pouvait parler, en 2016, de « démondialisation des biens », puisque le commerce mondial croît désormais moins vite que la création de richesses, on enregistre, à rebours des enseignements de la crise de 2008, une accélération de la mondialisation financière et de celle des services, notamment numériques. La crise de la Covid-19 souligne davantage encore les turbulences qu'entraînent les interdépendances du monde : une pandémie qui atteint en quelques mois l'ensemble des sociétés humaines, des chaînes d'approvisionnement suspendues, des pans gigantesques de l'économie ébranlés par la suspension des mobilités. Mais, dans le même temps, la nécessité d'une réponse coordonnée et d'institutions multilatérales efficaces s'impose, tandis qu'en mai 2020, la moitié des habitants de la planète était soumise, fait sans précédent, à des régimes de confinement assez similaires : jamais, dans les temps historiques, l'unité du monde n'avait été aussi évidemment ressentie.

DÉFINITIONS ET APPELLATIONS

Le terme « mondialisation » apparaît précocement en français, mais il ne se généralise pas avant les années 1980. En 1904, c'est un néologisme sous la plume de Pierre de Coubertin, on le retrouve sous celle du critique Albert Thibaudet en 1928, mais il ne gagne le dictionnaire Larousse qu'en 1980. Les économistes se le sont alors approprié depuis une vingtaine d'années : en 1964, par exemple, pour commenter l'ouverture du *Kennedy round* du GATT, Paul Fabra signait dans *Le Monde* un article intitulé « Vers la mondialisation des échanges ? » tandis qu'en 1961, François Perroux parlait, lui, de « mondialisation des marchés ».
L'expression a été lancée en anglais en 1983 par un professeur de marketing, Theodore Levitt, dans un article paru dans la *Harvard Business Review*, « *The Globalization of Markets* », pour décrire l'intégration des marchés financiers et des entreprises transnationales. En référence à la description du monde devenu un « *global village* », selon le sociologue canadien Marshall McLuhan (*The Gutenberg Galaxy*, 1962), la notion, qui n'a pas de rivale en anglais, privilégie

une approche fonctionnelle et insiste sur les interconnexions rendues possibles par l'instantanéité des communications contemporaines.

En français, le mot « globalisation » était alors souvent utilisé dans ce sens restrictif de mondialisation financière. Pour certains, il correspondrait plutôt à une différence d'intensité : la globalisation serait un stade extrême de la mondialisation. Récemment, en 2019, le juriste Alain Supiot les partageait selon des critères de morale : « *Globaliser*, c'est œuvrer au règne du Marché, de la croissance illimitée, de la flexibilisation du travail et de l'hégémonisme culturel. *Mondialiser* consiste à établir un ordre mondial respectueux de notre écoumène[1]. » Aucune de ces distinctions ne s'étant imposée, on utilisera ici indifféremment les deux termes, vidés de toute charge affective.

La mondialisation contemporaine se construit ainsi au carrefour des dynamiques de mobilités, de la prétention à l'universalité du capitalisme libéral, et des interdépendances tissées par les mises en contact des sociétés et des territoires qui en résultent.

1. Soit la partie habitée de la Terre.

Partie I

La mondialisation : acteurs, dynamiques et espaces

1 LA MONDIALISATION, UN NOUVEAU SYSTÈME D'ACTEURS

La mondialisation n'est pas un processus désincarné qui s'imposerait aux sociétés de l'extérieur. Elle se construit au contraire sous l'action d'acteurs économiques, politiques, sociaux ou culturels. Depuis les années 1970, les caractères de la globalisation contemporaine ont remis en cause la domination de l'État. **Celui-ci est désormais concurrencé par des acteurs supranationaux et des acteurs non étatiques qui agissent selon une logique transnationale, c'est-à-dire qui dépasse les frontières et échappe, au moins partiellement, au contrôle de l'État :** firmes transnationales, organisations non gouvernementales, organisations internationales, intégrations régionales. Pour reprendre la formule du politiste américain James Rosenau, un monde multi-centré, celui des acteurs transnationaux, s'affirmerait face au monde stato-centré.

La fin des années 2000 a marqué une inflexion dans l'équilibre entre ces acteurs. La crise financière de 2008 a provoqué une **réaffirmation du rôle l'État**. Le renouveau des rivalités entre les grandes puissances qui s'est manifesté à la même période a engendré une **crise du multilatéralisme mondial comme régional**.

Notions principales

Géoéconomie : ensemble des stratégies des États pour renforcer leur économie dans la compétition mondiale entre les grandes puissances pour la suprématie économique.

Multilatéralisme : élaboration collective par les États de règles et de politiques concertées destinées à régir leurs relations.

Organisation non gouvernementale : association à but non lucratif, indépendante de l'État, qui repose sur l'engagement volontaire de ses membres pour la défense d'un idéal ou d'une cause.

Régionalisme : forme institutionnalisée de coopération entre des États d'une même région qui définissent ensemble des politiques et des objectifs communs..

CHRONOLOGIE

1945 : Création de l'ONU

1971 : Création de Greenpeace et de MSF

1989 : Définition du Consensus de Washington par John Williamson

1991 : Création du Mercosur

1992 : Conférence de Rio. Traité de Maastricht

1995 : Création de l'OMC. Création d'Oxfam International

1998 : Création de la Cour pénale internationale

2008 : Première réunion du G20

2009 : Plans de relance aux États-Unis et dans les principales puissances économiques européennes. Début de la crise grecque

2011 : Indépendance du Soudan du Sud

2016 : Brexit

2017 : Retrait des États-Unis du *Trans-Pacific Partnership* (TPP)

2018 : Nouveaux tarifs douaniers américains sur un ensemble de produits chinois

2020 : Retrait des États-Unis de l'OMS

2021 : Les États-Unis réintègrent l'OMS et les accords de Paris.

I. La diversification des acteurs

La mondialisation actuelle a vu l'affirmation, à côté des États, d'acteurs publics supranationaux qui agissent à une échelle plus large que celle de l'État, et d'acteurs privés dont les plus actifs sont les organisations non gouvernementales.

A. LE RÔLE CROISSANT DES ORGANISATIONS INTERNATIONALES

Une organisation internationale est une institution créée par un traité entre des États afin qu'ils coordonnent leur action en vue d'atteindre des objectifs communs. Elle dispose d'un siège, d'un personnel et d'un financement permanent. Très diverses dans leur forme, dans leurs objectifs et dans leurs dimensions, les organisations internationales se sont affirmées comme des acteurs incontournables de l'espace mondial.

1. L'évidence multilatérale

La première étape vers la constitution d'un système d'organisations internationales est la création, en 1919, de la Société des Nations (SDN) et de l'Organisation internationale du travail (OIT). La fin de la Seconde Guerre mondiale voit la naissance des organisations économiques prévues par les accords de Bretton Woods en 1944 et la mise en place du système onusien. Le nombre d'organisations internationales grandit par la suite : il passe de 154 en 1960 à plus de 250 aujourd'hui. Il n'est désormais aucun domaine qui échappe à la compétence d'une organisation internationale.

L'institutionnalisation des relations internationales autour de grandes organisations paraît constituer une évidence dans le contexte de la mondialisation. La multiplication du nombre des États impose une plus large coopération internationale. L'émergence de problèmes globaux, comme les risques environnementaux, alimentaires ou sanitaires, rend illusoire toute politique strictement nationale. Les États y trouvent aussi des avantages : les organisations internationales fournissent un cadre aux négociations et leur donnent accès à une expertise sur les grands enjeux contemporains. L'essor des organisations internationales a changé le sens du multilatéralisme, dorénavant fondé sur l'élaboration collective par les États de règles et de politiques concertées destinées à régir leurs relations.

2. Le renouveau de l'ONU

L'action de l'ONU s'était trouvée bloquée par l'opposition Est-Ouest. **La fin de la guerre froide apparaît donc comme une opportunité pour retrouver un rôle international majeur.** L'autorité du Conseil de sécurité est restaurée : le nombre de résolutions bondit et son domaine de compétences s'élargit à la non-prolifération nucléaire ou au terrorisme. Le Conseil renforce aussi son rôle dans la prévention et le règlement des conflits. Les opérations de maintien de la paix se multiplient : en 2020, l'ONU en mène treize, qui mobilisent 95 918 personnes. **L'action de l'ONU a aussi consisté à développer le droit international par la multiplication des traités et des conventions liant les États.**

L'**ONU** a œuvré à la **mise en évidence des nouveaux enjeux globaux**. Elle a été pionnière dans la défense de l'environnement : Conférence de Stockholm en 1972, Conférence de Genève sur le changement climatique en 1979, création du GIEC en 1988, Conférence de Rio en 1992. Reprenant l'ambition d'édicter des grandes valeurs communes à l'humanité tout entière, le PNUD a défini en 1999 des **biens publics mondiaux***, c'est-à-dire des biens considérés comme propriété de l'humanité et dont chacun est responsable pour la

Interventions de maintien de la paix de l'ONU depuis les années 1990

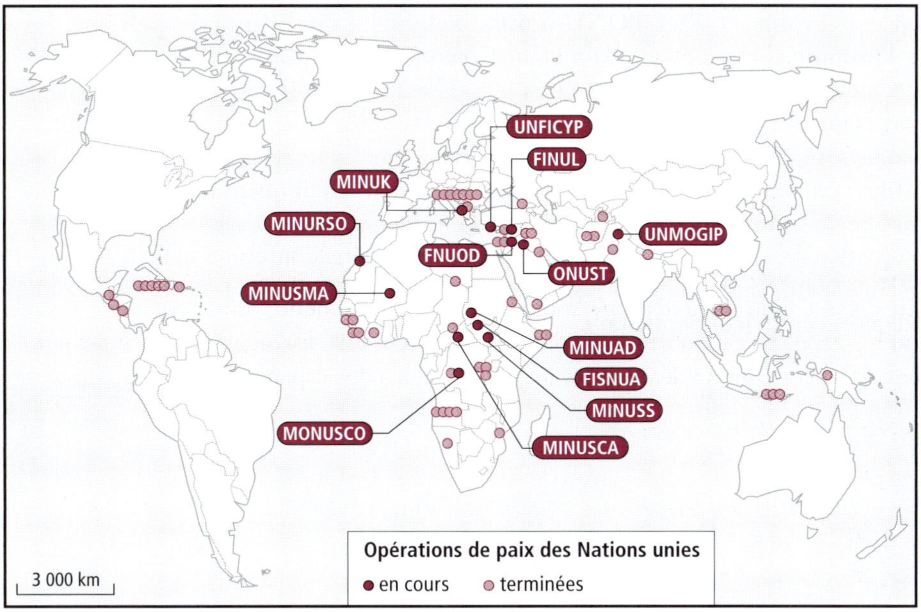

Le système onusien

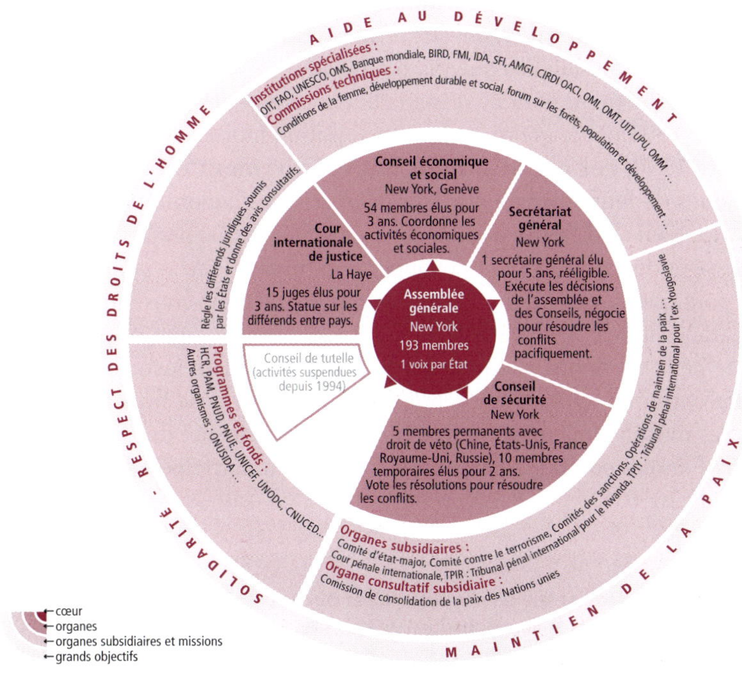

SOURCE : ONU.

survie de tous : paix, sécurité individuelle, sanitaire, alimentaire et économique, droit à un environnement sain, accès à l'eau, respect de la diversité culturelle.

À partir des années 1990, **l'ONU a aussi relancé sa politique de défense des droits de l'homme** par la création d'un Haut-Commissariat aux droits de l'homme en 1993 puis du Conseil des droits de l'homme en 2006. Elle a soutenu les interventions menées en leur nom, comme en Haïti en 1994 ou en Libye en 2011. Elle est à l'origine de nouveaux concepts, comme le droit d'ingérence humanitaire ou la responsabilité de protéger, définie en 2001, qui justifie l'action de la communauté internationale par le fait qu'un État se montre incapable d'assurer la sécurité de ses propres concitoyens ou menace leur sécurité. Une justice pénale internationale, dont l'organe principal est la Cour pénale internationale, créée en 1998, a également été construite pour juger les crimes perpétrés par des responsables politiques ou militaires contre leur population.

Pour aller plus loin
Le site de l'ONU
liennathan.fr/yc936u

3. L'influence majeure des organisations économiques

Dans le domaine économique, les organisations internationales ont aussi joué un rôle important dans l'accélération de la mondialisation. **Elles ont contribué au triomphe du modèle néolibéral.** Avec la crise de la dette des pays en développement dans les années 1980, le FMI s'est spécialisé dans la prévention et le règlement des crises financières. En échange de son aide, il a imposé aux États des **plans d'ajustement structurel (PAS) qui reposent sur l'application de recettes libérales** : ouverture au commerce et aux capitaux internationaux, privatisation. La Banque mondiale a suivi la même voie en se lançant aussi dans des prêts conditionnels. C'est également pour favoriser la libéralisation des échanges que le GATT est institutionnalisé en 1995 par la création de l'Organisation mondiale du commerce (OMC).

À la fin des années 1990, **ces organisations ont été vivement critiquées** pour les effets sociaux dramatiques de leurs plans, pour leur dogmatisme économique et leur manque de représentativité. Le FMI s'est trouvé affaibli dans les années 2000 par la volonté de beaucoup de pays de se dégager de ses prêts pour échapper à sa tutelle. Pour répondre à ces critiques, il a amendé ses politiques afin de tenir davantage compte de leurs conséquences sociales et a fait un effort de transparence. En 2010, il a lancé une réforme des quotes-parts qui augmente les droits de vote des émergents. Bloquée par le Sénat américain jusqu'en décembre 2015, celle-ci a fini par entrer en application début 2016. Enfin, la crise financière lui a redonné de l'influence. Ses moyens financiers ont été renforcés et, au sein de la troïka avec l'Union européenne et la Banque centrale européenne, le Fonds a participé à la gestion de la crise grecque, à partir de 2010.

DÉFINITION

Biens publics mondiaux : biens ou services non rivaux (dont chacun peut profiter sans léser la consommation des autres) et non exclusifs (à la libre disposition de tous sans que personne n'en soit exclu). Ce sont des biens qui ne peuvent être gérés qu'au niveau mondial car ils sont globaux (environnement, santé, gestion de l'eau, sécurité, connaissances...) et que les entreprises privées et les États se révèlent incapables de les fournir de manière satisfaisante.

ZOOM ▶ L'Organisation mondiale du commerce (OMC)

En 1995, à l'issue de l'Uruguay Round, l'Organisation mondiale du commerce est mise en place afin de constituer une structure permanente pour les négociations commerciales et l'administration des accords commerciaux. Sa création marque une double évolution par rapport au GATT. Alors que celui-ci s'occupait surtout du commerce des biens, l'OMC dispose d'un plus large champ de compétences : services, propriété intellectuelle, barrières non tarifaires. Seconde innovation : un Organe de règlement des différends (ORD) est créé pour arbitrer les litiges commerciaux entre États. Il peut imposer des sanctions commerciales en cas de non-respect de ses décisions. Plus de 597 plaintes ont été déposées devant l'ORD entre 1995 et 2020, principalement par l'Union européenne et les États-Unis.

Les négociations commerciales reprennent le modèle du GATT. Elles se déroulent selon des cycles ponctués par de grandes conférences ministérielles tous les deux ans. Le cycle actuel s'est ouvert à Doha en 2001 et s'est fixé des ambitions élevées : le programme, intitulé « Cycle du développement et du millénaire », distingue 21 sujets de négociations. Cependant, dès la Conférence de Cancún en 2003, les discussions achoppent à propos de l'agriculture, à cause de l'opposition entre les pays occidentaux et les émergents. Ce n'est qu'en 2013 qu'un accord finit par être conclu à la Conférence ministérielle de Bali sur trois seulement des 21 domaines de discussion : la facilitation du commerce international, le développement des PMA et l'agriculture. Encore est-il temporairement remis en cause par le revirement de l'Inde entre l'été et novembre 2014, et seul le traité sur la facilitation des échanges a été ratifié depuis (2019).

■ Les membres de l'OMC

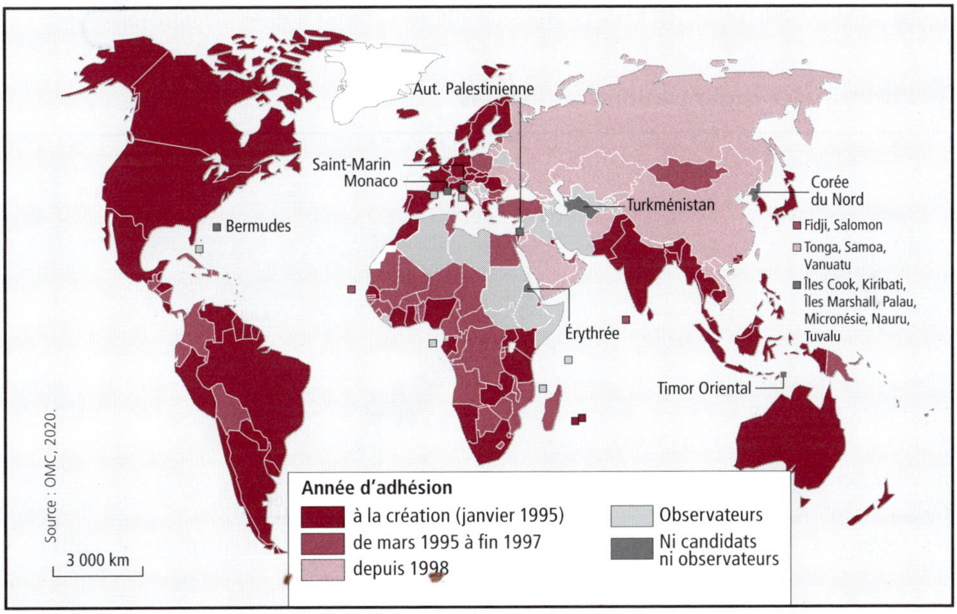

B. L'ESSOR DU RÉGIONALISME

Après la Seconde Guerre mondiale, un nouveau type d'organisations internationales voit le jour : les organisations régionales. **Ce régionalisme repose sur des formes institutionnalisées de coopération entre des États d'une même région qui définissent des politiques et des objectifs communs.** Il se distingue de la régionalisation, qui correspond à une concentration d'activités économiques et de flux humains à un niveau régional de manière informelle sous l'action d'acteurs privés.

1. Du régionalisme au néo-régionalisme

Les premières organisations régionales naissent immédiatement après la Seconde Guerre mondiale. Leurs logiques sont très variées : visée politique comme la Ligue arabe (fondée en 1945) ou l'Organisation de l'union africaine (1963) ; logique de guerre froide comme l'OTAN (1949), le Pacte de Varsovie (1955) ou le CAEM (1949) ; objectifs économiques d'élargissement du marché dans le cadre de la politique d'industrialisation par substitution aux importations, comme le Marché commun centre-américain (MCCA, 1960). La construction européenne qui se consolide par le traité de Rome en 1957 se distingue, dès l'origine, par l'existence d'institutions supranationales et de politiques communes qui traduisent l'ambition d'une véritable union entre les États européens au-delà de la simple coopération économique.

Après deux décennies sans initiative majeure, le régionalisme connaît un spectaculaire renouveau à partir de la fin des années 1980, qui a justifié l'emploi du terme « néo-régionalisme ». En 2020, l'OMC recense ainsi 306 accords régionaux en vigueur. La fin de la guerre froide a en effet facilité le rapprochement entre des pays voisins auparavant séparés par l'idéologie. En même temps, l'effacement du mouvement du tiers-monde suscite la recherche de nouvelles coopérations. Des organisations apparaissent : le Mercosur en 1991, l'ALENA en 1992. D'autres, qui étaient en sommeil, sont réactivées : l'ASEAN à partir de 1992, le Pacte andin qui se transforme en Communauté andine en 1996, la SACD quand l'Afrique du Sud l'intègre en 1992. Quant à l'Union européenne, elle approfondit son intégration avec le traité de Maastricht en 1992 et s'élargit à de nouveaux pays.

■ **Les principales organisations régionales**

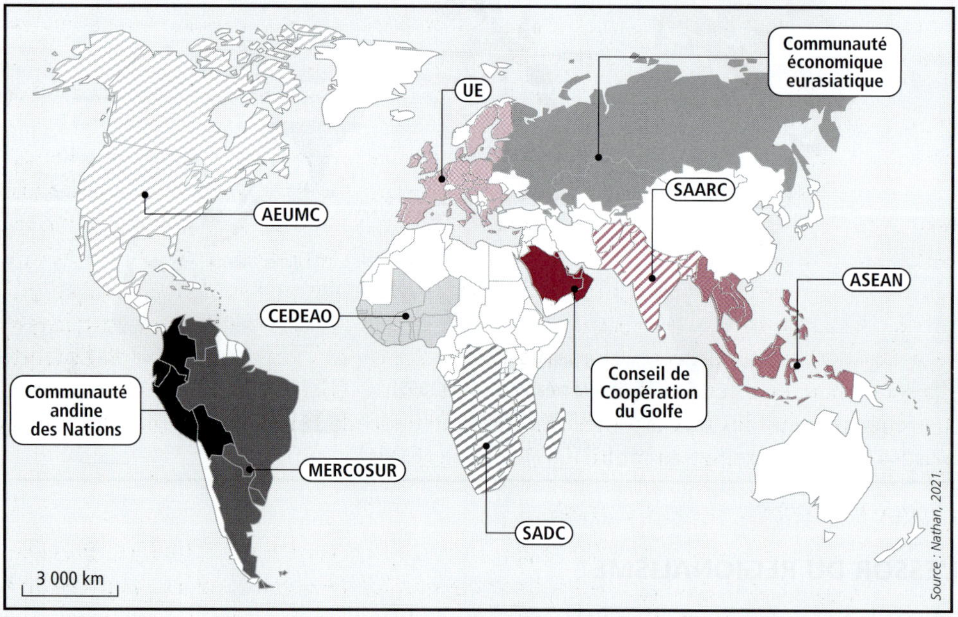

Les différents types d'organisations régionales selon la typologie de Balassa revue par Jean-Marc Siroën

Forums de coopération économiques	Préparation des négociations en vue d'accords de libre-échange : APEC, Partenariat transpacifique.
Zone de libre-échange	Libéralisation du commerce par élimination des droits de douane : AEUMC, ASEAN.
Union douanière	Zone de libre-échange qui implique la création d'un tarif douanier unique et le partage des recettes douanières : Communauté andine, SADC.
Marché commun	Union douanière étendue aux facteurs de production : Mercosur.
Union économique et monétaire	Mise en commun des politiques monétaires et budgétaires : UE.

2. Mondialisation et régionalisme

Le néo-régionalisme n'est pas qu'une simple extension des initiatives. Il correspond à un changement de logique de la construction régionale. **Dans les années 1990, les organisations régionales sont perçues comme le moyen d'une insertion mieux maîtrisée à la mondialisation et comme un instrument de renforcement de la compétitivité régionale.** La région est considérée comme un cadre géographique pertinent car il occupe une position médiane entre une échelle mondiale trop vaste et une échelle nationale dorénavant trop petite. À l'instar des pays européens, l'intégration régionale est considérée comme le seul moyen d'atteindre la taille critique suffisante pour rivaliser avec les économies des grands États comme les États-Unis ou la Chine.

On s'interroge cependant sur la compatibilité entre mondialisation et régionalisme. Reprenant l'analyse menée par Jacob Viner en 1950, des économistes redoutent que les accords régionaux ne provoquent un **détournement du commerce**, c'est-à-dire une hausse du commerce intrarégional au détriment des échanges avec le reste du monde. Jagdish Bhagwati voit dans les intégrations régionales la menace du retour de blocs régionaux protectionnistes qui fragmenteraient l'économie mondiale, comme dans les années 1930. Les partisans du libre-échange mettent aussi en avant les dangers du régionalisme pour le multilatéralisme commercial. **Pourtant, le régionalisme des années 1990-2000 semble démontrer que les accords préférentiels constituent plutôt des vecteurs de mondialisation.** Ils concernent en effet des régions très ouvertes sur l'extérieur où l'essor des flux internes n'a pas entravé celui des flux externes. En outre, le choix de l'intégration régionale n'empêche pas les pays de se rallier au multilatéralisme de l'OMC.

3. La régionalisation de la sécurité

Les initiatives régionales ne se limitent pas à la dimension économique. **Depuis trois décennies, les organisations régionales jouent un rôle croissant dans la sécurité de leur région.** L'ASEAN entend gérer les problèmes sécuritaires régionaux par le Forum régional de l'ASEAN (ARF) en 1994 et dans le cadre du Sommet de l'Asie orientale qui s'est réuni pour la première fois en 2005. L'UE s'est dotée d'une politique étrangère et de sécurité commune (PESC) en 1992, complétée en 1999 par une politique de défense qui a pris le nom de PSDC avec le traité de Lisbonne (2007). En 1990, la CEDEAO a créé l'ECOMOG, un organisme de règlement des conflits. La Russie a construit, en 2002, l'Organisation du traité de sécurité collective (OTSC) avec l'Arménie, la Biélorussie, le Kazakhstan, le Kirghizistan et le Tadjikistan.

Une autre manifestation de la régionalisation de la sécurité est la gestion des conflits par des organisations régionales qui interviennent souvent avec l'aval de l'ONU : l'UE a envoyé des soldats et des policiers dans les Balkans, au Darfour ou en République démocratique du Congo. L'ECOMOG est intervenue en Côte d'Ivoire, au Liberia et, en 2013, au Mali.

ZOOM ▶ L'OTAN depuis la fin de la guerre froide

L'Organisation du traité de l'Atlantique Nord a été fondée en 1949 dans le cadre de l'affrontement Est-Ouest. Légitimée par la guerre froide, elle aurait dû logiquement disparaître avec elle. Pourtant, au sommet de Londres en 1990, les membres de l'OTAN confirment le maintien de l'organisation et, lors du sommet de Rome en 1991, ils lui donnent des nouvelles missions : la gestion des crises aux périphéries de l'Europe. Dès 1994, le principe de son élargissement aux pays de l'Est a été entériné. Le nombre des États membres est passé de 16 en 1991 à 30 en 2020. La France, qui avait quitté les structures intégrées de l'alliance en 1966, s'y est réinstallée en 2008. Alors qu'elle n'avait jamais utilisé la force contre l'ennemi soviétique, l'OTAN a multiplié les interventions armées comme en Bosnie en 1995, au Kosovo en 1999, en Afghanistan à partir de 2003, en Libye en 2011. Son champ d'action a ainsi dépassé le simple théâtre européen.

Cette évolution de l'alliance est l'objet des débats entre les pays européens et les États-Unis. Un premier sujet de divergences oppose les premiers attachés à la vocation défensive et européenne de l'organisation, logique relancée par les tensions croissantes avec la Russie depuis 2014, et les seconds qui insistent sur la vocation de l'OTAN à intervenir hors d'Europe et voient dans l'OTAN un instrument de résolution des crises à l'échelle mondiale et de lutte contre le terrorisme. Depuis plusieurs décennies, les Américains réclament aussi que les Européens contribuent davantage au budget de l'OTAN (les États-Unis y contribuent à hauteur de 22 %, mais à 70 % de la dépense militaire totale de l'alliance) et augmentent leurs dépenses militaire. Donald Trump a ainsi présenté les Européens comme des profiteurs. Enfin, les relations entre l'OTAN et la politique européenne de défense, que les membres de l'UE veulent approfondir, doivent être clarifiées.

■ L'OTAN en 2020

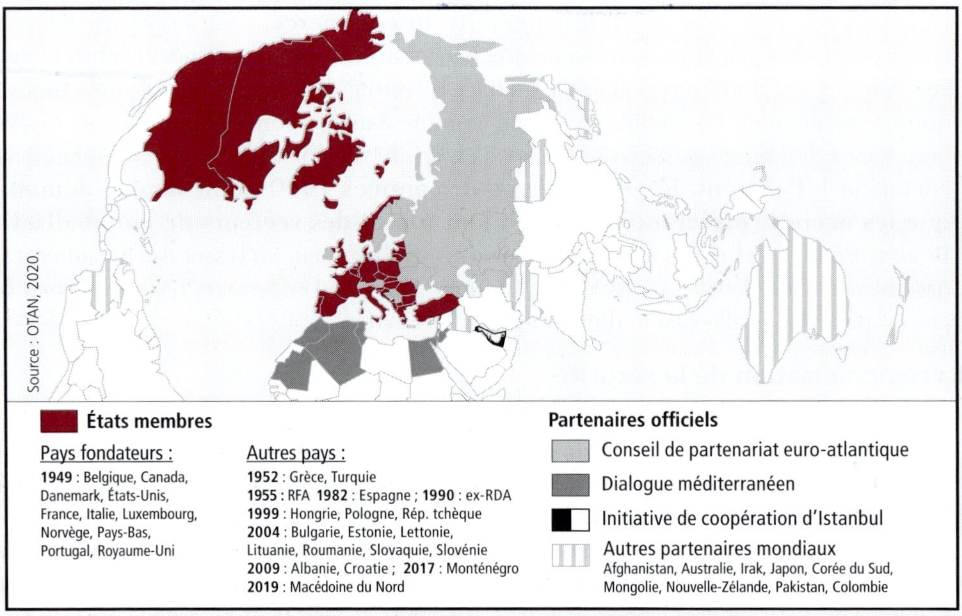

États membres

Pays fondateurs :
1949 : Belgique, Canada, Danemark, États-Unis, France, Italie, Luxembourg, Norvège, Pays-Bas, Portugal, Royaume-Uni

Autres pays :
1952 : Grèce, Turquie
1955 : RFA **1982** : Espagne ; **1990** : ex-RDA
1999 : Hongrie, Pologne, Rép. tchèque
2004 : Bulgarie, Estonie, Lettonie, Lituanie, Roumanie, Slovaquie, Slovénie
2009 : Albanie, Croatie ; **2017** : Monténégro
2019 : Macédoine du Nord

Partenaires officiels
- Conseil de partenariat euro-atlantique
- Dialogue méditerranéen
- Initiative de coopération d'Istanbul
- Autres partenaires mondiaux
  Afghanistan, Australie, Irak, Japon, Corée du Sud, Mongolie, Nouvelle-Zélande, Pakistan, Colombie

Les Relations internationales, La Documentation française, coll. « Les Notices », 2012 (révisée en 2016).

C. L'AFFIRMATION D'UN ACTEUR NON ÉTATIQUE : LES ORGANISATIONS NON GOUVERNEMENTALES (ONG)

1. La globalisation des ONG

Il n'existe pas de définition juridique précise des organisations non gouvernementales. Sous ce terme se trouvent rassemblées une multitude d'associations, très diverses, par leur taille, leurs objectifs et leur capacité d'action. Cependant, quelques critères communs permettent de les cerner : **une ONG est une association à but non lucratif indépendante de l'État. Elle a une vocation d'utilité sociale et repose sur l'engagement volontaire de ses membres pour la défense d'un idéal ou d'une juste cause**.

Les ONG ne sont pas des structures nouvelles : la plus ancienne d'entre elles est la Croix-Rouge, qui a vu le jour en 1863. Elles ont cependant connu un brusque développement à partir des années 1960-1970. Leur nombre est très difficile à estimer : elles seraient entre 50 000 et 100 000 uniquement dans les pays développés. Seule une minorité d'entre elles dispose des moyens suffisants pour une action internationale. Longtemps, les grandes ONG occidentales étaient les seules à avoir cette dimension. **Elles continuent à dominer le paysage mondial des ONG, mais elles ont vu apparaître des ONG du Sud, venant notamment des pays émergents**, en particulier des ONG islamiques dans le monde musulman.

2. Un acteur international influent

Les ONG sont devenues des acteurs incontournables de la scène internationale. **Elles se sont rendues indispensables dans la gestion des conflits et dans les politiques de développement. Elles ont aussi obtenu une reconnaissance mondiale grâce au soutien des organisations internationales.** S'appuyant sur l'article 71 de sa Charte, l'ONU accorde un statut consultatif à plus de 5 000 ONG au sein du Conseil économique et social. Ces organisations sont de plus en plus nombreuses à participer aux grandes conférences onusiennes : elles étaient déjà plus d'un millier à Rio en 1992. Elles sont également admises à assister aux séances plénières de l'OMC. L'Union européenne leur a aussi accordé un rôle consultatif.

Cette position internationale leur a permis de devenir des producteurs du droit international. Elles ont joué un rôle important dans la rédaction de la Convention d'Ottawa sur l'interdiction des mines antipersonnel en 1997, dans la création de la Cour pénale internationale en 1998 et, en 2013, dans le TCA (Traité sur le commerce des armes). En 2017, a été signé un traité d'interdiction des armes nucléaires (TIAN) grâce à l'action de la Campagne internationale pour l'abolition des armes nucléaires (ICAN), un groupe d'ONG qui a reçu le prix Nobel de la paix pour cette cause. Enfin, les ONG ont réussi à mettre à l'ordre du jour de l'agenda international leurs thèmes de mobilisation comme l'environnement, le développement durable et les droits de l'homme.

3. Une diplomatie non gouvernementale

L'affirmation internationale des ONG repose sur l'élaboration d'une véritable diplomatie non gouvernementale qui s'appuie sur des modes d'action spécifiques : stratégie de dénonciation (*naming*) ou de stigmatisation (*shaming*), plaidoyer-témoignage (*advocacy*), lobbying. Les ONG se sont aussi imposées grâce à leur expertise dans certains domaines ou par leur expérience des grandes rencontres internationales. La grande ONG britannique Oxfam a ainsi conseillé des pays pauvres lors de la conférence de l'OMC à Cancún en 2003.

Les ONG n'agissent pas de manière isolée et s'organisent en réseaux pour mieux défendre leur cause. Ainsi, la campagne menée à partir de 1992 pour l'interdiction des mines antipersonnel a été dirigée par six ONG qui ont réussi à mobiliser derrière elles plus d'un millier d'autres dans une soixantaine de pays. On assiste ainsi, au niveau international, à la constitution de plateformes nationales d'ONG intégrant, aux côtés d'organisations du Nord, des ONG de pays du Sud. **L'objectif est de structurer, à côté de la diplomatie classique, une *track two diplomacy* censée représenter les sociétés civiles.**

D. VERS UNE GOUVERNANCE MONDIALE*

1. La gouvernance, un nouveau modèle de gestion des affaires mondiales

La complexification de la scène mondiale a imposé la recherche d'un nouveau modèle de coordination entre des acteurs internationaux plus nombreux et plus hétérogènes. La notion de gouvernance est apparue dans les années 1980 pour désigner ce **nouveau mode de gestion des relations internationales, à mi-chemin entre un gouvernement mondial, qui reste irréalisable, et la simple coopération entre nations**. Elle part de l'idée que la mondialisation doit être contrôlée du fait de ses effets négatifs. La régulation de ces enjeux ne peut plus se faire à l'intérieur du cadre des institutions de 1944-1947 ou par de simples politiques interétatiques. Elle prend en compte la diversité des acteurs et a l'ambition d'associer dans une relation horizontale, sans domination, acteurs étatiques et acteurs non étatiques. Elle promeut des formes flexibles de coopération et de concertation à plusieurs échelles.

2. Une société civile mondiale* ?

La gouvernance mondiale favorise la création d'un espace public où les différents acteurs internationaux débattent des grands enjeux globaux. Les grandes conférences organisées par l'ONU sont des exemples de ces lieux où se forge une conscience planétaire. Elles mettent ainsi en présence les États, les organisations régionales, les firmes transnationales, les ONG, les syndicats, les experts scientifiques. Pour peser au sein de ces grandes enceintes internationales, les acteurs non étatiques s'associent: les ONG participent aux mobilisations altermondialistes, collaborent avec les milieux scientifiques pour renforcer leur expertise, s'appuient sur les médias pour mobiliser autour de leur cause et trouver des sources de financement, coopèrent avec les grandes entreprises pour faire évoluer les pratiques de celles-ci. Largement relayées par les médias et par Internet, ces rencontres participent à la construction d'une **opinion publique internationale**, ensemble des représentations socialement construites de ce qu'est supposée penser la population mondiale sur les questions d'actualité. Celle-ci fonctionne selon des formes plus démocratiques d'expression donnant davantage d'influence aux individus dans une logique de mondialisation par le bas. **Cependant, cette société civile mondiale n'en est qu'à ses prémices.** Les acteurs

DÉFINITIONS

Gouvernance mondiale: le terme anglais «*governance*» s'impose depuis les années 1990 dans le discours libéral. Il prétend se substituer à celui de «gouvernement», jugé trop étatique, en valorisant l'efficacité gestionnaire. Dans les relations internationales, il suggère une coordination autour de normes, règles, conventions et contrats négociés de façon consensuelle entre différentes échelles d'acteurs (organisations régionales, États, entreprises, ONG).

Société civile mondiale: ensemble des mobilisations qui se construisent en dehors du contrôle de l'État sur la scène internationale en vue de l'adoption de normes internationales.

■ **Sommets internationaux et rendez-vous de la société civile**

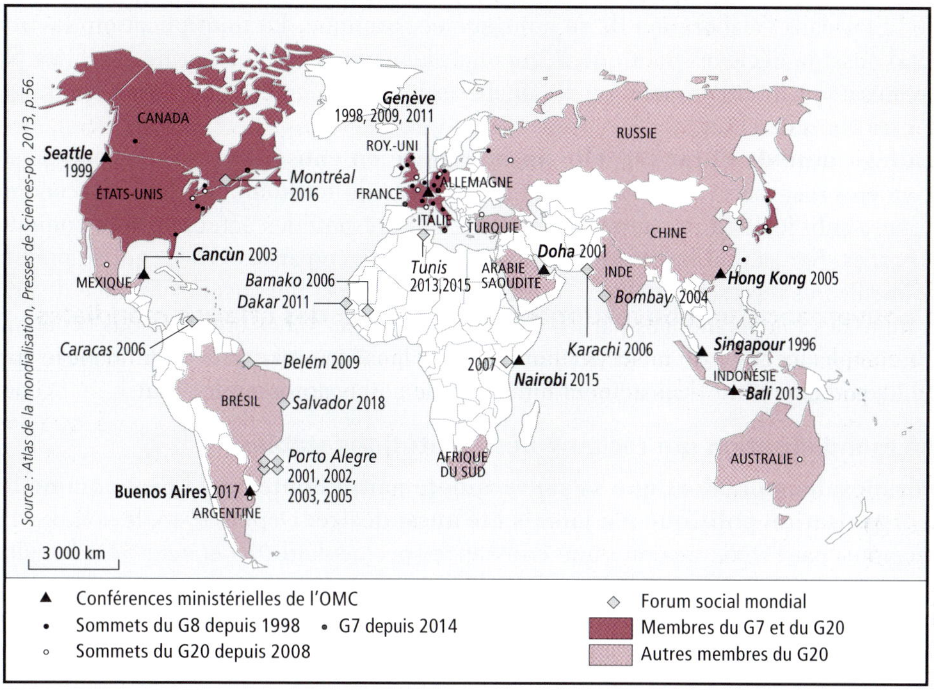

qui la composent sont très hétérogènes, ils ne défendent pas tous les mêmes positions et ne disposent pas des mêmes capacités d'influence. Une logique Nord-Sud se reconstitue entre eux, les organisations des pays développés prétendant parfois parler au nom de celles des pays en développement.

II. L'État dans la mondialisation

L'affirmation des acteurs supranationaux ou non étatiques a remis en cause le monopole de l'État sur la scène internationale. Certains commentateurs, comme Bertrand Badie, ont vu dans cette évolution la manifestation d'un déclin inéluctable du pouvoir de l'État. D'autres, à l'instar d'Hubert Védrine, ancien ministre français des Affaires étrangères, leur ont répondu que celui-ci restait le principal acteur de l'espace mondial. **Dans les faits, plus qu'un recul ou une résistance de l'État, c'est plutôt à une transformation de celui-ci à laquelle on a assisté.**

A. LES PARADOXES DE LA MONDIALISATION

1. La mondialisation, une atteinte à la souveraineté* étatique

Les logiques de mondialisation actuelle paraissent contradictoires avec les fondements de l'État. **Elles remettent particulièrement en question la souveraineté de l'État, c'est-à-dire son pouvoir de décision et son contrôle sur le territoire national.** Les flux économiques et migratoires érodent la capacité des États à contrôler leurs frontières. Le pouvoir croissant des acteurs économiques privés restreint les marges de manœuvre de l'État dans l'élaboration de sa politique économique. La multiplication des acteurs rend aussi la décision politique beaucoup plus complexe. Les normes établies par les organisations internationales ou régionales exercent également une action contraignante sur les choix de l'État.

La légitimité de l'État est, elle aussi, remise en cause. La perte de contrôle sur les frontières fragilise sa capacité à assurer la sécurité du territoire. Sur le plan économique, l'État a subi les assauts du néolibéralisme, qui présente les acteurs privés comme plus efficaces. Son action internationale est aussi critiquée par les ONG, qui se prétendent de meilleures représentantes des intérêts de la société et dénoncent l'absence de prise en compte des valeurs morales par les diplomaties étatiques. Les organisations économiques internationales ont également joué un rôle dans la délégitimation de l'État dans les années 1980, par leurs plans d'ajustement fondés sur le désengagement de l'État.

2. Une mondialisation qui réclame des institutions stables

Paradoxalement, alors que sa souveraineté paraît contestée, l'État comme forme d'organisation politique n'a jamais été aussi désiré. Depuis 1945, le nombre d'États reconnus par l'ONU a connu une croissance spectaculaire : ils étaient 51 à l'origine, ils sont 193 en 2020. La mondialisation de l'État s'est opérée par importation du modèle de l'État-nation européen. **Cependant, la greffe n'a souvent abouti qu'à la création**

■ Les États fragiles selon le *Fund for Peace*, 2020

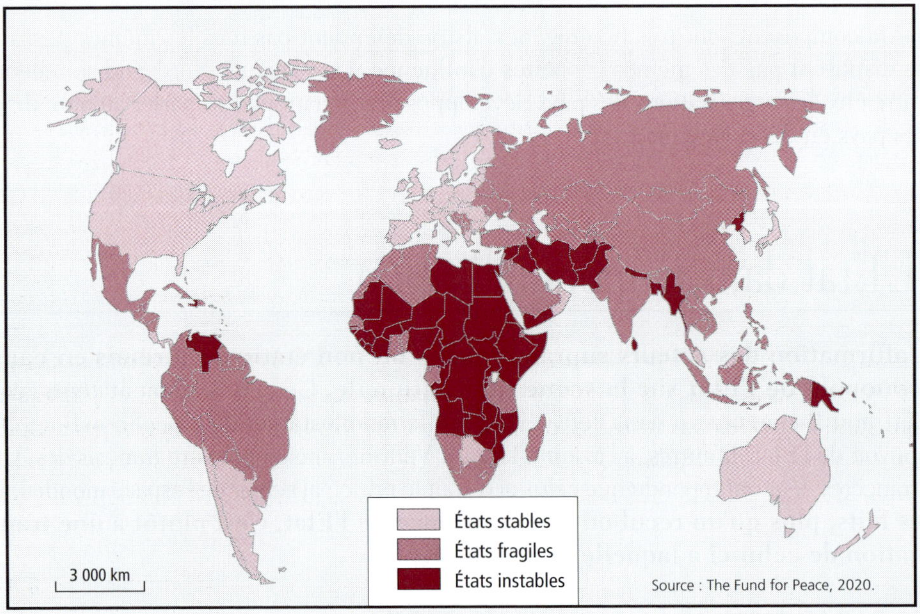

▌DÉFINITION

Souveraineté : notion politique selon laquelle l'État ne connaît pas d'autorité supérieure à la sienne sur son territoire.

de structures politiques faibles qui ne possèdent de l'État que les attributs symboliques. Leur autorité sur leur territoire et sur leur population reste fragile, ce qui fait qu'ils sont souvent le théâtre de guerres civiles. Cette situation ne délégitime pourtant pas l'État. **Les États faibles souffrent au contraire de l'absence d'institutions fortes. Une bonne insertion à la mondialisation suppose donc une régulation étatique efficace.**

La mondialisation n'est donc pas un processus qui s'oppose aux logiques étatiques. Le XIXe siècle l'a montré, qui a vu l'épanouissement parallèle de la mondialisation et de l'État-nation. À partir de la seconde moitié des années 1970, **ce sont les grands États qui ont favorisé l'entrée dans la mondialisation contemporaine**. La dérégulation financière a été engagée à l'initiative des États-Unis et des États occidentaux, qui ont également soutenu la libéralisation des échanges dans les cycles de négociation du GATT. Les émergents ont cherché, par une plus grande intégration à la mondialisation, un instrument de développement et d'affirmation internationale.

Dans le nouvel équilibre mondial, l'État dispose aussi d'atouts qui en font toujours l'acteur central des relations internationales. Il se trouve en effet au cœur des institutions internationales et des organisations régionales. **Il conserve le monopole du militaire, ce qui en fait un acteur indispensable en cas de crise grave.** En définitive, malgré la mondialisation, les relations internationales restent guidées par des motivations étatiques très classiques : sécurité, intérêt national et compétition de puissance.

B. LA TRANSFORMATION DE L'ÉTAT

Dire que l'État n'est pas forcément victime de la mondialisation ne signifie pas que son pouvoir n'a pas changé.

1. Un nouvel équilibre privé/public

Les fonctions de gestion directe de l'économie ont été en grande partie abandonnées à la suite des vagues de privatisation qui se sont succédé depuis les années 1980. **L'expansion du privé a brouillé les frontières entre sphère publique et sphère privée :** les intérêts privés influencent de plus en plus l'élaboration de la politique publique. L'État a ainsi délégué certaines de ses missions au secteur privé, y compris des fonctions régaliennes, comme l'a montré le recours à des sociétés privées de sécurité par l'armée américaine en Irak à partir de 2003. Il a décentralisé certaines de ses missions ou les a confiées à des autorités indépendantes ainsi qu'à des agences soumises à une logique contractuelle.

L'État n'a cependant pas abandonné tout contrôle sur les entreprises. En Chine, les secteurs stratégiques restent sous la domination des grandes entreprises publiques, qui sont aussi les principaux investisseurs à l'étranger. En Russie, les grands groupes sont dirigés par des proches de Vladimir Poutine. Les entreprises à capitaux publics sont également nombreuses en Europe. L'État français possède ainsi des participations dans 80 grandes sociétés.

Pour aller plus loin

Un site institutionnel très factuel et clair : vie-publique

liennathan.fr/8jtr95

2. Le redéploiement de l'action de l'État

L'État, ayant vu le périmètre de son action se réduire dans l'économie, s'est concentré sur d'autres missions. Face aux nouvelles menaces et aux migrations, les États ont renforcé leur arsenal sécuritaire, surtout après les attentats du 11 septembre 2001 : contrôle accru des flux migratoires, législations d'exception, pouvoirs élargis des services de renseignement et de la police, surveillance de plus en plus étroite de l'individu avec, par exemple, le recours à la biométrie.

Dans le même temps, l'élargissement de la conception de la sécurité à des domaines comme la santé, l'alimentation, la consommation ou le travail ont ouvert de nouveaux champs à l'action étatique. L'État se présente désormais comme un gestionnaire des risques et un réparateur des dégâts sociaux par la réorientation de l'État-providence vers les plus fragiles. Ces nouvelles politiques rencontrent l'assentiment d'une population qui réclame une intervention croissante de l'État dans la société.

3. La reconfiguration du rôle économique de l'État

S'il a vu ses prérogatives économiques rognées à partir des années 1980, **l'État s'est transformé en État « mondialisateur » ou en ce que le politiste américain Jonah Levy a appelé en 2006 le « *market making state* ».** Son rôle vise à **rendre l'économie nationale plus efficace dans la compétition internationale en améliorant ses avantages comparatifs**. La priorité a été d'attirer les IDE. Des politiques fiscales avantageuses pour les investisseurs étrangers ont été mises en place, à l'instar des zones économiques spéciales chinoises ou de la politique fiscale irlandaise. **Pour séduire les investisseurs étrangers, les États ont développé des stratégies de *nation branding*, qui consistent à vendre le pays comme un produit en utilisant des techniques publicitaires.**

L'État incite aussi à la montée en gamme de l'économie par des politiques d'innovation et de formation. Au Japon, le METI et le MEXT identifient les secteurs à fort potentiel et développent la coopération entre la recherche et les entreprises, en particulier par la création, en 2001, du CSTP (*Council for Science and Technology Policy*). En France, la politique d'innovation s'est traduite par la création des pôles de compétitivité en 2005. L'État a aussi développé l'intelligence économique. En 1993, le ministère du Commerce américain s'est doté de l'*Advocacy Center*, un organisme chargé de collecter et de mettre en commun les informations économiques stratégiques. En France, une délégation générale à l'intelligence économique a été créée en 2005.

ZOOM ▸ Les États face à la crise de 2008

La crise de 2008 a montré que les États restent les garants de la stabilité du système économique. Tenant compte des leçons de la crise de 1929, les États sont massivement intervenus comme jamais en temps de paix. Dans l'urgence, ils se sont d'abord attachés à sauver le système bancaire. En octobre 2008, l'État américain a injecté 700 milliards de dollars dans le secteur bancaire par le plan Paulson, du nom du secrétaire au Trésor. Au Royaume-Uni, l'État a nationalisé temporairement certaines banques comme Northern Rock. Au total, la recapitalisation des banques aurait représenté un coût de 12 000 milliards de dollars. Pour éviter un ralentissement économique général, les États sont revenus aux recettes keynésiennes classiques par d'ambitieux plans de relance : Barack Obama a lancé un plan de 787 milliards de dollars, la Chine a investi 458 milliards d'euros, les pays de l'UE 200 milliards d'euros. Au total, ces plans de relance ont représenté environ 5 000 milliards de dollars, c'est-à-dire 10 % PIB mondial. Ces politiques ont été célébrées comme le signe du retour de l'État. Cependant, elles les ont aussi fragilisés, puisqu'elles ont entraîné une augmentation spectaculaire des déficits publics et de la dette, qui approchait les 116 % en moyenne dans les pays du G7 en 2018, un pourcentage qui a spectaculairement progressé après la crise de 2020.

C. LES TRANSFORMATIONS DE LA DIPLOMATIE

1. La fin du monopole étatique

La présence d'autres acteurs a mis fin au monopole qu'exerçaient les professionnels des relations internationales, à savoir le gouvernement, le soldat et le diplomate, pour paraphraser Raymond Aron. L'État doit faire face à l'existence de diplomaties parallèles. Sa lecture étatique des événements mondiaux est concurrencée par celle des médias, d'Internet et des ONG. Ces dernières ont critiqué l'inaction des États dans les crises humanitaires ou dans la résolution des grands défis mondiaux comme l'environnement. Elles dénoncent la priorité accordée aux intérêts nationaux sur la défense de valeurs universelles et sur la recherche du bien commun. Enfin, les firmes transnationales et les acteurs financiers, du fait de leur poids économique, paraissent imposer leur loi aux États.

La politique de l'État est en outre soumise au regard critique de l'opinion publique nationale. La diplomatie étatique est ainsi prise dans le **jeu à deux niveaux**, l'international et le national, analysé par le politiste américain Robert Putnam. Mieux formés, les citoyens ont une meilleure connaissance et une meilleure compréhension des affaires mondiales, et souhaitent y participer plus activement et plus directement. Les nouveaux moyens de communication renforcent à la fois leur information et leur capacité d'action.

2. Les relations avec les acteurs non étatiques

Les relations entre État et acteurs non étatiques ne se réduisent pas à la confrontation. Les États ont ainsi créé des structures de coopération. En France, ONG et acteurs économiques sont régulièrement consultés par l'exécutif. Le *Foreign Office* britannique a ainsi mis en place le *GNO Forum* en 1997 afin de collaborer avec une cinquantaine d'ONG nationales. **Une autre stratégie a consisté à déléguer certains domaines de la politique extérieure à des acteurs non étatiques**, comme les missions de développement confiées à des ONG. **Les États favorisent également leurs ONG nationales, car elles sont un facteur d'influence.** Dans les rencontres internationales, chaque délégation travaille en étroite collaboration avec « ses » ONG.

Les acteurs non étatiques, en particulier les ONG, peinent pourtant à modifier de manière notable la politique étrangère des États. L'État bénéficie de leur absence d'homogénéité : ces acteurs sont de natures très diverses et leurs intérêts sont souvent divergents. Cette hétérogénéité est aussi interne à chacune des catégories. **Ceci explique que leur action reste souvent ponctuelle.** Les ONG ont ainsi obtenu un succès sur les mines antipersonnel, mais elles ne parviennent pas à limiter le commerce des armes légères. Elles ont en réalité **besoin des États pour arracher des décisions internationales et se retrouvent démunies quand les grandes puissances s'opposent à leurs revendications**.

3. Une nouvelle diplomatie

Les stratégies des politiques étrangères ont adopté des approches qui s'apparentent aux logiques du *soft power*, ces ressources douces de la puissance définies en 1990 par Joseph Nye, et que toutes les grandes puissances ont intégrées dans leur politique étrangère depuis lors. **Les États ont développé leur diplomatie publique**, grâce à laquelle ils prétendent s'adresser directement à l'opinion publique des autres pays pour lui présenter une image attractive d'eux-mêmes, défendre leur vision du monde et ainsi y développer leur influence. La diplomatie publique repose en priorité sur des instruments culturels : création de centres culturels, enseignements de la langue, échanges d'étudiants, promotion du tourisme… Elle utilise la force des nouveaux moyens de communication : chaînes de télévision internationales, sites Internet, agences de presse… Elle s'appuie aussi sur les acteurs non étatiques : ONG nationales, entreprises des industries culturelles, diasporas.

Les diplomaties étatiques se sont aussi adaptées à l'essor des structures multilatérales. Dans ces enceintes, les négociations sont complexes, souvent très techniques et à cheval sur plusieurs domaines. Leur cours est plus imprévisible que dans le cadre bilatéral, et les résultats y sont plus incertains. Ce qui compte, c'est d'orienter les grandes questions soumises à l'agenda international, de fixer les cadres du système et d'y instaurer les règles conformes à son intérêt national, mais aussi à l'intérêt commun. Dans ce contexte, les États, y compris les plus puissants, sont moins à même d'imposer directement leurs décisions. **Leur influence se mesure plutôt à leur capacité à construire des coalitions d'États ou d'acteurs non étatiques derrière eux, à établir des partenariats. Elle repose ainsi sur leur aptitude à négocier.**

III. La crise du multilatéralisme

La crise financière de 2008 et les évolutions des équilibres géopolitiques ont conduit à un renouveau du rôle de l'État, qui nourrit une compétition généralisée entre les grandes puissances et provoque une crise du multilatéralisme global et régional.

A. LE BLOCAGE DES ORGANISATIONS INTERNATIONALES

La crise du multilatéralisme s'explique par l'évolution de la scène géopolitique mondiale depuis la fin des années 2000.

1. La fin du leadership américain

La remise en cause contemporaine du multilatéralisme est d'abord le fait des États-Unis. Cette posture n'est cependant pas nouvelle. Alors que les États-Unis en ont été les initiateurs, Washington a commencé à critiquer les organisations internationales dans les années 1970, lorsqu'elles ont échappé à son contrôle sous l'influence des pays du tiers-monde. Ayant repris la main sur elles dans les années 1980, les Américains ont de nouveau attaqué l'ONU quand ils ont choisi une politique unilatérale dans la seconde moitié des années 1990. Cette remise en cause a culminé lors du premier mandat de George W. Bush, avec l'intervention en Irak, sans mandat de l'ONU, en 2003. L'OMC, bloquée depuis 2003, a été contournée par le développement d'accords de libre-échange bilatéraux. Voulant rompre avec son prédécesseur, Barack Obama est revenu à une posture plus multilatérale. Mais il a souvent préféré des structures minilatérales, qui associent un nombre limité d'États.

Élu en 2016, Donald Trump s'en est pris directement aux organisations internationales, les accusant de brider la souveraineté des États-Unis, d'être inefficaces et de servir les intérêts des puissances concurrentes. Dès le début de son mandat, le président américain a sorti les États-Unis du Partenariat transpacifique (TPP). Il a ensuite retiré son pays de l'UNESCO en 2017 et du Conseil des droits de l'homme de l'ONU en 2018, puis a décidé de quitter l'OMS en 2020. À l'OMC, il a bloqué l'Organe de règlement des différends en refusant d'en renouveler les juges. Il s'en est aussi pris à l'OTAN, qu'il a qualifiée d'« obsolète » en 2016. Il s'est surtout emporté contre la trop faible contribution financière des Européens au budget de l'organisation. En 2021, l'Administration Biden a en grande partie renoué avec les institutions internationales.

2. Un monde post-occidental

Les grandes puissances émergentes suivent des stratégies ambiguës vis-à-vis des organisations internationales. D'un côté, elles se sont investies plus résolument dans leur fonctionnement en prenant davantage de parts au financement de l'ONU ou en participant aux opérations de maintien de la paix : la Chine est ainsi devenue la deuxième contributrice au budget de l'ONU. Cet investissement plus important ne correspond cependant pas à un alignement sur les positions occidentales, mais à une **volonté de mettre les organisations internationales au service de leurs intérêts**. La Chine, par exemple, tente d'imposer ses idées au sein de ces organisations en multipliant les initiatives et en plaçant ses fonctionnaires à des postes clés : un Chinois dirige ainsi la FAO depuis 2019. Cette stratégie est favorisée par le retrait des États-Unis des enceintes multilatérales durant le mandat de D. Trump.

D'un autre côté, **les organisations internationales sont devenues le théâtre de la contestation des émergents, qui tentent de remettre en cause la domination qu'y exercent les pays riches**. L'OMC est vite devenue le théâtre de l'affirmation internationale des émergents. Le cycle de Doha, ouvert en 2001, s'est trouvé bloqué à la Conférence de Cancún de 2003. Le Brésil et l'Inde y ont pris la tête d'un groupe qui s'oppose aux protections dont bénéficient les agricultures occidentales.

Au Conseil de sécurité de l'ONU, la Chine et la Russie ont eu davantage recours à leur droit de veto pour s'opposer à des résolutions proposées par les Occidentaux : la Russie l'a utilisé 22 fois depuis 2007 (dont 15 fois à propos du Moyen-Orient), la Chine 11 fois.

Enfin, la Chine s'est attelée à la construction d'un ordre international alternatif. Dans le cadre de la *Belt and Road Initiative*, elle a créé, en 2014, la Banque asiatique pour les investissements dans les infrastructures, qui apparaît comme une concurrente des institutions de Bretton Woods, notamment de la Banque mondiale. Il en est de même pour la Nouvelle Banque de développement des BRICS, fondée aussi en 2014 et installée à Shanghai.

3. Un blocage structurel ?

La crise actuelle du multilatéralisme met en évidence les difficultés structurelles des organisations internationales. **Les organisations internationales n'en demeurent pas moins dépendantes des États. Elles sont aussi soumises à des logiques de puissance.** Tout en affirmant l'égalité entre ses membres, l'ONU réserve ainsi les décisions majeures aux cinq membres permanents du Conseil de sécurité. **En outre, elles font du respect de la souveraineté une des pierres angulaires de l'ordre international.** Elles fonctionnent de ce fait sur la règle de l'unanimité, si bien que leur efficacité repose sur l'existence d'un consensus entre les États.

Or, celui-ci est plus compliqué à atteindre. La multiplication du nombre des États, aux intérêts divergents, allonge la durée des négociations. L'entrée de ces nouveaux pays a conduit à un **processus de démocratisation des organisations internationales**. Les États du Sud et les petits États sont plus attentifs au respect de leurs droits, plus attachés à ce que leur avis soit entendu, plus rétifs au leadership des grandes puissances, en particulier des États occidentaux qui ont longtemps imposé leur point de vue dans les enceintes internationales.

4. La réaction oligarchique

La crise de 2008 a aussi été l'occasion pour les grandes puissances de relancer la **diplomatie de club** à travers la création du G20. **Elles affaiblissent ainsi le multilatéralisme en lui préférant la logique oligarchique d'une petite élite d'États** décidant seule du sort du monde. Elles justifient cette pratique par un souci d'efficacité alors que la complexité des négociations multilatérales rend les décisions difficiles à prendre. Ces clubs prennent

ZOOM ▶ Du G6 au G20

Dans les années 1970, la crise économique pousse les grandes économies occidentales à relancer la coordination de leurs politiques par l'institutionnalisation de rencontres multilatérales au sommet. C'est ainsi qu'en 1975, naît le G6, qui réunit l'Allemagne, les États-Unis, la France, l'Italie, le Japon et le Royaume-Uni. Le Canada intègre le groupe en 1976 pour former le G7. Depuis 1981, l'UE participe aux réunions. En 1998, le groupe se transforme en G8, s'ouvrant à la Russie, sans toutefois qu'elle soit associée aux réunions des ministres des Finances. L'annexion de la Crimée en 2014 a entraîné l'exclusion de la Russie. À l'origine limitées aux questions économiques, les discussions se sont ouvertes, à partir du début des années 1980, à la sécurité, aux migrations, aux flux illégaux, à l'environnement, au terrorisme...

À la faveur de la crise de 2008, le G20, structure de coordination établie en 1999 entre les ministres des Finances de 20 des plus grandes économies mondiales, est institutionnalisé. Outre les pays du G8, il comprend la Chine, la Corée du Sud, l'Inde, l'Indonésie, le Brésil, l'Argentine, le Mexique, l'Afrique du Sud, l'Arabie saoudite, la Turquie, l'Union européenne et l'Australie. L'objectif est de renforcer la gouvernance mondiale en promouvant une régulation plus étroite de la finance mondiale et de rendre les décisions plus légitimes en tenant compte des nouveaux équilibres de l'économie mondiale. Le premier sommet s'est tenu à Washington en 2008. Cependant, le processus s'est rapidement enlisé et le G20 n'a pas réussi à devenir une enceinte de décision majeure. L'arrivée au pouvoir de Donald Trump a transformé un temps le G20 en théâtre des affrontements entre les grandes puissances.

la forme de réunions régulières sur des sujets généraux. L'objectif est alors de conserver le contrôle sur les décisions internationales (G7, né en 1975) ou de contester la domination des Occidentaux (BRICS créé en 2009). D'autres groupes ont aussi été formés pour régler une question précise : le P5+1 (les cinq membres permanents du Conseil de sécurité et l'Allemagne) a négocié l'accord nucléaire de 2015 avec l'Iran ; un groupe de six États tentent de régler le problème du nucléaire nord-coréen (États-Unis, Chine, Coré du Sud, Corée du Nord, Japon, Russie) ; le G5 Sahel (Mauritanie, Mali, Niger, Burkina Faso, Tchad) s'emploie, depuis 2014, à lutter contre le terrorisme dans cette partie du monde.

B. LA GUERRE ÉCONOMIQUE ?

La crise du multilatéralisme tient également à l'atmosphère de guerre économique qui s'est affirmée à partir de la fin des années 2000 et qui a culminé dès l'arrivée au pouvoir de Donald Trump.

1. Un contexte favorable à la guerre économique

L'expression de guerre économique désigne l'utilisation par un État de différents moyens, loyaux ou déloyaux, pour protéger ou contrôler un marché, pour gagner ou préserver une position dominante. Elle a été développée à la fin de la guerre froide. En 1990, le stratège Edward Luttwak invente le terme « géoéconomie » pour démontrer que les affrontements entre les grandes puissances se déplacent du champ militaire vers la sphère économique. Cependant, la prospérité des années 1990 semble, dans un premier temps, plutôt favoriser une grande convergence mondiale. Les inquiétudes renaissent après la crise financière de 2008. Constat est alors fait qu'au lieu d'engendrer une croissance économique partagée, **la mondialisation économique a plutôt entraîné une hypercompétition entre les acteurs économiques, qui distingue des gagnants et des perdants**. La crise de 2008 manifeste aussi l'**ascension des États émergents – surtout celle de la Chine –, qui n'hésitent pas à utiliser tous les instruments de la politique économique pour renforcer leur influence**. Enfin, du fait de la hausse de la consommation et du changement climatique, **la compétition s'exacerbe pour le contrôle des ressources naturelles menacées d'épuisement**.

Dans cette compétition généralisée, les États disposent de toute une palette d'outils. **Ils peuvent inciter leurs entreprises à développer leurs investissements à l'étranger.** Des agences gouvernementales ont été créées dans ce but : l'UKTI (*UK Trade & Investment*) en 2004 au Royaume-Uni, l'agence Business France en 2015. **Les États jouent aussi sur la politique technologique.** Le grand programme stratégique chinois lancé en 2015, *Made in China 2025*, qui vise à faire de la Chine le leader dans un certain nombre de produits technologiques (batteries électriques, 5G...), a déclenché une véritable guerre technologique avec les États-Unis. Donald Trump a interdit l'accès au marché et aux composants américains au géant chinois Huawei en 2018. Il a aussi dénoncé les transferts de technologies et a renforcé la protection des entreprises américaines contre le rachat par une firme étrangère.

ZOOM ▶ La guerre économique, débat sur un concept

Bien que la logique qu'elle décrit soit ancienne, la notion de guerre économique a été développée, à partir du début des années 1990, par des auteurs très critiques de l'idée que la mondialisation néolibérale entraînerait un triomphe sans combat du capitalisme occidental. En France, ce courant est représenté par Bernard Ésambert (*La Guerre économique mondiale*, 1991), Michel Lorot, promoteur français de la géoéconomie, ou Christian Harbulot, qui s'intéresse à la compétition pour la maîtrise des nouvelles technologies. Robert Blackwill, ancien membre de l'Administration de George W. Bush, a repris cette thématique dans *War by Others Means* (2016). Tous ces auteurs ont appelé à une mobilisation générale de leur État ou des pays occidentaux pour résister à la concurrence des autres grandes puissances, au premier rang desquelles se trouve la Chine.

Si la compétition économique mondiale est une réalité incontournable, la notion de guerre économique n'en pose pas moins problème. Elle réduit le fonctionnement de l'espace mondial à l'affrontement entre des économies nationales sous la conduite des États. Elle minore ainsi le rôle des entreprises privées et fait croire qu'elles défendent les mêmes intérêts que leur État d'origine alors qu'elles suivent en partie des stratégies transnationales. L'idée de guerre économique sous-estime également les multiples formes de coopération économique entre les États et l'interdépendance qui existent entre eux. Elle enferme les relations économiques dans une logique de jeu à somme nulle. Enfin, cette notion est promue par des partisans d'une vision strictement réaliste qui réduit les relations internationales au conflit et qui fait des intérêts économiques le principal moteur de la politique étrangère des États.

2. La politique commerciale, le fer de lance de la guerre économique

Dans la compétition économique internationale, l'État utilise en priorité la politique commerciale. Malgré la domination du discours néolibéral, **les États n'ont jamais renoncé à conserver un certain degré de protection de leurs économies**. L'utilisation de l'arme douanière a ainsi été privilégiée par l'Administration Trump face à la Chine : en 2018 et en 2019, elle a relevé à plusieurs reprises les taxes sur des milliers de produits chinois, provoquant des mesures de rétorsion équivalentes à Pékin. Un accord est intervenu en janvier 2020 : contre la réduction des transferts de technologie, un meilleur accès au système financier chinois et l'achat de 200 milliards de dollars de produits américains, la Maison-Blanche a renoncé à augmenter de nouveau les tarifs américains. **Les États disposent également d'une large palette de barrières non tarifaires**, comme les normes techniques, sanitaires et environnementales. Ils peuvent jouer aussi sur le taux de change afin de sous-évaluer leur monnaie, comme le font les Chinois mais aussi les Américains.

Les États continuent aussi de protéger leurs entreprises. Aux États-Unis, le *Buy American Act* de 1933 réserve toujours une partie des marchés publics aux entreprises nationales. En 2007, le *Foreign Investment and National Security Act* a élargi les domaines considérés comme stratégiques par l'État américain. En France, le thème du **patriotisme économique** est réapparu au milieu des années 2000. En 2014, un décret a étendu les secteurs concernés par une autorisation préalable pour les investisseurs étrangers : énergie, transports, communication électronique, santé publique. Quant aux grands pays asiatiques, ils pratiquent une **politique mercantiliste** fondée sur le rôle important de l'État dans l'économie, sur la protection de certains secteurs et sur la promotion des exportations, qui leur permet de se constituer d'immenses réserves de change.

3. Le *lawfare*

Depuis les années 2000, dans cette guerre économique, le droit est devenu, lui aussi, une arme stratégique, ce qui a amené à parler de *lawfare*. La direction chinoise a ainsi adopté, en 2003, le concept de guerre légale, qui défend l'utilisation des lois internationales et nationales pour gagner un soutien international. Mais le droit a surtout été utilisé par les États-Unis, non seulement contre des États hostiles, mais aussi pour favoriser les acteurs économiques nationaux. **Au nom du principe d'extraterritorialité, les Américains prétendent appliquer leur droit à l'extérieur de leur territoire.** Par exemple, le Foreign Account Tax Compliance Act (FATCA) de 2010, sur l'évasion fiscale, impose aux institutions financières dans le monde entier la communication à l'administration fiscale américaine des informations relatives aux comptes détenus à l'étranger par des citoyens américains. **Les États-Unis se servent aussi de leur législation anti-corruption pour punir des entreprises étrangères.** Le *Foreign Corrupt Practices Act* (FCPA) de 1977 a pris une portée extraterritoriale en 1997-1998. Près de 600 actions ont été menées depuis, dont un tiers porte sur des entreprises étrangères. Certaines ont dû payer des amendes très importantes, comme Siemens (800 millions de dollars en 2008) ou Alstom (772 millions de dollars en 2014). **Les Américains ont aussi pris prétexte des sanctions qu'ils appliquent à certains États** (Corée du Nord, Soudan, Syrie, Cuba, l'Iran, Venezuela ou encore Russie) pour punir des dizaines d'entreprises étrangères en arguant de l'utilisation qu'elles font du dollar dans leurs transactions. Ainsi, ING a dû s'acquitter d'une amende de 619 millions de dollars en 2012, la BNP Paribas 8,9 milliards de dollars en 2015.

C. LA CRISE DU RÉGIONALISME

1. La fin de l'euphorie régionaliste

Après les espoirs suscités dans les années 1990, le régionalisme est entré, lui aussi, en crise. L'Union européenne est confrontée, depuis 2005, à de multiples difficultés : échec du projet de Constitution européenne en 2005, crise grecque en 2009, crise migratoire en 2015, Brexit en 2016. Critiqué par Trump, qui lui reproche d'être trop favorable au Canada et au Mexique, **l'ALENA a été renégocié dans le sens des intérêts américains**. L'Accord États-Unis-Mexique-Canada (AEUMC), qui le remplace en 2018, change cependant peu de choses : il impose une plus grande part de composants nord-américains dans la production automobile, une hausse des salaires dans l'industrie automobile mexicaine et ouvre le secteur laitier canadien à la concurrence américaine.

En Amérique latine, les difficultés économiques, la crise vénézuélienne ainsi que l'arrivée au pouvoir de Donald Trump en 2017 et de Jair Bolsonaro en 2019 ont conduit à une remise en cause des initiatives régionales récentes du fait de la polarisation politique entre gouvernements de droite et gouvernements de gauche. Sept États, dirigés par la droite, se sont retirés de l'UNASUR entre 2018 et 2019, et les membres de la CELAC ne se sont pas réunis depuis 2018.

Les accords méga-régionaux dans le monde

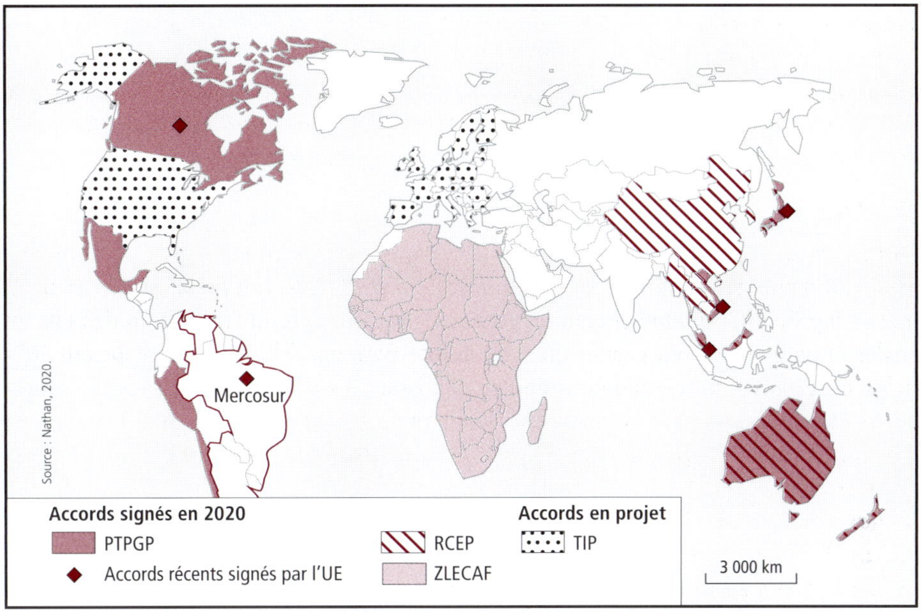

2. Un régionalisme compétitif

Depuis la fin des années 2000, le régionalisme s'est mué en un instrument dans la compétition d'influence entre les grandes puissances mondiales avec les accords dits « méga-régionaux ». Ceux-ci visent une « intégration économique profonde » par la mise en place de vastes marchés uniques fondés sur le libre-échange et l'harmonisation des réglementations et des normes dans tous les domaines (concurrence, fiscalité, travail, investissement, environnement…). Mais leur finalité est tout aussi économique que géopolitique. Défendus par Barack Obama, le Partenariat transpacifique (TPP, signé par 12 pays riverains du Pacifique en 2016) et le Partenariat transatlantique pour le commerce et les investissements (négocié à partir de 2012 avec l'UE) visaient ainsi à imposer les normes réglementaires américaines ou occidentales au monde. Mais Trump a sorti les États-Unis du TPP en 2017 et a bloqué les discussions avec les Européens.

Cependant, en Asie, le TPP, conçu comme un instrument d'endiguement de l'influence chinoise, a été relancé par les 11 autres pays signataires dès 2018 et rebaptisé « Accord de partenariat transpacifique global et progressiste » (PTPGP). La Chine répond à cette initiative en soutenant le RCEP (*Regional Comprehensive Economic Partnership*), qui a été signé en novembre 2020 après huit ans de négociations entre 15 pays d'Asie-Pacifique. De son côté, la Russie se sert de l'Union économique eurasiatique comme un instrument diplomatique grâce aux accords de libre-échange passés avec des pays amis (Vietnam, Iran). Enfin, dans cette compétition entre grands pôles mondiaux, l'Union européenne a conclu le **CETA** (*Comprehensive Economic and Trade Agreement*) avec le Canada en 2016, puis un accord économique de partenariat avec le Japon en 2018, des accords de libre-échange avec Singapour et avec le Vietnam, ainsi qu'un accord commercial avec le Mercosur en 2019.

2 LES ENTREPRISES AU CŒUR D'UNE NOUVELLE DIVISION INTERNATIONALE DU TRAVAIL

Les entreprises sont depuis longtemps des actrices majeures de la mondialisation. Les premières firmes de dimension internationale sont nées dans la seconde moitié du XIXe siècle. Leur nombre a connu une spectaculaire augmentation à partir des années 1970 : en 1967, 6 000 entreprises multinationales contrôlaient 27 000 filiales ; en 2017, elles sont environ 100 000 qui possèdent 860 000 filiales. **Ces grandes entreprises sont devenues le symbole de la globalisation et de ses limites.** Elles se sont mondialisées pour devenir des firmes transnationales, c'est-à-dire des entreprises qui contrôlent des opérations dans au moins deux pays depuis une maison mère dans le pays d'origine et « qui maîtrisent l'organisation d'activités complexes à l'échelle internationale » (Laurent Carroué). Pour la majorité d'entre elles originaires des pays développés, elles ont favorisé une nouvelle division internationale du travail en favorisant l'émergence de nouveaux pays industriels. Leur puissance économique en fait des acteurs au pouvoir presque équivalent à celui des États. Cependant, leurs activités ne cessent d'être mises en cause pour leurs conséquences économiques, sociales et environnementales.

Notions principales

Transnationalisation : calculé depuis 1993 par la CNUCED (Conférence des Nations unies sur le commerce et le développement), le taux de transnationalisation des firmes intègre trois ratios : les pourcentages d'actifs, de ventes et de salariés étrangers par rapport au total d'une entreprise.

Capitalisme actionnarial : primauté des actionnaires dans la gouvernance de l'entreprise, par rapport au pouvoir des managers.

Système productif : ensemble des activités produisant de la richesse dans un réseau d'interdépendance.

Chaîne de valeur globale : ensemble du processus d'accumulation de la valeur ajoutée qui constitue un produit.

CHRONOLOGIE

- **1882 :** L'entreprise américaine de machines à coudre, Singer, installe une usine en Écosse.
- **1911 :** Ford ouvre sa première usine en Europe.
- **1961 :** Toyota commence à adopter les nouveaux principes d'organisation du travail définis par l'ingénieur Ohno Taiichi.
- **1971 :** Premier Forum économique mondial à Davos, en Suisse
- **1980 :** Ouverture des quatre premières zones économiques spéciales chinoises
- **1994 :** La CNUCED crée un indice de transnationalisation pour mesurer la mondialisation des grandes entreprises.
- **1999 :** Alliance entre Renault et Nissan. Fusion des géants américains du pétrole Exxon et Mobil
- **2004 :** IBM vend sa division PC au Chinois Lenovo.
- **2006 :** L'entreprise indienne Mittal achète le groupe sidérurgique européen Arcelor.
- **2011 :** Lancement du programme « Industrie 4.0 » en Allemagne
- **2014 :** Annonce de l'acquisition par General Electric de la branche énergie d'Alstom
- **2016 :** Procédure de la Commission européenne contre Google pour abus de position dominante
- **2018 :** Loi FIRRMA aux États-Unis
- **2020 :** La capitalisation boursière d'Apple dépasse les 2 000 milliards de dollars.

I. L'entreprise en mutation

A. LES ENTREPRISES ET LA MUTATION DE L'ÉCONOMIE MONDIALE

1. Le premier âge des firmes: une logique internationale

Les premières firmes multinationales modernes naissent dans la seconde moitié du XIXe siècle avec l'accélération de la mondialisation consécutive à la révolution industrielle. En 1914, la moitié des soixante plus grands groupes mondiaux sont déjà internationalisés. Le processus concerne l'extraction de matières premières et les secteurs de la deuxième industrialisation : automobile, pneumatiques, chimie, industries électriques. Cependant, la production de ces firmes ne représente encore que 3 à 6 % de la production mondiale dans la première moitié du XXe siècle. Le choix de l'internationalisation correspond à une simple extension internationale d'activités qui restent centrées sur l'espace national.

À partir des années 1950-1960, une nouvelle phase d'internationalisation s'engage sous l'impulsion des firmes américaines. La part des multinationales dans la production mondiale représente ainsi 11 % en 1974. **La logique de ces entreprises demeure multinationale ou multidomestique. Il s'agit de produire sur plusieurs marchés nationaux des biens adaptés à chacun d'entre eux.** L'organisation de l'entreprise est très centralisée et hiérarchique, les filiales n'entretenant pas de relations entre elles. Elle correspond à la firme intégrée fordiste, qui contrôle tout le processus de production et dont l'espace fondamental reste le territoire national. L'internationalisation s'accompagne souvent d'une stratégie de concentration qui obéit à une logique conglomérale : les firmes achètent des sociétés dont les activités n'ont pas de lien entre elles, dans le seul but d'augmenter leur chiffre d'affaires.

2. La montée de l'incertitude

La crise des années 1970 entraîne une mutation profonde de l'économie mondiale, qui place les entreprises dans une situation d'extrême incertitude. Les firmes se trouvent confrontées à une crise des débouchés sur les marchés des pays développés, désormais saturés. La concurrence s'intensifie entre elles alors qu'elles connaissent une baisse de leurs profits. **Les modes de consommation évoluent.** Le consommateur, plus réticent face aux biens de masse standardisés, se montre plus versatile et réclame des produits plus différenciés et de meilleure qualité. Pour rester compétitif dans ce nouvel environnement, **l'innovation devient un facteur de plus en plus décisif**. Or, la complexification et l'accélération du processus d'innovation entraînent une augmentation des coûts et font craindre qu'une innovation de rupture donne un avantage décisif à un concurrent.

Enfin, l'approfondissement de la mondialisation a eu un effet ambivalent sur les entreprises. Les progrès des transports, le développement des nouvelles technologies de l'information et de la communication (NTIC), la libéralisation du commerce et des marchés financiers élargissent leur liberté d'action et leur ouvrent de nouvelles opportunités de financement et de profit. Cependant, la mondialisation accroît les risques : la concurrence devient mondiale, l'instabilité croissante du marché rend toute prévision à long terme impossible.

3. Le poids croissant des logiques financières

Les mutations du secteur financier ont profondément modifié la stratégie des entreprises. La **désintermédiation bancaire*** a permis aux firmes de se financer directement sur les marchés financiers. Ce faisant, elle a entraîné l'entrée de nouveaux acteurs financiers dans le capital des entreprises : les investisseurs institutionnels, les fonds d'investissement privés et les fonds souverains*. Forts de leur poids financier, ceux-ci ont accru leur pouvoir de **contrôle sur la stratégie de l'entreprise**, qui n'est plus considérée que comme un simple actif financier. L'objectif prioritaire est alors de maximiser la valeur actionnariale de l'entreprise afin d'engendrer des plus-values. Les actionnaires se partagent une part croissante des dividendes : en 2019, les 1 200 plus grandes firmes mondiales leur ont versé le montant record de 1 430 milliards de dollars. Les entreprises se sont également mises à spéculer sur les marchés. Dans les années qui ont précédé la crise de 2008, General Motors (GM) a dégagé des profits non pas sur la vente de ses voitures, mais grâce à sa société financière, la General Motors Acceptance Corporation, qui rachetait les actions de GM pour en augmenter la valeur. Enfin, **les actionnaires ont poussé à l'abandon de la logique conglomérale au profit d'un recentrage sur le « cœur de métier » dans lequel l'entreprise dispose d'un avantage sur ses concurrents**.

Pour aller plus loin

La revue de référence du classement des entreprises, *Fortune*
liennathan.fr/v283ue

B. LA RÉORGANISATION DES FIRMES

1. Une nouvelle organisation de la production

Dans ce nouvel environnement économique plus incertain, **les entreprises se sont réorganisées en suivant plus ou moins complètement les principes du toyotisme** inspirés des méthodes expérimentées chez Toyota à partir du début des années 1960. Afin de réduire les coûts, la hiérarchie a été « aplatie » par suppression des échelons intermédiaires. Le salarié n'est plus spécialisé dans une tâche, il doit en assurer plusieurs au sein d'une équipe. Il se voit confier davantage de responsabilités et d'autonomie.

Le toyotisme entend également améliorer la compétitivité hors coût. **L'adoption de la production juste à temps**, qui inverse la relation entre la vente et la production, rend l'entreprise apte à s'adapter plus finement et plus rapidement à l'évolution de la demande. Elle entraîne un changement plus fréquent de la gamme, ce qui répond à l'exigence de nouveauté. La compétition devient une compétition pour le temps. Elle se fait également autour de la qualité, comme le rappellent les slogans « 0 défaut » et « 0 panne ».

Enfin, les capacités d'innovation deviennent décisives. **La compétitivité de l'entreprise repose sur sa capacité à produire des connaissances** et passe par un effort durable dans la recherche-développement. Afin de faire face au coût croissant de l'innovation et de profiter des compétences des autres entreprises, les partenariats entre firmes se sont multipliés pour concevoir de nouveaux produits. En 2019, Ford et Volkswagen ont annoncé une coopération pour concevoir des véhicules utilitaires, électriques et autonomes.

DÉFINITIONS

Désintermédiation bancaire : pour se financer, les acteurs économiques, comme les entreprises, ne passent plus prioritairement par les banques, qui étaient jusqu'alors des intermédiaires incontournables, mais émettent des titres négociables directement sur les marchés financiers.

Fonds souverains : fonds d'investissement créés par des États et alimentés, le plus souvent, par les ressources issues des exportations d'hydrocarbures ou des excédents commerciaux.

2. Firme allégée, firme en réseau

La généralisation des principes du toyotisme conduit à la firme allégée ou à « l'usine minimum ». Les firmes renoncent à une intégration verticale de la production, c'est-à-dire à en contrôler toutes les étapes. Elles confient la fabrication des composants du produit final et certains services à des sous-traitants. Cette évolution a été permise par la modularisation de la production, l'essor des NTIC et la réduction des coûts de transport. L'externalisation de l'activité réduit les coûts, reporte une partie des risques sur les fournisseurs et renforce la faculté de s'adapter à la demande grâce à une organisation plus flexible et une meilleure division du travail.

La fabrication du produit concerne ainsi un réseau complexe d'entreprises dont l'activité est coordonnée par la firme. Celle-ci conserve une position stratégique et se réserve les segments les plus rentables. Sur le modèle de l'usine mondiale [→ SCHÉMA CI-DESSOUS], elle s'organise autour de fonctions centrales, le plus souvent directement contrôlées par la firme, tandis que la production est largement externalisée à des fournisseurs à l'échelle locale, nationale et internationale. Renault estime ainsi le nombre de ses fournisseurs à 17 000. L'éclatement de la production entraîne l'essor des fonctions logistiques, qui deviennent stratégiques.

L'usine mondiale

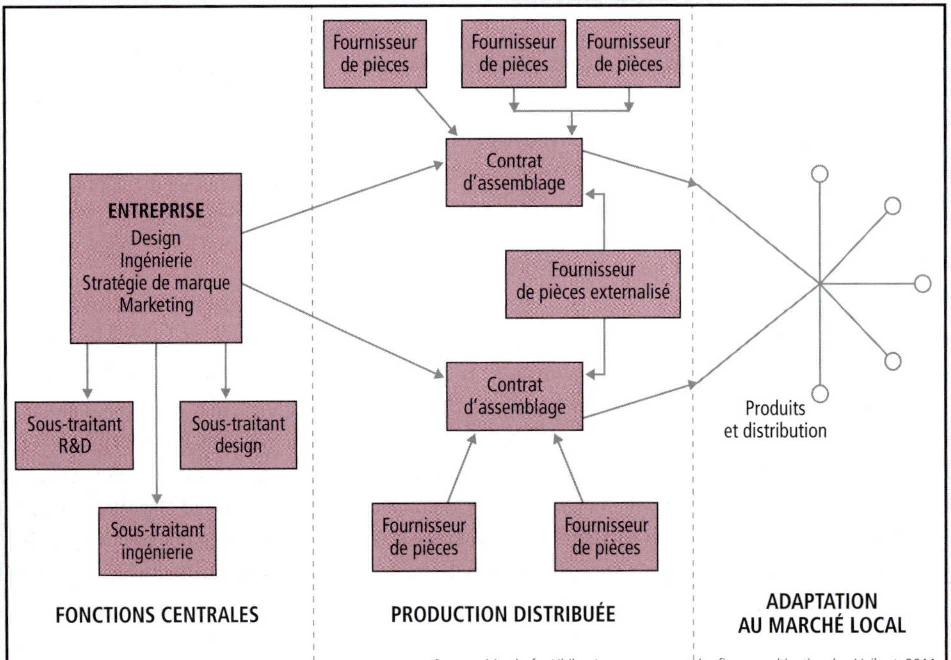

Source : Mayrhofer Ulrike, *Le management des firmes multinationales*, Vuibert, 2011.

3. Une nouvelle phase de concentration

Depuis les années 1980, les investisseurs financiers ont favorisé la réduction du périmètre d'activité des entreprises, le *downsizing*. Les entreprises se sont recentrées sur leur métier d'origine, dans lequel elles disposent d'un savoir et de compétences qui leur permettent de se différencier des autres. **Une fois réorganisées, les firmes ont repris leur croissance à partir des années 1990**, qui ont été marquées par des méga-fusions, comme celle d'Exxon et Mobil, les deux géants américains du pétrole, en 1999. La crise financière de 2008 a entraîné une pause dans les grandes opérations, mais celles-ci ont repris à partir de 2013 : depuis 2015, le montant annuel des fusions-acquisitions oscille autour de 4000 milliards de dollars par an. En 2014, les cimentiers Lafarge et Holcim ont formé le leader mondial de la construction tandis qu'en 2015, DuPont et Dow Chemical ont constitué le numéro 2 mondial de la chimie, dépassé depuis 2017 à l'occasion du rachat du Suisse Syngenta par le Chinois ChemChina. En 2016, Bayer a annoncé le rachat de Monsanto ; en 2017, PSA s'empare d'Opel, avant de fusionner en 2021 avec Fiat-Chrysler.

Si les entreprises ont cherché à grandir, c'est parce que la taille présente toujours des avantages considérables en termes de productivité, d'économies d'échelle, de capacités de financement, de pouvoir sur le marché. La concentration est en outre favorisée par les nouvelles technologies, qui nécessitent des investissements considérables. Les acquisitions permettent aussi d'avoir accès à des technologies maîtrisées par une entreprise plus petite. Depuis quelques années, elles se font également pour résister à la concurrence des immenses groupes publics chinois. Le Français Alstom a ainsi acquis le Canadien Bombardier en 2020 face à l'entreprise chinoise CRRC, numéro 1 mondial du matériel ferroviaire.

L'économie des grandes entreprises repose donc sur une logique oligopolistique. En 2011, une étude suisse a démontré que, par le biais de leurs participations croisées, 147 FTN possédaient 40 % de la valeur économique et financière des 43 000 transnationales les plus importantes dans le monde. En 2017, les 100 plus importantes d'entre elles représentent 60 % de la valeur ajoutée des FTN et 15 % de la main-d'œuvre. Elles possèdent 30 % des filiales à l'étranger alors que 70 % des FTN n'en possèdent qu'une seule.

C. LES ENTREPRISES À L'ÂGE DU NUMÉRIQUE

1. Une nouvelle révolution industrielle

De nombreux économistes, comme Jeremy Rifkin, présentent l'avènement de l'économie numérisée comme la troisième ou la quatrième révolution industrielle. En effet, le numérique n'est pas un nouveau secteur qui apparaîtrait à côté des autres, il bouleverse le fonctionnement de l'économie tout entière. Aucun domaine n'est en effet épargné par l'appétit des géants numériques, à l'instar des GAFAM qui ont investi dans la santé, l'automobile, l'environnement, l'éducation ou encore la télévision. L'économie numérique favorise donc l'émergence rapide de redoutables concurrents pour les acteurs établis. Par ailleurs, l'économie numérique met fin à la distinction entre industrie et services. **Les entreprises assurent à la fois une production physique, des services et des logiciels : c'est l'*advanced manufacturing* ou le *smart manufacturing*.** Apple fait ainsi davantage de bénéfices avec ses applications qu'avec ses produits. Dans l'économie numérisée, la richesse provient en effet davantage de sources non matérielles (marque, algorithme, réseau d'utilisateurs, données) que d'actifs physiques comme des machines et des biens.

La nouvelle économie paraît, au premier abord, favoriser les petites et moyennes entreprises sur le modèle des start-up, des petites structures innovantes. La particularité de ces acteurs numériques est de bénéficier très vite d'une influence mondiale malgré leur taille réduite. Malgré tout, la grande taille demeure décisive, comme l'illustre la stratégie de développement effrénée des nouveaux géants du numérique : Facebook s'est emparé d'Instagram en 2012 et de WhatsApp en 2014, Microsoft de LinkedIn en 2016, Apple de Shazam et Amazon de Whole Foods (une chaîne de magasins de produits biologiques) en 2017. Ces achats s'inscrivent à la fois dans une stratégie d'intégration verticale pour le contrôle de l'ensemble de la chaîne de valeur et dans une optique d'intégration horizontale pour étouffer la concurrence. Ils correspondent aussi à la volonté de recruter de nouveaux talents. De cette manière, ces géants « agglomérants » imposent leur loi au marché selon la logique du « *winner takes all* ».

Ils disposent pour cela d'immenses capacités de financement. Leur capitalisation boursière est très supérieure à celle des FTN traditionnelles : Apple a dépassé les 2 000 milliards en août 2020 et Alphabet, la holding fondée par Google en 2015, a franchi la barre des 1 000 milliards en janvier 2020.

ZOOM ▶ L'« Industrie 4.0 »

L'« Industrie 4.0 » est un programme lancé par les industriels et le gouvernement allemands lors de la foire de Hanovre en 2011. Inquiets de la concurrence des géants du numérique américains et désireux de profiter des nouvelles opportunités offertes par les avancées technologiques, ce plan vise à renforcer la compétitivité de l'économie allemande et à maintenir le rôle central qu'y joue l'industrie. La démarche est caractéristique du « modèle économique allemand » en ce qu'elle associe les grands groupes, les PME du *Mittelstand*, les universités, le ministère de la Formation et de la Recherche et les syndicats. Une centaine de projets ont été lancés pour réorganiser les entreprises afin qu'à côté de leurs capacités industrielles, elles développent des compétences dans les logiciels et dans les plateformes. Tout en continuant à s'appuyer sur des produits industriels dans lesquels elles peuvent capitaliser sur l'ancienneté de leurs compétences, les firmes allemandes ont développé des services pour accompagner les clients tout au long du cycle de vie du produit.

L'exemple allemand a été suivi par les autres grandes puissances économiques. Les États-Unis ont lancé l'« *Advanced Manufacturing National Program Office* » en 2011, l'Italie « *La Fabbrica del Futuro* » en 2012, la France le programme « Industrie du futur » en 2013. L'Allemagne a aussi inspiré le programme « Made in China 2025 » (« MIC 2025 »), annoncé en 2015, qui prétend faire de la Chine le leader dans plusieurs domaines de la technologie : batteries électriques, intelligence artificielle, énergies renouvelables, etc.

2. La compétitivité à l'âge du numérique

L'économie numérique renforce le caractère stratégique de la maîtrise et de l'utilisation des savoirs. **Elle place au cœur de la compétitivité la collecte et l'analyse de volumes toujours plus importants de données techniques ou personnelles (*big data*)** grâce à l'utilisation de serveurs toujours plus puissants dans d'immenses *data centers*. Le *cloud computing* est aujourd'hui dominé par Amazon et Microsoft (respectivement 33 % et 18 % du marché en 2020).

La révolution technologique ouvre également aux entreprises de nouvelles voies pour renforcer leur productivité et leur capacité d'innovation par l'emploi de nouveaux matériaux (composites, nanomatériaux, poudres), le recours à des objets connectés, l'accélération de la robotisation ou encore l'utilisation de nouveaux outils comme les imprimantes 3D, largement présentes dans l'aéronautique et le secteur de la santé.

Ces évolutions ont bouleversé la chaîne de valeur par la promotion du client. Elles ont permis de répondre de manière plus réactive à la demande en réduisant encore les délais de fabrication et de livraison, et en individualisant toujours davantage le produit. L'économie numérique voit surtout l'avènement d'une **économie de la collaboration**. Depuis le développement du Web 2.0 en 2003, l'utilisateur ou le client sont devenus des producteurs. Ils fournissent les contenus, comme sur YouTube ou Facebook, ou proposent des solutions techniques par le biais de l'*open innovation* ou du *crowdsourcing*. Des plateformes comme BlaBlaCar ou Airbnb leur permettent de devenir directement des acteurs économiques.

3. Travail et emploi à l'âge du numérique

La nouvelle économie transforme le travail au sein de l'entreprise. Pour que le numérique profite à l'entreprise, celle-ci doit adopter une nouvelle organisation qui repose sur la connexion renforcée entre les systèmes techniques, le décloisonnement des différents services et la collaboration entre les employés.

Les conséquences sur le marché de l'emploi sont également importantes. Les entreprises numériques, y compris les plus grandes (à l'exception d'Amazon), ont des effectifs limités et exercent donc une influence directe réduite sur l'offre de travail. Le numérique a aussi provoqué un développement du travail indépendant parce qu'il a relancé la compétitivité de petites structures artisanales, mais surtout parce que sont apparues des plateformes d'emplois qui reposent sur le recours à des travailleurs indépendants, autoentrepreneurs ou *free-lance*. Le succès foudroyant d'Uber a popularisé le terme « ubérisation » du marché de l'emploi. Cette évolution accentue la parcellisation des tâches par l'éclatement des temps de travail traditionnels en une myriade de tâches individuelles.

Les conséquences de ces mutations sur l'emploi sont encore difficiles à mesurer. La première interrogation concerne les effets de la robotisation. En 2019, une étude de l'OCDE annonce un déclin de 14 % des emplois d'ici 2040 dans les pays développés. D'autres analystes prévoient, à l'inverse, qu'elle entraînera la création d'emplois nouveaux. Un deuxième débat concerne l'évolution vers un marché de l'emploi dominé par les travailleurs indépendants. Leur nombre a progressé depuis vingt ans dans les pays développés mais leur part dans la population active n'atteint que 10 %. Enfin, la qualité de ces emplois fait également polémique. Certains travailleurs indépendants profitent de cette nouvelle organisation pour construire leur parcours professionnel de manière volontaire. D'autres, au contraire, effectuent des tâches mal rémunérées qui les maintiennent dans la dépendance des plateformes numériques (*gig economy*).

II. Les acteurs de la nouvelle division internationale du travail

A. L'INTERNATIONALISATION DES FIRMES

1. Le choix de l'internationalisation

Dès les années 1970, l'épuisement du modèle fordiste et la crise économique ont poussé les entreprises à accélérer leur internationalisation. Par la conquête de nouveaux marchés, celles-ci ont d'abord cherché à retrouver des taux de profit plus élevé. Elles ont ainsi suivi les analyses de l'économiste américain Raymond Vernon (1966) sur le cycle du produit : **une entreprise qui dispose d'une position dominante sur son marché national, notamment du point de vue technologique, a intérêt à investir à l'étranger pour trouver de nouveaux clients et pour accroître son avance sur ses concurrents**. L'internationalisation permet aussi de réaliser des économies d'échelle liées à un marché plus vaste, et d'avoir accès à des compétences et des ressources locales. Elle facilite l'adaptation aux habitudes des consommateurs locaux.

Les entreprises investissent aussi à l'étranger afin de contourner le marché. **Par ce mécanisme appelé « internalisation », elles privilégient les relations avec leurs filiales**

pour éviter les différents coûts et risques liés au fonctionnement du marché : protections tarifaires ou non tarifaires, risque de change lié à la variation du cours des monnaies… Le développement de cette stratégie explique qu'aujourd'hui, la circulation internalisée des biens et services représente près de la moitié du commerce mondial.

Une des principales manifestations de cette internationalisation est la véritable explosion des investissements directs à l'étranger (IDE). Le stock d'IDE sortant est passé de 9 % du PIB mondial en 1990 à 40 % en 2017, progressant à un rythme beaucoup plus élevé que la croissance mondiale.

Évolution des investissements directs étrangers par groupes de pays (1980-2019)

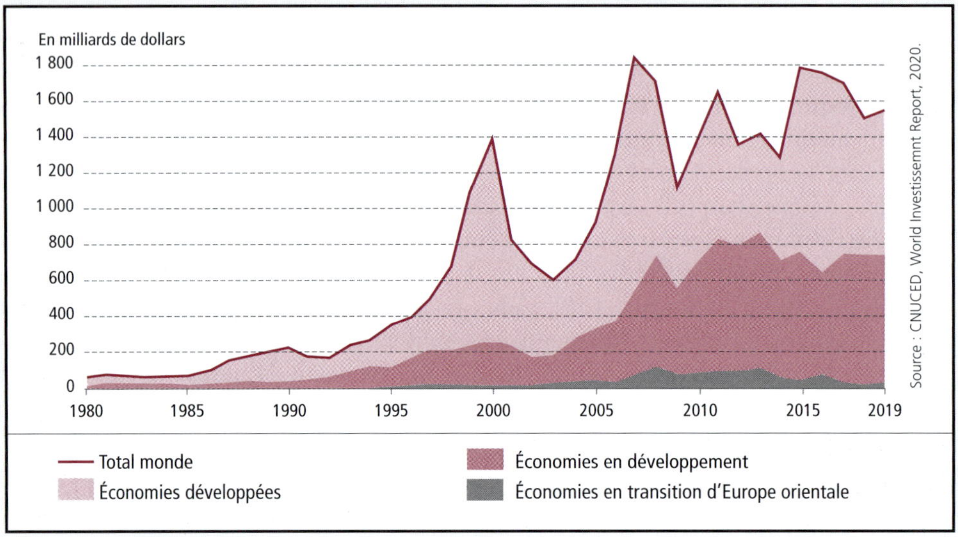

2. La transnationalisation des entreprises

Le développement de leurs activités à l'étranger a conduit les firmes à un degré toujours croissant d'internationalisation. En 1994, la part de l'étranger dans les actifs, dans les ventes et dans les employés était de 45,9 % pour les 100 plus grandes firmes non financières. En 2019, elle est de 62,4 %. Le capital des entreprises est, lui aussi, de plus en plus contrôlé par des actionnaires étrangers. La part des non-résidents au capital des entreprises du CAC 40 est passée de 33,4 % en 1990 à 42,7 % fin 2017. Elle est d'environ 50 % de l'ensemble des actions cotées en Italie, en Espagne et en Allemagne, autour de 60 % au Royaume-Uni.

La mondialisation des grands groupes a nourri l'idée de firmes globales entièrement détachées de leur ancrage national, raisonnant au niveau mondial suivant les seules logiques de la rentabilité financière et des écarts des dotations factorielles entre les États. **Pourtant, les vraies entreprises globales sont une exception. La base nationale reste importante**, comme en témoignent la localisation des sièges sociaux et l'origine des dirigeants. Les entreprises transnationales occupent encore une place prépondérante dans les économies de leur pays d'origine. **Le degré de transnationalisation des firmes demeure aussi très variable selon les secteurs et le pays d'origine.** Ces différences reflètent la diversité des stratégies des firmes.

■ **Les implantations de Renault-Nissan en 2017**

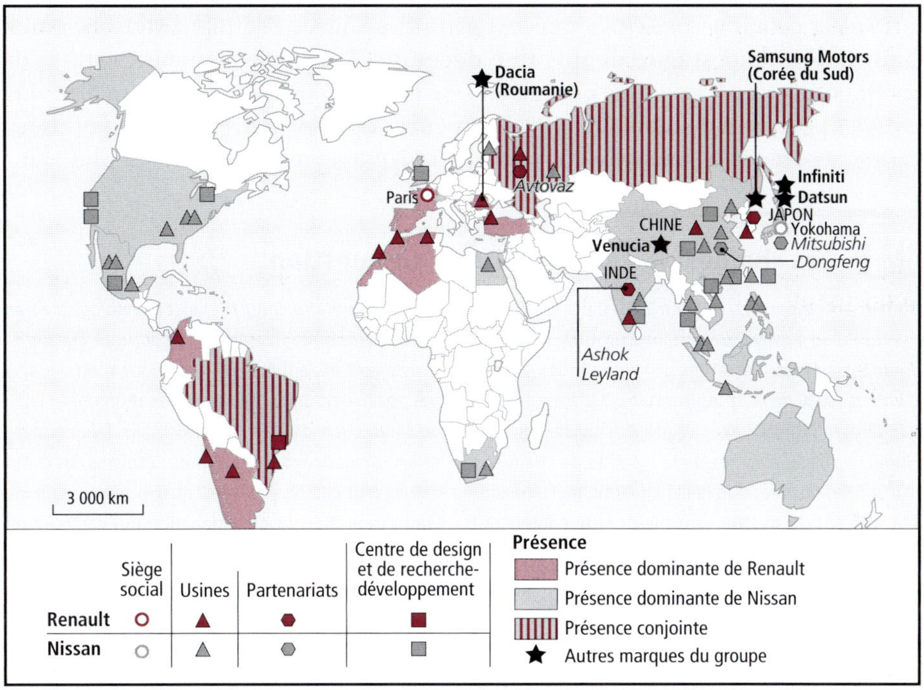

3. Les stratégies géographiques d'internationalisation

Le choix de l'implantation géographique des investissements des FTN à l'étranger répond à deux logiques : la recherche des marchés et l'exploitation des avantages comparatifs. La première stratégie, qui reste la plus courante, consiste à être présent sur les grands marchés mondiaux pour être au plus près des consommateurs, pour rechercher des compétences technologiques dans des régions aux fortes externalités* positives et à la main-d'œuvre très qualifiée. La seconde logique, qui s'est développée depuis une trentaine d'années, est celle de la division internationale du travail. Les entreprises s'implantent dans un pays selon les avantages comparatifs de celui-ci : coûts de production, main-d'œuvre nombreuse. En réalité, les firmes ont souvent recours en même temps aux stratégies d'accès au marché et de division internationale du travail car elles ne concernent pas les mêmes espaces.

Les progrès des moyens de transport et des NTIC, le développement de la production modulaire, la libéralisation des échanges et des investissements ont **amené les firmes transnationales à recourir à la décomposition internationale du processus productif (DIPP).** Elles ont constitué des **chaînes de valeur globales** en répartissant entre différents pays les activités nécessaires à la mise sur le marché d'un produit, depuis sa conception jusqu'à son utilisation finale. La valeur des intrants importés dans les exportations est ainsi passée

DÉFINITION

Externalité : situation dans laquelle l'activité d'un agent économique affecte le bien-être d'autres acteurs sans que cela soit volontaire et n'entraîne une transaction commerciale. Une externalité peut être positive ou négative selon que sa conséquence est favorable ou défavorable.

de 23 % à 30 % entre 1990 et 2007. **La logique de la spécialisation internationale ne repose donc plus sur un produit mais sur une tâche.**

Après avoir connu un essor très rapide à partir des années 1980, **le fractionnement des chaînes de valeur stagne depuis une décennie**. La part des intrants étrangers dans les exportations a reculé depuis la crise financière et n'est plus que de 27 % en 2014. Les arbitrages les plus profitables ont déjà été effectués, les coûts de transport ainsi que les barrières douanières ont connu une telle diminution qu'il n'est guère possible d'aller plus loin.

ZOOM ▶ Les chaînes de valeur globales en question

Le confinement imposé en janvier 2020 dans la province chinoise du Hubei a provoqué une interruption de l'approvisionnement en masques et en principes actifs pour les médicaments (80 % de ceux utilisés dans l'UE sont produits en Asie), dont la fabrication avait été délocalisée en Chine et en Inde. La crise a ainsi révélé la fragilité de chaînes de valeur trop fragmentées que la catastrophe de Fukushima en 2011, privant l'industrie européenne de composants japonais, avait déjà montrée. Elle a aussi mis en lumière la dépendance des Européens vis-à-vis de la Chine à l'heure où montent les tensions entre Américains et Chinois, et où l'UE veut s'affirmer comme un acteur stratégique autonome.

En Europe, tous les acteurs politiques et économiques ont souligné l'urgence de relocaliser certains segments de production stratégiques et de réindustrialiser pour créer de nouveaux emplois. En avril 2020, le président français Emmanuel Macron appelait à « *rebâtir une indépendance agricole, sanitaire, industrielle et technologique française et plus d'autonomie stratégique pour notre Europe* ».

Mais passer de la théorie à la pratique n'est pas aisé. Il n'est pas possible pour les entreprises de réorganiser leur système de production du jour au lendemain. Développer de nouvelles usines prend du temps et nécessite des compétences qui ne sont parfois plus présentes localement. Se pose aussi la question du coût de production qui demeure plus élevé dans les pays développés. L'enjeu n'est donc pas de renoncer aux chaînes de valeur globales, qui ont aussi des effets économiques bénéfiques, mais d'en corriger les excès. Enfin, il est illusoire de penser que les usines reviendront telles qu'elles existaient il y a vingt ans. Pour un grand nombre d'experts, la relance des capacités industrielles ne peut passer que par la robotisation et la numérisation, qui permettent de produire rapidement (grâce à des imprimantes 3D, par exemple) à un prix concurrentiel. Mais cette stratégie crée peu d'emplois et uniquement pour des travailleurs très qualifiés.

B. LA DÉLOCALISATION EN DÉBAT

1. Qu'est-ce qu'une délocalisation ?

Le terme « délocalisation » désigne le transfert total ou partiel d'une activité vers une société implantée à l'étranger. Le phénomène, qui s'est engagé dans les années 1970, a pris son essor dans les années 1990-2000. L'utilisation courante du terme l'assimile au transfert des chaînes de production des industriels traditionnelles (le textile, par exemple) vers un pays à bas salaires. Pourtant, la délocalisation s'effectue davantage entre des pays développés : entre 2009 et 2011, la destination privilégiée des entreprises françaises de plus de 50 salariés qui ont délocalisé est l'Union européenne (55 % des cas), suivie de l'Afrique puis de la Chine et de l'Inde. En outre, depuis les années 1990, elle concerne aussi la recherche, les industries de technologie et les services. La plupart des délocalisations ne consistent pas non plus à transférer l'intégralité d'une unité de production à l'étranger, mais un segment de fabrication.

Les facteurs du déplacement de l'activité sont donc complexes. Même s'il est souvent la motivation principale, **le coût de la main-d'œuvre n'est donc pas le seul déterminant de la stratégie des entreprises**. La délocalisation répond aussi à une volonté d'accéder à certains marchés, de rationaliser la production et de rechercher une meilleure rentabilité financière. Depuis les années 1990, elle est surtout motivée par la quête de compétences technologiques locales et l'existence sur place d'un tissu très dense de fournisseurs industriels ou tertiaires.

2. Délocalisations et emploi

Aux yeux de l'opinion, les délocalisations seraient les principales responsables des pertes d'emploi dans les pays industriels depuis les années 1990. Pourtant, en France, les différentes études menées depuis vingt ans aboutissent toutes à un effet limité des délocalisations sur les pertes d'emploi. 20 000 emplois auraient disparu à cause de la délocalisation dans les entreprises non financières de plus de 50 salariés entre 2009 et 2011. Plus qu'à la délocalisation, le recul des emplois industriels est en effet lié aux gains de productivité et à l'externalisation des services. L'influence de la délocalisation et de la compétition internationale s'accentue cependant depuis les années 2000. Entre 2000 et 2011, les États-Unis ont ainsi perdu plus de 2 millions d'emplois, dont 800 000 dans l'industrie, à cause de la concurrence de la Chine.

En outre, les délocalisations ne font pas que détruire des emplois, elles peuvent en créer dans le pays d'origine de la firme car elles améliorent sa compétitivité. Ainsi, les entreprises allemandes se sont massivement installées en Europe de l'Est sans que cela n'ait affecté ni le dynamisme de l'industrie allemande ni sa part dans le PIB, qui est restée stable autour de 30 %. Cependant, les emplois créés, qui sont qualifiés, ne sont pas les mêmes que les emplois détruits, qui sont le plus souvent peu qualifiés. Ceci explique que les délocalisations aient des conséquences sociales importantes dans les pays développés.

Pour aller plus loin

Le site du laboratoire d'économie de l'Université Paris Dauphine, qui propose notamment des travaux de l'économiste El-Mouhoub Mouhoud, spécialiste des délocalisations

liennathan.fr/96gye2

3. Vers la relocalisation des activités dans les pays développés ?

Ces dernières années ont été marquées par des exemples de relocalisation, largement médiatisés et soutenus par les États. Dell et General Electric ont rapatrié d'Inde leurs centres d'appels à cause de problèmes de compréhension entre les consommateurs américains et les employés indiens. En 2013, l'entreprise française Rossignol, qui avait délocalisé une partie de sa production de ski à Taïwan et l'activité de fixation en Pologne, s'est réinstallée dans les Alpes. En 2012 puis en 2018, c'est au tour de Kusmi Tea de rapatrier des tâches effectuées en Chine et au Maroc.

Ces relocalisations sont motivées par la proximité du marché et l'image positive associée au fait de produire dans son pays. S'ajoutent le souci de rationalisation logistique et la recherche de gains de productivité liés aux compétences plus élevées de la main-d'œuvre dans le pays

ZOOM ▶ Un exemple de relocalisation, Atol

Le cas de l'entreprise française Atol constitue un exemple emblématique de la relocalisation. Entreprise coopérative, Atol a décidé, en 2009, de réinstaller dans le Jura une partie (30 %) de sa production de lunettes dont la fabrication et le montage étaient auparavant intégralement effectués en Chine et en Thaïlande. Cette décision a été motivée par la volonté de gagner en qualité et en réactivité afin de produire à flux tendus. La société a choisi Morez et Oyonnax, deux **systèmes productifs locaux** (SPL), dont l'efficacité repose sur l'ancienneté de leur spécialisation dans la plasturgie et la métallurgie, et sur la présence d'une grande densité de fournisseurs. Cette collaboration a permis à la société de réduire le temps de développement des nouvelles gammes. La réussite de cette relocalisation tient également aux innovations réalisées par l'entreprise (montures avec branches clipables) et à l'utilisation de nouveaux systèmes de machines.

d'origine. Elles sont aussi liées aux difficultés managériales engendrées par l'éloignement et les différences culturelles. Comptent enfin les incertitudes de la production dans les pays en développement : problèmes de qualité du bien et du service, barrières juridiques et administratives, risque de non-respect de la propriété intellectuelle…

Cependant, pour l'heure, les relocalisations sont loin de compenser les délocalisations. En France, entre 2008 et 2017, 92 entreprises seulement ont relocalisé une partie de leur production. **Les effets sur l'emploi sont aussi incertains car les nouvelles usines réinstallées dans les pays développés sont largement robotisées.**

C. UNE NOUVELLE DIVISION INTERNATIONALE DU TRAVAIL

1. Le nouveau rapport Nord/Sud

La géographie des implantations et des investissements des firmes transnationales confirme la persistance de la domination des pays développés. 70 % des 500 plus grandes FTN sont issues des pays développés en 2019. Cette domination se retrouve aussi dans les investissements : en 2019, 69 % des flux d'IDE sortants proviennent des pays de l'OCDE, qui possèdent les deux tiers du stock des IDE investis à l'étranger.

Si les firmes des pays développés demeurent les principaux investisseurs, elles ont diversifié la destination de leurs IDE vers les pays émergents pour être présentes sur des marchés en pleine croissance et au fort potentiel de développement. Entre 2011 et 2014, les flux d'IDE entrants vers les États en développement

■ **Les 500 premières firmes multinationales, 2019**

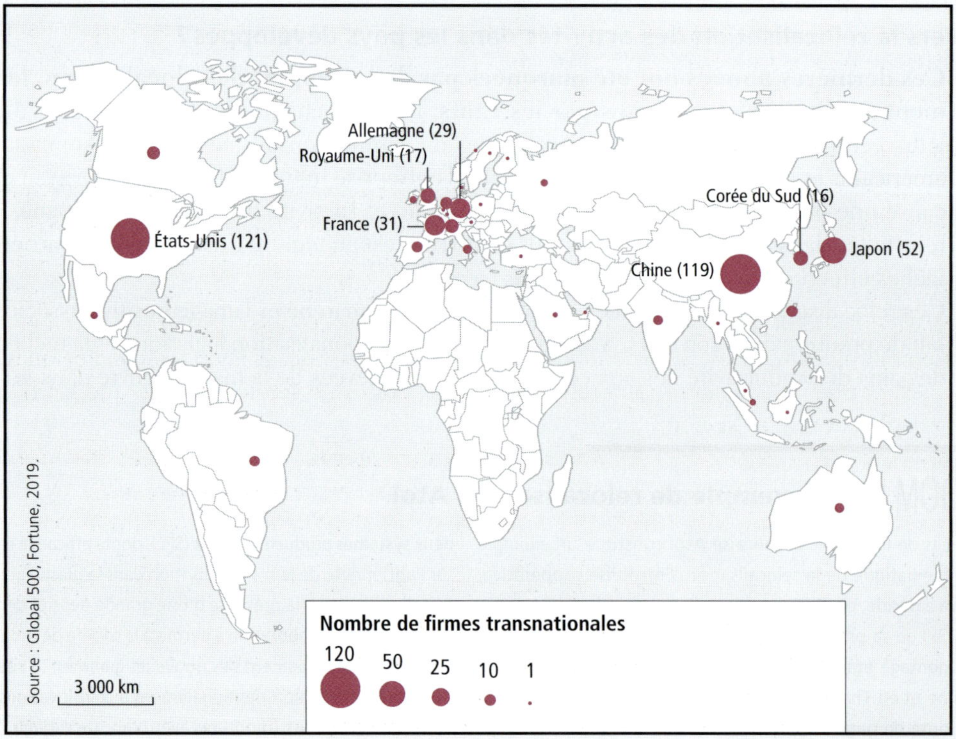

ont dépassé ceux à destination des pays développés qui, en 2014, n'en représentaient plus que 41 % contre 67 % en 2006. Cependant, **à partir de 2015, on assiste à un retournement de tendance, les pays développés attirant un peu plus de la moitié des IDE depuis lors (52 % en 2019)**, sous l'effet de la reprise américaine et de l'effondrement du cours des matières premières qui a réduit les investissements vers les pays producteurs du Sud.

2. Une nouvelle répartition des tâches

Dans les années 1990, avec la réorganisation de leur structure, une nouvelle répartition des tâches s'est esquissée entre pays développés et pays émergents. Suivant le modèle de la firme sans usine incarnée par Nike, **les entreprises occidentales ont voulu se réserver les fonctions de commandement, la recherche-développement, la distribution, et confier une partie croissante de la fabrication aux pays émergents**. En effet, les segments les plus profitables du processus de production se situent désormais avant et après la fabrication (ce que le fondateur du groupe taïwanais ACER, Stan Shih, a schématisé dans la *smiling curve*). Le système productif mondial s'est ainsi transformé en un réseau associant le savoir-faire du Nord et la main-d'œuvre du Sud, les hautes technologies et les bas salaires.

La réorganisation des entreprises explique en partie l'évolution de la géographie industrielle mondiale. Elle a permis l'industrialisation des pays émergents, qui ont bénéficié de transferts de technologie venant des firmes occidentales. Elle a rendu le développement plus accessible car il n'est plus nécessaire pour ces pays de maîtriser tous les stades de la production : il leur suffit de se spécialiser dans une tâche. Dans le même temps, **la désindustrialisation des pays développés s'est amplifiée**. Entre 2000 et 2019, la part de l'industrie dans la valeur ajoutée de l'UE est passée de 27,8 % à 24,8 %, de 23 % à 18 % aux États-Unis entre 1997 et 2017 (secteur de la construction compris dans les deux cas). Malgré ce recul, les pays développés assurent encore environ la moitié de la production industrielle mondiale.

3. De la complémentarité à la concurrence

Le modèle bipolaire, qui repose sur la complémentarité entre pays développés et pays émergents, a été remis en cause à partir des années 2000. Les entreprises des pays développés ont aussi délocalisé leur recherche-développement (R&D) afin de favoriser l'innovation en s'installant près des pôles locaux d'excellence. La compétitivité des grandes entreprises repose aujourd'hui sur leur capacité à apprendre dans le monde entier. Le Nord ne peut plus prétendre avoir le monopole de l'innovation. Les avancées technologiques ont aussi permis la délocalisation croissante des fonctions de service, si bien que les IDE se redéploient vers ce secteur.

Dans le même temps, **les firmes des pays émergents sont devenues des acteurs économiques mondiaux qui concurrencent les entreprises occidentales**. On trouve 124 firmes chinoises dans les 500 plus grandes en 2020 selon *Fortune*, sept firmes indiennes et autant de brésiliennes. Les investissements de ces entreprises se dirigent vers d'autres pays émergents, mais aussi vers les pays développés, où certaines d'entre elles ont effectué des rachats spectaculaires, comme le groupe indien Tata qui, en 2005, a acquis les fleurons de l'industrie automobile britannique Land Rover et Jaguar. Ces grandes entreprises émergentes poursuivent plusieurs objectifs : diversification des approvisionnements en matières premières, conquête des marchés des pays en développement, transferts de technologies, accès aux grands marchés mondiaux…

ZOOM ▶ Les stratégies des firmes transnationales chinoises

Les grandes firmes chinoises se sont affirmées comme des acteurs économiques mondiaux dans des secteurs très divers : pétrole avec Sinopec et CNPC, acier avec Baosteel, électroménager avec Haier, automobile avec Geely, pharmacie avec China Worldbest Group. Dans les nouvelles technologies, les BATX (Baidu, Alibaba, Tencent, Xiaomi), avec Huawei, sont les seules rivales des GAFAM américaines.

La particularité de ces grandes entreprises est qu'une grande partie d'entre elles sont des entreprises d'État qui bénéficient sur leur marché intérieur de situation de monopole ou d'oligopole. La SASAC (*State-owned Assets Supervision and Administration Commission*), une immense holding, supervise les participations de l'État dans ces groupes dont elle favorise la concentration pour constituer des géants mondiaux. À la suite de l'admission de la Chine à l'OMC en 2001, l'État a aussi incité les entreprises à s'internationaliser par la politique du *Go Abroad* (2002). Les grands groupes chinois ont choisi différentes stratégies. Certains d'entre eux ont investi dans les autres pays émergents ou dans les pays plus pauvres en quête de nouveaux marchés, d'une main-d'œuvre meilleur marché ou de matières premières. D'autres ont choisi de s'installer directement dans les pays développés. Ils ont su profiter de la réorganisation des grandes firmes occidentales pour acheter des activités industrielles abandonnées par celles-ci : Lenovo s'est emparé de la division PC d'IBM en 2004 alors que le géant américain se reconvertissait vers les services informatiques. Les firmes chinoises entendent aussi monter en gamme en rachetant des technologies des pays développés : TCL a ainsi acquis Thomson Multimedia en 2004, le groupe Midea s'est emparé de l'entreprise allemande de robots Kuka en 2016 et Tencent d'Ubisoft en 2018. Leur objectif peut être aussi d'acquérir une réputation internationale par l'achat de marques, comme Geely avec l'achat de Volvo en 2009.

D. LES TERRITOIRES DES FIRMES TRANSNATIONALES

1. Une sélection très réduite d'espaces à l'échelle mondiale

La mondialisation croissante des firmes transnationales n'a pas entraîné une diffusion égale des activités économiques dans l'espace mondial. Elle repose en effet sur une très forte concentration géographique des investissements. À eux seuls, huit

■ Évolution des stocks d'IDE entre 2006 et 2017

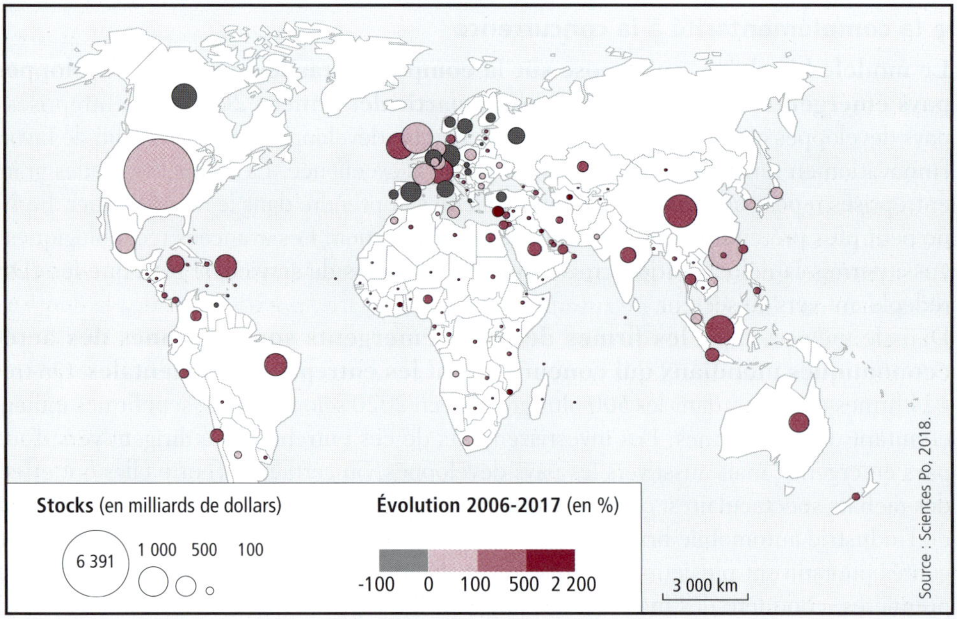

pays développés sont responsables des deux tiers des stocks d'IDE sortants. Les investissements dans les pays en développement ne concernent qu'une poignée de pays : les BRICS concentrent ainsi la moitié des IDE entrants des pays en développement et en transition en 2019. L'Asie de l'Est et du Sud-Est a vu sa part dans les IDE entrants passer de 13,3 % à 25 % entre 2006 et 2019. En revanche, la part de l'Afrique a stagné : en 2015, le continent n'attire qu'à peine 3 % des IDE entrants. Enfin, la délocalisation de la R&D ne concerne qu'un nombre restreint de pays émergents : la Chine, l'Inde et le Brésil.

2. Des firmes globales régionalisées

Plutôt que d'aboutir à une globalisation des firmes, leur déploiement international repose avant tout sur une logique régionale. Les grandes entreprises ont réorganisé leur production et leur investissement au sein de l'Union européenne pour les firmes européennes, de l'Asie orientale pour les japonaises, de l'ALENA pour les américaines. Leurs investissements favorisent la domination de ces trois grandes régions économiques du monde.

L'économie actuelle n'est donc pas totalement intégrée, mais fonctionne selon un emboîtement d'économies nationales, de blocs régionaux et de logiques plus globales. L'affirmation de l'échelle régionale a conduit à une réorganisation interne de la structure des firmes transnationales. Les filiales-relais, qui produisaient pour le marché local, ont été remplacées par des filiales spécialisées qui alimentent un marché régional ou réexportent leur production vers les grands marchés internationaux.

3. L'impact sur les espaces nationaux

La polarisation liée à l'activité des firmes est aussi interne aux espaces nationaux. Les grandes entreprises concentrent leurs investissements dans quelques régions, **ce qui aggrave les inégalités de la géographie économique interne aux territoires nationaux**. En Allemagne, entre 1995 et 2017, les trois quarts des IDE se sont dirigés vers quatre länder de l'ouest et du sud-ouest du pays. En France, les deux tiers des emplois des entreprises étrangères sont situés en Île-de-France, dans le Nord, le Grand Est et la Région Auvergne-Rhône-Alpes. Il en est de même dans les pays émergents, dans lesquels les firmes investissent dans les espaces tournés vers l'extérieur, comme la Chine littorale ou le Sudeste brésilien, au détriment des régions de l'intérieur. Dans ces États, leur installation a été aussi stimulée par la création de **zones économiques spéciales*** : selon la CNUCED, en 2019, il en existe 5 383, dont 93 % se situent dans un pays en développement et près de la moitié en Chine. Dans les pays plus pauvres, les implantations des firmes étrangères correspondent à des **logiques d'enclaves**. L'exploitation des ressources locales ne concerne que des espaces très réduits et n'a que peu d'effets sur les territoires environnants.

La stratégie géographique des firmes transnationales privilégie les espaces où elles peuvent bénéficier de nombreuses externalités positives grâce à la densité des infrastructures et à la grande variété des acteurs, des ressources financières et humaines qui s'y trouvent. **Les firmes transnationales ont ainsi favorisé la métropolisation.** L'éclatement de la production a renforcé les fonctions de coordination au sein de leur siège social situé dans les grandes villes. **Douze métropoles seulement accueillent la moitié d'entre eux.** Les FTN y bénéficient de la présence d'entreprises qui les conseillent dans l'organisation de leurs activités : services financiers, marketing, audit, conseil, droit, informatique. De

DÉFINITION

Zone économique spéciale : espace clairement délimité dans lequel les entreprises échappent au régime commun en vigueur dans le pays d'accueil, surtout dans les domaines douanier et fiscal.

même, **les entreprises transnationales ont concentré leur production, leur R&D et leur réseau de sous-traitants autour de districts industriels et de technopoles (ou *clusters**) locaux ou régionaux**. Les logiques de l'innovation ont ainsi tendance à renforcer la polarisation des territoires nationaux. Aux États-Unis, selon Enrico Moretti, la géographie de l'innovation oppose l'archipel dynamique des espaces métropolitains et des grands clusters (Seattle, Boston, Silicon Valley, Austin, Research Triangle Park de Raleigh) à un océan de régions peu actives. Le cas américain comme l'exemple allemand montrent que, dans l'économie contemporaine, les entreprises isolées géographiquement sont en difficulté.

III. Un acteur tout-puissant ?

A. UN ACTEUR DOMINANT DE L'ÉCONOMIE MONDIALE

1. Une position centrale dans l'économie mondiale

Les firmes transnationales apparaissent comme les acteurs dominants de l'économie mondiale. En 2017, elles assurent un tiers du commerce mondial, emploient 72 millions de personnes (moins de 4 % du total des actifs dans le monde) et réalisent 57 % du PIB mondial. Les 500 plus grandes entreprises génèrent 80 % du stock IDE.

Leur poids économique explique que les firmes exercent une influence sur les règles économiques mondiales. Avec la libéralisation de l'économie engagée à partir des

Les dix premières firmes transnationales en 2019

Nom de la firme	Chiffre d'affaires en milliards de $	PIB, 2019 (source : Banque mondiale)
Walmart, États-Unis (grande distribution)	524	Belgique : 529
Sinopec Group, Chine (pétrole)	407	Norvège : 403
State Grid, Chine (électricité)	384	Irlande : 388
China National Petroleum, Chine (pétrole)	379	Singapour : 372
Royal Dutch Shell, Pays-Bas/Royaume-Uni (pétrole)	352	Afrique du Sud : 351
Saudi Aramco, Arabie saoudite (pétrole)	330	Colombie : 323
Volkswagen, Allemagne (automobile)	283	Bangladesh : 302
BP, Royaume-Uni (pétrole)	283	Chili : 282
Amazon, États-Unis (commerce en ligne)	281	Pakistan : 278
Toyota Motor, Japon (automobile)	275	Finlande : 268

Fortune Global 500, 2019.

DÉFINITION

***Cluster*:** concentration géographique d'entreprises interdépendantes, fournisseurs de biens et de services dans des branches industrielles proches, qui coopèrent avec leurs concurrentes et avec des universités et des centres de recherche localisés à proximité.

années 1980, la régulation d'une frange croissante de l'économie se fait selon les règles de la *lex mercatoria*, c'est-à-dire par des normes, des procédures, des règles établies par entente entre les grandes entreprises. Ainsi, les normes comptables internationales adoptées depuis 2005 ont été définies par les grands cabinets internationaux d'audit. Les firmes exercent aussi un pouvoir très important sur les prix. Dans le cadre d'une économie mondiale dominée par de grands oligopoles, la tentation a été forte de développer des alliances informelles, des cartels, afin de limiter la concurrence et de maintenir des prix élevés.

2. Des instruments d'influence

Pour peser sur les décisions économiques internationales, les firmes ont créé diverses structures d'influence. La plus célèbre d'entre elles est le Forum économique mondial, organisé chaque année depuis 1971 dans la station de sports d'hiver suisse de Davos, qui réunit plus d'un millier d'entreprises transnationales. Le Forum s'est imposé comme le lieu incontournable de rencontres entre les grandes entreprises, les milieux financiers et les dirigeants politiques.

Les grandes entreprises ont aussi créé des structures de lobbying. Ainsi, Business-Europe, créée en 1958, réunit une quarantaine de fédérations d'employeurs de 34 pays. En 1983, est fondé le *European Round Table of Industrialists*, qui rassemble des représentants des 45 plus grandes firmes européennes. En 1995, est créé le *Transatlantic Business Dialogue* (TABD, ou Dialogue économique transatlantique, devenu le Conseil transatlantique des Entrepreneurs en 2013) entre les entreprises américaines et européennes. Les grandes banques mondiales se sont aussi réunies au sein de l'*Institute of International Finance* pour accélérer la déréglementation du secteur. À l'initiative de Microsoft, de grandes entreprises américaines de technologie ont créé l'*Americans for Technology Leadership* pour défendre leurs intérêts auprès de l'État américain et s'assurer le soutien des consommateurs.

Washington et Bruxelles sont ainsi devenus les capitales mondiales du lobbying : dans l'UE, 6 000 professionnelles sont reconnues (elles regroupent aussi bien des organisations patronales que des syndicats). En 2016, le budget cumulé des lobbies des affaires dans l'UE équivaudrait à 1,2 milliard de dollars. Aux États-Unis, ce montant est estimé à 2,8 milliards de dollars.

3. Un rôle majeur dans les décisions économiques

S'appuyant sur ces structures, les grandes entreprises sont parvenues à peser sur certaines grandes décisions internationales, en particulier dans l'UE. L'*European Round Table of Industrialists* a favorisé l'instauration de l'Union économique et monétaire. L'essentiel des réunions organisées par la Direction générale du commerce de l'UE en vue de préparer le mandat des négociations du TTIP a concerné des dirigeants des grandes entreprises européennes.

Les lobbies tentent d'empêcher l'adoption de réglementations plus contraignantes. Les firmes européennes de la chimie ont tenté d'entraver la directive REACH sur l'évaluation des risques sanitaires des produits chimiques, qui a finalement été adoptée en 2007. Monsanto a tenté d'empêcher l'interdiction de l'utilisation du glyphosate par l'UE et a fini par obtenir, en 2017, une prolongation de cinq ans de son autorisation. 60 % des experts auprès de l'Autorité européenne de sécurité des aliments sont accrédités par des grandes firmes agroalimentaires. Quant aux banques, elles se sont mobilisées en 2008-2009 pour éviter le rétablissement d'un contrôle plus strict sur leurs activités.

Les firmes ont aussi une influence sur la politique des grandes organisations internationales. C'est sous la pression des grands groupes financiers américains que l'OMC a inclus les services dans les négociations commerciales internationales. Douze firmes américaines de l'industrie pharmaceutique, du divertissement et de l'informatique ont écrit ce qui allait devenir l'Accord sur les aspects des droits de propriété intellectuelle qui touchent au commerce (TRIPS) en 1995.

B. LES LIENS ÉTROITS AVEC L'ÉTAT

1. Les États sous la contrainte des entreprises

Le développement des firmes transnationales est un défi pour le pouvoir de l'État. Les firmes exercent une pression sur la législation nationale. Certaines entreprises n'hésitent pas à pratiquer un chantage à la délocalisation pour assouplir le droit du travail : en 2008, les salariés de Peugeot Cycles ont évité la délocalisation de la production vers Taïwan en acceptant une réduction de leur RTT. Les firmes jouent ainsi sur l'existence d'un système différencié d'États en utilisant la diversité des législations et les inégalités de développement afin de mettre en concurrence les territoires.

Les grandes entreprises exercent aussi une grande influence sur la politique fiscale des États. Ceux-ci ont adopté des mesures favorables aux intérêts des entreprises transnationales. Les zones franches se sont ainsi multipliées dans tous les pays afin d'attirer les IDE. En France, différents dispositifs fiscaux permettent aux grandes entreprises d'être moins imposées que les PME. Les États développés ont aussi baissé les impôts sur les sociétés : le taux d'imposition sur les sociétés a été ramené de 35 % à 21 % aux États-Unis en 2018 tandis qu'en France, Emmanuel Macron voudrait le ramener de 33 % à 25 % d'ici 2022.

Malgré ces mesures accommodantes, les firmes contournent les systèmes fiscaux nationaux en utilisant massivement les paradis fiscaux pour placer leur argent, y déclarer leurs bénéfices (40 % en 2017) et trouver plus facilement des financements. Les paradis fiscaux représentent ainsi un tiers des stocks d'IDE. En 2019, les Pays-Bas et l'Irlande, qui offrent des législations fiscales très favorables aux FTN, sont les 4e et 5e destinations des IDE, les îles Vierges britanniques la 7e. 20 % des FTN allemandes et 59 % des FTN américaines possèdent au moins une filiale dans un paradis fiscal. L'économiste Gabriel Zucman estime la perte de recettes fiscales liée aux FTN et aux particuliers à 350 milliards de dollars en 2017.

2. Des intérêts partagés

La logique des États et celles des firmes ne s'opposent pourtant pas. La complémentarité l'emporte bien souvent. Les grandes entreprises se sont dotées, au sein de leur direction, d'un bureau chargé des relations avec les gouvernements. Dirigeants d'entreprise et représentants des États se rencontrent très régulièrement pour partager leurs analyses sur les évolutions économiques et informations. Les entreprises trouvent aussi dans leur espace national des réglementations fiscales avantageuses, un accès privilégié aux marchés publics (aux États-Unis) et des aides publiques (elles représentent 6 % du PIB aux États-Unis).

Les États considèrent aussi les grandes entreprises comme des instruments d'influence extérieure. Toutes les grandes puissances économiques poussent leurs champions nationaux. Chinois comme Indiens voient dans l'influence internationale de leurs grands groupes le symbole de l'ascension de leur pays vers la puissance mondiale. Les grandes entreprises sont aussi devenues des acteurs de la diplomatie. Leurs dirigeants sont consultés régulièrement par les chancelleries. Ils accompagnent de manière systématique les chefs d'État lors de leurs déplacements officiels.

3. Le pouvoir renforcé des États sur les FTN

Sur fond de guerre économique entre les grandes puissances, **les États ont renforcé la protection des FTN nationales contre les fusions-acquisitions menées par des entreprises étrangères dans des secteurs considérés comme stratégiques pour la sécurité nationale.** La loi FIRRMA, votée en 2018, renforce le contrôle de l'État américain sur les investissements étrangers. Le Comité pour l'investissement étranger aux États-Unis (CFIUS) s'est ainsi opposé, en mai 2018, au rachat de Qualcomm, un des géants des semi-conducteurs, par le groupe de Singapour Broadcom. En France, les secteurs stratégiques, définis en 2004, ont vu leur nombre s'étendre en 2014 et en 2018. **L'acquisition d'une grande entreprise nationale par une société étrangère se négocie souvent directement avec le gouvernement**, comme l'a montré l'achat de la branche énergie d'Alstom par General Electric en 2014.

Le contrôle des États sur les grandes entreprises s'exerce également par le biais de la participation publique, totale ou partielle, à leur capital. Ainsi, en 2019, 1 500 FTN à capitaux publics contrôlent 10 % des filiales mondiales. Seize d'entre elles sont parmi les 100 premières firmes mondiales, notamment les grandes entreprises d'État chinoises. C'est cependant en Europe que l'on en trouve le plus grand nombre, mais les pouvoirs publics n'y ont souvent qu'une participation minoritaire (par exemple, 20 % dans le capital de Volkswagen, 13 % dans celui de PSA). Ces entreprises sont surtout présentes dans les secteurs de l'énergie, des mines, des télécommunications et des transports.

ZOOM ▶ Le patriotisme économique est-il une stratégie économique viable ?

Depuis les années 2000, face à la concurrence des émergents, puis en réponse aux effets de la crise de 2008, les appels au patriotisme économique ont fleuri dans les pays développés. Le Brexit, l'élection de Donald Trump et la crise du coronavirus ont encore davantage placé cette thématique au cœur des préoccupations des gouvernements, qui prétendent retrouver leur souveraineté économique.

Le patriotisme économique consiste à défendre les positions des entreprises nationales dans la concurrence mondiale, à les protéger sur leur marché national, à les inciter à développer leurs activités sur leur territoire. Il suppose aussi de renforcer l'action de l'État, en particulier par des politiques industrielles actives. Ainsi, aux États-Unis, Donald Trump a-t-il fait pression sur Ford pour que la firme renonce à construire une nouvelle usine au Mexique. En 2018, il a abaissé la taxe sur le rapatriement des profits des entreprises placées à l'étranger afin de relancer l'investissement aux États-Unis. En plus des hausses des tarifs douaniers, il a renforcé la protection des entreprises américaines contre des rachats par des sociétés étrangères et s'en est pris aux grandes firmes chinoises.

Ces mesures politiques se heurtent cependant à la logique des chaînes de valeur globales. En empêchant Huawei de se fournir en composants aux États-Unis, Washington pénalise aussi Qualcomm, une entreprise californienne qui fournissait le géant chinois. L'incitation au retour des usines sur le sol américain a été peu entendue par des firmes. De même, la réforme fiscale de 2018 ne les a pas amenées à relancer leurs investissements. Cet échec illustre les limites de l'action de l'État dans une économie régulée par les acteurs privés. En outre, si, comme ils le souhaitent, les États veulent retrouver un rôle plus important, cela implique qu'ils disposent de ressources financières importantes. Or, les États occidentaux sont très endettés, situation que la crise sanitaire de 2020 aggrave encore. Enfin, le thème de la souveraineté économique nourrit souvent dans l'opinion le fantasme de l'autarcie économique. Or, le véritable enjeu est le degré d'ouverture et de régulation des économies (Élie Cohen) et non une fermeture aussi illusoire que dangereuse.

■ **Entreprises publiques ou à participation publique, 2017**

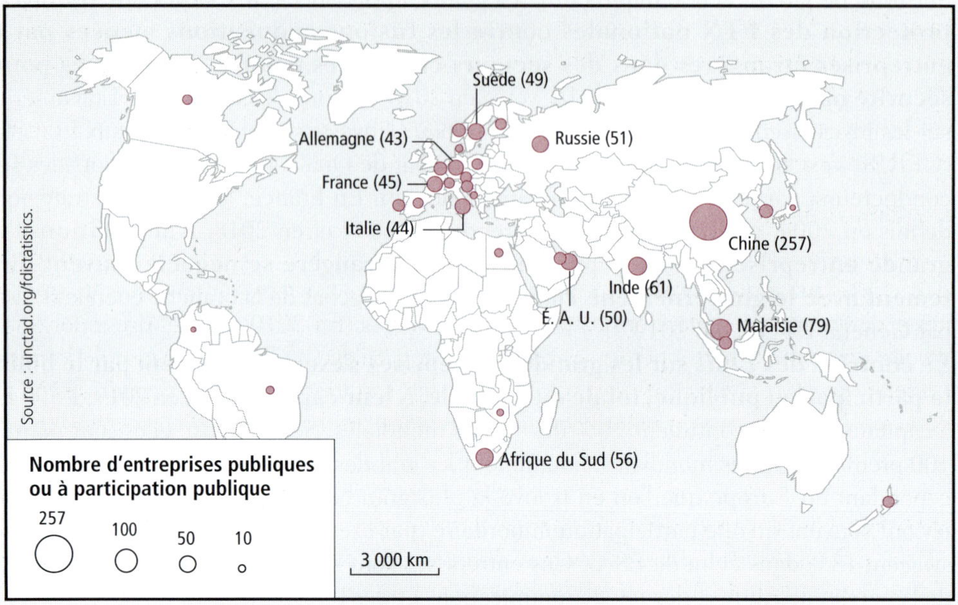

C. FTN ET DÉSÉQUILIBRES MONDIAUX

1. Les FTN, actrices des déséquilibres mondiaux

La concentration a renforcé les logiques de rente qui affectent l'efficacité de l'économie et accentuent les inégalités sociales. Le cas le plus emblématique est celui des États-Unis. Depuis les années 2000, les grandes entreprises ont resserré leur emprise sur leur domaine d'activité, ce qui leur a permis d'augmenter leurs profits. Mais le déclin de la concurrence qui en découle les a amenées à diminuer leurs investissements. Il a aussi entraîné une baisse de l'innovation, un déclin de la productivité et un moindre dynamisme de l'entrepreneuriat. Les choix opérés par les entreprises expliqueraient, en outre, un tiers de la hausse des inégalités sociales entre 1978 et 2013. La concentration a été favorisée par des politiques favorables aux intérêts des grandes firmes et par une moindre application de la législation sur la concurrence, deux évolutions liées à l'intense lobbying de ces entreprises et à leurs contributions au financement des campagnes électorales, qui n'est plus plafonné.

La délocalisation de la production dans les pays en développement a permis aux FTN d'augmenter leurs profits au prix de l'exploitation de la main-d'œuvre locale, qui est soumise à des conditions de travail très dures pour des salaires très faibles et qui ne dispose d'aucune protection sociale ni d'organisation syndicale. En 2013, l'effondrement à Dacca (Bangladesh) du Rana Plaza, un bâtiment qui abritaient des ateliers textiles travaillant pour les grandes marques occidentales et qui a fait 1 500 morts, a révélé la réalité de cette exploitation et le non-respect de normes de sécurité élémentaires. À la suite de cette tragédie, une loi a été votée en France, qui impose un devoir de vigilance aux FTN et à leurs sous-traitants concernant les droits humains (travail des enfants, travail forcé, non-respect de la liberté syndicale, locaux non conformes aux normes de sécurité, etc.) et de l'environnement.

Enfin, les FTN exercent un très fort impact sur l'environnement. Cent FTN auraient causé 71 % des émissions de gaz à effet de serre entre 1988 et 2017, au premier rang desquels se trouvent les grands groupes énergétiques. Leur responsabilité a aussi été pointée dans la déforestation, avec le recours à des bois d'origine illégale. La pollution liée aux activités minières est dénoncée à la fois par les ONG internationales et, de manière croissante, par les populations locales, qui en sont les principales victimes (par exemple, en Amérique du Sud).

2. La pression de la société civile

Depuis les années 1990, les firmes transnationales sont confrontées aux campagnes des ONG qui dénoncent leurs pratiques. Greenpeace a ainsi obtenu en 1995 que Shell cesse d'immerger ses plateformes pétrolières vétustes. En 2010, l'entreprise indonésienne d'huile de palme Smart a perdu ses contrats avec Unilever et Nestlé à cause de la mise en évidence par Greenpeace de son rôle dans la déforestation. En 2018, plusieurs ONG ont dénoncé Nike à cause du prix du maillot de l'équipe de France à 140 euros alors que son coût de revient était de 3 dollars.

Les organisations internationales ou régionales tentent aussi d'encadrer les activités des firmes transnationales. L'UE, en tant que gardienne de la concurrence, a condamné Microsoft à trois reprises (en 2004, 2008 puis 2013) à payer de fortes amendes, d'un montant cumulé de 1,918 milliard de dollars, pour non-respect de la concurrence. En 2016, la Commission européenne a lancé une procédure antitrust contre Google à propos de son système Android et réclamé qu'Apple verse 13 milliards d'euros d'arriérés d'impôts à l'État irlandais. Elle a condamné le fabricant de puces Qualcomm, en 2018, pour abus de position dominante. Son aval est nécessaire à toute fusion-acquisition d'envergure : en 2019, elle a par exemple rejeté la fusion entre Siemens et Alstom dans le matériel ferroviaire.

Les principales organisations internationales essaient d'associer les grandes entreprises à la gouvernance mondiale. En 1999, au Forum économique mondial de Davos, le Secrétaire général de l'ONU a proposé un « pacte mondial » entre l'ONU et les entreprises, lancé en 2000 sous le nom de « Global Compact », pour que ces dernières s'engagent à respecter dix principes, dont le respect des droits de l'homme, le développement de normes sociales plus strictes, la protection de l'environnement et la lutte contre la corruption. Un projet de traité international sur la question des entreprises et des droits humains est en négociation à l'ONU.

3. Une évolution des pratiques

Sous la pression des opinions publiques nationales et des autres acteurs transnationaux, **les grandes entreprises se sont lancées dans des programmes visant à se présenter comme des acteurs responsables et actifs dans la résolution des défis qui concernent l'espace mondial**. Des codes de bonne conduite ont été rédigés pour le respect de normes sociales et environnementales : en 2000 par les grandes entreprises minières, en 2006 dans le secteur du jouet. Les firmes transnationales se sont également dotées de plans internes de développement durable pour limiter les effets de leurs activités sur l'environnement. Elles ont choisi de **coopérer avec les ONG**. Une banque d'entreprises pour le développement a été créée par six ONG, dont Oxfam, et sept firmes transnationales, parmi lesquelles Siemens. Des partenariats directs ont été établis, comme celui entre Carrefour et la Fédération internationale des droits de l'homme à propos des normes sociales chez les fournisseurs.

Cette évolution n'est pas sans poser certaines questions. **Le développement durable est souvent instrumentalisé par les entreprises dans leur stratégie de communication, ce que les Anglo-Saxons appellent le «*window dressing*».** Il est aussi devenu un nouveau secteur économique susceptible d'engendrer des profits importants. Même si les entreprises ont pris conscience de leur part de responsabilité dans les effets négatifs de la mondialisation, elles entendent toujours limiter les contraintes réglementaires et défendent une régulation de ces problèmes par le seul secteur privé.

ZOOM ▶ La responsabilité sociale des entreprises

La responsabilité sociale des entreprises (RSE) est un concept qui s'est développé dans les années 1990. Elle repose sur l'idée que les activités de l'entreprise ne doivent pas profiter qu'aux actionnaires (*shareholders primacy*), mais aussi à toutes les parties prenantes à la vie de l'entreprise (*stakeholders*) : salariés, consommateurs, fournisseurs. Il s'agit aussi de développer une véritable gouvernance de l'entreprise, qui associe tous les acteurs en jeu, y compris des représentants de la société. En effet, au-delà de ses simples fonctions économiques, la responsabilité de l'entreprise s'étend aux grands enjeux globaux. L'entreprise se présente comme un acteur majeur du développement durable, et notamment comme un défenseur de l'environnement. Le bénéfice qu'elle en retire ne se limite pas à une image plus positive. L'entreprise responsable se prétend plus profitable par les meilleures conditions de travail qu'elle propose. La RSE a entraîné l'essor des investissements socialement responsables (ISR) qui intègrent dans les choix d'investissement des valeurs sociales, culturelles, éthiques. En France, leur montant est passé de 9 milliards d'euros en 2005 à 860 milliards en 2019.

3 L'ESSOR DES FLUX DE MARCHANDISES ET DE SERVICES

Alors qu'au début du XIXe siècle, le commerce mondial ne représentait qu'un pour cent de la production mondiale, il en représente près d'un tiers aujourd'hui, après avoir été multiplié par mille quand, dans le même temps, la richesse mondiale était multipliée par quarante[1]. Ce contraste saisissant illustre combien la mondialisation contemporaine est intimement liée à l'accroissement quantitatif des échanges marchands internationaux. Il s'agit sans doute là de l'une des facettes de la mondialisation les plus tangibles pour tout un chacun, tant il est devenu banal de consommer des biens – et, de manière sans doute moins visible, d'utiliser des services – produits ailleurs dans le monde, et souvent fort loin. Les flux commerciaux sont également un révélateur très puissant des logiques économiques et politiques abordées dans d'autres chapitres (montée en puissance des firmes multinationales, libéralisation des marchés et régionalisation, circulation des informations et des capitaux). Il importe ici de saisir la nature et les ordres de grandeur des flux commerciaux, les facteurs (techniques et organisationnels) qui les construisent et les redéfinissent, et leur distribution géographique qui montre de manière évidente combien la mondialisation consiste fondamentalement en une sélection et une hiérarchisation des espaces, ce qui n'empêche pas l'émergence de nouvelles puissances et de nouvelles interdépendances commerciales.

Notions principales

Conteneurisation : part croissante du transport par conteneurs au sein du commerce mondial.
Accords méga-régionaux : accords commerciaux entre zones commerciales qui visent à harmoniser les normes.

CHRONOLOGIE

1947 : Signature de l'Accord général sur les tarifs douaniers et le commerce (GATT).
1956 : Invention du principe du conteneur par le transporteur routier américain Malcolm McLean.
1970 : Création d'Airbus Industrie issue d'un partenariat franco-allemand.
1992 : Signature de l'Accord de libre-échange nord-américain (ALENA) entre les États-Unis, le Canada et le Mexique. Il entre en vigueur le 1er janvier 1994.
1994 : Signature à Marrakech de l'Accord général sur le commerce des services (AGCS) pour libéraliser les échanges mondiaux de services.
1995 : Entrée en vigueur de l'Organisation mondiale du commerce (OMC), qui succède au GATT.
1997 : Accord sur la libéralisation des services financiers.
2001 : Entrée de la Chine à l'OMC.
2003 : Fusion Air France-KLM.
2005 : Fin des quotas sur le commerce des textiles dans le monde sous l'égide de l'OMC (Accord sur les textiles et les vêtements et Accord multifibres).
2007 : Le traité de Lisbonne réaffirme le principe de la coordination des transports à l'échelle européenne.
2009 : Contraction, pour la première fois depuis 1945, du commerce mondial.

1. Maddison, 2002.

2013-2016 : Cycle de négociations entre la Commission européenne et les États-Unis pour la préparation du traité de libre-échange transatlantique (TAFTA).

2016 : Le traité CETA (*Comprehensive Economic and Trade Agreement*) est signé entre l'UE et le Canada. Il doit encore être ratifié par le Parlement européen et les Parlements des 27 membres de l'UE.

2016 : Les électeurs britanniques en choisissant de quitter l'UE et les électeurs américains en élisant Donald Trump votent pour le protectionnisme et contre la libéralisation des échanges.

2019 : Accord de libre-échange UE-Mercosur.

I. Un monde de flux et de réseaux

A. LES ÉCHANGES COMMERCIAUX : UN MARCHÉ MONDIAL ?

1. La remise en cause du poids du commerce international dans l'économie mondiale

Si le commerce international reste très sensible à des évolutions conjoncturelles, comme l'illustre son effondrement en 2008-2009 dans un contexte de crise économique mondiale (baisse de 12 %), **sa croissance est restée structurellement plus élevée que la croissance du PIB entre la fin de la Seconde Guerre mondiale et le début des années 2010**. Depuis 2012, en revanche, la croissance du commerce est nettement inférieure à celle du PIB, pourtant en net ralentissement. Le commerce s'accroissait d'environ 8 % par an au début du XXIe siècle, le double de la croissance mondiale, un taux qui s'est tassé autour de 2 % par an (1,6 % selon l'OMC, en 2016, deux fois moins que la croissance du PIB mondial). Trois échelles d'explication peuvent être avancées :

– des choix stratégiques de la part des entreprises expliquent d'abord ce ralentissement. L'extension des **chaînes de valeur globale** a montré ses limites, et les **FTN** préfèrent de plus en plus produire à proximité des marchés de consommation. Or, 60 % du commerce international correspondent à des échanges intragroupes ;

– sous la pression des opinions publiques, les **gouvernements** adoptent par ailleurs des positions de moins en moins favorables au libre-échange, n'hésitant plus à promouvoir ouvertement un néo-protectionnisme. D'un autre côté, les excédents commerciaux excessifs déstabilisent l'économie des géants des exportations : la Chine, notamment, rééquilibre sa croissance au profit de son marché intérieur, et affaiblit proportionnellement le commerce mondial dont elle est devenue la locomotive. La part des importations de pièces détachées et de composants dans la totalité des exportations chinoises est ainsi passée d'un pic de 60 % au milieu des années 1990 à 35 % actuellement ;

– enfin, thèse discutée, pour certains économistes ou analystes (Larry Summers, Robert Gordon), les pays riches entrent depuis le début des années 2010 dans une phase de **stagnation séculaire**, un processus durable de croissance molle liée à la baisse, incontestable, des gains de productivité.

Les composantes du commerce mondial restent cependant stables depuis les années 1960, hormis une diminution régulière de la part des produits primaires (20 % des échanges en 1967) : **un quart de services, environ 60 % de biens manufacturés et 15 % de produits primaires**.

Évolution du commerce et du PIB 2008-2018

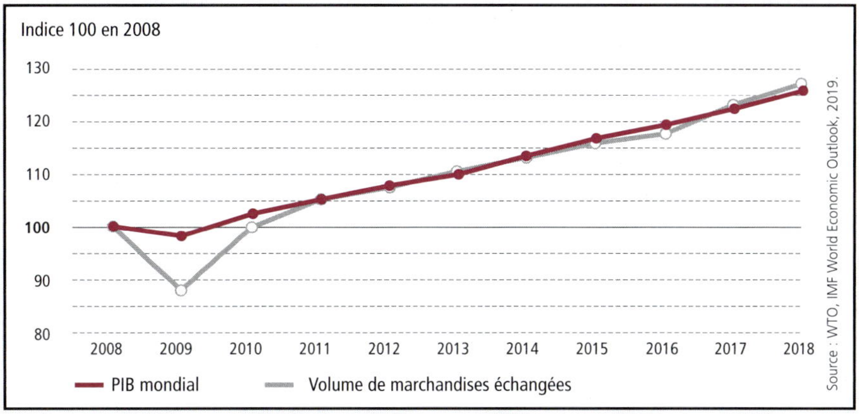

Depuis 10 ans, on constate une croissance identique du commerce et du PIB mondial.

2. Une hiérarchie stable des puissances commerciales

Les États-Unis sont le premier importateur et le deuxième exportateur (derrière la Chine) de marchandises, avec un commerce total de 5,6 milliards de dollars EU en 2019 mais un déficit commercial correspondant à plus de 5 % de leur PIB. La Chine et l'Allemagne (3e exportateur) se singularisent par leur net excédent commercial (respectivement 2 % et 7 % du PIB). Les échanges de marchandises et de services dessinent nettement un monde coupé en deux, avec d'un côté l'Amérique du Nord, l'Europe et l'Asie qui dominent les importations et les exportations dans ces deux secteurs, et de l'autre l'Amérique latine, l'Afrique, le Moyen-Orient et la CEI qui contribuent au mieux à 15 % des échanges (alors qu'ils représentent 30 % de la population mondiale).

3. Des secteurs commerciaux inégalement mondialisés

Le **secteur manufacturier** occupe une place majoritaire et croissante depuis au moins les années 1950 dans le commerce mondial, jusqu'à une stabilisation relative autour de 65 % dans les années 2000. Les biens échangés dans ce secteur sont surtout les **biens d'équipement** (machines, outils, véhicules professionnels) et les **biens de consommation** (c'est-à-dire les produits destinés à l'usage du consommateur final, comme une montre, une paire de jeans ou une automobile), chacun représentant environ 20 % du commerce de marchandises.

ZOOM ▶ Définir et mesurer le degré d'ouverture des économies nationales

L'ouverture économique d'un pays correspond à son niveau de participation aux échanges internationaux. Plusieurs indicateurs permettent de le mesurer :

• **le taux d'ouverture** est défini par le rapport entre les exportations (notées X) et les importations (notées M) de biens et de services, selon la formule :

Taux d'ouverture = [(X + M)/2 / PIB] × 100

Ce taux diffère beaucoup d'un pays à l'autre : la moyenne des pays de l'OCDE est de 45 %, mais les situations sont très contrastées entre l'Irlande (85 %) et la Norvège (36 %) ;

• **la part de marché** correspond au montant des exportations d'un pays divisé par la somme des importations mondiales, en pourcentage. En général, elle est calculée pour un secteur précis (l'automobile, l'informatique, etc.). La formule est la suivante : Part de marché = X / somme des M × 100 ;

• **le taux de pénétration étrangère** mesure la part de marché des entreprises étrangères dans un pays, là encore dans un secteur économique précis. La formule est la suivante :

Taux de pénétration = (M / marché intérieur) × 100.

Le marché intérieur est aussi appelé « marché domestique ».

■ Évolution 2008-2018 du classement des puissances commerciales (biens et services)

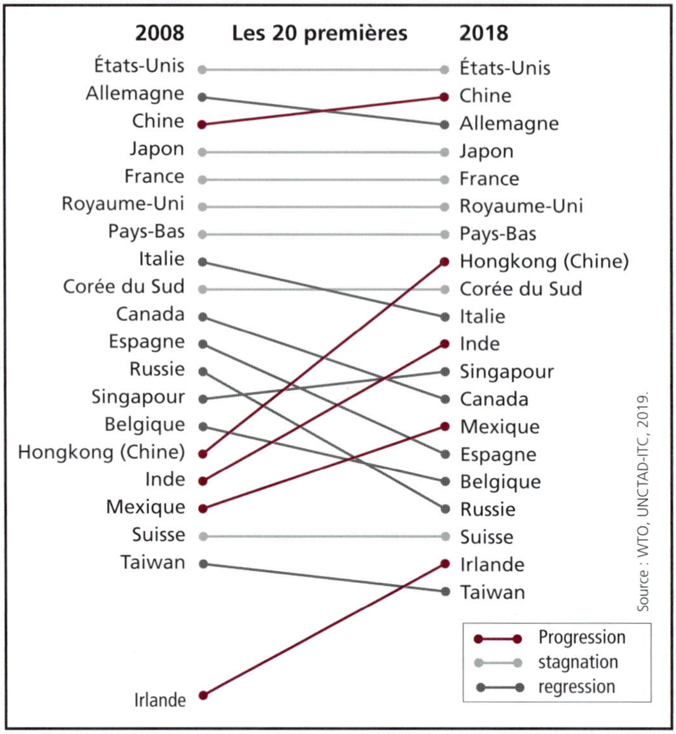

ZOOM ▶ Le commerce international en temps de Covid 19

La pandémie de la covid 19 a eu des conséquences profondes sur l'activité économique mondiale au cours de l'année 2020, et le commerce international n'a pas été épargné (diminution de 10 % en volume).

Logiquement, ce sont les échanges de services liés au tourisme et au transport aérien qui ont été parmi les secteurs les plus touchés. Plus globalement les importations de biens de consommation ont fortement ralenti, les consommateurs privilégiant l'épargne dans un contexte d'incertitude et de diminution des revenus. En outre, nombre d'États ont développé des mesures de limitation des exportations dans certains secteurs stratégiques : matériel médical et produits pharmaceutiques, ou encore certains produits agricoles, dans une perspective de sécurité alimentaire nationale. Mais la contraction globale des échanges masque des réalités plus contrastées. Ainsi certaines limitations douanières à l'importation de produits médicaux ou pharmaceutiques, en provenance de Chine notamment (qui produit plus de 80 % des principes actifs utilisés par l'industrie pharmaceutique mondiale), ont été levées par des pays souhaitant sécuriser leurs approvisionnements. Les scénarios de l'après-pandémie restent incertains et divergents. Certains prévoient un « retour à la normale » dès lors que les restrictions guidées par les mesures sanitaires seront levées. D'autres, au contraire, prévoient, ou du moins appellent de leurs vœux, un changement de paradigme en matière de commerce international. En effet, le modèle des spécialisations nationales induit par la théorie des avantages comparatifs, au fondement de la mondialisation commerciale contemporaine, a entraîné des situations de dépendance et donc de vulnérabilité face aux crises épidémiques. Les difficultés d'approvisionnement en masques, tests viraux ou encore matériels hospitaliers ont mis en lumière la très forte dépendance à la production chinoise dans ce secteur. Le Japon a ainsi lancé dès l'été 2020 un plan de plusieurs milliards de dollars pour rendre ses chaînes d'approvisionnement médical moins dépendantes de la Chine, en rapatriant des entreprises japonaises et en lançant avec l'Inde, l'Australie et les pays de l'ASEAN la *Supply Chain Resilience*.

Viennent ensuite les **biens intermédiaires**, c'est-à-dire les biens destinés à être transformés ou assemblés par les entreprises afin de produire des biens de consommation (composants électroniques, papier, métaux). Le **secteur énergétique** constitue historiquement entre 10 et 20 % des échanges mondiaux de biens, avec une augmentation actuelle de sa part relative après une baisse significative dans les années 1980 et 1990. Enfin, le **secteur agroalimentaire** a vu sa part divisée par deux depuis les années 1970, pour ne plus représenter aujourd'hui que moins de 10 % des échanges de biens.

B. UNE FACE MOINS VISIBLE DU COMMERCE MONDIAL : LES ÉCHANGES INTERNATIONAUX DE SERVICES

Au côté de l'essor des flux internationaux de marchandises, les échanges de services apparaissent comme une véritable nouvelle donne de la mondialisation commerciale. L'**Accord général sur le commerce des services (AGCS)** (en anglais : GATS pour *General Agreement on Trade in Services*), signé à Marrakech en 1994, constitue une étape majeure dans le processus de libéralisation des échanges mondiaux de services, amorcé dans le courant des années 1970. À l'échelle mondiale, **leur croissance annuelle, si on prend en compte le tourisme, est aujourd'hui supérieure à celle des marchandises** et surtout, le développement du marché international des services constitue un enjeu décisif pour des pays anciennement industrialisés dont l'hégémonie commerciale tend à être menacée par les puissances émergentes.

1. Qu'est-ce qu'un échange international de services ?

On peut définir un service comme **une activité ayant pour objet de fournir des produits immatériels contre paiement**. Les services regroupent une très grande diversité de produits : conseil juridique à une entreprise, expédition sécurisée d'un colis, hébergement hôtelier, ou encore création d'un logo pour une association. Depuis l'AGCS de 1994, on distingue usuellement quatre modes dans l'échange international de services [→ TABLEAU CI-APRÈS]. Selon les cas, le passage d'une frontière étatique (condition pour pouvoir être compté parmi les échanges internationaux) est effectué par le service lui-même (programme télévisé), le client (touriste hébergé) ou le prestataire en tant que personne morale (succursale) ou physique (mission professionnelle).
Ces quatre modes correspondent à des types variés d'activité. Dans la **fourniture transfrontière** d'un service (mode 1) le prestataire et le bénéficiaire sont situés dans des pays différents et la prestation s'effectue soit grâce à des moyens de télécommunication (téléphone, Internet, fax, télévision), soit par l'envoi physique de documents. Ce mode concerne principalement les domaines du transport, de l'assurance, des communications. La **consommation à l'étranger**

■ Les modes de l'échange international de services

Modes de l'échange	Exemples
Fourniture transfrontière	Un programme télévisé diffusé en Europe par une chaîne américaine.
Consommation à l'étranger	Un touriste indien qui passe deux jours à Disneyland Paris.
Présence commerciale	Une banque allemande qui ouvre une succursale en Chine.
Déplacement d'un prestataire	Une société informatique suisse qui envoie un ingénieur encadrer une formation d'une semaine dans une entreprise italienne basée à Milan.

Source : d'après CEPII, 2008.

ZOOM ▶ Mesurer les échanges internationaux de services

Face aux grandes difficultés pour s'entendre sur la notion de services, un « Manuel des statistiques du commerce international des services » (MSCIS) a été publié en 2002 à l'initiative de six organisations internationales (Eurostat, la CNUCED, le FMI, l'OCDE, l'OMC et l'ONU). Deux principaux indicateurs statistiques sont utilisés pour mesure les échanges internationaux de services :

– la **balance des paiements** : comptabilité de l'ensemble des flux d'actifs réels, financiers et monétaires entre les résidents d'une économie et les non-résidents au cours d'une période déterminée. Les flux économiques et financiers à l'origine de ces opérations sont répartis en distinguant le compte des transactions courantes (échanges de biens, de services, de revenus et de transferts courants), le compte de capital (transferts en capital) et le compte financier (investissements directs ou de portefeuille) (www.insee.fr) ;

– le **FATS (*Foreign Affiliates Trade Statistics in Services*)** : publiée par l'OCDE et Eurostat, cette statistique concerne la « présence commerciale » [→ TABLEAU CI-DESSOUS] c'est-à-dire les échanges de services entre filiales et sociétés mères.

(mode 2) concerne surtout les voyages touristiques et les séjours d'étude. La **présence commerciale** (mode 3) recouvre un large éventail d'activités, industrielles ou financières par exemple, dans la mesure où elle met en jeu les relations entre une société mère et une filiale de celle-ci. La **présence physique d'un prestataire à l'étranger** (mode 4), qui peut être réalisée pour son compte propre ou le compte d'un employeur, concerne souvent les activités de conseil, dans des domaines aussi variés que l'informatique ou la construction.

2. Des services inégalement internationalisés

Les services représentent aujourd'hui près de **25 % de la valeur des exportations mondiales** et ils ont connu, au cours des dix premières années du siècle, une croissance annuelle de l'ordre de 10 % très comparable à celle des exportations de marchandises, avant de la dépasser. Mais les statistiques n'enregistrent pas les échanges, considérables, entre filiales au sein d'une même entreprise. Si la part des services dans le commerce international augmente lentement mais régulièrement, on observe une certaine recomposition dans la nature de ces services. Ainsi, l'exportation par les États-Unis de services en Chine et en Inde a légèrement diminué après la crise de 2008 mais elle a surtout évolué **au détriment des services transfrontières et au bénéfice de la fourniture de services par le biais d'une présence commerciale**, c'est-à-dire de filiales à parti-

■ **Composition et évolution du commerce de services de 2008 à 2018**

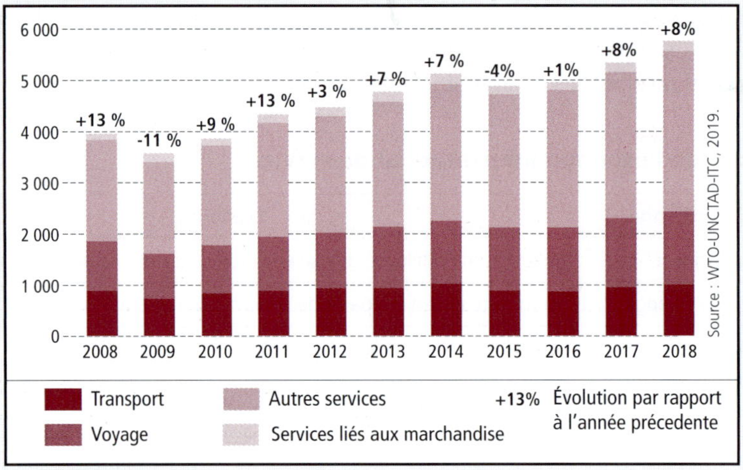

cipation majoritaire : il s'agit là de la stratégie la plus efficace d'exportation des services vers les pays émergents.

Les secteurs de services contribuent très diversement aux échanges mondiaux. **Les transports, les voyages et les services aux entreprises** dominent les échanges (environ 25 % chacun) mais d'autres secteurs connaissent une croissance spectaculaire, notamment les services informatiques avec une croissance annuelle moyenne de 18 % entre 1995 et 2014.

3. La géographie très sélective des échanges de services

La hiérarchie des puissances commerciales est comparable dans le cas des services et des marchandises, mais le solde commercial diffère nettement. Ainsi, les États-Unis sont le premier importateur et exportateur mondial de services commerciaux en 2015, avec des échanges d'une valeur de près de 1 150 milliards de dollars et surtout un net excédent commercial (contrairement aux échanges de marchandises, déficitaires). En revanche, l'Allemagne (4e rang mondial dans les échanges de services) tout comme la Chine enregistrent des soldes négatifs : ils importent plus de services qu'ils n'en exportent. L'Amérique du Nord, l'Europe et l'Asie occupent une position aussi hégémonique dans les échanges mondiaux de services (90 % des exportations et 85 % des importations) que de marchandises (respectivement 81 % et 86 %).

■ Principaux exportateurs et importateurs de services commerciaux (2008-2018)

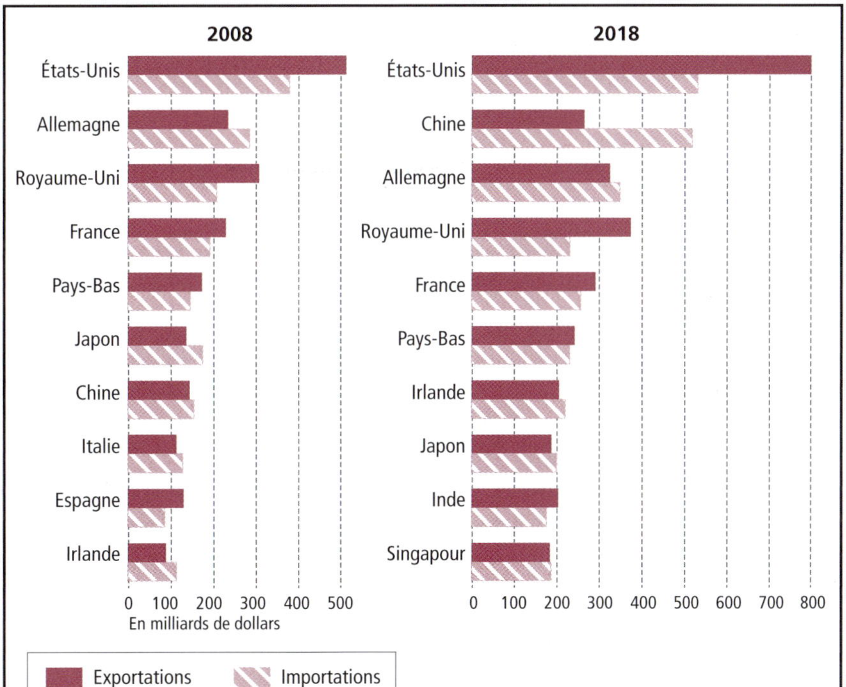

Source : OMC, CNUCED, ITC, 2019.

Pour aller plus loin

Le site de l'OMC, qui donne accès à son rapport annuel

liennathan.fr/423qar

II. Une révolution des transports

La croissance spectaculaire du trafic de marchandises à l'échelle mondiale depuis la seconde moitié du XXe siècle reflète avant tout les évolutions techniques et organisationnelles qui ont affecté l'ensemble des modes de transport. Les transports routier, ferroviaire, maritime, fluvial et aérien ont des poids très différents à l'échelle mondiale. Chacun répond à des contraintes techniques, connaît des évolutions et revêt des enjeux spécifiques. Pour permettre leur comparaison, les spécialistes de l'économie du transport utilisent des variables particulières, comme la « tonne par kilomètre » (t/km) qui permet de mesurer l'intensité du transport de marchandises (par exemple, 2 tonnes transportées sur 100 km équivalent à 2 fois 100 = 200 t/km).

A. LE FRET AÉRIEN

Si dès ses origines, au début du XXe siècle, l'aviation civile a eu pour vocation de transporter le courrier (compagnie aérienne aéropostale), la part du fret aérien reste extrêmement faible dans l'ensemble des échanges mondiaux : 5 % du tonnage mondial mais 30 % de sa valeur. Néanmoins, on observe une montée en puissance régulière de ce mode de transport.

1. Une croissance lente mais régulière

Alors que le transport de courrier et de marchandises a longtemps été considéré comme une activité complémentaire pour les transporteurs, qui embarquaient les cargaisons à bord des avions de ligne, les années 1970 ont été marquées par une spécialisation des appareils (parfois déclinés à partir d'avions militaires comme le *Lockheed L-500*) et des aéroports. Selon les chiffres de l'IATA (International Air Transport Association), en 2019, le fret a concerné 61 millions de tonnes de marchandises et a généré 102 milliards de dollars de chiffre d'affaires pour l'ensemble des transporteurs aériens mondiaux, qu'il s'agisse de **compagnies dites « mixtes », assurant à la fois du transport de passagers et de fret, ou de compagnies dites « tout-cargo » spécialisées dans ce secteur**. Le fret aérien constitue un secteur économique relativement fragile et sensible aux évolutions conjoncturelles (hausse du prix du carburant, notamment, face à laquelle les compagnies disposent de moins de marge de manœuvre tarifaire que dans le transport passager). En témoigne la faillite brutale en 2008 de l'opérateur Ocean Airlines, lancé en 2003 à partir du hub de Brescia en Italie et spécialisé dans les liaisons commerciales avec l'Asie.

Le fret aérien est **le plus rapide et le plus sûr des modes de transport, mais c'est aussi le plus coûteux et le plus gros consommateur d'énergie**. Son utilisation est donc limitée à certaines catégories de produits : biens de consommation ou d'équipement urgents (vivres humanitaires, pièces de rechange), produits de haute valeur (matériel électronique), produits fragiles (animaux vivants et végétaux périssables).

2. Des stratégies économiques contrastées

Trois types d'opérateurs se distinguent. Les compagnies « mixtes » sont très majoritaires, la plupart des grandes compagnies aériennes développant le transport de marchandises de manière complémentaire mais dans des proportions très différentes selon les régions. En Europe, Air France-KLM et la Lufthansa tirent 10 % de leur chiffre d'affaires de cette activité. En revanche, les compagnies des « Dragons » asiatiques (Korean Airlines, la hongkongaise Cathay Pacific, les taïwanaises China Airlines et EVA Air ou encore Singapore Airlines), qui sont souvent nées du transport de marchandises, comptent près d'un appareil « tout-cargo » sur quatre avions. Des **compagnies « tout-cargo »** émergent également, soit en mettant des appareils à la disposition de compagnies « mixtes » (cas du groupe américain AAWW), soit en développant de manière autonome un réseau global de liaisons régulières entre les principaux pôles industriels mondiaux. C'est le cas du luxembourgeois Cargolux, leader mondial du secteur, qui assure la liaison entre les centres mondiaux de l'industrie électronique (Shanghai,

ZOOM ▶ Un acteur emblématique du transport globalisé : les « intégrateurs »

Un « intégrateur » est une entreprise capable d'intégrer tout le processus du transport de marchandises, depuis la collecte du colis chez le client jusqu'à sa livraison chez le destinataire, sans restriction de lieu ni de distance et surtout en garantissant contractuellement le délai de la prestation. Initialement fondée sur la messagerie express, l'activité des « intégrateurs » s'est récemment accélérée grâce au e-commerce. Le transport combine la voie aérienne et la voie routière, **l'interconnexion se faisant dans des hubs aéroportuaires spécialisés**. Seuls trois opérateurs sont aujourd'hui des « intégrateurs » d'échelle mondiale :

1. UPS (United Parcel Service)

Créé en 1907, UPS est de loin le leader du secteur (74 milliards de dollars de chiffre d'affaires en 2019, 435 000 salariés). Si sa flotte aérienne place UPS parmi les dix plus grandes compagnies aériennes américaines, c'est surtout sa flotte de camions (160 000 véhicules) qui fonde sa suprématie et lui permet de transporter annuellement près de 5 % du PIB américain. Au cours des dernières années, UPS renforce son implantation internationale à travers des stratégies d'alliances (opérateur néerlandais TPG) et d'acquisitions.

2. FedEx (Federal Express)

Créé en 1973, Fedex (65 milliards de dollars de chiffre d'affaires, 400 000 salariés) possède une implantation très internationale : 45 000 points de dépôts dans 210 pays, des-servis par 80 000 véhicules et 660 avions, ce qui en fait la deuxième plus grande flotte du monde après Delta Airlines. Son hub de Memphis est le second plus grand aéroport de fret du monde.

3. DHL (Dalsey, Hillblom and Lynn)

Créé en 1969 par trois étudiants américains, racheté en 2001 par la Deutsche Post, DHL a un chiffre d'affaires de 63 milliards d'euros, compte près de 880 000 salariés et se singularise par le développement précoce de liaisons vers l'Europe. Son hub européen est localisé à Leipzig.

D'après Dimitri Rzepski, Thierry Delahaye, Julien Zaegel, 2000, Centre d'Économie Industrielle, École des Mines de Paris.

■ Classement des aéroports mondiaux (volume de fret en 2018 et nombre de passagers en 2019)

Transport de marchandises (2018)	
Rang	**Ville (pays)**
1	Hong Kong (Chine)
2	Memphis (États-Unis)
3	Shanghai (Chine)
4	Incheon (Corée du Sud)
5	Anchorage (Alaska)
6	Dubaï (Émirats arabes unis)
7	Louisville (États-Unis)
8	Taipei (Taïwan)
9	Tokyo Narita (Japon)
10	Los Angeles (États-Unis)

Transport de passagers (2019)		
Rang	**Ville (pays)**	**En millions par année**
1	Atlanta (États-Unis)	111
2	Pékin (Chine)	100
3	Los Angeles (États-Unis)	88
4	Tokyo Haneda (Japon)	87
5	Dubaï (EAU)	86
6	Chicago O'Hare (États-Unis)	84
7	Londres Heathrow (Angleterre)	81
8	Paris-Charles-de-Gaulle (France)	76
9	Dallas Fort Worth (États-Unis)	75
10	Shangai (Chine)	74

Source : Airports Council International, 2020.

Los Angeles, Singapour, Helsinki et Budapest) et pétrolière (Houston, Bakou, Lagos). Dans ce contexte, la Chine apparaît comme le marché le plus porteur et voit fleurir des compagnies « tout-cargo » souvent affiliées à de grands opérateurs européens. C'est le cas de Jade Cargo (2006), filiale de la Lufthansa qui relie les grands pôles industriels chinois (Shenzhen, Shanghai et Tianjin) à des pôles industriels européens comme Amsterdam, Luxembourg, Francfort, Barcelone, Brescia et Stockholm. Enfin, les intégrateurs [→ZOOM CI-DESSUS] possèdent leur propre flotte de fret aérien.

3. Des aéroports spécialisés

La géographie du fret aérien n'est pas la même que celle du trafic passager, notamment pour ce qui concerne les hubs aéroportuaires qui, sauf exception (Paris, Francfort), ne figurent pas aux mêmes rangs mondiaux pour ces deux types de transport. Les aéroports de fret se distinguent notamment par des **connexions intermodales** très efficaces pour transférer les marchandises depuis les avions jusque dans des camions.

B. LE TRANSPORT MARITIME DE MARCHANDISES

1. Le mode de transport dominant des flux mondiaux de marchandises

La croissance des flux de marchandises est marquée par la **maritimisation continue de l'économie mondiale** depuis la seconde moitié du XXe siècle [→CH. 7]. En 2019, le transport maritime a dépassé les 11 milliards de tonnes de marchandises et 50 000 milliards de t/km (2/3 du tonnage kilométrique mondial). Il se répartit à parts quasiment égales en trois principales catégories de produits, chacune impliquant l'utilisation de navires très spécialisés :
– les **vracs liquides** (pétrole brut et produits pétroliers) transportés par des pétroliers et des navires gaziers ;
– les **vracs secs** (charbon, minerais, roches, bois, céréales, sucre) transportés par des navires vraquiers ;

Évolution du trafic maritime international de 1980 à 2018

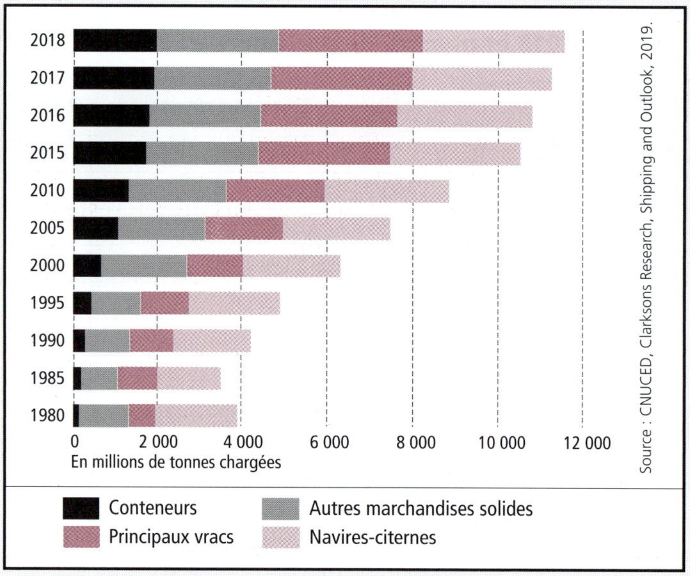

– les **marchandises générales** (produits manufacturés, textile, biens d'équipement, produits alimentaires) emballées et la plupart du temps rassemblées dans des **conteneurs**, auquel cas elles sont transportées par des **porte-conteneurs**.

Cette tripartition est néanmoins très schématique et les armements comme les ports doivent prendre en compte la généralisation de navires de plus en plus spécialisés dans le transport de catégories très précises de marchandises : méthaniers pour le gaz naturel (*LNG tankers*), grumiers pour le bois, minéraliers-vraquiers (*bulk carriers*), cargos-citernes, etc.

2. Un secteur très concentré : l'exemple de Maersk

Le Danois Maersk-Sealand est, depuis le début des années 1980, le premier opérateur mondial du transport conteneurisé, avec plus de 600 navires et une capacité de transport de près de 3,8 millions EVP (pour rappel : l'unité « équivalent vingt pieds » correspond à un conteneur standardisé d'environ 6 mètres de long). **La distribution mondiale de l'activité de Maersk illustre à merveille la façon dont la conteneurisation a pu accélérer la mise en relation des différentes régions du monde.** L'activité du premier armement mondial est fondée sur un réseau de hubs portuaires développé progressivement depuis les années 1970 : ligne historique transpacifique, liaison Europe-Extrême Orient, ligne conteneurisée entre l'ouest états-unien et le Moyen-Orient *via* Hong Kong, hubs portuaires d'Algesiras (Méditerranée occidentale) et de Dubaï (Afrique orientale). Les grands ports européens (Rotterdam, Felixstowe et Bremerhaven) jouent un rôle similaire en connectant l'Europe aux grandes lignes est-ouest entre Amérique du Nord et Asie. Dans les années 1990, le réseau Maersk se complexifie et se densifie (passage de 30 à près de 100 lignes en dix ans) et renforce les liaisons entre Europe, États-Unis et Asie orientale. La domination de Maersk sur le marché tend à s'accentuer car il dispose d'un quasi-monopole sur un grand nombre de ports secondaires.

C. LE TRANSPORT FERROVIAIRE DE MARCHANDISES

1. Entre déclin et renouveau

Le chemin de fer est le deuxième mode de transport des marchandises avec une valeur de l'ordre de 10 000 milliards de t/km. Cette valeur totale masque des disparités profondes entre régions et entre pays : la majeure partie du trafic est fournie par le transport ferroviaire à l'intérieur des très grands États (la CEI pour 50 %, les États-Unis pour 20 %, la Chine pour 15 %). **L'Europe domine très nettement le trafic international ferroviaire** en raison de l'association entre une intégration commerciale régionale et le morcellement du maillage étatique. Cependant, même en Europe, **la part du rail reste très minoritaire** : en 2018, le volume intérieur de marchandises transportées dans l'UE est estimé à 2 300 milliards de tonnes-km. Le transport par la route (national et international) représente les trois quarts du total, le rail 18 %, les voies navigables 7 % et le transport aérien (intra-UE) compte pour seulement 0,1 % du total. Selon les pays, la situation est contrastée : dans les pays d'Europe de l'Ouest comme la France, l'Espagne et l'Italie, les parts modales du rail sont inférieures à la moyenne européenne et en baisse depuis 2006 ; en Suisse, en Autriche et en Allemagne, la part modale du fret ferroviaire est d'environ 20 % et ce taux est en augmentation (politique des « routes roulantes » décrite ci-dessous) ; enfin, les pays d'Europe de l'Est sont marqués par un poids historiquement plus important du rail dans le transport de marchandises. Malgré ces différences, l'accroissement du fret ferroviaire est appelé de leurs vœux par la plupart des États et des acteurs économiques du secteur.

D. LE TRANSPORT ROUTIER

1. Une domination écrasante aux échelles régionale et nationale

Dans la plupart des pays du monde, la route est le mode dominant, voire hégémonique du transport terrestre de marchandises, ce qui s'explique par une conjonction de facteurs favorables : le réseau est implanté sur l'ensemble de la surface du globe, sans difficulté technique de franchissement de frontière ; les itinéraires offrent une grande souplesse ; l'ensemble du trajet (du producteur au consommateur) peut être maîtrisé ; le coût est relativement faible. Le trafic routier total a dépassé 50 000 milliards t-km depuis la fin des années 2000, soit près de la moitié de celui du rail et un sixième de celui du transport maritime. Le parc de camions transportant des marchandises est localisé pour 40 % aux États-Unis, 20 % en Europe, 20 % en Asie et 10 % dans la CEI.

2. Contrôle et durabilité : les défis de la régulation du transport routier

Le transport routier est emblématique des difficultés de la coopération internationale en matière de transport. Celle-ci a pour principaux objectifs, parfois contradictoires, de **faciliter le passage de frontières et la mise en place d'itinéraires transnationaux**, et de rendre ce mode de transport le plus compatible possible avec le principe aujourd'hui incontournable, politiquement comme économiquement, de **développement durable**. Aujourd'hui, le transport de marchandises est responsable d'environ 10 % des émissions mondiales de CO_2, dont près de 80 % sont imputables aux modes routier et maritime, loin devant l'aérien et le ferroviaire.

ZOOM ▶ Le régime TIR (Transit International Routier)

Le système TIR est à l'heure actuelle le seul système de transport douanier véritablement international (61 pays). Il concerne le transport de marchandises empruntant la route et permet de fluidifier les trajets en limitant les points de contrôle douanier : entre le pays de départ et celui de destination, les marchandises sont couvertes par un document internationalement admis, le **carnet TIR**, qui fournit également une garantie financière pour le paiement des taxes, assurée par l'Union internationale des transports routiers (IRU). Dans ce système, l'Union européenne est considérée comme un territoire unique.

Ce système a été initié en 1949 pour dynamiser l'économie de l'Europe d'après-guerre et son succès a mené à l'établissement en 1959 de la première convention TIR, puis de la convention actuelle en 1975.

Le système repose sur cinq « piliers » :
- l'utilisation des véhicules ou des conteneurs sûrs ;
- la chaîne de garantie internationale ;
- le carnet TIR ;
- la reconnaissance mutuelle des contrôles douaniers ;
- un accès contrôlé pour utiliser le système.

Le régime TIR est aujourd'hui hautement informatisé : envoi de prédéclarations aux douanes, la traçabilité des carnets TIR en temps réel, gestion des risques, procédures normalisées de contrôle et d'enregistrement.

Source : http://ec.europa.eu

E. LES DÉFIS ORGANISATIONNELS DU TRANSPORT DES MARCHANDISES

1. Le système *hubs and spokes*

Dans la quasi-totalité des systèmes de transport, le modèle organisationnel est celui du « *hub and spokes* » (littéralement : « le moyeu et les rayons »). Ce modèle vient de l'organisation adoptée par l'aviation civile américaine et a ensuite été généralisé. Plusieurs facteurs expliquent son efficacité, en particulier par rapport à une organisation classique en « point à point » (où chaque point du réseau est connecté directement à chacun des autres points) :
– les flux sont concentrés (meilleur taux de remplissage, augmentation de la fréquence, donc diminution des coûts) ;

– les liaisons sont coordonnées (compensation possible des variations de trafic) ;
– l'ajout d'une destination supplémentaire dans le réseau implique de n'ajouter que deux liaisons ;
– les compagnies installées sur un hub sont mieux protégées contre de nouvelles concurrences.

Le terme de hub s'est lui aussi généralisé, mais sa définition est parfois ambiguë. Elle est parfois simplement **quantitative** : un certain nombre minimal de passagers embarqués à l'aéroport permettent de parler de hub (la Federal Aviation Administration distingue ainsi des *large hubs*, *medium hubs*, *small hubs* et *non hubs*). La définition est plus souvent **fonctionnelle** : dans un réseau de transport, le hub joue un rôle précis de coordination entre différents

Les systèmes « point à point » et « *hub and spokes* »

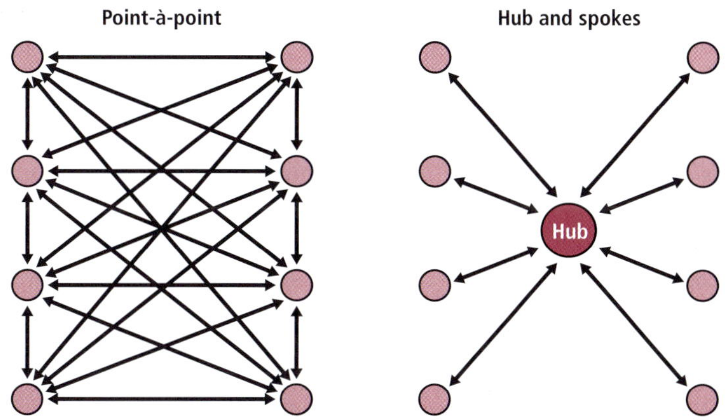

Source : K. Joseph Packiarajah, X. Wang et K. Xu, Les Hub and spokes : atouts et limites, 2006.

ZOOM ▶ Le vocabulaire de la combinaison entre modes de transports

Interconnexion : mise en relation, par des solutions techniques, de réseaux aux caractéristiques différentes, de façon à en renforcer l'attractivité. Exemple : un train de banlieue qui peut accéder au réseau de métro d'une grande ville.

Intermodalité : ensemble des possibilités de passage d'un mode de transport à l'autre, tant pour un voyageur que pour des marchandises au cours d'un même déplacement. Dans le domaine des voyageurs, les « intermodaux » sont également des « multimodaux », mais l'inverse n'est pas vrai car l'usage de plusieurs modes de transport n'implique pas qu'il s'agisse du même déplacement. Les lieux d'intermodalité font désormais l'objet d'études de conception soignées, après avoir été longtemps des lieux de simple juxtaposition des différents modes.

Interopérabilité : possibilité pour un exploitant de réseau d'exercer ses activités sur des réseaux tiers, la contrepartie étant possible. C'est un objectif à long terme de l'Union européenne concernant les chemins de fer, qui nécessite que les compagnies en place ou d'éventuels nouveaux entrants s'équipent de matériels roulants compatibles avec les réseaux de plusieurs pays, ou que les normes s'unifient à l'échelle du continent.

Multimodalité : combinaison des différents modes permettant l'acheminement de voyageurs ou de marchandises. Dans le domaine des voyageurs, on utilise ce terme pour désigner l'usage habituel, plus ou moins régulier, de plusieurs modes de transport, voiture et transports collectifs principalement. On parle de chaînes multimodales de transport. Les chaînes sont d'autant plus robustes que leurs maillons sont efficaces ; il est important que la mise bout à bout des modes soit avantageuse en termes de temps, de coût et de régularité.

Source : *Géographie des transports*, Glossaire, 2008, J.-J. Bavoux *et alii*.

flux (entrants et sortants) et offre des services associés à cette fonction (maintenance des appareils, gestion des personnels navigants, etc.).

La généralisation de ce modèle ne doit pas occulter certaines limites spécifiques : premièrement, les distances parcourues sont relativement plus longues que dans le modèle point à point ; deuxièmement, les temps de parcours totaux sont plus longs pour les trajets avec correspondance, ce qui oblige les opérateurs du hub à baisser leurs tarifs pour ce type de vol ; troisièmement, le système est relativement fragile car très vulnérable au moindre incident sur l'une des branches du réseau. L'exigence de fiabilité est donc beaucoup plus grande – et plus coûteuse – dans le système « hub » que dans le « point à point ».

2. Les intermodalités

Les politiques de transport, aux échelles nationales comme internationales, cherchent de plus en plus à favoriser le **passage d'un mode à l'autre (intermodalité)** et à concevoir des **chaînes de transport** combinant **successivement plusieurs modes (multimodalité)**[1]. Dès les années 1950, aux États-Unis, des solutions sont imaginées pour combiner différents modes (conteneurs transférables du rail à la route, semi-remorques routiers chargeables sur des wagons), et c'est aujourd'hui dans le domaine du fret que ces tentatives se poursuivent le plus activement. C'est ce qu'illustrent les « routes roulantes » (ou autoroutes ferroviaires) développées notamment en Suisse et en Autriche (par exemple, Fribourg-Lugano : 6 000 camions ; Bâle-Lugano : 11 800 camions ; Singen-Milan : 12 900 camions). Il s'agit de convois de fret ferroviaire qui offrent des plates-formes surbaissées pour accueillir des ensembles routiers complets (tracteur + semi-remorque) afin que les poids lourds ne créent pas de goulets d'étranglement lors de la traversée des massifs alpins. Cette solution contribue largement au modèle économique des grands tunnels ferroviaires actuels (Saint-Gotthard, Lötschberg). Mais **le ferroutage, coûteux, reste difficile à rentabiliser, malgré un discours politique très favorable et un intérêt certain du point de vue environnemental**.

3. Réguler et contrôler les flux internationaux de marchandises : vers une Europe des transports ?

Pionnière dans l'intégration économique et politique régionale, et caractérisée par un grand nombre de petits États (donc de frontières à franchir), **l'Europe se singularise par une stratégie active et précoce de coordination des transports**. Au-delà des multiples initiatives faites pour renforcer l'**intégration européenne par les transports** (principe réaffirmé par le traité de Lisbonne de 2007) et grâce aux contributions majeures du Fonds de cohésion et de la Banque européenne d'investissement, les évolutions majeures de ces dernières années concernent l'**ouverture à la concurrence**, l'amélioration des **impacts environnementaux** et le développement d'un véritable **réseau transeuropéen de transport** dit « RTE-T ». Il s'appuie sur de grands programmes industriels visant à améliorer la radionavigation par satellite (GALILEO), l'interopérabilité ferroviaire (ERTMS) et la modernisation de la gestion du trafic aérien (SESAR). L'ensemble des modes de transport est concerné [→ TABLEAU CI-APRÈS].

Malgré cet arsenal juridique, technique et financier, il est frappant de voir combien la domination de la route et la répartition modale du transport de marchandises restent inchangées depuis 2005 [→ TABLEAU CI-APRÈS].

1. Bavoux, 2005.

Quelques réalisations et limites de la politique européenne des transports

Réalisations	Limites
Ferroviaire	
Agence ferroviaire européenne (2004) ; certification commune des conducteurs de trains, des droits minimums du passager ferroviaire ; ouverture à la concurrence (2010).	Maintien des différences de normes (licences des conducteurs, écartement des voies, gabarits des tunnels et wagons, systèmes de signalisation) ; désaccords entre États sur le développement de « corridors ferroviaires » ouverts à la concurrence.
Aérien	
Dispositif « ciel unique » unifiant les contrôles aériens ; Agence européenne de la sécurité aérienne.	Maintien de routes aériennes et de normes différentes d'un pays à l'autre (distances de sécurité, altitudes légales, etc.).
Route	
Politique d'« écologisation des transports » ; programmes Civitas (modes de transport doux en ville) et Cute (bus à hydrogène dans les villes européennes).	Maintien des différences de normes : vitesses maximales autorisées, charges à l'essieu, taxes sur les véhicules et carburants, règles de circulation pour les poids lourds
Mer et voies navigables	
Agence européenne de sécurité maritime (créée à la suite du naufrage du pétrolier *Erika* en 1999) ; programme « Marco Polo » finançant des « autoroutes de la mer » (projet Istanbul-Toulon).	Variabilité des gabarits des voies navigables empêchant la continuité des réseaux (Belgique : gabarit européen de 1 350 t ; France : gabarit Freycinet de 350 t).

Source : É. Merenne, *Géographie des transports*, Presses universitaires de Rennes, 2008.

Répartition modale du transport de marchandise intra-Union européenne (en % du total)

	Route	Voie ferrée	Voie fluviale
2005	76	18	6
2010	76	17	7
2018	75	19	6

Source : Eurostat, 2020.

III. La géographie des flux commerciaux, entre interdépendances et sélectivité

A. DES COMPLÉMENTARITÉS COMMERCIALES D'ÉCHELLE MONDIALE

1. Le poids inégal des échanges intrarégionaux

Les tendances récentes des échanges internationaux de marchandises confirment la prédominance des échanges intrarégionaux, particulièrement en Amérique du Nord, en Europe et en Asie. En 2016, le commerce intrarégional reste vigoureux en Amérique du Nord (48 %), en Europe (75 % des exportations) et en Asie (52 %). Les accords régionaux de libre-échange comme l'ALENA (Accord de libre-échange nord-américain devenue ACEUM) expliquent largement cette tendance, mais celle-ci reflète également les écarts de richesse entre régions et de solvabilité entre les marchés. En effet, la part des exportations intrarégionales n'est que de 27 % en Amérique du Sud et Amérique centrale, de 20 % dans la Communauté d'États indépendants (CEI), de 13 % en Afrique et de 9 % au Moyen Orient.

La vogue des accords méga-régionaux, qui ambitionnent d'harmoniser les normes, a fait long feu : ni le *Transatlantic Trade and Investment Partnership* (TTIP) entre les États-Unis et l'Union européenne (ou TAFTA, Traité de libre-échange transatlantique), pas plus que le *Transpacific Partnership* (TPP) qui aurait dû associer les États-Unis et 11 pays américains et asiatiques, à l'exception de la Chine, n'ont en 2020 résisté au retour du protectionnisme

■ **Le commerce de marchandises en 2016**

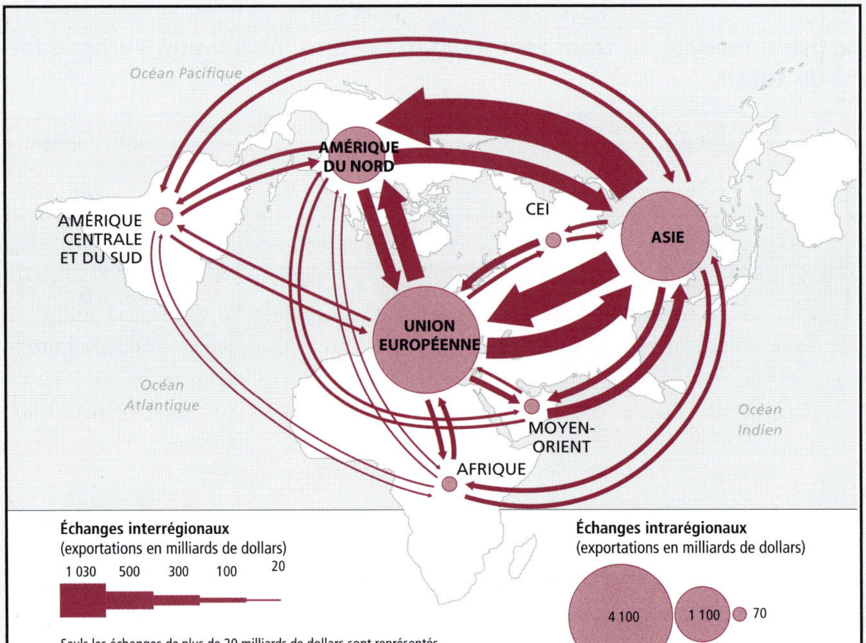

Seuls les échanges de plus de 20 milliards de dollars sont représentés

Source : OMC, Sciences Po, 2017.

des États-Unis du président Trump. La Chine en revanche est associée depuis 2020 à un *Regional comprehensive Economic Partnership* (RCEP) qui regroupe aussi les pays de l'ASEAN, le Japon, l'Australie, la Nouvelle-Zélande et la Corée du Sud. Ces accords visent à renforcer les intégrations commerciales en libéralisant les échanges mais aussi en reformulant les règles relatives aux services, aux marchés publics ou encore à la propriété intellectuelle. C'est pourquoi les négociations de ces accords se heurtent à des résistances fortes dans la plupart des pays impliqués.

2. Des complémentarités durables dans les échanges interrégionaux

Les échanges commerciaux reflètent des **complémentarités souvent dissymétriques et relativement stables dans le temps entre les différentes régions du monde**. L'Union européenne est ainsi le principal marché d'exportation de l'Afrique, suivie par l'Asie et l'Amérique du Nord. Un peu plus de la moitié des exportations de la CEI sont destinées à l'Europe, et l'Asie reste le principal marché d'exportation du Moyen-Orient.

Les pays émergents ont construit leur développement sur les exportations, en tournant le dos à une politique d'autosuffisance et en bénéficiant de la libéralisation du commerce international engagée depuis l'après-guerre. Ce modèle de développement, dont l'efficacité économique est illustrée avec éclat par la croissance chinoise, contribue à accentuer les **interdépendances à l'échelle mondiale** : l'Amérique du Nord et l'Europe distribuent des capitaux et bénéficient de biens manufacturés bon marché, mais dépendent des exportations des pays émergents qui sont eux-mêmes dépendants des marchés des capitaux et des matières premières. **Depuis les années 1990, ces interdépendances sont en partie redéfinies** : les produits échangés changent progressivement de nature, avec le développement rapide en Inde et en Chine de centres de recherche performant et d'une main-d'œuvre très qualifiée qui leur permet d'exporter des biens à fort contenu technologique ainsi que des services (informatique en Inde, par exemple) ; la géographie des partenariats commerciaux se recompose également, avec notamment la stratégie chinoise très volontariste de conquête du marché africain.

3. L'émergence de nouvelles puissances commerciales

Les pays émergents, en particulier les BRICS (acronyme désignant le rapprochement diplomatique et économique opéré progressivement à partir des années 2000 entre le Brésil, la Russie, l'Inde, la Chine puis l'Afrique du Sud)**, développent d'actives stratégies de partenariats commerciaux qui contribuent à redessiner rapidement la géographie du commerce mondial**. Ils pèsent désormais plus du quart du PIB de la planète, contre 16 % en 2001. Ils font surtout preuve d'une volonté forte de développer des politiques économiques et diplomatiques communes, en prenant leurs distances vis-à-vis des organisations dominantes (G20, FMI, Banque mondiale) et de l'hégémonie du dollar. Le 4e sommet des BRICS (New Dehli, mars 2012) avait **réaffirmé le projet de renforcement des relations commerciales entre les cinq pays**, qui restent déséquilibrées. Leurs exportations totales atteignaient en 2019 près de 19 % des exportations mondiales. En 2019, leur valeur (3 555 milliards de dollars) était 16 fois plus importante que celles de l'ensemble des PMA (226 milliards de dollars).

Cette montée en puissance commerciale a été illustrée par le Brésil jusqu'en 2012, avant d'entrer dans une phase de récession. Sous l'impulsion des président(e)s Cardoso, Lula puis Dilma Rousseff, le pays a été largement ouvert au commerce international et aux capitaux étrangers. Il est devenu troisième exportateur de produits agricoles derrière les États-Unis et l'Union européenne (volaille, bœuf, oranges, café, sucre), deuxième exportateur de fer, mais tente aussi, plus difficilement, de s'imposer sur des marchés à plus forte valeur ajoutée (avions ou encore produits pharmaceutiques). Grâce à une très active politique diplomatique, le Brésil est désormais implanté commercialement en Afrique et surtout en Chine, devenu son premier partenaire commercial : ses exportations vers Pékin, essentiellement des produits primaires, sont passées de 3,14 % du PIB en 2002 à 6,20 % en 2006, pour atteindre aujourd'hui plus de 15 %, créant par là une dangereuse dépendance aux appétits chinois.

B. DES INTERDÉPENDANCES QUI DÉPENDENT DES SECTEURS ÉCONOMIQUES

Les flux de marchandises et les interdépendances commerciales qu'ils révèlent diffèrent nettement selon le type de bien considéré. Deux exemples l'illustrent clairement : le pétrole et la drogue.

1. Le transport du pétrole

Le transport du pétrole repose sur la **dissociation entre espaces de production (une soixantaine de pays dans le monde) et espaces de consommation**, ces derniers étant principalement situés en Amérique du Nord, en Europe et en Asie orientale (plus de 80 % des flux d'importation). La géographie de ces interdépendances diffère d'un pays à l'autre, en fonction des **stratégies nationales concernant la question hautement stratégique de la sécurisation des approvisionnements**. Ainsi, le Japon dépend à 80 % des flux pétroliers du Moyen-Orient, alors que l'Europe importe principalement depuis la CEI. Les flux pétroliers sont essentiellement maritimes (avec une prise de relais par les oléoducs pour desservir les espaces continentaux, notamment entre l'Europe et la CEI) et ils constituent

Le commerce mondial du pétrole (2018)

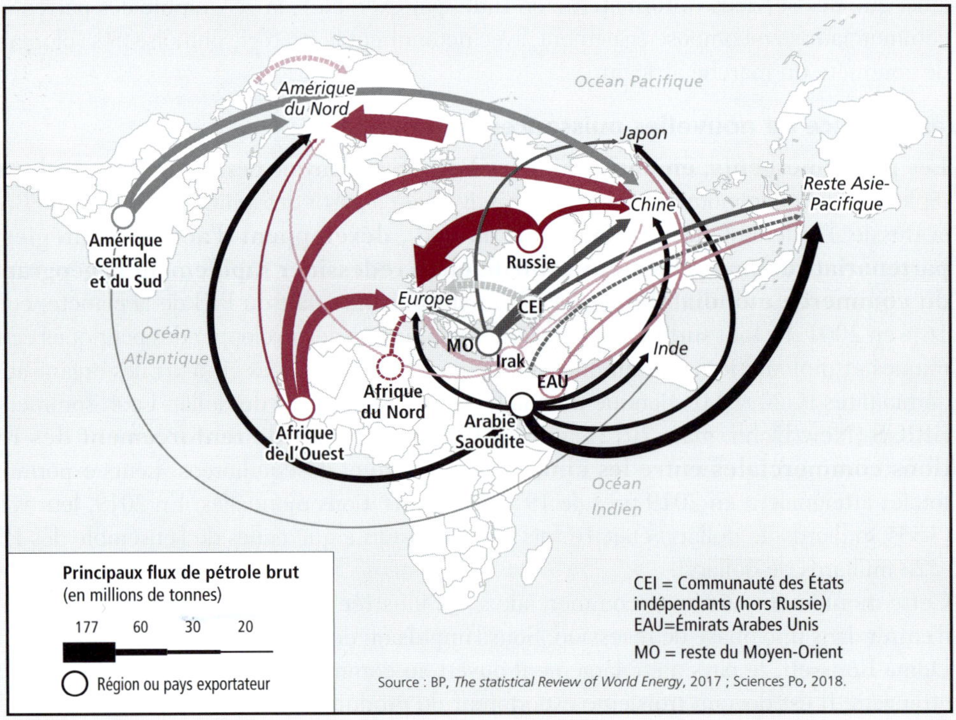

Source : BP, *The statistical Review of World Energy*, 2017 ; Sciences Po, 2018.

environ un tiers de l'ensemble du trafic maritime en 2017 [→CARTE CI-DESSUS]. Si cette part tend à diminuer (le pétrole constituait plus de 50 % du volume du transport maritime en 1970), la sécurisation des routes pétrolières reste une préoccupation majeure des États comme des organisations internationales [→CH. 7].

2. Les flux commerciaux illégaux: l'exemple des drogues

La drogue constitue un **marché globalisé et en pleine croissance**. Apparu dès le début du XIXe siècle (opium indien vendu en Chine), le narcotrafic a fait précocement l'objet d'accords internationaux concernant la production et le commerce de drogues (accord de Shanghai sur l'opium, 1909 ; convention internationale de l'opium, 1912) et le relais a été pris par l'ONU (convention unique sur les stupéfiants, 1961 ; convention contre le trafic illicite de stupéfiants et de substances psychotropes, 1988). La difficulté à maîtriser le phénomène tient au **caractère très lucratif du trafic** (243 milliards d'euros en 2015 selon l'UNODC, l'Office des Nations unies contre la Drogue et le Crime). En outre, les réseaux criminels contrôlant les filières sont mobiles et structurés de manière complexe, tout en s'appuyant sur des paradis fiscaux ou en investissant les bénéfices dans l'économie légale. La carte du trafic de cocaïne montre clairement une différence entre les pays consommateurs (70 % de la consommation pour l'Amérique du Nord et l'Europe) et les pays producteurs qui sont tous des pays du Sud : Colombie, Pérou et Bolivie pour la cocaïne, Afghanistan pour l'héroïne (90 % de la production mondiale). **Les routes commerciales sont à la fois ramifiées et fluctuantes**, au gré des renforcements des contrôles et du démantèlement de filières locales. Une relative recomposition de cette géographie commerciale s'observe toutefois : les pays de transit (en Afrique, en Amérique centrale, au Moyen-Orient) deviennent également d'importants consommateurs, tandis que les pays du Nord prennent une part croissante dans la production du cannabis et des drogues de synthèse[2].

Pour aller plus loin

Le site de l'agence de l'ONU en charge de la lutte contre la drogue
liennathan.fr/rri254

2. Durand, 2010.

4 UN MONDE DE MOBILITÉS

L'idée que nous vivons désormais dans un monde « en mouvement » est devenue une banalité : la généralisation du déplacement aérien, la démocratisation du tourisme international, la visibilité des quartiers dits « ethniques » au cœur des villes mondiales, ou encore l'accroissement du nombre d'étudiants étrangers dans les universités des pays du Nord contribuent à faire des **mobilités spatiales d'échelle internationale l'une des caractéristiques majeures des sociétés contemporaines**. Est-ce à dire, comment nombre d'observateurs n'hésitent pas à l'affirmer avec emphase, que nous vivons dans une ère de « mobilité généralisée » ? Ce serait assurément verser dans la double illusion d'une généralisation sociale et d'une généralisation spatiale des mobilités, en oubliant le fait que celles-ci sont d'abord caractérisées par leur caractère **très sélectif socialement et spatialement**. En ce sens, elles constituent un très puissant révélateur des dynamiques et des déséquilibres géographiques à l'échelle mondiale. Phénomène complexe, décliné en une multitude de formes spatiotemporelles et relevant d'une grande variété de facteurs, les mobilités spatiales constituent désormais un **enjeu économique et politique incontournable**.

Notions principales

Diaspora : dispersion à travers le monde d'une communauté, et ensemble des membres de cette communauté.
***Brain drain* :** l'attraction des cerveaux désigne les flux de travailleurs qualifiés vers les pays développés.
Multiculturalisme : pluralisme culturel au sein d'un même espace politique.

CHRONOLOGIE

1950 : L'ONU crée l'Office du Haut-Commissaire des Nations unies pour les réfugiés.

1970 : L'ONU crée l'Organisation mondiale du tourisme (OMT). Cette institution spécialisée, dont le siège se trouve à Madrid, a accueilli en 2013 un 56e État membre, Trinité-et-Tobago.

1985 : Première convention de Schengen signée au Luxembourg par 5 États européens pour mettre en œuvre le principe de la libre circulation à l'intérieur de l'Union européenne. En 2021, 26 États européens forment l'espace Schengen.

2002 : Avec le rachat du groupe français Nouvelles Frontières, l'entreprise allemande TUI AG, leader du tourisme dans le monde, choisit de concentrer toutes ses activités dans ce domaine.

2004 : Création de l'Agence européenne pour la gestion de la coopération fonctionnelle aux frontières extérieures (ou Frontex), dont le siège se trouve à Varsovie. Plusieurs organisations européennes et africaines critiquent les activités de Frontex, qui seraient contraires aux droits fondamentaux.

2007-2010 : Existence éphémère en France d'un ministère de l'Immigration, de l'Intégration, de l'Identité nationale et du Développement solidaire.

2015 : Crise migratoire en Europe, où arrivent 1,3 million de migrants en provenance essentiellement de Syrie

27 janvier 2017 : Décret du nouveau président américain, Donald Trump, interdisant pour 3 mois l'entrée sur le territoire des ressortissants de 7 pays majoritairement peuplés de musulmans.

13 juillet 2018 : Signature à Marrakech puis adoption par l'ONU du « Pacte mondial pour des migrations sûres, ordonnées et régulières » visant à faire prévaloir la coopération multilatérale en matière migratoire.

2020 : Pandémie de Covid-19 qui entraîne une fermeture des frontières et une diminution de moitié des flux migratoires mondiaux.

I. Une planète migratoire entre permanence et renouvellement

A. UN PHÉNOMÈNE ANCIEN EN CONSTANTES RECOMPOSITIONS

1. Migrations et mobilités : de quoi parle-t-on ?

Au sens strict, la migration désigne un **transfert définitif ou durable de résidence d'un lieu à un autre**. Cette définition présente des limites car elle méconnaît les phénomènes de **multirésidence**, de **circulations** entre des lieux de résidence principale et plus ponctuels (à l'occasion de vacances dans une maison secondaire, par exemple) ou entre les lieux de résidence de membres de la famille (certains auteurs parlent de « système résidentiel familial »). La compréhension de ces configurations spatiales complexes implique d'**abandonner l'idée, qui a longtemps prévalu, de la migration comme déplacement définitif depuis un point A (le lieu dit « d'origine ») vers un point B (le lieu dit « de destination »)**. Bien au contraire, l'amélioration des transports à grande distance tout comme les technologies d'information et de communication (Internet, courrier électronique, logiciels comme Skype, etc.) permettent une forme d'**ubiquité** (être présent à la fois « ici et là-bas »), sinon en personne du moins en pensée, en échange d'informations, en ancrage affectif, voire en implication professionnelle, économique ou politique. Ces évolutions concernent l'ensemble des mobilités spatiales, dont les migrations internationales ne sont que l'une des formes. C'est pour tenir compte de ces évolutions que **le terme « migrant » tant à supplanter, dans le langage académique et journalistique, les termes « immigré » et « émigré »**, qui figent de manière excessive les rapports qu'un individu effectuant une mobilité internationale entretient avec les différents lieux qui constituent son espace de vie. Pour autant, il importe de connaître les notions permettant de décrire le phénomène migratoire :

– **Migrant international :** individu qui effectue une migration internationale, c'est-à-dire qui change de pays de résidence habituelle pour une durée d'au moins un an. On parlera de migration « interne » lorsque ce changement de résidence s'effectue au sein du même état ;
– **étranger :** individu qui ne possède pas la nationalité du pays dans lequel il réside à titre principal ;
– **immigré :** individu né dans un autre pays que celui dans lequel il réside à titre principal. Un immigré peut être étranger (être ressortissant de son pays de naissance) ou avoir acquis la nationalité du pays dans lequel il réside.

2. Mondialisation et migration : une longue histoire

Les migrations sont au cœur des **processus de peuplement inscrits dans le temps long** et qui donnent ses traits culturels, linguistiques et religieux au monde contemporain. Ainsi, la Turquie actuelle est l'héritière des migrations vers l'Anatolie, à partir du XIe siècle, des Seldjoukides et Turcomans originaires d'Asie centrale.

Plus près de nous, **la seconde moitié du XIXe siècle a été caractérisée par une intensification sans équivalent des migrations internationales**. La transition démographique européenne (accroissement de la population) s'est alors combinée avec les forts besoins de main-d'œuvre dans les pays neufs (Amérique du Nord principalement) pour créer des flux migratoires de très grande ampleur, dont l'Europe occidentale était le foyer principal : entre

1800 et 1930, 40 millions d'Européens s'installent en Amérique du Nord. Ainsi, en 1900, le **taux d'émigration** (nombre d'émigrés rapporté à la population totale) était de 40 % dans les Îles Britanniques, de 30 % au Portugal et en Italie.

Loin de constituer une parenthèse historique refermée, **ces migrations anciennes se traduisent de manière très concrète aujourd'hui dans la physionomie des grandes villes** d'immigration (les *chinatowns* de New York, Los Angeles ou encore Sydney constituent aujourd'hui de véritables centralités commerciales et touristiques). Elles sont également réactivées par certaines politiques migratoires contemporaines, par exemple en Allemagne où ont été mis en œuvre, après la chute du mur, des dispositifs d'aide au « retour » des *Aussiedlers*, minorités germanophones des pays d'Europe de l'Est (Russie, Kazakhstan, Ukraine, Roumanie) descendant des vieilles migrations germaniques datant de trois à huit siècles auparavant. Au Japon, ce même type de politique est mis en œuvre pour favoriser l'insertion professionnelle et sociale des *Nikkeijin*, descendants de paysans japonais émigrés en Amérique du Sud (Brésil, Pérou, Bolivie, Paraguay) à la fin du XIXe siècle.

3. Un accroissement relatif des flux migratoires

Selon les Nations unies, **272 millions de personnes (3,5 % de la population mondiale)** résident aujourd'hui hors de leur pays de naissance. Cette proportion est légèrement plus élevée qu'en 1990 (155 millions de migrants) mais nettement plus faible qu'en 1900 (5 % de la population mondiale). Légèrement supérieure à la croissance démographique, **l'augmentation du nombre de migrants internationaux est d'environ 2 % par an de manière relativement stable** : il n'y a donc pas de véritable intensification du phénomène migratoire, qui reste très minoritaire du point de vue démographique global.

Évolution du nombre de migrants internationaux 1965-2019 (en millions)

1965	1975	1985	1990	1995	2003	2013	2015	2019
75	90	113	153	161	192	221	249	272

Principal pays d'immigration dans le monde depuis la fin du XIXe siècle, les États-Unis sont un bon révélateur de l'évolution des flux migratoires internationaux dans l'histoire contemporaine. La figure [→ PAGE SUIVANTE] montre clairement que la mondialisation contemporaine ne se singularise pas nettement par une intensification des flux. Cette évolution fait surtout apparaître le poids des événements politiques (quasi-annulation des flux pendant les deux guerres mondiales, explosion de l'émigration en provenance des pays de la CEI au lendemain de la chute du rideau de fer) et des inflexions des politiques migratoires : la suppression de la loi des quotas aux États-Unis en 1965 se traduit par une croissance plus rapide de l'immigration. Les migrations sont également affectées par les crises épidémiques. Ainsi, la pandémie de 2020 liée au coronavirus SARS-CoV-2 a entraîné une diminution de près de 50 % des flux migratoires mondiaux au premier semestre 2020, avec une immigration nulle en Australie, au Japon ou encore aux États-Unis.

4. Des migrants aux profils de plus en plus variés

Toute tentative d'élaboration d'une typologie systématique des migrants internationaux se heurte à la multiplicité des critères à prendre en compte : **durée du séjour** à l'étranger (quelques semaines pour un travailleur saisonnier sous contrat dans une exploitation agricole ;

Évolution de l'immigration aux États-Unis (1820-2019)

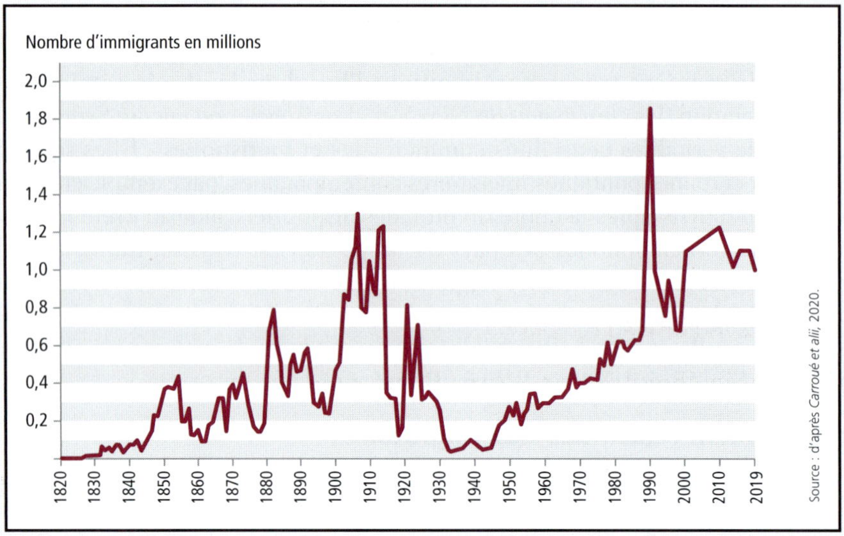

ZOOM ▶ Femmes et migration, une « révolution silencieuse »[1]

On assiste depuis les années 1990 à une **féminisation globale de la population migrante**, notamment d'origine asiatique (70 % des migrants philippins et sri-lankais et 80 % des migrants indonésiens sont des femmes), et ces migrations concernent de plus en plus des **femmes seules, partant indépendamment de leur conjoint et qui deviennent donc un soutien financier** pour leur famille. En 2020, 52 % des migrants internationaux sont des hommes et 48 % des femmes. Cette évolution doit certes être nuancée (les femmes ne constituent « que » la moitié environ de l'ensemble des migrants internationaux, et le regroupement familial reste la première cause de l'immigration féminine en Europe et aux États-Unis) mais elle reflète des changements profonds qui affectent les sociétés d'origine (émancipation des femmes dans les sphères professionnelles et familiales) comme le marché international de l'emploi (croissance des besoins en matière de soin et de services à la personne parmi les populations vieillissantes dans les pays du Nord). De plus, les migrations féminines bénéficient d'une **approche très favorable de la part des organisations internationales**, qui y voient un levier à la fois pour l'« autonomisation » des femmes dans les sociétés de départ (*empowerment*) et pour le développement économique local (les femmes migrantes sont souvent présentées dans les rapports officiels comme des émettrices de remises financières plus efficaces que les hommes).

trois à cinq ans pour un cadre expatrié dans la filiale à l'étranger d'une grande entreprise ; installation définitive) ; **motif de la migration** (études, travail, retraite, déplacement forcé) ; **niveau de qualification** ; **type et secteur d'activité** ; **caractère légal ou non** de la migration ; etc. Dans une perspective historique, les migrations internationales contemporaines se caractérisent par une **diversification très forte des profils socioprofessionnels et démographiques des migrants** : alors que l'essentiel des flux dans la seconde moitié du XXe siècle était constitué d'une **population masculine de jeunes actifs peu qualifiés** – au regard de leur employabilité dans les pays d'accueil – et motivée principalement par la perspective d'un **emploi salarié**, dans l'industrie principalement, les évolutions structurelles des sociétés d'accueil et de départ (montée en puissance de l'économie des services, généra-

1. G. Simon, *La planète migratoire dans la mondialisation*, 2008.

lisation de l'accès au diplôme) ont conduit à une marginalisation de cette figure du migrant, au profit d'autres profils. Une évolution sensible consiste par exemple en une montée en puissance de **migrations « entrepreneuriales »** (artisans, commerçants), par opposition à la migration d'une main-d'œuvre salariée. Des secteurs tels que la confection ou l'hôtellerie-restauration sont historiquement très fortement investis par les travailleurs immigrés et contribuent à marquer de leur empreinte paysagère et sociale certains quartiers des grandes villes internationales. Le secteur de l'import-export est également souvent animé par des entrepreneurs immigrés qui mobilisent les contacts maintenus dans le pays d'origine pour maîtriser l'ensemble de la filière (fabrication-transport-commercialisation).

B. UNE RECOMPOSITION SPATIALE RELATIVE DES MOBILITÉS INTERNATIONALES

1. Une géographie complexe des flux migratoires

Plus qu'un accroissement quantitatif somme toute modeste, ce sont surtout des évolutions dans la géographie des flux qui caractérisent les dernières décennies. Les flux migratoires entre pays dits « du Nord » et pays dits « du Sud » se sont recomposés : dirigés depuis le Nord

Les flux migratoires dans le monde en 2019

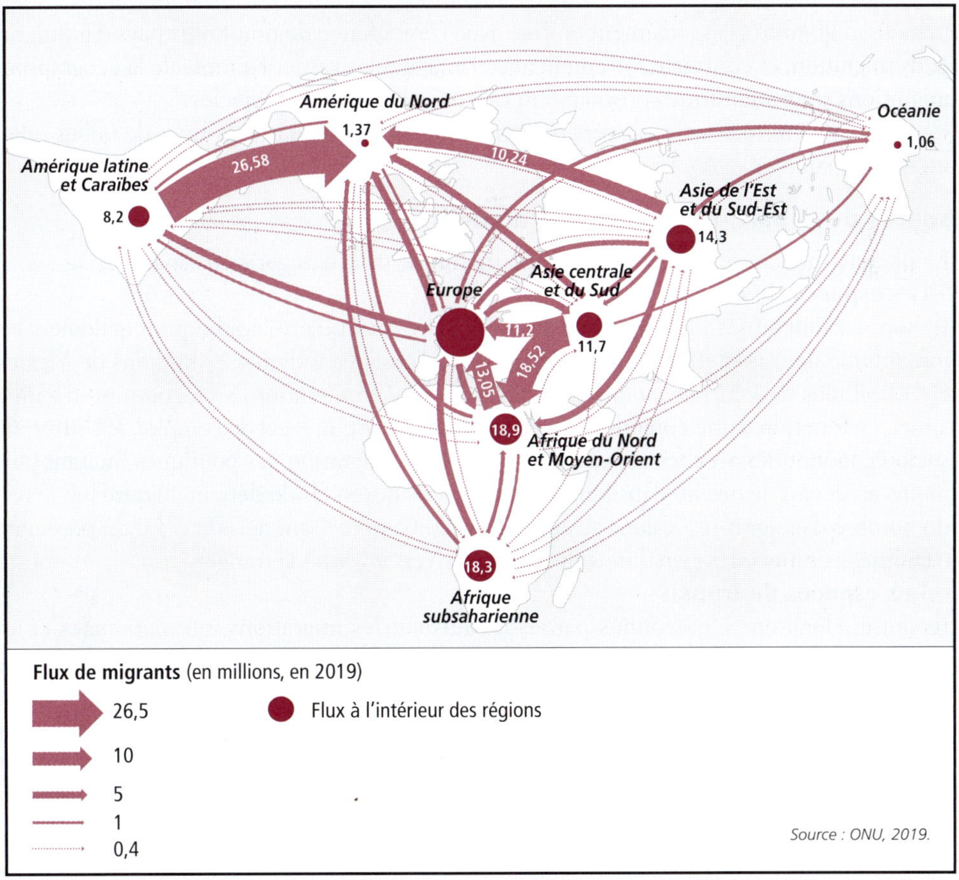

Source : ONU, 2019.

■ **Les quatre grands groupes de migrants internationaux en 2017**

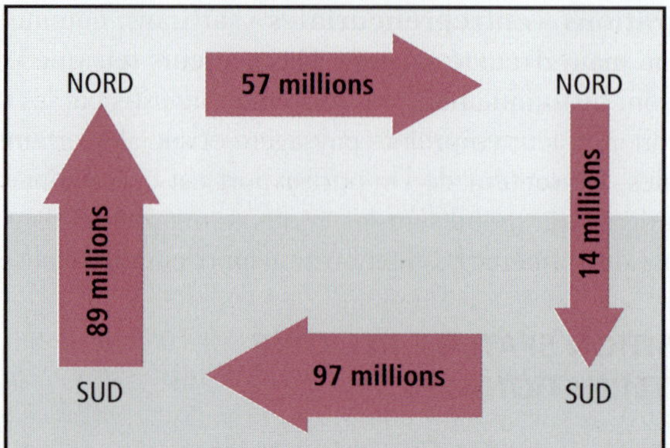

Source : Division « Population » des Nations unies, 2017.

vers le Sud dans un contexte colonial, ils se sont inversés après les indépendances (le démographe Alfred Sauvy parlait d'un « renversement des flux migratoires » entre le Nord et le Sud) mais surtout complexifiés puisque nombre d'anciens pays colonisés sont aujourd'hui à la fois des pôles d'immigration et des foyers d'émigration. Au cours des trente dernières années la planète migratoire s'est largement étoffée avec l'émergence de nombreux pays d'immigration et d'émigration, et contraste fortement avec l'image relativement simple de la géographie des migrations transatlantiques prévalant au tournant des XIXe et XXe siècles.
Les migrants internationaux se répartissent aujourd'hui en quatre groupes de tailles relativement comparables. [→SCHÉMA CI-DESSUS]

2. Espaces de départ, de transit et d'accueil

La planète migratoire est constituée aujourd'hui de trois catégories d'espaces[1] :

– Les **espaces de départ**

Ils sont surtout situés dans les pays du Sud (Asie, Afrique et Caraïbe principalement) et le fort volume de l'émigration (près de 18 millions d'émigrés indiens, 12 millions de Mexicains et 11 millions de Chinois, pour les principaux pays d'émigration) se recompose d'année en année en fonction d'une conjonction de facteurs : le marché local de l'emploi, les différentiels socio-économiques avec les espaces historiques d'immigration, les politiques incitant plus ou moins au départ, le niveau d'insécurité, etc. Notons que si l'Inde détient aujourd'hui le record du nombre d'émigrés (en valeur absolue), c'est le Cap-Vert qui détient celui du pourcentage d'émigrés : un tiers des personnes nées au Cap-Vert vivent à l'étranger.

– **Les espaces de transit**

Ils ont été longtemps méconnus par les travaux sur les migrations internationales et apparaissent peu sur les cartes, qui tendent à présenter les destinations « finales » des flux migratoires. Or, ces espaces revêtent une **importance considérable comme étape souvent contrainte, et d'une durée indéterminée, dans les parcours migratoires individuels**.
Ils traduisent surtout l'existence de lignes de contact entre grandes aires régionales (Amérique du Nord – Amérique latine ; Europe – Afrique) et sont directement le produit du renforcement des contrôles frontaliers et des restrictions croissantes à l'entrée sur le territoire des

1. Berthomière et Simon, 2006.

régions d'immigration. Le Maroc est un exemple emblématique d'un pays de transit qui doit gérer un flux de migrants subsahariens bloqués dans leur parcours vers l'Europe.

– **Les espaces d'accueil**

Ils se répartissent entre l'Amérique du Nord, l'Union européenne et les États du golfe Persique. Au sein de ces espaces, ce sont les très grandes villes qui polarisent les flux car elles concentrent les emplois et les réseaux facilitant l'insertion des migrants nouvellement arrivés. Les pays d'accueil se différencient par un **poids très inégal de la population immigrée au sein de la population totale**. Ainsi les États-Unis sont au premier rang mondial pour le nombre d'immigrés (50 millions), mais ces derniers représentent 15 % de la population ce qui est loin des chiffres que connaissent des pays de petite taille (Suisse : 30 % d'immigrés ; Singapour : 45 %) et plus encore des cas extrêmes que constituent les petites monarchies pétrolières du Golfe (Koweït : 75 % ; Émirats arabes unis : 90 %).

ZOOM ▶ Les enclaves de Ceuta et Melilla, lieux emblématiques de la géographie des migrations internationales

Minuscules territoires d'une vingtaine de km² chacun, Ceuta et Melilla sont des enclaves espagnoles sur le littoral méditerranéen du territoire marocain. Lignes de contact entre l'espace Schengen et les routes migratoires transsahariennes, elles sont l'un des hauts lieux du passage clandestin vers l'Europe, en particulier pour les migrants trop pauvres pour payer les services d'un passeur marocain leur faisant traverser le détroit de Gibraltar. Les accords de réadmission passés avec le Maroc, les barbelés et dispositifs de surveillance policière sur une vingtaine de kilomètres et les tensions extrêmes entre migrants et policiers (onze migrants tués par balle en 2005, notamment) font de ces enclaves un « laboratoire » de la militarisation et de l'externalisation des frontières extérieures de la « forteresse Europe » et cristallisent l'opposition des associations contre les dérives et les contradictions d'une approche sécuritaire des migrations internationales.

II. Facteurs et enjeux des migrations internationales

A. UNE COMBINAISON COMPLEXE DE FACTEURS

Les travaux sur les migrations internationales se sont longtemps cantonnés à identifier des **facteurs répulsifs**, incitant à l'émigration (crise de l'emploi, insécurité économique et politique, croissance démographique rapide), et des **facteurs attractifs** polarisant l'immigration vers telle ou telle destination (besoin de main-d'œuvre, politique d'ouverture). Cette grille d'analyse dite « *push-pull* » a été progressivement abandonnée pour prendre en compte la **diversité et la complexité des facteurs** qui expliquent les décisions individuelles de migrer comme la géographie des systèmes migratoires et leur recomposition. Sans prétendre à l'exhaustivité, on peut citer : l'**histoire migratoire** entre pays, souvent liée à d'anciens liens de nature coloniale ; l'**imaginaire migratoire** porté à la fois par les récits des migrants et par les médias ; les **réseaux sociaux et familiaux** qui interviennent dans la définition du projet migratoire comme dans l'insertion résidentielle et professionnelle du migrant dans le lieu de séjour ; les **politiques migratoires** (voir *infra*) des régions d'accueil ; le **marché de l'emploi** et les opportunités professionnelles ; les **crises et conflits** ainsi que les contextes d'insécurité pour des minorités linguistiques ou religieuses. Les facteurs dits « climatiques »

2. C. Wihtol de Wenden, 2012, *Atlas des migrations*, Paris, Autrement.

font également l'objet d'une considération spécifique de la part des chercheurs et des institutions, à travers les concepts de « migrations climatiques », « migrations environnementales » ou encore « réfugiés climatiques ».

Réfugiés et déplacés dans le monde en 2019

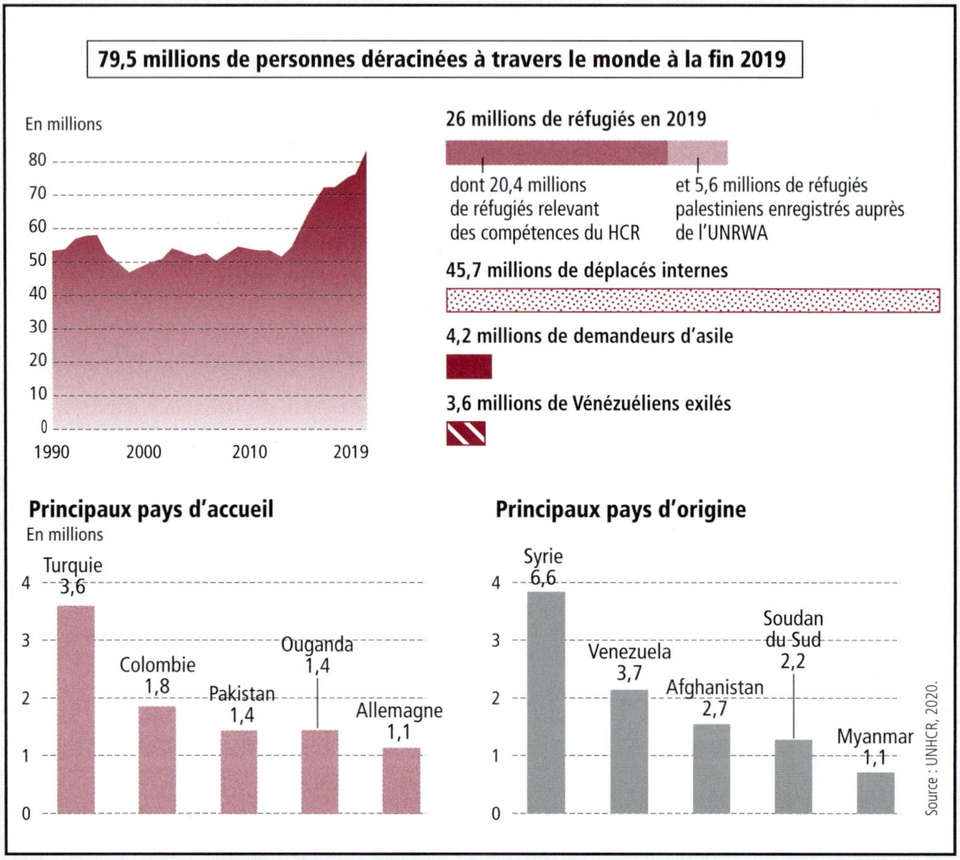

ZOOM ▶ Les migrations en Afrique subsaharienne

Avec près de 20 millions de personnes concernées (contre 12 millions au début des années 2000), les migrations entre États d'Afrique subsaharienne illustrent bien la combinaison de facteurs à l'œuvre dans un système migratoire : une **très forte croissance démographique** (65 % de la population a moins de 25 ans) qui crée une forte tension sur le marché de l'emploi, notamment dans les zones rurales ; un haut niveau de **pauvreté** (34 des 48 pays dénommés « moins avancés » par la Banque mondiale sont africains) qui rend d'autant plus attractifs les pôles économiques dynamiques comme les régions industrielles sud-africaines (400 000 étrangers en situation régulière et entre 3 et 6 millions en situation irrégulière) ; une succession de **conflits** (Rwanda, Congo, Sierra Leone, Côte d'Ivoire, Darfour) entraînant des déplacements forcés (l'Afrique compte près de 18 millions de personnes qui relèvent des compétences du HCR), le plus souvent dans les espaces frontaliers ; la permanence de **solidarités et de réseaux marchands transfrontaliers** à base ethno-linguistiques ; le développement de « corridors » migratoires le long desquels se cumulent d'importants mouvements de population : 1,5 million entre le Burkina Faso et la Côte d'Ivoire ; 1 million entre le Sud-Soudan et l'Ouganda

ZOOM ▶ La diaspora indienne aux États-Unis

Forte de 3,2 millions d'individus, la diaspora indienne aux États-Unis illustre clairement les effets ambivalents, selon qu'on adopte le point de vue du pays d'accueil ou du pays émetteur, d'une « migration des compétences ». En effet, plus de la moitié des visas H-1B destinés aux travailleurs très qualifiés bénéficie à des ingénieurs indiens, principalement dans le domaine de l'informatique et des nouvelles technologies, pour lequel la formation universitaire indienne est de réputation mondiale. Quelques chiffres suffisent à montrer l'impact économique de cette migration : 1/3 des ingénieurs de la Silicon Valley sont indiens et 15,5 % des start-up qui y sont implantées ont été créées par des Indiens (sur un total de 230 000 entreprises « indiennes » aux États-Unis, employant 600 000 personnes) ; 300 000 Indiens travaillent aux États-Unis dans le domaine des nouvelles technologies, et plus de la moitié de la diaspora occupe une position managériale. Signe de cette réussite, les États-Unis comptent 200 000 Indiens millionnaires en dollars. Les Indiens occupent également des positions professionnelles élevées dans d'autres domaines : un médecin sur dix est indien (50 000 au total aux États-Unis) et plus de 8 000 universitaires indiens enseignent dans les facultés américaines. Enfin, ce poids économique et entrepreneurial se double d'un véritable pouvoir politique : la diaspora indienne dispose à Washington de puissants groupes de pression, au premier rang desquels l'*US-India Political Action Committee* (USINPAC) qui œuvre non seulement en faveur des résidents indiens aux États-Unis, mais aussi en matière de relations diplomatiques bilatérales (rôle majeur dans l'accord de coopération sur le nucléaire civil signé en 2008 entre Delhi et Washington). Longtemps dans l'ombre des tâches techniques, les Indo-Américains ont récemment gagné en visibilité, parfois de façon spectaculaire, comme en témoignent **Satya Nadella**, PDG de Microsoft depuis février 2014, né à Hyderabad, **Sundar Pichai**, depuis août 2015 à la tête de Google, né à Madras, **Arvind Krishna**, PDG d'IBM depuis 2020, né dans l'Andra Pradesh, ou encore **Vinod Khosla**, le cofondateur de Sun Microsystems, né à Delhi, qu'il a quitté pour se lancer dans le capital-risque.

B. LE RÔLE DES POLITIQUES MIGRATOIRES

1. Sélection et « migration choisie »

Depuis le choc pétrolier du début des années 1970 et la diminution drastique de l'immigration de travail dans la plupart des pays industrialisés, une tendance forte dans les politiques migratoires consiste à **sélectionner les migrants selon leur niveau de qualification professionnelle**. Les États-Unis en sont un exemple emblématique grâce à leur système de visas « H-1 B », qui permet à des employeurs de recruter temporairement un salarié étranger sur un poste spécifique. Il s'agit là d'un **outil majeur de performance économique**, notamment dans le secteur de la recherche appliquée et de l'innovation technologique, d'autant plus qu'en recrutant des cadres déjà diplômés, les États-Unis réalisent d'importantes économies de formation (estimées à 7 milliards de dollars). Par ailleurs, grâce à une active politique de bourses et à des programmes efficaces de détection et de communication, les universités américaines accueillent les plus brillants étudiants étrangers (50 % des doctorants aux États-Unis sont étrangers) qui, pour 60 % d'entre eux, restent aux États-Unis à la fin de leurs études. Ce dispositif nourrit ainsi le débat sur la « fuite des cerveaux » (***brain drain***). Le modèle américain s'est largement diffusé au sein des pays de l'OCDE, à l'instar de la France, qui met en place en 2006 un visa « compétences et talent », permis de séjour de trois ans renouvelable à destination de « l'étranger qui, du fait de ses compétences et de ses talents, contribuerait au développement économique ou au rayonnement intellectuel, scientifique, culturel, humanitaire ou sportif de la France et du pays dont il a la nationalité ».

2. Restrictions et fermetures

Dans un contexte d'accroissement quantitatif des migrations internationales, les États tendent, sinon à fermer leurs frontières, du moins à mettre en place des **politiques d'accueil**

restrictives. L'Union européenne en est une illustration très emblématique : elle est l'une des premières régions d'immigration du monde (34 millions d'étrangers y vivaient en 2019, dont 20 millions d'Européens communautaires, pour 510 millions d'habitants) mais depuis la crise pétrolière de 1973, ses dirigeants ont toujours affiché – non sans contradictions – une politique d'« immigration zéro » puis de limitation stricte des flux, qui implique une **harmonisation des politiques migratoires entre États membres** (voir chronologie page suivante [→ZOOM] et la mise en place de dispositifs très intégrés de contrôle et de gestion des flux : le **système d'information Schengen (SIS)** permettant l'échange informatisé de données sur les étrangers en situation irrégulière ; l'agence **Frontex** (transformée en 2016 en « Agence européenne de garde-frontières et de garde-côtes ») qui coordonne les contrôles policiers des frontières extérieures de l'UE ; l'**Eurodac** (base informatisée d'empreintes digitales) qui vise à croiser les demandes d'asile et à identifier le pays responsable de son attribution ; le **SIVE** (Système intégré de vigilance extérieure) qui équipe certaines zones considérées comme stratégiques (Gibraltar, notamment) de dispositifs technologiques de surveillance des flux terrestres et maritimes. Le renforcement constant de ces dispositifs intégrés de contrôle policier des frontières extérieures n'offre pas, loin de là, une réponse satisfaisante aux **multiples enjeux impliqués par la politique migratoire**, depuis les principes fondamentaux du droit d'asile jusqu'aux nécessités économiques et démographiques de migrations de travailleurs.

Les années 2010 voient un accroissement considérable des demandes d'asile dans l'UE (330 000 demandes en 2012, 1,3 million en 2015) en lien notamment avec les crises politiques et humanitaires en Syrie, en Afghanistan, en Irak ou encore en Érythrée. Le lent et

ZOOM ▶ Les étapes de la construction d'une politique européenne d'immigration et d'asile

1985 : Accords de Schengen supprimant les frontières intérieures pour les citoyens des pays membres de l'UE.

1990 : Accords Dublin I (complétés par les accords Dublin II de 2003) sur la mise en cohérence des réponses des pays membres aux demandes d'asile.

1992 : Traité de Maastricht affirmant le principe de la liberté de circulation, d'installation et de travail pour les citoyens européens.

1995 : Processus de Barcelone associant la migration et les politiques de développement.

1997 : Traité d'Amsterdam inscrivant les questions de migration et d'asile dans le « pilier » communautaire (et non plus intergouvernemental).

1999 : Conseil européen de Tampere initiant une politique commune de l'immigration (lutte contre l'immigration clandestine, système commun de l'asile, harmonisation des politiques de visas).

2004 : Création de l'Agence européenne pour la gestion de la coopération opérationnelle aux frontières extérieures des États membres de l'Union européenne (Frontex).

2005 : Livre Vert européen articulant le vieillissement de la population et les besoins de main-d'œuvre immigrée.

2007 : Traité de Lisbonne réaffirmant le principe d'une politique commune de l'immigration.

2008 : Pacte européen sur l'immigration et l'asile (contrôle des frontières extérieures, régulation de l'immigration légale, promotion du codéveloppement, etc.).

2011 : À la suite de l'arrivée de migrants tunisiens à Lampedusa (Italie), la Commission européenne appelle à renforcer le contrôle des frontières et à élaborer une politique commune de l'asile.

2013 : Vote d'un « paquet Asile », ensemble de directives composant un régime d'asile européen commun.

2015 : Année record pour les demandes d'asile reçues par les pays de l'Union européenne (1 323 000, soit une augmentation de 75 % par rapport à l'année précédente). Un tiers des demandeurs viennent de Syrie.

2015 : Plan de relocalisation de 160 000 demandeurs d'asile entre États membres.

2016 : Accord migratoire entre l'UE et la Turquie.

2017 : La Commission européenne lance des procédures d'infractions contre la Hongrie, la Pologne et la République tchèque, qui refusent d'appliquer le plan de répartition.

2020 : Pacte européen sur la migration et l'asile visant à refondre le système de Dublin.

■ **Le système Frontex et les frontières extérieures de l'UE (2020)**

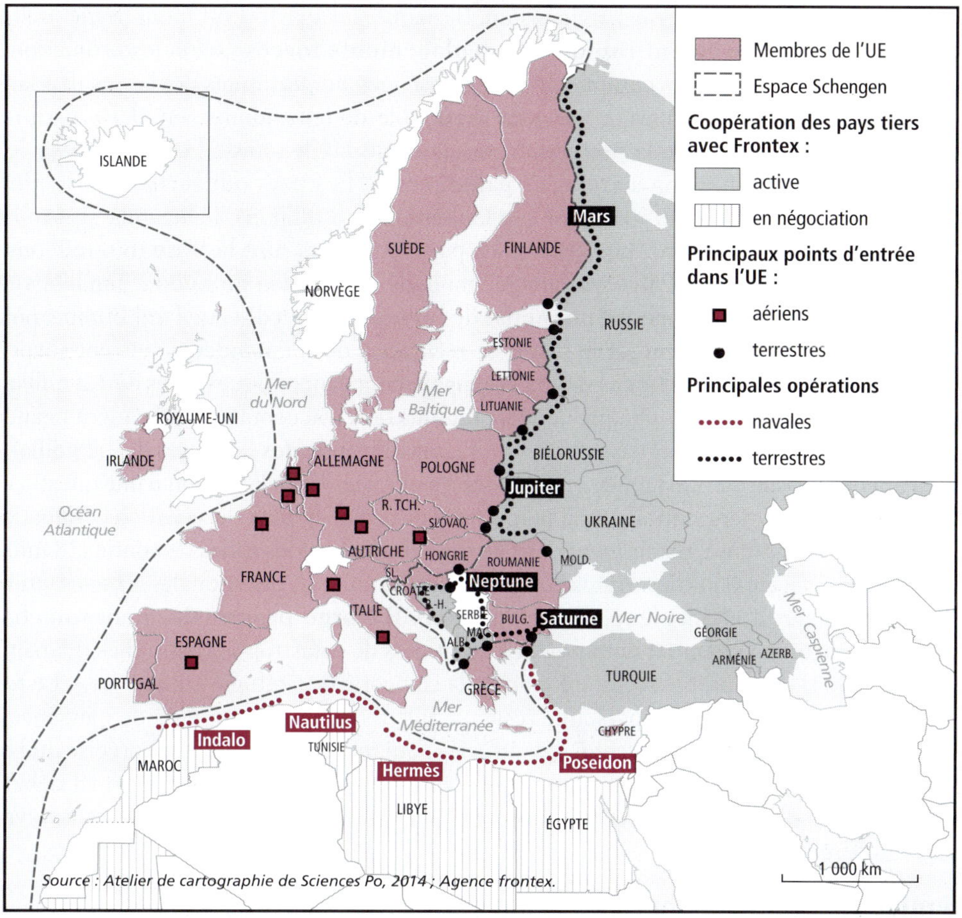

Source : Atelier de cartographie de Sciences Po, 2014 ; Agence frontex.

très inabouti processus d'harmonisation des politiques d'immigration et d'asile est mis à mal par cette « crise migratoire » à laquelle les États réagissent de manière très différente (l'Allemagne se distingue des autres pays par le grand nombre de demandes reçues et acceptées), qui conduit à des rétablissements temporaires du contrôle aux frontières intérieures de l'UE, sur fond de crainte des menaces terroristes.

3. L'asile

L'application du droit d'asile constitue un domaine à part au sein des politiques migratoires. Elle repose sur des textes juridiques internationaux déclinés à partir de la **Convention de Genève relative au statut des réfugiés (1951)**, rassemblant 146 pays signataires, et sur l'action du Haut-Commissariat des Nations unies pour les Réfugiés (HCR) qui assure les droits fondamentaux des réfugiés (non-refoulement dans le pays d'origine, attribution de titres administratifs permettant l'exercice d'une activité professionnelle, etc.). Selon les textes, peut accéder au statut de réfugié toute personne qui « **craignant avec raison d'être persécutée du fait de sa race, de sa religion, de sa nationalité, de son appartenance à un certain groupe social ou de ses opinions politiques**, se trouve hors du pays dont elle a la nationalité et qui ne peut ou, du fait de cette crainte, ne veut se réclamer de la protection de ce pays ». Depuis une vingtaine d'années, les conflits et crises politiques en Afrique (Soudan, Rwanda-Burundi, Somalie, Érythrée), en Amérique latine (Colombie, Venezuela), en Europe (Bosnie-Herzégovine), en Asie (Afghanistan, Birmanie) ou au Moyen-Orient (Syrie, Irak) ont entraîné un **accroissement rapide des déplacements forcés** : selon les estimations du HCR pour 2019, le monde compte environ 80 millions de personnes déplacées de manière contrainte (dites « déracinées »), soit près du double de leur nombre en 2010. Parmi eux, 26 millions bénéficient de la protection statutaire du HCR (ou de l'UNRWA pour le cas spécifique des 5,6 millions de réfugiés palestiniens). Les pays qui accueillent le plus de réfugiés sont la Turquie (3,5 millions), la Colombie (1,8 million), l'Ouganda (1,4 million) et l'Allemagne (1,1 million). Les principaux pays émetteurs sont la Syrie (6,6 millions), le Venezuela (3,7 millions), l'Afghanistan (2,7 millions), le Soudan du Sud (2,2 millions). On parle désormais communément d'une « crise de l'asile » : les pays d'accueil (en Europe, notamment) sont réticents à accorder le statut de réfugiés à des demandeurs souvent suspectés d'instrumentaliser l'asile pour des motifs principalement économiques (près de 1,2 million de demandes d'asile déposées chaque année, pour des taux d'acceptation qui varient beaucoup selon les pays d'origine et les pays d'accueil). La massification des flux (près de 4,2 millions de demandeurs d'asile dans le monde en 2019) et les blocages liés à la gestion d'une question très sensible politiquement entraînent la pérennisation dans le temps de situations dramatiques sur le plan humanitaire, notamment dans les pays frontaliers des zones de conflits (8 millions de personnes vivent dans des camps depuis plus de 10 ans). La question des réfugiés tend à se poser de manière d'autant plus épineuse que **le HCR élargit progressivement son champ d'intervention** en intégrant notamment les victimes de catastrophes naturelles (tsunami en Asie en 2004) et en proposant la création de la catégorie de « réfugié climatique ». Le terme « migrant », qui désigne une personne résidant ailleurs que dans son pays de naissance, est donc beaucoup plus large que celui de « réfugié », qui renvoie à la définition précise du HCR. Mais dans le contexte européen actuel, cette distinction lexicale recouvre un vif débat sur les politiques d'asile et d'accueil, et sur les limites éthiques d'une opposition entre « vrais » et « faux » réfugiés ».

4. Limites et contradictions des politiques de fermeture migratoire

Les politiques migratoires des pays les plus riches tendent à se traduire principalement en une gestion d'un « risque » migratoire décliné, selon les cas, au gré des contextes nationaux et des préoccupations des opinions publiques, en périls économiques (crise de l'emploi), politiques (menaces terroristes) ou identitaires (dilution des bases ethniques et religieuses des sociétés d'accueil). Une première traduction en est la **militarisation des frontières** extérieures : dispositifs policiers de contrôle des détroits de Gibraltar (Union européenne) et de Torres (Australie) ou encore le long de la frontière États-Unis – Mexique (opération *gatekeeper* lancée en 1994 et mobilisant près de 11 000 patrouilleurs). On assiste également à des stratégies d'**externalisation** du contrôle des flux migratoires, *via* des accords bilatéraux passés avec des pays de transit (Maroc-Espagne, Libye-Italie, Australie-Nauru). Les flux migratoires peuvent être instrumentalisés à des fins géopolitiques régionales. En menaçant d'ouvrir ses frontières aux réfugiés syriens vers l'Europe, le président turc Erdogan négocie ainsi, à l'automne 2020, un accroissement des aides financières européennes. Portées par la société civile comme par des acteurs politiques, de nombreuses critiques se font jour à l'encontre de politiques ruineuses, à l'efficacité limitée et qui surtout **mettent à mal des principes juridiques et éthiques relatifs aux droits de la personne et au droit d'asile**. Les noyades de migrants se comptent par milliers en Méditerranée (plus de 10 000 en 2014, 2015 et 2016), et les centres d'enfermement et de rétention se multiplient (dans les zones frontalières mais aussi dans les zones d'attente des grands aéroports). Les associations dénoncent le flou juridique qui entoure ces outils de « mise à l'écart » plus que de véritable gestion administrative des flux migratoires. Le réseau Migreurop dénonce ainsi une « Europe des camps », où les drames humanitaires ponctuent régulièrement l'actualité, comme en septembre 2020, où un incendie ravage le gigantesque camp de Moria, sur l'île grecque de Lesbos, et jette 13 000 migrants à la rue.

C. ENJEUX POLITIQUES

1. Diasporas et transnationalisme

Le terme « diaspora » est aujourd'hui incontournable dans l'analyse des migrations internationales. Issu du grec *spiro* (« dispersion »), la diaspora désigne les membres d'un peuple dispersé dans le monde (souvent à la suite d'un événement politique brutal) mais restant en relation les uns avec les autres et partageant, au fil des générations, un même rapport avec le lieu d'origine, notamment dans la perspective même fantasmée d'un « retour » possible. L'application du terme à telle ou telle population émigrée fait l'objet de débats constants, mais le terme est utilisé fréquemment pour caractériser entre autres les Juifs, les Arméniens, les Indiens et les Chinois. Au-delà des processus migratoires, les diasporas revêtent clairement des **enjeux d'ordre politique car elles constituent un exemple fascinant d'une communauté spatialement éclatée, mais politiquement et culturellement dotée d'une incontestable cohérence, indépendamment du cadre classique des États-nations**. La notion de **transnationalisme** est dès lors indispensable pour penser l'ensemble des circulations humaines et des échanges immatériels ou symboliques qui témoignent des appartenances territoriales multiples qu'entretiennent les membres des diasporas, « à la fois ici et là-bas ». Elle permet surtout de concevoir des **formes émergentes de citoyenneté** et d'investissements politiques et économiques ne reposant pas sur la présence physique d'un individu sur le territoire d'un État.

ZOOM ▶ De « l'Australie blanche » à l'affirmation d'un multiculturalisme politique

« Pays neuf » dont l'histoire du peuplement est liée à la migration de colons anglais et irlandais aux XVIIIe et XIXe siècles, au détriment des populations aborigènes en place, l'Australie a toujours développé une active politique d'accueil de populations étrangères (ce dont témoigne le slogan fameux du ministre de l'Immigration Arthur Calwell en 1945 : « *populate or perish* »). Aujourd'hui, les 6 millions d'immigrés officiellement recensés constituent plus de **26 % de la population australienne**. Cette politique migratoire a été fortement redéfinie depuis les années 1970 : initialement fondée sur l'idée d'une « **Australie blanche** » et l'accueil privilégié (quotas) de migrants européens, elle s'est progressivement ouverte à une immigration asiatique et latino-américaine pour répondre aux forts besoins de main-d'œuvre. Dans le même temps a été élaborée une véritable **doctrine valorisant la diversité ethnique et affirmant officiellement le caractère multiculturel de la société australienne** : soutien à l'expression culturelle et à la représentation politique des minorités culturelles, programmes pédagogiques d'accès à la citoyenneté, etc. Le choix d'une **politique d'intégration** (accès à la citoyenneté en maintenant la diversité culturelle) **plutôt que d'assimilation** (atténuation des traits culturels distinctifs) n'est aujourd'hui pas remis en question, mais les réglementations produites depuis les années 1990 tendent à **rendre l'immigration en Australie beaucoup plus sélective et favorable au « capital humain »** (étudiants, diplômés, actifs ayant des compétences dans des domaines professionnels spécifiques). Depuis le début du siècle, la politique de rejet des réfugiés est parallèlement devenue l'une des plus dures des pays de l'OCDE. Le pays sous-traite à l'étranger la gestion des réfugiés interceptés : deux camps ont été ouverts, à Nauru et en Papouasie-Nouvelle-Guinée, qui hébergent 2 400 réfugiés venus d'Afrique et du Proche-Orient dans des conditions dénoncées par les ONG. Depuis 2014, l'opération « Frontières souveraines » a durci cette politique.

2. Entre multiculturalisme et assimilation

Dans les pays d'accueil, la formulation politique de la question migratoire porte principalement sur la **capacité des sociétés à « vivre ensemble » et à tirer parti de la diversité culturelle permise par l'immigration**. Cette question est très sensible car elle touche aussi bien des questions identitaires, religieuses et linguistiques (comme l'illustre le débat suscité en France par l'existence, entre 2007 et 2010, d'un ministère de l'Immigration, de l'Intégration, de l'Identité nationale et du Développement solidaire) que des préoccupations socio-économiques, les immigrés constituant des boucs émissaires faciles dans le contexte de chômage de masse que connaissent la plupart des pays depuis les années 1970. Chaque pays a développé au cours de son histoire sa propre conception intellectuelle et ses textes réglementaires concernant l'acquisition de la nationalité pour un individu né hors du territoire national. L'opposition classique entre **droit du sol** (acquisition de la nationalité par naissance ou résidence longue sur un territoire national) et **droit du sang** (acquisition de la nationalité par filiation) est de moins en moins opérante car, de fait, les États combinent souvent ces deux approches : ainsi, l'Allemagne, souvent citée en exemple d'une conception historique de la nationalité fondée sur le droit du sang (on est allemand parce que ses parents le sont), a introduit en 2000 dans son code de nationalité la possibilité d'acquérir la nationalité allemande pour les enfants d'immigrés ayant vécu durablement sur le territoire allemand.

D. ENJEUX SOCIO-ÉCONOMIQUES

1. Les effets socio-économiques ambivalents de l'émigration : l'exemple du *brain drain*

L'émigration a des impacts socio-économiques majeurs dans les pays émetteurs : à l'échelle nationale, **elle prive ces pays de leurs jeunes actifs les plus dynamiques et, de plus en plus, les plus diplômés**. Concernant les migrants les plus qualifiés, cette question fait, depuis les années 1960, l'objet de vifs débats parmi les chercheurs spécialistes des migrations internationales, les économistes et les responsables politiques sous le terme « *brain drain* » (traduit par « fuite des cerveaux ») : les élites intellectuelles et professionnelles des pays du Sud, en émigrant au cours ou à la fin de leurs études pour saisir les opportunités professionnelles que leur offrent des pays du Nord et leurs dispositifs d'accueil des « compétences », risquent de compromettre le développement économique et social de leur pays d'origine en le privant de ses médecins, ingénieurs et potentiels cadres dirigeants. Près de **85 % des 20 millions de migrants hautement qualifiés vivent aujourd'hui dans les pays de l'OCDE**. Depuis une vingtaine d'années, ces mobilités se sont accentuées et complexifiées car elles ne se limitent plus désormais à un flux sud-nord. En outre, les parcours des migrants très qualifiés et leurs rapports au pays d'origine ne consistent pas en un « abandon » pur et simple de celui-ci : des réseaux professionnels et universitaires d'échelle mondiale, des programmes de coopération économique et académique se mettent en place grâce notamment à Internet, au point que certains chercheurs parlent désormais de « diasporas scientifiques et techniques[3] » pour décrire une forme de **transnationalisation des pratiques et des savoirs**, qu'on ne peut pas réduire à la « perte » d'une ressource pour un pays au bénéfice d'un autre. Le foisonnement conceptuel produit actuellement sur ce thème traduit bien la difficulté d'une analyse simple du phénomène (*transit brain drain* : « exode transitoire des cerveaux » ; *delayed return* : « retour différé » ; *brain mobility* : « mobilité des cerveaux »).

3. J.-B. Meyer.

2. La difficile évaluation de l'impact économique de l'immigration : l'exemple de la France

Les conséquences économiques de l'immigration pour les pays d'accueil sont une question difficile scientifiquement et sensible politiquement. Elle dépend de l'échelle temporelle à laquelle on aborde le problème. La plupart des analyses convergent pour indiquer, qu'à court terme, l'immigration a un coût limité, voire nul, et, qu'à long terme, elle constitue un apport économique indubitable, en particulier pour les pays du « Nord » confrontés à un processus structurel de vieillissement de la population et donc à un accroissement des coûts liés à un taux de dépendance (ratio entre la population inactive, retraitée notamment, et la population en âge de travailler) de plus en plus élevé. À l'instar de nombreux autres pays d'immigration, la France a développé, depuis le milieu des années 1970, des outils réglementaires pour orienter l'immigration de travail en fonction des besoins précis du marché de l'emploi national : les titres de séjour pour motif « économique » (environ 10 % des entrées annuelles) sont accordés selon une liste de métiers dits « en tension ». L'impact économique s'analyse aussi en termes de prestations sociales (santé, logement, chômage). En France, le taux de chômage est particulièrement élevé parmi la population active immigrée (18 % contre 10 % pour le reste de la

Les remises des migrants vers leur pays d'origine (2019)

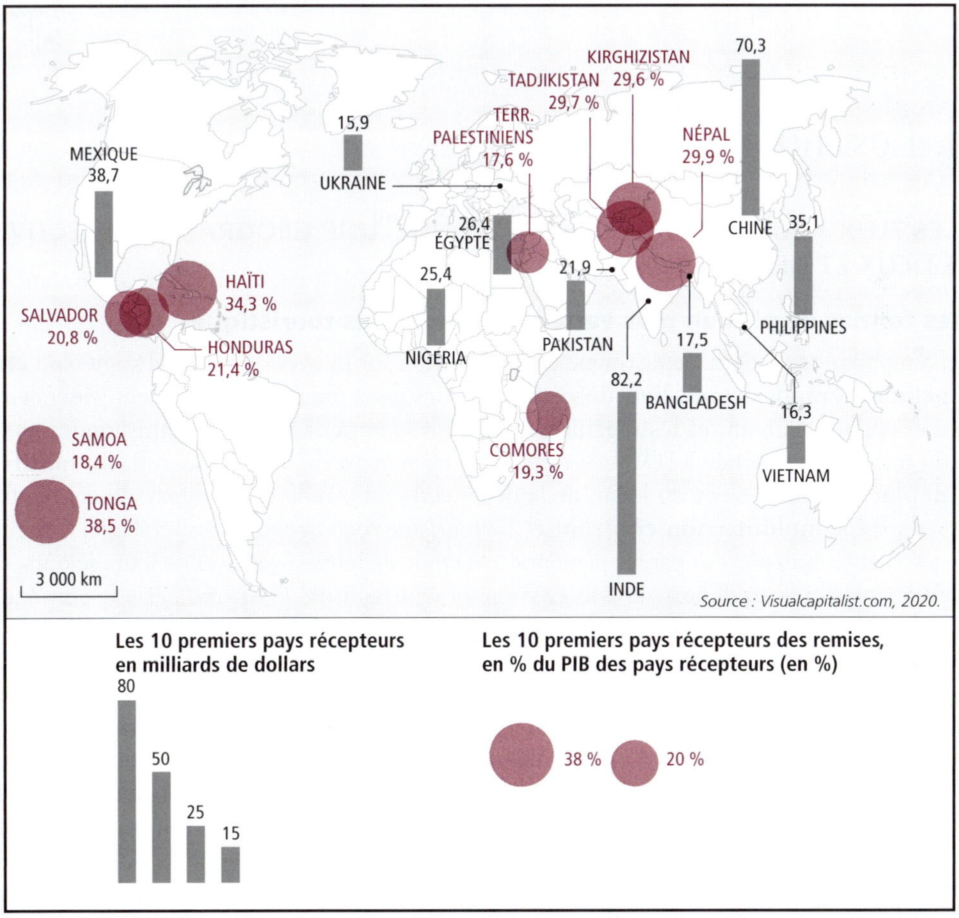

population), mais ce coût est nuancé par la moindre utilisation de prestations sociales dans d'autres domaines comme la santé, comparativement avec la population non immigrée, plus âgée en moyenne.

3. Migration et développement : les « remises » en question

Les « remises » (transferts financiers opérés par les migrants depuis leur lieu de résidence à l'étranger à destination de leur famille ou de leur localité d'origine) représentent près de 690 milliards de dollars en 2018 – le montant exact est très difficile à mesurer –, soit une **somme près de trois fois supérieure à l'aide publique au développement**. Cette observation justifie que les migrations internationales puissent être considérées comme l'**un des leviers majeurs du développement**, d'autant plus que les remises constituent des **fonds directement mobilisables dans la consommation courante** (alimentation, santé) ou dans les **biens d'équipement**, sans passage par des filtres administratifs parfois inefficaces. Si le volume de ces transferts est souvent impressionnant (près de 80 milliards de dollars par an en Inde), c'est surtout leur poids dans le PIB de certains États qui crée des situations de **véritable dépendance économique vis-à-vis des émigrés** : 35 % du PIB d'Haïti, 30 % de celui du Népal et du Tadjikistan sont ainsi constitués par les remises.

Pour aller plus loin

Le site de l'observatoire des migrations et de l'asile, l'IFRI
liennathan.fr/c4wd82

III. Les mobilités touristiques

A. LES FLUX TOURISTIQUES DANS LE MONDE, UNE GÉOGRAPHIE SÉLECTIVE DES LIEUX ET DES HOMMES

1. Les formes de plus en plus variées des mobilités touristiques

La mobilité touristique se distingue de la migration sur plusieurs points : il s'agit d'un **changement temporaire de lieu de résidence** (les visas touristiques couvrent généralement une période d'un an, et les organismes officiels comme l'OMT – Organisation mondiale du tourisme, rattachée à l'ONU – retiennent également ce seuil temporel) ; les **motifs du déplacement** relèvent du loisir, de la découverte culturelle et du dépaysement ; enfin, il s'agit d'une **mobilité non contrainte**. Le tourisme recouvre, de manière large, l'ensemble des « activités déployées par les personnes au cours de leurs voyages et de leurs séjours, dans des lieux situés en dehors de leur environnement habituel pour une période consécutive qui ne dépasse pas une année, à des fins de loisirs, pour affaires et autres motifs non liés à l'exercice d'une activité rémunérée dans le lieu visité » (OMT). Le secteur se partage en quatre segments distincts : **tourismes de loisir** (plage), **tourisme de santé** (thermalisme, par exemple), **tourisme culturel** (visite de musée, *city trip*) et **tourisme d'affaires** (déplacement de courte durée à but professionnel). Les données chiffrées sur le tourisme à l'échelle mondiale présentent donc l'inconvénient de rassembler des types très différents de mobilités. Les voyages de détente, de loisir et de vacances représentent aujourd'hui un peu plus de la moitié des arrivées de touristes internationaux, les voyages d'affaires 15 %, les autres motifs (visite à un parent, pèlerinage, traitement médical, etc.) 30 %. **Le tourisme international ne constitue qu'une part marginale (un voyage sur dix environ) de l'ensemble des**

flux touristiques qui sont donc principalement limités aux territoires nationaux. Dans la seconde moitié du XXe siècle, le tourisme international a néanmoins connu un accroissement rapide : 25 millions d'arrivées de touristes internationaux en 1950, 113 millions en 1965, 530 millions en 1995, 1,2 milliard en 2015 et 1,5 milliard en 2019.

■ Évolution des entrées touristiques internationales, 1995-2018 (en millions)

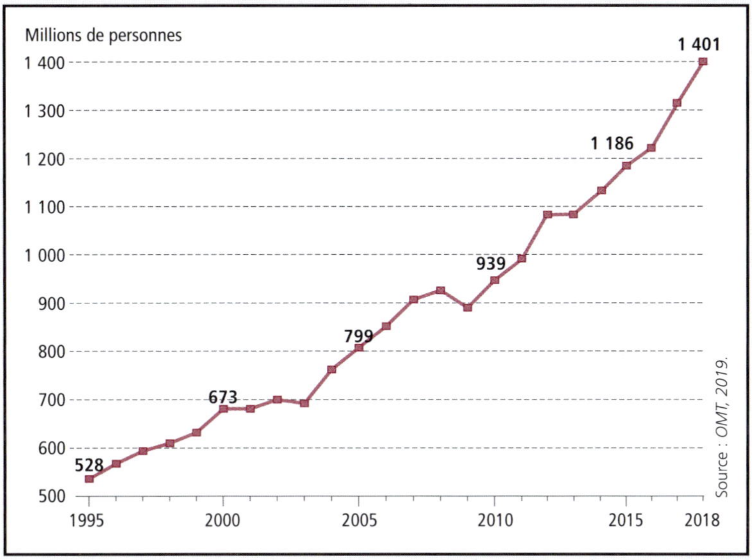

ZOOM ▶ Le secteur touristique face à la pandémie de Covid-19

À l'échelle mondiale comme dans la plupart des pays, le tourisme a été l'un des secteurs économiques les plus sévèrement affectés par la pandémie. L'Organisation mondiale du tourisme mesure une **diminution de près de 70 % de l'activité du secteur en 2020** par rapport à l'année précédente. Cela correspond à une diminution de 300 millions de déplacements internationaux et une perte de 320 milliards de revenus. **120 millions d'emplois** sont estimés pouvant être détruits par la crise. Les destinations d'Asie-Pacifique apparaissent particulièrement touchées (– 80 %), ainsi que les petits pays très dépendants des entrées touristiques internationales : pour le Costa Rica, la Grèce, le Maroc, le Portugal ou encore la Thaïlande, les pertes économiques pour la seule année 2020 sont estimées à près de **3 % du PIB**. Si les restrictions de voyages et la fermeture des frontières ont paralysé le tourisme international, c'est aussi dans chaque État que le secteur touristique traverse une crise sans précédent. Les mesures de confinement et de limitation des activités collectives – mesures prophylactiques plus ou moins contraignantes selon les États – ont profondément fragilisé les secteurs de la restauration, de la culture, du sport et du loisir. Ainsi, aux États-Unis, près de 50 % des quelque 20 millions d'emplois détruits au 1er semestre 2020 concernent ce secteur. La crise a également entraîné la fermeture de plus de **80 % des biens inscrits au patrimoine mondial de l'UNESCO** et l'annulation ou le report de grands événements sportifs (Jeux Olympiques de Tokyo) ou culturels (Exposition universelle de Dubaï). Les soutiens sectoriels publics et les plans de « reconstruction » orientés vers un secteur touristique plus résilient, qualitatif et diversifié apparaissent pour l'heure très hypothétiques.

Pour aller plus loin

Le site de l'OMT, l'organisation de l'ONU en charge du tourisme, qui donne accès à son rapport annuel
liennathan.fr/jy642w

■ **La planète touristique**

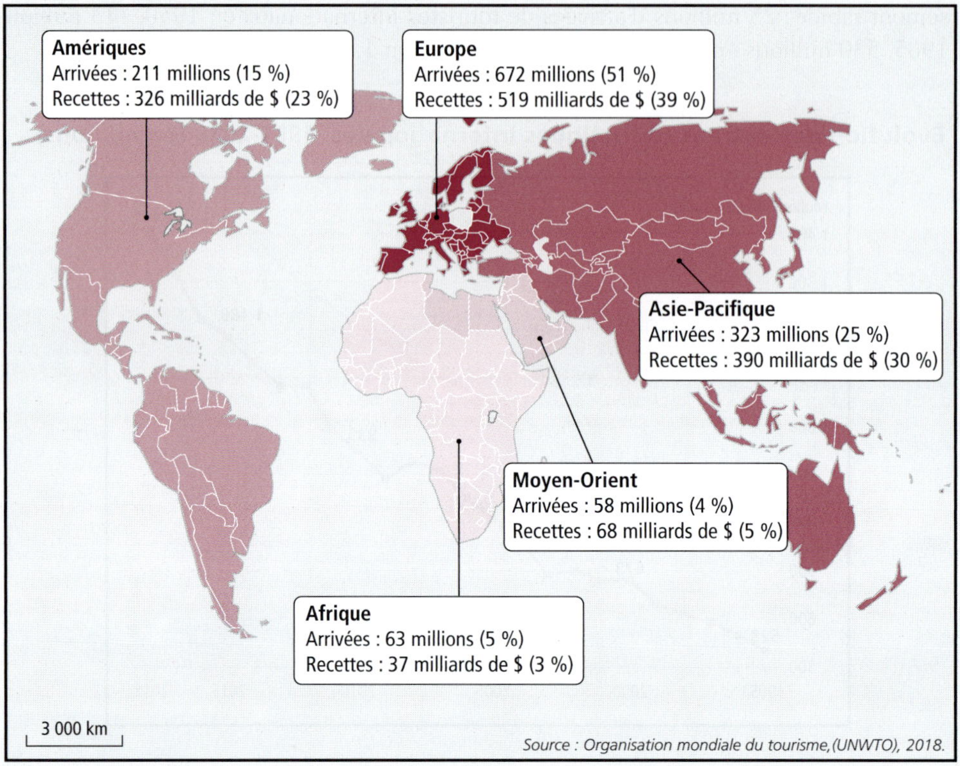

Source : Organisation mondiale du tourisme,(UNWTO), 2018.

2. La concentration des espaces émetteurs et récepteurs

Les flux touristiques sont **très inégalement répartis dans le monde** : la quasi-totalité (95 %) est concentrée dans les Amériques, l'Europe et l'Asie. À l'intérieur de ces trois grandes zones, les **cinq plus grands pays touristiques**, inchangés depuis 25 ans, à l'exception de la Chine, représentent à eux seuls près d'un tiers des entrées touristiques internationales.

L'image d'une mobilité touristique d'échelle planétaire doit être fortement relativisée de deux points de vue : d'une part, **les déplacements nationaux et régionaux restent largement dominants** (70 % des voyages s'effectuent entre pays d'un même continent) ; d'autre part, au sein même des pays récepteurs, **un petit nombre de « hauts lieux » concentre l'essentiel de la fréquentation**. Ainsi, en 2009, 561 millions de touristes sur 940 millions au total n'ont visité que 50 sites dans le monde, dont la moitié sont des parcs d'attractions, et dont 19 se situent sur le seul territoire américain. Les quatre plus grands parcs d'attractions Disney représentent près de 9 % du marché touristique mondial.

3. Pôles touristiques émergents et recomposition de la géographie internationale du tourisme

Les pôles émetteurs comme récepteurs des flux touristiques internationaux connaissent une relative recomposition qui modifie légèrement la hiérarchie des destinations touristiques.

On observe ainsi l'émergence, dans les pays à forte croissance économique (Chine et Brésil, notamment), d'une classe moyenne nombreuse aspirant à accéder aux voyages à l'étranger. Dans le même temps, des pays jadis peu connectés aux grands circuits

■ Principales destinations touristiques entre 1980-2018 (en millions d'entrées)

Rang en 1980	Rang en 2018	Pays	1980	2000	2018
1	1	France	30	77	87
3	2	Espagne	22	45	83
2	3	États-Unis	23	51	76
18	4	Chine	4	31	61
4	5	Italie	22	41	58
52	6	Turquie	1	10	46
8	7	Mexique	12	21	39
7	8	Royaume-Uni	12	23	38
9	9	Allemagne	11	19	37
27	10	Thaïlande	2	10	35
5	11	Autriche	14	18	29
–	12	Japon	nd	nd	29
28	13	Hong Kong	2	9	28
–	14	Grèce	nd	nd	27
25	15	Malaisie	2	10	26
Total monde			**285**	**674**	**1 300**

touristiques tendent à développer des **stratégies de valorisation économique par le tourisme domestique et international**. C'est le cas de la Turquie, dont le bond spectaculaire dans le classement mondial des destinations touristiques (52e rang en 1980, 6e depuis 2011) reflète avec éclat la stratégie active d'accession au rang de puissance régionale, qui passe notamment par la valorisation d'un patrimoine naturel (Cappadoce) et culturel (Istanbul) exceptionnel et par un **marketing urbain** très offensif qui tend à faire d'Istanbul une destination incontournable pour les salons internationaux et le tourisme d'affaires. À cela s'ajoute une spécialisation florissante dans les domaines de la santé et du soin (chirurgie esthétique, notamment) qui ont attiré, en 2018, plus de 600 000 visiteurs étrangers en provenance du Moyen-Orient, du Golfe et d'Asie du Sud-Est. Un essor qui s'est effondré à partir de 2015, sous le coup des attentats liés à la reprise des hostilités avec le PKK kurde et à l'EI.

B. LES EFFETS TERRITORIAUX AMBIVALENTS DES MOBILITÉS TOURISTIQUES

1. Un secteur économique à part entière

Le tourisme est un secteur économique qui inclut différentes branches : le transport, l'hébergement, la restauration, les activités culturelles. **Le secteur du tourisme compte pour**

ZOOM ▶ La Chine, géant touristique

Depuis dix ans, la Chine est le **foyer émetteur de tourisme qui connaît la plus forte croissance** : 150 millions de déplacements touristiques internationaux en 2018 contre 10 millions en 2000, et une multiplication par dix des dépenses touristiques à l'étranger sur la même période (280 milliards de dollars en 2018, soit le premier rang mondial, et 20 % des dépenses touristiques globales). Parallèlement **le nombre d'entrées touristiques connaît un accroissement spectaculaire** depuis les années 1980 qui place aujourd'hui la Chine dans le trio de tête et devrait la conduire, dans les prochaines années, au rang de première destination mondiale. La Chine est d'ores et déjà la principale destination touristique pour les Japonais et les Sud-Coréens, et la troisième pour les Russes, ainsi que la première destination asiatique pour les Français. Elle concentre également 20 % des touristes américains et allemands en Asie. Une autre caractéristique chinoise est le volume du **tourisme intérieur**, en pleine croissance également (200 millions de déplacements touristiques intérieurs en 1985, près de 2 milliards aujourd'hui). Cette croissance s'explique par l'instauration de trois jours de congés payés par an (1999), qui témoigne d'une stratégie de relance de la consommation par l'économie des loisirs. Si l'ouest chinois s'ouvre de plus en plus aux circuits touristiques tant domestiques qu'internationaux, ce sont les villes – et notamment les plus grandes d'entre elles, sur le littoral oriental – qui polarisent l'essentiel des mobilités de loisir.

près de 10 % du PIB et 8 % de l'emploi mondial (*World Travel and Tourism Council*). Les acteurs de l'économie touristique sont très variés. Celle-ci repose à la fois sur un petit entreprenariat très divers (vente de produits artisanaux, location de véhicules, hébergement hôtelier) et sur une poignée d'opérateurs très concentrés développant leur activité à l'échelle mondiale : conglomérats hôteliers (groupes Accor, Marriott, Hilton, Best Western, Global Hyatt), agences de voyages (World of TUI, Thomas Cook, Rewe Touristik).

Certains groupes touristiques mondiaux développent aussi des stratégies de concentration verticale visant à maîtriser une palette large d'activités touristiques. C'est le cas du leader mondial, le groupe allemand TUI AG (TUI Aktiengesellschaft), qui possède quelque 3 500 agences de voyages dans 31 pays, 285 hôtels (163 000 lits), des compagnies aériennes (Hapagfly, Corsair) et plus d'une centaine d'avions, 10 navires de croisière et 79 tour-opérateurs. Employant près de 77 000 salariés dans le monde et fort de 30 millions de clients annuels, le groupe déploie également une importante activité dans le transport maritime (Hapag-Lloyd AG) avec 115 porte-conteneurs.

2. Mise en tourisme et développement économique des territoires

Pour plus de huit États sur dix, le tourisme constitue l'un des cinq premiers secteurs d'exportations, et pour près de 40 % d'entre eux, il constitue la première source de devises. La Banque mondiale comme le FMI encouragent les États à développer leur secteur touristique, en arguant des « **effets d'entraînement** » positifs sur l'emploi, la modernisation du tissu artisanal et commercial, voire la circulation des idées et des modèles culturels. Plusieurs limites sérieuses empêchent toutefois de considérer l'économie touristique comme une « solution miracle » en matière de développement.

Primo, une situation de **dépendance économique** s'observe fréquemment dans les petits États insulaires où le poids des recettes touristiques dans le PNB caractérise des situations de quasi mono-activité : 40 % aux Bahamas (1,4 million de visiteurs), 70 % aux Îles Vierges britanniques (386 000 visiteurs). Les ressources en devises et l'emploi y sont donc très vulnérables face à des changements conjoncturels (transport aérien, aléas climatiques, variations des taux de change, etc.). *Deuxio*, une partie significative des devises est captée par les acteurs économiques liés aux pays émetteurs (dividendes financiers dans les groupes hôteliers, importation de marchandises et de services impliqués par les activités touristiques, etc.). L'enjeu clé est ici celui de la **redistribution des bénéfices du tourisme au sein de**

la population locale et dans le financement des aménagements locaux. L'objectif d'une économie touristique «équitable» et impliquant directement la population locale est d'ailleurs au cœur du discours des nouveaux opérateurs du tourisme dit «durable», encouragé en cela par les organisations internationales (Charte du tourisme durable de l'UNESCO). *Tertio*, le tourisme produit localement des **externalités négatives**, notamment en matière de consommation d'eau potable, particulièrement problématique en contexte semi-aride (Maghreb), et de production de déchets, pour la gestion desquels les localités touristiques ne sont pas toujours équipées.

5 LA GLOBALISATION FINANCIÈRE ET LE CREUSEMENT DES INÉGALITÉS DE REVENU

La **globalisation financière** est un « processus d'interconnexion des marchés de capitaux aux niveaux national et international, conduisant à l'émergence d'un marché unifié de l'argent à l'échelle planétaire », selon l'économiste Dominique Plihon. La mobilité internationale des facteurs de production, et notamment des capitaux, est quasiment sans limite. Elle passe par les **IDE** (entre 1 500 et 2 000 milliards de dollars par an, le stock, multiplié par douze de 1990 à 2016, s'élevant à un tiers du PIB mondial), mais aussi par les **différents produits financiers**, de plus en plus variés et complexes, et par la **croissance de l'endettement** (public et privé), issue des politiques monétaires expansionnistes des banques centrales. Ce dernier point rappelle que la mondialisation des flux de capitaux découle de choix politiques conscients, inscrits dans une histoire précisément datée. Les gouvernements des pays de l'OCDE ont choisi d'émettre de la dette pour financer leur croissance et leur niveau de vie à partir des années 1970 : le budget de la France n'a cessé, par exemple, d'être déficitaire, sans aucune exception, depuis 1974. L'ensemble des dettes publiques cumulées des États-Unis est passé de moins de la moitié du PIB du pays en 1975 à plus de 160 % au début des années 2020, avec des perspectives de 250 % au milieu du siècle. Le montant de la dette mondiale, publique et privée, dépassait ainsi déjà de trois fois la richesse créée par le monde en 2020, un ratio appelé à se creuser largement avec la crise de la Covid-19.

Si le total des flux de capitaux équivalait à celui des flux commerciaux dans les années 1980, il était neuf fois plus important en 2010. Un temps freinée par la crise de 2008, la globalisation financière a ensuite repris son cours, à un rythme cependant moins soutenu.

Dans la logique capitaliste de la mondialisation contemporaine, cette croissance de la finance correspond à la nécessité de fournir du carburant à l'économie réelle, celle de la production et de la consommation. Mais, faute de régulation suffisante, la redistribution de cette richesse s'accumule entre un nombre limité d'acteurs privilégiés. Les inégalités préexistent évidemment aux échanges globalisés, elles s'inscrivent dans des structures sociales construites par chaque civilisation, mais, dans bien des cas, elles sont accentuées au XXIe siècle par la captation de ces flux financiers, qui rapporte globalement bien plus que ne le fait la rémunération du travail. **La financiarisation de l'économie mondialisée participe à un creusement des inégalités de revenus**, tant au nord qu'au sud, qui fragilise les équilibres sociaux et nourrit les tensions politiques.

Notions principales

Dette souveraine : dette publique accumulée par les États.
Dérégulation : simplification des marchés par suppression des règles contraignantes.
Financiarisation : augmentation de la part des activités financières dans le PIB d'un État.
Néolibéralisme : courant économique prônant un retour aux fondamentaux de la doctrine libérale, notamment un effacement de l'État et de la régulation.

CHRONOLOGIE

1971 : Fin du système de Bretton Woods et dévaluation du dollar
1973 : Choc pétrolier et essor du marché des pétrodollars
1976 : Conférence de la Jamaïque qui instaure des taux de change flottants
1982 : Crise de la dette au Mexique
1983 : Début de la politique monétaire accommodante de la Réserve fédérale américaine
1986 : « *Big Bang* » de la Bourse de Londres, dérégulation des marchés financiers
1997-1998 : Crise monétaire puis économique en Asie
2001 : Éclatement de la bulle des nouvelles technologies à Wall Street et au Nasdaq
2008 : Crise financière mondiale provoquée par la crise immobilière des subprimes aux États-Unis
2010-2012 : Crise de la dette souveraine dans la zone euro
2020 : Les dégâts économiques de la crise sanitaire entraînent une envolée des dettes publiques.

I. Les risques de la financiarisation

A. LA GLOBALISATION FINANCIÈRE, CŒUR DE LA MONDIALISATION

1. L'ouverture des marchés

La crise d'usure du régime de croissance fordiste des Trente Glorieuses, au début des années 1980, entraîne un **nouveau régime d'accumulation financière**. Deux présupposés le sous-tendent : le premier affirmait que les baisses d'impôts s'autofinanceraient, par les gains de croissance qu'elles entraîneraient, le second prétendait que les marchés financiers étaient capables de s'autoréguler. En conséquence, les transactions financières bénéficient d'avantages fiscaux et les règles prudentielles sont allégées. Le **« *Big Bang* » de la Bourse de Londres**, en 1986, supprime ainsi les commissions fixes sur les échanges d'actions, tandis qu'aux États-Unis, une loi de 1999 démantèle le ***Glass-Steagall Act*** de 1933, qui imposait une séparation entre banques d'affaires et banques de dépôt.
Par leur position centrale dans les circuits de la finance, par l'hégémonie du dollar, les États-Unis bénéficient de l'accroissement des échanges financiers, qui renforce leur capacité à faire supporter leurs déficits au reste du monde. Dans la logique néolibérale qui prévaut dans les années 1980, celles de Ronald Reagan aux États-Unis et de Margareth Thatcher au Royaume-Uni, la relance de la croissance passe par la lutte contre l'inflation et la libération des forces du marché. Trois directions sont suivies pour appliquer ce programme : **la déréglementation** (suppression des limites à la circulation des capitaux), **le décloisonnement des marchés** – qui met fin à la séparation entre marchés monétaires (à court terme) et marchés financiers (à long terme) – **et la désintermédiation**. Pour réduire l'endettement auprès des banques (alors que les taux d'intérêt sont encore élevés au début des années 1980), les entreprises comme les États se financent directement sur les marchés, émettant actions et obligations, ce qui correspond à une **désintermédiation bancaire** (on parle aussi de passage d'un financement indirect à un financement direct). Les États du Sud, pris dans une crise de leur dette dans les années 1980, voient cette dernière transformée en titres échangeables par le procédé de la **titrisation***, généralisé notamment par le plan Brady de 1989.

DÉFINITION

Titrisation : transformation en obligations d'une dette, à l'origine celle des pays du tiers-monde, en la mélangeant à d'autres actifs. Elle devient donc un produit financier échangeable sur les marchés.

Cet afflux de liquidités entraîne, à partir des années 1990, une complexification des produits financiers, qui doivent générer des taux toujours plus importants de retour sur investissement (*return on equity*) : les produits les plus attractifs promettent des taux de 15 % à 25 %, ce qui, dans un environnement concurrentiel, pousse les entreprises à s'aligner. Celles-ci prennent donc des risques pour satisfaire et attirer les actionnaires, notamment dans les **fusions-acquisitions**, en utilisant des leviers d'endettement (*leverage buy out*, **LBO**), qui permettent de multiplier leur force de frappe. Le succès est tel que la croissance de la sphère financière se déconnecte de celle de l'économie réelle. En 2014 déjà, les transactions sur les marchés des changes dépassaient à elles seules, chaque jour, le PIB japonais, le troisième au monde (5 300 milliards de dollars contre 4 880).

L'essentiel des opérations financières, loin de servir de carburant au commerce mondial, sa fonction traditionnelle, consiste dès lors en des va-et-vient incessants et spéculatifs. Le secteur financier se retrouve ainsi dans une position centrale, les entreprises étant dirigées en vue de créer de la valeur pour l'actionnaire, au détriment des autres acteurs de l'économie.

ZOOM ▶ Les principaux marchés financiers

– Les **marchés boursiers** sont fortement polarisés sur les Bourses nord-américaines et européennes (deux tiers de la capitalisation), et asiatiques (presque un tiers). Entre 1990 et 2007, la valeur annuelle des échanges d'actions a été multipliée par dix-huit, atteignant alors le **double du PIB mondial**. Mais si les principales Bourses sont très internationalisées, pour l'immense majorité, à l'inverse, y compris les chinoises, les cotations y sont à 90 % le fait d'entreprises nationales.

– Sur les **marchés obligataires** se négocient des titres de dettes publiques et privées. Depuis le début du XXIe siècle , leur valeur a dépassé celle du PIB mondial.

– Sur les **marchés des produits dérivés** s'échangent des titres permettant de se prémunir d'un risque sur un produit réel sous-jacent (pétrole, devise, taux d'intérêt, action, matières premières, etc.). Diverses formes de produits dérivés existent (les *options*, utilisées pour se couvrir contre un risque de change, les *swaps*, les *futures*), qui permettent aussi de parier sur le prix, à un certain terme, d'un de ces actifs. L'intérêt pour le spéculateur (investisseur institutionnel, par exemple) est d'éviter de s'encombrer du sous-jacent, d'avoir à le stocker ou à payer des taxes dessus. En septembre 2012, les produits dérivés liés aux seules matières premières représentaient entre 20 et 30 fois leur production réelle, selon la CNUCED.

– Le **marché des changes** ou des devises : la fin du système de changes fixes de Bretton Woods et l'instauration des changes flottants permettent de parier sur les variations de leurs cours. Le volume moyen des transactions quotidiennes sur le marché des changes a été multiplié par 6,5 entre 1990 et la crise de la dette souveraine de l'Union européenne en 2012. La majorité de ces opérations sont à court terme (moins de deux jours). Il s'agit, là encore, d'un marché très polarisé, Londres et New York concentrant 90 % des transactions, et cinq banques contrôlant 55 % du marché (la Deutsche Bank étant la plus impliquée). Les transactions annuelles sur ce marché représentaient, en 2019, 28,5 fois le PIB mondial.

2. Les transformations techniques

Dans le même temps, les progrès techniques permettent de mettre en place une véritable globalisation financière, soit l'instauration d'une concurrence internationale des placements et une circulation mondiale des capitaux. **Les marchés financiers sont caractérisés par une double continuité, de lieu** (l'interconnexion des différentes places a supprimé la distance) et de temps, les cotations sur les places d'Extrême-Orient, d'Europe et d'Amérique du Nord se succédant sans interruption suivant les fuseaux horaires. L'apparente dématérialisation des marchés est orchestrée par ordinateurs, en un temps imperceptible (de l'ordre de la nanoseconde) : ces « **transactions à haute fréquence** », apparues en 2007, représentaient les deux tiers des transactions financières au milieu des années 2010. Le marché des changes connaît ainsi un volume de transactions quotidiennes qui dépasse 6 590 milliards de dollars (à comparer au volume annuel du commerce de biens, marchandises et services, de 25 000 milliards de dollars la même année 2019). Cette **dématérialisation** permet une mise en réseau des acteurs, l'accélération et l'augmentation des flux, mais entraîne aussi une opacité (titrisation) et une absence de localisation, et donc de possibilité de contrôle.

Au total, l'économie financière est devenue incroyablement plus étendue que l'économie réelle : l'ensemble des produits dérivés s'élevait, selon les estimations les plus généreuses, à 1,2 million de milliards de dollars en 2019 (il s'agit de la valeur notionnelle, la valeur de référence des contrats, les sommes mises en jeu ne dépasseraient pas 20 000 milliards de dollars), soit environ 14 fois le PIB mondial.

Le mécanisme global crée assurément de la richesse, de façon considérable, mais en la redistribuant de façon inégalitaire à l'intérieur des sociétés, mais aussi dans la hiérarchie des pays (la croissance des émergents est telle que, depuis les années 2010, le Sud possède désormais plus de liquidités que le Nord).

3. Un domaine dérégulé

À partir de septembre 1957, les banques d'affaires londoniennes obtiennent la liberté de servir d'intermédiaires pour des transactions en devises étrangères, et d'abord en dollars, un accord qui a vite permis aux institutions financières de la City de multiplier les transactions en dehors de toute régulation nationale. La naissance de ce marché des **eurodollars** est à l'origine de la **finance *offshore***, des espaces d'opérations transnationales, affranchies de la supervision publique.

Ce capitalisme globalisé passe aujourd'hui, par exemple, par des marchés de gré à gré, incontrôlables, sans chambre de compensation, donc sans véritable contrepartie financière aux sommes investies. Leur souplesse favorise notamment la croissance des « ***credit default swaps*** » (**CDS**), les contrats d'échange du risque de défaut de paiement d'un emprunteur (entreprise ou État). L'acheteur de CDS paie à un tiers un flux régulier et reçoit de ce tiers un paiement en cas de défaillance. Ces produits sont logiquement utilisés pour transférer un risque de crédit, mais aussi pour spéculer sur sa survenance. La possibilité d'**achats à découvert**, comme les **ventes à nu** (vente de CDS sans le produit couvert), aggrave les risques de déstabilisation : un possesseur de CDS ne possédant pas les actifs couverts par ces CDS a intérêt à spéculer contre eux – c'est ce qui s'est passé lors de la crise de la dette souveraine de 2011 en Grèce, par exemple. L'ampleur de ce marché spécifique en fait l'un des plus dangereux : apparu en 1994, il couvrait déjà 120 % du PIB mondial en 2007.

L'accélération des flux financiers est allée de pair avec le développement des **paradis fiscaux*** et réglementaires, qui ont doublé en cinquante ans. Caractérisés par leur opacité (secret bancaire et possibilité de créer des sociétés-écrans, *trusts*), ils brassent l'argent qui cherche à échapper au fisc ou à la loi. Ils concentreraient 32 000 milliards de dollars, soit l'équivalent des PIB réunis des États-Unis et du Japon. Ce sont près de 1 250 milliards d'euros qui échappent ainsi chaque année aux administrations fiscales, dont 21 milliards pour la France (10 milliards de revenus privés, 11 de FTN). Leurs localisations (micro-États européens, îles des Caraïbes) s'expliquent par la proximité nécessaire avec les grandes places de la finance internationale. Même des banques institutionnelles y sont présentes en force. Ainsi, la BNP est installée dans sept des vingt paradis fiscaux recensés par l'OCDE. Elle y

DÉFINITION

Paradis fiscal : État ou territoire ayant choisi une fiscalité accommodante et une législation laxiste pour attirer les localisations d'institutions financières.

réalise 20 % de son chiffre d'affaires total, y employait, au milieu des années 2010, 28 500 personnes, contre 56 585 salariés en France. À Jersey, par exemple, la succursale de la BNP fait travailler 222 employés.

Les nécessités de la lutte contre le terrorisme ont cependant accentué leur mise sous surveillance, notamment par le **Gafi** (Groupe d'action financière contre le blanchiment des capitaux), institué par le G7 depuis 1989 : la plupart des paradis fiscaux se sont engagés à coopérer dans la lutte contre l'argent sale. Ils continuent, en revanche, à accueillir 84 % des fortunes privées mondiales : l'équivalent de 10 % du PIB mondial est ainsi détenu *offshore* par 0,01 % des plus riches des particuliers (un tiers de leur patrimoine dans un pays comme la France, mais la moitié des avoirs financiers en Russie). Selon l'économiste Gabriel Zucman, 40 % des profits des multinationales atterrissent aussi dans les paradis fiscaux (plus de 600 milliards d'euros). Un manque à gagner pour les États qui alimente les inégalités, les prélèvements fiscaux étant reportés sur les classes moyennes.

ZOOM ▶ Les îles Caïman

Y sont présentes 222 banques (dont les 40 plus grosses au monde), 755 compagnies d'assurances et plus de 85 000 sociétés-écrans, dont 9 500 ***hedge funds*** immatriculés dans l'île. Spécialité locale, les *special purpose vehicles* (SPV) sont des coquilles vides qui abritent toute sorte d'activités voulant éviter les taxes : du *leasing* de navires ou d'avions, des entreprises gazières, des fonds spéculatifs, etc. Aucun impôt, ni sur les revenus, ni sur les sociétés, ni sur les plus-values : l'archipel vit du revenu des licences bancaires. Le secteur financier y est relativement l'un des plus développés au monde, pesant la moitié du PIB.

B. LES ACTEURS

1. Les investisseurs institutionnels et les fonds souverains

Le vieillissement de la population au nord s'est traduit par une hausse du taux d'épargne dont profitent les fonds d'investissement spécialisés dans la gestion collective. Ces **investisseurs institutionnels** occupent, depuis les années 1990, une place de premier plan dans la finance mondiale. Il s'agit, pour l'essentiel, de trois types d'organismes :

– les **fonds de pension** qui mobilisent l'épargne-retraite dans les pays à système de capitalisation (États-Unis à 70 %, Royaume-Uni). Ils gèrent, de façon assez prudente, des sommes qui excèdent souvent le PIB de leur pays (États-Unis ou Royaume-Uni). CalPERS (*California Public Employees' Retirement System*), le fonds de retraite de 1,6 million de fonctionnaires californiens, verse sur dix ans un rendement annuel de 5,5 %, assis sur 230 milliards de dollars d'actifs financiers (actions et obligations pour moitié) ;

– les **fonds mutuels d'investissement** (Sicav en France) ;

– les **compagnies d'assurances**, qui mobilisent des sommes colossales, 12 % des actifs financiers mondiaux. Comme les autres investisseurs institutionnels, elles doivent s'engager à long terme auprès de leurs clients et privilégient les actifs sur dix à quinze ans. Jusqu'à présent polarisées par l'OCDE (plus de 80 % des placements), elles devraient bénéficier de la montée en puissance des classes moyennes des émergents.

Les États-Unis abritent environ 60 % de ces investisseurs, le Japon 11 %, le Royaume-Uni 10 %, la France 5,5 % et l'Allemagne 5 %. Par incitations légales et par aversion pour le risque, ils investissent à 90 % sur leurs marchés nationaux, notamment dans la dette publique. Le comportement grégaire et mimétique des gestionnaires et les sommes considérables en jeu expliquent leur rôle fondamental dans l'instabilité des marchés financiers.

Le XXIe siècle a par ailleurs vu se développer un autre type d'acteurs : les **fonds souverains**, qui agissent pour placer les excédents de liquidités de certains États, pétroliers ou exportateurs nets. Leur gestion reste opaque, à l'exception du plus important d'entre eux, celui de Norvège (1 000 milliards de dollars, 3 % de la capitalisation mondiale). Leurs investissements, longtemps cantonnés à l'immobilier, aux marchés boursiers et obligataires, s'étoffent désormais (fonds de capital-risque, *hedge funds*). Les 22 fonds souverains asiatiques contrôlent ainsi près de la moitié de leurs avoirs (5 380 milliards de dollars pour le total), devant les fonds des pétromonarchies.

2. Les *hedge funds*

La croissance de ces fonds spéculatifs, à la gestion dite « alternative », est récente (300 en 1990, 10 000 en 2019), et s'explique par leur rentabilité spectaculaire dans les années 2000 : plus de 31 % pour les dix principaux entre 2002 et 2007. La prise de risque n'est pas nouvelle (en 1998, LTCM a fait faillite après s'être engagé pour 125 milliards de dollars avec un capital 50 fois moindre), elle se perpétue encore. N'étant pas des banques, ces fonds ne sont pas soumis aux règles prudentielles de ces dernières, et participent à ce titre au « ***shadow banking**** ». S'adressant à une très riche clientèle, ils sont extrêmement concentrés, 85 % des capitaux étant gérés par une centaine d'institutions localisées à New York et Londres (même si, juridiquement, ils sont installés dans des paradis fiscaux). Bridgewater, le plus important d'entre eux, est responsable de plus de 10 milliards de dollars pour environ 250 clients

Les principales places financières, mars 2018

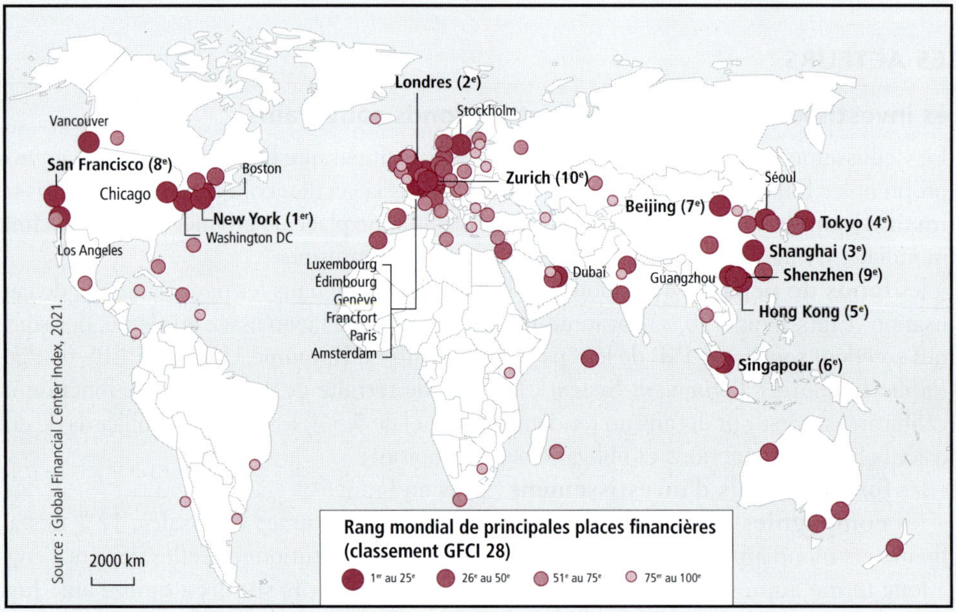

DÉFINITION

Shadow banking : ensemble hétéroclite qui regroupe tous les acteurs dont les activités se rapprochent de celles des banques, mais qui ne sont pas des banques – ils ne sont donc pas soumis aux mêmes contraintes réglementaires : des *hedge funds*, mais aussi des entités soumises à d'autres types de régulation, telles que des assureurs, des OPCVM (organismes de placement collectif en valeurs mobilières), des fonds monétaires.

(particuliers ou institutionnels). Traditionnellement à la recherche de titres hyperspéculatifs, ils ne s'encombrent pas d'actifs liquides, moins rémunérateurs, ce qui augmente les risques de défaut de ces fonds. Le danger de cette finance parallèle est qu'elle est, par de multiples ramifications, connectée au système bancaire qu'elle peut donc déstabiliser, comme en 2007-2008.

C. LA CRISE STRUCTURELLE DU SYSTÈME FINANCIER

1. L'explosion de 2008

Avant même la crise de 2008, le système financier mondial était fondamentalement instable, connaissant vingt-quatre crises entre 1971, fin du système monétaire international de Bretton Woods, et 2008, soit une tous les dix-huit mois en moyenne. Si elles restaient confinées à un ensemble régional, ces crises étaient de plus en plus coûteuses (l'effondrement de la bulle Internet de 2001 correspond à l'évaporation de 40 % du PIB américain). Au-delà du flottement des monnaies, c'est le débit inédit de la création monétaire qui est à l'origine de ces embardées. La politique accommodante de faibles taux d'intérêt de la Réserve fédérale américaine, la Fed, a en effet été appliquée sans discontinuer depuis le milieu des années 1980 pour pallier le ralentissement des gains de productivité (résultat du passage d'une économie industrielle à une économie tertiaire). Après la crise des nouvelles technologies de 2001 – et pour éviter, avec succès, que les attentats du 11-Septembre ne provoquent une récession –, cette politique a été amplifiée pour réinjecter des liquidités dans le circuit américain. Or, la répartition des dividendes de l'économie financière est extrêmement inégalitaire. La concentration des profits du capital, accompagnée d'une baisse des revenus salariaux, pour cause de compétitivité, favorise une société et une économie d'endettement. L'excès de capital, ne débouchant plus sur une amélioration salariale, nourrit les bulles spéculatives. Aux États-Unis, les ménages s'endettent d'autant plus facilement que la croissance est alors régulière et le chômage faible. Les prix de l'immobilier grimpent donc et les investisseurs en font un marché privilégié, jusqu'à mettre au point des produits adaptés à une clientèle fragile et risquée (***mortgage subprimes****). La tendance haussière du marché permet de s'abriter derrière une mutualisation des risques : l'emprunteur défaillant est couvert auprès des organismes de crédit hypothécaire par la possibilité de saisie de son bien, dont la valeur a augmenté. Mais en 2007, le marché commence un retournement cyclique : les investisseurs anticipent un ralentissement de l'économie américaine, ils redoutent un choc énergétique et prennent conscience d'un trop grand décalage entre la valeur réelle des biens et le prix assigné par la spéculation. L'endettement des ménages, de produit à forte valeur négociable devient source d'actifs pourris (***junk bonds***), et les organismes de prêts les plus exposés font faillite. Ces prêts risqués ont été mêlés à d'autres actifs pour créer des produits financiers attractifs (**titrisation**), cautionnés par les agences de notation (Standard et Poor's, Moody's, Fitch). Ils se sont donc répandus partout, à plus ou moins forte dose : l'année 2007-2008 voit les banques découvrir l'ampleur de leurs pertes. L'opacité relative des échanges nourrit la suspicion ; or, le système repose sur la confiance. Les banques n'osant plus se prêter, le crédit se raréfie (risque de ***credit crunch***). Les banques centrales sont obligées d'intervenir en injectant des liquidités dans le système, tandis que les États jouent les pompiers en nationalisant

DÉFINITION

***Mortgage subprimes*:** crédits hypothécaires accordés à des ménages peu solvables, à des taux de remboursement en conséquence plus élevés.

(« mise sous tutelle ») les organismes défaillants (Northern Rock au Royaume-Uni, Freddie Mac et Fannie Mae aux États-Unis, Fortis et Dexia en Belgique et en France).

Le **15 septembre 2008**, en revanche, le gouvernement américain refuse de renflouer (*bail out*) la cinquième banque d'affaires américaine, **Lehman Brothers**, espérant par là mettre fin aux dérives permises par l'**aléa moral** (« *too big too fail* »). La crise tourne alors à la panique, répercutée dans tout le système financier mondialisé : la capitalisation boursière mondiale chute de 48 %, soit une évaporation de l'ordre de 58 % du PIB global. **Crise de suraccumulation**, elle se traduit par 60 000 milliards de dollars évanouis entre 2007 et 2011. Des pans entiers de l'économie sont paralysés, les échanges se contractent en 2009, comme la plupart des PIB des pays développés. Les exportations en baisse, le ralentissement des remises, la chute momentanée des cours des matières premières et la rétraction des IDE sont les vecteurs de la contagion. Dans les pays de l'OCDE, le chômage s'accroît de 40 % – il n'avait que partiellement reflué en Europe lorsque éclate la crise suivante, celle de 2020. Aux États-Unis, les pertes des fonds de pension renvoient plus de 900 000 retraités au travail. Partout, l'intervention des pouvoirs publics se traduit par une **socialisation des pertes**, supportées par les ménages sous la forme d'une contraction des revenus et d'une hausse de la pression fiscale. Globalement, les réactions des pouvoirs publics – à l'instigation du FMI, du G20 et du **Conseil de stabilité financière*** – se sont déployées en deux temps : une relance abondante, puis une consolidation financière, sous forme de mesures d'austérité. Le FMI s'est vu reprocher d'avoir incité trop tôt au basculement vers cette deuxième phase. C'est une des explications, avec les faiblesses structurelles de la monnaie unique, de la **crise de la dette souveraine** qui malmène les pays les plus fragiles de la zone euro entre 2010 et 2012 : la Grèce, l'Espagne, le Portugal, l'Italie et l'Irlande doivent faire face à un renchérissement de leur taux d'emprunt, avant que la Banque centrale européenne (BCE) ne rassure les marchés par sa détermination.

2. La reprise financière

L'efficience des marchés, défendue par les théories néoclassiques, n'apparaît plus que comme un mythe. Il est difficile de persister à croire, en effet, que les dysfonctionnements de la sphère financière s'expliqueraient par les obstacles réglementaires qui auraient empêché une allocation optimale des ressources à l'échelle planétaire. Les sommes gigantesques engagées dans les plans de relance et le sauvetage des banques, prolongées par la création monétaire sans limites, ont pourtant relancé l'accumulation financière. Les Bourses ont rapidement retrouvé leurs niveaux d'avant la crise, et les rendements les plus attractifs sont de nouveau proposés par des produits financiers, et non par l'économie réelle. Le 25 août 2014, l'indice Standard & Poor's passait la barre des 2 000 points, trois fois plus qu'en 2009, et le **Nasdaq**, la Bourse des nouvelles technologies depuis 1971, retrouvait son niveau de 2001. Le Dow Jones a, lui, doublé entre 2013 et 2018. Aux États-Unis, la capitalisation boursière excède alors le PIB de 150 %, un record qui bat celui de 2000, 145 %, juste avant l'explosion de la bulle Internet. Alan Greenspan, qui a incarné, à la tête de la Fed entre 1987 et 2006, le laxisme monétaire, évoquait en 1996 une « **exubérance irrationnelle** » des marchés, qu'aucune alerte ne semble capable de raisonner : en août 2020, alors que les États-Unis sont engagés dans leur pire récession depuis 1929, sans perspective rassurante à moyen terme, la capi-

DÉFINITION

Conseil de stabilité financière : organisme international de coopération créé en 2009 par le G7 pour superviser les institutions financières.

L'évolution de l'indice Dow Jones à Wall Street au XXIe siècle

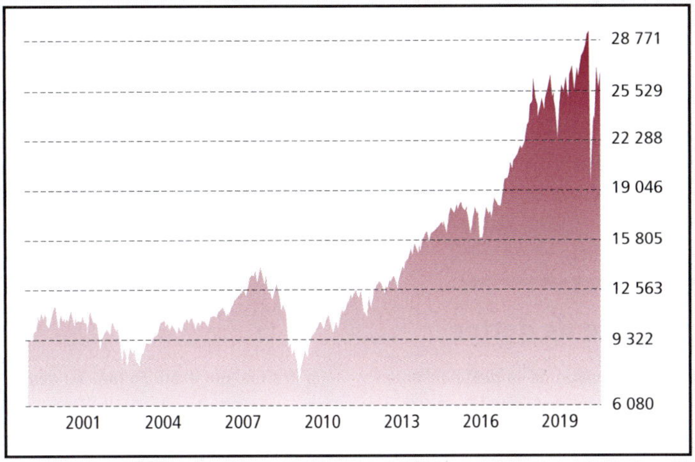

talisation à Wall Street bat son record, en hausse de 50 % depuis le point bas de mars 2020 (pour l'indice S&P 500), au début de la phase de confinement.

L'origine de cette euphorie boursière se trouve dans les **banques centrales**, qui ont largement repris la main dans le grand jeu de l'économie, aux antipodes de la neutralité à laquelle les assignait l'orthodoxie libérale. Elles ont élargi le champ de leurs interventions, sortant de leur rôle de prêteur en dernier ressort pour prendre à leur charge des actifs douteux et les neutraliser. D'où un gonflement sans précédent de leur bilan (une multiplication par quatre pour la Fed dans les cinq ans qui ont suivi la crise de 2008, de presque cinq pour la BCE, de plus de six pour la Banque d'Angleterre). Les politiques monétaires agressives de la Fed (trois phases de ***quantitative easing*** jusqu'en décembre 2014) ou de la Banque d'Angleterre et de la Banque du Japon constituent un équivalent des dévaluations compétitives, que refusait de suivre la BCE jusqu'à l'automne 2014. Les politiques offensives de *quantitative easing* se sont imposées pour prendre le relais de politiques conventionnelles au plafond de leurs possibilités (les taux d'intérêt étant déjà nuls). Le **bilan** des banques centrales, qui pesait 15 % du PIB mondial en 2007, est monté en 2016 à 30 % ; la crise de 2020 a depuis ouvert encore plus grand les vannes de la création monétaire.

Ces torrents de liquidités se sont investis, dans un premier temps, dans les économies des pays émergents, là où la rentabilité était la meilleure, avant de se replier, au printemps 2013, vers les États-Unis, à l'annonce d'un resserrement de l'émission monétaire de la Fed (qui n'a eu lieu, très timidement, qu'en décembre 2015, avant que le président

ZOOM ▶ Les mesures de *quantitative easing* et le risque de bulle obligataire

L'**assouplissement quantitatif** consiste à racheter massivement des titres de dette gouvernementale. Ce qui tire vers le bas la valeur de la monnaie et favorise les exportations. La baisse du loyer de l'argent (la hausse de leur prix réduit d'autant leur rendement) favorise aussi le remboursement de la dette publique (les taux des pays de la zone euro ont été divisés par quatre ou cinq au premier semestre 2015), ce qui constitue le deuxième effet recherché. Enfin, on espère inciter les investisseurs à se rediriger vers les marchés d'actions et le financement des entreprises. Mais le marché obligataire semble ainsi contrôlé par des banques centrales qui lui ont imposé des rendements médiocres, alors que le risque n'a pas diminué, formant une bulle obligataire.

Trump ne la pousse à baisser de nouveau ses taux). Même l'Irlande, la Grèce et le Portugal ont pu émettre de nouveau de la dette au printemps 2014, la demande ayant excédé l'offre. Les marchés financiers semblent intoxiqués par ces injections illimitées d'argent gratuit, incapables de se sevrer. Parallèlement à la Bourse, l'immobilier s'est de nouveau envolé. Les fonds de *private equity* (spécialisés dans les entreprises non cotées) ne savent plus où placer leur argent, préférant le redistribuer à leurs actionnaires ou racheter leurs actions : la distribution de dividendes atteint 80 % des profits, contre 25 % dans les années 1980. Aux États-Unis, les baisses d'impôts pour les entreprises, instaurées en décembre 2017 par Donald Trump, accentuent un mouvement qui a tout d'une bulle.

ZOOM ▶ Un monde de dettes

La crise de 2008 a relancé l'usage de la dette comme instrument privilégié de financement de l'économie : la dette totale (ménages, États, entreprises, acteurs financiers) a crû de 40 % entre 2008 et 2020, pour atteindre plus de trois fois la richesse produite par le monde (258 000 milliards de dollars pour un PNB mondial de 88 000 milliards de dollars). La dette des ménages est restée stable, autour de 60 % du PIB mondial ; celle des institutions financières, devenues plus prudentes, a diminué relativement, de 92 % à 84 % du PIB mondial ; celle des États s'est envolée, de moins de 60 % à plus de 90 %. Les pays de l'OCDE en sont les principaux responsables, leur endettement moyen dépassant leur PIB, puisqu'il s'élevait déjà à plus de 110 % avant la crise de 2020 (la France, qui était un peu au-dessus de 60 % avant 2008, est passée à plus du double avec la crise de la Covid-19). Même l'Allemagne, traditionnellement très orthodoxe sur la question budgétaire, s'est officiellement convertie à l'usage de la dette depuis l'été 2020.

Enfin, les entreprises non financières sont devenues les principales actrices de ce marché, leur endettement étant passé de moins de 80 % à 95 % du PIB mondial en mars 2020, avec des taux élevés dans les pays riches (plus de 150 % du PIB pour les françaises), mais aussi dans les pays émergents (les entreprises chinoises ou turques ont un endettement une fois et demie supérieur à la richesse produite par leur pays).

■ La dette mondiale rapportée au PIB pour les vingt-cinq plus importantes économies

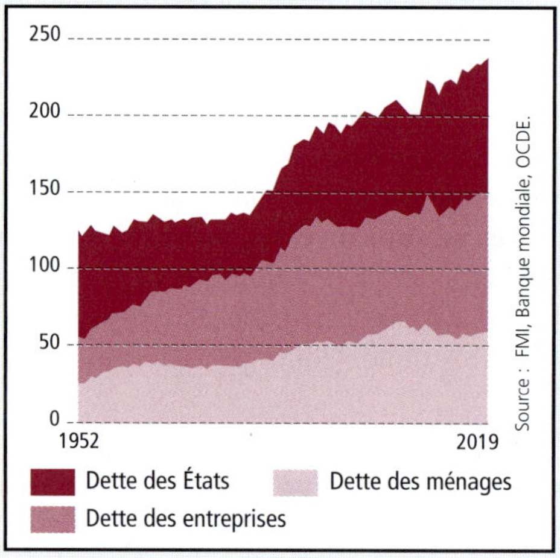

Pour aller plus loin

Le site du Fonds monétaire international

liennathan.fr/8nnb38

3. Le retour possible des frontières financières

La crise de 2008 a pourtant relancé les efforts de régulation. Les États ont imposé aux banques, en dépit de leurs réticences, des règles prudentielles plus exigeantes. La Banque des règlements internationaux (**BRI**) de Bâle, qui fixe la réglementation bancaire, exige un nouveau **ratio de levier** (rapport entre les fonds propres des banques et leurs actifs) de 3 %, en deçà cependant de ce que l'on attendait après 2008. Les États-Unis ont adopté des règles prudentielles plus strictes et, à partir de 2010, par la loi **Dodd-Frank**, un renforcement de la supervision par la Fed, censée mettre fin au « *too big too fail* ». Les pouvoirs du gendarme de la Bourse, la **SEC** (*Securities and Exchange Commission*), sont renforcés tandis que le Trésor gagne deux nouvelles agences de réglementation. La loi intègre aussi la ***Volcker rule*** (prônée par l'ancien président de la Fed, Paul Volcker), qui limite à 3 % de leur capital les sommes que les banques et compagnies d'assurances peuvent investir dans des fonds d'investissement en capital ou en instruments dérivés. Critiquée par l'Administration Trump, elle a été, à partir de 2018, limitée aux seules douze plus grosses banques.

En Europe, la **BCE** est au cœur du dispositif de la supervision centralisée du secteur bancaire, au moins au sein de la zone euro, première étape vers une union monétaire plus intégrée, alors que le Brexit éloigne l'Europe de la City. L'adoption d'une taxation vraiment efficace des opérations financières, soutenue par une douzaine de pays, et qui pourrait rapporter plusieurs dizaines de milliards d'euros chaque année, n'a en revanche toujours pas été adoptée en 2020.

Ce retour de l'État a été analysé comme la fin de la phase néolibérale ouverte avec les années 1980. Mais les recapitalisations ont souvent été provisoires, et rarement accompagnées de contreparties.

La crise de 2008 a aussi été l'occasion d'un tournant sur le marché de la dette publique : alors que, jusque-là, ce dernier ne cessait de s'internationaliser, il se recentre désormais de façon régulière. En France, la dette publique était ainsi détenue à 70 % par des non-résidents en 2010, un chiffre passé en dessous de 54 % en 2020 ; dans le même temps, les États-Unis passaient de 50 % à 40 %. Autre indicateur d'un mouvement de repli de la mondialisation financière, les prêts et dépôts interbancaires internationaux ont baissé d'un tiers entre 2008 et 2019. La crise des *subprimes* puis celle de la zone euro ont conduit les banques à plus de prudence au-delà de leurs frontières ; les emprunts internationaux, qui pesaient 60 % du PIB en 2008, n'en valaient plus que 40 % en 2016. La spéculation sur les dérivés a, elle aussi, entamé son déclin, leurs échanges ayant été divisés par trois entre le sommet de 2008 et 2019.

II. Mondialisation et inégalités

A. UN ENRICHISSEMENT DU MONDE

1. Le recul de la pauvreté

La globalisation financière, en accélérant la création de richesses, a incontestablement fait reculer la pauvreté globale. La mondialisation a, en effet, constitué un **tournant historique : la sortie de la pauvreté de plus de 1,1 milliard de personnes en trente ans**.

Le nombre de personnes vivant dans l'extrême pauvreté (1,90 dollar par jour) est passé d'un tiers de la population mondiale dans les années 1990 à 10 % à la veille de la crise de la Covid-19. Ces 783 millions de pauvres devraient pourtant être rejoints en 2020 et 2021 par

150 millions de personnes qui en étaient sortis les années précédentes, la crise opérant un retour en arrière inédit et cassant un mouvement régulier (baisse annuelle de 1 % entre 1990 et 2015), qui n'avait été suspendu que lors de la crise asiatique de 1997-1998. L'objectif de la Banque mondiale de réduire l'extrême pauvreté à 3 % de la population mondiale en 2030 s'en trouve ainsi remis en cause.

Les progrès avaient été jusque-là sans équivalent à aucune autre époque, essentiellement grâce à l'amélioration de la situation de la Chine, malgré la stagnation indienne (encore plus de 170 millions de très pauvres). Pour autant, la pauvreté est loin d'avoir disparu en Chine ; le Premier ministre Li Keqiang reconnaissait, en 2020, que 600 millions de personnes vivaient encore avec moins de 125 euros de revenus par mois.

L'extension des échanges internationaux, la mobilité du capital et des travailleurs, tout comme la diffusion des technologies et de la production sont incontestablement un accélérateur du développement des pays moins avancés. Ces derniers sont moins nombreux : 34 pays à très bas revenus en 2019 (PIB par habitant inférieur à 995 dollars) contre 64 en 2001 selon la Banque mondiale, la moitié sont donc devenus des pays à **revenu intermédiaire**. Ces pays en retard polarisent la pauvreté, avec moins de 10 % de la population, on y trouve 40 % des pauvres du monde, essentiellement en Afrique (26 des 27 pays les plus pauvres).

Au-delà de ces indicateurs quantitatifs, les progrès sont surtout passés par des marqueurs qualitatifs. L'indice de développement humain (**IDH**), calculé par le Programme des Nations unies pour le développement (PNUD), a d'abord progressé parmi les pays les plus pauvres. En Afrique subsaharienne, l'espérance de vie à la naissance est passée de 49 ans en 2000 à plus de 61 ans en 2018, la moyenne mondiale s'élevant à 72 ans et demi. L'ONU avait fixé une série d'objectifs de réduction des marqueurs de pauvreté à atteindre en 2015, en calculant le coût et en fixant des perspectives accessibles. Si de nombreux pays en développement ont connu une croissance économique significative et les gains sociaux considérables qui y sont associés, ces **Objectifs du Millénaire pour le développement** (OMD) étaient loin d'être tous validés en 2015 : les droits de l'homme et le sort des femmes s'étaient dégradés, 1,3 milliard d'êtres humains vivaient avec moins de 1 euro par jour, 805 millions souffraient de la faim, 100 millions d'enfants n'étaient pas scolarisés, plus de 750 millions d'adultes étaient analphabètes, la corruption ne s'était pas réduite et les conflits continuaient à perpétuer la misère. Les 44 indicateurs mesurant les sept OMD de résultats ont connu une amélioration, mais aucun n'a vu toutes ses cibles atteintes.

2. La hausse des niveaux de vie et des inégalités globales

L'accroissement de la richesse globale entraîne celle des niveaux de vie, mais elle favorise aussi les inégalités globales. La fortune du 1 % de l'humanité le plus riche équivaut à peu près à ce que possèdent les 99 % restants. Le creusement est continu depuis la révolution industrielle, et le processus d'accumulation a augmenté ces dernières années. Entre 2010 et 2014, la richesse des 80 personnes les plus aisées a augmenté de 600 milliards de dollars, tandis qu'elle a diminué pour la moitié la plus pauvre de la population. Aujourd'hui, selon les calculs de l'ONG Oxfam, les 26 personnes les plus riches au monde possèdent autant que les 50 % les moins aisés. Le **coefficient de Gini*** mondial reste extrêmement élevé : 0,66, de loin au-dessus des records nationaux (Afrique du Sud de l'apartheid) historiques, même s'il est, lui aussi, en diminution (plus de 0,7 en 1989). Il est modéré dans les pays de l'OCDE et fort dans les pays émergents (0,61 en Chine, selon des estimations officieuses).

Mais, notamment depuis le premier rapport sur les inégalités mondiales, le *World Inequality Report*, publié fin 2017, les critiques contre les insuffisances qualitatives de l'indice de Gini ont pris de l'ampleur ; un indicateur commun plus qualitatif serait souhaitable, comme on avait ajouté, pour la mesure des richesses, l'IDH (indicateur de développement humain) au PIB.

3. Les ambitions globales

Depuis 2016, les OMD sont remplacés par un nouvel agenda, non prescriptif (les pays mènent, s'ils le veulent, les politiques pour atteindre les objectifs), fixant le cap jusqu'en 2030, les **Objectifs de développement durable (ODD)**, qui rapprochent les Agendas du développement et de l'environnement. Une liste de 17 objectifs et 169 cibles intègre l'ensemble des dimensions du développement durable, économique, social et environnemental. Les ODD ciblent la **plus grande pauvreté**, qui pourrait être éradiquée pour la première fois dans l'histoire, avec une croissance de 5 % et des politiques pertinentes. Celles-ci devraient être inclusives pour offrir 500 millions d'emplois supplémentaires, les institutions devraient être **ouvertes**, un **partenariat global**, associant acteurs publics et privés, devrait être mis en avant. La logique reste celle d'une progression par objectifs, qui permet une meilleure visibilité pour les bailleurs de fonds ; y est aussi intégrée, désormais, une approche différenciée par pays, en fonction des niveaux de développement, à la différence des OMD. L'élargissement aux **biens publics mondiaux** (qualité de l'air, biodiversité, paix, etc.) inclut aussi l'ensemble des pays, prenant acte du dépassement de la coupure Nord/Sud. Les pays les plus vulnérables doivent bénéficier de traitements particuliers. Le financement, en milliers de milliards de dollars chaque année, ne peut être assuré par la seule aide publique (de l'ordre

L'indice de Gini dans le monde (2017)

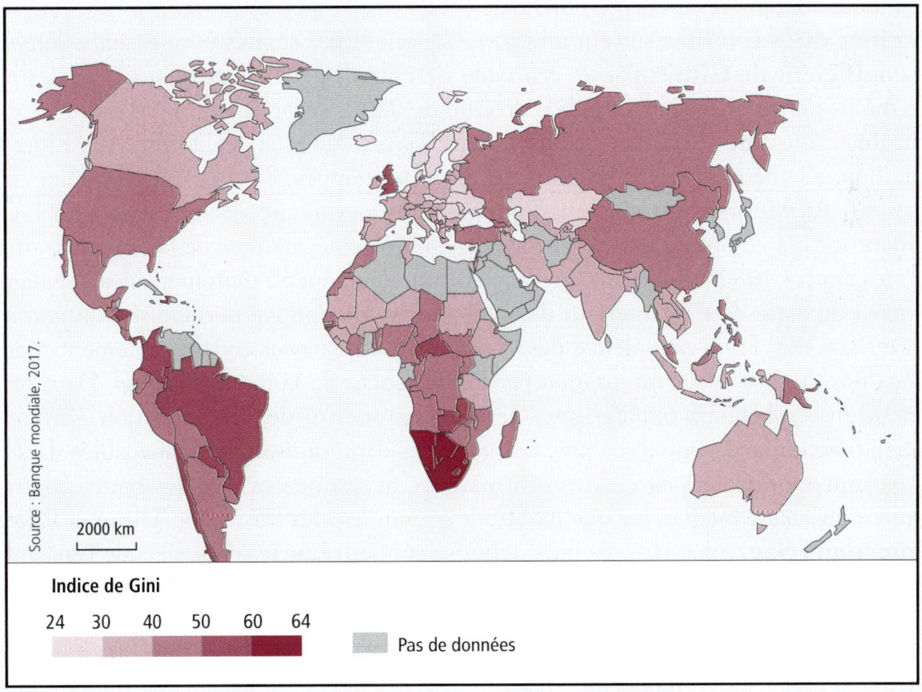

DÉFINITION

Coefficient de Gini : mesure l'écart de la distribution des richesses, de 0 (égalité parfaite) à 1 (inégalité absolue).

de la centaine de milliards annuelle) : celle-ci doit mobiliser les ressources domestiques et les investissements privés.

B. LES MODULATIONS DE LA REDISTRIBUTION DES RICHESSES

1. Les échelles de l'inégalité

Les écarts de richesse entre pays ont diminué depuis une trentaine d'années. La mondialisation contemporaine a débuté alors que les inégalités de richesse entre continents atteignaient leur maximum, dans une progression séculaire : le PIB par habitant de l'Europe et de l'Amérique du Nord était passé de 225 % de la moyenne mondiale en 1970 à 250 % en 1990. Dans le même temps, celui de l'Asie et de l'Afrique se rapprochait des 50 %. En 2012, le premier chiffre est redescendu à 225 %, le second est monté à 61 %. Si l'écart reste abyssal, il diminue nettement grâce, notamment, aux performances de l'Asie. Si, il y a vingt-cinq ans, on vivait 20 fois mieux en Europe de l'Ouest qu'en Chine et en Inde, l'écart a depuis été réduit de moitié, sans qu'on vive moins bien dans les pays riches. **La mondialisation offre donc une opportunité historique de réduction des inégalités entre pays**, d'autant plus qu'à côté de la forte croissance des émergents, ce sont désormais une part importante des pays les moins avancés (PMA) qui bénéficient des plus fortes dynamiques économiques. La constitution de classes moyennes en Afrique subsaharienne – même si, en chiffres absolus, la pauvreté continue d'y augmenter – est un signe de cette tendance lourde. Mais **François Bourguignon** rappelle que l'écart entre les 20 pays les plus riches en termes de revenu par habitant et les 20 pays les plus pauvres, s'il a diminué incontestablement avec le processus de mondialisation, reste encore proche de 60 à 1.

Les **inégalités internes** suivent une autre logique. Elles se mesurent essentiellement par le **coefficient de Gini** et par les écarts de vie entre les déciles extrêmes (10 % les plus et les moins riches). En France (indice de Gini de 0,28), l'écart est de 1 à 6 entre les déciles extrêmes ; il est de 1 à 5 dans les pays scandinaves, les plus égalitaires. Aux États-Unis, traditionnellement le plus inégalitaire des pays développés, il est de 1 à 15 (indice de Gini de 0,39). Au Mexique, classiquement un pays très inégalitaire, l'écart est de 1 à 23. Globalement, c'est à ce niveau que pèsent les dynamiques inégalitaires de la mondialisation. Si, dès les années 1980, les inégalités entre pays ont commencé à diminuer, elles ont augmenté à partir de cette date à l'intérieur des pays, après une longue période stationnaire. Dans les pays riches, l'État-providence des Trente Glorieuses avait considérablement réduit les inégalités, un processus interrompu par les exigences de la mondialisation. Dans les pays communistes, la fin du totalitarisme a libéré les processus de différenciation. La mondialisation fonctionne désormais comme un processus d'intériorisation des inégalités. Les États-Unis sont exemplaires de ces transformations, avec une envolée des hauts salaires par rapport au salaire médian (ce que montrent notamment les travaux de **Thomas Piketty** et **Emmanuel Saez**) : les 10 % les plus riches se sont attribué les deux tiers de l'ensemble de la croissance des revenus entre 1979 et 2006. 1 % des Américains les plus fortunés se sont approprié 95 % de la croissance postérieure à la crise financière, depuis 2009, et les 90 % les moins riches se sont appauvris. À l'échelle mondiale, depuis le début du siècle, 1 % des plus riches ont capté la moitié de l'augmentation des richesses. Même en Scandinavie, traditionnellement plus égalitaire, la part des plus riches s'est accrue de 70 %, pour représenter de 7 % à 8 % du revenu total avant impôt. En revanche, la France – comme les Pays-Bas et l'Espagne – tranche dans ce panorama : la part des plus fortunés y est stable depuis 1980, à 8,5 % du revenu national.

La montée en puissance du **capitalisme actionnarial** depuis les années 1980 est au cœur du processus. En 2019, les 1 200 plus grandes entreprises ont ainsi distribué environ 1 500 milliards de dollars de dividendes à leurs actionnaires. Une tendance qui rappelle à certains les excès du ***Gilded Age**** de la fin du XIXe siècle (1870-1900). Joseph Stiglitz (*Le Prix de l'inégalité*, 2013) comme l'ancien secrétaire américain au Travail Robert Reich recoupent les analyses de Thomas Piketty.

Part de la richesse totale détenue par le 1% des plus riches au début des années 2020 (en %)

Russie	74,5
Inde	58,4
Thaïlande	58,0
Indonésie	49,3
Brésil	47,9
Chine	43,8
États-Unis	42,1
Afrique du Sud	41,9
Mexique	38,2

Sept personnes sur dix vivent dans un pays où l'inégalité économique a augmenté au cours des trente dernières années : la plupart des pays riches, les pays émergents, notamment la Chine, où le processus est spectaculaire. Le Brésil, champion classique des inégalités, voit en revanche ces dernières légèrement diminuer, comme dans l'ensemble de l'Amérique latine : les 10 % de Brésiliens les plus riches le sont 33 fois plus que les 10 % les plus pauvres, mais le ratio montait à 50 fois à la fin du XXe siècle. Une baisse historique due aux choix politiques du président Lula (2003-2011).

Les inégalités de revenus se traduisent spatialement, elles se lisent aussi dans les écarts entre générations. À partir de la crise économique mondiale de 2008, le chômage des jeunes a explosé. Dans les pays développés, son taux était de 18 % pour les 16-24 ans, avant même la récession entraînée par la crise de la Covid-19. En Allemagne, il est resté relativement bas (9 %), mais il atteint 16 % aux États-Unis, 20 % en Grande-Bretagne et dépasse 50 % en Espagne et en Grèce. La situation au Moyen-Orient et en Afrique du Nord est d'autant plus préoccupante (respectivement 28 % et 24 %) qu'il s'agit de classes démographiques pleines. En revanche, le taux de chômage des jeunes est de seulement 10 % en Asie de l'Est et 9 % en Asie du Sud. **Ces inégalités intergénérationnelles dans l'accès au monde du travail reproduisent les segmentations sociales existantes** (plus les jeunes sont issus de milieux aisés, moins ils sont frappés par le sous-emploi, ayant plus de facilités à poursuivre des études coûteuses). Elles les accentuent aussi en les amplifiant à l'avenir : en Grande-Bretagne, par exemple, seuls 7 % des enfants fréquentent une école privée, mais

DÉFINITION

Gilded Age **:** l'expression est employée ironiquement par Mark Twain, dans le sens de « doré de façon clinquante », pour décrire la période d'expansion sans précédent de l'économie américaine dans le dernier quart du XXe siècle.

■ **Évolution de la part du revenu national détenue par les 10 % les plus riches et les 50 % les plus pauvres en Chine et en Inde entre 1980 et 2016, en %**

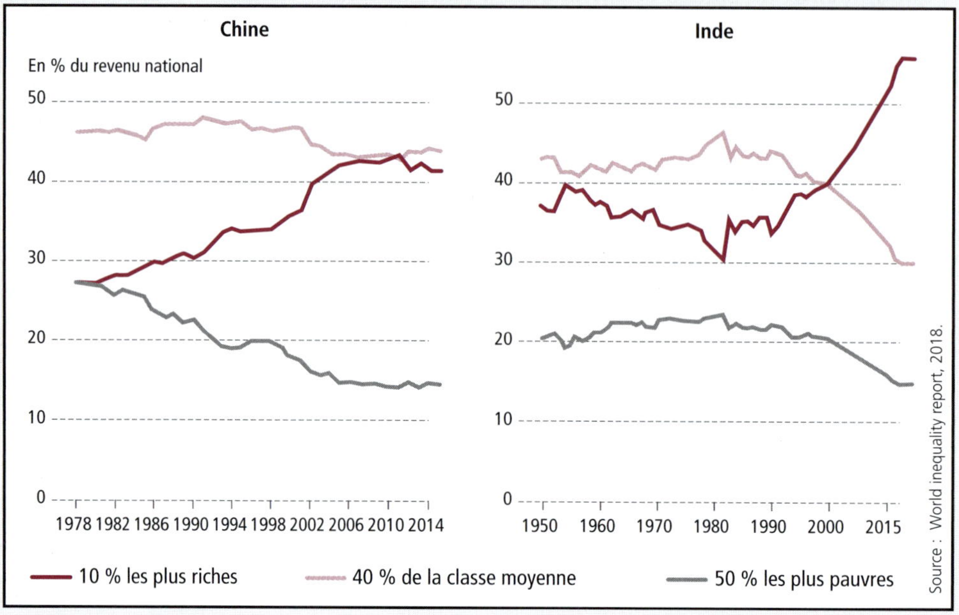

Les inégalités se creusent en Chine, où la classe moyenne résiste, elles explosent en Inde, au détriment de la classe moyenne.

environ la moitié des hauts dirigeants du pays et deux tiers de ses médecins ont été formés dans le privé. En France, les travaux de **Louis Chauvel** montrent que les vingtenaires sont les grands perdants de la crise de 2008, leurs revenus ne cessant de s'éloigner de ceux des 60-70 ans. L'exclusion passe par des tendances issues de la mondialisation, comme la hausse de l'immobilier, tiré par un alignement du marché sur des standards internationaux (dans les grandes villes), et la moindre rémunération des emplois peu qualifiés, conséquence de leur mise en concurrence avec les pays à bas salaires.

2. Les moteurs et les freins

Les logiques salariales et les politiques fiscales sont parmi les principaux facteurs de création d'inégalités. Le poids de l'impôt est passé du capital, qui est mobile, au travail, qui est immobile (au Royaume-Uni, les revenus du travail sont taxés en moyenne à 30 %, ceux du capital à 3 %). Partout dans le monde, la fiscalité pesant sur les facteurs de production a régressé, et a basculé sur les ménages. Les revenus du capital s'accroissent systématiquement plus vite que ceux du travail, tandis que si les plus hautes rémunérations s'alignent à la hausse, la diminution de la demande de main-d'œuvre non qualifiée dans les pays riches entraîne la baisse de sa rémunération relative. L'augmentation du nombre de milliardaires dans le monde, et, parmi ces derniers, de ceux issus de pays des Sud, témoigne du développement d'une classe supérieure de revenus internationalisée qui capte par le haut des profits de la mondialisation. Selon le classement Forbes de 2020, on compte 2 095 milliardaires en dollars dans le monde, leur fortune cumulée montant à 8 000 milliards de dollars, presque un dixième du PIB mondial. Au bas de la pyramide, la précarité des emplois les moins qualifiés gèle, à l'inverse, la progression des revenus. La deuxième décennie du nouveau siècle a été marquée par une contestation générale de cette tendance lourde. Dans la foulée des travaux de l'anthropologue David Graeber sur les «*bullshit jobs*», le mouvement américain ***Occupy Wall Street*** a dénoncé, en 2011, le fossé entre le «1 %» et les «99 %», donnant un contenu plus précis à la mouvance des **Indignés** développée au même moment en Europe. En 2018, la France était secouée par un phénomène protéiforme, les **Gilets jaunes**, nourris par un même sentiment d'être laissés pour compte. L'année suivante, dans des villes aussi différentes que Santiago du Chili, La Paz, Beyrouth, Bangkok, Bagdad ou Téhéran, la contestation contre la corruption et la confiscation de la richesse prenait la forme de manifestations de masse, interrompues par la pandémie de 2020.

Les classes moyennes ne sont pourtant pas fragilisées avec la même ampleur tout autour du monde. Après 2008, les politiques redistributives coûteuses, par l'impôt en amont et les services sociaux en aval, ont permis de limiter le creusement des inégalités dans certains pays riches, notamment en France. Dans les pays émergents, ni l'Inde ni la Chine n'ont, en revanche, fait coïncider leurs politiques de réduction de la pauvreté, mécaniquement réduite par la croissance vigoureuse de ces dernières années, avec une efficace mise en place d'un État-providence. Les tensions sociales qui en découlent sont suffisamment fortes pour que cette question soit désormais une des priorités des pouvoirs publics.

Pour aller plus loin

Le blog d'un économiste médiatisé : Thomas Piketty
liennathan.fr/f5bs87

6 LES NOUVEAUX TERRITOIRES : LE NUMÉRIQUE ET L'ESPACE

La numérisation du monde accompagne, depuis les années 1980, la nouvelle phase de la mondialisation. Rupture majeure dans l'histoire, elle a transformé l'univers des communications comme elle remet en cause bien des présupposés du capitalisme libéral. Géopolitiquement, elle a d'abord bénéficié aux États-Unis, berceau incontestable de cette nouvelle économie et de ses transformations sociales. Mais la Chine a fortement comblé son retard au XXIe siècle, grâce à un mélange, devenu sa marque de fabrique, de firmes géantes et d'implication étatique. Industriellement en retard, l'Europe constitue en revanche un marché trop important pour être négligé par les oligopoles digitaux, ce qui lui permet d'essayer d'imposer ses normes et règlements, à défaut de pouvoir s'abriter derrière une hypothétique souveraineté numérique.

L'essor des services numériques a valorisé le domaine spatial, en mobilisant toujours plus de satellites pour couvrir la surface du globe. Des entreprises ambitieuses ont rejoint les États dans cet univers à l'origine accaparé par la lutte entre les deux superpuissances de la guerre froide. Comme le cyberespace, l'espace extra-atmosphérique est devenu un théâtre ouvert à la compétition de toujours plus d'acteurs, sans que se dégagent de règles communes fortes.

Notions principales

Innovation : généralisation et amélioration de l'usage d'une invention.
Réseaux sociaux : communautés virtuelles d'Internet dont la gratuité est assurée par la marchandisation par les opérateurs des données personnelles des usagers.
Capitalisme de surveillance : mutation du capitalisme sous l'influence des technologies de la communication et de leur poids croissant dans l'économie.
Cyberconflit : conflit utilisant le cyberespace, avec une intensité variable.
***New Space* :** forme que prend le marché spatial avec une collaboration entre les traditionnels acteurs étatiques et de nouveaux opérateurs privés, souvent issus de l'économie numérique : Starlink et SpaceX (fondés par Elon Musk), Blue Origin (dirigée par Jeff Bezos, PDG de Amazon).

CHRONOLOGIE

1957 : Premier satellite artificiel, le Spoutnik soviétique
1969 : Premiers hommes sur la Lune
1991 : Invention du *World Wide Web*
2002 : Création de SpaceX
2003 : Naissance du Web 2.0
2004 : Création de Facebook
2005 : Aux États-Unis, la défense nationale identifie le cyberespace comme un théâtre d'opérations.
2011 : Plus de 2 milliards d'internautes dans le monde
2020 : Apple dépasse les 2 000 milliards de dollars de capitalisation.

I. La numérisation du monde

A. LES IMPACTS DE LA RÉVOLUTION DES COMMUNICATIONS

1. Une mutation historique majeure

Marshall McLuhan décrivait déjà le monde, en 1967, comme un *global village*, village planétaire à l'heure de la télévision. La numérisation dans les années 1980 et 1990, couplée à la transmission par fibre optique, constitue une rupture plus radicale encore. Là où un câble en cuivre supportait quelques milliers de communications, les câbles en fibre optique, déposés à partir de 1988, en permettaient 40 000 dans un premier temps, plusieurs dizaines de millions en 2020. À l'aube des années 1990, l'ingénieur britannique **Tim Berners-Lee**, du CERN (Centre européen pour la recherche nucléaire), invente le ***World Wide Web***, qui permet l'accès généralisé au **réseau Internet**, constitué progressivement entre ordinateurs à partir de la fin des années 1960. Les données s'échangent instantanément, dans des volumes inimaginables auparavant, sans distinction de contenus, au point que, depuis 2007, la création de données excède la capacité de stockage. Les flux internationaux de données (*data flows*) se sont imposés comme une nouvelle dynamique de la mondialisation : entre 2005 et 2016, ils ont été multipliés par 45 (une hausse de 50 % par an).

Cette **révolution numérique**, avènement d'une nouvelle économie dont la prospérité serait fondée sur la généralisation des technologies de la communication, aurait dû générer, selon la théorie économique, d'immenses gains de productivité. Dès 1987, pourtant, **Robert Solow** (prix Nobel d'économie) énonçait le paradoxe qui porte son nom : « Vous pouvez voir l'informatique partout, sauf dans les statistiques de la productivité. » En effet, si la productivité américaine a crû au rythme de 2,6 % par an de 1952 à 1972, ce chiffre n'a atteint que 1,1 % entre 1972 et 1995, alors que l'informatisation et la robotisation battaient leur plein. Le capital libéré par les gains de productivité n'est pas allé dans l'investissement, créant ainsi de nouveaux emplois, mais dans l'accélération de la substitution des emplois par la technologie déjà existante, au profit de la rente des actionnaires. Ainsi, entre 2000 et 2010, les entreprises ont investi dans l'**innovation** un tiers seulement de ce qu'elles avaient investi lors de la décennie précédente. Autre caractéristique problématique, le glissement du numérique de l'industrie aux services, bien plus rémunérateurs mais moins créateurs d'emplois. Les pionniers américains ont ainsi presque tous délaissé le champ du *hardware* pour celui du logiciel : après avoir vendu une grande partie de ses activités industrielles – la fabrication de PC et les serveurs entrée de gamme ont été cédés au Chinois Lenovo –, IBM s'est ainsi clairement orienté vers les services informatiques, notamment le ***cloud computing**** (particulièrement le *Business to Business*).

Le champ de réception s'élargit aussi, par les possibilités offertes par la téléphonie mobile : la **fracture numérique*** qui caractérisait une première phase de la mondialisation a été en grande partie dépassée. Les gains espérés du raccordement au réseau de populations gigantesques, l'amortissement des technologies par leur usage dans les pays riches permettent de sauter les étapes de la communication filaire. Le projet **O3b** (pour *Other 3 Billion*), financé

DÉFINITIONS

Cloud computing **:** l'« informatique dans les nuages » propose de louer d'énormes capacités de calcul, éventuellement très peu de temps, sans avoir à engager les frais de leur possession ni de leur entretien.

Fracture numérique : retard et insuffisance d'accès aux technologies numériques des pays en développement.

par Google, doit permettre de s'affranchir de l'installation de coûteuses infrastructures au sol (fibre optique, câble, antennes) en plaçant en orbite* autour de l'équateur – à 8 000 km d'altitude – une constellation de petits satellites pour servir de relais spatiaux entre les utilisateurs et la Toile à l'aide de seules antennes paraboliques. Les 16 satellites du projet ont été placés en orbite par Arianespace. SpaceX, désireux lui aussi de créer un réseau Internet par satellites, a obtenu en 2018 l'autorisation pour sa filiale Starlink de placer 4 425 satellites en orbite basse. Le troisième concurrent, OneWeb, a connu des difficultés financières, avant de voir, en 2020, l'État britannique racheter 45 % de ses parts.

Atteindre les quelque 4,3 milliards d'humains non connectés à Internet permettrait de dégager des profits publicitaires gigantesques, alors que les marchés des pays développés, mais aussi bientôt ceux des émergents, sont arrivés à maturité (même Twitter ou Facebook n'y progressent plus guère). C'est ce potentiel publicitaire qui attire les investisseurs, d'autant plus qu'il est conforté par l'usage d'algorithmes de plus en plus performants, qui permettent aux annonceurs des audiences gigantesques tout en leur offrant un ciblage fin des consommateurs.

2. Transparence et surveillance

Portées par la vague libertaire des années 1970, les nouvelles technologies de l'information et des communications (**NTIC**) ont participé à la remise en cause des structures sociales. Elles étaient identifiables à une prise du pouvoir par les plus jeunes générations, et leurs logiques horizontales menaçaient les relations d'autorité traditionnelles. Mais leur développement au sein des sociétés en a fait un enjeu politique et géostratégique majeur. L'**affaire Snowden*** (juin 2013) est à l'articulation de ces deux dimensions : au nom de la lutte contre les menaces sur la sécurité nationale, les autorités américaines (*National Security Agency*, **NSA**) ont entrepris de surveiller systématiquement les communications, à une échelle d'une ampleur inédite. La collaboration des entreprises de la netéconomie, à rebours de leurs valeurs revendiquées, souligne à quel point la société de communication est aussi une société de contrôle. Pour accéder au marché chinois et à ses 900 millions d'internautes (en 2020), Facebook est ainsi prêt à accepter toutes les conditions de filtrage imposé par l'État-parti, comme l'avait montré, en décembre 2014, la réception par Mark Zuckerberg du ministre chinois de l'Administration du cyberespace. Une politique déjà suivie par LinkedIn, qui a intégré les mécanismes de censure à ses algorithmes.

À côté du programme **Prism**, qui, lui, donne accès aux serveurs des géants du secteur, les États-Unis se sont directement branchés (méthode du *tapping*) aux intersections les plus importantes des 448 câbles sous-marins qui maillent le globe en 2020 sur 1,3 million de kilomètres. 99 % des télécommunications mondiales transitent par cette colonne vertébrale de l'Internet (*backbone*). La NSA disposerait de 20 accès majeurs à ces câbles, dont la plupart passent par le territoire américain, et les services britanniques comme français collaboreraient probablement. Le Brésil a décidé, en 2014, de se câbler directement à l'Europe, *via* le câble EuraLink. Depuis 2018, à l'aide notamment de capitaux chinois, il a tiré trois câbles vers l'Angola, le Cameroun et l'Afrique du Sud.

DÉFINITIONS

Orbite : trajectoire courbe d'un satellite sur laquelle il gravite. L'orbite basse est distante de moins de 2000 km de la Terre (elle regroupe les trois quarts des satellites), la moyenne se situe entre 2000 et 36000 km, la haute à 36000 km, où sont installés les satellites géostationnaires.

Affaire Snowden : en 2013, un ancien analyste de la NSA (*National Security Agency*), Edward Snowden, commence à révéler l'ampleur des écoutes illégales des services de renseignement américains.

Les régimes autoritaires ont profité de ces nouvelles technologies pour renforcer, comme jamais dans l'histoire, leur appareil de surveillance. En Chine, le contrôle social est passé à un stade supérieur à l'occasion de la pandémie de Covid-19, qui a permis de renforcer la reconnaissance faciale et le traçage social au nom des nécessités de la lutte sanitaire.

ZOOM ▶ Les câbles sous-marins, artères vitales du monde numérique

Un câble ne contient que quelques fibres, organisées par paires, chaque fibre transportant les données dans un sens, avec une espérance de vie d'une vingtaine d'années. Les entreprises de l'Internet ne se contentent plus d'utiliser les infrastructures des opérateurs télécoms, exploitants historiques des réseaux câblés, mais déploient leurs propres câbles pour sécuriser les prix (Google est présent dans 11 consortiums d'exploitation, une formule qui permet de répartir les risques). Les 6 600 km du câble Marea, alors le plus puissant du monde, ont été posés entre Virginia Beach (États-Unis) et Bilbao pour le compte de Microsoft et Facebook en février 2018. Ses 8 paires de fibres peuvent transporter 71 millions de vidéos HD en streaming en parallèle. Google a investi 30 milliards de dollars entre 2015 et 2017 dans son infrastructure globale, la plus importante au monde, par laquelle transiterait un quart du trafic mondial. Si ces câbles transocéaniques sont amortis par leurs millions d'utilisateurs, ce sont les premiers et derniers kilomètres, financés par les opérateurs télécoms – fournisseurs d'accès (Orange, SFR, Bouygues et Free en France) – qui coûtent le plus : ces derniers restent donc en position de force, surtout aux États-Unis, où la fin de la **neutralité du Net** devrait permettre aux opérateurs de faire payer cet accès ultime de façon différenciée.

3. Les enjeux de l'information à l'heure de la mondialisation

Les grandes agences de presse restent occidentales (AP, Reuters, AFP) et témoignent d'une prééminence maintenue de l'Europe et des États-Unis. Dans le paysage télévisuel, cette domination n'est plus de mise : **CNN**, qui avait le monopole de la couverture en continu de l'information à l'heure de la première guerre du Golfe en 1990-1991, devait composer en 2003 avec **Al-Jazeera**, la chaîne qatarie capitalisant sur sa proposition d'un point de vue non occidental. Les puissances les plus ambitieuses comptent sur leurs groupes audiovisuels publics pour diffuser leur vision du monde (BBC World Service pour le Royaume-Uni, France 24 pour la France, CGTN pour la Chine).

L'essor des **réseaux sociaux** a brouillé ce paysage médiatique classique, sans pour autant aboutir à constituer une opinion publique mondiale. Leur capacité à sauter les frontières inquiète pourtant suffisamment les gouvernements autoritaires pour qu'ils les contrôlent étroitement. En Turquie, le gouvernement de R. T. Erdogan a suspendu **Twitter** au printemps 2014, lors de la contestation à Istanbul d'un projet immobilier sur le parc Gezi ; Wikipédia a subi le même sort en mai 2017. La digitalisation de l'information remet en cause un axiome de la relation basique entre le pouvoir et l'information, sa verticalité. Internet, par sa logique horizontale, correspond en effet à une dérégulation maximale de l'information. Peser sur l'information consiste dès lors à la contrôler en interne, dans une logique d'exclusion et de filtrage intenable dans un régime démocratique, et à la brouiller, dans des stratégies de diffusion et d'intoxication : l'extrême droite américaine s'est imposée sur la scène politique en répandant des ***fake news***, ce qu'a théorisé le philosophe américain Harry G. Frankfurt (*On Bullshit*, 2005). En 2016, année de l'élection de Donald Trump et du référendum sur le Brexit, « *post-truth* » a été désigné mot de l'année par l'*Oxford Dictionary*. Les opinions publiques ont toujours été travaillées par les rumeurs, la désinformation n'a rien d'une nouveauté (on pense au *Protocole des Sages de Sion*, ce faux document forgé par la police du Tsar au début du XXe siècle, et qui n'a cessé depuis de jouer un rôle fondamental dans l'antisémitisme du siècle). Mais les régimes autoritaires ont identifié la liberté d'expression comme une faiblesse des démocraties, qu'ils pouvaient exploiter à moindres frais. La Russie utilise ses chaînes de propagande (RT et Sputnik) et tente de modeler les opinions publiques par les réseaux sociaux et Internet : des « **fermes de trolls*** » ont été activées en Russie dans les campagnes électorales de 2016, la présidentielle aux États-Unis et le référendum sur le Brexit au Royaume-Uni.

B. UNE PLACE SINGULIÈRE DANS L'ÉCONOMIE MONDIALE

1. Le poids des firmes

Le monstre **GAFAM** (Google, Amazon, Facebook, Apple, Microsoft), cinq des six premières entreprises au monde pour la capitalisation, pesait encore 7 300 milliards de dollars de **capitalisation cumulée** fin 2020, autant que les PIB allemand, français et italien additionnés. La crise de 2020 ne les a non seulement pas déstabilisés, mais elle les a renforcés : d'avril à juin 2020, Amazon a vu son chiffre d'affaires progresser de 40 %. Leurs chiffres d'affaires restent pourtant très loin des géants du pétrole, de l'automobile ou de la distribution – seule Amazon fait partie des 10 premières entreprises selon ce critère. Le secteur du numérique au sens large pèse moins de 10 % du PIB mondial, et sa croissance lui est inférieure au début du XXIe siècle. Sa spectaculaire capacité à attirer les capitaux, indispensable pour un secteur où l'innovation est la principale discrimination, répond à la loi des **rendements croissants** qui caractérise l'économie en réseau : plus les connexions sont nombreuses, plus elles sont valorisées. Netflix, qui occuperait ainsi, aux heures de pointe, un tiers de la bande passante aux États-Unis, est devenu, en 2018, la plus importante capitalisation de l'industrie culturelle, devant Disney.

Le gigantisme résulte aussi d'une histoire capitalistique darwiniste récente, mais déjà chargée. Les crises (2001, 2008, 2020) n'affectent que superficiellement un univers en recomposition permanente : chacun de ces géants a profité d'une nouvelle étape mieux négociée que ses prédécesseurs. IBM, inventeur du PC en 1981, ne repère pas l'importance du **logiciel**, qui

Évolution du chiffre d'affaires des GAFA, en milliards de dollars

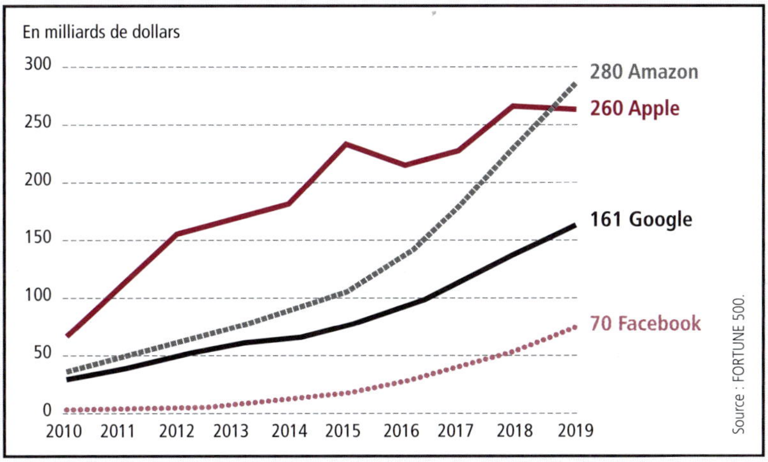

DÉFINITION

« Ferme de trolls » : groupe organisé saturant les réseaux sociaux de messages orientés à fin de propagande ou de déstabilisation en utilisant des robots.

va propulser Microsoft au premier plan. Maîtresse des suites bureautiques et des systèmes d'exploitation, la firme de Bill Gates ne voit pas venir les **moteurs de recherche** (Google), les **réseaux sociaux** (Facebook, Twitter), le ***cloud computing*** (Amazon). Cette dernière, contre toute attente, passe du stade de distributeur classique de livres, utilisant la fluidité d'Internet, en pionnier de la nouvelle architecture des réseaux. Apple rebondit avec iTunes et s'installe durablement en force dans les contenus audio et vidéo. En 2014, **Facebook** a déboursé **19 milliards de dollars** – 10 % de sa capitalisation boursière – pour mettre la main sur **WhatsApp**, une cinquantaine d'employés dont 32 ingénieurs et un chiffre d'affaires d'une vingtaine de millions de dollars en 2013. Mais surtout, deux ans après avoir racheté **Instagram**, Facebook s'approprie **450 millions d'utilisateurs** actifs, dont 70 % le sont quotidiennement. Cela fait 350 millions de dollars environ déboursés par employé, mais une quarantaine de dollars par utilisateur. L'exubérance irrationnelle des marchés (selon l'expression d'Alan Greenspan, ancien président de la Fed) explique cette prodigalité : Facebook est capitalisé à 80 fois ses bénéfices, **Netflix** à 129 fois. Une situation qui n'est pas sans évoquer le gonflement de la bulle de 2000-2001 (en 2014, l'introduction en Bourse d'Alibaba a battu tous les records). La polarisation est de ce fait extrême dans ce marché : Google occupe près de 92 % du marché des moteurs de recherche, Facebook recense 2,7 milliards des 4 milliards d'utilisateurs des réseaux sociaux, iTunes 80 % des plateformes musicales. Google (Android) et Apple (iOS) vampirisent à eux deux 99,4 % des systèmes d'exploitation pour téléphones mobiles. Malgré la montée en puissance des Chinois, les entreprises américaines concentrent encore 80 % d'un marché de l'Internet, utilisé pourtant à 81 % par des non-Américains.

ZOOM ▶ La concentration du secteur du *cloud computing*

AWS, filiale d'Amazon, occupe 33 % du marché, autant que ses trois poursuivants réunis : Microsoft 18 %, Google 9 % et Alibaba 6 %. HP a laissé tomber. Le Français OVHcloud (15e) est le seul Européen de taille. En 2016, la division *cloud* d'Amazon lui a fourni 12 milliards de dollars de chiffre d'affaires, une performance qui a dopé ses actions et lui a permis de dépasser Walmart en capitalisation. La progression du secteur semble irrésistible, avec par exemple une hausse d'un quart en France en 2018. Rien qu'en Europe, le marché atteint plus de 62 milliards d'euros en 2020, plus de 82 milliards sont attendus en 2025.

2. Un secteur menaçant

Cette concentration des revenus entre les mains des détenteurs de brevets des entreprises dominantes limite l'émergence de nouvelles générations d'innovateurs. Elle constitue pourtant le cœur de leur stratégie : Google a déposé 2 700 brevets en dix ans, Apple 4 100 en douze ans.

ZOOM ▶ Alphabet répartit les risques

Alphabet, la holding qui coiffe désormais Google, a changé radicalement de stratégie pour rassurer les marchés. Depuis 2016, la société de **Mountain View**, en Californie, publie les résultats financiers de ses projets hors Google sous l'appellation « autres paris », des activités régulièrement déficitaires. Elles recouvrent le secteur de la santé (Calico), les voitures autonomes (X), la domotique (Google Nest) ou le capital-risque (GV). Longtemps peu regardante au coût de ses projets futuristes, les « *moonshots* », Google s'est astreint à plus de rigueur et exige désormais des retours sur investissement plus rapides à ses filiales. Le cœur des activités de Google continue, grâce à la publicité, à dégager des marges importantes. Gmail, la messagerie de Google, a dépassé le milliard et demi d'utilisateurs, YouTube occuperait plus d'un tiers du trafic Internet sur mobile.

Surtout, ces entreprises sont installées au cœur de la vie quotidienne, et influent considérablement sur les choix des consommateurs. La Commission européenne a ainsi infligé de lourdes amendes pour abus de position dominante à Microsoft, puis à Google. L'écrasante part de marché de Google risque d'étouffer l'innovation sur le continent. Pour certains plaignants, il faudrait demander son « **dégroupage** », la scission entre le moteur de recherche et ses autres activités (YouTube, Gmail, Android). Même la Chine a interdit, en 2020, l'entrée en Bourse de la filiale financière d'Alibaba (Ant), sanctionnée ainsi que Tencent pour leur situation de quasi-monopole privé.

Aux États-Unis, la *Federal Communications Commission*, l'agence de régulation des télécommunications américaines, même après l'abandon de la « **neutralité du Net*** », s'interroge sur les risques d'abus de position dominante et de stérilisation de l'innovation par absorption des concurrents, des reproches qui pourraient justifier un démantèlement (comme pour la Standard Oil en 1911 ou AT&T en 1982). Une cinquantaine de procureurs, le ministère de la Justice et la FTC (*Federal Trade Commission*) ont lancé trois enquêtes parallèles en 2019, et Facebook a dû s'acquitter d'une amende de 5 milliards de dollars pour non-respect de la vie privée. Le poids boursier désormais exorbitant de l'oligopole le préserve pourtant en 2020, même sous une Administration démocrate : le risque d'une crise financière est difficilement envisageable à l'heure du grand recul économique entraîné par la pandémie.

ZOOM ▶ Google : de la start-up californienne cool à Big Brother

Au départ simple moteur de recherche sur Internet, fondée par deux chercheurs de Stanford en 1998, Larry Page et Sergey Brin, la société est devenue un portail multiservice offrant aux internautes une panoplie de serveurs qui, ensemble, reçoivent désormais plus de 7 milliards de requêtes par jour. La société de Mountain View, au cœur de la Silicon Valley, a multiplié ses services au-delà de la recherche de sites : la publicité (2000), les forums et les images (2001), les actualités (2002), le courrier (Gmail en 2004), les vidéos et les livres (2004), les photos satellites et la cartographie (2005), un navigateur (2009). Des applications intégrées de façon à passer intuitivement de l'une à l'autre.

Sa position de domination lui permet de capter près de 31 % de parts de marché dans la publicité en ligne dans le monde. Depuis 2012, le moteur de recherche croise les informations récoltées sur ses différentes plateformes pour profiler ses usagers et affiner les publicités qui leur sont adressées. Son système d'exploitation **Android**, qui s'est imposé sur plus de 73 % des smartphones, permet de localiser en permanence ses usagers, couplé à son système de cartographie, leur adressant des publicités en conséquence.

Sa gestion opaque des données personnelles lui est reprochée par les défenseurs des droits de l'homme, sa numérisation de millions de livres pour les indexer l'a opposé aux éditeurs et aux auteurs. Entre 2006 et 2010, Google avait aussi tenté de prendre pied sur le marché chinois, acceptant la censure de Pékin avant de se rétracter devant le tollé provoqué.

Cette économie n'est par ailleurs dématérialisée qu'en apparence. Google aurait plus de 900 000 serveurs dans le monde, à la localisation, elle est aussi sujette à spéculation. Si le site de Google évoque onze *data centers* installés essentiellement aux États-Unis et en Asie (et deux en Europe), leur nombre serait en fait deux à trois fois plus important, avec une consommation énergétique faramineuse.

3. Un univers révolutionnaire

Les pratiques de gratuité, de participation coopérative (l'univers Wiki, les MOOCs), tout comme l'encouragement inhérent à la duplication que porte le numérique bouleversent les

DÉFINITION

Neutralité du Net : principe d'un accès égal à la bande passante pour tous les usagers, indépendamment de leur consommation, supposant que l'Internet est un bien public. Les entreprises du Web y sont favorables, redoutant les discriminations. À l'inverse, les fournisseurs d'accès s'y opposent, espérant financer les coûteuses infrastructures par des droits d'accès hiérarchisés.

fondements de l'économie marchande, plus encore que l'e-commerce qui a révolutionné la finance, le tourisme, la distribution, la santé. L'Internet des objets (*IoT, Internet of Things*) promet, par la multiplication des connexions, l'éclosion de nouveaux services.

ZOOM ▶ L'essor de l'e-commerce

Le chiffre d'affaires d'Amazon, en forte augmentation dans les années 2000, s'est envolé à l'occasion de la pandémie de 2020. Le groupe capte plus de 38 % du secteur de la vente en ligne aux États-Unis, 14 % à l'échelle du monde. Sa capitalisation a été la principale bénéficiaire des torrents de liquidités déversées par les banques centrales et a dépassé celle d'Alphabet, pour devenir la quatrième au monde fin 2020. Les investissements en informatique, logistique et marketing sont colossaux dans un marché hyperconcurrentiel où les plus gros – Amazon, le Chinois Alibaba ou le Japonais Rakuten – peuvent mener des politiques de prix agressives. Le secteur de la vente en ligne pèse déjà 16 % du commerce de détail mondial.

L'individualisme y coexiste avec les communautés virtuelles les plus larges, tout comme l'expansionnisme de l'industrie de l'*entertainment* avec les formes culturelles les plus rares. La déterritorialisation apparente du numérique cache une géographie d'Internet aux localisations stratégiques : si l'utilisateur est devenu de plus en plus autonome (portable, Wi-Fi), les données s'accumulent dans près de 4 000 ***data centers*** au gigantisme croissant. Le plus important en 2020 est installé à Hohhot, la capitale de la Mongolie intérieure, pour le compte de China Telecom, dans un gigantesque complexe de 25 km², regroupant des centres d'appels et des bureaux. La perception d'une nouvelle économie détachée des contraintes de l'ancienne tient donc du mythe, et le monde dématérialisé de la nouvelle économie n'existerait pas sans une architecture physique que constituent les *data centers*, les réseaux de câbles et les interconnexions, autant de supports vulnérables aux accidents, voire aux attaques. Des déterminations classiques subsistent dans leur localisation, située de préférence au plus près des points d'atterrage des câbles et des grandes agglomérations.

■ Part des implantations des *data centers* des 20 plus gros acteurs du *cloud*, par zones géographiques, en %

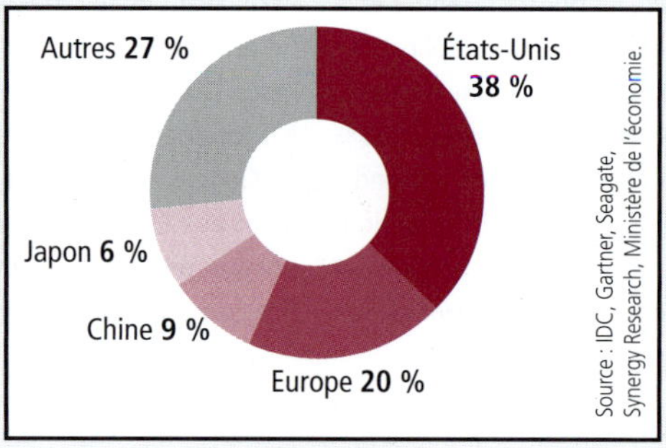

L'impression de rupture avec une vieille économie, carbonée et prédatrice pour l'environnement, est, elle aussi, en partie illusoire : la dépense énergétique est à la fois diffusée (batteries) et reportée vers les centres de données. Le numérique est responsable de 4 % des émissions de gaz à effet de serre et de la consommation d'énergie primaire, jusqu'à 8 à 10 % dans les pays riches, un poids qui devrait s'accroître avec la 5G et la généralisation annoncée des objets connectés. *In fine*, un smartphone consomme plus qu'un réfrigérateur (361 kWh par an, contre 322). Télécharger en *streaming* un film en haute définition avec un réseau sans fil consomme davantage que de fabriquer et transporter un DVD du même film : en 2019, la consommation énergétique des jeux vidéo en *streaming* a autant pollué qu'un pays comme l'Espagne. Le développement annoncé des cryptomonnaies devrait aussi alourdir le coût énergétique du secteur par leur demande d'une énorme puissance de calcul. En 2021, il montait déjà à 0,56 % de la consommation énergétique mondiale.

ZOOM ▶ Les *data centers*, paradigmes des nouveaux espaces industriels

Énormes dévoreurs d'énergie, les *data centers* sont souvent localisés à proximité de centrales énergétiques, de préférence écologiquement vertueuses (hydroélectricité, solaire) pour mieux servir le discours consensuel des groupes numériques (mais Netflix, le plus gros consommateur mondial de bande passante, est alimenté, en 2020, à 83 % par de l'énergie carbonée). La plus grande part de l'énergie absorbée est consacrée au refroidissement des ordinateurs, d'où des stratégies de localisation privilégiant les basses températures. L'Arctique devrait accueillir le plus grand centre de stockage de données à Ballangen, dans le nord de la Norvège ; construit par une société américano-norvégienne, Kolos, sur 60 hectares, il serait alimenté par de l'éolien et de l'hydroélectricité, pour une consommation qui monterait à 1 gigawatt. Microsoft teste un petit *data center* à 3 m sous la mer, au large des côtes écossaises, alimenté par des énergies marines renouvelables, dans un caisson conçu par le Français Naval Group.

L'accumulation des données a créé par ailleurs un nouveau secteur économique, le ***big data***, paradoxal : le support devient l'objet du marché. Le secteur de l'exploitation des données, dont le volume créé a triplé entre 2015 et 2020, promet des millions d'emplois (23 millions en 2017 dans les trois pôles que sont les États-Unis, l'Union européenne et le Japon) et pèse une centaine de milliards de dollars au début des années 2020. Le cœur d'une mutation possible vers une économie des usages, mais avec le risque de voir les libertés individuelles et collectives menacées. Et le risque paradoxal aussi de brider toute spontanéité et création devant l'avalanche de données préconditionnantes (les services vendus à l'usager sont déterminés par l'accumulation de ses données préalables). La France entend se positionner sur ce marché gigantesque, avec Bull, racheté en 2014 par Atos, qui a aussi fait l'acquisition de l'activité *outsourcing* de Xerox, devenant ainsi la cinquième entreprise au monde de services informatiques derrière IBM, Accenture, HP et Fujitsu, avec 110 000 employés et 11 milliards d'euros de chiffre d'affaires.

ZOOM ▶ L'intelligence artificielle, « *the Next Big Thing* » pour la Silicon Valley

Google comme Amazon, Facebook et Microsoft considèrent l'**intelligence artificielle**, qui vise à une amélioration de l'efficacité des logiciels par l'exploitation des données, comme le principal gisement de profits à venir. Google s'appuie sur sa filiale DeepMind (à l'origine d'AlphaGo, le programme qui a battu l'homme au jeu de go) et s'est attaqué au marché de la domotique numérique avec Home, un boîtier à commande vocale, en concurrence avec Echo, l'assistant d'Amazon. Le groupe de Mountain View propose aussi la messagerie intelligente Allo, face aux *chatbots* de Facebook. Plus ils sont utilisés, plus ces logiciels s'améliorent, un principe de base extrêmement attractif pour les entreprises de services (banques, voyage, assurances) qui y placent leurs marques.

C. GOUVERNANCE DIGITALE ET SOUVERAINETÉ NUMÉRIQUE

1. La gouvernance de l'Internet, miroir des contradictions de la mondialisation

À l'origine du réseau des réseaux, les États-Unis n'ont jamais passé la main dans le contrôle de sa gestion. La plupart des serveurs racines se trouvent aux États-Unis, et l'**ICANN** (*Internet*

Corporation for Assigned Names and Numbers) est longtemps restée sous tutelle du département américain du Commerce. L'organisation par le Brésil, au printemps 2014, du sommet **NETmundial**, a posé la question de la désaméricanisation du Net, sans fournir de réponse.

ZOOM ▶ La réforme de l'ICANN

Placée jusqu'en octobre 2016 sous la supervision du département américain du Commerce, l'ICANN est depuis administrée par un système élargi de gouvernance collective internationale, mais reste une association de droit américain, enregistrée en Californie. L'Administration Obama, malgré l'opposition des conservateurs qui y voyaient un abandon de souveraineté, a dû consentir à cette réforme pour atténuer les effets désastreux des révélations en 2013 de Edward Snowden, qui dévoilaient la surveillance de masse de l'Internet par les services de renseignement américains. Les États-Unis ont, en revanche, toujours repoussé l'idée de confier à une agence de l'ONU la gestion de l'Internet. Trois instances constituent désormais l'ICANN : un conseil d'administration exécutif, un collège de juges indépendants et une assemblée générale représentant tous les acteurs de l'Internet – 160 gouvernements, des associations issues de la société civile, les organismes gestionnaires des adresses Web et les entreprises du secteur. Ces dernières sont les grandes gagnantes du nouveau système, même si l'ICANN n'est qu'un organisme technique, en charge de l'attribution des noms de domaine et des adresses Internet à l'échelle mondiale. Dans l'héritage de l'esprit d'origine, les décisions sont consensuelles, les blocages étant contournables par un mécanisme de super-majorité.

Au-delà de cette question de gouvernance, se pose celle du maintien de l'unité de l'Internet. Une question d'autant plus importante que les 35 % de connectés de 2014 seront 80 % de la population en 2025. Ainsi, la Chine pourrait se laisser tenter par la constitution d'un Internet nationalisé. En 1996, 80 % des internautes avaient l'anglais pour langue maternelle, ils sont moins de 25 % aujourd'hui. Le contenu en chinois disponible sur le Web a dépassé celui de langue anglaise depuis 2014. Et les géants du Web chinois – Baidu, Alibaba, Tencent et Xiaomi : les **BATX** –, s'ils sont moins internationalisés que leurs homologues américains, tiennent fortement leur marché, le plus important au monde. Alibaba pèserait 20 % de l'ensemble du commerce de détail chinois, tandis que WeChat, filiale de Tencent, assure 60 % des paiements en ligne du pays, un mode de règlement désormais privilégié.

ZOOM ▶ La technologie *blockchain*, une possible ouverture vers la décentralisation de l'Internet

Développée notamment par les usagers du **bitcoin**, la plus utilisée des cryptomonnaies, le protocole ***blockchain*** assure l'échange d'informations entre pairs, sans intermédiaire. L'intégrité des échanges est garantie par l'ensemble du réseau à travers un système de validation cryptographique. Tous les utilisateurs conservent une copie infalsifiable des échanges, et ne dépendent plus d'une autorité centrale. Le déploiement de cette technologie pourrait permettre une nouvelle architecture du réseau sur un mode **DAO** (*Decentralized Autonomous Organization*), en se passant de la gestion étatisée des noms de domaine, **DNS** (*Domain Name System*), que gère l'**ICANN** depuis 1998. La Déclaration de Tunis, lors du Sommet mondial sur la société de l'information (SMSI) en 2005, affirmait qu'acteurs privés, entreprises et sociétés civiles sont, au même titre que les organisations internationales et les États, parties prenantes de la régulation de l'Internet. Le Web est donc un **bien commun**, mais le rôle de la société civile reste largement tributaire du bon vouloir des États et des entreprises. La technologie *blockchain* pourrait redistribuer les cartes en sa faveur, la décentralisation faisant d'une ressource rare, les noms de domaine, un bien abondant, échappant donc en partie aux enjeux de pouvoir. Une **gouvernance horizontale** de l'Internet qui pourrait préfigurer celle d'autres grands enjeux à l'échelle globale.

Pour aller plus loin

Le podcast du journaliste Xavier de La Porte couvre l'actualité numérique

liennathan.fr/e2g25k

2. Les enjeux de souveraineté

Le ***Patriot Act*** de 2001 permet aux enquêteurs du FBI et de la NSA d'accéder, en toute discrétion et au nom de la lutte contre le terrorisme, à l'immense quantité de données stockées sur les serveurs des entreprises américaines, une mesure doublée depuis 2018 par le ***Cloud Act***, qui autorise la justice américaine à en faire de même. La position de force de ces géants américains les rend par ailleurs incontournables pour les firmes et institutions étrangères : 60 % des données mondiales sont stockées, en 2020, par des acteurs américains ou chinois. Faute d'entreprise européenne suffisante, l'Agence spatiale européenne (ESA) est ainsi obligée de sous-traiter à Amazon. D'où la tentative franco-allemande en 2020 de lancer GAIA-X, un « Airbus du *cloud* », qui doit favoriser l'interopérabilité et la réversibilité entre les différentes solutions nationales, avec l'ambition de déroger ainsi à l'extraterritorialité de la justice américaine. L'Union ne peut plus ignorer que son retard dans le secteur du numérique la rend dépendante d'entreprises étrangères, d'un point de vue de sa souveraineté comme de son économie. L'adoption en 2018 du règlement général sur la protection des données (**RGPD**), qui protège les données personnelles, marque de ce point de vue un tournant : actionnable par tout citoyen européen, où qu'il se trouve dans le monde, il donne à la législation européenne une dimension extraterritoriale essentielle. L'amende de 4 % du chiffre d'affaires est prohibitive (elle s'élèverait à 1 milliard et demi d'euros pour Facebook) et constitue un levier d'influence pour l'Union : deux mois après l'adoption du règlement, la signature de l'accord commercial avec le Japon a vu Tokyo aligner sa législation sur les règles européennes. En 2020, **en phase avec un mouvement général de volonté de régulation**, visible en Chine comme aux États-Unis, la Commission s'est dotée d'un double dispositif protecteur : le *Digital Markets Act* (**DMA**), qui doit préserver la concurrence dans le numérique, amende de 10 % du chiffre d'affaires mondial à la clé, et un *Digital Services Act* (**DSA**) renforçant la régulation des contenus.

3. L'ère de la cyberguerre

L'omniprésence du numérique a fait des réseaux digitaux des éléments cruciaux du fonctionnement des sociétés contemporaines, et donc des sources de grande vulnérabilité. Le crime organisé s'en est logiquement emparé, l'anonymat et la fluidité de ce nouvel univers se prêtant à merveille aux escroqueries ou aux prises d'otages : par des **rançongiciels** (*ransomwares*), les pirates (*hackers*) paralysent un système informatique et exigent, pour ne pas détruire l'ensemble des données, une rançon, payable en monnaie digitale intraçable (bitcoins).

ZOOM ▶ Les menaces sur le cyberespace

Trois dimensions du cyberespace peuvent être visées par des attaques : la couche **physique**, celle des infrastructures (câbles, *data centers*), la couche **logique** (systèmes d'exploitation, serveurs – par la saturation d'un serveur, un virus, un cheval de Troie) et la couche **sémantique** (piratage de site, destruction d'informations, modifications).

Si la plupart des attaques relèvent d'opérateurs privés, les plus complexes utilisent des moyens qui ne semblent mobilisables que par des États : le logiciel malveillant **WannaCry**, qui a frappé des milliers d'ordinateurs le 12 mai 2017, comportait des portions de codes auparavant repérés dans des attaques du groupe Lazarus, lié à la Corée du Nord. Si cette dernière semble ne pas avoir de scrupules à se financer par des attaques crapuleuses, la Russie et la Chine, régulièrement dénoncées par les États-Unis et l'Union européenne comme responsables d'attaques informatiques, utilisent cette nouvelle arme comme un instrument de déstabilisation ou d'espionnage. Moscou semble ainsi être à l'origine de l'infiltration, découverte en décembre 2020, d'une grande partie de l'Administration américaine par un logiciel de la société **SolarWinds**. En 2007 déjà, les systèmes informatiques estoniens étaient attaqués par des hackeurs opérant très probablement pour le compte de la Russie. Dans le cadre global de la « **guerre non linéaire** » (« guerre hybride », selon l'OTAN), les services russes utilisent des hackeurs, comme le groupe APT29 (aussi appelé *Cozy Bear*), une unité du FSB (les services de renseignement intérieur).

Mais les Occidentaux ne sont pas non plus en reste, même entre alliés. En Europe, les opinions publiques ont été frappées par les révélations de l'**affaire Snowden** (mi-2013). À l'automne 2014, le virus **Regin**, élaboré probablement par les États-Unis, avec la complicité éventuelle des services britanniques, était découvert dans les systèmes de l'opérateur Belgacom et des institutions européennes qui l'utilisent.

En conséquence, le **cyberespace** est désormais partout intégré comme la cinquième dimension de la guerre, après la terre, la mer, l'air et la stratosphère. Depuis 2014, l'OTAN a lancé une « **politique de cyberdéfense renforcée** » : toute attaque contre les réseaux informatiques d'un membre sera considérée comme une attaque contre tous, au même titre que s'il s'agissait d'une agression classique. Le cyberespace des pays de l'OTAN devient ainsi « indivisible ».

II. L'espace, de la compétition aux risques de confrontation

A. LE RENOUVELLEMENT DES ENJEUX ÉCONOMIQUES

1. Un marché paradoxal

Malgré un rôle crucial dans l'émergence d'une société de la communication, **le secteur spatial n'a jamais été financé par ses revenus propres**, il n'a pu se développer que grâce aux gigantesques subventions motivées par la compétition de la guerre froide. Si les États-Unis inauguraient l'ère des communications modernes en plaçant en orbite, dès 1962, un premier satellite de communication, c'était dans le cadre d'une course à l'espace qui résultait elle-même de la recherche militaire : les fusées ne sont jamais que la version civile des missiles, et c'est cette dimension stratégique qui a justifié leur mise au point. Le programme des navettes spatiales (1981-2011) avait succédé au programme Apollo (suspendu en 1975) avec la promesse d'un abaissement des coûts grâce à la réutilisation des navettes : la NASA espérait alors réduire le prix de la mise en orbite avec des vols hebdomadaires, qui n'ont jamais eu lieu. Si, ces dernières années, le coût de la mise en orbite a diminué en raison d'une concurrence accrue, associé au coût de l'heure de travail dans l'espace, il reste largement rédhibitoire pour une rentabilité commerciale de l'espace. **Si, au début des années 2020, plus des deux tiers des satellites placés en orbite le sont par des entreprises commerciales, en valeur, les trois quarts des lancements sont l'œuvre des gouvernements.**

L'essor actuel du marché des nanosatellites (de quelques dizaines de kilos) en orbite basse reste à la merci d'une alternative technique : Starlink, la filiale de SpaceX, doit placer en orbite basse une gigantesque constellation de 42 000 nanosatellites (plus d'un millier est déjà en orbite fin 2020). L'opération doit être amortie grâce à l'amélioration escomptée de l'Internet, un pari suivi aussi par Amazon à travers sa filiale Kuiper, en partant du constat que l'utilisation d'un smartphone sollicite quotidiennement une quarantaine de satellites. Mais le déploiement au sol de la 5G pourrait offrir les mêmes avantages à un coût bien moindre. Déjà dans les années 1990, plusieurs projets de constellations se proposaient de couvrir des zones peu accessibles. Mais au même moment, l'adoption de la norme GSM pour la communication mobile leur a fait perdre tout intérêt et a supplanté le téléphone par satellite.

L'intérêt en termes de création de richesse n'est ainsi pas garanti. En 2020, le marché des lanceurs s'élève à 5 milliards de dollars, celui des satellites à 15 milliards, et ce sont les applications qui en découlent qui doivent les financer, à supposer que le public accepte de s'équiper de services informatiques toujours plus performants : le modèle économique qui sous-tend le spatial n'a toujours pas fait ses preuves.

2. Le *New Space*, promesses et fragilités

Les années 2010 ont été marquées par l'affirmation de nouveaux compétiteurs privés, proches de la culture des entreprises du numérique, aux côtés des acteurs étatiques traditionnels. **Moins qu'une privatisation de l'espace, il s'agit en réalité d'une collaboration** entre les États en quête de financement pour des projets de plus en plus coûteux, et des entreprises moins soucieuses de réaliser des profits que de lever de gigantesques sommes sur les marchés financiers. Ces derniers, abreuvés de liquidités par les politiques accommodantes des banques centrales, sont rassurés par les subventions captées par ces jeunes entreprises.

Le modèle du ***New Space*** reste en réalité essentiellement américain et s'inscrit dans une double logique : d'un côté, la baisse du financement de la **NASA** – qui reste de loin la mieux dotée des agences spatiales, mais dont le budget ne représente plus que 0,5 % du PIB américain, contre plus de 4 % au milieu des années 1960 –, de l'autre côté, la nécessité pour le capitalisme libéral de se réinventer en permanence pour rester un marché de promesses. Dans une mise en scène dont il est friand, **Elon Musk** a assis, dans cette optique, la notoriété de **SpaceX**, envoyant dans l'espace, en 2018, son cabriolet Tesla, dont l'autoradio passait en boucle le « *Space Oddity* » de David Bowie. Son alter ego néo-zélandais Peter Beck, fondateur de Rocket Lab, a lui placé sur orbite, en janvier 2018, une boule disco géante pour en faire, avant qu'elle ne s'abîme dans l'atmosphère, le satellite artificiel le plus visible de l'espace. Le « *we can do it* » est supposé valoir démonstration de la rentabilité future de ces entreprises. Celles-ci réussissent, il est vrai, à faire baisser le prix de l'accès à l'espace grâce à des stratégies variées. Depuis 2015, SpaceX réussit à récupérer le premier étage de ses fusées, tandis que Rocket Lab propose un modèle low cost : son petit lanceur (17 m) en fibres de carbone et ses moteurs produits par des imprimantes tridimensionnelles permettent de placer en orbite, à 500 km, une charge utile de 150 kg pour 5 millions de dollars.

La **NASA** est le principal pourvoyeur de commandes pour ces groupes, qui lui permettent, à moindre coût, de prendre le relais des navettes spatiales dont le programme a pris fin en juillet 2011. **SpaceX** (fondée en 2002 par Elon Musk grâce à la revente de ses fonds dans PayPal) a pris une longueur d'avance sur **Boeing**, qui a aussi reçu des fonds de la NASA pour développer des fusées privées de transport d'astronautes vers la Station spatiale internationale (**ISS**). Pour le fret, SpaceX a obtenu un contrat de 1,6 milliard de dollars pour effectuer douze missions de livraison à la Station en quatre ans, puis un autre de 2,6 milliards pour six voyages habités vers la Station ; chacun étant facturé 430 millions de dollars, alors que SpaceX s'est imposée, au détriment des Européens, sur le marché des lanceurs commerciaux en cassant les prix (60 millions de dollars contre une centaine pour Arianespace) à la faveur de cette subvention déguisée. La mise au point de la **fusée Falcon Heavy**, la plus puissante sur le marché, est justifiée dans le discours de l'entreprise par le projet de colonisation martienne, mais en attendant sa très hypothétique réalisation, elle pourrait être surdimensionnée pour un marché déprimé et encombré de concurrents. D'autant plus que l'intégration complète de la chaîne de valeur que promeut SpaceX fait reposer tous les risques sur un seul acteur, qui produit à la fois les lanceurs, les satellites, et pourquoi pas les contenus qu'ils doivent relayer.

Pour aller plus loin

Une analyse de la place nouvelle de l'espace en quatre épisodes
liennathan.fr/x2f47u

B. LES INCERTITUDES DE LA GÉOPOLITIQUE SPATIALE

1. L'élargissement du club des puissances spatiales

• **Les États-Unis** restent le leader d'un domaine qui s'est considérablement élargi : si, au début des années 2000, une trentaine de pays investissaient dans le spatial, ils sont 85 en 2020. L'Union africaine s'est dotée en 2019 d'une agence spatiale, les Émirats arabes unis ont lancé en 2020 une sonde vers Mars depuis une fusée japonaise.

• **L'aérospatial russe** repose toujours sur les mêmes qualités de puissance, de robustesse et d'expérience. Mais il semble peu capable d'innovation et la décennie 2010 a été marquée par des échecs, imputés au manque de moyens de l'agence spatiale russe, **Roscosmos**. Cette dernière diversifie ses financements grâce au tourisme spatial (une niche marginale) et à l'association de son lanceur Soyouz avec Arianespace. Le monopole de l'acheminement des astronautes vers l'ISS, à 80 millions de dollars le voyage, a constitué une rente jusqu'à l'arrivée de SpaceX en 2020.

• **La Chine** est rapidement devenue une puissance spatiale majeure, en suivant un calendrier méthodique. Troisième pays à même, depuis 2003, d'opérer des vols habités, elle suit, avec les missions **Chang'e**, un ambitieux programme à destination de la Lune (en novembre 2020, **Chang'e 5** a rapporté des échantillons lunaires), notamment de son pôle Sud où une base habitée est prévue dans la décennie 2030. Depuis 2012, le déploiement du système de localisation par satellites **Beidou** permet une localisation sur l'ensemble du globe (2020) grâce à une trentaine de satellites, à l'instar des GPS américain, Galileo européen et GLONASS russe. L'Inde a pris du retard vis-à-vis de sa rivale, notamment dans la course à la Lune (premier alunissage d'un robot en 2019) ; l'**ISRO**, l'agence spatiale installée à Bangalore, communique en revanche régulièrement sur sa stratégie d'« innovation frugale » (*jugaad*) : en septembre 2014, la sonde spatiale indienne Mars Orbiter Mission (MOM) a atteint la planète rouge pour un coût équivalent à 10 % à celui de la sonde américaine Maven arrivée la même semaine autour de Mars.

• **La politique spatiale européenne**, une **compétence communautaire partagée** avec les États depuis le traité de Lisbonne, repose sur une articulation efficace entre coopération intergouvernementale, recherche publique et entreprises privées. Les choix stratégiques (refus de se lancer dans les vols habités, notamment) ont permis d'obtenir des résultats durables pour des coûts maîtrisés. Depuis 1979 et son premier tir, **Ariane** s'est imposée comme le premier lanceur commercial au monde ; un succès concurrencé par l'arrivée sur le marché des fusées low cost, en 2006, de SpaceX, qui a cassé les prix d'un tiers et s'est emparé, depuis 2017, de la tête du marché. L'adoption d'un nouveau lanceur, **Ariane 6**, décliné en deux modèles à partir de 2020, a permis d'abaisser les coûts de 40 %. **Arianespace** est devenue, depuis l'été 2016, une filiale de **ASL** (**Airbus Safran Launchers**, 8 400 salariés), co-entreprise d'**Airbus Group** et **Safran** : le centre de gravité de l'aérospatial européen demeure nettement français, le **CNES** (Centre national d'études spatiales) français, reste responsable de la maîtrise d'ouvrage du projet au côté de l'**ESA**, l'Agence spatiale européenne. Mais la conjoncture économique est difficile pour l'opérateur européen, qui peine à s'adapter à la diminution des lancements de satellites géostationnaires de télécommunications. Seul un quart des lancements européens sont le fait de commandes institutionnelles (militaires ou civiles), dans des marchés ouverts, alors qu'aux États-Unis, il s'agit de plus de la moitié des lancements, payés au double du prix des lancements privés, exclusivement à des entreprises américaines (Boeing ou SpaceX, notamment). La recherche spatiale européenne, dont le budget n'est que le quart de celui des États-Unis, est un domaine partagé entre l'ESA et ses États membres. Elle dispose aujourd'hui d'un budget de 15 milliards d'euros pour développer ses programmes : Ariane 6, deux missions sur Mars et l'exploitation conjointe de l'ISS. Fin 2019, elle a obtenu une hausse de 10 % de son budget, le troisième au monde derrière la NASA et l'Administration spatiale chinoise. Le système de localisation **Galileo** est le principal projet en cours, avec l'espoir, pour sa version payante, plus précise que ses concurrentes, de milliards d'euros de bénéfices. La constellation européenne offre un satellite visible de n'importe où sur Terre, 90 % du temps, et son signal est le seul à pouvoir être authentifié afin d'éviter les leurres. Les services liés à des systèmes de positionnement par satellites, évalués à 10 % du PIB, pourraient monter à 30 % en 2030 avec, en particulier, le développement de la voiture autonome et des objets connectés. Le départ des Britanniques du projet, à l'occasion du Brexit, devrait aussi faciliter l'usage de la constellation à des fins militaires, en s'affranchissant ainsi d'une dépendance stratégique à l'allié américain.

2. Les risques de militarisation de l'espace

Le **traité de Moscou de 1963**, premier engagement de la détente après la crise de Cuba, interdisait les expérimentations nucléaires dans l'espace. Depuis 1967, un **traité de l'espace** engage ses signataires à une utilisation pacifique de l'espace et des corps célestes, mais admet la possibilité d'une légitime défense. En 1983, le lancement, par les États-Unis de Ronald Reagan, de l'**Initiative de défense stratégique** (IDS) avait déjà établi le peu de cas que les grandes puissances faisaient de ce texte (il s'agissait de mettre en place un bouclier antimissiles reposant notamment sur des tirs depuis l'espace), même si le projet n'a jamais abouti. La destruction en janvier 2007, à 800 km de la surface de la Terre, d'un satellite météorologique en déshérence par un missile chinois a établi la nouvelle maîtrise technologique de l'Armée populaire de libération. D'autres tirs ont suivi, dont un à 10 000 km. Les États-Unis n'ont pas tardé à faire de même, tout comme les Indiens en 2019. L'espace n'est plus un sanctuaire, et s'il n'est pas encore un champ de bataille, il est désormais le théâtre de rivalités permanentes. En 2017, par exemple, un satellite russe a été repéré par Arianespace s'approchant d'un satellite militaire franco-italien, dans l'intention vraisemblable de capter ses communications. La France, qui compte doter ses satellites stratégiques de laser à haute énergie capables d'aveugler un satellite hostile, a intégré, depuis 2019, un commandement militaire de l'espace au sein de l'armée de l'air. En 2018, les États-Unis ont réuni tous leurs commandements spatiaux au sein d'une sixième arme, la ***Space Force***. Le soutien au secteur commercial se comprend aussi dans cette optique d'hégémonie spatiale, les opérateurs privés américains démultiplient les moyens à disposition du Pentagone pour étoffer son usage de l'espace (surveillance, communication, contrôle des adversaires).

3. Du multilatéralisme à l'appropriation de l'espace

Le traité de l'espace de 1967 interdisait toute revendication étatique sur un astre, mais n'avait rien prévu quant à l'exploitation commerciale par une société privée de ressources extraterrestres. Un traité plus ambitieux, signé en 1979, interdit l'appropriation de l'espace, de la Lune et des corps célestes, présentés comme des « biens communs de l'humanité ». Mais seuls 18 pays l'ont ratifié, dont aucune puissance spatiale. Les ressources spatiales, en l'état, ne sont pas exploitables dans une logique de rentabilité, mais différents projets d'exploration de Mars envisagent un départ depuis la Lune, en exploitant dans ce cas l'eau qui s'y trouve sous forme de glace pour en tirer de l'hydrogène et de l'oxygène. C'est dans cette perspective que l'Administration Obama a promulgué, en 2015, un *Space Act* ouvrant unilatéralement la voie à une exploitation privée. Le domaine spatial, longtemps inaccessible, souffre, à l'heure de la multiplication des lancements de satellites en orbite basse, d'une insuffisante réglementation. Le nombre de satellites actifs (3 000 environ en 2020, sur les 8 000 envoyés depuis 1957) est appelé à s'accroître considérablement. Aucun organisme n'assure la gestion du trafic, les opérateurs privés n'ont presque aucune obligation de détruire les résidus en orbite de leurs satellites. Or, ces débris sont près de 30 000 de plus de 10 cm, pour la plupart identifiés, tandis qu'il y aurait 130 millions de débris de plus de 1 mm, générant un risque croissant de collision.

ZOOM ▶ La Station spatiale internationale (ISS), un fruit menacé du multilatéralisme

Les Américains et les Soviétiques ont voulu faire de l'espace un terrain de coopération lors de la Détente, un rapprochement illustré en 1975 par l'arrimage dans l'espace d'une capsule américaine Apollo et d'un vaisseau Soyouz soviétique. Mais la relance de la guerre froide dans les années 1980, notamment le projet reaganien d'IDS, a réintégré la conquête spatiale dans le domaine de la rivalité. La chute de l'URSS a permis de donner un contenu spatial au multilatéralisme renaissant avec la construction, en 1998, de la **Station spatiale internationale**, qui a accueilli, en 20 ans, 240 astronautes de 19 pays en orbite basse à 410 km de la Terre. Plus gros satellite artificiel de la Terre, l'ISS a coûté plus de 115 milliards de dollars pour des résultats scientifiques mitigés. La NASA en est le principal opérateur et contributeur, même si, entre 2011, fin du programme de navettes spatiales, et 2020, premier vol habité d'un opérateur privé (*Crew Dragon de SpaceX*), seuls les Russes ont pu assurer les liaisons avec la Terre. À côté de la NASA et du Russe Roscosmos, les agences spatiales européenne, canadienne et japonaise sont associées dans un projet qui exclut donc la Chine, qui a en projet sa propre station spatiale. Les Américains envisagent de construire, pour succéder à l'ISS, une station en orbite lunaire, le *Lunar Gateway*, à laquelle les Russes ne seraient pas associés.

7 LES ENJEUX RENOUVELÉS DE L'APPROPRIATION DES MERS

Les enjeux des activités liées au domaine maritime sont multiples et considérables : son extension, 71 % de la surface du globe, lui assigne une place privilégiée dans la mondialisation contemporaine, comme elle l'avait déjà été lors de la première mondialisation des XVe et XVIe siècles, celle des Grandes découvertes.

Il n'y a pas depuis de puissance sans une dimension maritime, une règle à laquelle aucun des grands conflits depuis la Seconde Guerre mondiale n'a dérogé.

Ces volumes par définition quasiment déserts sont, par ailleurs, au cœur de pans colossaux de l'économie mondiale : tous secteurs confondus (transports, tourisme, exploitation, services portuaires, défense), les activités liées à la mer, l'économie bleue, représenteraient 2 250 milliards d'euros.

Ces deux dernières dimensions, militaire et économique, remettent en cause depuis des années un principe juridique ancien, celui qui faisait des océans une « *res nullius* », un espace n'appartenant à personne et dont l'usage, en conséquence, était ouvert théoriquement à tous. Les bénéfices géopolitiques du contrôle des mers et surtout l'appétit pour leurs ressources ont ainsi favorisé une logique d'appropriation des océans, une territorialisation (le terme est paradoxal) de l'espace et du volume marins. Les promesses en ce domaine sont pourtant hasardeuses, tant les fonds sous-marins (les deux tiers de la croûte terrestre) restent largement inexplorés. La gigantesque masse d'eau salée qui les recouvre abrite des espèces marines qui nous restent inconnues pour encore 90 % d'entre elles, une biomasse qui pourrait offrir des réponses décisives aux défis alimentaires.

Au-delà de ces considérations, la machinerie climatique enfin est largement configurée par l'activité naturelle des océans : ceux-ci jouent donc un rôle crucial, en amont (absorption d'un tiers du CO_2 émis, émission de la moitié de l'oxygène, régulation des températures) mais aussi par les conséquences qu'ils répercutent (hausse du niveau des mers), dans les transformations climatiques.

Notions principales

Territorialisation : appropriation juridique ou économique de l'espace.

Déterritorialisation : au sens large, décontextualisation des relations sociales. Géographiquement parlant, la déterritorialisation serait le résultat de la numérisation de l'économie et des échanges, la mise en réseaux favorisant les flux immatériels.

Maritimisation : processus d'augmentation de la part des échanges transitant par la voie maritime.

Conteneurisation : part croissante du transport par conteneurs au sein du commerce mondial.

CHRONOLOGIE

1851 : Premier câble sous-marin posé entre Calais et Douvres. Il permet les transmissions télégraphiques.

1869 : Inauguration du canal de Suez assurant la liaison entre la mer Rouge et la Méditerranée.

1896 : Premiers forages en mer réalisés au large de la Californie.

1897 : Création du Comité maritime international (CMI), qui se donne pour objectif d'harmoniser le droit maritime.

1914 : Ouverture du canal de Panamá entre Atlantique et Pacifique.

1958 : À Genève, première conférence des Nations unies aboutissant au premier accord sur le droit de la mer.

1970 : Déclaration de l'Assemblée générale des Nations unies sur les ressources des fonds marins au-delà des limites des souverainetés nationales, considérées désormais comme « patrimoine commun de l'humanité ».

1971 : Création du Fonds d'indemnisation pour les dommages dus à la pollution par les hydrocarbures (FIPOL).

1982 : Signature à Montego Bay (Jamaïque) de la Convention des Nations unies sur le droit de la mer. Entrée en vigueur en 1994, elle a été ratifiée par 168 États parties (la France en 1996).

1996 : Première session du Tribunal international du droit de la mer. Son siège officiel est à Hambourg depuis 2000.

2010 : Explosion de la plateforme *offshore* Deep Water Horizon dans le golfe du Mexique.

2019 : Le port de Ningbo annonce avoir dépassé le milliard de tonnes en transit.

I. L'organisation des routes

A. DES VOIES STRATÉGIQUES

1. La persistance des points de passage obligés

Selon le géographe François Bost, la maritimisation des échanges de marchandises atteint désormais 60 % du transport international en valeur et 75 % en volume. Les principales routes maritimes perpétuent de très vieilles liaisons, mais elles ont gagné en épaisseur : elles se doublent, au fond des océans, d'un réseau de fibres optiques, colonne vertébrale d'Internet, et elles s'articulent à un réseau spatial de satellites de communication et de surveillance crucial dans la fluidification des échanges. Se dessinent ainsi une route principale est-ouest, une **artère circumterrestre** en trois tronçons : de l'Asie orientale vers l'Europe du Nord, une deuxième transpacifique, et un dernier segment historique, plus court, transatlantique. S'y raccordent des branchements vers les régions productrices des matières premières : le golfe Arabo-Persique (20 % du pétrole mondial transite par Ormuz), l'Australie, le Brésil et le golfe de Guinée.

L'optimisation des routes maritimes favorise un certain nombre de points de passage obligés (*choke points*), les **détroits stratégiques** qui permettent d'accéder aux principaux littoraux. Cette persistance des contraintes géographiques impose une gestion du trafic (rail d'Ouessant pour la Manche) pour optimiser la convergence des flux, d'autant plus que l'intensité du trafic et l'étroitesse des passages y augmentent les risques (le détroit de Malacca, par exemple, n'autorise pas un tirant d'eau supérieur à 20 m).

Les grands canaux transocéaniques constituent une rente de situation : le passage de Suez par un porte-conteneurs de 8 000 **EVP*** est facturé 500 000 dollars (chaque année, 18 000 navires y font transiter 1 milliard de tonnes, 15 % du trafic mondial). L'élargissement de Panama en 2016 (5 % du trafic mondial) a permis de diminuer par trois les anciennes contraintes de

DÉFINITION

EVP : « équivalent vingt pieds », ou TEU, « twenty-foot equivalent unit », la taille standard d'un conteneur, une « boîte », soit 6 m de long sur 2,40 m en hauteur et en largeur.

tonnage, le gabarit **Panamax**, qui avaient standardisé l'affrètement durant un siècle: le nouveau gabarit **néo-Panamax** autorise le passage des porte-conteneurs de 13 000 EVP (au lieu de 4 000), et des vraquiers et pétroliers de 170 000 **tpl***. Panama, qui traite un trafic environ trois fois inférieur à Suez (442 millions de tonnes contre environ 1,1 milliard en 2018), espère renforcer sa position dans une lutte pour capter les navires asiatiques (le trajet est sensiblement aussi long de Hong Kong à New York par Suez ou Panama). Le canal est aussi concurrencé par le **pont terrestre*** des États-Unis, et par les projets concurrents tels le canal du Nicaragua (lancé fin 2014, à l'arrêt depuis) ou le « canal sec » de Colombie (un corridor ferroviaire). À l'échelle régionale se joue aussi une compétition entre les ports pour capter ces flux croissants : la circulation d'un navire est relativement peu chère, son immobilisation portuaire est en revanche coûteuse. Les ports qui garantissent, dans un espace donné, le meilleur traitement captent donc le plus de trafic : sont favorisés ceux situés à proximité des routes principales, encore plus ceux qui bénéficient de l'effet d'entonnoir d'un détroit (Singapour). Maersk, le premier armateur mondial, s'est ainsi installé de part et d'autre de Gibraltar, à Tanger Med et Algésiras.

2. Les enjeux des nouvelles voies

La fonte des glaces polaires, si elle crée des difficultés à la navigation (icebergs), rend envisageable l'exploitation commerciale des passages arctiques. Celui du Nord-Ouest, au nord du Canada, reste compliqué, et d'un intérêt économique limité. La route directe, transpolaire, est encore loin d'être envisageable. Celui du Nord-Est, la **Route maritime du Nord**, comme l'appellent les Russes, peut permettre en revanche de réduire de 45 à 35 jours le trajet entre Dalian (Chine) et Rotterdam. Les flux d'informations pourraient aussi en bénéficier : les **câbles** empruntant le passage du Nord-Ouest permettront de réduire de 50 millisecondes le temps de transmission entre l'Europe et l'Asie-Pacifique (actuellement de 230 millisecondes en passant par Suez), un gain appréciable pour la finance digitalisée.

Les Russes utilisent depuis l'été 2017 un méthanier brise-glace, le *Christophe de Margerie*, qui a relié la Norvège à la Corée du Sud en 19 jours (une réduction d'un tiers de la durée du trajet). Jusqu'à présent, le passage se faisait en coûteux et lents convois derrière l'un des six brise-glaces nucléaires russes, pour un tarif de 300 000 à 400 000 dollars, ajusté aux variations du carburant pour être compétitif. Les dangers de pollution restent immenses, la navigation, ouverte désormais de juin à novembre, étant contrariée par les vents polaires autant que par la glace et les courants. Entre 15 et 30 navires seulement l'empruntent chaque année, soit environ deux fois moins que Suez chaque jour. Même si, en septembre 2018, Maersk y a fait circuler pour la première fois un porte-conteneurs de 200 m de long, la rentabilité théorique de la route par rapport à Suez ne devrait pas être atteinte avant 2040. D'éventuels bénéfices économiques sont pour autant loin d'être garantis : les infrastructures littorales, déjà très insuffisantes, sont fragilisées par la fonte du pergélisol.

Mais la consolidation de la voie s'inscrit dans une visée géopolitique russe plus large : la constitution d'un « **bastion stratégique nord** », qui englobe l'exploitation des ressources arctiques, le contrôle de la route maritime et la militarisation de la zone, la seule où la Russie soit incontestablement en position de force, tant face à la Chine qu'aux États-Unis

DÉFINITIONS

Tpl: « tonnes de port en lourd », ou DWT, « deadweight tonnage », l'unité de mesure de la capacité de charge d'un navire.

Pont terrestre (*land bridge*): continuation ferroviaire des routes maritimes, reliant par exemple le Pacifique à l'Atlantique à travers les États-Unis.

■ **Les trois routes arctiques théoriques**

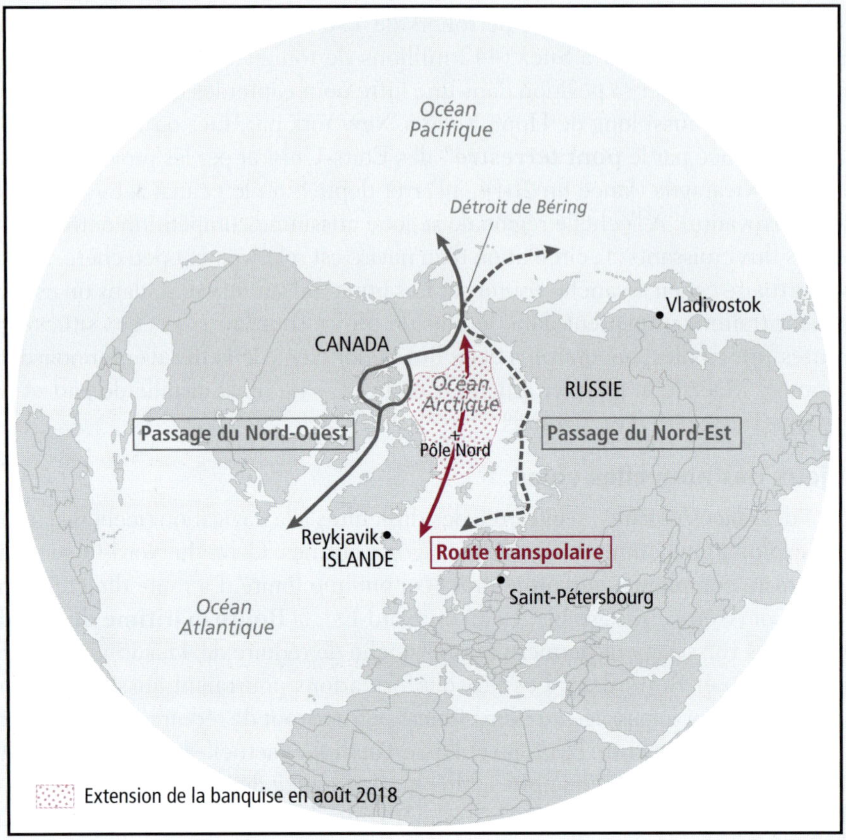

Pour aller plus loin

Un site de suivi des navires en direct
liennathan.fr/92tsf9

et à l'Europe. Moscou a ainsi multiplié les affirmations de souveraineté, comme en 2007 lorsqu'un sous-marin avait planté un drapeau à la verticale du pôle par 4200 m de profondeur. En 2014, d'anciennes bases soviétiques, tombées en décrépitude, ont été réactivées et 6000 hommes déployés dans la région de Mourmansk. La même année, les exercices militaires Vostok-2014 – les plus importants depuis la disparition de l'URSS – ont vu les troupes russes effectuer plusieurs missions de combat en Arctique. Aucune menace ne pèse pourtant sur cet espace, dont les ressources ne pourraient être exploitées sans une coopération avec les firmes occidentales.

B. ENTRE DÉRÉGULATION ET RÉGLEMENTATION

1. La révolution des conteneurs

L'invention du conteneur par le transporteur américain Malcolm McLean en 1956 a révolutionné l'intermodalité : la boîte se transporte aussi bien par camion, train, péniche que navire.

Dix ans plus tard, la guerre du Vietnam est décisive dans le succès de McLean : en 1966, celui-ci obtient du Pentagone qu'il lui confie la logistique du port de Saigon. Pour éviter que les porte-conteneurs n'en repartent à vide, ils passent alors par les ports japonais de Tokyo et Kobe, qui s'équipent en conséquence.

Le modèle standard d'un conteneur mesure 20 pieds (EVP ou TEU), mais il en existe aussi de 30 et 40 pieds. Tous ont la même largeur de 8 pieds. La standardisation permet de réduire les pertes et les vols, elle permet un gain de temps prodigieux lors des ruptures de charge. Associé à la numérisation des informations, qui permet traçabilité et optimisation de la manutention, il s'est imposé depuis les années 1980. **Les routes maritimes sont prolongées par des ponts terrestres** qui traversent les continents pour relier les ports entre eux (Long Beach – Houston, par exemple). La logique des flux tendus atteint ici sa dimension la plus large, et les routes ainsi constituées dessinent les artères de la mondialisation. Le conteneur institue une chaîne robotisée et continue qui abolit presque les distances-coûts par les économies d'échelle qu'elle dégage.

En 2018, 20 % du tonnage maritime était conteneurisé, mais en valeur, le montant atteint 52 % (une tonne de fret conteneurisé est en moyenne 27 fois plus chère qu'une tonne de vrac). Ses avantages en termes de manutention lui font même empiéter désormais sur le vrac sec (éthylène en granules, charbon) et même liquide (*tanktainers*, *flexitanks*). Aux EVP se sont ajoutés des *flats*, conteneurs ouverts pour des colis lourds (rame de train...).

Les principaux armateurs en conteneurs, en millions d'EVP transportables en 2019

Maersk	Danemark	4,1
MSC	Italie-Suisse	3,7
Cosco	Chine	2,9
CMA CGM	France	2,6
Hapag-Lloyd	Allemagne	1,7
Ocean Network Express (ONE)	Japon	1,6
Evergreen Marine Corp.	Taïwan	1,2
Yang Ming Marine Transport Corp.	Taïwan	0,6
Hyundai Merchant Marine (HMM)	Corée du Sud	0,5
Pacific International Lines (PIL)	Singapour	0,4

2. Une flotte de plus en plus spécialisée

Les flottes se sont adaptées pour répondre aux contraintes portuaires et rationaliser le trafic. Les **vraquiers** sont les navires de charge les plus répandus, par lesquels transitent les plus gros volumes du trafic maritime. La plupart sont spécialisés et s'adaptent aux exigences de leur affrètement. Le principal port de chargement de bauxite, Kamsar en Guinée, a ainsi dicté ses dimensions aux 150 navires de type **Kamsarmax** : 82 000 tpl, 229 m de long, 32 m de large. Le brésilien Vale, pour sécuriser ses exportations de fer vers la Chine, s'est doté d'une

nouvelle classe de minéraliers de 400 000 tpl, loin des capacités de Suez (240 000 tpl), les **Valemax**, qui pourraient marginaliser les canaux en accaparant une part consistante du trafic.
Le pétrole brut est transporté par des *Very Large Crude Carriers* (**VLCC**), de 330 000 tpl et 330 m de long, en retrait par rapport aux quelque 550 000 tpl (*Ultra Large Crude Carriers*, **ULCC**) construits dans les années 1970, trop coûteux à assurer. Ils sont désormais tous astreints à la double coque pour limiter les risques de marée noire.
Dans les nouvelles générations de **méthaniers**, le gaz est comprimé 600 fois ou porté à une température de – 160 °C pour se liquéfier, ce qui exige de coûteux terminaux de compression/décompression au départ comme à l'arrivée (un milliard de dollars d'investissements).
La flotte des **rouliers** (aussi appelés « ro-ro », *roll on-roll off*), qui chargent camions et voitures, s'accroît avec l'expansion de l'automobile et des classes moyennes ; le trafic se concentre dans les mers fermées (Baltique) et les archipels (Grèce, Indonésie, Philippines).
Les **porte-conteneurs** de 18 000 boîtes se multiplient malgré la surcapacité de la flotte mondiale : une cinquantaine navigue déjà, détrônant les **néo-Panamax** (13 000 conteneurs EVP). La capacité moyenne des navires a été multipliée par trois en vingt-cinq ans. La flotte totale (environ 5 000 navires) achemine une quinzaine de millions de boîtes. En 2020, les chantiers sud-coréens ont livré, à l'armateur HMM, douze navires de presque 24 000 boîtes (400 m de long et plus de 60 m de large ; les conteneurs s'empilent sur sept niveaux, pour une cargaison qui peut atteindre 1,5 milliard de dollars).
Le gigantisme des navires a permis d'atténuer l'impact du coût du carburant, des économies d'échelle qui font de la voie maritime le mode de transport le moins coûteux. Ainsi, un conteneur coûte moins cher à transporter entre Shanghai et Marseille qu'entre Marseille et Paris par camion.

Coût d'exploitation en 2012 des porte-conteneurs (en dollars par jour), hors carburant et arrêts techniques

1 000-2 000 EVP	5 295
5 000-6 000 EVP	9 890
10 000-12 000 EVP	13 469

Pourtant, le secteur a été fragilisé par son inélasticité : l'essor des échanges avait incité les compagnies à commander de nouveaux navires, toujours plus gigantesques. En 2008, ces bateaux ont commencé à être livrés alors que l'économie mondiale ralentissait. Tout le secteur s'est alors retrouvé piégé par les **surcapacités**. Ainsi, le brésilien Vale a fait construire les trente-cinq plus grands vraquiers au monde. Au total, 1 760 vraquiers ont été livrés dans le monde entre 2012 et 2018, un accroissement de plus de 20 % de la capacité. Une situation aggravée en 2020 avec le repli spectaculaire du commerce mondial : le secteur a beau être irremplaçable, il est de plus en plus souvent déficitaire. Un projet de grande alliance commerciale annoncée en juin 2013, en plein marasme, entre **Maersk**, **CMA CGM** et l'Italien **MSC** – alors les trois premiers armateurs mondiaux – aurait pu constituer une réponse. Les autorités de la concurrence européennes et américaines avaient validé l'opération, qui a été bloquée par celles de la Chine en juin 2014. **CMA CGM** s'est alors rabattu, en avril 2016, sur une alliance avec le premier armateur chinois, **Cosco**, mais aussi avec le Taïwanais **Evergreen** et l'armateur hongkongais Orient Overseas Container Line (**OOCL**). L'alliance pèse un quart du marché mondial, et réunit 350 porte-conteneurs, plus que l'alliance finalement constituée par Maersk et MSC.

ZOOM ▶ Le ralentissement volontaire des porte-conteneurs

La seconde décennie du siècle est marquée par une véritable rupture : les coûts énergétiques ont cessé d'être négligeables, et les arbitrages se font désormais en faveur de leur réduction, au détriment de la vitesse. Entre 1998 et 2013, le coût du combustible a augmenté de 790 % pour les porte-conteneurs (de 8 % à 25 % du coût du fret). Sur les routes les plus longues du transport maritime, les armateurs ont entrepris de réduire la vitesse des navires depuis quelques années (***slow-steaming***). Ce qui se fait en changeant les bulbes d'étrave des porte-conteneurs : à 26 **nœuds*** ils créent une vague à l'avant qui permet aux navires d'aller plus vite pour une même puissance. À 16 ou 18 nœuds, ils se révèlent contre-productifs. Après avoir doté leurs porte-conteneurs de ces appendices de 140 à 200 tonnes d'acier, les armateurs les remplacent par des bulbes plus fins. Le changement coûte 680 000 dollars, mais permet de consommer environ 5 % de carburant en moins ; l'investissement est rentabilisé en moins d'un an.

3. La liberté des mers et ses enjeux

« Un navire qui traverse la mer n'y prend pas plus de droit qu'il n'y laisse de trace », rappelait le juriste hollandais **Grotius** en 1609 dans son *Mare Liberum*. La liberté de circulation, d'exploitation et le refus de toute autorité prévalant sur celle des États constituent, quatre siècles plus tard, le fondement du droit maritime international. Au libéralisme de Grotius s'est en effet progressivement ajoutée, l'idée que les États étaient en droit de contrôler une partie des océans, un compromis fixé par la Convention des Nations unies sur le droit de la mer (**CNUDM**) de **Montego Bay** (non ratifiée par les États-Unis). La convention définit ainsi un emboîtement concentrique de juridictions : d'abord, la mer territoriale jusqu'à 12 milles nautiques (une ancienne appréciation très concrète de la souveraineté : c'était auparavant la limite de la portée des canons qui la définissait), entièrement soumise aux juridictions nationales, puis la **zone contiguë**, où s'appliquent les droits de douane et de police jusqu'à 24 milles nautiques, et enfin, la zone économique exclusive (**ZEE**), 200 milles nautiques, sur laquelle la navigation est libre, mais l'exploitation des ressources et du sous-sol du ressort du pays possesseur. Il ne s'agit pas d'un espace de souveraineté, mais d'un volume où peuvent s'exercer des droits économiques. Ce processus d'appropriation spatiale par les 150 États côtiers ne concerne pas la **haute mer**, qui recouvre 64 % des surfaces marines – plus de la moitié de la surface du globe – et demeure donc, pour l'essentiel, soumise au principe de liberté d'exploitation (l'Autorité internationale des fonds marins, dépendante de l'ONU, est cependant compétente pour les ressources minérales des grands fonds, considérés par les Nations unies comme « bien commun »). Mais la **possibilité d'extension de la ZEE** jusqu'à 350 milles nautiques, accordée par l'ONU à dix États (dont la France) dans la première décennie du siècle, réclamée par trente-huit dans la deuxième, témoigne de la dynamique des logiques d'appropriation (dans ce cas, le pays a le droit d'exploiter le sous-sol marin, mais la colonne d'eau est ouverte à tous).

Surtout, la réglementation est à géométrie variable, malgré l'existence de **l'OMI***, l'Organisation maritime internationale (institution de l'ONU, 1948) : environ 60 % de la flotte mondiale naviguerait sous **pavillon de complaisance** (*open registry flags*), contre 30 % en 1980, une pratique qui permet de baisser les coûts de 50 à 75 %. Offrant le bénéfice d'une fiscalité minimale, ces pays d'attache rendent possible une multiplication des intermédiaires, ce qui

DÉFINITIONS

Nœud : unité de vitesse utilisée en mer. Un nœud correspond à un mille nautique (1 852 m) à l'heure.

OMI (Organisation maritime internationale) : fondée en 1948 sous le nom d'Organisation maritime consultative intergouvernementale (OMCI), installée à Londres, elle prend son nom actuel en 1982. Cette agence de l'ONU est en charge d'harmoniser le droit maritime international et de prévenir les litiges.

permet d'échapper à toute responsabilité en cas d'accident : le naufrage du ***Prestige*** au large de la Galice en novembre 2002 a vu ainsi la justice se heurter à une soixantaine de sociétés-écrans. Ils autorisent aussi le laxisme en matière de sûreté des navires et de droit du travail. Cette double logique est typique des logiques de contournement des législations permises par la mondialisation : élargissement de l'activité à une échelle mondiale, externalisation des tâches en fonction des avantages comparatifs et difficultés à mettre en place une législation contraignante globale. S'y ajoute ici un espace en grande partie déterritorialisé, comme dans le cas de l'aviation ou d'Internet.

ZOOM ▶ Le prolétariat marin

Les marins, environ 1,5 million dans le monde, pour les trois quarts recrutés dans des pays en développement, connaissent des conditions de travail disparates, malgré une convention internationale de 2006 sur le travail maritime. 200 000 d'entre eux ont été piégés par la crise sanitaire de 2020, souvent bloqués dans des navires à l'étranger, avec l'interdiction de débarquer – une situation qui en a vu certains confinés à bord plus de 15 mois. Au-delà de conditions de travail risquées et souvent inconfortables, les équipages peuvent être à la merci d'officiers incompétents, notamment lorsque les navires battent pavillon de complaisance. Des enquêtes menées par Greenpeace et des reportages de l'Associated Press ont dressé un tableau très sombre de la pêche en Asie du Sud-Est, marquée par la violence et l'impunité (un cargo réfrigéré y était resté sur zone quatre ans sans relâcher dans aucun port).

■ Le compartimentage juridique des espaces maritimes

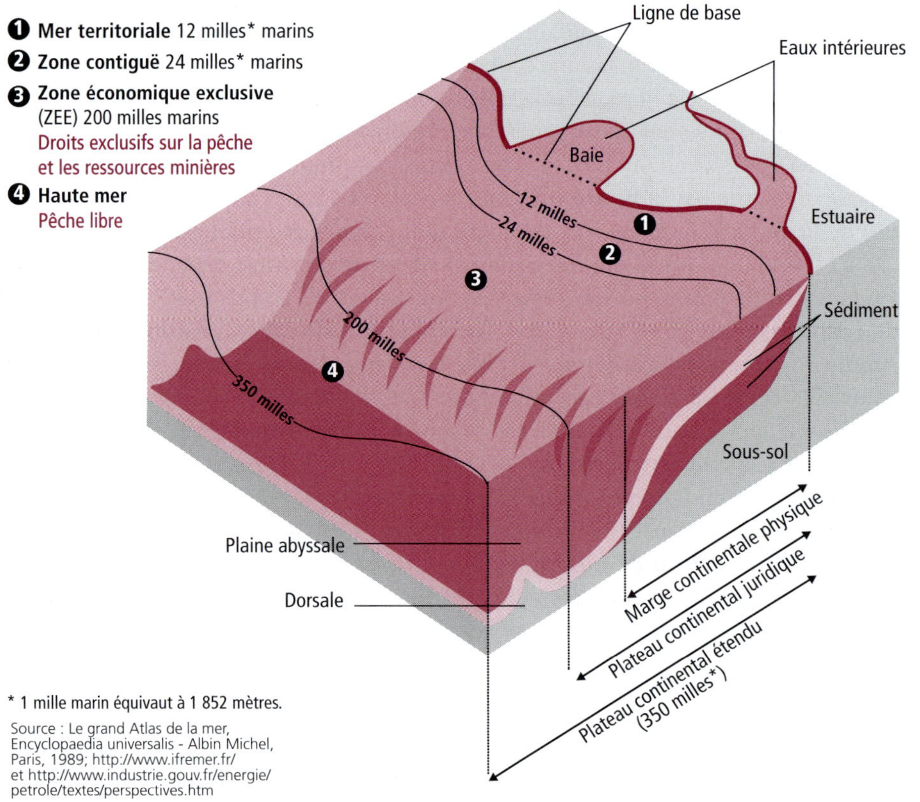

* 1 mille marin équivaut à 1 852 mètres.

Source : Le grand Atlas de la mer, Encyclopaedia universalis - Albin Michel, Paris, 1989; http://www.ifremer.fr/ et http://www.industrie.gouv.fr/energie/petrole/textes/perspectives.htm

ZOOM ▶ Les racines du droit maritime

Le Hollandais Hugo de Groot, dit Grotius (1583-1645), est le principal juriste à avoir défini la liberté des mers au XVIIe siècle. Il est par ailleurs l'un des fondateurs du droit international et de l'idée de droit naturel. Son contemporain anglais John Selden (1584-1654) a proposé la doctrine inverse, celle du principe de Mare Clausum, l'appropriation maritime.

Pour aller plus loin
Le site institutionnel de l'OMI
liennathan.fr/7rq8q7

C. LES RISQUES

1. L'impact environnemental

Près de 150 traités internationaux concernent les océans, sans toutefois permettre une protection cohérente de la haute mer : la Convention de Montego Bay est restée dans le flou sur les questions environnementales. Dans l'attente d'un traité sur la protection des eaux internationales, négocié depuis 2018, aucun mécanisme efficace ne protège la biodiversité des grands fonds, même si les **aires marines protégées** (AMP) se sont étendues dans les années 2010, jusqu'à atteindre 7 % de la surface des océans (la plus grande pour la France a été créée en 2014 au large de la Nouvelle-Calédonie).

Sous la pression des opinions publiques, néanmoins, les acteurs commencent à prendre les devants, alors que les transports ne sont pas pris en compte par les accords de Paris de décembre 2015. Les principaux armateurs s'étaient ainsi entendus avec l'OMI pour une baisse prévue de 40 % de leur rejet de GES à l'horizon 2020 par rapport à 2008, et de 70 % en 2050, ce qui exige des transformations coûteuses qui tardent à être mises en œuvre (CMA CGM a lancé des navires propulsés au gaz liquéfié, l'hydrogène est sollicité, voire des voiles d'appoint sur certaines lignes). Le transport maritime s'est longtemps abrité derrière ses vertus énergétiques : là où un avion-cargo rejette 570 g de CO_2 par tonne et par km et un poids lourd 104 g, un porte-conteneurs de 9 500 EVP n'en rejette que 8,3 g. Mais la croissance du trafic a été telle que sa contribution au réchauffement climatique n'a plus rien d'anecdotique : avec plus de 940 millions de tonnes rejetées chaque année (une augmentation d'un tiers en trente ans), le transport maritime pollue davantage que l'aérien (mais dix fois moins que la route). S'il ne pèse aujourd'hui que 3,5 % des rejets de gaz à effet de serre, sa croissance pourrait l'amener à 17 % en 2050. Par ailleurs, les conséquences environnementales des accidents sont depuis longtemps dénoncées (marées noires du Torrey Canyon en 1967 dans la Manche, de l'*Exxon Valdez* en 1989 en Alaska). Ces marées noires (une très faible partie pourtant de la pollution maritime) ont remis en cause, dans les pays développés, le moins-disant sécuritaire. Le durcissement des règles aux États-Unis, au Japon et en Europe redonne du crédit à l'**OMI**, qui dénombre chaque année plus d'une centaine d'incidents sérieux ou très sérieux : plus de 2 000 tonnes d'hydrocarbures sont ainsi déversées annuellement, parfois volontairement lors de **dégazages et déballastages*** sauvages. Si les

DÉFINITION

Dégazage et déballastage : les pétroliers ne pouvant naviguer à vide, à cause de la fragilité de leurs structures, ils chargent de l'eau de mer sur leur route de retour vers les ports d'exportation. Des installations sont prévues pour qu'ils se débarrassent de ce ballast mais, par souci d'économie, certains sont tentés de le rejeter clandestinement à la mer. Le dégazage consiste à nettoyer ses cuves au large, ce qui est aussi interdit.

normes se sont durcies (pétroliers à double coque, formation des marins), 15 % des navires resteraient des poubelles flottantes.
La pollution des océans provient pourtant à 80 % des rejets terrestres. En 2014, 269 000 tonnes de débris s'y dispersaient, dans cinq gigantesques gyres océaniques (*garbage patch*) qui recueillent une partie des 9 millions de tonnes de plastique rejetées annuellement sur les 400 millions produits (8,3 milliards de tonnes de plastique ont été produites en 75 ans). Le ratio tonnes de plastique/tonnes de poissons est aujourd'hui de 1 sur 5, il devrait être de 1 sur 3 en 2025, et s'inverser en 2050. Les chercheurs ont trouvé sur les plages de l'île Henderson (archipel de Pitcairn), une des îles les plus isolées au monde, à 5 000 km de la ville la plus proche, une moyenne de 67 objets en plastique par m^2. Les microparticules résultant de leur décomposition s'infiltrent aux confins de la masse océanique et s'insinuent dans la chaîne alimentaire.

2. Le renouveau de la piraterie

Aussi ancienne que la navigation, la piraterie avait quasiment disparu au XXe siècle, éradiquée par l'ordre colonial et par le poids de la guerre froide. Le télescopage des flux de richesses et de la pauvreté, l'appauvrissement des stocks de poissons qui constituaient les principales ressources des communautés littorales ont accéléré son renouveau, sur fond de défaillance des États les plus pauvres. L'Asie du Sud-Est est particulièrement concernée, les pirates profitant des opportunités de l'insularité et des morcellements frontaliers. La Corne de l'Afrique, zone de broyage par excellence de la mondialisation contemporaine, a vu se déployer, au début du XXIe siècle, une piraterie très réactive, mais obéissant à des configurations très régionales (la piraterie ne semble pas s'inscrire dans des réseaux criminels mondialisés, pas plus qu'elle n'est liée au terrorisme international). La présence navale des grandes puissances (opération **Atalante** depuis 2010 pour l'UE, mais aussi navires américains, chinois et indiens) a néanmoins fait baisser considérablement le nombre d'attaques dans le golfe d'Aden, dépassé désormais par le golfe de Guinée (le Nigeria a concentré 15 % des attaques en 2019), au point que la zone est devenue l'une des priorités stratégiques de la défense française (mission de surveillance **Corymbe** : maintien d'un navire français sur zone en permanence).
Passant de 439 attaques en 2011 à 201 en 2018, les actes de piraterie sont en recul, selon le rapport annuel du Bureau maritime international (**BMI**). Mais c'est au prix d'un déploiement coûteux de forces navales, voire d'une militarisation privée des navires de commerce (même la France a autorisé, en 2014, l'embarquement de gardes armés sur les navires de commerce battant son pavillon).

3. La militarisation des océans

La mer a depuis longtemps été un des espaces privilégiés d'expression de la puissance. Il s'agissait alors d'y affronter les flottes adverses en vue d'un anéantissement complet. Aujourd'hui, **les flottes servent avant tout à sécuriser les routes d'approvisionnement**, éventuellement de support à une projection des forces outre-mer, et enfin, pour les possesseurs de sous-marins nucléaires lanceurs d'engins (SNLE), de **vecteur privilégié de la dissuasion** (les cinq membres permanents du Conseil de sécurité plus l'Inde depuis 2015). Le coût important et l'intensité technologique expliquent une forte polarisation des flottes de guerre, détenues à 84 % par dix États, les États-Unis en possédant à eux seuls 43 % du tonnage (malgré une baisse de 4,3 millions de tonnes en 1993 à 3 millions en 2013).
Les pays émergents identifient tous les espaces maritimes comme décisifs dans l'affirmation de leur puissance. Entre 2011 et 2016, le budget naval de la Russie a augmenté de 35 %, celui de la Chine de 57 %, du Brésil de 65 %, de l'Inde de 67 %. Les zones de tension sont

ZOOM ▶ Construction navale militaire : l'affirmation chinoise

Dans un marché porteur (une centaine de projets de commandes de navires de guerre ou de sous-marins sont attendus pour la décennie 2020, pour un coût de 200 milliards d'euros), les Chinois, qui fabriquent une frégate par mois et un sous-marin tous les trimestres, sont de plus en plus présents, ainsi que les Russes.

Le Chinois **CSCC** (10 milliards d'euros de chiffre d'affaires en 2018) a ravi la première place à l'Américain **General Dynamics**, un acteur historiquement dominant (8 milliards de dollars d'activités). Le russe **OSK** devrait grimper de la cinquième à la deuxième place du palmarès en 2020. Les Européens se retrouvent loin derrière : 3,7 milliards d'euros pour le Français **Naval Group**, 1,9 milliard pour l'Allemand **TKMS** et 1,3 milliard pour l'Italien **Fincantieri**. Ce dernier a constitué, en 2019, une coentreprise avec Naval Group pour construire des frégates et des corvettes. Les économies d'échelle (conception, achats) sont indispensables dans un marché très concurrentiel où ni le Français ni l'Italien n'atteignent la taille critique.

■ Les espaces maritimes au cœur d'enjeux géoéconomiques et géopolitiques majeurs

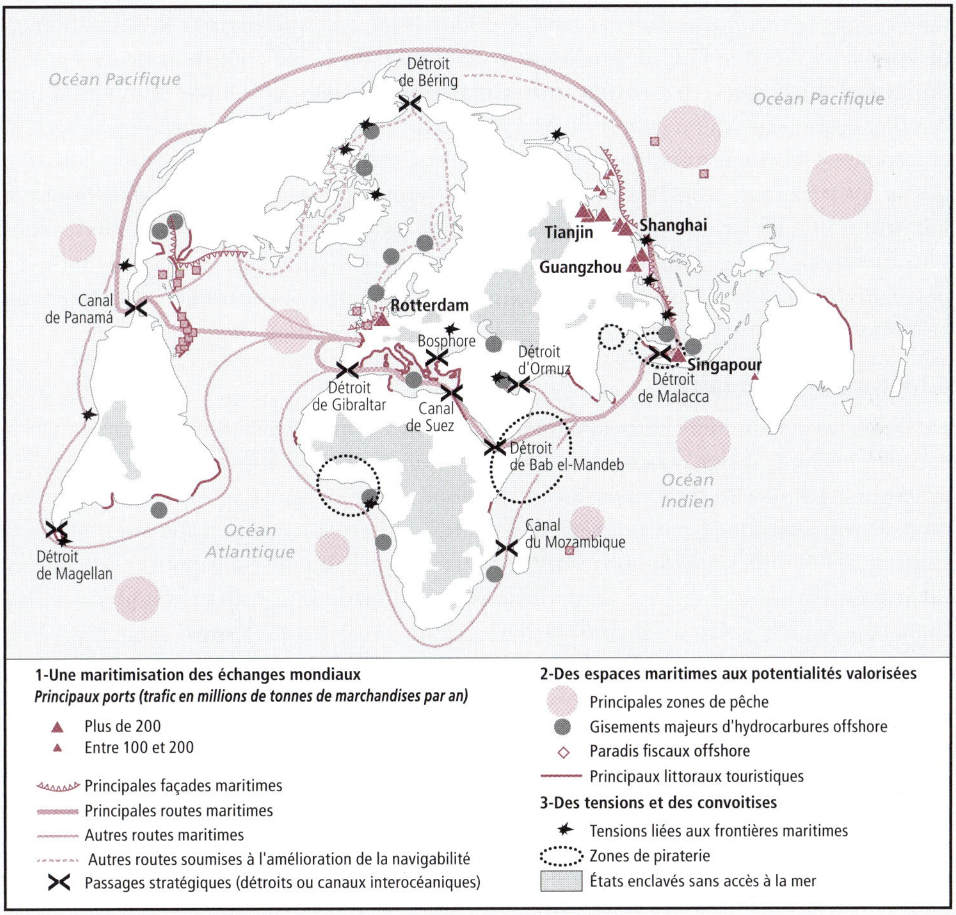

celles où les ZEE sont difficiles à déterminer : mer de Chine méridionale, mer du Japon, golfe Arabo-Persique. S'y ajoute la Méditerranée orientale, où les ZEE n'ont pas été définies, mais où les conflits territoriaux attirent traditionnellement une forte concentration navale.

Le nouvel attrait des ressources sous-marines sous-tend ces tensions, entre l'Argentine et le Royaume-Uni à propos des Malouines, la Turquie et Chypre, Israël et le Liban autour de la découverte de gisements gaziers. Mais les déterminismes nationalistes sont le plus souvent déterminants, notamment en mer de Chine méridionale (même si elle assure 16 % de la production offshore).

II. La littoralisation

A. LA PLACE CENTRALE DE L'ASIE

1. Le glissement industriel

Le processus de glissement sur l'eau d'une part de plus en plus importante des activités industrielles, à partir des années 1970, est consubstantiellement lié à la mondialisation de l'économie. Il a été manifeste dans les pays développés pour la sidérurgie et la pétrochimie, afin de bénéficier directement, et sans rupture de charge, du faible coût des matières premières importées. En France, les **zones industrialo-portuaires** de Dunkerque sur la mer du Nord et de Fos-sur-Mer à l'ouest de Marseille ont été aménagées, à partir des années 1960, en réponse à la concurrence asiatique dans ces secteurs. Les nouveaux pays industrialisés d'Asie, dans la foulée du Japon, y étaient contraints par l'exiguïté de leur territoire, mais loin d'être une illustration d'un déterminisme géographique, cette littoralisation volontaire s'inscrivait dans une démarche planifiée et développementaliste, les façades industrialo-portuaires étant à la fois signes et vecteurs de la puissance industrielle et commerciale de ces nouveaux émergents.

2. La hiérarchie portuaire

En 2002, les dix premiers ports mondiaux traitaient 1,9 milliard de tonnes de marchandises ; 17 ans plus tard, malgré la crise de 2008, le volume a été multiplié par plus de cinq, pour atteindre 11 milliards de tonnes. La polarisation est importante, puisque les 20 premiers, dont 17 sont asiatiques, concentrent 55 % du trafic. La très longue façade orientale de l'Asie (plus de 2 900 milles nautiques – 5 400 km – séparent Tokyo de Singapour) s'articule autour de trois ensembles principaux : les ports de la **mégalopole japonaise**, trois groupes chinois, du nord au sud, le **golfe de Bohai** (Dalian, Tianjin), le **delta du Yangzi** (Shanghai, Ningbo, premier port mondial), le **delta de la Rivière des Perles** (Hong Kong, Canton), et enfin **Singapour**. Pour les conteneurs, l'Asie orientale en manutentionne plus de la moitié.
La reprise du commerce maritime après la crise de 2008 (– 13 % en 2009) a confirmé le déplacement asiatique des dynamiques maritimes, alors que les ports de la ***Northern Range**** européenne sont restés stables. Sur les dix premiers ports, sept sont désormais chinois. Mais les émergents asiatiques s'affirment aussi : **Port Kelang**, en Malaisie, fait désormais partie des 20 premiers ports mondiaux.
Deux types de ports peuvent schématiquement être distingués dans la constitution du réseau mondial. Ceux qui correspondent à une organisation de *hubs & spokes*, des **ports d'écla-**

DÉFINITION

Northern Range : ensemble des ports européens sur la façade de la mer du Nord, de Hambourg au Havre.

tement, Singapour et Hong Kong en constituant les types les plus aboutis. Ici, l'essentiel du trafic est redistribué par des *feeders* (plus petits navires) vers un sous-réseau régional. La situation (au sortir du détroit de Malacca, 30 % du trafic mondial, pour Singapour) et les avantages du site (profondeur et largeur de la baie de Hong Kong) expliquent l'avantage pris par ces ports, avantage démultiplié par la conteneurisation. Les ports au plus près de la route principale des navires bénéficient d'un avantage comparatif considérable par rapport à ceux de fonds d'estuaire ou de golfe (Marsaxlokk à Malte, Algésiras ou Le Pirée en Méditerranée, plutôt que Marseille, Gênes ou Barcelone).

Principaux ports en tonnage global en 2016			Principaux ports à conteneurs en 2018		
Rang	**Nom**	**Millions de tonnes**	**Rang**	**Nom**	**Millions d'EVP**
1	Ningbo	889	1	Shanghai	42
2	Shanghai	647	2	Singapour	36
3	Singapour	593	3	Shenzhen	26
4	Tianjin	428	4	Ningbo	26
5	Taicang	540	5	Guangzhou	22
6	Tangshang	520	6	Busan (Corée)	22
7	Guangzhou	544	7	Hong Kong	20
8	Rotterdam (Pays-Bas)	491	8	Tsingtao	19
9	Port Hedland (Australie)	484	9	Tianjin	16
10	Tsingtao	444	10	Jebel Ali (Émirats arabes unis)	15
11	Dalian	319	11	Rotterdam (Pays-Bas)	15
12	Rizhao	361	12	Port Kelang (Malaisie)	12
13	Busan (Corée)	350	13	Anvers (Belgique)	11
14	Yingkou	340	14	Xiamen	11
15	Gwangyang (Corée)	283	15	Kaohsiung (Taïwan)	10
16	Hong Kong	257	16	Dalian	10
17	South Louisiana (États-Unis)	237	17	Los Angeles (États-Unis)	9
18	Port Kelang (Malaisie)	235	18	Tanger Med (Maroc)	9
19	Shenzhen		19	Hambourg (Allemagne)	9
20	Qinhuangdao		20	Tanjung Pelepas (Malaisie)	9

Chine — Autres pays d'Asie — Reste du monde

Le classement des ports est extrêmement difficile à établir, les informations étant fournies par les ports eux-mêmes ; Ningbo annonce ainsi un trafic de 1,1 milliard de tonnes de transit en 2019. L'*American Association of Port Authorities* fournit un classement réputé fiable. Le volume de marchandises traité, en tonnes métriques, est l'indicateur le plus souvent retenu, comme ici, mais il agrège des biens de valeurs extrêmement variables.

La disposition classique de **port d'*hinterland****, l'autre modèle, n'a pas disparu avec la mondialisation. La qualité de la desserte et la variété des supports de transport favorisent, en Europe, Hambourg, Rotterdam ou Anvers. Un tiers des conteneurs est acheminé par voie fluviale dans les deux derniers, par rail dans le premier. Quelques mégapoles distantes du littoral s'appuient sur un port qui les projette vers la mer: Tianjin pour Pékin (200 km), Santos pour São Paulo (60 km), Incheon pour Séoul. Le projet du Grand Paris entend renforcer ainsi la liaison entre la capitale, Rouen et Le Havre le long de l'axe de la Seine.

Un **modèle mondialisé de gestion des ports** s'est progressivement imposé, celui du *landlord port*. Aux autorités publiques la maîtrise foncière et la propriété des infrastructures, à des opérateurs spécialisés la gestion des terminaux à conteneurs: **Hutchison Whampoa** domine à Rotterdam, le Singapourien **PSA** (*Port of Singapore Authority*) à Anvers, le Chinois **Cosco** au Pirée. Sur **Port 2000** au Havre, à l'inverse, le choix n'a pas été de retenir un puissant manutentionnaire généraliste, mais de confier les opérations aux armateurs: les trois grands Européens disposent chacun de leur propre terminal.

B. LA CONCURRENCE DES ACTIVITÉS

1. Le balnéotropisme*

La croissance du tourisme dans les années 1960 et 1970 s'est jouée dans son appropriation des littoraux, au point que ces derniers rassemblent environ la moitié des séjours: l'Espagne comme l'Italie et le sud de la France s'imposent alors comme destinations majeures. Les Baléares passent de 1 million de touristes en 1966 à 15 millions en 2018 et incarnent, avec le littoral levantin espagnol (Benidorm), le bétonnage du littoral. Dans certains pays insulaires, le tourisme balnéaire devient la principale ressource: un quart du PIB des Maldives en dépend, les trois quarts des entrées de devises, un tiers des investissements et 16 % des emplois.

2. L'essor suspendu des croisières

La vogue des croisières de luxe, entamée par les États-Unis dans les Caraïbes, a gagné la Méditerranée puis l'Asie, mais elle s'installe aussi dans des mers plus périphériques (Arctique et Antarctique, notamment). Il ne s'agit plus de se rendre d'un point à un autre, mais de distraire, à bord du navire lui-même, la plus grande quantité de passagers (9 000 à bord des 362 m du *Symphony of the Seas*). Malgré le spectaculaire échouage du *Costa Concordia* en 2012 le long des côtes toscanes, les risques d'attentats, d'accidents ou de naufrages n'ont pas ralenti la croissance du secteur. Il a en effet été dopé par le pouvoir d'achat des seniors, catégorie choyée sur ce type de séjour, et l'essor de la clientèle chinoise: les 30 millions de passagers en 2019 témoignent de la dynamique d'un marché qui a connu une progression de deux tiers en dix ans, pour atteindre 45 milliards d'euros en 2019. La surcapacité menace pourtant l'industrie de la croisière: les navires en construction ajouteront, à terme, plus de 200 000 couchettes à l'offre existante, soit une hausse de près de 50 %. Par ailleurs, l'immobilisation du *Diamond Princess* dans le port de Yokohama, en février 2020, a constitué le premier acte de l'internationalisation de la crise de la Covid-19. Les perspectives des trois géants du secteur (*Carnival, Norwegian Cruise Line, Royal Caribbean*), tous situés à Miami, se sont depuis largement assombries. Enfin, l'impact environnemental de ces quelque 300 paque-

DÉFINITIONS

Port d'*hinterland* (« arrière-pays »): port qui dessert un vaste territoire continental grâce à un réseau dense de voies de communication.

Balnéotropisme: attraction des activités touristiques littorales

bots est de plus en plus mal accepté par une partie de riverains des ports fréquentés (Venise, notamment), d'autant plus que l'immense majorité fonctionne au fioul lourd, y compris au mouillage, pour satisfaire leurs importants besoins énergétiques. Longtemps toléré pour les activités maritimes, ce combustible est très polluant : les teneurs en soufre admises en mer dépassent de 1 500 fois celles autorisées pour le diesel automobile.

3. Des milieux fragilisés

Espaces de contact, les littoraux sont fragiles. Les eaux douces et salées, froides et chaudes qui s'y mêlent en font des zones de reproduction de nombreuses espèces marines. La compétition des activités y est souvent radicalement néfaste pour les écosystèmes. Après la mer intérieure japonaise, la mer de Bohai (le golfe de Tianjin) a vu disparaître 95 % de son stock de poissons. Les effluents terrestres qui y terminent leur course engendrent des phénomènes d'algues vertes et d'eutrophisation*. Les accidents industriels littoraux (Fukushima en 2011) menacent les océans d'une dispersion des polluants (césium 137 pour la centrale nucléaire japonaise). L'exploitation des potentialités des littoraux remet aussi en cause leurs fonctions de protection. Le développement de l'élevage de crevettes pour l'exportation détruit les mangroves* tropicales (Bangladesh, Thaïlande), ce qui, au-delà d'un appauvrissement de la biodiversité, fragilise les littoraux face à la montée du niveau des mers et à l'augmentation de la fréquence des tempêtes tropicales (entre 1980 et 2015, 30 % des mangroves ont été détruites).

Le sable, deuxième ressource naturelle dans le monde après l'eau, est présent dans quantité de produits, du verre aux microprocesseurs, mais il est surtout exploité parce qu'il entre à 80 % dans la composition du béton. L'augmentation des prélèvements littoraux s'avère catastrophique : effet accru des tempêtes, inondations, arrivée de la mer dans des nappes d'eau douce… Les pays africains et d'Asie du Sud-Est sont les plus concernés, faute de pouvoir faire appliquer les réglementations.

III. Les ressources marines

A. LA PÊCHE

1. Une activité millénaire à bout de souffle

La pêche, dernière activité de prélèvement d'une ressource vivante sauvage, a longtemps passé pour inépuisable. Pour Daubenton, à la fin du XVIIIe, la pêche au hareng, par rapport au stock, ne serait que comme « un est à un million ». Au siècle suivant, la fécondité des océans faisait dire à Michelet que ces harengs « arriveraient en fort peu de générations à solidifier l'océan ». L'inquiétude est aujourd'hui inverse : après une multiplication par trois des prises entre 1950 et 1970, un pic en 1996 (86 millions de tonnes selon la FAO, 130 en réalité selon des chercheurs canadiens), celles-ci ne progressent plus depuis une vingtaine d'années, et déclinent même désormais, alors que les moyens mis en œuvre ont été largement étoffés, et que les flottes du Nord et de l'Asie ont glissé vers les plateaux continentaux des Sud, et

DÉFINITIONS

Eutrophisation : appauvrissement en oxygène de l'eau à la suite de la prolifération d'algues.

Mangroves : formation végétale littorale, elles protègent les côtes de l'érosion et constituent des espaces privilégiés pour de nombreuses espèces animales.

même plus au large : 6 % des prises ont désormais lieu dans les eaux internationales (55 % de la surface des mers du globe est exploitée, quatre fois la superficie de l'agriculture terrestre). **Les espèces les plus consommées devraient avoir disparu d'ici 2050**, tant les stocks semblent avoir été épuisés, au-delà de leur taille critique : un moratoire sur la pêche au cabillaud (morue), effectif depuis 1992 au large de Terre-Neuve puis de l'ensemble des eaux atlantiques canadiennes, n'a toujours pas permis la reconstitution des effectifs.

La **surpêche*** concerne désormais les trois quarts des espèces recherchées, et les eaux européennes ne sont pas épargnées, les prises étant passées de 7 à 4 millions de tonnes en vingt ans, malgré la **politique commune de la pêche** (PCP) qui promeut, en théorie, une pêche durable : 88 % du stock de l'Atlantique Nord est pourtant exploité au-delà du rendement durable, 92 % des stocks méditerranéens sont surexploités. En Baltique, les prises de cabillauds ont été divisées par vingt depuis 1985. Partout, cette disparition des poissons laisse place à une abondance des méduses, dont la masse totale dépasserait de deux fois et demie celle des poissons.

La concurrence d'une pêche industrialisée et mondialisée, qui voit notamment les navires européens et asiatiques opérer au large, par exemple, de l'Afrique occidentale, a aussi laminé la pêche locale artisanale : le long des côtes sénégalaises, les prises de thiofs, poisson emblématique de la gastronomie locale, ont été divisées par trente en trois décennies, une catastrophe pour un pays qui tire de la pêche un quart de ses exportations, et l'essentiel des protéines animales consommées par sa population. Le difficile contrôle des mers laisse se déployer une pêche clandestine (filets dérivants, pêches à l'explosif ou au poison), dont les prises s'élèveraient à plus de 20 milliards de dollars par an. Les autorités de la Sierra Leone estiment qu'elle divise par dix les revenus que le pays pourrait tirer de l'exploitation de ses 618 km de côtes.

2. Les réponses de l'aquaculture

Le poisson est la denrée alimentaire relativement la plus échangée au niveau mondial, de l'ordre de 40 % des captures. La pêche s'inscrit donc dans une logique mondialisée. Par ailleurs, dans les pays en développement, le poisson représente 20 % en moyenne de l'apport en protéines animales, un chiffre qui dépasse les 50 % pour les pays côtiers ou insulaires (Japon, Bangladesh, Indonésie, Ghana, Guinée, Sénégal). L'essoufflement des prises impose donc l'aquaculture comme la réponse la plus efficace à cette menace sur l'approvisionnement. Dès 2013, la pisciculture assurait plus de la moitié de la production totale, un chiffre qui devrait atteindre 62 % en 2030. 88 % de l'élevage est assuré par l'Asie, 62 % par la Chine. Le volume de 2020 est six fois supérieur à celui de 1990. Les problèmes sanitaires et environnementaux font néanmoins peser de nombreuses hypothèques sur cette activité (alimentation des poissons, rejets de ces derniers, pollution accrue du littoral).

B. L'ÉNERGIE

1. L'essor de l'*offshore*

La progression de l'exploitation *offshore**, rendue possible par la hausse du prix du pétrole depuis les années 2004-2005, a fait des océans les producteurs d'un tiers de la consomma-

DÉFINITIONS

Surpêche : exploitation d'un stock de poissons au-delà de sa capacité de régénération.
Exploitation *offshore* : exploitation au large des côtes

tion pétrolière (8 % pour l'*offshore* profond) et de 20 % de celle de gaz, avec un pourcentage équivalent des réserves. Dans l'ensemble du mix énergétique mondial, l'offshore monte à 16 %. Les nouveaux territoires de l'exploitation (Arctique) et l'accès à des zones de plus en plus profondes (jusqu'à 5 000 m désormais) multiplient pourtant les risques. Les technologies (plateformes fixes, flottantes ou FPSO – *floating production storage and offloading*) ne sont jusqu'à présent maîtrisées que par les majors occidentales et quelques émergentes (Petrobras).

Cette croissance a pourtant été mise en question par l'accident de la plateforme ***DeepWater Horizon*** en avril 2010, qui a fait augmenter les exigences des assurances. Total avait ainsi annoncé qu'il renonçait à forer dans les eaux arctiques, reconnaissant que le coût d'un accident serait difficilement envisageable, avant de se raviser. Au côté du Russe Novatek, le groupe français participe effectivement à l'exploitation du gaz naturel du gisement **Yamal**, sur le littoral sibérien de la mer de Kara, bien au-delà du cercle Arctique. Depuis mai 2018, une centrale nucléaire flottante alimente les usines et les plateformes d'extraction.

Les perspectives les plus prometteuses visent à exploiter l'énergie infinie de la rotation de la Terre : le développement des **éoliennes *offshore***, avant celui des **hydroliennes**, des unités **houlomotrices**, ou de l'exploitation des différences de températures, accélère spectaculairement. Un équipement croissant permettra d'obtenir des économies d'échelle, indispensables pour rentabiliser une électricité encore très coûteuse. Les fermes éoliennes sont d'abord situées en Europe, et des éoliennes flottantes permettent désormais de s'éloigner des côtes pour capter plus de vent.

2. Les ressources non conventionnelles*

Trois formes de concentrations minérales intéressent les nations maritimes, selon l'Ifremer* :
– les **nodules polymétalliques** (la seule zone de Clarion-Clipperton, dans le Pacifique Nord, recèlerait plus de 8 milliards de tonnes de manganèse, nickel, cuivre et cobalt) ;
– les **amas sulfurés** : formés par l'activité volcanique et hydrothermale sous-marine, ils présentent des teneurs en cuivre et en zinc pouvant dépasser 10 %, et l'on y trouve aussi de l'or, de l'argent et des éléments rares ;
– les **encroûtements** : couvrant plus de 6 millions de km^2, ils sont riches en cobalt, platine et terres rares.

Ces ressources sont hautement stratégiques, puisque seul un petit nombre de pays dispose des technologies nécessaires pour les exploiter théoriquement. Le coût des investissements pour lancer de telles exploitations est pourtant rédhibitoire, sans même évoquer les risques environnementaux considérables.

Le Japon s'intéresse, quant à lui, à l'exploitation des **hydrates de méthane** ; il en détiendrait pour un siècle de consommation de gaz. Ces hydrocarbures non conventionnels, prisonniers des profondeurs océaniques et des sous-sols gelés de l'Arctique, pourraient, après les gaz de schiste, bouleverser la donne énergétique mondiale. Leurs réserves sont diffuses et éparpillées, supérieures pourtant à celles des autres hydrocarbures. Mais forer dans ces poches de gaz encapsulées dans des cristaux de glace très instables comporte un risque élevé d'accident, et aucune technique n'est encore au point.

DÉFINITIONS

Ressources non conventionnelles : ressources que les capacités technologiques ne permettaient pas d'exploiter auparavant.

Ifremer : l'Institut français de recherche pour l'exploitation de la mer est un établissement public d'exploration et de surveillance du monde maritime, en vue de son exploitation.

8 L'ARCHIPEL MÉTROPOLITAIN MONDIAL

Les villes sont historiquement des lieux de concentration des populations et des pouvoirs politiques, économiques, culturels ou religieux, ainsi que des pôles de rayonnement et d'attractivité. Dès les VIIIe et IXe siècles, les villes européennes sont des espaces de production et d'échanges privilégiés. Si elles nouent des relations intenses avec les campagnes qui les entourent, certaines d'entre elles rayonnent déjà sur des régions bien plus vastes, en témoignent les villes côtières d'Italie ou de la mer du Nord qui s'affirmeront encore davantage avec la première mondialisation, décrite par Fernand Braudel. À la fin du XIXe siècle, l'industrialisation et l'accélération des conquêtes coloniales contribuent à la naissance d'une économie véritablement mondialisée et à l'émergence de villes-mondes ou villes mondiales. Londres ou Paris rayonnent sur l'ensemble des continents par leurs échanges commerciaux et se singularisent par leur cosmopolitisme. À ces villes, inscrites au cœur de l'économie mondiale et de ses flux, s'applique l'expression « ville-mère » ou métropole, qui désigne une ville à la fois créatrice d'activités et située à la tête d'un réseau de territoires placés sous son contrôle. Avec la mondialisation contemporaine, l'internationalisation des échanges s'accélère en lien avec des évolutions technologiques dans le secteur des télécommunications. Une économie dominée par la circulation transnationale des capitaux et par l'émergence de firmes dites « globales » s'impose et s'accompagne de la recomposition spatiale des territoires urbains, que le concept de métropolisation permet de décrire et d'analyser.

Notions principales

Métropolisation : renforcement des principaux pôles urbains, qui polarisent les activités au détriment des ensembles plus petits.
Gentrification : processus urbain d'implantation dans des quartiers anciennement populaires de catégories sociales à hauts revenus, entrainant l'éviction des classes sociales populaires puis des classes moyennes.
Étalement urbain : extension des villes par incorporation de leur espace périphérique

CHRONOLOGIE

1966 : Parution du livre de P. Hall, *The World City*
1990 : Création du quartier de Pudong à Shanghai
1991 : Parution du livre de S. Sassen, *The Global City: New York, London, Tokyo*
1991 : Inauguration du premier immeuble de bureaux à Canary Wharf dans les anciens docks de Londres
1998 : Création du GaWC (Groupe et réseau de recherches sur les villes mondiales et la globalisation) par Peter Taylor
2001 : Inauguration de la tour First dans le quartier d'affaires de La Défense
2001 : Attentats contre les tours du World Trade Center à New York
2005 : Parution du livre de P. Veltz, *Mondialisation, villes et territoires. L'économie d'archipel*
2010 : Exposition universelle de Shanghai
2012 : Jeux Olympiques de Londres
2015 : 29 méga-cités (plus de 10 millions d'habitants) contre 14 en 1995
2016 : Création de la Métropole du Grand Paris. Jeux Olympiques de Rio de Janeiro (Brésil)
2020 : Mort de George Floyd et marches de contestation contre les violences policières et le racisme à Minneapolis (Minnesota)

I. La métropolisation, traduction spatiale de la globalisation

En dépit de nombreux écrits annonçant la disparition de l'ancrage territorial des individus et des entreprises en raison de la révolution des technologies de la communication, **le territoire local – ici celui de la ville – demeure une échelle décisive pour comprendre l'organisation du monde**. Le pouvoir des villes n'a même cessé de se renforcer dans les dernières décennies. **Le concept de métropolisation permet alors de définir ce processus d'extension du pouvoir et de l'attractivité des villes** sur des superficies de plus en plus vastes, dans un contexte de croissance des échanges.

A. LES MÉTROPOLES, DES LIEUX DE POUVOIR

Les métropoles sont les lieux clés de la production et de la diffusion d'informations de différentes natures à l'échelle mondiale, ce qui constitue un élément fondamental de leur pouvoir. Elles concentrent en outre les activités les plus stratégiques : fonctions d'encadrement et de commandement, services spécialisés nécessaires aux entreprises. Elles accueillent aussi les sièges sociaux d'entreprises transnationales qui multiplient leurs sites de production dans différents pays, mais localisent leurs fonctions de direction dans les métropoles.
C'est la recherche d'une **proximité à la fois fonctionnelle et spatiale** avec une main-d'œuvre abondante et qualifiée, des marchés compétitifs et des infrastructures performantes – administration, réseaux de transport, centres de recherche – qui expliquent une telle concentration au sein d'un petit nombre de territoires urbains. Les économistes du territoire parlent ainsi d'**économies d'agglomération**.

1. Les métropoles, acteurs politiques et géopolitiques

Outre les institutions politiques nationales, **les métropoles regroupent la majorité des instances internationales** et sont des lieux de décision politique majeurs pour l'ensemble des pays de la planète. Qu'il s'agisse de l'ONU à New York, de la Banque mondiale et du FMI à Washington, de l'Unesco à Paris, de l'OMC ou du HCR à Genève, de la FAO à Rome, de la Ligue arabe au Caire ou encore de la Commission européenne à Bruxelles, ces métropoles sont des territoires de négociation et de décision à différentes échelles et témoignent de formes émergentes de gouvernance mondiale. Les métropoles sont aussi des lieux de forte concentration de consulats et d'ambassades, de *think tanks** exerçant de nombreuses actions de lobbying à différentes échelles, ainsi que de congrès et sommets internationaux.
Les grandes villes s'imposent de plus en plus comme des acteurs décisionnels aux échelles nationales comme internationales, devenant des **acteurs géopolitiques** de fait. Certaines métropoles américaines ont ainsi fait le choix d'appliquer l'Accord de Paris sur le climat (2015) en dépit du retrait des États-Unis décidé par Donald Trump.

DÉFINITION

Think tank : littéralement « réservoir de pensée ». Il s'agit d'une organisation, normalement de droit privé et indépendante, qui réunit des experts dans un domaine particulier (économie, développement, environnement etc.). Elle a pour objectif la recherche et la mise en œuvre de solutions politiques nouvelles en exerçant une influence sur les autorités politiques.

Un réseau comme le C40 Cities Climate Leadership Group, créé en 2005 et réunissant 94 des plus grandes villes mondiales en lutte contre les impacts du changement climatique, cherche à devenir un acteur géopolitique global. Pour le géographe Michel Lussault, il s'agit d'une **remise en question de l'absolue primauté de l'État comme échelle géopolitique de référence**. Il ajoute qu'aux côtés des États et en lien avec l'ONU, une organisation mondiale des territoires urbains est à envisager et promouvoir. À une autre échelle, la question de la **gouvernance métropolitaine** et la **capacité des métropoles à gouverner un ensemble de territoires inégaux** (en termes de richesse, environnement, emplois, offre culturelle) constituent des enjeux majeurs. La nécessaire « mise en institution » de la métropole passe notamment par la création de Conseils métropolitains, capables de définir et mettre en œuvre des politiques concernant les infrastructures, le social ou l'environnement. Le chercheur américain Myron Orfield, dans le cadre de l'Institute of Metropolitan Opportunity, a étudié le rôle de tels Conseils métropolitains dans plusieurs villes américaines. À Minneapolis-Saint Paul (Minnesota), le principe de la péréquation fiscale, permettant la redistribution d'une partie des recettes des communes riches au bénéfice des communes pauvres, a notamment été décidé par le Conseil de la métropole.

Pour aller plus loin

Le site du C40 Cities Climate Leadership Group, le réseau des métropoles en pointe sur l'action climatique
liennathan.fr/2i3n2j

2. La concentration du pouvoir économique et financier

Les métropoles regroupent les **structures de commandement économique**, en particulier les sièges sociaux des grandes entreprises transnationales qui font le choix des plus grandes villes et de leurs quartiers d'affaires pour localiser leurs fonctions stratégiques. Au-delà de la création d'emplois et de revenus qu'ils peuvent susciter, ces sièges sociaux sont considérés comme l'étendard de la puissance et du rayonnement économique de la ville aux échelles nationale, régionale et mondiale. Ils se concentrent dans un nombre réduit de métropoles, recensées dans le classement annuel des 500 premières firmes mondiales du magazine *Fortune*. En Europe de l'Ouest, plus d'un siège social sur cinq se situe à Paris. En Asie de l'Est, Tokyo domine encore largement avec presque la moitié du total de l'ensemble géographique

ZOOM ▶ Firmes transnationales et métropoles : le cas de l'entreprise Capgemini

Les métropoles concentrent la plupart des entreprises de services et de conseil aux entreprises. Ces activités de conseil sont devenues une des fonctions emblématiques des plus grandes métropoles : Accenture, Ernst&Young, KPMG ou Capgemini ont toutes leurs sièges sociaux ou des bureaux dans les quartiers d'affaires des grandes métropoles mondiales.

Fondée en 1967 à Grenoble, en France, par Serge Kampf, Capgemini est aujourd'hui une entreprise transnationale qui se classe parmi les cinq premières entreprises de conseil à l'échelle mondiale. Elle s'est étendue en Europe avec une présence au sein de 21 pays européens dès les années 1970, puis aux États-Unis au cours des années 1980. Différentes acquisitions pendant les années 1990 ont renforcé son implantation européenne et américaine, mais aussi asiatique. Elle est aujourd'hui présente au cœur du quartier d'affaires de La Défense à Paris, sur la 5e Avenue à New York, mais aussi à Londres, Berlin, Tokyo, Shanghai ou Singapour. La stratégie contemporaine de l'entreprise est l'installation de centres de conseil *offshore*, tel celui de Mumbai, où travaillent 19 900 employés indiens.

observé, mais Pékin s'impose de plus en plus comme une métropole incontournable par le nombre et la puissance de ses sièges sociaux. L'Amérique du Nord affiche une répartition moins concentrée, même si New York se détache nettement des autres métropoles.
Les métropoles se distinguent également par la concentration des activités liées à la banque, aux assurances et plus généralement à la finance. Comme l'explique la sociologue américaine Saskia Sassen, si les marchés financiers globalisés, qui sont une des composantes clés de l'économie actuelle, reposent sur des systèmes de transmission électronique instantanée à l'échelle mondiale, ils sont aussi localisés au sein d'un réseau de villes étroitement connectées et situées de façon quasi-exclusive dans l'hémisphère nord. **Londres, première place bancaire mondiale, symbolise ces territoires de la finance** : elle concentre près de 550 banques étrangères, le London Stock Exchange est la plus internationalisée des Bourses et le marché de l'assurance y est le plus important au monde. Sa position est néanmoins fragilisée depuis le Brexit de 2019.

3. Les lieux du pouvoir intellectuel et culturel

Les **métropoles culturelles** rayonnent par la diversité et la richesse artistique de leurs musées, de leur patrimoine historique, par leur capacité à organiser et accueillir des évènements culturels d'échelle parfois mondiale, par le dynamisme de leurs scènes théâtrales ou musicales ou encore par la concentration des maisons d'édition. Elles se distinguent, comme Boris Grésillon le montre pour Berlin, par leur **créativité culturelle** et leurs **innovations**. Ces deux concepts témoignent de la capacité des métropoles et de leurs habitants à créer du neuf, tant dans les domaines artistique que scientifique et technologique. L'urbaniste américain Richard Florida a ainsi cherché à montrer le rôle majeur de la « classe créative » – à savoir l'ensemble des personnes dont l'emploi repose sur la création intellectuelle – dans l'économie métropolitaine depuis les années 1990.

ZOOM ▶ Ville mondiale, ville globale, ville-monde

Les concepts de ville mondiale et de ville globale sont parfois utilisés indifféremment, l'adjectif « mondial » étant considéré comme la simple traduction de l'anglais *global*. Or, les chercheurs, notamment Cynthia Ghorra-Gobin[1], montrent la spécificité de chacune de ces expressions : une ville globale n'est pas forcément une ville mondiale, et réciproquement.
En effet, la **ville globale**, telle que Saskia Sassen la définit au début des années 1990, en référence à Londres, New York et Tokyo, témoigne de la globalisation de l'économie et de son articulation avec le territoire urbain local. L'accroissement des flux financiers, la circulation transnationale des capitaux et l'émergence d'entreprises transnationales caractérisent cette nouvelle économie globalisée qui se développe à la fin du XXe siècle. Ces firmes globales se singularisent par leur capacité à localiser des unités de production dans différentes villes du monde, tout en exigeant une forte concentration des opérations de contrôle et de direction au sein des plus grandes villes. Le concept de ville globale relève donc d'une approche strictement économique de la mondialisation et des formes les plus contemporaines du capitalisme.

Une **ville mondiale** se caractérise quant à elle par un rayonnement et une attractivité liés à sa culture et à son patrimoine historique. Ainsi, le concept s'applique à la Venise de la Renaissance ou aux capitales d'empires coloniaux du tournant du XXe siècle, qui rayonnent à l'échelle planétaire par leurs échanges et leur culture. Aujourd'hui, Londres, Paris, New York ou Los Angeles sont à la fois des villes mondiales et globales, alors que Miami, ville globale par l'importance de ses firmes et du capitalisme financier, ne peut être définie comme mondiale.
À ces deux concepts s'ajoute celui de **ville-monde**, qui s'inscrit davantage dans une problématique du cosmopolitisme et du métissage culturel. Une ville-monde est, selon les cas, un creuset ou un kaléidoscope de populations et de cultures différentes, qui façonnent l'espace urbain et qui tissent des liens étroits avec d'autres territoires de la planète, par leurs histoires migratoires et leur capacité à créer des réseaux économiques, sociaux, culturels ou politiques transnationaux.

1. C. Ghorra-Gobin, *L'Information géographique*, 2007, vol. 71, pages 32 à 42.

B. LES MÉTROPOLES, NŒUDS DES RÉSEAUX D'ÉCHANGES MONDIAUX

1. Les métropoles sont au cœur des flux matériels et immatériels

Émettrices et réceptrices d'investissements directs étrangers (IDE), de flux d'informations et de communication, mais aussi de marchandises et de personnes, **les métropoles sont le moteur et le reflet de la mondialisation des échanges**. Elles ont bénéficié de la révolution des transports et des moyens de communication, autant d'éléments clés pour rendre compte de la centralité, de la capacité de rayonnement et de l'attractivité des villes. Ainsi, en dollars courants, trois minutes d'appel téléphonique entre New York et Londres coûtaient 75 dollars en 1927, 30 en 1930, 0,15 en 2003 et sont aujourd'hui gratuites sur Internet. Internet est à l'origine d'un réseau de flux entre les villes bien plus complexe que ne l'étaient les réseaux de transports interurbains qui dominaient jusqu'aux années 1980-1990. Ainsi, les plus grandes métropoles mondiales comme New York ou Londres demeurent des nœuds majeurs et leurs **interconnexions** sont plus importantes que jamais. Elles sont associées à un ensemble de villes – les *gateway cities** de l'Internet – qui occupent une place croissante et complexifient l'architecture du réseau. Aux États-Unis, San Francisco est un nœud décisif pour les connexions avec les territoires d'Asie et du Pacifique. Les métropoles de Singapour et Hong Kong sont quant à elles en concurrence pour la place de premier *hub* Internet asiatique. En Europe, si Londres occupe toujours un rôle dominant, Amsterdam et Francfort sont de plus en plus centrales pour les connexions avec d'autres villes européennes et avec les États-Unis.

2. Les métropoles sont les nœuds des réseaux de transport mondiaux

Comme l'explique David Mangin, ce qui singularise la métropole par rapport à une agglomération urbaine ordinaire, c'est son **réseau supplémentaire d'infrastructures de transport** permettant des échanges intercontinentaux et concentrant les modes de transport à grande vitesse (axes autoroutiers, lignes ferroviaires à grande vitesse, terminaux aéroportuaires). Les métropoles se caractérisent ainsi par la **concentration des *hubs* aériens, ferroviaires, routiers ou maritimes**, qui reçoivent des flux du monde entier et les redistribuent à différentes échelles. Entre ces métropoles extrêmement bien reliées, l'« effet tunnel » isole des territoires peu ou pas desservis par les modes de transport à grande vitesse.

3. Les métropoles, des territoires privilégiés de la mobilité internationale

Le développement des réseaux de transport et l'accroissement de la mobilité qu'il engendre font des métropoles les **portes d'entrée privilégiées des migrants internationaux**, qu'il s'agisse d'une main-d'œuvre peu qualifiée, ou d'ingénieurs et de chercheurs dans le cadre du *brain drain**. Ces populations immigrées ont toujours contribué à reconfigurer les territoires métropolitains, donnant naissance à des quartiers ethniques (*Chinatown* de New York, Los Angeles ou Londres). Ces quartiers relèvent aujourd'hui de véritables stratégies de marketing urbain, les acteurs métropolitains cherchant à les mettre en valeur à la fois pour afficher le multiculturalisme de leur ville et y développer le tourisme. L'importance de l'immigration métropolitaine recompose de plus en plus les territoires de la périphérie urbaine avec, par exemple aux États-Unis, l'émergence en banlieue d'*ethnoburbs* (contraction de *ethnic* et *suburbs*).

DÉFINITION

***Gateway city*:** pôle urbain caractérisé par la réception et la concentration de flux (flux migratoires, flux Internet, flux de capitaux...) venus de l'extérieur du territoire national et se concentrant dans ce pôle urbain avant leur diffusion à l'intérieur du pays.

Les métropoles sont également des lieux de **congrès et de salons internationaux**. Paris figure ainsi parmi les premières villes de congrès à l'échelle mondiale, avec de nombreuses infrastructures destinées à la tenue de ces évènements : Palais des Congrès, Parc des Expositions de la Porte de Versailles ou de Villepinte, centre de congrès à Marne-la-Vallée, dont l'université propose un master « Tourisme d'affaires, congrès et événementiel ».

Les métropoles sont par ailleurs des destinations importantes du tourisme international. L'activité touristique métropolitaine est liée au patrimoine culturel et historique, aux évènements récréatifs souvent d'ampleur régionale, voire mondiale, et aux grands équipements dédiés à l'accueil du public, tels les grands parcs d'attractions. Le tourisme représente un élément clé de l'image des métropoles et de leur influence. C'est par exemple un important vecteur de requalification des quartiers centraux des métropoles européennes ou nord-américaines, où des processus de **muséification** sont souvent à l'œuvre. Ainsi en est-il du centre de Montréal, d'Amsterdam ou de Paris. Les quartiers parisiens de l'île de la Cité ou de l'île Saint-Louis ressemblent de plus en plus à de véritables musées à ciel ouvert, destinés à des touristes internationaux à la recherche d'une « expérience de France ». Ce processus conjugué de muséification et de développement d'une monoactivité touristique s'accompagne d'une éviction progressive des activités économiques traditionnelles, telles que les commerces et services de proximité, et d'un ensemble de contraintes pour la population riveraine.

C. LES MÉTROPOLES, À LA FOIS INCUBATEURS CULTURELS ET ESPACES DE REVENDICATIONS SOCIOPOLITIQUES

1. Un creuset culturel

a. Un mode de vie métropolitain

Le partage d'habitudes de consommation au sein des mêmes enseignes mondialisées de la restauration rapide, de pratiques vestimentaires, de pratiques socioculturelles proches ou encore de modes de vie fondés sur la mobilité semble attester de pratiques communes aux métropoles des différentes régions du monde. On retrouve à Paris, à New York et même au Caire cet *homo urbanus* – ou plus spécifiquement *homo metropolitanus* – qui participe à une sorte d'élite urbaine métropolisée. Celle-ci, relativement homogène d'une métropole à l'autre et optant de plus en plus pour des quartiers centraux rénovés et requalifiés, laisse de côté les couches les plus pauvres des habitants des métropoles, notamment dans les pays du Sud. Les groupes sociaux les plus marginalisés y demeurent encore largement étrangers, même si certaines habitudes de consommation et pratiques urbaines se diffusent dans l'ensemble des sociétés métropolitaines.

b. Une culture métropolitaine ?

Starbucks, fondée en 1971 à Seattle, conquiert d'abord l'ensemble du réseau urbain américain avant de poursuivre son expansion avec l'ouverture de « salons de café » à Tokyo en 1996, ou l'ouverture très symbolique du premier Starbucks dans la Cité interdite à Pékin en 2000. La stratégie d'implantation vise à attirer les clients à fort pouvoir d'achat en plaçant des magasins dans les secteurs les plus fréquentés (CBD, quartiers commerciaux centraux, quartiers touristiques). Le réseau Starbucks se caractérise par la sélection d'un centre métropolitain initial, suivi par un développement en grappes. Ainsi, sur une centaine de cafés Starbucks que compte la France aujourd'hui, les deux tiers sont en région parisienne. Présent depuis 2004 sur le territoire français avec une première ouverture dans le quartier de l'Opéra à Paris, le logo symbolise une mondialisation homogénéisante. À la fin 2012, l'association « Paris fierté » et quelques commerçants s'étaient mobilisés contre l'implantation d'un Starbucks sur la place du Tertre, à Montmartre.

2. Les villes, au cœur des mouvements sociaux

Dix ans après les mouvements *Occupy* et les révolutions arabes du Caire à Sanaa en passant par Tunis, les villes restent les lieux et les acteurs décisifs de nombreux mouvements de revendications et de contestations. Ces « lieux de la colère », reprenant ici le titre d'un ouvrage dirigé par H. Combes, D. Garibay et C. Goirand (2015), sont emblématiques des interactions entre espace géographique urbain et mouvements sociaux. Ces derniers sont notamment revenus sur le devant de la scène aux États-Unis, dans le contexte des contestations contre les violences policières et le racisme. En témoignent notamment les événements urbains de Minneapolis au printemps 2020, à la suite de la mort d'un homme noir, George Floyd lors de son arrestation. Plus largement, **les métropoles et certains lieux urbains emblématiques – places, artères principales, monuments historiques – voient la montée et la consolidation de nouveaux mouvements sociaux**. Ceux-ci réclament, de façon plus ou moins conjointe selon les cas, justice sociale et raciale, justice environnementale ou encore justice de genre.

Les métropoles, par la diversité de leurs populations, sont également des foyers de **cultures urbaines** mondialisées: *hip-hop* ou *break dance*, tous deux nés à New York dans les années 1970, *flash mobs* ou graffitis urbains. Cet art de rue, combinant messages politiques et formes d'expression artistique, est aujourd'hui un des signes des printemps arabes au sein de métropoles comme Le Caire. **Saskia Sassen définit le concept de *global street* comme lieu d'expression des revendications politiques ou socio-économiques au sein des grandes métropoles mondiales.** Pour elle, les formes de contestations qui ont caractérisé les capitales du monde arabe, mais aussi les métropoles nord-américaines, telles New York lors du mouvement *Occupy Wall Street* en 2011 ou Montréal lors du « printemps érable » en 2012, témoignent d'une nouvelle forme de protestation civique au sein des métropoles, où l'usage des réseaux de télécommunications, en particulier de Facebook ou de Twitter, joue le rôle de catalyseur des mobilisations.

D. LES MÉTROPOLES, DES TERRITOIRES VULNÉRABLES DANS UN CONTEXTE MONDIALISÉ

1. Des territoires à risques

Les métropoles sont menacées par de nombreux aléas et risques. En plus des risques naturels, leur statut de métropole et **la densité des enjeux (humains, économiques, sociaux, symboliques)** qu'elles concentrent les exposent de façon accrue aux **risques sanitaires, terroristes, économiques et financiers, mais aussi sociaux** (émeutes urbaines). Ces derniers semblent indissociables des inégalités socio-économiques et des processus de ségrégation sociospatiale engendrés par la métropolisation. L'exemple des émeutes raciales de Los Angeles en 1992 reste le symbole, vingt ans après, des difficultés socio-économiques et de la ségrégation des minorités ethniques au sein des métropoles des États-Unis. Si Los Angeles est aujourd'hui une métropole où les termes « diversité » et « multiculturalisme » sont fortement valorisés, la ville a vu les inégalités socioéconomiques et l'extrême pauvreté s'accroître, celle-ci augmentant de 4 points chez les populations noires comme hispaniques dans les vingt dernières années.

Les métropoles sont par ailleurs des **cibles privilégiées du terrorisme international**. Si les attentats du 11 septembre 2001 contre le World Trade Center, ceux du métro londonien en 2005 et ceux de Paris en 2015 ont touché le cœur des territoires les plus emblématiques de la mondialisation, d'autres métropoles, notamment au Sud, sont également exposées. Dans le contexte de la pandémie de Covid-19, les réflexions sont nombreuses sur la capacité de résilience des métropoles, certains voyant dans la crise une opportunité pour les grandes villes de développer une politique de cohérence territoriale accrue. Celle-ci fait appel à une diversité de secteurs et de stratégies : développement de l'agriculture urbaine et valorisation des circuits courts dans un objectif d'autonomie alimentaire accrue, solidarités économiques et sociales, développement des espaces verts urbains, réflexion sur les formes d'habitat…

2. Vulnérabilité métropolitaine et résilience

Comme le montre Magali Reghezza à partir de l'exemple parisien, les territoires des métropoles sont des **espaces à haut risque** en raison de leur forte vulnérabilité, liée à la présence de très nombreux enjeux mais surtout au caractère stratégique de leurs fonctions aux échelles nationale, régionale et mondiale. Face à un aléa et à une catastrophe, la métropole est exposée à des dysfonctionnements majeurs dont les répercussions risquent de se diffuser bien au-delà du territoire métropolitain lui-même. L'insertion des métropoles dans des réseaux d'échanges mondialisés, leur rôle dans les instances de direction et de décision politique, économique et financière, la concentration exceptionnelle de richesses font ainsi du risque métropolitain un risque qui doit s'analyser à l'échelle mondiale, mais plus encore dans une approche transscalaire. La gestion du risque demande par conséquent une approche singulière et renouvelée, capable de prendre en compte les différentes échelles de vulnérabilité et la spécificité du territoire métropolitain.

II. Des métropoles en concurrence : entre compétition et complémentarité métropolitaines

Les métropoles interagissent entre elles par les flux d'informations, de capitaux, de biens ou de personnes. Elles dessinent ainsi une armature métropolitaine mondiale. **Cette approche réticulaire s'accompagne cependant d'une logique hiérarchique :** toutes les métropoles n'ont pas le même niveau de centralité, à savoir la même capacité à polariser les territoires environnants à différentes échelles et à mettre en relation acteurs et activités.

A. HIÉRARCHIES MÉTROPOLITAINES À L'ÉCHELLE MONDIALE

1. Le classement des métropoles : entre multiplicité des critères, médiatisation et instrumentalisation

On assiste à la multiplication contemporaine des **classements des grandes villes**. Ceux-ci retiennent des critères diversifiés que l'on peut résumer par les catégories suivantes : **poids économique** ; **pouvoir politique et géopolitique** ; **capacité des villes à devenir des leaders des transitions**, qu'elles soient écologiques, énergétiques, numériques ; **sécurité** qu'elles offrent à leurs habitants et, en contrepoint, **risques et niveau de vulnérabilité**. Parmi ces nombreux classements, on peut mentionner : l'index de bien-être de l'OCDE ; le *Global Cities Index* (établi par la revue *Foreign Policy*, A.T. Kearney et le *Chicago Council on Global Affairs*), qui évalue la centralité dans les réseaux, les niveaux d'interconnexion et la capacité à influencer l'agenda mondial [→ DOCUMENT CI-DESSOUS] ; le *Global City Competitiveness Index*, qui conjugue niveau d'habitabilité (*livability*) et coûts de la vie ; ou encore le *Safest Cities Index* (tous deux établis par l'*Intelligency Unit* de *The Economist*). Dans ce dernier cas, la sécurité est évaluée sous quatre aspects : cybersécurité, sécurité sanitaire, sécurité des infrastructures, sécurité des personnes et assurance. Il s'agit notamment d'évaluer **la capacité de résilience des villes face à une diversité d'aléas** : terrorisme, délinquance, comportements dangereux, santé publique, aléas naturels, changement climatique. Le classement 2019 place en tête les villes asiatiques de Tokyo, Singapour et Osaka ; puis on trouve Amsterdam, Sydney et Toronto, le classement s'achevant par Caracas et Lagos. Ce modèle de « *safe city* », qui trouve son origine en Chine, fait l'objet de nombreux débats. Diverses technologies, tels la reconnaissance faciale ou encore les robots recueillant des données biométriques (températures corporelles), sont déjà en place ou envisagées dans les grandes villes de la planète, avec les dérives que cela peut entraîner sur le rôle des entreprises et/ou des États dans la collecte et l'utilisation des données, et sur le respect des droits fondamentaux des citoyens.

2. Le rôle décisif des services supérieurs dans la hiérarchie métropolitaine

Les classements des villes utilisent différents critères, mais accordent une importance décisive aux activités de services, et plus particulièrement aux services dits

■ Classement des villes mondiales et évolution entre 2015 et 2019

2019	2018	2017	2016	2015	Évolution de 2015 à 2019	Ville
1	3	4	4	2	1	Londres
2	5	11	17	14	12	Singapour
3	1	1	1	1	– 2	San Francisco
4	6	16	8	9	5	Amsterdam
5	4	3	13	19	14	Paris
6	14	23	19	18	12	Tokyo
7	8	5	3	3	– 4	Boston
8	7	7	9	7	– 1	Munich
9	33	40	28	22	13	Dublin
10	11	9	7	8	– 2	Stockholm
11	12	20	18	20	9	Toronto
12	16	14	16	12	–	Genève
13	19	13	12	11	– 2	Sydney
14	10	6	15	15	1	Melbourne
15	13	12	10	5	– 10	Zurich
16	18	18	14	13	– 3	Berlin
17	23	21	24	23	6	Copenhague
18	25	29	41	39	21	Vienne
19	17	24	25	27	8	Vancouver
20	50	52	51	51	31	Abu Dhabi

A.T. Kearney, 2019.

« supérieurs ». Le GaWC (Groupe et réseau de recherches sur les villes mondiales et la globalisation) a proposé dès 1998 de hiérarchiser les villes selon la localisation des services de haut niveau, indispensables au fonctionnement des firmes transnationales : comptabilité, publicité, finance, assurance. Le rang d'une ville dépend alors du nombre de firmes de services et de la taille de leurs bureaux. Plus les bureaux sont importants, plus ils sont censés interagir avec les bureaux que la firme possède dans d'autres villes. Un score est alors attribué à chaque ville en fonction de ses entreprises de services et le classement obtenu distingue des villes de catégorie alpha, bêta et gamma. Le rang d'une ville reflète ainsi le degré de connectivité, à savoir le degré de relation et d'intégration au sein des réseaux de services aux entreprises, à l'échelle mondiale. Chacune des catégories est elle-même divisée en sous-catégories [→ CARTE CI-DESSOUS]. Londres et New York se positionnent dans la catégorie alpha++, correspondant aux villes les plus intégrées.

■ Les villes de catégorie alpha selon le classement du GaWC, 2020

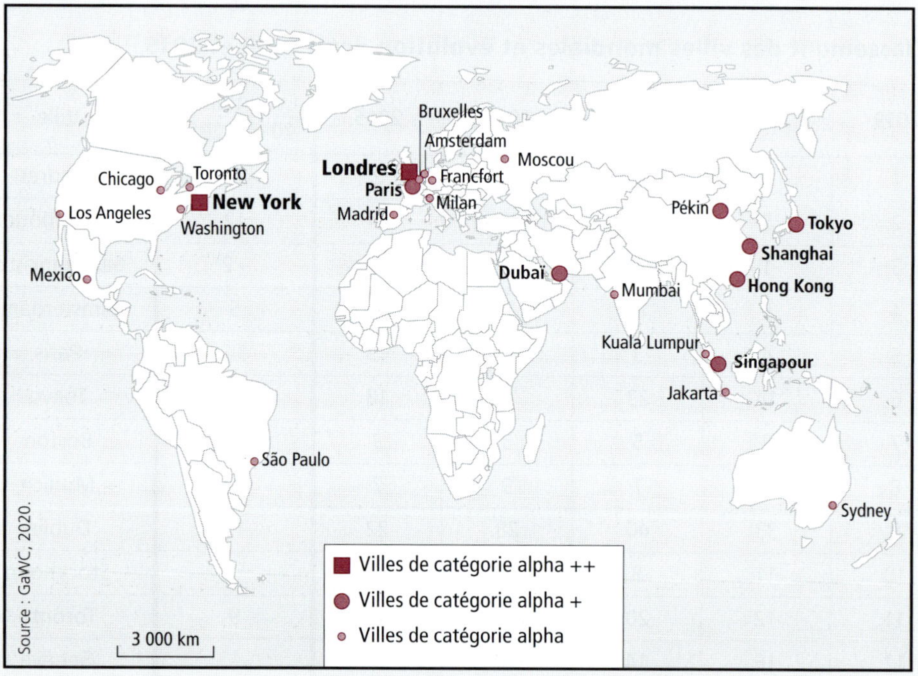

3. La montée en puissance des métropoles des pays émergents

L'Amérique latine et surtout l'Asie de l'Est et du Sud-Est participent pleinement au processus conjugué de métropolisation et de mondialisation. Si, durant la plus grande partie du XXe siècle, l'Asie était parmi les régions les moins urbanisées du monde, elle représente aujourd'hui celle où la croissance des villes est la plus rapide. Tokyo est classée dès le début des années 1990 dans la catégorie des villes mondiales, mais la concentration

Pour aller plus loin

Le site spécialisé sur la recherche urbaine de l'université londonienne de Loughborough
liennathan.fr/f8y26s

des fonctions de commandement économique et financier caractérise aujourd'hui Hong Kong, Singapour, mais aussi Pékin et Shanghai. Shanghai, véritable « dragon métropolitain » porté par la croissance économique et commerciale de la Chine, s'impose à la fois comme le deuxième port mondial et comme un centre financier de premier plan. À **Pudong**, développé au début des années 1990 sur la rive droite du Huang Pu, se concentrent zones industrielles et commerciales ouvertes aux investissements étrangers, un aéroport international en pleine croissance, ainsi que le quartier d'affaires de **Lujiazui** hérissé de nombreux gratte-ciel. Ce CBD regroupe le *Shanghai Stock Exchange*, plus de 130 établissements financiers chinois et étrangers, ainsi que les sièges sociaux de plus de 35 firmes transnationales. Shanghai, qui a accueilli l'Exposition universelle de 2010, s'impose ainsi comme une concurrente au poids croissant dans la compétition métropolitaine internationale.

B. LA COMPÉTITION MÉTROPOLITAINE À L'ÉCHELLE MONDIALE

1. Attirer les entreprises et les IDE

Les métropoles rivalisent pour attirer les sièges sociaux et les filiales d'entreprises, mais aussi **pour encourager le développement des universités et des laboratoires de recherche**. Pour séduire à la fois les investisseurs, les cadres ou les chercheurs, elles misent de plus en plus sur la valorisation du cadre de vie métropolitain (espaces verts, mise en valeur du patrimoine, activités de loisirs et de culture), tout comme sur une politique d'aménagement urbain ambitieuse (transports, habitat, pôles de développement). La place croissante accordée à l'économie de la connaissance et à l'innovation encourage les métropoles à s'engager dans une compétition intellectuelle et scientifique, qui passe par des politiques de développement de pôles technologiques et de *clusters* [→CH. 2. p. 48] associant universités, laboratoires de recherche et industries de haute technologie, à l'image de la **Silicon Valley** dans la périphérie de San Francisco. La ville de Singapour se positionne aujourd'hui de façon offensive dans cette course aux cerveaux et aux technologies les plus avancées.

2. Attirer les grands événements culturels et sportifs

La concurrence intermétropolitaine contemporaine s'appuie sur **les outils du marketing territorial, les innovations urbanistiques ou encore l'accueil de grands événements internationaux**. Si tout festival culturel ou toute compétition sportive contribuent à l'attractivité d'une ville et à sa mise en spectacle, les plus grandes métropoles se caractérisent par les *mega-events* que sont Expositions universelles, jeux Olympiques ou finales de Coupe du monde de football. Ces événements, aux acteurs et à l'audience mondialisés, sont largement plébiscités pour leur capacité à stimuler la croissance économique urbaine, à revitaliser certains quartiers et à promouvoir la visibilité et l'attractivité mondiales d'une métropole. Toutefois, des voix discordantes remettent en cause ces **stratégies dispendieuses et socialement contestables des grandes villes de la planète**, critiques renforcées dans le contexte de la crise de la Covid-19 et appelant à une sobriété accrue.

3. S'imposer comme une ville *smart & green*

Si la course à la tour la plus élevée ou aux méga-infrastructures a dominé les rivalités métropolitaines des dernières décennies, les métropoles qui ont le vent en poupe aujourd'hui sont celles qui parviennent à **allier technologies, bien-être et respect de l'environnement**. Ce sont notamment les **aménagements durables** ou la création de quartiers connectés qui

ZOOM ▶ Le sport, vecteur de compétition intermétropolitaine et de recomposition intramétropolitaine

Les compétitions sportives internationales jouent un rôle majeur dans l'image des métropoles, ce que traduit la forte concurrence pour capter les compétitions sportives internationales. Qu'il s'agisse des Jeux de Barcelone (1992), Sydney (2000), Athènes (2004), Pékin (2008), Londres (2012) ou Rio (2016), leur organisation s'inscrit dans une stratégie conjuguée d'affirmation métropolitaine et de transformations urbaines de long terme. Comme le montre Manuel Appert dans le cas de la métropole londonienne, le choix de concentrer les infrastructures olympiques sur le site de Stratford dans l'est londonien et de les inscrire dans un vaste projet de renouvellement urbain d'une banlieue industrielle en difficulté a été le point décisif de la candidature de Londres. Les jeux Olympiques ont ainsi mobilisé l'État britannique, le Grand Londres et des acteurs privés pour la construction de grands équipements, d'infrastructures de transport et de logements à Stratford, les Jeux servant de prétexte pour accroître la compétitivité de ce territoire dans le contexte de mondialisation.

L'organisation des JO de 2016 à Rio, décidée en 2009, a suscité de multiples espoirs pour la métropole carioca et son affirmation comme une métropole mondiale de premier plan, mais aussi de nombreuses déceptions face aux difficultés à la fois sociales, financières, sanitaires, sécuritaires et urbanistiques qui l'ont caractérisée. Le contexte politico-économique, combinant une crise économique sévère à un scandale de corruption, est particulièrement désastreux pour l'État de Rio, qui se retrouve surendetté, avec une capitale au bord de la faillite à l'été 2016. Le contexte sanitaire dominé par les risques liés au virus Zika ainsi que les enjeux sécuritaires face à la menace terroriste ont provoqué de nombreuses inquiétudes à l'échelle mondiale. Enfin, en matière de renouvellement urbain, les objectifs initiaux n'ont pas été tenus, tant en termes de développement et de modernisation des transports urbains qu'en termes d'amélioration de l'habitat. Les projets de revitalisation urbaine ont plus largement mené à une hausse du foncier et à un processus d'éviction des catégories les plus fragiles.

Le projet olympique de Tokyo, refusé en 2016 et victorieux pour 2020, a cherché à promouvoir des aménagements urbains plus durables et compacts, tout en projetant des effets d'entraînement nombreux en termes de création immobilière résidentielle et de bureaux ou d'encouragement du tourisme international à long terme. Le report dû à la crise sanitaire et ses conséquences à plus ou moins long terme rendent toutefois ces perspectives bien incertaines.

animent la compétition contemporaine. La métropole canadienne de Vancouver a été une pionnière dans cette voie, se fixant l'objectif de devenir la ville la plus verte de la planète au tournant des années 2020. On a ainsi parlé de « **vancouvérisme** » pour désigner un urbanisme fondé sur les transports publics et les mobilités pédestres, des infrastructures peu consommatrices en énergie, ainsi que des quartiers associant densité résidentielle et espaces verts nombreux.

C. DES COMPLÉMENTARITÉS ENTRE MÉTROPOLES

1. Une complémentarité matérialisée par la densité des échanges intermétropoles

Les relations entre les villes et leur capacité à s'insérer dans des réseaux d'échanges constituent un élément clé du statut et du dynamisme des métropoles. Si l'on adopte ce point de vue, celles-ci apparaissent moins concurrentes que complémentaires. Comme le montre Saskia Sassen, le volume des échanges entre les métropoles s'est fortement accru si bien qu'émerge « la possibilité d'un lien systémique autre que la compétition – sorte de système urbain avec des points d'appui internationaux ». Le **concept de club métropolitain** peut désigner ce groupe de métropoles qui dominent le réseau mondial, qui en constituent les points nodaux, et pour lesquelles l'écart avec les autres villes se creuse. Ainsi, dans le cas des opérations des firmes transnationales, chacune des métropoles présente une combinaison d'atouts spécifiques (localisation, services, infrastructures) que les entreprises vont utiliser et articuler.

2. Une complémentarité liée à des profils métropolitains différenciés

Si l'on prend l'exemple européen, Paris et Londres sont de très loin les deux métropoles majeures concentrant l'ensemble des fonctions métropolitaines les plus emblématiques, elles ont toutefois des fonctions différentes. Londres joue le rôle de plateforme financière mondiale, alors que Paris joue davantage un rôle de coordinateur de divers réseaux intra-européens. Ainsi, aucune métropole mondiale n'est véritablement en mesure de rivaliser avec les autres sur tous les terrains, et cela est d'autant plus vrai pour les métropoles dites « de rang inférieur ». Celles-ci présentent toutes des profils différents, susceptibles de créer des complémentarités, notamment aux échelles régionales. L'Europe possède une grande diversité de profils métropolitains. Certaines métropoles se caractérisent par un profil institutionnel et politique très affirmé aux échelles européenne et mondiale. Ainsi, Bruxelles, mais aussi Luxembourg, Genève ou même Barcelone sont des métropoles fortement insérées dans les réseaux politiques supranationaux. On distingue également des métropoles européennes spécialisées dans les activités liées aux échanges de marchandises : Rotterdam, Anvers et Hambourg. D'autres ont un profil universitaire, telle Grenoble. Cette diversité de profils est en mesure de favoriser des **politiques de coopération métropolitaine**. Ainsi, le rapport de la DATAR sur les métropoles européennes publié à l'été 2012 encourageait les partenariats transnationaux entre métropoles françaises et grandes villes proches (Lyon et Grenoble avec Genève ; Lille avec Bruxelles ; Nancy et Metz avec Luxembourg ; Toulouse, Montpellier et Perpignan avec Barcelone).

III. Les territoires métropolitains, témoins d'une mondialisation inégale

A. LE TERRITOIRE DE LA MÉTROPOLE, REFLET DE LA PUISSANCE MÉTROPOLITAINE

1. Le paysage métropolitain témoigne de la concentration des activités de commandement

Toutes les métropoles se caractérisent par un ou plusieurs **quartiers d'affaires – les *Central Business Districts*** – qui symbolisent la puissance économique par leurs nombreux gratte-ciel, abritant les sièges sociaux des plus grandes entreprises transnationales. Ainsi, chaque métropole se distingue par une silhouette urbaine singulière : une *skyline* propre à chacune d'elles. Si les quartiers d'affaires sont généralement au centre de l'aire urbaine, certaines métropoles se caractérisent par un développement de ceux-ci en périphérie : La Défense, principal quartier d'affaires de la métropole parisienne, se trouve en proche banlieue ouest de Paris ; Canary Wharf, quartier d'affaires secondaire, est situé dans les anciens docks à deux kilomètres en aval de la City londonienne. C'est d'ailleurs à Canary Wharf, et non plus à la City, que la concentration de gratte-ciel est aujourd'hui la plus élevée. Érigées depuis la fin des années 1980, une vingtaine de tours, dont cinq à plus de 200 mètres, y abritent environ 90 000 emplois liés à la banque et à l'assurance.

En tant que **vitrine de la puissance de la métropole,** le CBD et ses gratte-ciel sont au cœur des stratégies de développement métropolitain, en témoignent les nombreux projets de tours à l'échelle mondiale. Une véritable course à la hauteur met en concurrence les métropoles du monde entier, au premier rang desquelles les métropoles asiatiques (Taipei, Shanghai ou Hong Kong, et les métropoles des Émirats). Toutefois, c'est toujours Dubaï qui occupe la première place grâce à la Burj Khalifa, la plus haute tour du monde inaugurée en 2010, s'élevant à 828 m d'altitude.

2. Le territoire métropolitain, un territoire de mobilités

Le processus de métropolisation à travers le monde est à l'origine d'une **transformation des modes de vie et des pratiques de mobilité**. Les individus se déplacent davantage, pour des motifs nombreux (travail, loisirs, shopping), à des horaires diversifiés et en utilisant des modes de transport variés. La mobilité apparaît comme un élément clé de compréhension du fonctionnement métropolitain, à l'origine d'un mode de vie en réseau à l'échelle individuelle.
La mobilité est consubstantielle des espaces périurbains, où domine la voiture individuelle et où les mobilités pendulaires tendent à se complexifier. Face à leurs nombreuses lacunes, les réseaux de transport en commun sont au cœur des politiques métropolitaines, comme le montre le projet du Grand Paris, dont la réalisation la plus tangible devrait être le réseau de métro automatique Arc Express. Ce dernier permettra de desservir, à l'horizon 2030, les pôles les plus performants de la périphérie parisienne, mais aussi certains espaces résidentiels enclavés. La multiplication des modes de transports utilisé par les citadins requiert par ailleurs des politiques de transports privilégiant l'intermodalité. Les métropoles voient ainsi le développement de plates-formes intermodales où *hub* aéroportuaire, gare ferroviaire à grande vitesse et réseau métropolitain sont regroupés, comme à Roissy ou à Pudong (Shanghai).

B. DES MÉTROPOLES EN EXTENSION : VERS DES MÉTROPOLES POLYNUCLÉAIRES ?

1. Un processus généralisé de périurbanisation à l'origine de configurations territoriales nouvelles

La métropolisation s'accompagne d'un processus de périurbanisation, c'est-à-dire d'extension urbaine – ou *urban sprawl* – qui dépasse la dichotomie opposant espace rural et espace urbain. L'étalement urbain donne naissance à de véritables régions métropolitaines qui ne coïncident plus avec les limites traditionnelles de la ville, d'où la nécessité de définir des entités administratives et/ou statistiques nouvelles. En France, l'Insee a défini les aires urbaines dès 1999 devenues aires d'attraction des villes en 2020. Parallèlement, s'est progressivement affirmé le statut de métropole, qui a été introduit dans l'organisation territoriale du pays en janvier 2014 avec la loi MAPTAM (modernisation de l'action publique territoriale et d'affirmation des métropoles). Celle-ci a impliqué, d'une part, la création des métropoles de Paris et d'Aix-Marseille et, d'autre part, la consolidation des métropoles instituées depuis 2010, Nice ayant été la première à être créée. La Métropole du Grand Paris inclut à la fois Paris intra-muros et 130 communes de banlieue proche et plus lointaine : sa mise en place demeure particulièrement débattue en raison des enjeux politiques et administratifs qu'elle suscite en termes de partage des compétences. Aux États-Unis, les *Metropolitan Statistical Areas* (MSA), puis les *Combined Statistical Areas* (CSA), définies en 2010, visent à circonscrire dans une catégorie statistique ces métropoles en croissance. Les CSA permettent notamment de prendre en compte la coalescence des agglomérations, comme c'est le cas entre New York City, Newark et Bridgeport.
La croissance des villes engendre la diffusion de formes urbaines au sein des espaces ruraux environnants. Celle-ci donne naissance à ces paysages emblématiques des péri-

phéries métropolitaines, où les lotissements pavillonnaires, qui s'étalent parfois à perte de vue, comme c'est le cas aux États-Unis, jouxtent des parcelles agricoles ou des espaces forestiers. La discontinuité du bâti, une faible densité de population, la mixité des paysages, ainsi que la mobilité des populations sont autant de caractéristiques du périurbain. Un coût du foncier inférieur et d'un cadre de vie plus agréable sont généralement les principaux critères de recherche évoqués par les périurbains pour rendre compte de leur choix résidentiel.

2. La multiplication des technopôles et des *clusters* en périphérie des villes

L'étalement des métropoles ne se limite pas à la diffusion de la fonction résidentielle, mais entraîne également celle de fonctions productives, qu'il s'agisse de services ou d'industries. Les **technopôles**, et plus largement les ***clusters***, témoignent de cette diffusion d'activités performantes en périphérie. Il s'agit de pôles concentrant universités, centres de recherche et industries de pointe à l'origine de synergies entre recherche et industrie. Ils sont généralement situés dans la périphérie des métropoles pour des raisons de coût du foncier, de proximité avec des infrastructures de transport performantes et d'aménités environnementales. Ces **territoires de l'innovation** contribuent à la recomposition des espaces métropolitains en devenant des pôles attractifs, susceptibles de fixer des populations et des activités connexes. Si la Silicon Valley à San Francisco ou la Route 128 près de Boston sont les exemples historiques et emblématiques de cette dynamique technopolitaine, la plupart des métropoles, même celles de rang inférieur, misent sur le développement de vastes périmètres dédiés aux hautes technologies et à la recherche.

ZOOM ▶ Métropoles et numérique : les enjeux des *smart cities*

Les *smart cities* apparaissent comme le nouveau modèle à atteindre pour les grandes métropoles en compétition mondiale. Dans ces « villes intelligentes », le fonctionnement des systèmes d'information et des réseaux urbains est censé être optimisé par la construction de quartiers dits « connectés ». Au Japon, le projet de loi intitulé « *Super City Bill* », ratifié au printemps 2020, autorise par exemple la création de *super cities*, où l'intelligence artificielle, les *big data* et autres technologies numériques doivent contribuer à améliorer le fonctionnement urbain et, plus globalement, le bien-être des populations. Toutefois, la place des données numériques suscite de nombreuses questions sur la protection des données personnelles, le rôle des grandes entreprises du numérique et, notamment, des géants américains du Web : les GAFAM (Google, Apple, Facebook, Amazon, Microsoft). Les projets de quartiers intelligents engendrent, par conséquent, des contestations citoyennes nombreuses, comme le montre le cas de Toronto (Canada). Des habitants de la capitale de l'Ontario ont en effet contesté le projet de *smart city* mené par la firme Google. Le quartier *Quayside*, envisagé sur une friche portuaire, devait devenir un modèle en termes d'urbanisme, d'écologie et de technologies numériques. Refusant le spectre d'une *Google city* et inquiet face à la possible utilisation commerciale des données collectées, un collectif de citoyens (*#BlockSidewalk*) s'est mobilisé. Le projet s'est alors progressivement imposé comme le symbole de la mainmise des GAFAM sur les biens publics et sur la vie quotidienne des habitants. L'entreprise a finalement renoncé à ce projet à l'automne 2020, invoquant la crise liée au coronavirus.

3. L'émergence de métropoles polynucléaires

Les processus conjugués de croissance urbaine, de périurbanisation et de diffusion des fonctions (habitat, production, recherche, transports) sont à l'origine d'une remise en cause de la dichotomie qui oppose centre et périphérie, et de l'avènement du concept de **métropole polynucléaire ou multipolaire**. Cynthia Ghorra-Gobin préfère ce dernier adjectif, qui met davantage en avant l'idée que la centralité et la polarité ne disparaissent

ZOOM ▶ Los Angeles, paradigme de la métropole mondiale étendue et polynucléaire ?

Issue de l'idéologie pastorale et antiurbaine de ses fondateurs au XIXe siècle, Los Angeles a longtemps été considérée comme une exception, se distinguant fondamentalement du modèle des villes européennes et de celui des villes nord-américaines, établi par l'École de Chicago dans les années 1930, dont le principe est l'organisation concentrique autour du CBD. Los Angeles, caractérisée par son « ex-centrisme » et son polycentrisme, tend à devenir un exemple paradigmatique de la métropole mondiale contemporaine. Au milieu des années 1980 émerge une nouvelle école de recherches urbaines, concurrente de celle de Chicago : l'école de Los Angeles, qui s'appuie sur la métropole sud-californienne pour définir les caractères de la ville postmoderne, celle qui rompt avec le modèle urbain issu de l'industrialisation. La région métropolitaine de Los Angeles [→CARTE CI-APRÈS], constituée de cinq comtés et regroupant environ 18 millions d'habitants, dont « une majorité de minorités », est emblématique de la diffusion de l'habitat et des emplois. Parcs technologiques, établissements universitaires, centres d'affaires et autres pôles d'activités liées à l'industrie, aux transports (aéroport international, port) ou aux loisirs sont localisés le long des grands axes autoroutiers qui structurent le territoire.

■ Los Angeles, une métropole multipolaire en croissance

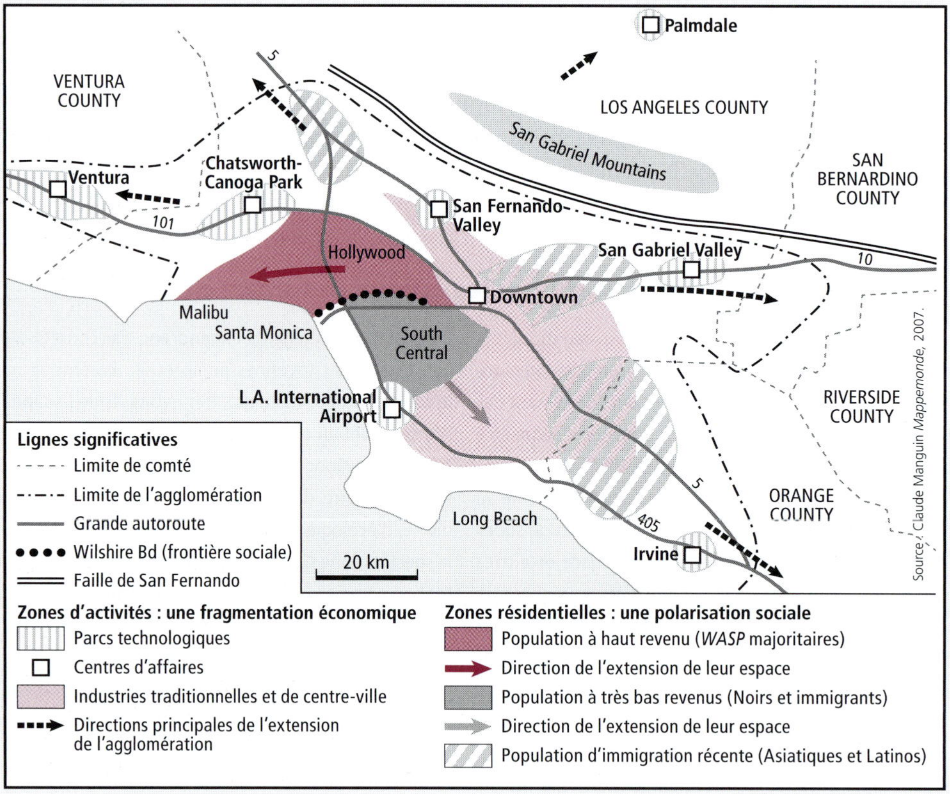

pas, mais qu'elles se concentrent en différents lieux de la métropole. Cette recomposition du territoire de la métropole a été particulièrement étudiée aux États-Unis, où elle s'est manifestée précocement. Des concepts nouveaux y ont été définis pour désigner ces territoires périphériques capables de concentrer population, activités économiques et réseaux de transport : les ***edge cities*** sont ainsi ce que Joel Garreau définit en 1991 comme des ensembles urbains, souvent situés au croisement de grands axes de transport, regroupant un nombre important d'emplois et de surfaces commerciales. Robert Lang introduit en 2003 la notion d'***edgeless city*** pour mieux rendre compte de la complexité des périphéries, et notamment de la diffusion plutôt que de la concentration des activités économiques.

C. LA FRAGMENTATION DES TERRITOIRES MÉTROPOLITAINS : DES MÉTROPOLES À PLUSIEURS VITESSES

La mondialisation est un processus qui sélectionne les espaces les plus performants à différentes échelles. Au sein des métropoles, la distinction s'opère au profit des territoires capables d'accueillir activités et populations dynamiques et de s'insérer au sein des grands flux mondiaux, régionaux et locaux. **Les territoires dits « centraux », au sens fonctionnel et non géométrique, s'opposent alors à un ensemble de territoires urbains marginalisés.** Les concepts de segmentation et de fragmentation urbaines témoignent des nombreux enjeux représentés par la cohésion socio-économique et territoriale des métropoles. Certaines d'entre elles semblent de plus en plus attester d'un processus de « clubbisation » socioterritoriale et de fragmentation du territoire urbain.

1. Les territoires centraux et hyperconnectés

Parmi les espaces les mieux intégrés à la mondialisation, on distingue un **réseau de pôles intramétropolitains**, très bien connectés entre eux et au reste du monde, qui concentrent les fonctions emblématiques de la puissance métropolitaine. Parmi ces différents pôles, il est nécessaire de distinguer, dans un premier temps, un certain nombre de territoires des villes-centres : ceux qui accueillent le quartier d'affaires, ceux qui se caractérisent par le processus de **gentrification** à l'origine de l'installation de populations à hauts revenus dans les centres rénovés et réhabilités, ceux qui sont de plus en plus muséifiés dans le cas des villes les plus touristiques. À côté de ces territoires centraux au sens fonctionnel et géométrique, on trouve une pluralité de centres en périphérie : pôles technologiques, centres commerciaux, plates-formes multimodales, tous participant au rayonnement et à l'attractivité des métropoles.

2. Les territoires de la relégation

De nombreux territoires métropolitains se caractérisent par **une marginalisation et une relégation contraintes des populations**, liées à un manque d'intégration à la fois sociale, économique et culturelle. Ces espaces combinent un accès réduit au marché du travail légal, une mobilité difficile en raison des problèmes d'enclavement territorial, ainsi que la primauté des activités et de l'habitat informels dans les métropoles du Sud. Les **quartiers informels** – *favelas* brésiliennes, *townships* sud-africaines, *slums* des villes indiennes ou *ashwa'iyya* du Caire – y sont une réalité omniprésente. Ils sont localisés à la fois dans les centres, comme à Rio où les *favelas* et les autres quartiers de la ville sont inextricablement mêlés, et dans les périphéries. Ces quartiers sont néanmoins intégrés à la mondialisation, non seulement par les flux licites et illicites qui y passent, par la connexion de leurs habitants aux réseaux de communication, mais aussi par leur capacité à fournir une force de travail à la ville et à produire des biens pour ses habitants. Si de nombreux projets urbains des métropoles du Sud – dont Rio, Mumbai ou Johannesburg – ont pour objectif affiché de reconquérir ces territoires, ils aboutissent souvent au déplacement des populations vers des territoires plus lointains, où la solidarité sociale et la possibilité d'exercer un emploi sont souvent bien plus limitées. Certains quartiers centraux des métropoles du Nord témoignent également de ce processus de marginalisation sociospatiale, tels les ghettos des villes nord-américaines qui, encore aujourd'hui, concentrent minorités ethniques et difficultés socio-économiques, souvent accrues par la crise des *subprimes* de 2008. Enfin, parmi les territoires de la relégation, il faut mentionner les territoires des périphéries urbaines européennes, qu'il s'agisse des banlieues en difficulté, associant un habitat social dégradé, une forte présence de populations immigrées et des difficultés économiques, ou des quartiers périurbains lointains, mal desservis et peu dynamiques économiquement.

3. Les territoires de la marginalité élective : le cas des *gated communities*

Les communautés fermées, ces espaces résidentiels clos par des barrières où dominent l'entre-soi social et le désir de sécurité, naissent aux États-Unis dès les années 1950 et s'y multiplient dans les années 1990, avant de se diffuser à de nombreuses métropoles des pays du Sud – au Brésil, en Afrique du Sud ou encore en Égypte – puis aux métropoles européennes. Les premières *gated communities* apparaissent en France au début des années 2000 dans la périphérie toulousaine. Ces territoires sont souvent assimilés à des « ghettos dorés », où les riches s'enfermeraient par peur de l'autre et effet de club. Or, comme le montre Éric Charmes, le terme « ghetto » est peu pertinent. D'une part, ces espaces sont avant tout des quartiers dortoirs au sein desquels les résidents ne sont nullement enfermés, l'essentiel de leur vie quotidienne, qu'il s'agisse du travail, des loisirs, des études ou des achats, se déroulant ailleurs ; d'autre part, loin de l'image des forteresses de riches qui caractérisent une minorité de ces territoires, de nombreuses *gated communities* accueillent des populations à revenus moyens, qui y voient une opportunité de logement dans un cadre environnemental préservé.

Au total, la métropole constitue un lieu emblématique des tensions entre course à la globalisation et enjeux locaux, qu'ils soient environnementaux, sanitaires, politiques ou socio-économiques. Michel Lussault (*Le Monde*, 2019) explique que « **cette relation entre le global et le local n'est pas antinomique, mais dialogique** ». **Les grandes contestations d'échelle globale passent, selon lui, par le local dans les villes**, comme en

ZOOM ▶ La gouvernance des villes face aux menaces de privatisation et d'insularisation

Les grandes villes de la planète se caractérisent par un ensemble de processus sociospatiaux qui sont « en train de modifier en profondeur non seulement le panorama urbain, mais aussi la sociabilité associée à la fréquentation des espaces publics et la manière de définir les règles d'usages des espaces communs » : c'est ainsi que Catherine Bidou-Zachariasen et Angela Giglia (*Espaces et sociétés*, 2012/2) décrivent les transformations urbaines à l'œuvre et leurs impacts sur les pratiques citadines. C'est plus spécifiquement la métaphore insulaire que ces deux sociologues utilisent pour désigner cette ville d'un genre nouveau. Cette « ville insulaire » se caractérise par une déconnexion entre les espaces urbains les plus récents et le reste du tissu urbain, ainsi que par une tendance à un certain isolement, à l'entre-soi, voire à l'autosuffisance. Ces espaces, souvent physiquement délimités et protégés par différents systèmes de sécurité et de contrôle, proposent la majorité des services utiles à leurs habitants. Ils s'accompagnent, en outre, d'un système de transports fondé sur la voiture individuelle, permettant aux habitants, *via* le réseau routier et autoroutier, de relier entre elles deux ou plusieurs « cellules » de leur vie quotidienne.

Pour désigner ces enclaves, le politiste Evan McKenzie a inventé le terme « **privatopia** », qui **qualifie, dans le contexte nord-américain, l'utopie d'un gouvernement privatisé des villes**. Cette utopie, ou plutôt dystopie, est le rêve d'un espace urbain produit, organisé et rentabilisé par des investisseurs à destination d'une communauté de copropriétaires et de clients de services payants. Un tel modèle, antithèse du « droit à la ville », est particulièrement révélateur du retrait des services publics dans de nombreuses métropoles.

témoigne la mobilisation des jeunes sur le climat impulsée par Greta Thunberg. De même, la plupart des enjeux locaux finissent par se globaliser. La géographe Cynthia Ghorra-Gobin (Géoconfluences, 2020) considère quant à elle **la métropole comme la « figure symbolique d'une plus grande maîtrise de la mondialisation** », en même temps que le **lieu de réaffirmation d'un « ancrage local, c'est-à-dire dans les territoires ». Les métropoles sont ainsi le lieu à la fois de standardisation des grands centres urbains de la planète et d'une différenciation locale à l'origine d'enjeux spécifiques de gouvernance.**

9 LE RETOUR DES FRONTIÈRES

Les frontières constituent pour les États les limites à l'intérieur desquelles ils exercent leur souveraineté, ce sont « des discontinuités territoriales à fonction de marquage politique » selon Michel Foucher. Autour de ces limites, les États peuvent contrôler la circulation des biens, des personnes, des informations qui les franchissent. **Ce contrôle, modulable, semble en contradiction avec le processus de la mondialisation dont le fonctionnement repose sur la diminution des obstacles aux échanges économiques et sur l'effacement des frontières pour garantir la fluidité des flux et des mobilités.** Partout des entités régionales supranationales se constituent (Union européenne, Alena – devenue CAEUM en 2018 –, Mercosur), au sein desquelles les échanges sont facilités. Dans le même temps, la création de nouveaux États se poursuit, multipliant les frontières et les barrières potentielles. L'appropriation du monde s'est étendue, avec la convention de Montego Bay, aux espaces maritimes, tandis que l'Arctique et ses ressources attisent discussions et tensions pour son partage. Depuis les attentats de 2001, les États-Unis ont renforcé la sécurisation de leur territoire (*Homeland Security Act*) et imposent au reste du monde des mesures de contrôle accrues. Kenichi Ohmae défendait la thèse d'un monde sans frontières (*The Borderless World,* 1990), tout comme Bertrand Badie (*La Fin des territoires,* 1995). Or, partout des murs et des barrières se construisent sur les frontières pour contrôler les flux, en particulier migratoires, pour garantir la souveraineté des territoires. Le retour des frontières souligne combien ces limites politiques constituent une composante majeure de l'organisation du monde actuel.

Notions principales

Souveraineté : ensemble des registres d'exercice du pouvoir de l'État.
Effet frontière : exploitation des différences administratives, juridiques ou de niveau de vie de part et d'autre d'une frontière.
Corridor de développement : axe de transport multimodal suscitant l'installation d'activités.

CHRONOLOGIE

1964 : L'Organisation de l'unité africaine (OUA) décide de l'intangibilité des frontières héritées de la colonisation.
1982 : Convention de Montego Bay définissant le statut juridique des espaces maritimes
1990 : Fusion de la République démocratique et populaire du Yémen (Yémen du Sud) et de la République arabe du Yémen (Yémen du Nord). Réunification de la RFA et de la RDA qui donne naissance à la République fédérale d'Allemagne
1991 : Dissolution de l'URSS
1991-2001 : Dislocation et conflits en Yougoslavie
1998 : L'Inde décide d'étendre la construction d'une barrière de séparation avec le Bangladesh (plus de 4 000 kilomètres).
2002 : *Homeland Security Act* adopté aux États-Unis après les attentats de 2001
2008 : Proclamation d'indépendance du Kosovo
2011 : Sécession du Soudan du Sud d'avec le Soudan
2012 : La Grèce achève la construction d'un mur de 12 km sur sa frontière terrestre avec la Turquie qui suit ailleurs le fleuve Évros sur 200 km.
2015 : La guerre, les conflits au Moyen-Orient (Irak, Syrie) entraînent un afflux de réfugiés en Europe et le rétablissement temporaire des contrôles aux frontières nationales.
2016 : L'Inde et le Bangladesh achèvent la démarcation de leur frontière après l'échange des 162 enclaves qui jalonnaient son tracé.
2017 : Le président américain Donald Trump annonce la construction d'un mur continu le long de la frontière États-Unis/Mexique.
2020 : La pandémie du coronavirus SARS-CoV-2 provoque la fermeture quasi généralisée des frontières dans le monde et la mise en place de contrôles sanitaires aux frontières. La libre circulation des personnes dans l'espace Schengen et l'intégrité du marché intérieur de l'UE sont menacées.

I. Les frontières organisent le découpage politique du monde

A. LA DIVISION DU MONDE, ENTRE HÉRITAGES ET FRAGMENTATIONS RÉCENTES

Les frontières ont acquis aujourd'hui des fonctions autres que strictement militaires, mais l'étymologie souligne la relation forte, originelle, entre « front », « ligne de front » et « frontière ». De nombreuses frontières aujourd'hui paisibles furent hier des fronts. L'inverse est également vrai. **Ligne sinueuse, floue, zone fluctuante, la frontière évolue en fonction des rapports de force en présence.** À partir du XVIIe siècle, la frontière devient progressivement une ligne bornée, limite entre deux États, tracée selon une conception européenne de l'État, l'État-nation.

L'Europe du XIXe siècle qui domine le monde impose son système frontalier dans les empires coloniaux, avec surimposition des lignes frontières dans des espaces sans limites nettes, comme en Afrique, et sans considération des territoires ethniques ou des modes de vie (sédentaires/nomades). Lors des indépendances, l'affirmation des nouveaux États s'accompagne de conflits, comme en Amérique du Sud, dans le Cône sud. Certains se perpétuent aujourd'hui (Afrique, Moyen-Orient), manifestation de l'importance des relations entre les peuples, les nations et leur espace, du rôle des tracés et des héritages historiques.

De nombreuses frontières qui structurent l'espace mondial sont relativement récentes, comme l'atteste la multiplication des États représentés à l'ONU : 51 États en 1945, 110 en 1962 après la décolonisation de l'Afrique, 179 en 1992 après l'éclatement de l'URSS, 192 en 2006 et 193 en 2017. Ce découpage du monde correspond à 261 570 kilomètres de frontières terrestres, dont 29 464 créées depuis 1990.

Cette fragmentation progressive du monde, mais accélérée au cours du XXe siècle, est le résultat des coupures héritées des mondialisations successives et de la colonisation.

B. LES GRANDES ÉTAPES DE LA CONSTRUCTION DES FRONTIÈRES MONDIALES

Le partage du monde entre Portugais et Espagnols amorce une première partition et administration du monde. Le traité de Tordesillas, en 1494, attribue les territoires à l'est du méridien 46°37' aux Portugais, ceux à l'ouest aux Espagnols. Le traité de Saragosse, en 1529 (après la circumnavigation de Magellan), fit de même en Asie : les territoires situés à l'ouest du 133e méridien de longitude est, à 297 lieues à l'ouest des Moluques, sont attribués aux Portugais, l'est revenant à l'Espagne.

La deuxième étape, à la fin du XIXe siècle, avec la conférence de Berlin (1884-1885), correspond au partage du monde par les Européens. En Afrique, 70 % des tracés frontaliers actuels sont décidés entre 1885 et 1910 ; au Proche et au Moyen-Orient, les frontières sont fixées entre 1910 et 1930.

Le découpage se poursuit en Chine, territoire qui se voit imposer des traités par les puissances occidentales, traités « inégaux » qui seront ensuite dénoncés tandis que de nouvelles puissances s'affirment : Russie, Japon, États-Unis.

ZOOM ▶ La conférence de Berlin et le « partage » de l'Afrique

L'expression de « partage » du monde est commode. Cependant, les objectifs de la conférence de Berlin, réunissant, entre le 15 novembre 1884 et le 26 février 1885, les puissances colonisatrices européennes et les États-Unis, ne consistaient pas en une distribution des territoires. Il s'agissait d'abord d'établir les règles de la prise de possession, de l'occupation de ce continent mal connu, en évitant les conflits. Le drapeau d'un pays devenait le signe de l'appropriation, la négociation des tracés frontaliers venant ensuite. La France et l'Angleterre ont négocié près de 250 traités, sans écarter totalement le risque de conflit armé. La géométrie des tracés constitue une caractéristique des frontières d'Afrique, dont plus de 85 % n'ont pas été renégociés après la décolonisation et l'OUA (Organisation de l'unité africaine créée en 1963, remplacée en 2002 par l'Union africaine) a décidé, en 1964, d'entériner les tracés en place, de garantir leur caractère intangible, ce qui n'exclut pas les litiges.

La troisième étape se développe après la Seconde Guerre mondiale, dans le contexte de la guerre froide. Environ un quart des frontières européennes sont modifiées. Le rideau de fer et le mur de Berlin instaurent une coupure idéologique aux effets durables. La décolonisation transforme les limites administratives internes aux empires coloniaux en frontières internationales, dans certains cas de façon conflictuelle (partition de l'Inde). La

ZOOM ▶ L'Europe, un espace fragmenté par les frontières

En Europe, le processus d'horogenèse* s'est déroulé sur plus de huit siècles (XIIIe-XXIe) et n'est peut-être pas achevé si l'on considère les mouvements régionalistes/séparatistes/nationalistes dans certains pays d'Europe (Italie, Belgique). Si de vieux États-nations sont constitués entre le XIIIe et le XVIIIe siècle, comme le Portugal, l'Espagne, la France, le Royaume-Uni, la Suède ou la Suisse, en dehors de retouches ultérieures dans les tracés, la plupart des États se constituent au XIXe et au début du XXe siècle. C'est en Europe, avec les traités de Westphalie, en 1648, qui mettent fin à la guerre de Trente Ans, que se concrétise l'idée d'une Europe constituée d'États souverains, aux frontières non pas floues, mais délimitées, linéaires, reconnues. La mise en place du système international dit « westphalien », fondé sur les négociations entre États-nations et souverains plutôt que sur la guerre, fait des États le socle du droit international. Cependant, à la suite d'autres conflits, la carte de l'Europe est revue. De nombreux tracés frontaliers sont issus de conférences qui décident d'un partage, comme le congrès de Vienne (1814-1815), puis le congrès de Berlin de 1878. C'est le début du démantèlement de l'Empire ottoman. La grande Bulgarie est découpée et trois nouveaux États sont créés : Roumanie, Serbie et Monténégro. Les guerres balkaniques, le règlement de la Première Guerre mondiale achèvent le démantèlement des empires (Autriche-Hongrie, Empire ottoman, Allemagne). La Seconde Guerre mondiale puis la guerre froide modifient environ un quart des tracés frontaliers et entraînent le déplacement de millions d'Européens. C'est la fin du système soviétique qui provoque les derniers changements frontaliers majeurs.

Quinze États ont pris la place d'anciennes républiques de l'Union soviétique, dont les limites sont devenues des frontières internationales. Les trois États baltes retrouvent leur indépendance (acquise en 1919, perdue en 1939 avec le pacte Ribbentrop-Molotov et leur incorporation à l'Union soviétique). Les autres sont des États nouveaux : Moldavie, Ukraine, Biélorussie (qui a changé de nom et devient Bélarus), les États du Caucase (Géorgie, Arménie, Azerbaïdjan), les cinq États d'Asie centrale, la Fédération de Russie. En 1993, la Tchécoslovaquie se partage en deux États : la République tchèque et la Slovaquie. En Yougoslavie, sept États ont été créés dans le cadre d'une série de violents conflits à base de nationalisme et de purification ethnique. Les limites des républiques yougoslaves ont été conservées comme tracés des frontières. Le Kosovo, province de la Serbie, a proclamé son indépendance et est reconnu par une majorité d'États de l'ONU aujourd'hui.

Face à cette fragmentation étatique européenne, il n'y a eu qu'une seule réunification : celle de la RFA et de la RDA en 1990.

DÉFINITION

Horogenèse : processus de création de frontières, à ne pas confondre avec **orogenèse**, processus de formation des montagnes. Ce néologisme a été proposé par le géographe Michel Foucher.

création de l'État d'Israël amorce l'instabilité durable de cette partie du monde où la question territoriale et des frontières présente des dimensions spécifiques. Des conflits en Asie (guerre du Vietnam), au Proche-Orient (guerre des Six Jours, puis du Kippour), des modifications économiques (essor des monarchies pétrolières, des nouveaux pays industrialisés – NPI –, l'endettement du tiers-monde) marquent aussi cette étape.

La quatrième étape s'amorce après 1989, avec la réunification allemande, l'éclatement de l'URSS, de la Fédération de Yougoslavie, la partition de la Tchécoslovaquie. Les frontières des nouveaux États suivent des tracés antérieurs, internes aux fédérations. Il y a de nouvelles frontières, mais pas de nouveaux tracés. Vingt-sept États ont été créés ou recréés en Europe, en Eurasie, ainsi qu'en Afrique orientale (l'Érythrée en 1993, le Soudan du Sud en 2011) et en Asie du Sud-Est (Timor-Leste ou Timor oriental, 2002). 29 000 kilomètres supplémentaires de frontières ont été mis en place depuis 1990.

Les contentieux frontaliers se développent à propos de l'appropriation de l'espace maritime, nouvel espace à conquérir. 30 % seulement des frontières maritimes font l'objet de traités [→CH. 7].

Les frontières tracées depuis 1991

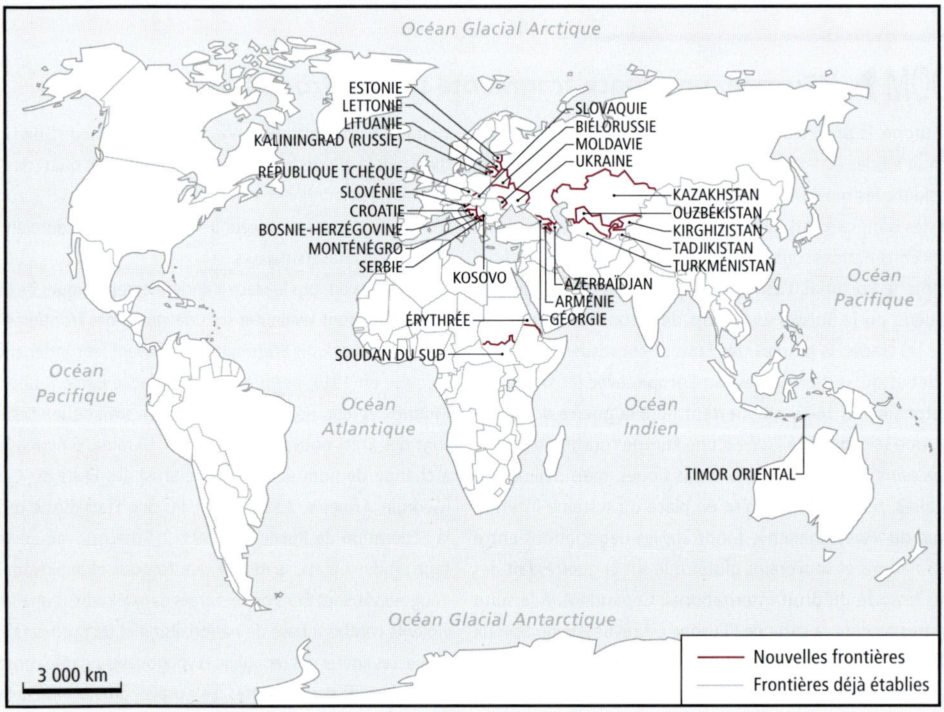

C. LES AUTRES FRONTIÈRES QUI STRUCTURENT LE MONDE

1. Les frontières aériennes

Les frontières terrestres des États forment leur enveloppe territoriale et garantissent leur intégrité. Les voies d'eau, les eaux intérieures et la mer territoriale en font partie. **Un État contrôle également la couche atmosphérique qui surplombe son territoire, c'est la projection en altitude de ses frontières terrestres et maritimes.** Cet espace aérien est partagé en zones d'altitude afin de permettre la circulation aérienne dans les meilleures conditions de sécurité. L'espace aérien inférieur est subdivisé en régions d'information de vol, les FIR (*Flight Information Regions*). Il y en a cinq en France. Les limites de ces FIR ne sont pas des frontières, mais leur tracé s'en approche. Les FIR se développent du sol à environ 5 800 mètres d'altitude. Au-delà de 5 800 mètres, c'est l'espace aérien supérieur, qui n'est formé, en France, que d'une seule région d'information de vol (UIR, *Upper Information Region*). Mais cette réglementation varie selon les États, et la limite altitudinale entre les FIR et les UIR peut différer.

Le découpage de l'espace aérien en Europe

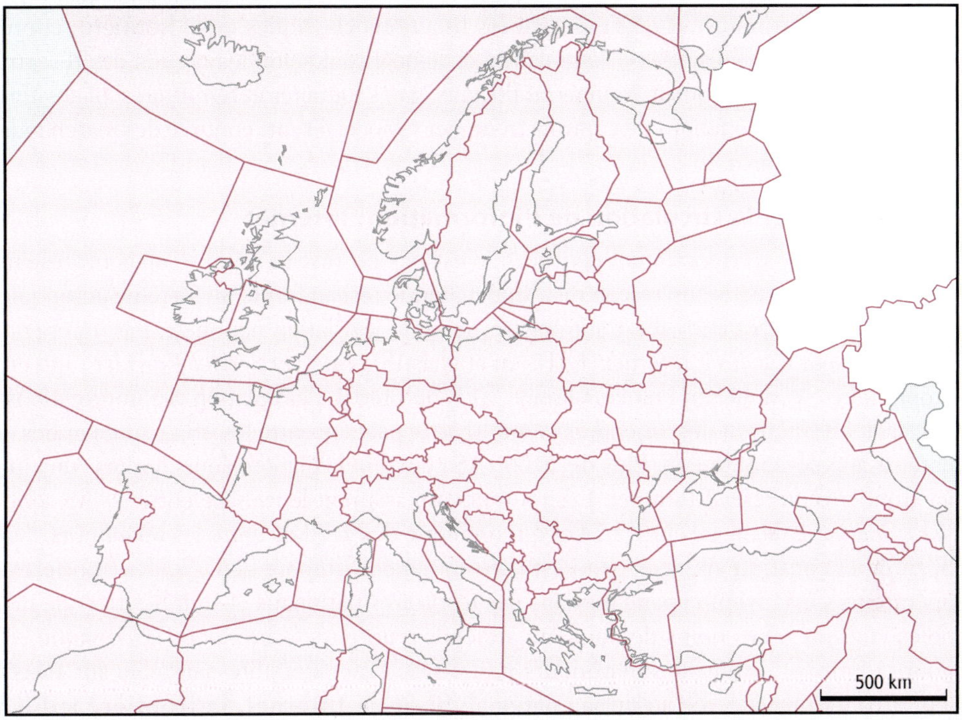

Le contrôle de l'espace aérien, les consignes de sécurité varient en fonction de l'altitude, du trafic et de la proximité des aéroports. L'espace est subdivisé en classes selon le niveau de contrôle et les modalités de vol. La zone de contrôle terminale (CTR, *Control Zone*) est délimitée pour gérer les décollages et les atterrissages jusqu'à 500 mètres d'altitude environ, la région de contrôle terminale (TMA, *Terminal Manoeuvring Area*), plus vaste, permet de gérer l'espace d'aéroports plus grands ou de plusieurs aéroports. Les TMA sont reliées par les voies aériennes.

Les zones réglementées, souvent militaires, peuvent perturber la continuité d'utilisation de l'espace aérien par le trafic civil avec, dans certains cas, des interdictions de pénétrer l'espace ou l'obligation de demander des autorisations pour le transit. Il existe aussi des zones interdites à tout trafic civil, peu nombreuses. La plus connue en France concerne l'espace aérien au-dessus de Paris intra-muros, la zone P23, dont le survol en dessous de 2 000 mètres (6 600 pieds) est prohibé.

2. Les frontières maritimes

Elles prolongent vers la haute mer la souveraineté des États, selon une subdivision en zones établies par la convention de Montego Bay en 1982 [→CH. 6]. Elles sont l'objet de contentieux compte tenu des enjeux d'appropriation et de contrôle des ressources (énergétiques, minières, halieutiques) dans les ZEE, ainsi que des enjeux sécuritaires de circulation des navires.

3. Les frontières réticulaires

Si les frontières linéaires et terrestres sont toujours placées en périphérie des territoires, il apparaît, avec les processus de mondialisation et de métropolisation, que les frontières sont de plus en plus franchies, par les personnes et les marchandises, au niveau des ports, des aéroports et des gares. Ce sont des frontières réticulaires* ou nodales, déplacées, projetées au cœur des territoires, et où s'exercent les fonctions classiques de la frontière : contrôle, filtrage, douane. Les frontières réticulaires se relocalisent selon les nœuds des réseaux de transports : aéroports, ports maritimes ou fluviaux, gares routières et ferroviaires, plates-formes multimodales. Les fonctions de contrôle frontalier se spécialisent : contrôle des marchandises, contrôles migratoires.

4. Les frontières et la circulation de l'information : Internet

Internet, abrégé d'*international network**, n'est pas un réseau unique, mais un réseau de réseaux interconnectés, un réseau distribué. Chaque réseau forme un système autonome ou AS (*Autonomous System*) ; il est administré, selon la législation nationale, par un opérateur ou fournisseur d'accès à Internet (FAI – en anglais ISP, *Internet Service Provider*), qui en est propriétaire – comme, en France, Orange, SFR ou Free. La circulation des informations sur le réseau Internet suit des itinéraires et implique le passage entre les AS, assuré par des ordinateurs appelés « routeurs ». Plus de 20 000 AS couvrent la planète, leurs limites constituent les frontières du réseau Internet. Les routeurs qui assurent le passage entre les AS sont des IXP (*Internet Exchange Point*), transit qui implique des accords entre les opérateurs.

Si Internet constitue un réseau qui est théoriquement supposé dépasser les frontières, les opérateurs s'inscrivent cependant dans des territoires nationaux et sont héritiers de monopoles étatiques. Les noms de domaine attachés à un pays (« .be » pour la Belgique, « .fr » pour la France) restent des marqueurs partiels de la territorialité nationale sur Internet, leur attribution est gérée au niveau national. **Si, avec Internet, la frontière subit des évolutions avec une dématérialisation, la frontière persiste néanmoins comme barrière aux niveaux technique, économique, politique, réglementaire et administratif, mais aussi à travers l'obstacle de la langue.** Qu'il s'agisse des stations terrestres, des systèmes satellitaires ou des points d'atterrissement des câbles sous-marins, Internet a besoin pour fonctionner d'un ancrage territorial. L'État reste un acteur majeur, car il a souvent la propriété et le contrôle des infrastructures de liaisons. Cette présence de l'État doit également se comprendre dans le domaine juridique, qui définit un intérieur et un extérieur. Certains États ont la capacité de contrôler les informations qui pénètrent sur leur territoire, comme la Chine, qui a d'ailleurs rompu le monopole américain d'attribution des adresses IP (*Internet Protocol*), qui permettent à chaque ordinateur de se connecter au réseau, en créant son propre système de noms de domaines (DNS, *Domain Name System*),

DÉFINITIONS

Réticulaire : qui se rapporte au réseau.
***Network* :** réseau.

et qui s'impose comme puissance du cyberespace avec le projet PEACE de pose de câbles reliant le Pakistan, l'Afrique de l'Est et l'Europe.

Internet: un réseau distribué

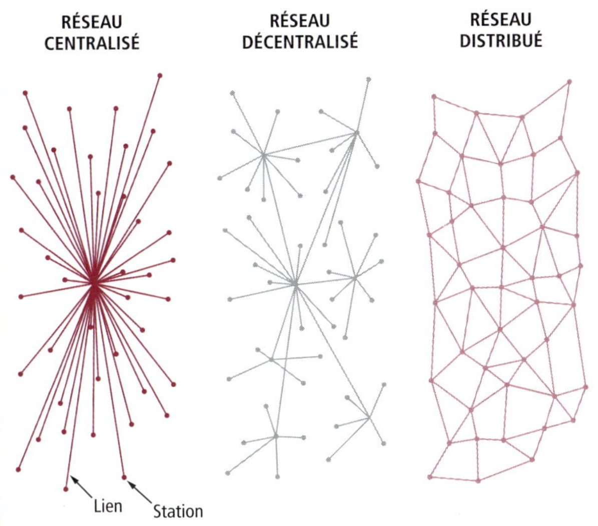

Source : *Questions Internationales* n° 47, « Internet à la conquête du monde », La Documentation française, 2011.

D. LES FRONTIÈRES, ENTRE RÈGLEMENTS, TENSIONS ET CONFLITS

Partout dans le monde, les accords frontaliers se multiplient pour faciliter les échanges et permettre différentes formes de coopération. Cependant, les litiges frontaliers, une quarantaine aujourd'hui, traduisent une remise en question des tracés hérités de l'histoire et de la constitution des États. Mais **on observe en même temps un mouvement de règlement de ces litiges frontaliers dans de nombreuses régions du monde**, concernant les nouvelles frontières, mais aussi les tracés plus anciens. Ces règlements des litiges permettent une affirmation de la souveraineté nationale, un contrôle des périphéries, une exploitation des ressources des régions frontalières, en particulier pour les grands États (Brésil, Chine), voire un contrôle des minorités. La délimitation d'une base territoriale reconnue permet une insertion dans les relations internationales et l'économie mondialisée. La Chine a ainsi engagé, depuis les années 1990, une « diplomatie du pourtour » par laquelle, en réglant les contentieux frontaliers avec les quatorze pays qui l'entourent et en encourageant l'ouverture par les échanges, elle entend exercer un rôle géoéconomique et géopolitique majeur en Asie orientale.
Les frontières de l'Afrique, souvent dénoncées comme arbitraires, exogènes, n'ont été que peu modifiées avec la décision de l'OUA d'en garantir l'intangibilité, en les conservant comme elles l'étaient au moment des indépendances, ce qui a peut-être évité une balkanisation* du

DÉFINITION

Balkanisation: l'expression désigne le morcellement politique en petits États, à l'instar des Balkans, au sud-est de l'Europe, à la suite du démantèlement de l'Empire ottoman à la fin du XIXe siècle et au début du XXe siècle. Elle désigne aussi la reprise de ce processus avec l'éclatement de l'ex-Yougoslavie et de l'ex-URSS.

continent. Il a cependant fallu démarquer ces frontières. L'Union africaine a lancé le Programme Frontière de l'Union africaine, en 2007, avec pour objectif la démarcation de 62 000 kilomètres de frontières qui ne le sont pas. Cette démarcation est source de différends. Les recours sont soumis au jugement de la Cour internationale de justice (CIJ) de La Haye. Parmi les neuf contentieux réglés par la CIJ en Afrique, on peut mentionner celui de la bande d'Aozou, entre la Libye et le nord du Tchad, tranché en faveur du Tchad en 1994, ou celui de la péninsule de Bakassi, riche en hydrocarbures, entre le Nigeria et le Cameroun, réglé en faveur de ce dernier en 2002, ou celui entre l'Érythrée et l'Éthiopie, réglé en 2017.

ZOOM ▶ Le règlement et l'ouverture des frontières en Chine

Avec plus de 22 000 kilomètres de frontières, qui la séparent de quatorze États, la Chine possède la plus longue enveloppe frontalière terrestre du monde. L'essentiel des tracés a été fixé entre 1858 et 1914, plus largement entre 1842 et 1945 (notamment les traités frontaliers signés sous la dynastie des Qing – 1644-1912 – avec les puissances occidentales). La Chine républicaine (1912-1949), mais surtout la RPC de Mao Zedong n'ont eu de cesse d'effacer ce « siècle d'humiliation nationale » et les conséquences des « traités inégaux ». C'est pourquoi la Chine a renégocié les tracés frontaliers ou s'est engagée dans des conflits, avec l'Inde en particulier, en fonction du contexte géopolitique régional et de son histoire interne. Les frontières ont été délimitées puis démarquées dans les années 1960 avec la Birmanie, le Népal, la Corée du Nord, la Mongolie, le Pakistan, l'Afghanistan, puis durant la période 1990-2010 avec le Vietnam, le Laos, la Russie, le Kazakhstan, le Kirghizistan et le Tadjikistan. Ces règlements frontaliers permettent à la Chine de poursuivre sa politique d'ouverture amorcée dans les provinces littorales, d'engager une intégration des provinces frontalières continentales et un rééquilibrage en matière de développement du territoire, caractérisé par de fortes inégalités. Le gouvernement a autorisé l'ouverture de nombreux postes-frontières, appelés « ports de commerce frontaliers », et de zones économiques frontalières pour dynamiser la coopération avec les pays voisins. Parmi les objectifs multiples qui animent cette politique, la question de la sécurité énergétique est essentielle. À ce titre, la pacification des relations avec la Russie a permis la construction de pipelines transfrontaliers, dont la branche reliant Skovorodino en Extrême-Orient russe à Daqing, inaugurée en 2010. La Chine possède aujourd'hui un peu plus de 140 ports de commerce frontaliers situés dans ou près de localités de taille variable, subdivisés en ports de première catégorie, qui assurent les échanges avec les États voisins et en ports de seconde catégorie, les plus nombreux, qui assurent les échanges du petit commerce.

Les accords frontaliers ne signifient pas la fin des tensions. Ainsi, entre la Chine et l'Inde, en juillet 2006, un passage par le col de Nathu-La, situé à plus de 4 500 mètres dans l'Himalaya, sur une section non disputée de la frontière, entre le Sikkim et le Tibet, a été rouvert après plusieurs décennies de fermeture (1959 : soulèvement au Tibet, 1962 : guerre sino-indienne), permettant le transit par camions de marchandises. Pour autant, les relations entre les deux États demeurent très tendues en ce qui concerne le contrôle de l'Aksai Chin (nord du Cachemire).

REPÈRES

Kouriles : le traité russo-japonais de 1855 donnait les îles Kouriles à la Russie à l'exception des quatre îles méridionales proches d'Hokkaido, îles que les Japonais appellent « Territoires du Nord ». En 1875, en échange de Sakhaline, la Russie cédait au Japon l'intégralité des îles Kouriles. Or, le traité de San Francisco (1951), qui règle la situation territoriale dans le Pacifique après la Seconde Guerre mondiale, accorde les îles Kouriles à l'URSS. Le Japon considère toujours que les îles Kouriles méridionales doivent lui revenir et que ces îles se rattachent à Hokkaido.

La mer Égée : depuis la convention des Nations unies sur le droit de la mer (1982) qui, selon son article 3, donne le droit aux États parties d'étendre leurs « mers territoriales » à 12 milles marins au maximum, la Grèce souhaite exercer ce droit, ce qui élargirait sa mer territoriale, actuellement fixée à 6 milles, la faisant passer de 43,68 % à 71 % de la superficie de la mer Égée et ferait de celle-ci une mer quasi fermée et contrôlée par la Grèce. La Turquie, qui n'a pas signé la convention, estime qu'en pareil cas, ses intérêts vitaux seraient lésés.

Il existe une quarantaine de contentieux territoriaux frontaliers aujourd'hui dans le monde. Certains sont anciens, comme le différend opposant la Grèce et la Turquie à propos de la délimitation de leurs mers territoriales à 6 ou 12 milles marins ou celui opposant le Japon et la Russie pour la souveraineté des îles Kouriles. D'autres contentieux surgissent, en particulier lorsque des ressources sont en jeu. C'est ainsi qu'un différend oppose Israël et le Liban à propos de leur frontière maritime, qui traverse un important gisement de gaz offshore. Dans les cas extrêmes, ces tensions peuvent déboucher sur des conflits. En Afrique, le Soudan du Sud a obtenu sa reconnaissance internationale en devenant le 193e État de l'ONU, après une guerre de vingt-deux ans pour se détacher du Soudan. Le Soudan du Sud dispose de ressources pétrolières, mais, enclavé, il dépend du Soudan au nord pour faire transiter le pétrole. Le tracé frontalier entre les deux États n'est pas réglé et cette création d'un nouvel État remet par ailleurs en cause l'intangibilité des frontières en Afrique.

À côté des tensions frontalières, il existe aussi des situations conflictuelles durables ayant conduit à la fermeture des frontières. Le cas le plus emblématique est celui de la DMZ (*Demilitarized Zone*) qui sépare les deux Corées depuis 1953, mais les frontières sont aussi fermées entre la Turquie et l'Arménie, la Turquie et l'Azerbaïdjan, l'Inde et le Pakistan (Cachemire depuis 1947)), le Panamá et la Colombie, l'Ouzbékistan d'une part, le Kirghizistan et le Tadjikistan d'autre part, l'Algérie et le Maroc.

II. Les frontières conditionnent les circulations économiques et les migrations

A. LES FRONTIÈRES RÉVÈLENT DES DIFFÉRENTIELS TERRITORIAUX

ZOOM ▶ Les travailleurs transfrontaliers* en France

En France métropolitaine, environ 392 400 (2016) résidents traversent la frontière pour aller travailler dans un pays limitrophe. Il s'agit essentiellement de cinq pays : la Suisse, le Luxembourg, l'Allemagne, la Belgique et Monaco. Les navettes sont très limitées avec l'Italie, l'Espagne et le Royaume-Uni. À l'inverse, seulement 10 000 personnes environ viennent travailler en France, la moitié venant de Belgique, les autres d'Espagne, d'Allemagne et d'Italie. La Suisse est de très loin la destination principale puisqu'elle attire 179 000 personnes, le Luxembourg venant en deuxième position avec 75 000 travailleurs transfrontaliers. Les différences de salaires entre ces deux pays et la France sont la principale cause de ces mobilités. Quatre grands pôles centrés autour de Genève, Luxembourg, Bâle et Monaco reçoivent près des deux tiers des transfrontaliers. Le canton de Genève et le district de Nyon, dans le canton de Vaud, forment, avec la zone d'emploi du Genevois français, l'espace urbain franco-valdo-genevois, véritable agglomération transfrontalière. Les navettes ont donc lieu dans un espace fortement intégré. La part de frontaliers français dans l'emploi atteint 28 % dans le canton de Genève. Les habitants du Genevois français travaillent en majorité dans la commune de Genève, et les autres dans les communes suisses de l'agglomération genevoise. Ils sont environ 33 000 dans l'agglomération bâloise, qui est aussi une agglomération transfrontalière (l'Eurodistrict de Bâle). Côté français, ce sont les zones d'emploi de Mulhouse et de Saint-Louis qui fournissent la plus grande partie des migrants, les zones d'emploi du nord de la Franche-Comté n'en fournissant qu'une petite partie. Les transfrontaliers jouent un rôle majeur dans l'économie locale. Dans quatre zones (Longwy, Genevois français, Saint-Louis, Menton), les emplois transfrontaliers représentent plus de 40 % de l'emploi de la zone (45 % dans le Genevois français, 51 % dans la région de Longwy).

DÉFINITION

Transfrontalier (ou navetteur) : résident français déclarant travailler à l'étranger. La fréquence (quotidienne, hebdomadaire…) n'est pas observée.

Les États, organisés au cours du temps dans leur cadre frontalier, constituent des espaces au fonctionnement et à l'organisation variés : langue, monnaie, économie, niveau de développement, culture, système politique. Les frontières terrestres qui mettent en contact ces systèmes spatiaux originaux soulignent ces différentiels de part et d'autre des frontières, très souvent exploités par les populations frontalières, mais aussi par les entreprises. Le travail transfrontalier est représentatif de cette utilisation des différentiels : les différences de salaires ou de fiscalité constituant un facteur d'attractivité.

Pour les entreprises, ce sont souvent les différentiels du coût de la main-d'œuvre qui sont utilisés dans le choix des implantations. **La multiplication des zones franches dans le monde illustre, par leur généralisation et leur localisation, la mondialisation de l'économie et l'affranchissement des frontières.**

Le terme « zone franche » désigne un périmètre délimité, fermé et à l'accès très contrôlé (police, douane), dans lequel les entreprises présentes sont soustraites au régime commun en vigueur dans le pays d'accueil, principalement dans les domaines douanier et fiscal. Les États qui accueillent les entreprises étrangères attendent en retour un accroissement de leurs exportations. La multiplication des zones franches depuis une trentaine d'années accompagne la diffusion du processus de la mondialisation et l'ouverture des pays de la planète à l'économie de marché. La diffusion des zones franches dans le monde s'est appuyée sur les modèles de Shannon en Irlande, de la « zone libre » de Colón (Panama), de la zone franche de Manaus (Brésil) pour l'Amérique du Sud, des trois *Foreign Trade Zones* de Porto Rico, de Djebel Ali (Émirats arabes unis) au Moyen-Orient. La distribution des zones franches dans le monde atteste de leur succès, 1 734 zones franches étaient recensées dans 133 pays en 2008, elles sont 2 260 en 2018. Elles constituent un levier de croissance pour les pays émergents (création d'emplois, apports de capitaux, transferts de technologie). Il existe plusieurs catégories de zones franches : les zones franches commerciales (*Free Trade Zones*, FTZ), les zones franches d'exportation (*Export Processing Zones*, EPZ).

Les zones franches sont très variables par leur taille, les activités qui y sont implantées, les statuts (privé – public), leur localisation. Les zones franches commerciales sont souvent en position d'interface à proximité des ports ou des aéroports. Djebel Ali (Émirats arabes unis), Hambourg (Allemagne), Jurong (Singapour), Port-Louis (Maurice) ou Tanger en sont des exemples. Les zones franches d'exportation sont surtout spécialisées dans la production manufacturière (textile, matériel informatique) ou les services (centres d'appels téléphoniques). Un cas particulier est constitué des « **points francs** » (*Free Points*). Les entreprises disposent des mêmes avantages fiscaux que dans la zone franche, mais l'implantation est libre, et ce sont souvent les bassins de main-d'œuvre ou les régions frontalières qui sont choisis.

Les *maquiladoras*, plus de 3 000 le long de la frontière avec les États-Unis, implantées au Mexique dans les *twin cities* en sont l'archétype. On les trouve aussi à Madagascar ou dans l'île Maurice. Les ZES chinoises constituent une autre forme d'implantation, dans ces périmètres très vastes, plusieurs milliers de kilomètres carrés, dont Shenzhen constitue l'exemple le plus spectaculaire.

ZOOM ▶ Les *maquiladoras* au Mexique

Le Mexique a été le premier pays à inaugurer des « points francs » en 1965, au travers des entreprises connues sous le nom générique de *maquiladoras* (usines de montage). Localisées le long de la frontière avec les États-Unis, elles ont ensuite été autorisées à se répandre dans tout le pays. Toutefois, la plus forte concentration de *maquiladoras* reste à la frontière américano-mexicaine. Les villes qui les accueillent sont spécialisées : Tijuana (électronique), Ciudad Juárez (pièces détachées automobiles), Matamoros (composants électroniques). Le commerce transfrontalier terrestre s'accompagne de flux intenses et plus de 13 000 camions franchissent chaque jour la frontière, le doublet urbain San Diego-Tijuana étant le plus emprunté au monde à la hauteur du poste-frontière de San Ysidro, qui enregistre le passage vers les États-Unis de plus de 18 millions de voitures chaque année. Les *maquiladoras* ont stimulé l'appel de la main-d'œuvre mexicaine, et les villes, du côté mexicain du doublet, ont connu une croissance démographique spectaculaire. Ce système de points francs a été relayé et concurrencé en Asie, dans les pays dits « ateliers », en Chine avec les ZES.

B. STRATÉGIES DES ÉTATS POUR VALORISER LEURS RÉGIONS FRONTALIÈRES

ZOOM ▶ Dynamiques métropolitaines et intégration transfrontalière : l'exemple du Luxembourg

Avec le renforcement de la mondialisation et de la construction européenne, un double mouvement de concentration favorise l'échelle métropolitaine en même temps que les activités de services liées à l'économie de la connaissance. La métropole de Luxembourg illustre cette évolution dans le contexte particulier d'une politique de développement transfrontalière.

Au Luxembourg, les fonctions métropolitaines se développent à partir des années 1970 quand l'État, anticipant le déclin des activités sidérurgiques, fait le choix d'attirer des établissements financiers à travers une fiscalité et des réglementations attractives. L'émergence de la métropole luxembourgeoise favorise l'expansion du bassin d'emploi bien au-delà des frontières nationales, en Allemagne, en France et en Belgique. Ainsi, des villes telles que Thionville et Longwy du côté français ou Arlon du côté belge sont placées dans l'aire d'influence directe de la métropole luxembourgeoise. Mais depuis le début des années 2000, la politique de développement économique choisie par le Grand-Duché semble atteindre quelques limites, avec notamment la cherté de l'immobilier au Luxembourg et la saturation des voies de communication entre la métropole et les régions frontalières.

À côté de cette forte métropolisation, la coopération transfrontalière, pourtant vitale pour un petit pays situé au cœur de l'Europe, ne concerne que des projets d'envergure limitée, contrairement à ce qui se passe pour d'autres métropoles transfrontalières comme Lille ou Bâle. Il faut donc parler d'un paradoxe luxembourgeois. Les initiatives dispersées et fragmentées prises par les acteurs institutionnels (État, ville de Luxembourg) en matière de coopération territoriale sont loin d'être au niveau de l'envergure de l'aire métropolitaine fonctionnelle.

Les régions frontalières sont devenues des espaces à valoriser, des leviers d'intégration régionale. La Chine a engagé plusieurs programmes de développement transfrontalier. Elle participe en Asie du Sud-Est au projet de développement de la Région du Grand Mékong (RGM). La RGM (en anglais, *Greater Mekong Subregion* – GMS) réunit le Cambodge, la Chine (Yunnan et Guangxi), le Laos, Myanmar (Birmanie), la Thaïlande et le Vietnam. L'objectif est de renforcer la coopération économique à l'échelle de l'Asie du Sud-Est continentale, en créant des corridors économiques de développement s'appuyant sur des infrastructures de transport et sur les échanges transfrontaliers. Les axes de développement sont d'orientations nord-sud et est-ouest. Ils doivent relier les villes principales et les capitales de la région par des routes et des autoroutes Kunming-Mandalay-Rangoun, Kunming-Vientiane-Bangkok, Nanning-Hanoï-Vientiane-Bangkok, Nanning-Hanoï-Danang-Ho Chi Minh-Ville, Bangkok-Phnom Penh-Ho Chi Minh-Ville. Ce réseau routier doit être complété par un réseau ferroviaire à grande vitesse et peut-être relier Singapour. La ligne qui relie Kunming (Chine au Yunnan) à Bangkok (Thaïlande) en passant par Ventiane (République populaire démocratique du Laos) est commencée ; elle s'inscrit par ailleurs dans la stratégie chinoise *Belt and Road Initiative* (BRI) ou « Nouvelles routes de la soie », par Vientiane. La ligne à grande vitesse Kunming-Bangkok devrait entrer en service en 2025. Les coûts des aménagements sont assurés par la Banque asiatique de développement (BAsD), les États, mais surtout la Chine et la Thaïlande, ainsi que la Banque mondiale, l'ASEAN et la BAII (Banque asiatique d'investissement dans les infrastructures).

ZOOM ▶ Les eurorégions

Les eurorégions sont des entités territoriales de coopération qui associent des collectivités territoriales variées, des communes aux régions, de part et d'autre d'une frontière, dans le but de créer des espaces intégrés transfrontaliers. Les eurorégions sont soutenues financièrement par l'Union européenne et par le Conseil de l'Europe. Situés en périphéries frontalières nationales, ces territoires, dans un contexte d'effacement des frontières, réorientent leur développement en développant des projets axés sur l'économie locale, les échanges culturels, le réaménagement des réseaux de transports, l'environnement.
Il existe une centaine d'eurorégions qui correspondent à des regroupements divers, sans statut juridique défini. Les villes ou les communes peuvent en constituer la base, avant la conclusion d'un accord de coopération transfrontalier.
La première eurorégion, l'Euregio, a été créée dès 1958, regroupant cinq régions frontalières situées le long de la frontière germano-néerlandaise. En 1963, la Regio Basiliensis est constituée entre la France et la Suisse, rebaptisée depuis TriRhena, en s'élargissant à l'Allemagne. Puis d'autres entités eurorégionales apparaissent, comme Alpe Adria (Alpes orientales, 1977), Rhein-Waal (1978), Cotrao (Alpes occidentales, 1982), Commission de travail des Pyrénées (1982), Conseil du Léman (1987), Pamina (1988) et SaarLorLux (1995). L'élargissement de l'Europe en 2004 a vu la création d'eurorégions au niveau des espaces frontaliers d'Europe centrale et orientale, mais aussi entre les pays membres de l'Union européenne et les pays voisins, non membres de l'Union européenne, mais membres du Conseil de l'Europe, comme la Norvège, l'Islande, la Suisse ou la Russie.
Parmi ces eurorégions, on peut mentionner Pomerania (1991), l'eurorégion trinationale DKMT (Danube-Kries-Mures-Tiza), articulée autour de la triple frontière entre Roumanie-Hongrie-Serbie, et l'eurorégion des Carpates.

■ Les eurorégions en Europe centrale

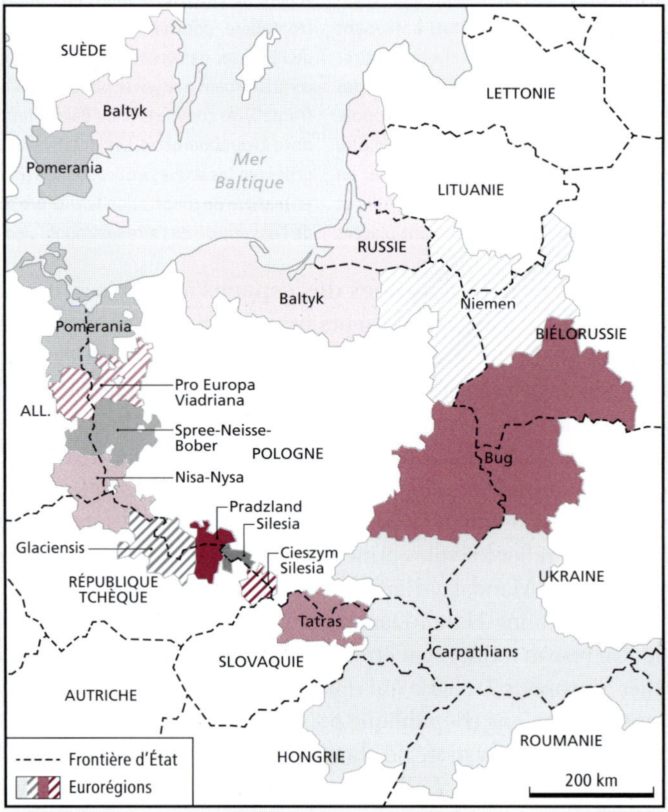

La valorisation des ressources hydrauliques et agricoles est aussi un moyen de développer des régions frontalières. C'est le cas du *Brasiguay,* région orientale du Paraguay, où a été construit le barrage d'Itaipu et où se réalise l'extension de la culture du soja par les agriculteurs brésiliens en quête de terres qui ont franchi la frontière. La culture du soja s'est répandue dans cet espace peu développé, devenu attractif et où la ville de Ciudad del Este, à la triple frontière du Paraguay, du Brésil et de l'Argentine, connaît une forte croissance, alimentée par le commerce transfrontalier mais aussi par les activités illégales. C'est la demande mondiale de soja, en provenance essentiellement d'Europe et de Chine, qui est à l'origine de ce développement régional et de la transformation de l'espace, confirmant son intégration dans l'économie mondialisée et créant autour du Rio de la Plata un espace transfrontalier de la culture du soja.

Dans l'Union européenne, l'intégration frontalière n'est pas nouvelle. Elle est désormais institutionnalisée dans le cadre de la coopération frontalière, les eurorégions constituant, avec les villes, le cadre spatial de la mise en œuvre de projets variés. L'objectif est l'intégration de régions qui furent périphériques dans le cadre de leurs territoires nationaux, et l'effacement des différences de niveau de développement de part et d'autre des frontières.

C. LES AMÉNAGEMENTS TRANSNATIONAUX

L'intégration régionale s'entend comme la réalisation d'accords de coopération volontaire, entre pays proches géographiquement, pour constituer des ensembles régionaux plus ou moins unifiés, comme l'Union européenne, l'Alena (CAEUM depuis 2018), le Mercosur ou l'ASEAN [→CH. 1]**.** Le contexte de la mondialisation renforce cette tendance puisqu'elle favorise l'accroissement des échanges. Cela suppose une modification de la perception des États voisins, en passant de la méfiance, voire de l'affrontement, à la coopération. Au-delà de la réalisation d'un espace de coopération comme celui de l'UE, qui est le plus abouti aujourd'hui, l'intégration régionale passe aussi par le commerce, les échanges énergétiques notamment.

Les frontières nationales, par l'ouverture, changent de fonction, au moins en des lieux d'échanges frontaliers spécifiques. Elles n'ont plus l'unique fonction de limites de l'intégrité territoriale nationale, de limites fermées, de barrières ; elles deviennent des espaces transfrontaliers dans les cas des dynamiques les plus avancées, espaces de passage dans d'autres cas.

Permettre la fluidité des circulations de marchandises, c'est assurer la continuité territoriale des échanges, effacer les frontières. Or, l'aménagement des réseaux de transports réalisés historiquement dans des limites nationales ne permet pas toujours cette continuité transfrontalière pour des raisons techniques : écartement des rails différents, absence de ponts. La modernisation des infrastructures de transports, les aménagements sont donc nécessaires. Ces aménagements sont désormais envisagés dans le cadre des entités supranationales qui se sont constituées partout dans le monde.

En Amérique du Sud, les fleuves, puis les réseaux ferroviaires ont contribué à la maîtrise des territoires, mais de façon très inégale, la navigabilité des fleuves n'étant souvent que partielle. Pour les réseaux ferroviaires, le tracé des réseaux a été commandé par la configuration des territoires et par les orientations du développement. Les connexions internationales, trop peu nombreuses pour former un réseau unifié, doivent en outre s'interrompre à la frontière à cause de différences d'écartement des voies. Les connexions transandines ne fonctionnent pas, à l'exception de la liaison La Paz-Arica.

Les axes d'intégration et de développement en Amérique du Sud (IIRSA)

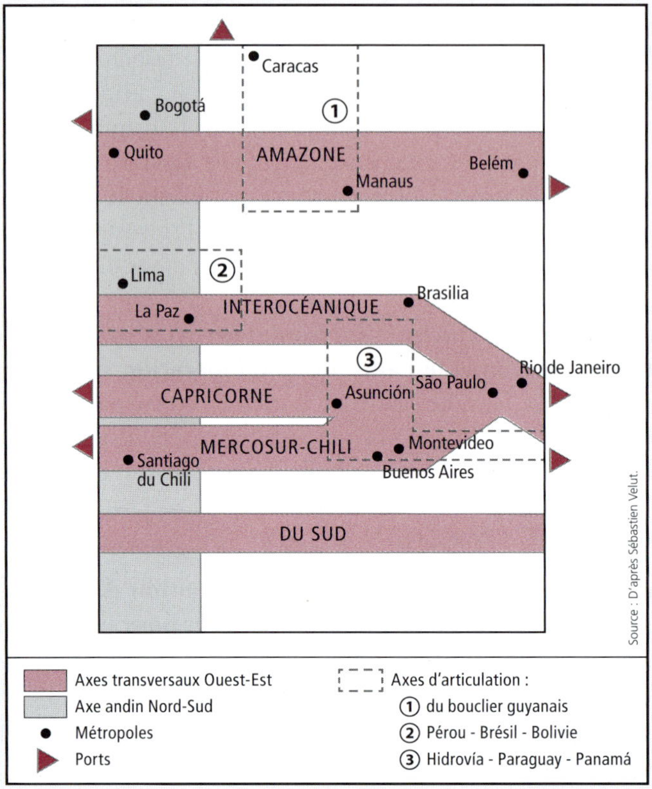

Source : D'après Sébastien Velut.

Les distances sont grandes : 2 500 kilomètres entre Buenos Aires et São Paulo, 5 000 kilomètres entre Santiago et Brasilia. De plus, les temps de transport dépendent de l'état des routes, le plus souvent médiocre. La vitesse des camions en Amazonie est estimée entre 30 et 40 km/h. C'est pourquoi le sommet des Présidents de l'Amérique du Sud, organisé à Brasilia en 2000, a lancé une Initiative pour l'intégration régionale de l'Amérique du Sud (IIRSA). Il ne s'agit plus seulement de mieux connecter les États deux à deux, mais d'organiser l'ensemble des infrastructures à l'échelle du continent. La notion de corridor bi-océanique, limitée, par définition, à la traversée du continent, est remplacée par celle d'axe d'intégration, ce qui permet d'intégrer les Andes et l'axe nord-sud avec des axes méridiens. De nombreuses liaisons routières sont en cours de modernisation, de même que les ports et les voies navigables. Un ensemble de projets, connus sous le nom de *Hidrovia,* concernent la voie fluviale du Paraná. Il est également question de faciliter la navigation sur les cours supérieurs des fleuves Paraguay et Paraná. Le premier permettrait la desserte, à travers le Paraguay, du centre-ouest du Brésil, qui connaît une forte croissance de la production de soja. S'ils se réalisent, ces projets donneront une certaine unité au bassin du Paraná, qui pourrait structurer l'espace sud du continent. **Les corridors de fret (*freightway* ou *freeway*) sont des infrastructures exploitées en commun par plusieurs gestionnaires pour permettre la circulation sur un même itinéraire. Ils constituent des outils indispensables pour l'ouverture des économies et pour le désenclavement de certains États.** Les échanges entre la Chine et l'Europe alimentent des projets de corridors ferroviaires, susceptibles de compléter, voire de remplacer, les échanges de conteneurs par voie maritime. Depuis 2008 et les premiers convois ferroviaires de conteneurs reliant Pékin au port de Hambourg, permettant de parcourir les 12 000 kilomètres les séparant en 17-18 jours, soit en deux fois moins de temps que par la voie maritime, de nombreux tracés de corridors transcontinentaux eurasiatiques ont été réalisés. Les ponts terrestres ferroviaires parcourus par des trains-blocs entre les façades maritimes européennes et asiatiques se multiplient, comme le train-bloc* Sun (Saulé), qui parcourt en 13 jours les 10 929 kilomètres qui séparent la Baltique, port de Klaipéda en Lituanie, et Chongqing (Chine), en passant par Vilnius (Lituanie) et Dostyk (Kazakhstan). En relation avec ces corridors, des plates-formes multimodales se développent, comme à Slawkow, en Haute-Silésie, au sud de la Pologne, où l'Euroterminal permet de relier la ville polonaise à Moscou-Irkoutsk et Vladivostok d'une part, Urumqi et Shanghai d'autre part. Ces corridors participent au développement des territoires et à l'intégration de l'hinterland eurasiatique.

III. Les limites de l'ouverture des frontières

A. SÉCURISER ET RENFORCER LES FRONTIÈRES

En même temps que se réalise une ouverture des frontières, les contrôles se renforcent et certaines frontières se ferment, comme l'atteste la construction de murs, partout dans le monde. Les murs réalisés ou en projet concernent plus de 25 000 kilomètres de frontières. La sécurisation des territoires et le contrôle de certains flux (migratoires, illicites, drogue en particulier) conduisent les États à renforcer partout la fonction de barrière de la frontière. Le retour de la fonction de fermeture des frontières a été symbolisé par la remise en vigueur des pratiques de séparation physique sous forme de murs, dont l'objet premier est de servir de barrières migratoires. L'un des premiers se situe entre l'Espagne et le Maroc, avec la création d'un nouveau périmètre frontalier autour des enclaves espagnoles de Ceuta et de Melilla depuis les années 1990, et toujours renforcé depuis (triple barrière espagnole et barrière marocaine), dont le coût est estimé à 47 millions d'euros.
Après les attentats du 11 septembre 2001, les États-Unis s'engagent dans une guerre contre le terrorisme. Le concept de *Homeland* institue l'idée de la sanctuarisation du territoire.
L'Administration Bush regroupe, dans le *Department of Homeland Security* (DHS), la gestion de l'immigration, de la frontière et de la sécurité du territoire. L'immigration est ainsi associée aux enjeux sécuritaires. Le 25 octobre 2006, le président George W. Bush a signé la loi autorisant la construction d'une clôture de 1 100 kilomètres sur cinq segments de la frontière américano-mexicaine, approuvée par le Sénat et la Chambre des représentants le mois précédent sous le nom de *Secure Fence Act*. En 2017, le Congrès a validé le budget du renforcement ou de l'extension du mur, voulu par Donald Trump, de 1,6 milliard de dollars.

Pour aller plus loin

Le site institutionnel du *Department of Homeland Security*
liennathan.fr/39e9as

DÉFINITION

Train-bloc: train complet de marchandises qui va directement d'un point à un autre sans être modifié.

En réalité, la sécurité du territoire des États-Unis s'étend bien au-delà de ses frontières linéaires terrestres et maritimes. L'augmentation de la piraterie maritime et des actes terroristes contre les navires a conduit à un renforcement des mesures de sécurité et de coopération entre les États. Un code international ISPS (*International Ship and Port Security*) a été adopté par l'**Organisation maritime internationale** (OMI) dès 2002. Il est obligatoire depuis 2004 et permet une traçabilité des navires. Les États-Unis peuvent refuser l'entrée de leurs ports aux navires qui proviennent de ports où le code ISPS est mal appliqué. Un contrôle du trafic de conteneurs a aussi été instauré en 2002 par les douanes américaines (code CSI, *Container Security Initiative*). En 2013, 58 ports dans le monde participent au programme, ils représentent 85 % des échanges de conteneurs dans le monde.

La sécurisation du territoire et la construction de murs, de barrières expriment aussi des enjeux idéologiques spécifiques, comme dans le cas de l'État d'Israël. La construction du mur est conçue, du côté israélien, comme nécessaire à sa survie face aux attaques terroristes des kamikazes venus de Cisjordanie. Le dispositif de séparation, barrière électronique ou de béton selon les endroits, est mis en place à partir de 2003, et quasiment achevé huit ans plus tard sur 730 kilomètres. Le tracé ne suit la ligne verte* que

Les principaux murs et barrières antimigratoires dans le monde

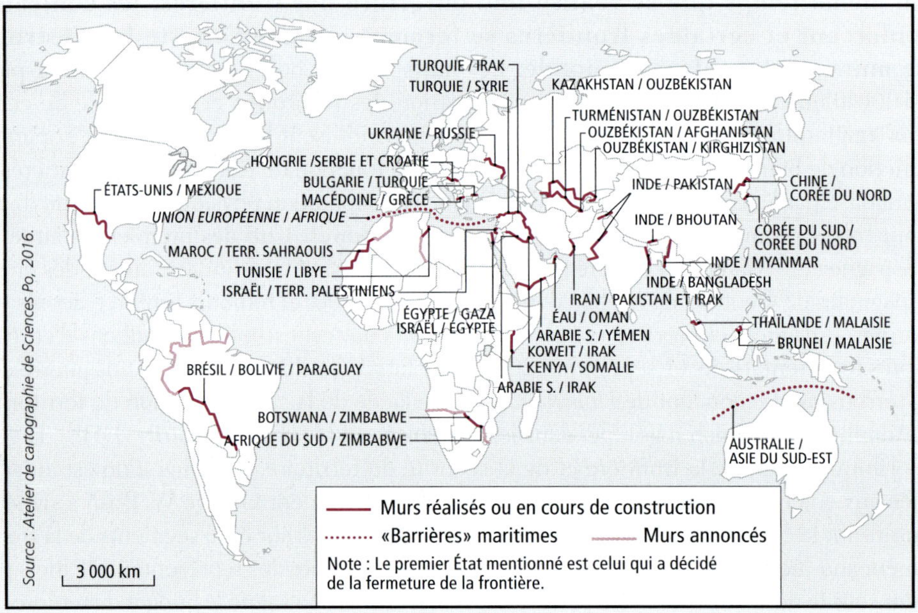

DÉFINITIONS

Ligne verte : après la première guerre israélo-arabe de 1948, une ligne d'armistice, provisoire, tracée en vert sur la carte lors des discussions (1949), a fixé la position des forces en présence (Israël / Syrie, Liban, Transjordanie, Égypte), avant des négociations de traités de paix jamais signés par la suite. Cette ligne verte n'est pas la frontière internationale reconnue de l'État d'Israël, mais elle a donné à Israël un territoire plus vaste que celui prévu par l'ONU.

Boat people : expression anglaise désignant à l'origine des migrants vietnamiens fuyant leur pays à la fin des années 1970 en utilisant des embarcations sommaires. Le terme est toujours utilisé pour désigner les migrants d'aujourd'hui (Afghans, Irakiens, Iraniens) cherchant à gagner l'Australie par voie maritime.

sur 20 % de celle-ci. Il a pour effets de fragmenter les territoires palestiniens en archipel et de matérialiser l'annexion. Sur le plan des attentats, le nombre de personnes tuées a effectivement diminué, passant de 451 à 0. Toutes les frontières israéliennes sont par ailleurs clôturées.

D'autres pays dans le monde ont érigé des barrières pour contrôler les flux migratoires ; c'est le cas entre l'Inde et le Bangladesh, entre le Botswana et le Zimbabwe, entre plusieurs pays d'Asie centrale. L'Australie, de son côté, a adopté une série de mesures pour contrôler sa frontière nord et limiter l'afflux de *boat people** en provenance d'Afghanistan, d'Irak ou d'Iran et transitant par l'Indonésie.

B. LES ENJEUX DE LA FERMETURE DES FRONTIÈRES

Certains des enjeux de la fermeture des frontières sont économiques. Les coûts de la sécurisation sont élevés. La libre circulation des marchandises est entravée. Si des firmes comme Boeing tirent des bénéfices de cette sécurisation (l'entreprise a obtenu le contrat américain pour l'équipement sécuritaire intérieur – aéroports – et celui des frontières terrestres – tours de surveillance avec capteurs et caméras), d'autres entreprises dénoncent la hausse des coûts due au temps d'attente pour franchir les frontières. La surveillance qui s'exerce sur la façade mexicaine se déploie désormais aussi du côté canadien, avec une des plus longues frontières terrestres (la plus longue, 8 891 kilomètres, en comptant le segment Alaska-Canada), qui était considérée comme la moins surveillée jusqu'aux attentats de 2001. Entre le Canada et les États-Unis, l'interdépendance commerciale est forte. Les échanges commerciaux réciproques de biens et de services ont atteint une valeur de 752 milliards de dollars en 2019, ce qui représente une valeur de 2 milliards par jour d'échanges quotidiens. Le trafic se concentre sur six points de passage, dont le pont Ambassadeur entre Windsor et Détroit, qui polarise 40 % des échanges. Les flux de personnes sont tout aussi intenses : plus de 30 millions de passages par an dans les deux sens. Les contrôles ralentissent la fluidité, et les embouteillages génèrent des pertes estimées à 10 milliards par les industriels. Face aux risques de fermeture d'usines, les milieux d'affaires, en premier lieu le MEC (Manufacturiers et exportateurs du Canada), sont favorables à un retour à la situation antérieure de dévaluation de la frontière et critiquent le risque de « mexicanisation » de la limite. Le coût de la sécurité est élevé pour le gouvernement fédéral. La construction du mur sur la frontière mexicaine pourrait atteindre 21,6 milliards de dollars selon le *Department of Homeland Security*, mais entre 27 à 40 milliards selon le *Massachusetts Institute of Technology* (MIT). En 2020, il en a déjà coûté 18 milliards, en partie prélevés sur le budget du Pentagone, pour achever les 1 425 kilomètres de nouvelles clôtures d'ici au printemps 2022. Actuellement, le gouvernement américain n'a construit que 162 kilomètres de mur, bien moins que les 724 annoncés pour fin 2020 par le président Trump.

Les enjeux de la fermeture des frontières sont aussi politiques. Qu'il s'agisse de l'Australie ou des États-Unis, l'afflux de migrants illégaux est devenu, comme en Europe, un enjeu de politique intérieure. Le rejet par les opinions publiques de l'entrée des migrants illégaux sur les territoires nationaux a conduit à la fermeture croissante des frontières. Les milices civiles tendent à remplacer les autorités jugées inefficaces pour assurer la sécurité ; c'est le cas des *Minutemen*, des États fédérés et même des municipalités. Les États du sud des États-Unis voient les Hispaniques devenir majoritaires dans la population, tandis que les discours anti-immigrants se multiplient. Il y aurait 12 millions de migrants illégaux aux États-Unis. En 2010, le Sénat de l'Arizona a adopté un projet de loi, dénommé « Arizona SB 1070 », extrêmement sévère sur l'immigration clandestine, qui a déclenché d'importantes controverses. L'Arizona a pourtant été imité par d'autres États américains, avec toutefois l'invalidation de certains articles. En 2019, Washington a obtenu un contrôle renforcé, assuré par le Mexique, de l'immigration illégale, qui aurait diminué de plus de 30 %. Dès son arrivée à la Maison Blanche en janvier 2017, le nouveau président américain Donald Trump avait confirmé la construction d'un mur continu le long de la frontière avec le Mexique, dont le coût serait à la charge de ce dernier, affirmant « une nation sans frontières n'est pas une nation » et « à partir d'aujourd'hui les États-Unis reprennent le contrôle de leurs frontières ». Le contrôle des migrations se combine avec la lutte contre les flux illicites de drogue. La violence explose dans certaines *twin cities*, comme à Ciudad Juárez, où transitent 40 % de la drogue qui approvisionne le marché américain. Vouloir contrer ces trafics est illusoire sur une frontière qui enregistre près de 400 millions de passages par an. 150 000 voitures transitent chaque jour entre El Paso et Ciudad Juárez, rendant les contrôles aléatoires et coûteux pour une efficacité limitée.

C. RETOUR DES FRONTIÈRES : VERS UNE REMISE EN CAUSE DE LA SOUVERAINETÉ DES ÉTATS ?

La lutte contre les trafics illicites, contre l'immigration illégale s'avère difficile, en particulier pour la surveillance des espaces maritimes. De nombreux États ne disposent pas des moyens de contrôler leurs frontières. Les États-Unis ont ainsi passé des accords bilatéraux avec les États des Caraïbes, États fragilisés, micro-États, pour obtenir

ZOOM ▶ La surveillance des frontières de l'Union européenne

Face aux arrivées croissantes de migrants, notamment sur les côtes du sud de l'Europe, depuis le début des années 2000, l'Union européenne a mis en place une collaboration entre les États pour la surveillance avec la création de l'agence **Frontex**, dont le siège est à Varsovie, devenue fin 2016 l'**Agence européenne de gardes-frontières et de garde-côtes**.

Elle dispose d'une réserve de réaction rapide de 1 500 agents et sera dotée progressivement, jusqu'à 2027, d'un corps permanent de 10 000 agents. Mais, depuis 2014, et surtout 2015, les entrées irrégulières par les côtes sud-européennes ont explosé. Près d'un million de migrants sont arrivés en Europe en 2015, contre environ 40 000 en moyenne dans les années 2000. Cette arrivée massive de migrants s'explique par les conditions d'existence et les conflits (guerre civile en Syrie, Irak, Libye) dans les pays de départ, qui poussent de plus en plus d'hommes mais aussi de femmes et d'enfants à gagner l'Europe au péril de leur vie. Frontex a d'ailleurs lancé, en février 2018, l'opération « Themis », visant à mieux surveiller l'activité des passeurs, soulager l'Italie ou l'Espagne, parfois démunies face aux arrivées et aux drames, et porter secours aux migrants en mer. Par leur ampleur inédite depuis 1945, les flux remettent en question le fonctionnement de l'espace Schengen et la libre circulation des personnes. Les États de l'espace Schengen doivent respecter les obligations fixées par le « Code frontières » (mars 2016), mais ils peuvent rétablir temporairement des contrôles aux frontières en cas de menace grave : crise migratoire, attentats terroristes, crise sanitaire de la Covid-19.

L'Union européenne a également contribué à l'instauration d'un réseau permanent de patrouilles côtières à ses frontières méridionales (*European Border Patrols Network*, EPN). Des accords bilatéraux et régionaux ont été signés avec les États voisins d'Afrique du Nord, dans le but de procéder à des patrouilles maritimes mixtes. Des équipes d'intervention rapide (*Rapid Border Intervention Team – RABIT*) ont été instaurées depuis 2007. Ces différentes mesures permettent par ailleurs d'assurer une surveillance générale des frontières contre diverses menaces, le terrorisme et pas seulement une surveillance des flux migratoires illégaux. Elles permettent d'envisager une gestion intégrée de la surveillance des frontières appuyée par des moyens techniques importants, comme la surveillance par satellite, l'identification et le suivi des navires à distance (*Long Range Identification and Tracking – LRIT*).

Ces mesures viennent renforcer celles déjà mises en place entre les différentes unités de contrôle, l'Agence européenne de gardes-frontières coordonnant les opérations de surveillance aux frontières et les informations de ces unités : le système d'information sur les visas (VIS), le système d'information Schengen (SIS) ou le système EURODAC. La surveillance devient réticulaire et s'établit tout au long des parcours migratoires. Des moyens qui semblent aujourd'hui insuffisants face à la crise migratoire. D'où un renforcement du contrôle des frontières dans certains États, la fermeture de frontières, la construction de murs, entre la Hongrie, la Serbie et la Croatie ou entre la Bulgarie et la Grèce face à la Turquie. Une situation sous tension qui nourrit la crise politique européenne, ce que reflète partiellement le Brexit décidé en 2016 par le Royaume-Uni.

la sous-traitance de leurs compétences répressives et contourner la souveraineté territoriale de ces États. La convention de Montego Bay interdit la poursuite de navires suspects dès le franchissement des mers territoriales. Par les accords *Entry to Investigate*, les navires américains peuvent cependant patrouiller dans les eaux territoriales des États caribéens signataires, ce qui autorise les États-Unis à franchir leur frontière et entame leur souveraineté.

Les contrôles frontaliers prennent des formes nouvelles. Ils ne se situent plus, ou moins, sur les frontières linéaires des États où tous les types de contrôle étaient assurés. Les contrôles sont externalisés, projetés en amont, directement dans les pays de départ des migrants.

La mondialisation permet la libre circulation des marchandises, contribue à l'ouverture des frontières, mais elle favorise en même temps « l'assignation à résidence » des migrants potentiels[1], tout en renforçant les inégalités entre les territoires à différentes échelles. La sécurisation des territoires est devenue la préoccupation majeure des États-Unis et des pays développés. La lutte contre différents trafics contribue au retour des frontières dans leurs fonctions de barrière et de contrôle. Entre les États riches capables de s'adapter aux nouvelles normes sécuritaires et ceux qui sont obligés de déléguer leurs fonctions régaliennes, les inégalités se perpétuent ou se renforcent. La croissance des mobilités internationales, la pression migratoire partout dans le monde soulignent la nécessité d'une gestion plus globale des frontières et des problèmes politiques à l'origine des migrations. En attendant, le renforcement des frontières et de leur fonction de coupure s'impose partout, y compris dans l'espace Schengen, qui représentait un espace, encore rare, de libre circulation.

Pour aller plus loin

Le site de l'agence Frontex
liennathan.fr/i32g4i

1. **G. Simon**, *La planète migratoire dans la mondialisation*, **2008.**

10 TERRITOIRES GAGNANTS ET PERDANTS

Si l'impact de la mondialisation varie selon les espaces et demeure indirect dans certaines régions du monde, c'est un processus auquel n'échappe aujourd'hui aucun territoire de la planète. Même les espaces situés à la limite de l'écoumène*, tels le Sahara, l'Arctique ou les fonds sous-marins, sont devenus des enjeux de la mondialisation, que ce soit dans le contexte de la course aux ressources ou dans celui de la diffusion du concept mondialisé de développement durable.

La mondialisation est un processus qui met en compétition l'ensemble des territoires de la planète et qui accentue à ce titre les différences territoriales, en renforçant les inégalités internes des régions, des États ou des villes. Elle recompose par ailleurs l'organisation des territoires mondiaux : **la mondialisation contribue à créer de nouveaux territoires, à renforcer certains d'entre eux, à fragiliser des territoires en difficultés socio-économiques ou politiques, mais aussi à intégrer des territoires marginaux.** Si G. Benko et A. Lipietz ont introduit, dès le début des années 1990, la notion de « régions gagnantes » dans leur nouvelle géographie de l'industrie, une distinction à l'échelle mondiale entre des territoires perdants, d'une part, et des territoires gagnants, d'autre part, – distinction rassurante et confortable pour l'esprit – se révèle très malaisée. Une telle dichotomie se heurte à la question de l'échelle considérée, mais aussi à celle de l'évolution permanente des territoires, dans un monde où les réseaux et les flux se recomposent très rapidement.

La sélectivité du processus de mondialisation requiert une approche nécessairement nuancée. Les dynamiques territoriales doivent être analysées en précisant les échelles considérées, en étudiant les situations contrastées selon les échelles et en prenant en compte les temporalités. Sur un même espace régional ou métropolitain, peuvent en effet coexister certains territoires où se concentrent richesses, flux et pouvoirs, et d'autres en déprise et cumulant les difficultés sociales, économiques ou environnementales. Ces territoires aux dynamiques opposées ne sont pas nécessairement déconnectés, ils sont même interdépendants sous divers aspects. En témoignent les flux quotidiens de travailleurs pauvres des périphéries des grandes métropoles qui sont indispensables au fonctionnement des services et des fonctions urbaines subalternes. La dimension temporelle est en outre indispensable à la compréhension de ces dynamiques : des espaces périphériques et marginaux deviennent des lieux d'attractivité renouvelée, ou encore, des espaces en crise s'imposent comme des laboratoires d'expérimentation, combinant innovation, résilience et dynamiques créatives.

Notions principales

Zone franche : zone industrielle ou commerciale bénéficiant de dérogations fiscales et douanières afin d'attirer des investissements.
Zone grise : espace mal délimité qui échappe en partie aux régulations nationales ou internationales.
Littoralisation: polarisation des activités sur les côtes.

DÉFINITION

Écoumène : dans son sens le plus traditionnel, ce mot d'origine grecque (« *oikeo* » signifiant « habiter ») désigne la partie de la Terre occupée par l'humanité. Mais depuis une quinzaine d'années, il acquiert un sens plus riche grâce aux travaux du géographe Augustin Berque pour qui l'écoumène, c'est « la relation d'un groupe humain à l'étendue terrestre ». Ainsi, aujourd'hui, le concept d'écoumène en tant qu'espace humanisé n'a plus grand intérêt dans la mesure où il n'existe plus d'espaces vierges; cependant, il conserve une valeur dans la relation de l'homme à sa planète.

CHRONOLOGIE

1965: Programme « *Maquiladora* » au Mexique.
1973: Crise pétrolière et début d'un vaste mouvement de désindustrialisation des pays du Nord.
1986: Création du « groupe de Cairns », ensemble de pays agro-exportateurs antiprotectionnistes.
1990: *WorldWideWeb*, premier navigateur web.
1994: Création de l'Organisation mondiale du commerce (OMC).
2000: Apogée de la bulle Internet.
2001: Adhésion de la Chine à l'OMC.
2007: Crise des *subprimes*.
2007: Les Russes plantent leur drapeau sous le pôle Nord.
2008: Crise financière internationale.
2011-2012: Crise grecque.
2013: Le G20 fait de la lutte contre l'évasion fiscale un objectif prioritaire. Crise chypriote.
2015: 3,4 milliards de voyageurs aériens.
2016: Scandale des « *Panama Papers* ».
2017: Relance par Donald Trump du projet de mur à la frontière Mexique-États-Unis.
2019-2020: Crise économique et financière libanaise, explosion sur le port de Beyrouth (4 août 2020).
2020: Crise sanitaire mondiale et impacts économiques, migratoires, touristiques.

I. Une sélection par les flux : territoires intégrés *vs* territoires marginalisés ?

A. INTERFACES* ET *HUBS* : DES TERRITOIRES GAGNANTS, FAÇONNÉS PAR LES ÉCHANGES

1. Les littoraux : des interfaces privilégiées de la mondialisation contemporaine

Le littoral est un territoire privilégié d'interface, dont la profondeur varie en fonction des activités qui s'y développent. Un littoral portuaire se caractérise par un arrière-pays très profond lorsque le port est de rang régional ou mondial : l'arrière-pays de Rotterdam s'étend par exemple à une grande partie de l'Europe à laquelle il est connecté par un réseau de canaux et d'axes terrestres performants.

40 % de la population mondiale vit aujourd'hui à moins de 60 kilomètres du rivage et les littoraux du monde accueillent une population croissante, ainsi que des activités économiques nombreuses. Ainsi, les littoraux français présentent une densité de 272 habitants par kilomètre carré, contre 108 en moyenne sur l'ensemble du territoire national. La majorité des grandes métropoles mondiales sont par ailleurs localisées sur les littoraux ou disposent d'une ouverture sur la mer.

Ce mouvement de concentration des populations, des activités et des constructions, appelé « littoralisation », est à relier à l'accroissement des échanges maritimes, mais aussi au développement du tourisme. Un processus de maritimisation de l'économie a ainsi valorisé les littoraux, qui sont devenus des lieux particulièrement actifs et attractifs. Il s'agit des interfaces privilégiées d'une économie mondialisée, qui repose de façon croissante sur les échanges maritimes, ceux-ci assurant 90 % du transport international de marchandises. Les littoraux sont alors équipés en vastes infrastructures portuaires (bassins en eaux profondes, quais, terre-pleins, etc.), capables

DÉFINITION

Interface : espace de contacts et d'échanges entre deux territoires distincts, à l'origine de dynamiques démographiques, économiques, sociales et/ou culturelles (interface terre-mer, interface frontalière, etc.).

d'accueillir des tankers et des porte-conteneurs de plus en plus grands. Des zones industrialo-portuaires et des plateformes logistiques, facilitant les ruptures de charge, renforcent l'artificialisation littorale. Les industries lourdes, notamment sidérurgiques, ont en effet privilégié, à partir des années 1960, une implantation à proximité des ports pour bénéficier d'importations en matières premières et pouvoir ensuite exporter leurs productions. **La littoralisation du peuplement et des activités de services est par ailleurs liée à l'attractivité touristique et, plus généralement, à la valorisation du cadre de vie offert par le littoral**, combinant fréquemment héliotropisme* et balnéotropisme*. **Les flux de population en direction des littoraux engendrent une forte croissance urbaine et périurbaine des espaces côtiers. Les territoires littoraux sont ainsi convoités par des usages et des usagers multiples.** De territoires répulsifs pour nombre d'entre eux, en raison des risques liés au rivage, les littoraux sont devenus, au cours du XXe siècle, des espaces emblématiques de la mondialisation et des dynamiques démographiques et socio-économiques qui l'accompagnent. Cependant, **ils figurent aussi parmi les espaces les plus menacés par ces mêmes dynamiques**. **La disparition d'écosystèmes, l'accélération de l'érosion, la pollution des eaux sont à l'origine de nécessaires mesures de protection des environnements littoraux à différentes échelles. Les littoraux sont par ailleurs les territoires les plus exposés au changement climatique global, en raison du risque lié à la montée des eaux marines.** Ainsi, la menace de disparition de certains espaces insulaires, notamment les atolls les plus bas, est à l'origine des premières migrations de réfugiés climatiques au sein des archipels du Pacifique. Un collectif dénommé AOSIS (*Alliance Of Small Island States*, à savoir l'Alliance des petits États insulaires) a été fondé dès 1990 par un ensemble de pays insulaires particulièrement vulnérables, qui partagent des positions politiques communes sur les enjeux du changement climatique et qui cherchent à obtenir une visibilité mondiale.

Pour aller plus loin

Le site de l'Alliance des petits États insulaires
liennathan.fr/6j3z3e

2. Les grands *hubs*, nœuds des réseaux de transport et de communication [→CH. 3]

L'accroissement des échanges entraîne la montée en puissance des territoires capables de concentrer et d'émettre des flux nombreux aux échelles régionale et mondiale. De tels pôles sont appelés des *hubs*, selon le modèle *hub and spokes* (moyeu et rayons), qui a initialement été utilisé dans le domaine de l'aviation civile par la compagnie Delta Airlines dès la fin des années 1950. Son objectif était de simplifier et d'améliorer la performance des réseaux de transport en concentrant les vols d'une compagnie sur un seul aéroport. Ce modèle est aujourd'hui présent dans la majorité des réseaux de transport et de télécommunications. Il engendre par conséquent **la promotion, à l'échelle mondiale, d'un nombre réduit de pôles – généralement de grandes métropoles –, où le développement d'infrastructures de transport performantes accompagne la croissance des flux**. Ainsi, les *hubs* sont les lieux d'investissements privilégiés : nouveaux

DÉFINITIONS

Héliotropisme : attraction exercée sur la population par le climat ensoleillé.
Balnéotropisme : attraction du rivage à des fins de loisirs balnéaires.

terminaux portuaires, aéroportuaires ou ferroviaires ; développement de l'intermodalité ; extension des plateformes logistiques ; croissance des zones d'activités situées à proximité. Ces dynamiques liées au transport et à la logistique contribuent à l'attractivité des villes et constituent un élément clé du rayonnement et du pouvoir métropolitains [→ CH. 7]. Ainsi, l'aéroport de Roissy, *hub* de la compagnie Air France et deuxième aéroport européen en termes de passagers, est à la fois une plateforme multimodale (gare TGV ; autoroutes ; gare RER), une plateforme logistique qui accueille le siège européen de l'entreprise américaine FedEx, un centre hôtelier et une zone d'activités commerciales (Paris Nord). Roissy est par conséquent au cœur de la stratégie métropolitaine du Grand Paris.

3. Des espaces frontaliers recomposés et intégrés aux dynamiques des flux

Si les frontières demeurent dans certains cas des glacis, telle la frontière entre les deux Corées, nombre d'entre elles sont des territoires d'interface qui voient l'émergence de dynamiques nouvelles, qu'elles soient démographiques, migratoires, socio-économiques ou culturelles. Ces interfaces s'étendent sur une zone plus ou moins large de part et d'autre de la ligne frontalière en fonction de la nature et de la diversité des connexions qui s'établissent entre les deux régions frontalières. **Le processus de mondialisation exerce un rôle paradoxal sur les frontières : s'il tend à les effacer en partie, en raison de la multiplication des échanges et de la diffusion du libre-échange à des échelles de plus en plus larges, il encourage également l'exploitation des différentiels frontaliers, tant en termes de monnaie, de fiscalité, de droit ou de marché du travail** [→ CH. 9]. Ainsi, les régions frontalières sont des lieux privilégiés de flux de différentes natures, qui s'accompagnent de la fixation d'activités et de populations cherchant à bénéficier de la rente offerte par la frontière, qu'il s'agisse de la frontière américano-mexicaine, où le différentiel économique et social est parmi les plus forts au monde, ou des frontières d'Afrique centrale.

Certains espaces frontaliers se caractérisent par ailleurs par un processus de « *rebordering* » et de construction de véritables murs et barrières. Ceux-ci témoignent du raidissement des États en termes de perception des frontières. Celles-ci ne sont plus envisagées en tant qu'opportunités mais plutôt en tant que menaces et dangers, notamment migratoire, terroriste, et plus récemment sanitaire.

B. LES TERRITOIRES DONT LA RÉUSSITE DÉPEND FORTEMENT DES ÉCHANGES MONDIAUX

1. Les territoires très intégrés au commerce international

Un documentaire français intitulé *La pluie et le beau temps*, réalisé par A. Doublet et sorti en 2011, montre l'intégration des territoires normands à une filière de transformation du lin associant la France et la Chine. Produit dans le pays de Caux, le lin est exporté depuis le port du Havre vers les filatures chinoises, où il est filé et tissé, avant d'être renvoyé sur les marchés du textile de luxe des pays du Nord. Cet exemple met en avant l'intégration croissante des territoires agricoles à des filières agro-industrielles d'échelle mondiale, tout en soulignant le rôle désormais prépondérant des espaces industriels chinois dans la production mondiale, la Chine étant devenue, selon l'expression consacrée, l'atelier du monde. Plus généralement, **les espaces de la grande agriculture productiviste, à l'image des grandes plaines du Middle West nord-américain, et ceux de l'agriculture spécialisée dédiée à l'exportation, comme les exploitations de roses d'Éthiopie ou d'Équateur, sont autant d'exemples de cette insertion dans des**

ZOOM ▶ Les Maldives et la mondialisation touristique

Depuis les années 1960-1970, l'activité touristique a contribué à l'intégration mondiale des petites îles tropicales, avec des conséquences économiques, sociales, culturelles et environnementales : flux de capitaux étrangers, amélioration des conditions de vie, diffusion du modèle occidental et de la société de consommation, augmentation de la pression sur les milieux. Comme le mentionne V. Duvat, le tourisme international peut avoir des effets dégradants, qui sont en général amplifiés par la forte vulnérabilité des milieux (coraux, mangroves, forêts primaires), mais il est également nécessaire de prendre en considération ses effets vertueux. Il a ainsi permis à un archipel corallien comme les Maldives, dont les ressources naturelles limitées et l'éclatement territorial réduisent les potentialités économiques, de s'insérer dans des dynamiques de développement.

Aux Maldives, qui comptaient environ 360 000 habitants en 2014, pour près de 1,2 million de touristes, le tourisme a en effet remplacé le secteur traditionnel de la pêche et est devenu le principal moteur économique. S'il joue un rôle largement bénéfique en termes de revenu national, son impact est discutable à l'échelle des territoires locaux, qui sont inégalement touchés. L'atoll qui abrite la capitale Malé se caractérise par une densité de population et par des équipements qui sont bien supérieurs aux autres atolls, mais l'environnement y est menacé par un degré élevé d'artificialisation. La mise en tourisme de l'archipel repose, en outre, sur une séparation stricte entre les atolls transformés en îles-hôtels, destinés à des touristes majoritairement occidentaux, et ceux qui sont habités par la population autochtone musulmane. Ainsi, les emplois touristiques, qui se concentrent dans les premiers, ne concernent qu'une minorité de la population des Maldives. L'activité touristique est par ailleurs extrêmement vulnérable aux risques politiques, climatiques et sanitaires. En témoigne la chute brutale des revenus touristiques pour l'année 2020, alors que 2019 avait vu le nombre record de 1,7 million d'entrées de touristes étrangers (en hausse de 15 % par rapport à 2018).

filières agro-industrielles complexes et mondialisées. Au Brésil, le front pionnier du soja au sein des territoires amazoniens est à l'origine d'une mise en culture de superficies croissantes, dont la production contribue à alimenter le marché mondial des aliments destinés aux élevages industriels, ainsi que le marché en pleine expansion des agrocarburants. Exporté depuis le port amazonien de Belém, le soja rejoint par voie maritime des ports majoritairement européens ou nord-américains.

2. Les territoires du tourisme : flux touristiques et territoires « élus »

La mondialisation touristique sélectionne des lieux qui sont promus au rang de destination internationale pour des durées plus ou moins longues, en fonction du regard que la société porte sur ces lieux et de leur capacité à répondre aux attentes de loisirs, d'aventure contrôlée et de dépaysement d'une part croissante de la population mondiale. Depuis 1950, le développement et la démocratisation des transports aériens ont étendu l'espace touristique à l'ensemble de la planète, y compris aux territoires inhabités ou situés à la limite de l'écoumène. Ainsi, **l'activité touristique touche aujourd'hui les territoires les plus reculés ou contraignants**, comme le Groenland, l'Antarctique, les déserts les plus chauds, même si l'on est loin du tourisme de masse que l'on trouve sur les littoraux méditerranéens. **L'activité touristique concerne également des territoires longtemps considérés comme « a-touristiques »**, tels d'anciens espaces industriels des pays du Nord (comme les carreaux de mines du Nord-Pas-de-Calais, dont le bassin minier a été classé au patrimoine mondial de l'Unesco) ou des quartiers de bidonvilles des métropoles du Sud (à l'instar de la favela Rocinha à Rio). Le modèle des « 3 S » (*Sea, Sand, Sun*) constitue néanmoins un moteur toujours décisif de la mise en tourisme du monde. Les littoraux tropicaux, dont ceux des îles de l'océan Indien ou du Pacifique, continuent à attirer investisseurs et touristes.

L'ouverture d'un pays ou d'une région au tourisme signifie, pour ses habitants, une confrontation au monde, qui est généralement synonyme de transferts de

richesses et d'intégration à l'économie mondiale, mais qui est aussi porteuse d'une perte d'identité potentielle, de déséquilibres économiques ou de risques environnementaux.

3. Les zones franches : des territoires qui misent sur la mondialisation des échanges

Une zone franche est un périmètre délimité dans lequel les entreprises sont soustraites au régime commun en vigueur dans le pays d'accueil, principalement dans les domaines douanier et fiscal. On distingue **deux types de zones franches : d'une part, les zones franches commerciales, majoritairement localisées dans les grands ports, où les transactions sont dédouanées** et où l'essentiel des activités concerne le groupage/dégroupage et le transit de marchandises ; **d'autre part, les zones franches industrielles, qui sont des parcs industriels dérogeant aux contraintes douanières et souvent aux taxes en vigueur dans le pays, et dont la finalité est la production de biens pour l'export**. Selon F. Bost, la diffusion des zones franches dans le monde, commencée dans les années 1950, s'accélère à partir des années 1980 et 1990, parallèlement à l'affirmation des pays dits « émergents » et des pays d'Europe de l'Est dans les échanges internationaux. **Ce processus a été encouragé par le recours croissant aux délocalisations vers les pays du Sud, opérées par les entreprises des pays industrialisés à la recherche d'une flexibilité et d'une compétitivité accrues.**

Ces territoires exemptés de taxes et de droits de douane revêtent différentes formes selon les pays. Ainsi, à partir de 1965, le Mexique et, dans son sillage, l'île Maurice privilégient le concept de « points francs », à savoir l'installation d'industries qui, tout en bénéficiant des avantages mentionnés, peuvent s'implanter n'importe où sur le territoire national en fonction de leurs besoins en moyens de production ou du marché qu'elles visent. Au Mexique, ces industries, appelées *maquiladoras*, se sont ainsi installées massivement le long de la frontière avec les États-Unis, dans des villes qui ont opté pour une spécialisation industrielle à destination du vaste marché états-unien [→ P. 186]. À Singapour, c'est l'ensemble du territoire singapourien qui peut être assimilé à une zone franche puisque la quasi-totalité des marchandises est importée en franchise de droits de douane. Jurong, la plus ancienne et la plus vaste des zones franches industrielles de l'île, est le symbole du succès de la politique industrielle singapourienne.

Depuis le début des années 2000, se multiplient des flux d'investissements Sud-Sud, issus des pays émergents les plus développés – à l'instar de Taïwan, de Singapour et de la Corée du Sud – et à destination de pays qui souhaitent bénéficier de cette dynamique de zones franches et qui offrent une main-d'œuvre moins chère.

C. LES TERRITOIRES DES FLUX ILLÉGAUX : « ANTIMONDE » ET ESPACES GRIS DE LA MONDIALISATION

Les activités illégales et les flux qu'elles engendrent (commerce de drogues, d'armes, d'êtres humains, d'animaux, blanchiment d'argent sale) ont amené les géographes à réfléchir sur le rôle de ces activités dans le fonctionnement du monde et la façon dont elles se localisent dans certains territoires privilégiés. R. Brunet définit, dès 1992, le concept d'**antimonde** comme une « partie du monde mal connue et qui tient à le rester, qui se présente à la fois comme le négatif du monde et comme son double indispensable ». La notion de **zone grise de l'économie ou de la société** est également utilisée pour désigner un monde parallèle, caractérisé par le manque de régulation sociale, politique ou économique, ce qui s'explique par la défaillance des autorités. **Le processus de mondialisation, en tant qu'il**

démultiplie les possibilités d'échange et de mise en réseau des territoires, permet à certains lieux de se spécialiser dans les activités irrégulières qui peuvent être particulièrement lucratives et qui sont synonymes d'intégration au monde. En effet, **ces lieux de l'antimonde n'existent et n'ont de raison d'être que par les liens qu'ils entretiennent avec le monde** : comme l'explique M. Houssay-Holzschuch, l'antimonde fonctionne à distance du monde, mais suffisamment proche pour pouvoir échanger et même s'en servir.

1. Les paradis fiscaux: les espaces gris de la mondialisation financière

Les paradis fiscaux, à l'image de nombreux espaces insulaires des Caraïbes et du Pacifique, mais aussi de petits territoires européens comme le Luxembourg, **sont des territoires où une fiscalité très faible, voire nulle, des formalités réduites et la confidentialité des opérations attirent les flux financiers des entreprises ou des particuliers**. On parle notamment d'« *offshoring* financier » lorsqu'une société installe une filiale dans un État étranger offrant de nombreux avantages fiscaux. L'objectif est de faciliter, dans la discrétion la plus complète, le transfert des bénéfices vers la filiale afin d'échapper à la taxation dans le pays d'origine. **Les flux offshore, totalement déconnectés de l'économie réelle, représentent environ 60 % des flux financiers de la planète.** Les paradis fiscaux permettent ainsi de réaliser **des opérations financières légitimes, mais celles-ci peuvent également servir à des fins de blanchiment d'argent ou de fraude fiscale**. Ils sont désormais dénoncés par les institutions financières internationales et par les États, dont les budgets pâtissent de l'évasion fiscale. Après avoir signé 18 accords d'échange d'informations fiscales, les îles Bahamas ont été retirées en 2011 de la liste grise des paradis fiscaux, établie par l'OCDE. Au printemps 2013, l'opération « *Offshore Leaks* » a été dévoilée par des journalistes d'investigation, qui ont collecté des informations sur les acteurs de l'évasion fiscale à l'échelle mondiale. Au printemps 2016, 1,5 million de documents, révélés par un cabinet de conseil panaméen, ont mis en cause la participation de chefs d'État et de nombreuses personnalités du monde entier dans des entreprises utilisées comme « sociétés-écrans » pour dissimuler des avoirs financiers. Ces derniers peuvent être issus de l'économie légale, de la fraude fiscale ou encore de réseaux de criminalité. Le scandale des *Panama Papers*, à la suite de l'enquête menée par 109 médias internationaux, a révélé, en 2016, le pouvoir du monde opaque de la finance offshore. Ce sont, au total, des milliers d'individus, des chefs d'État, des milliardaires, des personnalités sous le coup de sanctions internationales qui ont dissimulé leurs activités

ZOOM ▶ Des territoires résilients en contexte de pandémie ?

Alors que la crise sanitaire du printemps 2020 se caractérise par la fermeture de frontières et des restrictions majeures aux déplacements, un certain nombre de pays se sont lancés dans de **nouveaux réseaux d'échanges très lucratifs : le marché des passeports et celui des permis de résidence**. C'est notamment le cas de territoires insulaires très peu touchés par l'épidémie et recensés, pour certains, parmi les paradis fiscaux. Le Vanuatu proposait ainsi, en pleine crise de la Covid-19, un passeport livré par la poste en un mois pour la somme de 130 000 euros. Prisé par les hommes d'affaires américains, ce passeport permet notamment de se rendre facilement sur le territoire chinois. Les îles des Caraïbes ou encore Chypre, touchées de plein fouet par la chute des revenus touristiques, se sont également tournées vers ce secteur. Ainsi, un permis de résidence chypriote, très prisé par les clients potentiels – et solvables – du Moyen-Orient tout proche, est attribué en échange d'un engagement à investir dans l'immobilier sur l'île. L'OCDE avait en réalité, dès 2018, dénoncé ce système de passeports et de visas dorés qui, avant de devenir des stratégies échappatoires face aux restrictions sanitaires, permettaient à leurs détenteurs d'échapper aux contrôles de l'échange automatique de données liées au passeport.

financières. Si le Panama a depuis cherché à se débarrasser de son statut de paradis fiscal, il reste loin des standards mondiaux de transparence et figure toujours sur la liste française des paradis fiscaux. Celle-ci recense, en 2020, treize pays définis comme non coopératifs. À côté du Panama, douze nouveaux pays ont fait leur entrée sur cette liste noire : Anguilla, les îles Vierges britanniques, les Bahamas, les Seychelles, les Samoa américaines, les Fidji, Guam, Oman, le Samoa, Trinité-et-Tobago, les îles Vierges américaines et le Vanuatu (ces huit derniers territoires figurant également sur la liste noire de l'Union européenne).

Pour aller plus loin

Le site de la plus importante ONG de dénonciation de la corruption mondialisée

liennathan.fr/i8d7r2

2. Territoire des trafics de drogues, d'armes ou d'êtres humains : le cas du Sahara

Le Sahara est historiquement un espace de mobilités et de flux d'échelles régionale et continentale, mais les évolutions les plus contemporaines, associant multiplication des trafics

Le Sahara, une interface aux flux mondialisés

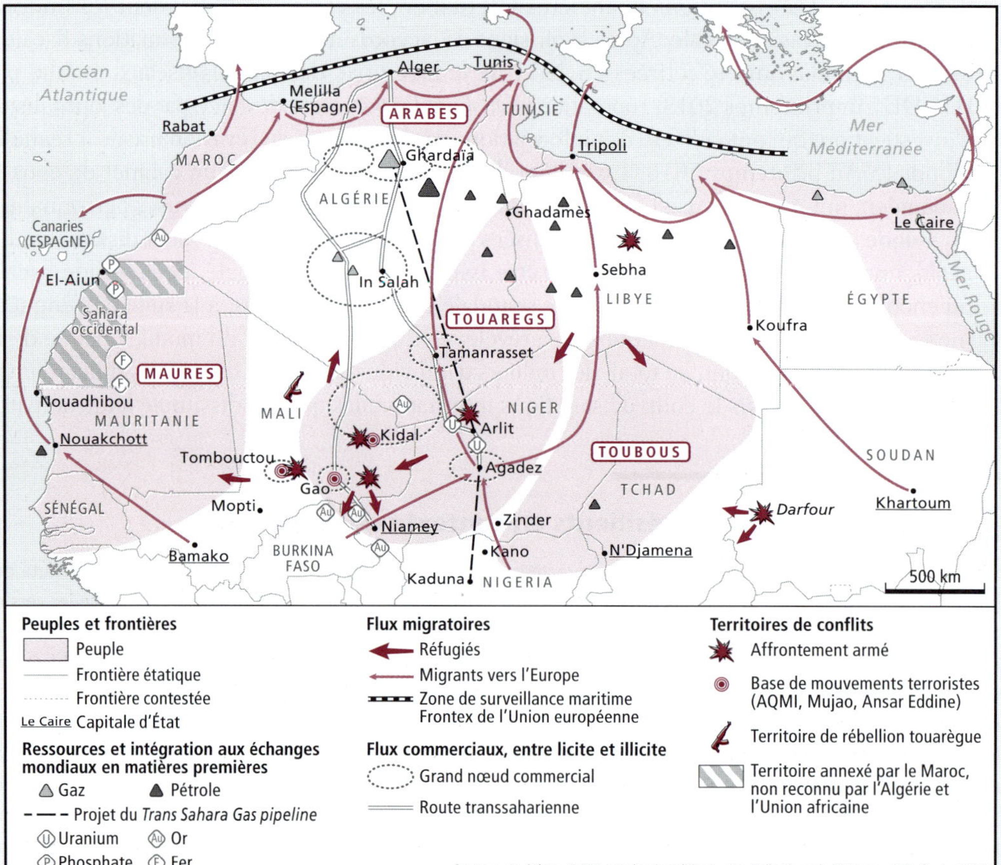

Source : *«Le Sahara, 5 000 ans de géopolitique», Les Collections de l'Histoire*, n°58, février 2013.

en tous genres et développement du terrorisme international, en font un des territoires les plus emblématiques de la mondialisation grise ou parallèle. Le manque de régulation et de contrôle territorial par des États souvent défaillants, les atouts liés à l'immensité désertique et la position stratégique du Sahara à l'interface entre Afrique subsaharienne et Afrique du Nord méditerranéenne, se combinent pour faire du désert du Sahara un des nouveaux territoires du terrorisme international, ainsi qu'un point de passage privilégié de flux illicites reliant différentes régions du monde.

D. DES ESPACES FRAGILISÉS ET MENACÉS PAR LA MULTIPLICATION DES FLUX

1. Flux financiers et crise des territoires

La crise financière de 2008, qui a touché l'ensemble de la planète et qui fait suite à la crise des *subprimes* de 2007, puis les crises au sein de l'Union européenne en 2011 (Grèce) et 2013 (Chypre) témoignent du **risque que fait peser sur certains territoires la financiarisation de l'économie mondiale**. **La dépendance vis-à-vis des flux financiers, dont la volatilité peut être très élevée, est à l'origine d'une forte vulnérabilité des territoires qui ont misé sur la finance comme levier d'intégration au système économique mondial.** Ainsi, **certains petits territoires insulaires ou continentaux, qui disposent de peu de ressources, ont fait de l'accueil des investissements étrangers une manne pour leur développement économique**. L'île anglo-normande de Jersey en constitue un bon exemple, qui, sur une population de 90 000 habitants, comptait en 2008 plus de 17 000 emplois consacrés à la finance, et dont le paysage associe yachts de luxe et quartier des banques, sur le modèle de la City londonienne. Pourtant, la crise de 2008 et la stigmatisation croissante des paradis fiscaux sont à l'origine d'une prise de conscience des risques liés à l'activité financière. Une volonté de diversification économique, mais aussi de recentrage culturel sur l'héritage anglo-normand, se dessine. L'intégration de l'île à des réseaux financiers globalisés et à un modèle culturel anglo-saxon donne ainsi naissance à un renouveau de la conscience identitaire de la communauté insulaire de Jersey.

ZOOM ▶ Chypre, victime des flux financiers

Jusqu'en 2008, la république de Chypre présente un secteur financier florissant, lié à de très bas niveaux d'imposition et dominé par les investisseurs russes, qui détiennent environ un tiers des dépôts bancaires. L'île est en effet utilisée comme plateforme pour les investissements à destination de la Russie, sa situation d'interface entre le Proche-Orient et l'Union européenne, comme son appartenance au monde du christianisme orthodoxe, expliquent son attractivité pour les intérêts russes. La ville de Limassol, station balnéaire et deuxième ville du pays, symbolise cette réussite chypriote. Paradis des sociétés offshore russes, la ville voit l'installation d'environ 30 000 Russes à partir du début des années 1990. Or, Chypre est touchée en 2008 par la crise financière internationale; puis, à partir de 2011-2012, les liens financiers très étroits entre l'économie chypriote et la Grèce expliquent la diffusion de la crise grecque au sein de l'île. Au printemps 2013, un plan de restructuration du secteur bancaire et financier est alors imposé par la Troïka: Union européenne, Fonds monétaire international, Banque centrale européenne. Une hausse de l'impôt sur les sociétés et sur les intérêts du capital a été instaurée et les investisseurs se tournent vers d'autres territoires, notamment Singapour. Alors que le chômage comme le déficit public demeurent très élevés et que le pays éprouve de grandes difficultés à trouver un nouveau modèle économique, le territoire chypriote connaît un regain récent d'attractivité et de dynamisme grâce au tourisme. Dans un contexte méditerranéen dominé par l'instabilité politique et la montée du terrorisme dans les pays de la rive sud, l'île apparaît comme un havre sécurisé pour les tour-opérateurs. Elle a ainsi accueilli 2,65 millions de touristes en 2015, soit une hausse de 9 % environ par rapport à 2014. Le secteur représente aujourd'hui 12 % du PIB du pays.

2. Les territoires vulnérables en raison d'une trop forte dépendance aux échanges

Nauru, petite île d'Océanie, est aujourd'hui recouverte de mines de phosphate abandonnées. Entièrement dépendante de la richesse de son sous-sol et des exportations de phosphate jusqu'au tournant des années 2000, Nauru se caractérise désormais par un environnement dégradé et des dettes nombreuses. Le temps où les Nauruans avaient un revenu par habitant égal au triple de celui des Américains semble ainsi à jamais révolu. S'il s'agit d'un territoire singulier de par son caractère insulaire et son exiguïté, l'exemple de Nauru vient cependant attester du risque lié à une trop forte extraversion économique. **Différentes régions du monde ont opté pour un mode de développement fondé sur les échanges, qu'ils soient entrants ou sortants, à l'origine d'une vulnérabilité économique élevée.**

Ainsi, **les territoires de l'agriculture exportatrice sont exposés aux risques liés à la volatilité des cours des matières premières, à la concurrence de nouveaux acteurs sur les marchés mondiaux ou à celle des pays qui subventionnent leurs agriculteurs pour pouvoir exporter aux prix du marché mondial**, ceci tout en protégeant leur agriculture nationale, comme l'ont fait massivement les États-Unis ou les pays de l'Union européenne. Les pays du groupe de Cairns (du nom de la ville d'Australie où le groupe a été fondé en 1986), qui se caractérisent par une grande agriculture exportatrice, dénoncent ces subventions : l'Australie, le Canada, le Brésil, l'Argentine ou l'Afrique du Sud y voient en effet une concurrence déloyale sur le marché international. **Les espaces de l'industrie d'exportation sont, quant à eux, exposés aux risques de pertes de parts de marché liées à l'arrivée de territoires plus compétitifs, notamment en termes de coût de main-d'œuvre et de législation du travail.** L'entrée massive des pays d'Asie de l'Est (Chine) et du Sud-Est (Indonésie, Philippines) sur les marchés textiles a ainsi fortement pénalisé les territoires du Maghreb spécialisés dans le textile à destination de l'Europe. En outre, le contexte de libéralisation économique à l'échelle mondiale entraîne la disparition de certains accords commerciaux internationaux, ce qui pénalise les territoires qui avaient misé sur un marché protégé. L'île Maurice a par exemple subi conjointement l'abolition des accords sur le sucre et celle des accords sur le textile, pénalisant à la fois ses territoires sucriers et ses « points francs » textiles, tous deux dédiés à l'exportation.

Enfin, il faut mentionner la **dépendance vis-à-vis de flux entrants**. **C'est le cas des territoires caractérisés par une monoactivité touristique.** Leur dépendance au contexte géopolitique international les rend particulièrement vulnérables, comme le montre l'effondrement des entrées touristiques et des devises dans les pays du Printemps arabe depuis 2011. On peut également évoquer la **dépendance de nombreux pays à l'importation de denrées alimentaires ou d'hydrocarbures**, pour lesquels une évolution à la hausse des cours ou la dégradation de la situation politique peuvent être synonymes de pénuries, ainsi que d'endettement des populations et des États. C'est le cas en Égypte, où les pénuries de carburant engendrent de fréquentes coupures d'électricité et où la dépendance aux importations de blé fait peser un risque majeur sur la sécurité alimentaire de la population.

3. Des territoires en retrait, peu intégrés aux échanges mondiaux

Les espaces peu intégrés aux échanges et témoignant de formes de mal-développement regroupent une **variété de territoires, d'échelles différentes et situés dans différentes régions du monde**. **Ces territoires, que l'on peut qualifier de « périphéries », témoignent du nécessaire dépassement de l'opposition traditionnelle Nord-Sud puisqu'ils sont aussi présents au sein des pays dits « du Nord ».** Les inégalités territoriales doivent en effet de plus en plus se lire aux échelles régionales et locales. **Les territoires périphériques, au sens d'espaces marginaux ou marginalisés par les processus de mondialisation, s'analysent moins à l'échelle d'un pays qu'à celle d'une ville ou d'un quartier, prenant la forme d'îlots et d'archipels caractérisés par la discontinuité.** Parmi ces îlots ou auréoles en difficulté, on peut citer les **territoires ruraux des pays les moins avancés, peu intégrés aux réseaux d'échanges, peu compétitifs et fortement concurrencés**, à l'image de nombreux terroirs agricoles d'Afrique subsaharienne, dont les productions sont vendues plus cher sur les marchés urbains locaux que certains produits importés. Les territoires ruraux des pays du Nord relèvent, pour certains d'entre eux, de cette catégorie. Il s'agit notamment des **espaces ruraux enclavés, qui subissent par exemple un effet tunnel** : c'est le cas de certains territoires ruraux français situés sur le trajet du TGV, mais ne disposant pas de gares à proximité. Plus généralement, **de nombreux territoires ruraux, au nord comme au sud, doivent trouver des stratégies alternatives d'intégration à la mondialisation, parmi lesquelles la labellisation des produits agricoles ou l'intégration dans des filières équitables.** Ainsi, les territoires traditionnels de l'arganier au Maroc, qui produisent l'huile d'argan très prisée par les firmes cosmétiques et qui sont désormais insérés dans des réseaux commerciaux internationaux.

Enfin, parmi les territoires en retrait, on trouve les **territoires urbains ou périurbains enclavés, mal reliés aux réseaux de transport et caractérisés par le cumul des difficultés socio-économiques. Leur intégration à la mondialisation est cependant indéniable, même si elle se fait par des voies alternatives, parfois par des flux illicites**, comme dans certains quartiers informels des métropoles du Sud ou certains quartiers urbains dits « sensibles » des villes du Nord [→CH. 7]. Comme le montrent A. Choplin et O. Pliez dans *La Mondialisation des pauvres* (2018), il existe une autre mondialisation, plus discrète que celle des grands centres métropolitains et des hubs internationaux. Les auteurs évoquent **la mondialisation des « espaces interstitiels », en marge des grands centres, et la qualifient de mondialisation « par le bas » et invisible** des médias. Elle connecte un certain nombre de lieux et d'espaces périphériques avec les centres de la planète par l'intermédiaire des circulations de biens et d'individus. Ce qu'illustrent les routes, en constante mutation, qui relient l'Asie, l'atelier du monde, au « marché des pauvres » en Algérie, au Nigeria ou en Côte d'Ivoire. C'est par exemple le cas des circulations entre la ville chinoise de Yiwu (sud de Shanghai) et la petite ville égyptienne de Salloum, frontalière de la Libye, où transitent les jeans chinois avant leur commercialisation dans les rues du Caire. Salloum est notamment emblématique de ces villes sahariennes en croissance, par leur rôle de carrefour à la fois marchand et migratoire.

II. Une sélection par les activités économiques : recomposition du système productif et nouvelle économie des services avancés et de la connaissance

D'après G. Benko, la mondialisation contemporaine se caractérise par la **coexistence de deux logiques de croissance – globalisation et polarisation** –, qui concernent à la fois les activités productives et les échanges de biens et services. Selon lui, « le processus de mondialisation s'accompagne d'un déséquilibre entre régions, mais aussi de phénomènes de concentration spatiale à l'intérieur même des régions[1] ». S. Montagné-Villette ajoute que **la mondialisation des activités et l'importance croissante de la finance entraînent une dilatation de l'écoumène économique** : « ce double changement conduit, depuis une vingtaine d'années, à une autre géographie de l'entreprise et du travail, ainsi qu'à une forme de rééquilibrage Nord-Sud[2] », ce qu'il s'agit de montrer et d'illustrer.

A. LES TERRITOIRES DE LA FINANCE ET DES SERVICES AVANCÉS

Parmi les espaces moteurs de la nouvelle économie financiarisée et globalisée évoquée par S. Sassen, ce sont les grandes métropoles et leurs CBD qui dominent, à l'image de la City londonienne ou de Manhattan, mais aussi de nombreux quartiers d'affaires ou de bureaux situés dans les espaces périurbains des grandes villes, pour lesquels J. Garreau a défini le concept d'« *edge city* » [→CH. 8]. **Ces territoires qui incarnent la centralité métropolitaine accueillent les grandes Bourses mondiales, les sièges sociaux des plus grandes entreprises et les services supérieurs destinés aux firmes transnationales** – services bancaires, assurances, conseil et audit. Si les centres d'affaires attestent du pouvoir des villes des pays dits « développés », et notamment des espaces centraux de l'archipel mégalopolitain mondial [→CH. 8], certaines métropoles du Sud, telles Shanghai, Mumbai, Taipei ou Singapour, accueillent une part croissante d'entreprises spécialisées dans les services avancés. Les interactions entre filiales et maisons mères dessinent alors un réseau de relations et d'interdépendances entre ces différents territoires métropolitains à l'échelle mondiale.

B. UNE NOUVELLE GÉOGRAPHIE DES TERRITOIRES PRODUCTIFS, ENTRE AFFIRMATION DE CERTAINS TERRITOIRES ET DÉCLASSEMENT DES AUTRES

1. Remise en cause du schéma Nord-Sud et éclatement des territoires productifs

À partir des années 1970, le processus de désindustrialisation touche l'ensemble des pays qui ont fait de l'industrialisation des XIXe et XXe siècles le socle de leur croissance économique. La crise des anciens territoires industriels, qu'il s'agisse des industries minières, des industries lourdes ou, plus récemment, des industries de biens de consommation à faible valeur ajoutée, affecte de nombreuses régions des pays du Nord, dont les sites de production ont été fermés ou délocalisés vers des territoires aux coûts de main-d'œuvre inférieurs et/ou aux marchés prometteurs. Ainsi de la *Rust Belt*

1. G. Benko, *Espaces et sociétés*, 2006/2.
2. S. Montagné-Villette, *Géographie, Économie, Société*, 2008/10.

de la région des Grands Lacs aux États-Unis, où les villes de Cleveland et Detroit sont les symboles d'une reconversion encore inachevée de l'industrie sidérurgique pour la première, et automobile pour la seconde. La hiérarchie des puissances économiques est notamment remise en cause par l'apparition de nouveaux espaces productifs en Asie. Plus généralement, **un nouveau système productif, fondé sur la croissance des services, la délocalisation des activités et le rôle décisif des technologies de l'information et de la communication, recompose les territoires de l'industrie. Comme le souligne G. Benko, l'hypermobilité, rendue possible par la révolution informatique et celle des transports, remet en cause les paradigmes de la localisation des activités.** Aujourd'hui, c'est aussi bien la production de biens ou services à faible valeur ajoutée que celle de produits de haute technologie, et même des activités de conception et d'innovation qui sont délocalisées, notamment vers l'Inde, la Chine ou encore Singapour. Ainsi, Airbus a fait le choix de s'implanter en Chine en 2005, en inaugurant à la fois une ligne d'assemblage à Tianjin et un centre de conception et de recherche à Pékin. Parallèlement, **les pays émergents voient la montée en puissance de grandes firmes qui s'affirment sur la scène internationale et dont la réussite repose sur un marché domestique en pleine croissance, ainsi que sur une capacité croissante d'innovation**. Une étude du Boston Consulting Group a identifié les 100 *Global Challengers* pour l'année 2014 dans 18 pays différents : la Chine en possède 29, l'Inde 19 et le Brésil 13.

Les firmes les plus performantes des pays émergents

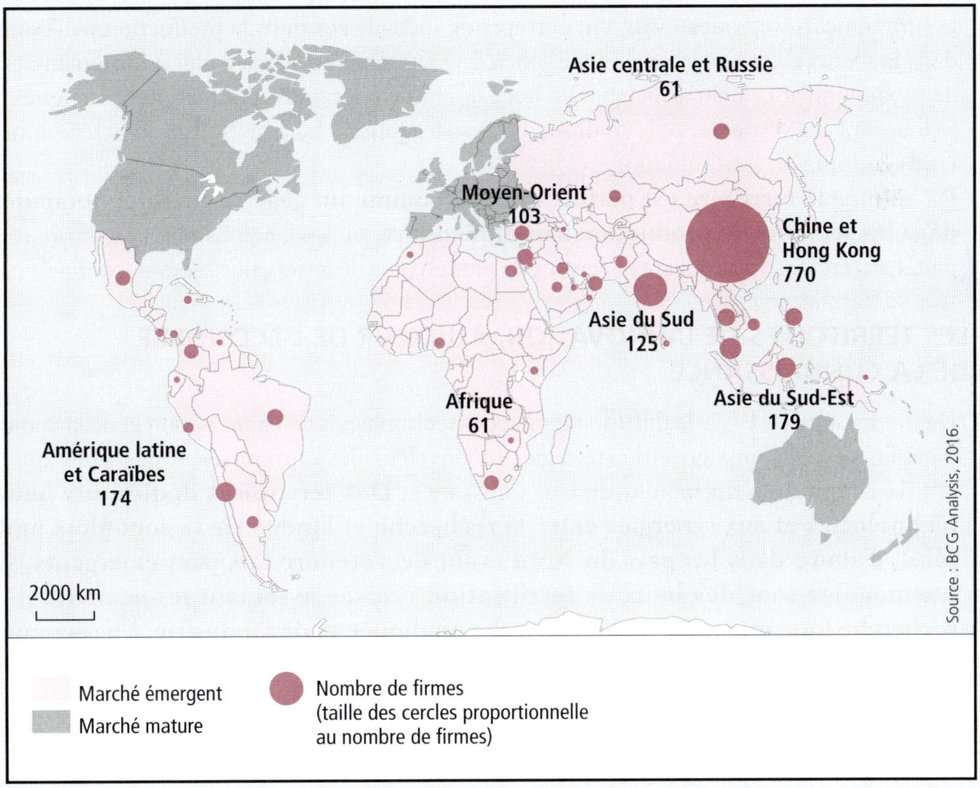

La multiplication des fusions d'entreprises et l'éclatement des sites de production complexifient en outre la géographie des territoires de l'industrie et des services. Différents territoires entrent alors en compétition pour l'attraction des investissements productifs, pour lesquels les soutiens étatiques sont souvent décisifs. Ce fut en particulier le cas de l'entreprise sud-coréenne Daewoo, attirée en 1992 en Lorraine par les facilités d'installation et les fonds publics qui lui ont été accordés. Or, le constructeur automobile quitte la région en 2002, illustrant le caractère mobile des activités productives et la vulnérabilité des territoires face au fonctionnement en réseau des firmes multinationales. En 2014, c'est l'entreprise américaine de pneus Goodyear qui ferme son usine d'Amiens Nord ; puis, en 2020, la firme japonaise de pneumatique Bridgestone annonce sa volonté de fermer son site de Béthune (Hauts-de-France).

2. Le retour en force d'un ancrage territorial pour les territoires productifs ?

En dépit d'une tendance à l'éclatement productif à l'échelle mondiale, les contraintes spatiales liées au juste-à-temps ou à la suppression des stocks, mais aussi la recherche de synergies entre acteurs peuvent contribuer à la reterritorialisation des activités productives. Les **districts industriels** – théorisés par A. Marshall à la fin du XIXe siècle et appliqués à l'Italie du Nord contemporaine –, les **systèmes productifs locaux** ou encore les ***clusters*** [→CH. 2] sont autant d'espaces productifs pour lesquels **l'ancrage territorial constitue un atout majeur**. Ces territoires reposent sur le principe de spécialisation dans un secteur productif donné et sur la multiplication des interactions entre les différents acteurs de la production, mais aussi avec ceux qui se situent en amont (recherche, sous-traitance) ou en aval (logistique). La Plastics Vallée d'Oyonnax, située dans le Jura français, regroupe ainsi 550 entreprises spécialisées dans la production plastique et dans la recherche en plasturgie. Une telle concentration est issue d'une tradition ancienne de production artisanale de peignes en bois, qui intègre les nouvelles matières plastiques dès le tournant du XXe siècle, puis se diversifie vers les jouets, les lunettes et, plus récemment, l'aéronautique ou l'automobile.

Par ailleurs, **le territoire est parfois valorisé comme un gage de qualité, notamment dans les secteurs de production agroalimentaire**, où les labels associés au territoire, ou plutôt au terroir, se multiplient et servent de plus en plus de levier pour le développement rural.

C. LES TERRITOIRES DE L'INNOVATION, AU CŒUR DE L'ÉCONOMIE DE LA CONNAISSANCE

Depuis les années 1990, la diffusion rapide des technologies de l'information et de la communication s'est accompagnée de stratégies renouvelées des entreprises et des États qui ont fait de l'innovation un moteur de leur croissance. **Des territoires dédiés aux hautes technologies et aux synergies entre la recherche et l'industrie se sont alors multipliés, d'abord dans les pays du Nord avant de s'étendre aux pays émergents. Ces technopôles sont des lieux de fertilisation croisée associant les secteurs de la recherche fondamentale, de la recherche appliquée et de l'industrie.** Une **économie de la connaissance** se met ainsi en place : la matière première y est la matière grise et les stratégies de localisation dépendent avant tout des aménités offertes par les territoires – cadre de vie, universités, infrastructures de transport, vie culturelle. La majorité des grandes villes dispose ainsi de technopôles performants, qui travaillent de plus en plus en réseau entre eux à l'échelle régionale, voire mondiale.

ZOOM ▶ Singapour : le choix de la recherche et de l'innovation

Par sa localisation, à l'extrémité de la péninsule Malaise, Singapour verrouille la partie orientale du détroit de Malacca qui met en relation deux espaces maritimes majeurs : l'océan Indien et la mer de Chine. Dès le XIXe siècle, les Britanniques en ont pris le contrôle pour en faire une cité marchande et un relais sur la route de l'Extrême-Orient. De simple escale sur la route maritime vers la Chine et le Japon, Singapour est devenue un carrefour maritime et aérien majeur, ainsi qu'un centre d'activité complet, associant fonctions industrielles, financières et touristiques. Or, depuis le tournant des années 2000, l'île-État cherche à s'engager dans l'économie de la connaissance en investissant massivement dans la recherche-développement (2,5 % de son PIB et un objectif de 3 %) : elle a ainsi doublé en 10 ans la part du PIB qui y est consacrée et fortement accru le nombre de chercheurs et de publications scientifiques dans les grandes revues internationales. Le *Campus for Research Excellence and Technological Entreprise* (*Create*) abrite des laboratoires de recherche qui travaillent en partenariat avec de grandes institutions, tel le MIT de Boston. De nombreux technopôles ont également vu le jour : Biopolis, consacré à la recherche biomédicale, ou encore Fusionopolis, dédié aux technologies de l'information. Singapour cherche par ailleurs à attirer les cerveaux par des financements très attractifs des projets de recherche, ainsi que par l'organisation d'événements scientifiques d'échelle mondiale.

D. LES VILLES FACE AU DÉFI DE LA DÉCROISSANCE

Malgré une tendance à l'urbanisation croissante à l'échelle mondiale, de nombreux pays voient des villes perdre des habitants depuis la seconde moitié du XXe siècle. À côté des aspects démographiques et économiques de cette décroissance, les enjeux sont aussi d'ordre infrastructurel : il s'agit de **gérer et repenser le surdimensionnement des réseaux urbains**, notamment pour l'approvisionnement en eau ou en énergie. L'attention médiatique s'est largement concentrée sur la ville de Detroit, dans le Michigan (États-Unis), qui a été érigée en capitale de la décroissance urbaine. Or, comme le souligne le géographe Daniel Florentin, cette ville du Midwest aux dimensions hors normes et au contexte sociodémographique singulier est en réalité un cas limite, qui cache une **grande diversité de situations de « décroissance ordinaire »** : celle des villes petites et moyennes en marge de la mondialisation. Ainsi, entre 1960 et 2005, 42 % des villes européennes de plus de 200 000 habitants ont vu leur population diminuer. C'est plus particulièrement le cas dans les **anciennes régions industrielles**, qui se sont construites et urbanisées avec les première et seconde révolutions industrielles. En France, les villes en décroissance, essentiellement pour des

ZOOM ▶ *Shrinking cities* : vers le *smart shrinkage* ?

Face au processus de décroissance, de nouvelles stratégies urbaines, désignées par l'expression « *smart shrinkage* », sont à l'œuvre depuis les années 2000. Leur objectif est notamment de **rompre avec le dogme de la croissance**, qui domine largement parmi les professionnels des politiques urbaines. Il s'agit ainsi de passer du soutien à la croissance à la **gestion de la décroissance**, en **découplant croissance et développement urbain**. À cette fin, **diverses stratégies alternatives, participatives ou encore créatives sont proposées pour gérer les friches et les logements vacants**. Selon les contextes propres à chaque ville, ces espaces deviennent des lieux de production agricole ou participent des stratégies de verdissement. Ces politiques de **décroissance planifiée** s'accompagnent ainsi d'innovations politiques, socio-économiques et environnementales. Un certain nombre d'entre elles cherchent à mobiliser des processus participatifs, à l'image du projet de renouvellement urbain des Docks-de-Seine à Saint-Ouen (Île-de-France). Toutefois, des chercheurs ont aussi mis en avant les **impacts sociaux de ces stratégies**, menant, dans certains cas, à un **processus de gentrification environnementale et d'exclusion** d'une partie de la population. Le chercheur américain S. Safransky montre ainsi comment le projet de zone verte prévue par la ville de Detroit constitue une « nouvelle frontière » pour de jeunes « gentrifieurs blancs », entraînant le déplacement de la fraction la plus pauvre et noire de la ville vers la périphérie.

raisons de déficit migratoire, sont notamment des agglomérations situées dans les **anciens bassins industriels ou miniers du Nord, du Nord-Est et du Massif central**. Toutefois, la décroissance n'est « ni une fatalité ni un cauchemar urbain » et peut engendrer une **stratégie de résilience et de « bifurcation territoriale »** (D. Florentin, 2019).

III. Sélectivité de la mondialisation et recomposition territoriale à l'échelle de la planète

A. DES TERRITOIRES QUI ORIENTENT LES PROCESSUS MONDIALISÉS TOUT EN RENOUVELANT LEURS STRATÉGIES

Ces territoires demeurent concentrés dans les **pays historiquement les plus développés regroupés au sein du G7 devenu G8**, avec néanmoins l'**entrée en force de la Chine depuis les années 2000**. **Ces pays dominent les organisations économiques internationales, notamment l'OMC, et regroupent les territoires donneurs d'ordre et d'impulsion à l'échelle mondiale, en particulier les grandes métropoles** [→ CH. 7]. Ce sont en outre ces États qui abritent les marchés de consommation les plus rémunérateurs, sur lesquels les firmes transnationales continuent à fonder leur stratégie, même si les classes moyennes des pays émergents deviennent à leur tour une cible commerciale recherchée. Ainsi, Renault-Logan a fait le choix d'une production de véhicules destinés aux marchés émergents. Ce sont néanmoins les consommateurs des pays les plus développés qui continuent à orienter les goûts et les besoins d'une grande majorité de la population mondiale, tant en matière alimentaire que vestimentaire.

ZOOM ▶ Dubaï et Abou Dhabi, la « naissance d'un emporium » ?

Depuis leur indépendance au début des années 1970, les Émirats arabes unis ont connu un développement accéléré grâce aux revenus des hydrocarbures, propulsant de petites bourgades côtières comme Dubaï et Abu Dhabi sur la carte du monde. Villes-portes du Moyen-Orient, ces dernières sont devenues un véritable couple métropolitain au sein du réseau concurrentiel des grandes villes mondiales. Tout en restant en retrait des métropoles les plus puissantes, elles se sont néanmoins imposées comme un *hub* majeur à l'échelle mondiale, bénéficiant d'une position privilégiée entre Europe et Asie. À la fois pôles d'attraction et de redistribution des voyageurs aériens, des capitaux et des marchandises, ces villes fondent leur développement contemporain sur des activités financières, commerciales et culturelles. Elles rayonnent à l'échelle mondiale tant par leurs investissements dans de multiples secteurs économiques que par leur capacité à attirer sur leurs territoires les investisseurs et les firmes transnationales, les grandes universités comme les plus grands événements mondiaux (l'Exposition universelle de Dubaï en 2020). Selon le géographe Raymond Wœssner (*Revue d'Économie Régionale & Urbaine*, 2016/1), Dubaï et Abu Dhabi sont ainsi le lieu d'émergence d'un « nouvel emporium pour le monde, qui absorbe et redistribue des ressources avec efficacité », ceci à l'image de l'emporium qui s'est constitué à Rome au IIe siècle avant J.-C. avec la création d'une véritable zone logistique urbaine associée au Tibre. Il souligne le rôle majeur des transports et de leurs infrastructures dans l'avènement de cet emporium à Rome comme aux Émirats. Les métropoles du Golfe sont aujourd'hui au cœur de stratégies innovantes en termes de logistique. Les Émirats arabes unis poursuivent l'**objectif de devenir un *hub* régional et une plaque tournante majeure du commerce mondial**. Ils misent de plus en plus sur **la logistique et le contrôle des modes de transport**, y compris pour leur **stratégie de sécurité alimentaire**. Comme l'a montré, en 2020, l'ouverture de la plus grande zone franche dédiée au secteur agroalimentaire (*Dubai Food Park*).

B. DES TERRITOIRES PROPULSÉS SUR LA SCÈNE MONDIALE : LE CAS SINGULIER DES PAYS DU GOLFE

Pays riverains du golfe Arabo-Persique peuplés historiquement par des populations bédouines, **les Émirats arabes unis, notamment Abu Dhabi et Dubaï, mais aussi le Qatar figurent parmi les territoires qui ont profité de la mondialisation pour affirmer leur puissance économique, financière ou touristique à l'échelle mondiale**. Le ressort en est la découverte et l'exploitation de vastes gisements d'hydrocarbures, qui s'intensifie après l'obtention de l'indépendance au début des années 1970. Mais ces territoires se caractérisent également par leur capacité à diversifier leur économie vers les services, à offrir des facilités commerciales grâce à l'établissement de zones franches et à investir massivement à l'étranger. **Les villes de Dubaï, Abu Dhabi ou Doha (la capitale du Qatar) sont aujourd'hui des métropoles-vitrines de leur réussite économique et financière.** Les aéroports et leurs compagnies aériennes nationales (Emirates, Etihad ou Qatar Airlines), les centres commerciaux qui accueillent les plus grandes marques mondiales du luxe, les complexes touristiques et de loisirs – aménagés notamment sur des îles artificielles à Dubaï –, ou encore les universités et les grandes écoles (la Sorbonne Abu Dhabi, l'Université américaine de Dubaï) sont autant de **lieux symboliques d'une intégration à la mondialisation qui se veut volontairement tape-à-l'œil**. **Elle cache néanmoins une facette moins clinquante, celle du recours à une main-d'œuvre immigrée, issue de filières migratoires majoritairement asiatiques, souvent peu payée, mal logée et totalement dépendante des employeurs émiratis ou qataris. Elle n'est pas non plus à l'abri des crises spéculatives, et l'immobilier à Dubaï en a fait les frais depuis la crise de 2008.**

C. LES PAYS ÉMERGENTS FACE AUX DÉFIS DE L'ÉQUITÉ SOCIALE ET DE L'ENVIRONNEMENT

Les pays émergents témoignent des paradoxes sociaux et environnementaux qui caractérisent certains « territoires gagnants » de la mondialisation. Qu'il s'agisse de la Chine, de l'Inde ou du Brésil, exemples les plus emblématiques d'une croissance et d'une intégration économiques rapides, ces pays sont traversés par des inégalités socio-économiques et territoriales très fortes, opposant par exemple agrocapitalistes du Mato Grosso et paysans sans terre du Nordeste au Brésil, ou bien entrepreneurs shanghaïens et paysans de l'intérieur chinois, qui doivent envoyer leurs fils et filles vers les usines du littoral pour subvenir à leurs besoins. Les migrations définitives ou temporaires vers la ville ou l'étranger constituent une stratégie ultime pour des populations en grande précarité à la recherche de moyens de subsistance [→ CH. 4].

Ces pays émergents ont été fortement influencés et façonnés par les politiques dominantes portées par les grands bailleurs de fonds internationaux, qu'il s'agisse de la Banque mondiale ou du Fonds monétaire international. **Les élites économiques et politiques de ces pays, souvent formées dans les universités anglo-saxonnes, se sont ainsi converties aux principes du libre-échange, parfois aux dépens d'autres pays du Sud dont les territoires productifs ne peuvent rivaliser.** En outre, **les choix économiques se font souvent au détriment de l'environnement**, qu'il s'agisse de l'Amazonie brésilienne grignotée par le front pionnier du soja et de l'élevage bovin, des forêts indonésiennes défrichées pour les plantations de palmiers à huile, ou de certains fleuves chinois parmi les plus pollués du monde.

D. DE NOUVEAUX TERRITOIRES DE LA MONDIALISATION DANS LE CONTEXTE DE LA COMPÉTITION POUR LES RESSOURCES

La recherche constante de nouvelles ressources minières ou énergétiques est à l'origine de **regards et d'usages nouveaux portés sur certains territoires situés à la limite de l'écoumène : espaces arctiques, Amazonie, Sahara ou encore fonds sous-marins**. Ces territoires se trouvent désormais **sous les feux des projecteurs mondiaux, en raison de l'intérêt qu'ils représentent pour les États, pour les grandes firmes transnationales de prospection pétrolière ou minière, ou encore pour des ONG de protection de l'environnement et des peuples autochtones**. Ils sont notamment au cœur de nombreux projets d'exploitation des ressources et de développement économique. Ces territoires, par leur singularité géographique, leurs potentialités économiques et leur vocation patrimoniale, concentrent des **enjeux géopolitiques renouvelés et mondialisés**. Qu'il s'agisse de projets d'énergies alternatives – solaire ou éolienne – dans les déserts ou sur les océans, de projets d'exploitation des fonds marins de l'Arctique ou des gisements pétroliers du sous-sol amazonien péruvien ou équatorien, **ces territoires sont les frontières de la mondialisation**. **Se pose alors la question des risques que fait peser cette intégration au système économique mondial sur les milieux et sur les sociétés locales.** Les enjeux d'un développement durable, mais aussi la possible sanctuarisation de ces territoires mobilisent de nombreuses associations à différentes échelles.

ZOOM ▶ L'Arctique, nouvelle frontière de la mondialisation [→ CH. 7]

Les territoires arctiques sont à la fois ceux de l'océan Glacial Arctique et des espaces terrestres voisins, à savoir les extrêmes Nord scandinave, sibérien, canadien, états-unien, ainsi que le Groenland et l'Islande. Ces territoires constituent une nouvelle frontière pour l'exploitation de ressources, mais aussi pour le développement de nouvelles routes maritimes, dont les passages dits « du Nord-Ouest » et « du Nord-Est ». Les fonds marins renfermeraient le quart des ressources pétrolières et gazières du globe, et suscitent par conséquent des convoitises nombreuses. Des rivalités géopolitiques opposent les États dans un objectif de contrôle des richesses et des voies maritimes. La délimitation des frontières maritimes, encore incomplète, suscite notamment des rivalités majeures entre les États. Ainsi, une expédition sous-marine de 2007 a planté un drapeau russe au pôle Nord. En outre, les perspectives ouvertes par le réchauffement climatique en termes d'allongement de la durée de navigation annuelle dans les eaux de l'Arctique encouragent les États à aménager les territoires littoraux du Grand Nord. Ainsi, afin de capter une partie des flux maritimes à venir, le Canada a inauguré un port en eaux profondes à Churchill, dans le Manitoba.

Or, les territoires arctiques présentent des environnements vulnérables qui sont menacés par les différents projets d'aménagement. Ils abritent par ailleurs des populations autochtones, dont les terres et les modes de vie sont de plus en plus considérés comme des patrimoines mondiaux. Ils sont enfin au cœur des débats suscités par le changement climatique global. Face à la diversité des enjeux – économiques, politiques, stratégiques, socioculturels et environnementaux –, se pose la question de la mise en place d'une gouvernance des territoires du Grand Nord, qui doit être envisagée à l'échelle transfrontalière et même mondiale.

Partie II

Les défis du développement et les enjeux d'un monde durable

11 LES PARADOXES DE L'EAU

L'eau, comme le remarquait Gaston Bachelard dans *L'Eau et les rêves* (1942), est le premier miroir rencontré par l'homme. On pourrait de même, sans forcer le trait, relever que les problématiques liées à l'eau douce offrent un reflet à bien des enjeux rencontrés par la mondialisation contemporaine. Pas seulement parce que cette dernière, par opposition à un monde cloisonné et rigide, consiste en une fluidification des échanges, une valorisation des flux et, dans bien des domaines, la recherche de la circulation la plus liquide. Au-delà de la métaphore, l'eau s'inscrit en effet dans tous les systèmes productifs et tous les échanges qui font l'économie globalisée; de plus, sa maîtrise est un enjeu social et politique mondial; enfin, ses cycles sont indissociables des grands changements globaux qui affectent les dynamiques climatiques.

Quatre dimensions, donc: économique, sociale, géopolitique et environnementale. Élément vital, l'eau est d'abord le préalable à toutes les activités productives, agricoles comme industrielles, qui tissent la trame du monde globalisé. Les échanges directs d'eau à l'échelle mondiale sont certes quasiment inexistants, les volumes nécessaires sont trop importants pour s'y prêter. Les projets de transfert massif d'un pays à l'autre se heurtent à l'opposition des opinions publiques (Canada vers États-Unis, France vers Espagne). Mais les marchés agroalimentaires mondialisés sont autant d'occasions d'exportation indirecte d'eau, de même que les échanges industriels mettent en jeu des volumes considérables d'eau. La maîtrise des eaux, par ailleurs, n'a jamais cessé d'avoir des implications géopolitiques, depuis les **civilisations hydrauliques** d'Asie (Chine des Royaumes combattants du Vᵉ au IIIᵉ siècle avant notre ère, Empire khmer du VIIᵉ au XIIᵉ siècle de notre ère) jusqu'aux **barrages contemporains** des Trois-Gorges en Chine ou de la Renaissance en Éthiopie.

Pourtant, l'eau reste fondamentalement une ressource, valorisée par une société sur un territoire propre, et non une matière première, un bien échangeable après transformation: condition nécessaire de toute vie, elle échappe par là au marché et ses enjeux se lisent d'abord aux échelles locales, y compris les plus fines. Mais les pressions qui s'exercent sur l'accès à l'eau, pressions qu'accroissent la poussée démographique et le réchauffement climatique, diffusent tout autour du monde des problématiques convergentes.

Notions principales

Altermondialisme: ensemble des mouvements contestant la logique néolibérale de la mondialisation.
Vulnérabilité: fragilité face à un risque.
Aléa: processus imprévisible qui peut engendrer un risque s'il survient là où se trouvent des enjeux sociaux et économiques.
Tragédie des communs: théorie selon laquelle un bien utilisé collectivement et gratuitement est voué à dépérir, tandis que des propriétaires en auraient pris soin.
Patrimoine: bien matériel ou immatériel, hérité et transmissible, appartenant à une collectivité

CHRONOLOGIE

1931: Plus d'un million de victimes dans les crues du Yangzi.
1938: L'artillerie du Kuomintang fait sauter les digues du Huang He.
1970-1980: Deux décennies de sécheresse au Sahel.
1986: Pollution du Rhin à la suite de l'incendie de l'usine chimique Sandoz.
1997: Premier forum de l'eau à Marrakech.
1997: Convention de New York sur l'utilisation des cours d'eau internationaux.
1999: « Guerre de l'eau » à Cochabamba, Bolivie.
2006: Mise en eau du barrage des Trois-Gorges en Chine.
2020: Mise en eau du barrage de la Renaissance en Éthiopie.

I. Les inégalités de l'offre et de la demande

A. UNE QUESTION PARTIELLEMENT MONDIALISÉE

1. Les échelles de l'inégale répartition

Si l'humidité de la Terre, « planète bleue », s'est imposée au regard des premiers astronautes, seul 1 % du gigantesque volume liquide se présente comme de l'eau douce directement utilisable (plus de 96 % des eaux sont océaniques, et plus des deux tiers de l'eau douce sont encore stockés sous forme de neige et de glace). La répartition de ces volumes d'eau douce est extrêmement inégale : par leur superficie et leur localisation géographique, certains pays sont bien mieux dotés que d'autres. 60 % des ressources naturelles mondiales sont ainsi situées dans neuf pays. À l'inverse, l'ensemble du Moyen-Orient et de l'Afrique du Nord, qui regroupe environ 7 % de la population mondiale, ne dispose que de 1 % des réserves mondiales d'eau douce. La moyenne des ressources en eau par habitant s'y situe au-dessous du **seuil de pénurie** (1 000 m^3), et elle pourrait descendre avant le milieu du siècle à 500 m^3, **seuil critique** pour la population.

Cette disparité se creuse en fonction des usages par les populations ; elle recouvre néanmoins une moyenne mondiale de 5 700 m^3 d'eau douce disponible par habitant et par an, un chiffre largement supérieur aux besoins des 7,3 milliards d'humains, même si la croissance démographique historique du xxe siècle a bouleversé ce rapport théorique : en 1950, la disponibilité par habitant était de 17 000 m^3, et encore de 7 500 m^3 en 1995.

La majorité des pays se situent au-dessus du **seuil acceptable** de 2 500 m^3 par habitant et par an, mais certains sont en situation de **vulnérabilité** et d'autres de **pénurie** (moins de 1 000 m^3 par habitant et par an). Certains dépendent presque exclusivement des cours d'eau, première source d'approvisionnement, d'autres des ressources souterraines mobilisées de plus en plus profondément (**aquifères fossiles**, non renouvelables). Les dynamiques du dérèglement climatiques remettent par ailleurs en cause les régimes climatiques, accentuant l'aridité, mais aussi multipliant les précipitations extrêmes. La demande, d'un autre côté, s'accroît à proportion de l'augmentation démographique : en 2030, la consommation globale excédera de 40 % l'offre d'eau douce immédiatement disponible. Depuis 1980, en effet, la consommation augmente chaque année de 1 %, et au milieu du siècle, elle devrait dépasser d'un quart à un tiers son niveau actuel. En 2020 déjà, 4 milliards d'individus affrontent une pénurie sévère pendant au moins un mois par an. Pour un pays comme l'Inde, 4 % des réserves et 16 % de la population mondiale, avec déjà 600 millions d'habitants exposés au **stress hydrique***, les tensions ne cessent d'augmenter.

Cet inégal accès se lit aussi à l'intérieur des espaces nationaux. Les villes du Sud sont ainsi presque toujours mieux alimentées que les campagnes, et à l'intérieur des premières, les différenciations de raccordement par quartiers restent importantes. En milieu rural, 263 millions de personnes habitent à plus d'une demi-heure du premier point d'eau, ce qui se traduit par des corvées d'eau fastidieuses, notamment pour les femmes.

DÉFINITION

Stress hydrique : accès insuffisant à une eau de qualité satisfaisante pour satisfaire les besoins. Le seuil retenu le plus souvent est celui de 1 700 m^3 par habitant et par an.

■ **Ressources en eau douce par États**

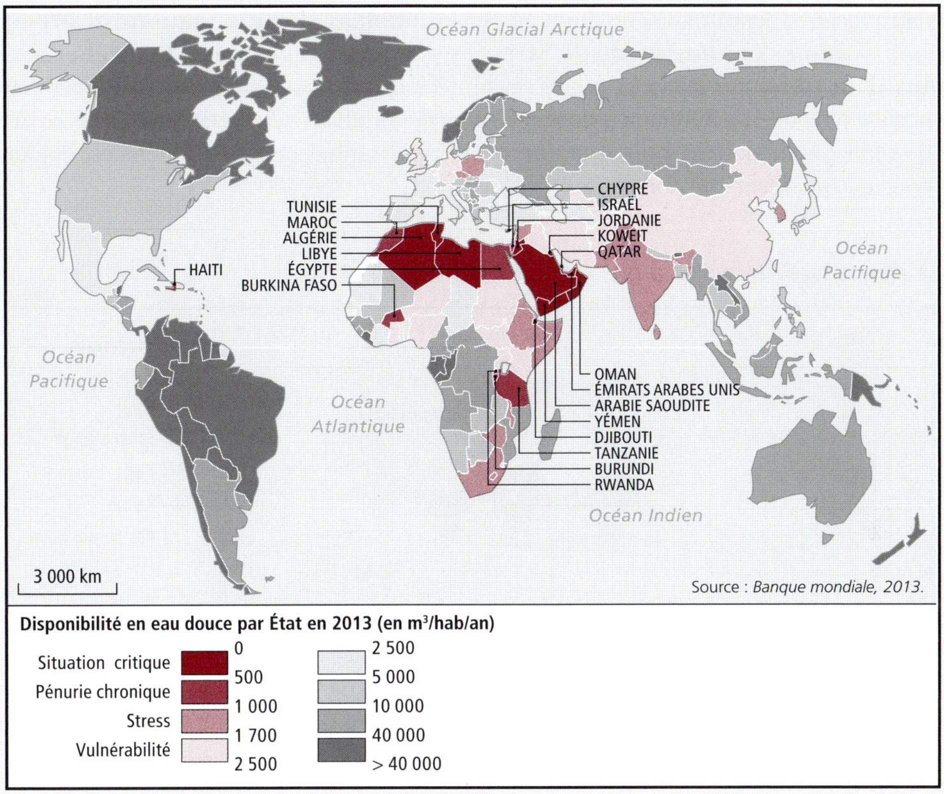

2. Stress hydrique et événements climatiques extrêmes

Le réchauffement climatique accentue l'évaporation. Couplé à la croissance démographique, il entraîne une multiplication des situations de stress hydrique : d'ici 2050, plus de la moitié de la population mondiale pourrait en être affectée d'une façon ou d'une autre. Une ville comme Le Cap (Afrique du Sud), en proie à une forte diminution des pluies, a failli suspendre la distribution d'eau en 2018. Amman (Jordanie), Melbourne (Australie) ou Santiago du Chili sont exposées, à terme, à une baisse d'un tiers à la moitié de leur disponibilité en eau douce. L'ensemble du Chili était en 2010, en moyenne, dans une situation de stress hydrique modéré (2,89 sur une échelle de stress croissant de 0 à 5), dix ans après, il se trouve dans une situation inquiétante (3,69). En 2040, il pourrait vraisemblablement se retrouver à 4,45, alors que sa population n'aura crû que modérément (de 18,6 millions d'habitants en 2020 à un peu plus de 20 millions en 2040). Les mêmes projections, prenant en compte des estimations modérées du changement climatique et des régimes de précipitations, évaluent à plus de trente les pays en situation de stress extrême en 2040, dont tous les pays du Moyen-Orient et du Maghreb. Dans les campagnes, l'exode rural accélérera, menaçant de déséquilibrer des villes en peine de fournir du travail et des services à leurs habitants. L'industrie aussi est mise sous pression : déjà en 2019, la sécheresse au Chili a imposé à la compagnie minière Anglo American une réduction de plus d'un quart de sa production de cuivre. L'année précédente, la baisse du niveau du Rhin avait paralysé le transport fluvial et privé les usines chimiques de BASF de leur eau de refroidissement.

L'absence ou le trop-plein de précipitations constituent la plus grande part des catastrophes naturelles, avec une fréquence accrue et un impact démultiplié par l'augmentation des populations, notamment sur les littoraux : **les inondations et précipitations extrêmes ont augmenté de 50 % ces dix dernières années, les sécheresses de plus d'un tiers**. Sur les vingt premières années du siècle, sécheresses et inondations ont entraîné plus de 166 000 morts, concerné plus de 3 milliards de personnes et coûté près de 700 milliards de dollars. Elles entraînent des catastrophes annexes (incendies, épidémies) et des déplacements de population.

■ **Le stress hydrique par pays, selon l'ONU, en 2018**

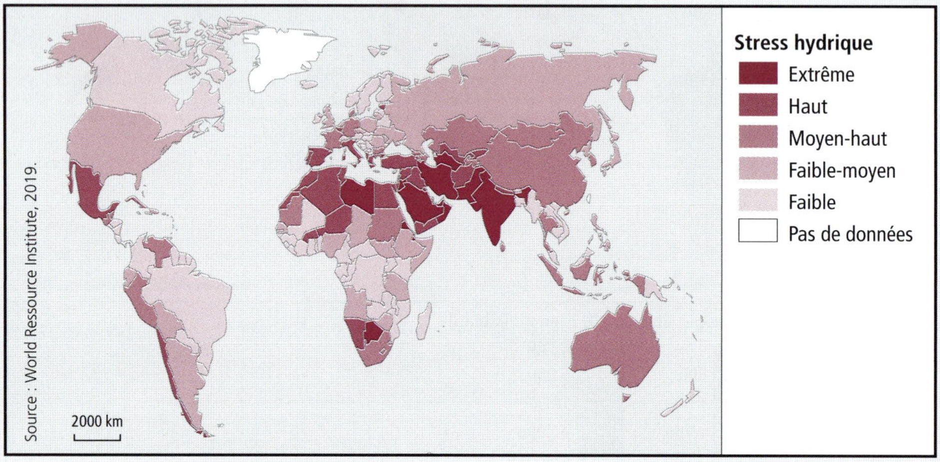

ZOOM ▶ Les dérèglements de la mousson africaine

Comme l'Asie du Sud et de l'Est, l'Afrique intertropicale connaît une alternance de saison sèche et de saison humide, la **mousson**, en fonction des mouvements des masses d'air humide océaniques. Si les années 1970 et 1980 ont été marquées par des sécheresses exceptionnelles, toute la bande sahélienne connaît depuis une pluviométrie plus vigoureuse. Par ailleurs, depuis le milieu des années 1990, la mousson prend la forme d'averses plus courtes et violentes – de quelques heures à quelques jours – et les périodes sèches sont devenues plus arides. L'été 2020 a ainsi vu des précipitations d'une violence inhabituelle, du Sénégal à l'Éthiopie. Niamey sur le Niger et Khartoum sur le Nil ont été brutalement inondées, plusieurs centaines de milliers de personnes ont dû se déplacer en urgence. Une situation qui résulte, certes, d'un **aléa climatique**, aggravé par le réchauffement climatique, mais aussi d'une **vulnérabilité**, résultat d'une mauvaise anticipation des autorités et des populations. Les sols, trop secs, n'arrivant pas à absorber les précipitations, le ruissellement emporte alors tout sur son passage. Mais le changement d'usage et l'artificialisation des sols, l'abandon des jachères dans les zones rurales, les constructions anarchiques en ville et le sous-dimensionnement des infrastructures démultiplient les effets des phénomènes naturels.

3. Prélèvements et usages

Le stock d'eau reste, par définition, constant depuis 3,4 milliards d'années, indépendamment des variations climatiques, autour de 1 400 millions de km3. La demande ne cessant de croître, les prélèvements s'intensifient pour y répondre.

Les disparités d'approvisionnement en eau des populations dépendent davantage des capacités de mobilisation de moyens techniques que des disponibilités natu-

relles. Les disparités entre États dessinent les inégalités de développement comme peu d'autres indicateurs : les États-Unis prélèvent 1 840 m^3 par habitant et par an, alors que chaque Tchadien n'a accès qu'à 26 m^3 (70 fois moins). Israël ou la Californie offrent à leurs habitants un accès plus que confortable à l'eau, alors que les ressources y sont très limitées. À l'inverse, **faute de maîtrise du captage, du stockage et de la distribution, des pays abondamment pourvus, par la pluviométrie et les cours d'eau, sont incapables d'assurer la sécurité hydrique de leurs habitants** : en République démocratique du Congo, un des pays les mieux dotés au monde, l'accès à l'eau potable est un des plus médiocres. Même un pays émergent comme le Vietnam, arrosé par la mousson et traversé par des fleuves puissants, ne peut offrir à ses habitants que 371 m^3 par an (cinq fois moins qu'aux États-Unis). Selon les situations, la part des usages varie, mais globalement, l'agriculture pèse pour 70 % des prélèvements, l'industrie pour 20 %, les usages domestiques pour seulement 10 %. L'ensemble de ces prélèvements représente 80 % des réserves d'eau douce disponibles. La demande agricole a été portée par les progrès de l'irrigation, et les exigences de la poussée démographique augmentent continûment cette consommation. La croissance des pays émergents porte celle de la consommation d'eau par l'industrie (la cimenterie, la papeterie et l'industrie de l'aluminium sont particulièrement voraces).

Pour aller plus loin

Le site du World Resources Institute, groupe de réflexion américain
liennathan.fr/652why

■ Prélèvements mondiaux au cours du XXe siècle, en km^3/an

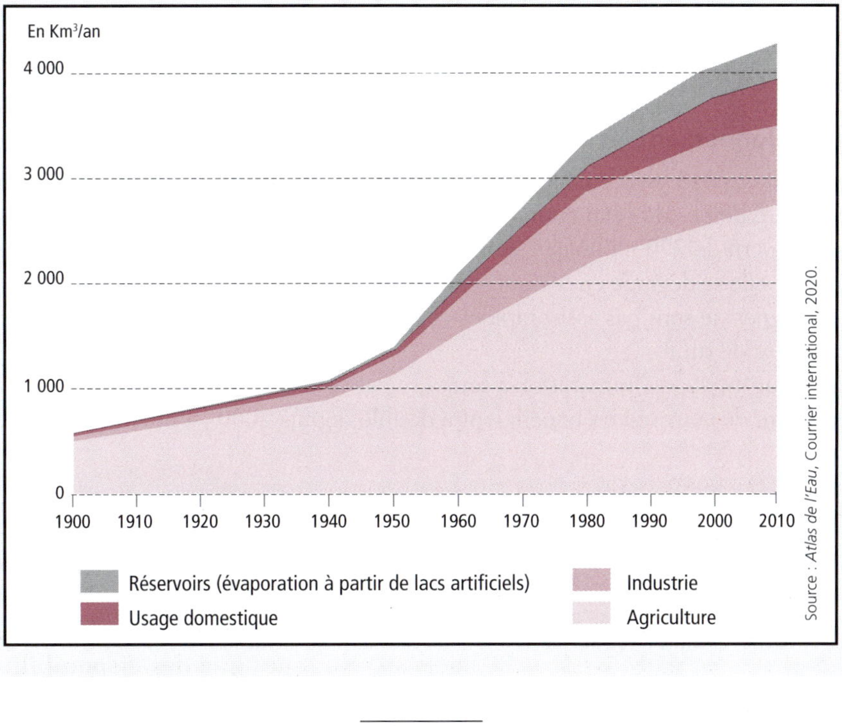

L'abondance des eaux a longtemps occulté la nécessité de réguler leur usage, incarnant de façon emblématique la « **tragédie des communs** », selon l'expression du biologiste Garrett Hardin (1968) : la ressource a été surexploitée par les industriels puisant gratuitement dans les cours d'eau ou par les agriculteurs recevant des subventions pour leurs prélèvements dans les nappes phréatiques* (en Inde, un tarif préférentiel à l'énergie nécessaire au pompage a été un des moteurs de la Révolution verte). Entre le début du siècle et 2025, les prélèvements agricoles ont progressé d'un quart, ceux de l'industrie et des ménages de la moitié.

Ces derniers sont désormais majoritairement des citadins, pour lesquels la consommation d'eau suit des évolutions parfois contradictoires. Dans les villes des pays développés, la consommation directe a tendance à diminuer (sur les vingt premières années du siècle, la consommation par habitant a baissé de moitié à Berlin, d'un tiers à Séville, de 15 % à Paris). Une baisse qui s'explique par des comportements plus vertueux, des factures d'eau plus élevées, des réseaux mieux gérés et des appareils électroménagers moins voraces. Mais cette consommation domestique (hygiène, boisson, lessive), qui tourne en moyenne entre 120 et 150 litres par jour et par personne en Europe, est quatre à cinq fois moins importante que la consommation d'eau virtuelle*, celle qu'exige la production des biens de consommation.

Quantité d'eau nécessaire à la production de quelques biens de consommation

Hamburger	2 800 litres
Chemise en coton	2 500 litres
Tablette de chocolat	1 700 litres
Tasse de café	130 litres

Calcul de l'empreinte hydrique selon l'ONG *Foodprint Network*.

B. LES DÉFIS DES INFRASTRUCTURES

1. L'approvisionnement

Entre 2000 et 2010, 600 millions de personnes supplémentaires (275 000 en moyenne par jour) ont été dotées de l'eau courante à domicile mais, dans le même temps, la population mondiale a crû de 770 millions. Le bilan est très inégal : si la situation s'améliore en Chine et en Inde, elle se dégrade en Afrique subsaharienne, et même en Ukraine. Les progrès dans les campagnes ne sont pas assez rapides et le stress hydrique dont souffrent les agriculteurs accélère l'exode rural.

En 2021, un tiers de l'humanité n'a toujours pas un accès sécurisé à l'eau potable, même si le nombre de ceux qui en bénéficient a doublé depuis 2000 (septième des **Objectifs du**

DÉFINITION

Nappe d'eau souterraine (ou aquifère) : couche de terrains perméables piégeant en profondeur une grande quantité d'eau. Les **nappes phréatiques**, de quelques mètres à plusieurs dizaines de mètres de profondeur, sont exploitables par des puits. À partir de 50 m et jusqu'à 400 m de profondeur, commencent les **nappes profondes**. Les eaux accumulées au cours des temps géologiques à de grandes profondeurs, les **aquifères fossiles**, ne se renouvellent que très lentement et constituent une ressource non renouvelable.

Eau virtuelle : quantité d'eau utilisée pour la production de biens intermédiaires et de biens de consommation.

Millénaire pour le développement – **OMD** – de l'ONU). Dans les territoires les plus en retard – notamment dans les campagnes subsahariennes, où moins de 5 % des ménages ont accès à de l'eau à domicile –, les situations varient à des échelles très fines : un village peut bénéficier d'un forage profond et d'une eau de qualité tandis que ses voisins restent sous-équipés.

Les réponses les plus efficaces relèvent ainsi souvent d'actions locales ; à l'inverse, les investissements dans des équipements ambitieux ne tiennent pas toujours leurs promesses. Le grand chantier libyen de « **Grande Rivière artificielle** » (lancé en 1984 sous Kadhafi), qui amène à Tripoli, depuis 1996, l'eau captée dans les **aquifères fossiles** du désert, a un coût exorbitant : sa construction a absorbé jusqu'à 17 % du budget de l'État et sa maintenance est un gouffre financier, puisqu'il faut sans cesse creuser de nouveaux puits à plus de 1 000 m de profondeur pour en extraire l'eau acheminée vers la côte par un réseau de 3 500 km de canalisation.

ZOOM ▶ En Chine, le transfert des eaux vers le nord

En 2002, l'État chinois a lancé l'un des plus vastes chantiers hydrauliques jamais envisagés à la surface du globe. Il s'agit de transférer depuis le Yangzi Jiang, par trois voies d'eau complémentaires longues de plus de 4 000 km, 44,8 milliards de m^3 d'eau vers le nord et Pékin, au terme d'un chantier qui s'achèvera aux alentours de 2050 et aura déplacé à cette date 350 000 personnes. Le coût, estimé à 80 milliards de dollars, les implications incertaines sur l'environnement et l'habitat comme les déplacements de population attisent les critiques.

2. Pollutions et menaces

L'eau est très sensible aux pratiques de l'agriculture intensive, les nappes phréatiques emmagasinant nitrates et phosphates issus d'engrais azotés et résidus de pesticides. L'irrigation trop intense salinise les sols par remontée des sels minéraux, les zones littorales sont aussi concernées, les prélèvements d'eau douce induisant par capillarité des remontées d'eau de mer (au Bangladesh, au moins un tiers de la population boit de l'eau trop salée).

Les pollutions industrielles connaissent des évolutions différenciées entre les pays développés et les autres. Sous la pression des opinions publiques, les législations sur les rejets industriels sont devenues progressivement plus exigeantes dans les pays développés, les risques accidentels sont davantage pris en compte. En Europe, par exemple, la pollution du Rhin en 1986, après l'incendie de l'usine **Sandoz à Bâle** (15 000 m^3 de produits toxiques déversés dans le fleuve), a poussé à des normes plus strictes.

Mais la compétition pour gagner les activités industrielles a incité les pays émergents à plus de laxisme. En 2012, le gouvernement chinois reconnaissait que 40 % des rivières du pays étaient gravement polluées, et 20 % à un tel niveau de toxicité qu'il interdisait le moindre contact. La même année, 17 millions de tonnes de matières polluantes ont été charriées et déversées dans l'océan par les 72 principaux fleuves chinois (10 000 usines chimiques sont installées le long du Yangzi). Toujours selon le ministère de l'Environnement, un quart des usines de chimie, de pharmacie et de raffinage constituent une menace pour les champs et sources d'eau situées à proximité.

Les **zones humides** (marais, mangroves, tourbières, etc.), enfin, sont en retrait généralisé (elles ont diminué de 85 % depuis le XVIIIe siècle) devant l'extension des aires agricoles. Elles sont pourtant considérées, qu'elles soient côtières ou terrestres, parmi les écosystèmes ayant le plus de valeur, derrière les récifs coralliens, mais devant les forêts tropicales, les rivières et lacs, ou encore les prairies : leur rôle dans l'approvisionnement en eau propre, l'atténuation

ZOOM ▶ Le dessalement, une solution et des questions

Les progrès techniques ont été spectaculaires au fur et à mesure du déploiement, le long des littoraux, de nouvelles usines de dessalement (environ 16 000 en 2020). Le procédé de l'osmose inverse équipe l'essentiel des nouvelles installations, moins gourmandes en énergie que les techniques thermiques classiques (un quart des installations). Si la production d'eau dessalée s'est imposée comme la solution préférentielle de nombreux pays arides et littoraux – les volumes produits sont dix fois plus importants qu'il y a vingt-cinq ans – les rejets de saumure* ont suivi la même pente : chaque litre d'eau potable produit s'accompagne d'un litre et demi de saumure, rejeté en mer pour 80 % des cas. Même avec les technologies les plus récentes (osmose inverse), la consommation énergétique et la pollution qu'elle entraîne restent élevées. L'eau dessalée est ainsi trop coûteuse pour les usages agricoles. En amont, l'importance des investissements nécessaires rend le dessalement financièrement et technologiquement inaccessible pour des pays peu développés.

Se pose aussi, notamment pour les pays du Moyen-Orient, qui fournissent, avec l'Afrique du Nord, la moitié de l'eau dessalée du monde, la question du risque stratégique en cas de guerre : la trentaine d'usines saoudiennes (17 % du total mondial d'eau dessalée) assurent la moitié de la consommation du pays, les cinq usines israéliennes 70 % de la consommation des ménages. Elles constitueraient autant de cibles prioritaires en cas de guerre.

des risques naturels (comme les inondations) et le stockage de carbone (par exemple, dans les tourbières ou la mangrove) sont fondamentaux.

3. L'assainissement

La croissance des villes du Sud fragilise leurs réseaux d'adduction d'eau et souligne les insuffisances de leurs infrastructures d'assainissement. Vecteurs épidémiologiques majeurs, les eaux doivent être traitées en amont pour leur consommation, les eaux usées doivent être assainies en aval avant d'être relâchées. Pourtant, près d'un milliard d'habitants doivent se soulager à l'air libre, un des échecs des OMD. Chaque année, 2 millions de décès évitables sont provoqués par un assainissement insuffisant (les diarrhées, notamment, tuent 830 000 personnes) : 4,2 milliards d'habitants n'ont pas l'usage d'une installation d'assainissement sécurisée. Aux risques de contaminations par bactéries s'ajoutent désormais les nouvelles menaces que constituent les traces de résidus de médicaments et de microplastiques, qui concernent tout autant les pays développés. La pollution au plomb des eaux potables de Flint, dans le Michigan, entre 2014 et 2016, rappelle que ces derniers ne sont pas non plus à l'abri de catastrophes sanitaires.

80 % des eaux usées dans le monde sont rejetées sans traitement, et 2 % seulement du volume traité est réutilisé après retraitement. Certaines villes pionnières ont fait le choix de rendre potable cette ressource. C'est le cas de Windhoek, la capitale de la Namibie, où 35 % de la consommation provient des eaux usées. En Israël, 70 % des eaux récupérées par les égouts partent, après traitement, irriguer les terres. À Singapour, un réseau de récupération draine les eaux usées vers des unités de traitement. Une fois rendue potable, cette eau est diluée dans les réseaux domestiques, ce qui devrait permettre de répondre à un tiers des besoins des 5 millions d'habitants d'ici à 2030.

DÉFINITION

Saumure : eau surchargée en sels, et dans le cas des rejets d'usines de dessalement, en produits chimiques.

Accès à des services élémentaires d'assainissement dans le monde

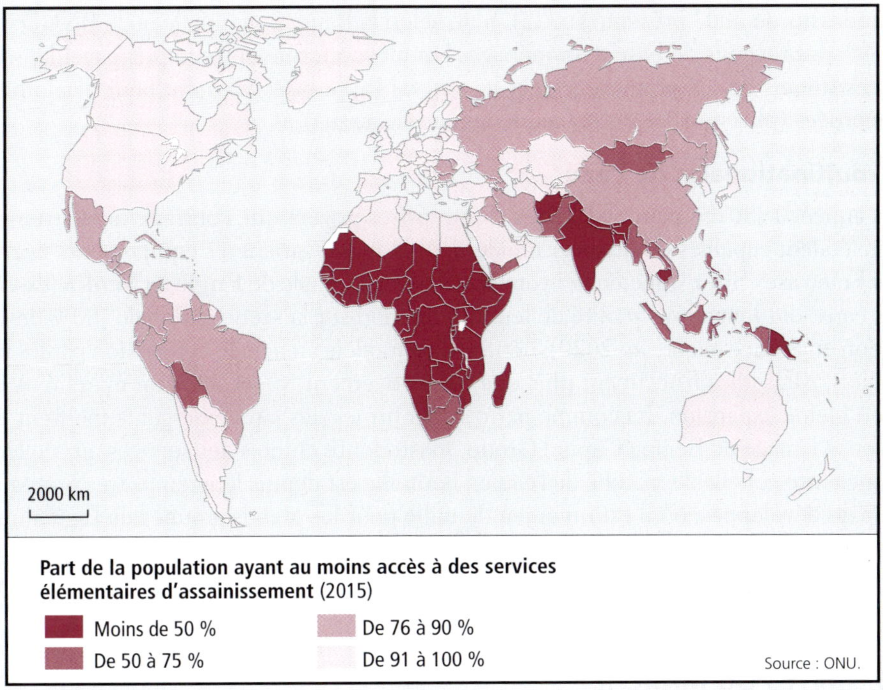

L'Afrique subsaharienne et l'Inde en retard spectaculaire pour le traitement des eaux.

II. Les enjeux marchands

A. UN SECTEUR EN PLEINE EXPANSION

1. La question du coût

Le droit à l'accès à l'eau a été consacré par l'ONU comme un droit fondamental en juillet 2010, par une résolution affirmant un « droit à un approvisionnement suffisant, physiquement accessible et à un coût abordable d'une eau salubre et de qualité acceptable pour les usages personnels et domestiques de chacun ». Dix ans plus tard, pourtant, 2,1 milliards de personnes sur la planète n'ont pas accès à une eau gérée en toute sécurité. La formulation retenue par les Nations unies ne fait pas de l'eau un bien universel gratuit et évite donc le débat sur la question sensible de la marchandisation de la ressource par le secteur privé. L'augmentation des prélèvements (multipliés par huit durant le XXe siècle) a en effet changé la donne et implique des modes de régulation plus contraignants : l'eau reste, aux yeux du droit, une res comunes, un bien universellement propre à tous, mais payer pour accéder à la ressource est un des moyens de la préserver. Pour les organisations internationales, à l'inverse de la revendication d'un accès universellement gratuit à une ressource vitale, il faut rendre accessibles à tous les services de l'eau (*affordability*), « un prix abordable de l'eau doit être assuré à chacun en mettant en place des structures tarifaires appropriées » (rapport Camdessus de 2003 présenté au G8). Soit, selon la Banque mondiale ou le PNUD, pas plus de 4 % des revenus de base d'un ménage. Un moyen terme entre le prix payé dans les pays riches (moins de 1 % en moyenne) et le coût de l'approvisionnement pour des familles non raccordées (plus de 10 % en Jamaïque ou au Nicaragua).

2. Les multinationales de l'eau

Les années 1980 ont marqué l'arrivée d'entreprises privées qui, contrairement aux municipalités, étaient capables de financer rapidement et massivement les équipements nécessaires. Les Françaises **Suez** (l'ancienne Lyonnaise des eaux), filiale de **Engie**, et **Veolia** (ex-Générale des eaux) ont longtemps profité de leur domination sur la scène nationale (60 % de la distribution en France encore en 2020), héritée d'un modèle ancien de concession par les pouvoirs publics. Mais elles n'occupent plus que respectivement 3 % et 2 % d'un marché mondialisé et en pleine expansion. Ici comme partout, les firmes des pays émergents montent en puissance, à l'image de Beijing Capital Group, mastodonte chinois des services aux collectivités. À une autre échelle, le marché de l'eau en bouteille est depuis longtemps très profitable dans les pays développés, où il est un enjeu de taille pour les grands groupes de l'agroalimentaire (Nestlé, Danone). Dans les villes en développement, des embouteilleurs locaux, sans garantie sanitaire, offrent souvent la seule solution face à l'insuffisance de la distribution au robinet. Le coût au litre y est alors dix à vingt fois plus élevé.

B. LES LIMITES DU MARCHÉ

1. Les conflits d'usage*

La logique marchande, dans ce domaine, opère souvent au détriment de groupes sociaux moins solvables comme acteurs économiques. La sécheresse de 2014 en Californie a ainsi menacé une partie considérable des agriculteurs de l'État le plus important des États-Unis dans ce secteur, mais les restrictions mises en place ne touchent pas les golfs, consommateurs dispendieux mais que protègent leurs chiffres d'affaires. L'industrie minière, dont les activités sont, pour plus de 20 %, situées dans des régions affectées de stress hydrique, impose régulièrement ses besoins au détriment des populations locales. Sur le littoral méditerranéen, les arbitrages sont aussi favorables au tourisme (Tunisie), au détriment de l'agriculture vivrière. L'intervention de l'État est supposée permettre une allocation équitable de la ressource, prenant en compte les impératifs économiques, sociaux, environnementaux et même géopolitiques. Aux États-Unis, c'est ainsi le Corps des ingénieurs de l'armée qui est responsable de la gestion des infrastructures fluviales et qui doit arbitrer entre les différentes demandes. Lors de l'hiver 2012-2013, il a donc dû répondre à la demande des armateurs opérant sur le bassin du Mississippi, victimes des basses eaux engendrées par la baisse des précipitations, aggravée par l'**embâcle*** en amont, et contraints d'alléger le chargement des barges pour s'adapter à la baisse de navigabilité du fleuve. Or, ses 4 000 km voient transiter 60 % des exportations nationales de céréales, 22 % du pétrole et 20 % du charbon. Mais lâcher de l'eau depuis les barrages-réservoirs en amont s'opposait aux intérêts de l'industrie, qui risquait de manquer d'électricité l'été, comme de l'agriculture, fortement dépendante de l'irrigation.

DÉFINITIONS

Conflit d'usage : heurts entre différents acteurs concurrents pour l'utilisation d'une ressource limitée.
Embâcle : période de gel des eaux d'un cours d'eau, suivie de la débâcle, la période de fonte.

ZOOM ▶ Le rêve californien, construit en dépit des limites de la nature

La Californie a construit un système sans équivalent de barrages et de canaux (*Central Valley Project, California State Water Project*) pour acheminer l'eau de la Sierra Nevada vers les fortes densités urbaines du littoral, y compris en renversant le cours des rivières grâce à un système de pompes. San Francisco bénéficie ainsi depuis 1923 du barrage O'Shaughnessy, qui a exigé de noyer la vallée d'Hetch Hetchy, dans le parc national de Yosemite, un chantier achevé en 1934 malgré l'opposition des puissantes associations californiennes de préservation de l'environnement. L'État est aussi devenu le premier des États-Unis pour la production et les exportations agricoles, une composante essentielle de sa puissance économique. La distribution de l'eau repose sur un tissu enchevêtré de 400 agences et entités locales, éventuellement privées, mais aussi d'organismes à but non lucratif. Les **droits à l'irrigation** depuis les canaux sont accordés prioritairement aux agriculteurs les plus anciennement enregistrés, un système dépassé par l'accroissement de la demande à l'intérieur de l'État, mais aussi des États en amont des bassins, qui contestent les accords de partage datant de près d'un siècle. À partir de 2015, les sécheresses du début de la décennie ont imposé des restrictions à la consommation (qui doit baisser d'un quart), les réservoirs étant au trois-quarts vides. En conséquence, les agriculteurs puisent de plus en plus profondément dans la nappe phréatique, au risque de l'épuiser, puisqu'il n'y a pas de restriction au pompage dans leur sous-sol. La consommation dispendieuse des ménages, la soif insouciante des agriculteurs et les exigences de l'industrie coexistent de plus en plus difficilement dans un État qui doit aussi faire face, à la fin de la décennie, à des incendies géants, autre conséquence de la sécheresse.

Ces conflits entre les différents usages de l'eau (transport, loisir, énergie, agriculture, industrie, alimentation) ont toujours existé, mais ils se déploient traditionnellement aux échelles territoriales, voire entre États voisins. **Les modifications du climat fragilisent, à une échelle globale, des équilibres anciens.** Elles remettent aussi en cause des investissements qui semblaient offrir des réponses pragmatiques aux défis des usages concurrentiels : la sécheresse assèche ainsi les lacs de barrage de l'Ouest américain, qui satisfont depuis un siècle les besoins des villes, de l'industrie et de l'agriculture. À une échelle plus fine, les lourds investissements des stations de ski de moyenne montagne pour pallier la baisse de l'enneigement par de la neige artificielle sont menacés par l'élévation des températures.

2. La persistance de l'action publique

À cause de leur coût élevé, les infrastructures (barrages, aqueducs, réseaux d'adduction et de retraitement, d'irrigation) sont prises en charge, pour l'essentiel, par les pouvoirs publics. Ces dernières peuvent constituer des leviers de développement considérables, en Chine (barrage des **Trois-Gorges**) comme au Brésil (barrage de **Belo Monte**), sur l'exemple de la **TVA** (*Tennessee Valley Authority*) de Roosevelt, dispositif exemplaire dans la stratégie de lutte contre la grande crise des années 1930.

Pour la consommation domestique, l'échelle urbaine est souvent décisive. Les municipalités doivent gérer des réseaux souvent défectueux (en moyenne, plus de 50 % de perte pour les villes du Sud) et trouver des financements performants qui n'évincent pas les plus nécessiteux. Des tarifs progressifs, comme à Johannesburg, permettent un accès gratuit aux six premiers mètres cubes, soit 50 litres par habitant et par jour pour une famille de quatre personnes. Cette gratuité est compensée par un surcoût pour la tranche intermédiaire, la tarification s'élevant sensiblement ensuite.

Dans la foulée du désengagement libéral de l'État, les années 1980 ont été marquées par le transfert des services de l'eau (distribution, traitement) au secteur privé, par privatisation ou **délégation de service public***. Les villes d'Amérique latine, sous la pression de créanciers, y ont été confrontées. Mais en contrepartie des lourds investissements, longtemps négligés par les pouvoirs publics, les compagnies concessionnaires ont fortement augmenté les prix.

Les protestations des usagers ont souvent débouché sur une reprise en main par les municipalités. Ce fut le cas en 1999 à **Cochabamba**, la troisième ville de Bolivie, théâtre d'une « guerre de l'eau » menée par des organisations sociales, fédérées dans une « coordination de défense de l'eau et de la vie » contre la concession à un consortium transnational, Augas de Turani, conduit par la firme américaine Bechtel. Les mouvements altermondialistes, en pleine expansion au tournant du siècle, ont érigé cette lutte locale en symbole de la résistance contre la toute-puissance des marchés.

De façon moins spectaculaire, à partir des années 2000, une tendance à la reprise en régie directe des services de l'eau s'est imposée dans de nombreuses métropoles : Paris, Lyon ou Rennes en France, mais aussi Atlanta ou Djakarta. Les enjeux sociaux (meilleur accès à l'eau, équité de la distribution) l'emportent alors sur le coût financier.

III. Géopolitique de l'eau

A. LES CONFLITS POSSIBLES

1. Risques hydropolitiques* et menaces

Aucune guerre pour l'eau n'a éclaté entre États. Pourtant, les situations conflictuelles sont nombreuses, notamment dans les régions arides. Les plus vives tensions concernent la Palestine, dont la plus grande part des ressources souterraines de Cisjordanie est captée par Israël. Les fleuves, qu'ils marquent une frontière ou qu'ils la franchissent, sont aussi sources de rivalités : 270 bassins sont transfrontaliers ; le Nil, cas extrême, traverse onze pays aux attentes et aux moyens très différents.

Les fleuves de l'Asie centrale, Amou-Daria et Syr-Daria, sont l'occasion de frictions entre les pays en amont, le Kirghizistan et le Tadjikistan, et en aval, le Kazakhstan et l'Ouzbékistan. L'irrigation intensive du coton, depuis Khrouchtchev, a conduit à l'assèchement de la mer d'Aral.

Les différends peuvent porter sur le partage des eaux, mais aussi sur les pollutions exportées : en 2005, à la suite d'une explosion dans une usine chinoise à Jilin, une nappe de benzène de 80 km de long s'est écoulée le long de la rivière Songhua, un affluent de rive droite de l'Amour, avant d'atteindre la Russie.

Si l'eau ne semble pas se prêter directement au déclenchement d'une guerre, la pression accrue par le changement climatique et la poussée démographique multiplient les risques de crise. En 1989, des pasteurs mauritaniens poussés par la sécheresse traversèrent le fleuve Sénégal, provoquant des violences sur les rives du fleuve, étendues rapidement aux deux pays. À une autre échelle, la guerre civile syrienne est née en 2011 dans des villes et banlieues surpeuplées alors que les sécheresses qui frappaient le pays depuis 2006 avaient entraîné des récoltes catastrophiques et une immigration rurale venue gonfler le chômage urbain. Les millions de déplacés que risquent d'entraîner montée des eaux et sécheresses récurrentes seront immanquablement sources de tensions et de conflits.

DÉFINITIONS

Délégation de service public: service public, du ressort traditionnel de l'État ou des collectivités locales et régionales, confié par contrat à une entreprise.

Hydropolitique : étude à toutes les échelles des conflits et des coopérations liés à l'usage des eaux douces.

ZOOM ▶ L'Indus, un accord fragile

L'Indus (3 180 km, essentiellement au Pakistan) forme avec ses affluents (Jhelum, Chenab, Ravi, Beas et Sutlej) le Pendjab, le riche « pays des cinq rivières », caractérisé par de forts rendements et des structures agraires atypiques en Asie, puisque y prédominent les exploitations de plus de 10 hectares grâce à l'intensité de l'irrigation (plus de 56 300 km de canaux). Depuis 1960, un traité international de partage des eaux signé par l'Inde et le Pakistan, garanti par les États-Unis et conforté par des prêts de la Banque mondiale, réserve à la première l'usage des trois affluents de la rive gauche, ce qui n'empêche pas les nationalistes indiens d'agiter régulièrement la menace d'un assèchement partiel d'un fleuve vital pour le Pakistan (Lahore, par exemple, dépend d'un canal indien pour son approvisionnement en eau). Jusqu'à présent, cependant, les bénéfices de cette gestion commune l'ont emporté sur les tentations de l'instrumentalisation nationaliste, y compris lors des phases les plus intenses de tension entre les deux rivaux.

2. L'eau comme instrument de pression

La mise en service par la Turquie du barrage Atatürk en 1992 – alors que l'Irak, en aval, était dans l'incapacité de répliquer – témoigne de la position de force que constitue une situation en amont par rapport à des pays dépendants en aval. Si l'ensemble du complexe GAP (*Güneydogu Anadolu Projesi*, projet d'Anatolie du Sud-Est), dont il constitue la pièce essentielle, a pour vocation de développer le sud-est anatolien turc, il entraîne aussi une baisse considérable des débits du Tigre et de l'Euphrate (de 80 % pour l'Irak, de 40 % pour la Syrie depuis 1975). Potentiellement, surtout, la Turquie pourrait assoiffer l'Irak, comme l'Éthiopie l'a fait avec l'Égypte avec la construction du barrage de la **Renaissance** sur le Nil. La menace d'un bombardement égyptien du barrage éthiopien rappelle des précédents spectaculaires, comme le dynamitage des digues du Huang He par le Kuomintang en 1938 pour freiner l'avance japonaise (6 millions de sinistrés et 900 000 victimes), ou les bombardements américains des digues du fleuve Rouge au Tonkin en 1972.

Dans l'Himalaya, le contrôle du Tibet par la Chine depuis 1950 lui offre une position de force puisque neuf des principaux fleuves d'Asie (dont l'Indus, le Gange, le Brahmapoutre et le Mékong) y prennent leur source : leurs **bassins-versants*** abreuvent un quart de la population de la planète (1,8 milliard de personnes).

ZOOM ▶ Une guerre pour le Nil entre deux géants africains ?

Lancé en 2011, alors que l'Égypte est en pleine révolution, le grand barrage de la Renaissance de l'Éthiopie (GERD), sur le Nil bleu (avec une production attendue de 6 000 mégawatts), doit faire de l'Éthiopie le premier producteur d'électricité du continent. Il met fin à un vieil accord colonial de 1929, confirmé en 1959, qui partageait alors les eaux du fleuve entre l'Égypte et le Soudan, à l'exclusion de l'Éthiopie. La mise en eau, commencée en juillet 2020, durera entre cinq et quinze ans, phase de tensions où le débit du fleuve pourrait baisser d'un quart. L'Égypte demande, en vain, à Addis-Abeba un minimum annuel de 40 milliards de m3. L'Éthiopie ayant autofinancé le barrage, elle est plus à même de résister aux pressions des institutions internationales comme des États-Unis, proches des deux gouvernements, mais soucieux de ne pas s'aliéner l'Égypte dans leur plan de paix israélo-arabe. Le Caire a fait monter la pression, menaçant de s'opposer par tous les moyens à la menace d'« **hydro-hégémonie** » dont elle accuse l'Éthiopie. Comptant sur le soutien de ses alliés français et américains, l'Égypte a saisi le Conseil de sécurité des Nations unies, qui s'est démis au profit de l'Union africaine, une institution dans laquelle les deux rivaux s'impliquent fortement.

DÉFINITION

Bassin-versant : espace dans lequel l'ensemble des cours d'eau alimente le même fleuve. Il est limité par une ligne de partage des eaux qui sépare les bassins-versants voisins.

B. LES INSTRUMENTS DE GESTION

1. Les organismes internationaux

Les institutions internationales (Banque mondiale, FMI), les agences et programmes de l'**ONU** (PNUD, FAO), sans avoir de pouvoir exécutif, ont développé une expertise qui en fait des conseillers essentiels auprès des États et des opinions publiques. Les deux premiers, par leurs garanties et les prêts qu'ils effectuent, sont souvent indispensables à la réalisation de grands ouvrages. Ils ont favorisé, dans les années 1990, la signature de partenariats public-privé pour améliorer la gestion de l'eau. L'ONU a aussi mis à son agenda des conférences internationales sur les questions de l'eau, qui permettent de médiatiser les enjeux (**Forum mondial de l'eau** tous les trois ans depuis 1997). L'inscription des problèmes de l'eau dans les **OMD** puis, à partir de 2016, dans les **Objectifs du Développement durable** qui leur ont succédé jusqu'en 2030, facilite la levée de fonds.

Les zones d'intégration régionale ont fréquemment mis à leur agenda les questions de partage de la ressource, voire, dans le cas de l'Union européenne, celle d'un droit commun de l'eau. Sur cette question, l'Union reste prudente et se garde de parler d'un droit à l'eau. La directive du 23 octobre 2000 stipule que « l'eau n'est pas un bien marchand comme les autres, mais un **patrimoine** qu'il faut protéger », formulation transcrite sans difficulté par les différentes législations. La France évoque un droit d'accès à l'eau « qui fait partie du patrimoine commun de la nation », dont le prix doit être payé par les utilisateurs (loi sur l'eau de 1992).

Pour aller plus loin

Le site du Forum mondial de l'eau
liennathan.fr/w58iq9

2. Les faiblesses du droit international

Le droit de l'eau reste essentiellement national, voire régional, héritier de situations locales et de traditions séculaires. L'affirmation d'un droit international est encore contrastée et lacunaire. Les zones humides bénéficient cependant d'un des premiers textes environnementaux avec la **Convention de Ramsar**, signée dans cette ville iranienne en 1971. Elle a été ratifiée depuis par 170 États qui s'engagent à préserver les zones enregistrées (en France, par exemple, 46 sites couvrant 3,6 millions d'hectares), en reconnaissant leurs fonctions écologiques et économiques. Mais la Convention n'est pas dotée de moyens propres, elle n'est pas intégrée au système onusien, ce qui limite son efficacité à la bonne volonté des États.

La gestion commune des fleuves internationaux n'a longtemps été régie que par la Convention de Barcelone de 1921 sur la navigation fluviale. Depuis 2014, cependant, la **Convention de New York de 1997** sur les droits d'utilisation des cours d'eau internationaux est entrée en vigueur. Mais sa formulation vague (une utilisation « équitable et raisonnable » des cours d'eau) incite à la coopération sans poser de cadre strict. Son déploiement efficace supposerait par ailleurs un abandon de souveraineté délicat à envisager pour la plupart des États.

La gestion en commun des ressources en eau, que ce soit l'exploitation de nappes souterraines ou de cours d'eau transfrontaliers, reste en conséquence du ressort d'éventuels accords bilatéraux. La gestion du Rhin par les pays riverains, dès 1815, en constitue le plus ancien modèle, que l'on retrouve plus ou moins pour le Danube, le Congo ou le Río de la Plata. Faute d'instance internationale spécialisée, les conflits sur l'eau peuvent être tranchés par la **Cour internationale de justice**, sollicitée par exemple en 1993 par la Slovaquie et la Hongrie dans leur différend à propos du barrage Gabcikovo-Nagymaros sur le Danube, un chantier lancé en 1977. Mais la Cour de La Haye ne peut prendre de décision que sollicitée par les deux parties, ce qui limite fortement ses interventions.

ZOOM ▶ Le bassin du Mékong, coopération défaillante et tensions grandissantes

Le **Mékong** traverse, sur 4 425 km, la Chine (province du Yunnan), le Myanmar (Birmanie), le Laos, la Thaïlande, le Cambodge et le Vietnam. 70 millions d'habitants vivent directement de son bassin, utilisé pour l'irrigation, la pêche et la pisciculture, mais aussi l'hydroélectricité. Le quatrième fleuve d'Asie fournit 2 millions de tonnes de poissons chaque année, plus qu'aucun autre bassin au monde. La pêche fluviale assure ainsi aux Cambodgiens 60 % de leurs besoins en protéines animales.

Fleuve transfrontalier par excellence, axe civilisationnel et économique, il est aussi au centre d'une géopolitique fluviale de plus en plus tendue. Longtemps bloquée par la succession des guerres indochinoises, la construction de grands barrages a débuté dans les années 1980, initiée par la puissance amont, la Chine, à partir de 1986 au Yunnan (dont le barrage de **Xiaowan**, le deuxième plus puissant au monde depuis sa mise en service en 2010, avec 4 200 MW installés, derrière celui des Trois-Gorges). En aval, **le Laos, pauvre et enclavé, entend s'affirmer comme un pôle de distribution de l'électricité**, la « batterie » de l'Asie du Sud-Est. Une cinquantaine de barrages y sont en construction pour fournir une électricité essentiellement revendue à la Thaïlande. L'impact sur les populations locales aurait néanmoins été sous-estimé selon de nombreuses ONG, de même que l'émission de méthane, fréquente en milieu tropical, qui ruinerait le côté vert de l'électricité produite. L'accumulation des sédiments dans les lacs de retenue aggrave l'érosion en aval, et affaiblit dangereusement le delta, cœur nourricier du Sud-Vietnam. D'un point de vue général, le gain énergétique et la régulation du fleuve sont les versants positifs d'une artificialisation du réseau hydraulique qui pèse sur la biodiversité et les activités traditionnelles, notamment la pêche. La complémentarité des besoins par rapport au fleuve n'a pas pour autant permis, jusqu'à présent, une gestion en commun du fleuve, une lacune qui menace particulièrement le Vietnam, dépendant des pays en amont. De façon révélatrice, il est le seul signataire de la Convention des Nations unies de 1997 sur les droits des cours d'eau internationaux (non contraignante). Dès 1957, cependant, les Nations unies ont promu le Comité du Mékong, devenu en 1995 **Commission du Mékong**, détachée de l'ONU, mais qui n'a aucun pouvoir de décision, et ne sert que d'organe de consultation et d'informations. Le Myanmar pas plus que la Chine n'y participent, et cette dernière a été accusée en 2019 d'une rétention déstabilisatrice d'eau par sa série de onze barrages sur le cours amont du fleuve. Cette année-là, alors que les plateaux tibétains qui alimentent le fleuve étaient particulièrement humides, son niveau en aval a atteint un étiage historique. Pourtant, la Chine, si elle se coordonnait avec les pays riverains, pourrait relâcher plus d'eau à la saison sèche et en retenir davantage lors de la mousson.

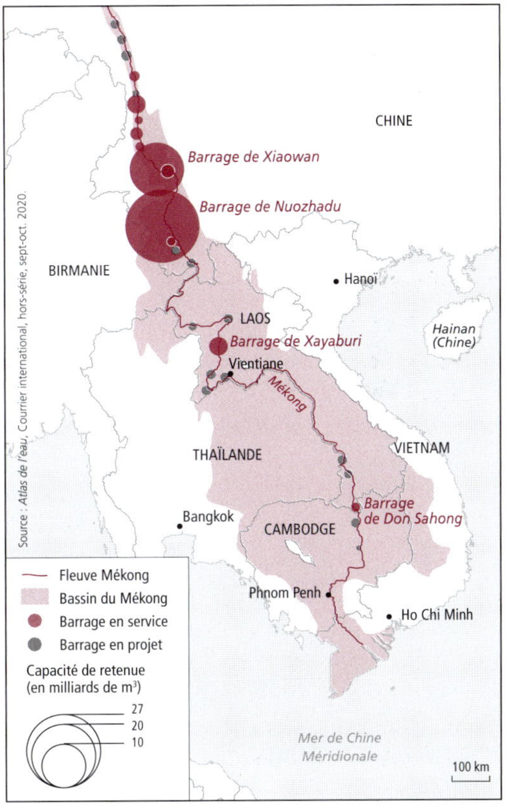

Bassin du Mékong

12 L'ÉNERGIE ET LES MATIÈRES PREMIÈRES SOUS PRESSION

La poursuite de l'accroissement de la population mondiale et le développement, qui implique une évolution des modes de vie et une augmentation de la consommation, suscitent chaque jour davantage de besoins. Dans un contexte de mondialisation, mais aussi d'essor du modèle du développement durable, la question des ressources, de leur gestion et de leur consommation, avec leurs conséquences en matière économique, sociale et environnementale, est au cœur des réflexions contemporaines. Longtemps, la distinction entre ressources renouvelables et non renouvelables n'a pas été perçue. **La prise de conscience des limites des ressources de la Terre, à part chez quelques penseurs, date du début des années 1970 avec les travaux du Club de Rome**, qui met alors en parallèle l'explosion démographique et les limites de la consommation des ressources terrestres.

Notions principales

Front pionnier : limite intérieure et mobile de l'avancée du peuplement et de la valorisation du territoire.
Cartellisation : regroupement d'entreprises du même secteur pour fixer des prix en commun.
Transition énergétique : remplacement des sources carbonées de production de l'énergie par des sources renouvelables.
Acceptabilité sociale : acceptation ou résistance d'une population à l'adoption d'un projet ou d'un changement.

CHRONOLOGIE

1859 : Début de l'extraction industrielle du pétrole en Pennsylvanie.
Février 1945 : Accords du Quincy entre les États-Unis et l'Arabie saoudite.
1951 : Première centrale nucléaire (Idaho, États-Unis).
1960 : Fondation de l'OPEP.
1972 : *Halte à la croissance ?* Rapport Meadows.
1973 : Premier choc pétrolier.
1979 : Second choc pétrolier.
2007 : Exxon établit un record de bénéfices, avec 40 milliards de dollars.
2009 : La Chine devient première consommatrice d'énergie au monde.
11 mars 2011 : Catastrophe nucléaire de Fukushima.
26 septembre 2019 : Accident technologique et industriel de Lubrizol (périphérie de Rouen).

I. Énergies* et matières premières*, du local au global

A. RESSOURCES, MONDIALISATION ET DÉVELOPPEMENT

La consommation de l'énergie et des matières premières est un marqueur pertinent des niveaux de développement. Leur utilisation, liée aux changements des modes de vie et de consommation, peut se lire dans l'espace et dans le temps. Sur la longue durée, les grandes phases d'évolution de l'humanité se comprennent aussi par **la découverte et la maîtrise des sources d'énergie et des ressources**. Ainsi, on date le début du paléolithique avec l'invention du feu, le néolithique voit l'émergence de l'agriculture et de l'élevage où les hommes contrôlent la reproduction d'espèces vivantes et se servent de leur énergie. Après la maîtrise de l'eau, notamment par l'Empire romain, la mobilisation des énergies naturelles s'accentue avec l'essor de la marine à voile et du moulin à vent (Moyen Âge). À partir du XVIIIe siècle, la notion de révolution industrielle dépend des restructurations liées aux usages des énergies. La première révolution industrielle marque le remplacement des énergies naturelles par des énergies fossiles. Le charbon est exploité au Royaume-Uni, car le pays fait face à une crise du bois. Cela induit une augmentation brutale de l'offre de l'énergie avec la **transformation de l'énergie thermique en énergie mécanique pour la production d'un mouvement**. La deuxième révolution industrielle se traduit par le passage à la domination des **hydrocarbures** et de l'électricité. On a pu parler d'une troisième révolution industrielle avec le développement de la **filière électronucléaire** et la redécouverte des énergies renouvelables.

1. L'exploitation des ressources

Les ressources énergétiques et minérales sont désormais au cœur de nos sociétés et participent à la satisfaction de leurs besoins croissants. Alors que la disponibilité de ces ressources est essentielle dans tous les pays, **leur localisation est très mal partagée, tant dans les réserves que dans les moyens de production et de transformation**. Il faut ainsi faire face à un triple défi, dont les réponses parfois peuvent s'opposer : il va falloir être en mesure d'assurer des approvisionnements à une population qui augmente rapidement et dont le niveau de vie s'élève sans baisser le niveau de consommation. Il faut par ailleurs assurer l'accessibilité aux ressources énergétiques et minérales à des populations qui en sont

DÉFINITIONS

Énergie : toute entité physique (mesurable) capable de produire un travail prenant la forme d'un mouvement ou d'une chaleur. C'est l'apport nécessaire à un matériel pour lui faire subir une transformation (modification de sa forme ou de son état) ou un déplacement. Les énergies sont dites « **primaires** » quand elles peuvent être utilisées directement (le charbon), et « **secondaires** » lorsqu'elles résultent d'une autre énergie (électricité). On peut les mesurer en identifiant leur **densité énergétique** : quantité d'énergie contenue dans un produit. Alors que les **énergies renouvelables** s'inscrivent dans les cycles naturels de la nature (hydraulique, éolien, etc.), donc considérées comme inépuisables, les **énergies fossiles** ont un stock fixe dans lequel on puise, c'est pourquoi ces dernières sont qualifiées de « **non renouvelables** ».

Matières premières : ensemble des **ressources naturelles** utilisées notamment dans l'industrie pour la production de tout produit fini ou semi-fini, en tant que composant ou en tant que ressource énergétique entrant dans le cycle de production ou d'acheminement du produit. En général, leur utilisation nécessite une **transformation** (affinage ou raffinage). C'est notamment le cas pour passer des minerais au métal (comme avec l'aluminium, le cuivre, l'argent) ou encore de la betterave (ou de la canne) au sucre.

Les **ressources minérales** résultent de la concentration de matières premières dans des gisements qui peuvent être exploités par l'homme ; elles regroupent les ressources énergétiques fossiles (charbon, pétrole, gaz), les ressources métalliques (y compris l'uranium), les minéraux industriels, les matériaux de construction et les pierres précieuses.

exclues actuellement (pour la cuisson, les déplacements, etc.). Ces deux objectifs doivent être atteints sans dégrader l'environnement terrestre déjà sous pression, en maîtrisant les prélèvements, mais aussi les rejets liés à l'exploitation des ressources et à leur utilisation. Au-delà des questions énergétiques dont la problématique est largement dominée par le pétrole et les hydrocarbures en général, les matières premières recouvrent principalement les ressources alimentaires [→ CH. 14], l'eau [→ CH. 11], les pierres précieuses (or, diamant) et les métaux (fer, nickel, cuivre, etc.), parmi lesquels il faut analyser le rôle nouveau des terres rares.

ZOOM ▶ Les terres rares, un élément majeur de la puissance chinoise

La demande en terres rares augmente rapidement (6 % par an). Cette appellation désigne 17 métaux devenus essentiels pour les industries de haute technologie, notamment pour la fabrication de nouveaux produits tels que les véhicules électriques ou hybrides, les éoliennes, les panneaux solaires photovoltaïques, ou encore les postes de télévision couleurs, les tablettes, les ampoules basse consommation, etc. La **rareté provient de la très inégale répartition géologique** de ces terres rares et des pays qui cherchent à les exploiter. Ainsi, 98 % de la production des terres rares se font aujourd'hui en République populaire de Chine et cette concentration de la fourniture peut en faire une véritable arme géopolitique. Le quasi-monopole d'exploitation de la Chine lui permet de contrôler les prix et toute la filière de production. Depuis 2010, d'autres États se mobilisent pour développer cette ressource : les États-Unis, deuxième producteur, mais avec un volume 13 fois moindre, ont tenté une relance de leur production. L'Union européenne a commencé à en stocker pour diminuer la dépendance à court terme et le Japon a découvert d'immenses réserves dans le Pacifique. Mais toutes ces mesures ne remettent pas en cause à brève échéance l'actuelle domination de la Chine dans ce secteur.

2. L'évaluation des ressources

Géographiquement, l'inégalité de la répartition des ressources et des réserves pose le **problème de la maîtrise des territoires qui les contiennent et celui des disparités d'accès à ces ressources**. Alors que celles-ci sont principalement épuisables, se pose

ZOOM ▶ Les hydrocarbures du Moyen-Orient

Le Moyen-Orient apparaît comme le principal réservoir d'énergie fossile, mais surtout la première région productrice d'hydrocarbures dans le monde, notamment avec l'Arabie saoudite, premier producteur de pétrole. Tirant des revenus considérables de l'extraction et du commerce des hydrocarbures, surtout à compter des années 1970, ces États possédant l'« or noir » envisagent la valorisation de leurs ressources comme une source de croissance et de prospérité. La coordination de ces différents États producteurs entre eux (création de l'OPEP) a permis une hausse des prix du baril, passant de 1,70 dollar en 1970 à 80 dollars en 10 ans, augmentant rapidement leurs revenus.

Depuis 1990, la fluctuation très forte des cours et leur augmentation générale dépendent notamment des estimations des réserves et des aspects conjoncturels (embargo, guerres, aléas climatiques). La baisse des prix du pétrole depuis 2014 fragilise les budgets des pétromonarchies trop dépendantes de la rente pétrolière.

Certaines estimations annoncent que le pic pétrolier *(peak oil)* a déjà été atteint ou est en passe d'arriver. Les réserves prouvées et vérifiées de l'Arabie saoudite sont très incertaines (la dernière évaluation certifiée date de 1979). Ainsi, grâce aux revenus accumulés et disponibles, certains États du Golfe assument leur volonté de (re)conversion. Abu Dhabi possède désormais une antenne universitaire de la Sorbonne et a ouvert sous concession un musée du « Louvre », dessiné par l'architecte Jean Nouvel, pour un coût de 83 millions d'euros pris en charge par l'émirat. De même, l'Arabie saoudite a financé la création de la King Abdullah University of Science and Technology (KAUST), avec 400 chercheurs internationaux et le troisième ordinateur le plus puissant au monde. Dubaï se présente comme la ville du tourisme de luxe avec ses îles artificielles.

Ces nouvelles orientations des investissements montrent la volonté de trouver d'autres sources de richesses que le pétrole, comme le confirment les stratégies de placements économiques et financiers du Qatar, notamment en France, dans les secteurs du luxe et du sport, entre autres.

dans le même temps la question de la **durabilité du développement** qui s'appuie sur ces ressources. Dans l'ensemble, l'évaluation des énergies et des matières premières n'est qu'une estimation à un moment donné en fonction des possibilités d'accessibilité, d'extraction et de valorisation. À cela s'ajoute le prix de vente des produits qui rend certaines extractions rentables ou non. L'évaluation exacte de la durée des stocks existants est impossible, puisque toutes les réserves ne sont pas connues, ni les techniques nouvelles pour rendre certaines exploitations rentables. Aujourd'hui, on redécouvre d'anciens gisements connus et abandonnés du fait du changement de **seuil de rentabilité**. Dans le cas des hydrocarbures, l'estimation des stocks est rendue plus ardue encore en raison des politiques et stratégies commerciales des pays producteurs et des sociétés pétrolières qui ne déclarent pas nécessairement leurs réserves afin de peser sur les prix.

3. Énergie et développement

L'énergie est souvent considérée comme un **préalable au développement**. La valorisation d'une énergie qui devient dominante assure à ceux qui la produisent et la maîtrisent un **potentiel de développement** plus fort par rapport aux autres. Alors que la période de la première révolution industrielle a été dominée par la Grande-Bretagne, l'après-Seconde Guerre mondiale a marqué la domination états-unienne avec le pétrole. Ainsi, les phases de développement s'appuient sur une énergie en particulier à l'échelle des États. À un niveau plus local, certaines activités peuvent prendre de l'ampleur grâce à la production de certaines énergies dont le transport est difficile. On peut penser ici au développement industriel des grandes vallées alpines grâce à la maîtrise de l'énergie hydraulique.

ZOOM ▶ Le bois, principale biomasse* énergétique

Pour une même énergie, on observe à l'échelle mondiale des enjeux opposés. Source d'énergie et matière première, la production industrielle de bois rond a atteint un volume de 2,03 milliards de mètres cubes en 2018 (données FAO). Les plus gros consommateurs restent les États-Unis, la Chine, l'Inde et le Brésil, mais la répartition géographique des types de consommation (bois de feu ou d'énergie, bois d'œuvre et d'industrie) est très contrastée.

Les productions et consommations diffèrent entre les pays développés et les pays en développement. Les premiers comptent pour 70 % dans la production et la consommation mondiales de produits industriels du bois. Les pays en développement, en revanche, produisent et consomment environ 90 % du bois de feu et du charbon de bois, combustibles qui constituent la principale source d'énergie des ménages dans bon nombre de pays, en particulier dans les zones rurales (chauffage et cuisine). En moyenne, les combustibles ligneux représentent 15 % de la consommation énergétique totale dans les pays en développement, mais peuvent compter pour plus de 70 % dans une trentaine de pays. La consommation de bois de feu et de charbon de bois reste plus forte aujourd'hui que celle du bois industriel à l'échelle mondiale. Et sa valeur énergétique suscite un intérêt accru, du fait du potentiel qu'il représente pour le secteur énergétique moderne, en tant que source alternative aux combustibles fossiles.

B. LES PRESSIONS SUR LES RESSOURCES

1. L'augmentation de la demande en énergie et en matières premières

La croissance démographique associée à l'élévation globale des niveaux de vie constitue le facteur fondamental pour comprendre la hausse de la consommation pour des denrées en

DÉFINITION

Biomasse : énergie renouvelable la plus développée dans le monde. Elle est principalement constituée par le bois de feu et les biocarburants (ou agrocarburants).

majeure partie fossiles. La demande a donc progressé plus rapidement à partir de la révolution industrielle, et la plus forte accélération se situe au cours des cinq dernières décennies (triplement de la demande entre 1960 et 2010). La hausse actuelle est surtout tirée par la **croissance de la demande des pays émergents**. En outre, les modes de vie et de production impliquent des usages variés des ressources énergétiques et minérales : en plus des besoins liés au chauffage et à l'électricité pour les combustibles, il faut intégrer ceux de l'industrie et des transports (routier, aérien, par conduite, navigation intérieure). Ainsi, les énergies fossiles ont été les plus sollicitées, car le développement économique et industriel s'est principalement appuyé sur le charbon et le pétrole. Pour répondre à l'explosion de la demande, les hydrocarbures assurent aujourd'hui 57 % de la consommation mondiale et le charbon, dont la forte hausse s'est stabilisée, 27 % (le nucléaire, la biomasse, l'énergie hydraulique et le reste du renouvelable rassemblent un cinquième de la consommation).

L'**industrie pétrochimique** est de loin le plus grand **consommateur de combustibles à des fins non énergétiques**. Elle transforme les combustibles fossiles (pétrole, gaz naturel et produits dérivés des fours à coke) et le carbone de la biomasse en produits organiques synthétiques. Le vapocraquage de produits pétroliers de raffinerie ou de liquides du gaz naturel est le principal processus de conversion pétrochimique. Les matières premières sont l'essence, le gazole et le gaz de pétrole liquéfié (GPL). L'éthane, le propane et le butane issus de la transformation du gaz naturel peuvent également être utilisés s'ils sont facilement disponibles. Pour la fabrication de certains produits manufacturés, il faut utiliser des procédés pétrochimiques et de raffinage (graisses et lubrifiants dans les moteurs selon leur viscosité, bitume pour les toits et routes du fait de ses qualités imperméabilisantes et résistantes, solvants et peintures, engrais).

La demande mondiale en électricité augmente presque deux fois plus vite que la consommation totale d'énergie, du fait des modes de vie qui réorientent les besoins. Ceci

Évolution et perspectives des composantes de la consommation énergétique mondiale

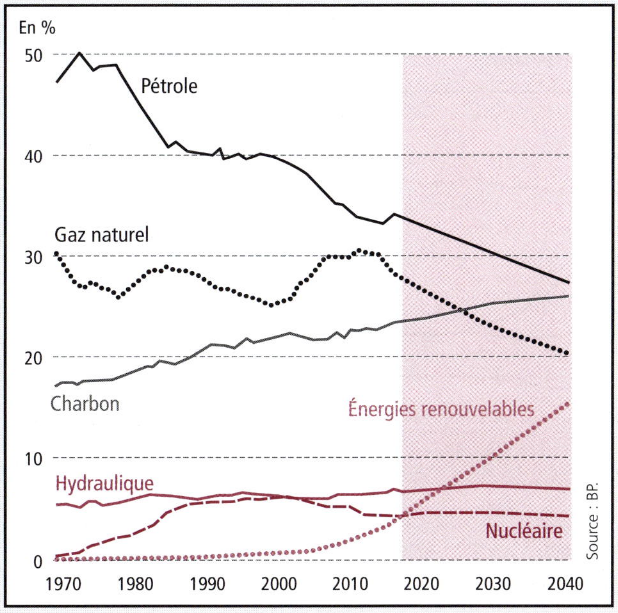

pose un véritable défi qui se trouve amplifié par le niveau d'investissement nécessaire au remplacement d'infrastructures énergétiques vieillissantes. Les ressources extractives et fossiles (le charbon et le gaz pour la production d'électricité, et le pétrole pour les transports) assurent toujours un rôle prédominant bien qu'en diminution relative du fait de l'essor des énergies renouvelables. Les **progrès dans la connaissance, la maîtrise des ressources et les nouvelles technologies** participent aussi à la modification des besoins et de la géographie de ceux-ci. L'uranium devient un véritable enjeu, tout comme certains métaux participant à la production de nouveaux biens de consommation, en particulier les batteries (lithium).

Ainsi, les marchés connaissent d'importantes **recompositions** liées à l'évolution de la demande (lieux de production et de consommation qui changent, nouveaux produits) tout en restant extrêmement sensibles aux variations des cours liées aux facteurs structurels, mais aussi conjoncturels internationaux ou locaux.

Dans ce mix énergétique, il s'agit de ne pas oublier que les ressources nationales diffèrent largement, et que la production énergétique de certains pays peut ne dépendre que d'une seule source, comme on peut l'observer au Laos, dépendant à presque 100 % de l'hydroélectricité.

2. Une géographie de la consommation révélatrice des enjeux de développement

Pour rappel, les pays du G20 représentent toujours 80 % de la consommation mondiale d'énergie, ce qui témoigne de très fortes inégalités.

Par ailleurs, 37 % de l'énergie mondiale sont consommés en dehors de leur lieu de production. L'Europe et l'Amérique du Nord restent les principaux foyers de consommation. Ce groupe des **anciens pays industrialisés garde un poids majeur** même s'il connaît la hausse la plus modérée des régions mondiales. **C'est la consommation asiatique qui augmente le plus.** Ainsi, l'importance des **pays émergents et en développement** constitue le principal facteur de hausse de la consommation et participe à la **reconfiguration géographique de la demande mondiale**. La part des pays de l'OCDE dans la consommation est passée de 61,5 % en 1973 à 40 %, alors que la Chine a vu sa consommation en énergie primaire augmenter de 7 à plus de 24 % dans le même temps, le reste de l'Asie représentant maintenant 20 % du total.

Évolution de la consommation d'énergie par habitant et par région du monde en gigajoules

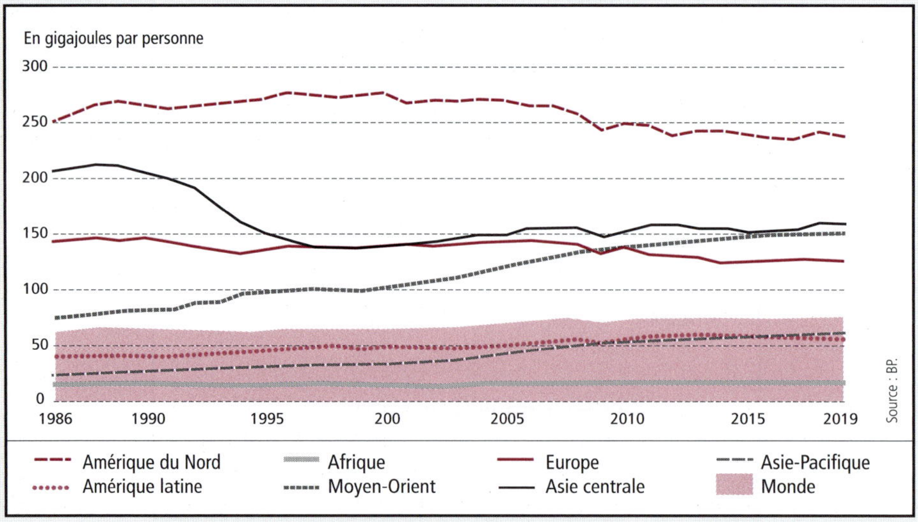

Ce que l'on peut donc noter des évolutions énergétiques des dernières années, c'est avant tout la très forte augmentation de la consommation de gaz naturel, principalement due à la Chine et aux États-Unis, alors que l'on note peu de changement dans la consommation de pétrole. En revanche, la consommation d'électricité croît toujours plus rapidement, ce qui témoigne de l'électrification des usages qui se poursuit. Enfin, les énergies renouvelables continuent de se développer, en production totale, mais sans prendre plus de place dans le mix.
On constate cependant encore d'énormes écarts de consommation d'énergie. **1,6 milliard de personnes n'a presque pas d'accès à l'énergie**, la faible part de l'Afrique dans la consommation mondiale en témoigne à l'évidence (3,4 % de la consommation totale en 2020). Les quantités d'énergie consommées par les populations soulignent clairement les différences de développement et d'accessibilité (physique et économique) à ces ressources.

Le mix énergétique mondial (en exajoules) et le mix électrique mondial (en térawattheures) en 2019

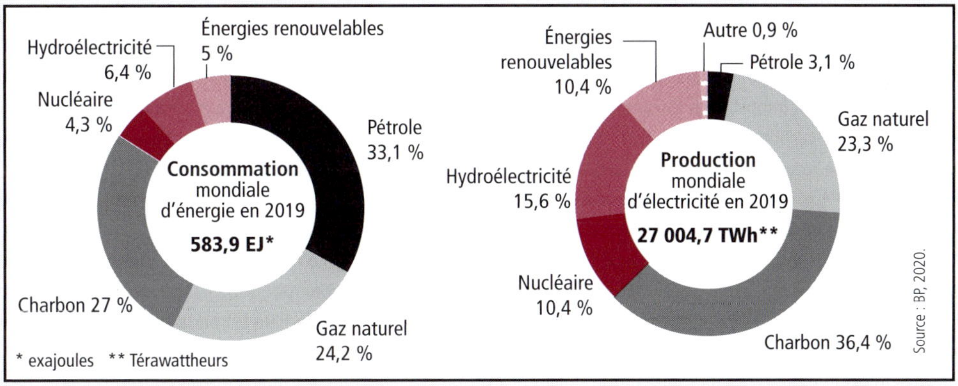

3. Un monde globalisé : circulations et marchés

L'évolution des pôles de consommation, la différence et la distance entre les lieux de production et les principaux lieux de consommation induisent un **essor des circulations de l'énergie et des matières premières**, accentué par la mise en interdépendance des marchés et des espaces liée à la mondialisation.
Aucun pays ne peut être considéré comme une île énergétique. **Les interactions entre les matières** énergétiques et minérales, **les marchés et les prix s'intensifient**. La fluctuation des cours d'un produit peut d'ailleurs avoir des conséquences sur les prix des autres ressources ou sur leur production, montrant l'importance des interactions avec les autres secteurs. Par exemple, les prix modérés du gaz naturel, à la suite de l'exploitation du gaz de schiste, entraînent une réduction de la consommation de charbon aux États-Unis, qui peuvent donc exporter leur production excédentaire vers l'Europe, où le charbon a inversement détrôné le gaz, plus onéreux. En 2012, à son niveau le plus bas, le gaz naturel était vendu aux États-Unis à près d'un cinquième des prix d'importation pratiqués en Europe et à un huitième de ceux pratiqués au Japon, dont la demande a explosé à la suite de la catastrophe de Fukushima. Le coût très élevé du transport maritime du gaz (qui doit être comprimé 600 fois pour être liquéfié avant d'être transportable par un méthanier, puis subir l'opération inverse à son port d'arrivée) explique ce compartimentage des marchés autour de trois pôles régionaux (Amérique du Nord, Europe, Asie). À l'avenir, des convergences de prix entre ces marchés

ZOOM ▸ La Chine, un poids géopolitique de premier plan dans la gestion des ressources énergétiques et minérales

Malgré l'importance des productions et des réserves nationales, malgré l'immensité du territoire, les besoins chinois liés à la population et à la croissance ne sont pas couverts (c'est, par exemple, le premier marché automobile au monde). L'augmentation rapide de la consommation énergétique n'est pas en passe de se stabiliser, alors qu'elle dépasse celle des États-Unis depuis 2009 (plus de 3273 millions de tep par an en 2018, près du quart de la consommation mondiale).

Au cours de la dernière décennie, le charbon a répondu pour près de moitié à l'augmentation de la demande mondiale d'énergie, croissant à un rythme plus élevé que la somme des énergies renouvelables. L'évolution de la demande en charbon dépend notamment de la portée des mesures favorables aux sources d'énergie à faible émission, du déploiement de technologies de combustion du charbon plus efficaces et, point particulièrement important à long terme, du captage et du stockage du carbone. C'est à Pékin et à Delhi que les décisions sur le marché mondial du charbon pèsent le plus, la Chine et l'Inde comptent en effet pour près des trois quarts de la hausse de la demande en charbon projetée hors OCDE (alors que la consommation de charbon baisse dans la zone OCDE). Le pic de la demande chinoise est estimé autour de l'année 2020, avec une stabilisation jusqu'en 2035. La consommation de charbon en Inde doit dépasser celle des États-Unis en 2025, date à laquelle l'Inde deviendrait le premier importateur net. Le ralentissement de la croissance chinoise ces dernières années a des répercussions sur les cours mondiaux de quasiment toutes les ressources : la perte de 3 points entre 2010 et 2013 a été l'un des principaux facteurs identifiés de la baisse de la demande en matières premières. En revanche, sa croissance continue à capter une part importante des ressources produites, en particulier sur ses régions voisines comme l'Asie du Sud-est. La région est aujourd'hui le troisième fournisseur de la Chine, laquelle consomme 40 % de la production mondiale de minerais. Cette contribution repose en majeure partie sur l'Indonésie, qui concentre 9 % des ventes de minerais dans le monde. Ainsi, il apparaît que les pays d'Asie du Sud-Est sont devenus de nouveaux territoires convoités pour leurs ressources minérales, phénomène accentué par le fait que le secteur est considéré comme stratégique par les États de la région, car un des éléments essentiels à la croissance économique et de l'amélioration des conditions de développement des populations. La Chine met en application une politique spécifique pour la gestion de ses ressources : la République populaire a créé un Bureau des réserves d'État chinois (SRB) dédié à ces questions. Ainsi, afin d'assurer l'approvisionnement nécessaire aux usines textiles, mais aussi pour soutenir les cours (mesure d'aide au revenu des paysans), le pays a effectué d'importantes réserves de coton. On observe la même démarche stratégique pour les marchés des métaux. Si l'on prend l'exemple du cuivre, la Chine a désormais un rôle pivot dans le panorama mondial en tant que premier pays producteur et consommateur de cuivre raffiné. Sa part dans la consommation mondiale est passée de 34 % en 2006 à 43 % en 2008. Depuis 2009, les réserves chinoises de cuivre sont gardées secrètes et influencent les cours mondiaux. Le cours du cuivre est négocié à Londres, à la Bourse des métaux (le LME – le *London Metal Exchange* –, fondé en 1571 sous Elizabeth Ire, supervise le stockage des lots de cuivre chaque jour échangés en Bourse). Cependant, en jouant sur ses réserves et ses capacités de production, la Chine a un rôle déterminant dans la fluctuation des cours mondiaux.

gaziers régionaux sont envisageables, avec la flexibilisation du commerce de gaz naturel liquéfié (GNL) et l'évolution des conditions contractuelles. Les changements ressentis dans une partie du monde se répercuteront alors plus rapidement ailleurs. De même, la production de biocarburants au Brésil est imbriquée avec celle du sucre : les choix de transformation de la canne à sucre en carburant dépendent des cours de la denrée alimentaire et de la rentabilité de l'opération.

Le maintien du pétrole comme marchandise mondialisée et très échangée tient à son faible coût de transport, 7 à 10 fois inférieur à celui du gaz. Les prix sont ici convergents dans un marché globalisé.

L'**augmentation récente des flux Sud-Sud** participe à la recomposition des rapports de force et à l'augmentation de la pression sur les ressources naturelles.

L'évolution de la pression sur les ressources en fonction des disponibilités fait apparaître d'importantes dynamiques spatiales.

En prenant le cas de l'Asie du Sud-Est, la mise en exploitation des minerais est d'abord initiée dans les pays archipélagiques (Indonésie, Philippines), mais à mesure que leurs gisements anciens s'épuisent, les exploitations minières se déplacent, depuis le début des années 2000, vers de nouvelles régions, de plus en plus éloignées (souvent jusque-là peu accessibles pour des raisons infrastructurelles ou de conflits) : le Myanmar, le Cambodge, le Laos et le Vietnam ou des régions comme l'Irian Jaya (Indonésie) deviennent de nouveaux fronts pionniers en ressources minérales recherchés à la fois par les États et par les multinationales minières. Certaines régions se sont ainsi développées grâce à l'exploitation des ressources minières et ont vu arriver des populations importantes, sous l'effet combiné de la ruée vers les ressources et de politiques nationales comme celle de la « transmigration » en Indonésie qui a, dans le cadre du développement minier, surtout porté sur les régions reculées de l'Irian Jaya, de Kalimantan (Bornéo) ou dans l'archipel des Moluques (B. Courmont, 2015).

En dix ans, on constate par ailleurs une évolution rapide de la géographie de la pression sur les ressources énergétiques. En effet, plusieurs pays producteurs et exportateurs d'hydrocarbures, et, à ce titre, membres de l'OPEP, ont vu leur situation se transformer rapidement, en lien avec leur processus de développement et l'augmentation nette de leur consommation intérieure. C'est ce que l'on peut constater dans les pays en émergence, comme au Vietnam, où la consommation d'énergie a crû depuis 2005 à un rythme annuel moyen de 8 %, et celle de l'électricité de 15 % par an, ce qui implique un doublement de la capacité de production tous les cinq ans.

De même, alors que la Malaisie ou l'Indonésie s'étaient imposés comme acteurs dans les exportations d'hydrocarbures, les deux pays sont désormais importateurs, transforment les équipements portuaires correspondant, et leur production nationale ne suffit plus à répondre aux besoins de la population.

L'assertion ancienne d'André Siegfried, selon qui « en 1900, la Grande-Bretagne, bloc de charbon, règne sur le monde », soulignait l'**importance de ressources stratégiques pour conforter un pouvoir géopolitique à l'échelle mondiale**. La mondialisation contemporaine n'a fait que conforter cette relation, en particulier pour les énergies et les matières premières, sources des conflits d'usage ou de conflits territoriaux à différentes échelles.

Pour aller plus loin

- Le site de l'Agence international de l'énergie
liennathan.fr/75eyx6

II. Des facteurs de tensions

La hausse de la consommation énergétique et de matières premières pèse sur l'empreinte écologique* de la planète. Dans le même temps, ces produits restent des ressources convoitées du fait de leur nécessité à tous les niveaux du développement.

A. DES RISQUES ÉCOLOGIQUES

La hausse considérable de la consommation pétrolière dans les économies émergentes, en particulier pour le transport, en Chine, en Inde et au Moyen-Orient, est supérieure à la baisse de la demande des pays de l'OCDE. **Le secteur des transports représente d'ores et déjà plus de la moitié de la consommation mondiale de pétrole**, une proportion qui ne cesse d'augmenter avec le doublement du parc de véhicules de tourisme (peut-être 1,7 milliard en 2035) et la hausse rapide de la demande en fret routier. Ce dernier est responsable de près de 40 % de l'augmentation de la demande mondiale en pétrole : la consommation de carburant pour poids lourds – principalement du diesel – augmente beaucoup plus rapidement que pour les véhicules de tourisme. Ceci s'explique en partie par le fait que les normes de consommation de carburant pour poids lourds sont encore peu répandues. Dans le cas des transports maritimes, les pratiques sauvages de dégazage* dans les eaux internationales participent à la pollution de l'environnement liée aux échanges. Ces actions réglementées doivent se dérouler dans les installations portuaires. Pour ne pas en payer le coût, certains équipages vident le contenu de leurs citernes et cuves directement dans les mers et les océans. On estime que 1,5 million de tonnes de pétrole ont été rejetées uniquement en mer Méditerranée à la suite de dégazages et déballastages* sauvages, soit l'équivalent de 20 marées noires de type *Prestige* ou de 75 *Erika* par an.

Les **modes de production et d'extraction de certaines matières premières** contribuent également aux dommages écologiques. Les mines à ciel ouvert sont certes beaucoup plus faciles à exploiter, mais ont des impacts environnementaux très lourds. La technique cherche à mettre à nu les filons en attaquant directement les couvertures rocheuses et forestières pour aller extraire la matière recherchée. Cela peut être la bauxite en Guinée, le charbon aux États-Unis, le nickel en Nouvelle-Calédonie et en Indonésie ou encore le cuivre de Chuquicamata dans le désert d'Atacama au Chili. **Ces pratiques exposent directement les populations vivant en aval de l'exploitation, celle-ci affectant la qualité des eaux récupérées dans les vallées** (solutés toxiques, fortes teneurs en métaux, etc.) et **déséquilibrant les écosystèmes**.

Au Canada, les sables bitumineux de l'Alberta sont exploités depuis 1967, mais la production augmente fortement depuis les années 1990, les perfectionnements techniques et la hausse du prix du pétrole rentabilisant les installations. 143 000 km² sont exploitables à faible

DÉFINITIONS

Empreinte écologique : élaborée par un ingénieur suisse, Mathis Wackernagel, elle mesure la pression de l'humanité sur la biosphère en évaluant combien d'hectares sont en moyenne nécessaires pour répondre à sa consommation de ressources et à ses besoins d'absorption de déchets. Selon ses calculs, tout habitant de la planète exigeait, en 2008, 1,8 hectare global. Sa méthode d'élaboration est discutable et discutée.

Dégazage : ventilation et évacuation des gaz produits par les hydrocarbures dans les citernes d'un navire (ces gaz nocifs doivent être éliminés pour permettre aux marins de pénétrer dans les citernes).

Déballastage : déchargement des eaux de lestage d'un navire, des résidus de cargaison liquide et des résidus de fonctionnement.

profondeur et fournissent plus de 1 million de barils par jour, au prix d'une consommation d'eau intense et de la destruction de la forêt boréale. Les débats en France sur la fracturation hydraulique pour l'exploitation des gaz de schistes rappellent ici les **choix à effectuer entre indépendance énergétique et préservation de l'environnement. Le compromis entre les bénéfices possibles (économiques et sociaux) et les dommages liés aux pratiques d'exploitation impose des débats publics et des décisions politiques.**

ZOOM ▶ Les menaces environnementales de la fracturation hydraulique

L'extraordinaire développement de l'exploitation des gaz de schiste aux États-Unis (plus de 100 000 puits assuraient 34 % de la production de gaz aux États-Unis en 2011) s'est accompagné de polémiques, relayées entre autres par le cinéma. La fracturation hydraulique, seul procédé efficace à ce jour, consiste à injecter sous pression des produits chimiques dans la roche pour y regrouper les gaz épars. Le procédé entraîne des risques sismiques, une intense consommation d'eau et une pollution des nappes phréatiques. Il relâche entre 4 % et 8 % du méthane capté dans l'atmosphère, entraînant des conséquences climatiques lourdes. Une législation très peu contraignante, associée à de nouvelles technologies et aux cours élevés des hydrocarbures, a jusqu'à présent facilité l'exploitation de ressources considérables, mais elle s'est durcie depuis 2015 : désormais, les exploitants sont tenus de récupérer tous les rejets de méthane, ce qui renchérit l'installation des puits. Des mesures remises en cause à partir de 2017 par l'Administration républicaine.

B. DES TENSIONS ÉCONOMIQUES

Les **acteurs majeurs** de la géopolitique de l'énergie et des matières premières sont les **États exportateurs** (parfois rassemblés en organisations) et les **grandes entreprises** transnationales dont les moyens financiers peuvent se comparer aux budgets de certains États et dont les **stratégies de croissance** ont un rôle essentiel dans le développement des pays où elles sont implantées. Longtemps organisées en cartel d'exploitation, elles doivent compter, depuis les années 1970, avec les entreprises nationalisées constituées par les principaux pays pétroliers (Saudi Aramco en Arabie saoudite, Sonatrach en Algérie).

Ces entreprises dépendent cependant des États où elles exploitent les ressources pour pouvoir s'implanter et mener leurs explorations ou leur production. Ainsi, elles négocient directement avec les plus hautes sphères politiques, tandis que les États profitent des ***royalties*** issues de la production sur leur territoire. À l'échelle locale, il faut cependant **faire accepter**

■ Chiffre d'affaires (CA) 2019 en milliards de dollars des principales compagnies pétrolières comparé au PIB 2019 de quelques pays

Compagnies	CA	Pays	PIB
Sinopec (Chine)	407	Norvège	403
China national Petroleum (Chine)	379	Philippines	377
Royal Dutch Shell (Pays Bas / Royaume-Uni)	352	Afrique du Sud	403
Saudi Aramco (Arabie Saoudite)	330	Colombie	297
BP (Royaume-Uni)	283	Chili	290
ExxonMobil (États-Unis)	264	Vietnam	264
Total (France)	212	Grèce	238

Sources : Fortune 500, FMI.

ZOOM ▶ La production de nickel en Nouvelle-Calédonie

L'île possède de 20 à 30 % des réserves mondiales de nickel. La société historique de production de nickel en Nouvelle-Calédonie, la SLN (Société Le Nickel), propriété du Français Eramet, a longtemps eu le monopole de l'exploitation. Mais les accords de Nouméa (1988) ont abouti à la création d'une société gérée par les tribus kanakes, la Société minière du Sud Pacifique (SMSP), à qui la SLN a dû céder des mines. Elle doit aussi faire face à l'arrivée des géants brésilien Vale et suisse Xstrata, bien plus puissants financièrement. La firme suisse s'est associée à la SMSP, qui possède 51 % du capital du site de Koniambo, dans le nord de l'île, pour ouvrir en avril 2013 une des plus performantes usines métallurgiques du secteur. Elle a investi 5 milliards de dollars dans l'opération, avançant la part de la SMSP. L'effondrement des cours en 2014 et 2015 fragilise fortement l'île, dont l'activité représente plus d'un quart des emplois du secteur privé et 90 % des exportations. À l'échelle mondiale, ce sont d'autres projets en cours suspendus ou arrêtés (comme à Sulawesi, en Indonésie) en attendant une reprise des prix qui a eu lieu en 2020.

l'installation de ces grandes compagnies, qui parfois se heurtent aux populations riveraines. De véritables **bras de fer** peuvent être engagés entre entreprises, autorités politiques et/ou populations locales. La **stabilité politique** du pays est une donnée essentielle pour ces entreprises. Ainsi, après son retrait de la raffinerie d'aluminium de Sangarédi (au nord-ouest de la Guinée-Conakry), le groupe minier anglo-australien BHP Billiton tient compte notamment des atermoiements des autorités du pays. Début juin 2012, il a donc entamé son désengagement total de Guinée, en suspendant son implication dans la construction de la première usine de traitement de bauxite du pays, puis en revendant ses parts détenues dans la Société des mines de fer de Guinée (SMFG), qui explore les gisements situés le long de la frontière avec le Liberia. En plus de facteurs conjoncturels liés à l'éventuelle baisse de la demande chinoise et à la volonté de réduire ses coûts d'exploitation, les difficultés de discussion avec les nouvelles autorités guinéennes ont probablement découragé l'état-major de la firme.
Les tensions s'expriment aussi par l'évolution des politiques nationales dans leur gestion des ressources. L'Indonésie a mis un frein au mouvement d'ouverture tous azimuts des années

■ Évolution du prix du baril de pétrole à New York, 1970-2020

ZOOM ▶ L'OPEP : une politique mondiale pour le cartel du pétrole

La création de l'Organisation des pays exportateurs de pétrole (OPEP) a profondément modifié les rapports de pouvoir à l'échelle mondiale. La domination états-unienne était incontestée durant toute la première moitié du xxe siècle : de 1900 à 1945, les États-Unis assuraient les deux tiers de la production mondiale, dans un contexte d'hégémonie des entreprises pétrolières anglo-saxonnes (les *Majors* constituant, en 1928, un cartel des pétroles). Les pouvoirs politiques au Moyen-Orient se sont stabilisés dans les années 1930, et les découvertes de gisements gigantesques dans les années 1940 ont permis l'apparition de pétromonarchies. Les États-Unis passent des accords avec elles (accords du Quincy notamment, en février 1945, avec la dynastie saoudienne) et s'appuient de plus en plus sur leur production abondante et bon marché.

L'OPEP est fondée à l'issue de la conférence de Bagdad, le 14 septembre 1960, par le Venezuela, l'Irak, l'Arabie saoudite, le Koweït et l'Iran dans le but de constituer une force de régulation du marché. Elle vise à rééquilibrer les relations entre les pays producteurs et les compagnies pétrolières occidentales qui régissent jusqu'alors le marché. Au-delà du contexte économique, l'action de l'OPEP sur l'évolution des prix du pétrole est étroitement liée à l'environnement géopolitique : les années 1970 sont celles de sa plus grande influence, avant un déclin depuis les années 1990, à l'image de la part de sa production dans la production mondiale de pétrole (55 % en 1970, 35 % en 2014). L'Indonésie en est sortie en 2009, devenue importatrice (mais elle conserve d'importantes réserves en gaz). Le souci de diversification des approvisionnements, comme la rentabilité des ressources non conventionnelles accélèrent ce rééquilibrage. L'OPEP fixe par des quotas les parts de production de chaque pays producteur (en fonction de leurs réserves et des besoins des pays consommateurs) afin de stabiliser les cours et de les maintenir à la hausse tout en maîtrisant le cycle de production. Ce système de régulation reste toutefois affecté par les fluctuations du cours du dollar, monnaie de transaction du pétrole. Les dissensions politiques entre les membres du cartel jouent aussi fréquemment contre son efficacité. L'OPEP représente un peu moins des trois quarts des réserves prouvées dans le monde et 40 % de la production mondiale. Mais la valorisation des compagnies pétrolières et la notation des pays producteurs dépendant pour une part importante de l'appréciation des réserves, les montants communiqués sont probablement surestimés. En 2020, la production de l'OPEP a chuté d'une trentaine de millions barils par jour à 23. La croissance spectaculaire de la production de pétroles non conventionnels aux États-Unis change par ailleurs le rapport de force. L'ancien premier importateur mondial achetait encore en 2012 la moitié de son pétrole à l'étranger ; il pourrait, selon l'AIE (Agence internationale de l'énergie), devenir autosuffisant, devenant un temps le premier producteur mondial (de 2017 à 2019). La baisse des cours, depuis 2014, a poussé l'OPEP à tenter de s'entendre avec la Russie, principal exportateur en dehors du cartel, à partir de 2016.

2000, en inscrivant dans la nouvelle loi minière de 2009, entrée progressivement en application en 2012 et 2014, des mesures et obligations destinées à renforcer le poids des investisseurs nationaux et des entreprises locales, notamment la transformation sur le sol indonésien de certains minerais bruts à travers la construction d'installations industrielles. Au Laos, un moratoire a suspendu toute nouvelle attribution de concession minière entre 2012 et 2016.

La décennie 2000 a été marquée par une hausse soutenue et continue du prix des matières premières. C'est pour qualifier cette situation que l'idée d'un « super cycle des matières premières » s'est imposée. Mais 2014 paraît avoir marqué le coup d'arrêt de cette période. Au-delà des hydrocarbures, c'est quasiment toutes les matières premières (y compris alimentaires) qui ont vu leurs prix s'effondrer. Depuis début 2015, la chute s'accélère, atteignant – 26 % pour le minerai de fer et – 15 % pour le café arabica. Seuls les métaux précieux et le coton font figure d'exception. Le cuivre, indicateur d'importance du fait de ses multiples usages (bâtiment, transport, électronique…), témoigne de l'ampleur du phénomène, en ayant perdu 31 % en deux ans et demi.

Ces fluctuations résultent de la contraction du commerce mondial en plus du ralentissement de la croissance chinoise. Mais la qualification de « super » est habituellement réservée aux cycles longs, plus rares, au nombre de trois depuis la révolution industrielle (1870 à 1914,

1946 à 1973, dite « période des Trente Glorieuses »), soit des cycles de plusieurs décennies : le troisième actuel fait donc débat tout en réunissant les trois éléments constitutifs : la démographie, la technologie et la mondialisation des échanges. C'est pourquoi sa probable « fin » est à nuancer car, au-delà de l'augmentation du nombre d'individus, l'essor de la classe moyenne, passant de 2 à 5 milliards d'individus entre 2010 et 2030, va nécessiter de nouveaux besoins en biens et services collectifs et individuels pour de nouveaux consommateurs solvables.

C. DES TENSIONS GÉOPOLITIQUES À PLUSIEURS ÉCHELLES

1. Des guerres de l'énergie ?

Le **contrôle direct ou indirect des ressources naturelles** constitue un enjeu majeur pour comprendre la géopolitique du monde contemporain. Les **volontés de contrôle** des espaces recelant des produits clés participent à la justification de nombreuses interventions armées, au premier rang desquelles celles des États-Unis en Irak en 1991 et 2003. Elles expliquent aussi en partie le jeu russe dans le Caucase, espace de transit des hydrocarbures de la mer Caspienne vers la mer Noire et la Méditerranée. Les espaces maritimes ne sont pas épargnés, et le dépôt très médiatisé en 2007 d'un drapeau russe par un sous-marin à l'aplomb du pôle Nord se voulait une prise de gage avant une éventuelle exploitation des ressources arctiques (le plateau continental de la région recèlerait d'importantes réserves de pétrole et de gaz). L'enjeu peut concerner les **lieux de production**, mais aussi les **itinéraires** utilisés pour le transport de ces ressources. Ainsi, les détroits sont historiquement des espaces très surveillés. Ces conflits et tensions peuvent aussi apparaître entre des groupes infra-étatiques comme dans le sud du Nigeria, où le partage des richesses du pétrole du delta du Niger n'a jamais été favorable aux populations locales, qui doivent en revanche en subir de catastrophiques conséquences environnementales. D'une façon générale, **la conflictualité est grande lorsqu'il n'y a pas adéquation entre la géographie d'une ressource convoitée et la géographie politique**. Les contentieux frontaliers sont par exemple attisés dans le golfe de Guinée par l'attribution des concessions pétrolières entre la Guinée équatoriale (attribuées aux sociétés espagnoles Cepsa et Spanish Gulf Oil) et le Gabon (permis d'exploitation fournis à Gulf Oil et Shell) sur des zones disputées.

2. Géopolitique des marchés et nouvelles ressources

Le gaz et l'organisation de son marché illustrent les imbrications entre les **choix stratégiques** des États, les **disponibilités** de la ressource et la compétition entre entreprises. Le Russe **Gazprom, la plus grande entreprise mondiale de production et d'exportation de gaz**, est ainsi passé d'une position de force sur le marché européen à une phase de renégociations bien moins favorables. L'effondrement des prix du gaz sur le marché américain a, dans un premier temps, libéré vers l'Europe un charbon moins cher (qui concurrence désormais le gaz pour la production d'électricité), avant de voir les États-Unis mettre en place des terminaux de liquéfaction pour l'exportation vers l'Europe de ce gaz peu coûteux. Même si, pour l'instant, les perspectives d'exploitation en Europe de ces gaz de schiste ne

REPÈRES

Gaz non conventionnel : terme générique recouvrant trois types de ressources gazeuses : le gaz de schiste – *shale gas* (resté dans la roche-mère où il s'est formé) –, le gaz de houille – le grisou redouté des mineurs (resté dans le charbon) – et le gaz de réservoir compact – *tight gas* (resté dans une roche-réservoir). Pour les exploiter, les méthodes traditionnelles de forage sont techniquement ou économiquement non viables, car ces gaz sont difficiles à extraire.

Les hydrocarbures non conventionnels dans le monde

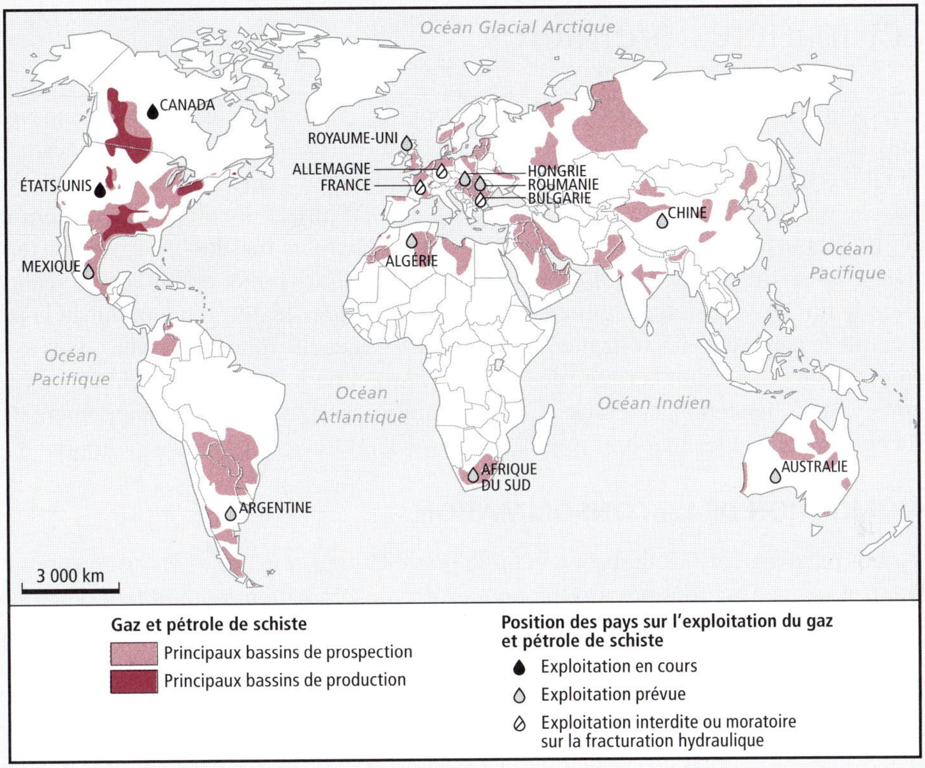

sont pas très prometteuses (les réserves polonaises seraient 10 fois moindres qu'annoncées, la France est réticente à explorer les siennes), Gazprom, qui pensait avoir verrouillé le marché avec des contrats à long terme, voit ses clients renégocier des contrats *spots*, au comptant, bien plus attractifs pour les consommateurs. La position hégémonique que le groupe de Saint-Pétersbourg avait patiemment construite grâce à une géopolitique des tubes, qui en faisait un intermédiaire obligé pour le transit du gaz vers l'Europe, est désormais menacée par les conséquences de la révolution des gaz de schiste. Dépendant aux deux tiers de ses exportations, le groupe public, souvent présenté comme le bras armé du Kremlin dans ses négociations avec l'Europe, est désormais sur la défensive.

Cela se comprend dans une démarche plus générale de l'Union européenne, qui repense son agenda énergétique. Cette évolution a de lourdes conséquences car la région représente le plus gros importateur de gaz au monde. L'objectif de l'UE est de limiter les risques de rupture d'approvisionnement en favorisant la modération de la demande en énergie, l'accroissement de la production énergétique en Europe (notamment à partir de sources d'énergie renouvelables) ainsi que la diversification des sources d'énergie, des fournisseurs et des itinéraires d'approvisionnement.

Pour aller plus loin

Le blog de Matthieu Auzanneau, journaliste spécialiste du pétrole
liennathan.fr/73a9sb

III. La question de la durabilité des énergies et matières premières

La majeure partie des énergies et matières premières aujourd'hui exploitées et consommées sont des ressources épuisables. Surconsommation des richesses du sous-sol, dégradations climatiques, besoins exponentiels en ressources minérales s'additionnent pour remettre en cause le seul modèle de développement qui a prévalu jusqu'ici, celui de l'Occident manufacturier, gourmand en matières premières et en énergies fossiles. Avec l'essor des pays émergents et la croissance démographique, la mondialisation met en lumière la réalité d'un « monde fini aux ressources limitées ». Comment assurer le développement de la planète alors que le partage de la croissance se recompose à l'échelle mondiale ? Mais dans le même temps, comment garantir la survie de l'humanité en écartant le risque que fait courir l'activité humaine à l'écosystème planétaire ? Ces deux questions au cœur du développement durable placent l'énergie et les matières premières dans les priorités des agendas politiques.

A. LA LIMITATION DE LA CONSOMMATION

Le coût relativement bas de l'énergie ou la pression pour que ces coûts se maintiennent à de tels niveaux n'incitent pas aux économies de consommation, notamment de la part des pays industrialisés, et cela malgré la diffusion d'un discours écologiste. On observe des **réticences à développer des formes de limitation de la consommation** par des taxes ou subventions trop coûteuses. Le Protocole de Kyoto (signé en 1997 et mis en application à compter de 2005, expirant en 2013) représentait la première action internationale pour la baisse de la consommation énergétique dans le but de réduire les émissions de six gaz à effet de serre (GES). Dès la fin de l'année 2011, le Canada s'est retiré du protocole, estimant ne pouvoir faire les efforts demandés sans nuire à sa vitalité économique. Les mécanismes mis en place par Kyoto visent spécifiquement le champ des énergies avec la sidérurgie, le ciment et les activités liées au bâtiment. L'objectif était donc d'**inciter à limiter les activités fortement consommatrices** : en France, 60 % des énergies sont consacrées au transport et au chauffage. Le **permis d'émission** correspond à l'achat de droits à polluer, qui suppose une mise en œuvre conjointe afin de **créer des mécanismes de développement propre dans les pays en développement** et de **diminuer les GES dans les pays développés**. Pour ces derniers, la stratégie est donc de valoriser les activités moins énergivores (transports doux, moteurs hybrides, électroménager à basse consommation, par exemple) et de favoriser la certification (HQE – haute qualité environnementale – pour le bâtiment). Pour les pays développés, l'horizon est celui d'une **transition énergétique**, s'appuyant sur le développement de sources non carbonées et renouvelables d'une part, sur l'amélioration de l'**efficacité énergétique*** de l'autre. Ils sont amenés à développer des politiques incitatives (rachat à des prix subventionnés de l'énergie produite par des sources propres), dissuasives (principe des taxes carbone), éducatives (promotion des économies d'énergie), prospectives (développement des réseaux intelligents – *smart grids* – de distribution de l'électricité), coopératives (transferts de savoir-faire).

DÉFINITION

Efficacité énergétique : rapport entre les résultats d'un système productif et l'énergie produite à cet effet. Elle peut se comparer entre pays en mesurant l'intensité énergétique, soit la quantité d'énergie nécessaire par point de PIB.

Ces dynamiques ont été portées principalement par l'Union européenne, poussée dans cette direction par ses opinions publiques, sa faiblesse en ressources énergétiques et l'intérêt de ses industriels à faire financer des solutions énergétiques d'avenir. Le paquet énergie-climat, revu à la hausse en 2019, repose sur le triptyque diminution des émissions, hausse du renouvelable, baisse de la consommation. Les émissions devront avoir diminué de 55 % en 2030 par rapport à 1990, les énergies renouvelables devront atteindre 32 % du mix énergétique, 32,5 % d'économies d'énergie devront être réalisées. La neutralité carbone doit être acquise en 2050. Mais ce volontarisme se heurte à des obstacles de plus en plus nombreux. L'effort coûteux de transition énergétique n'est pas bien coordonné avec les autres puissances. L'Europe serait du coup pénalisée dans sa productivité, devant s'appuyer sur une énergie plus coûteuse parce que plus respectueuse de l'environnement. Les évolutions du marché, ensuite, sont défavorables : le faible coût du charbon, source d'énergie la plus polluante, et l'échec de l'instauration d'un marché des droits à polluer efficace [→ CH. 18] n'incitent pas à la vertu énergétique. Dans les débats contemporains, s'opposent ainsi plusieurs idéologies sans le dire, entre les partisans de l'extension des « améliorations technologiques », telles que la 5G, et l'impératif de réduction de la consommation énergétique, mettant ainsi en évidence une hiérarchisation des priorités politiques et économiques par rapport aux enjeux environnementaux, souvent au nom du progrès. Les opinions publiques, enfin, idéalement favorables à la transition, rechignent à en payer le coût financier, comme elles s'opposent localement souvent aux infrastructures exigées. Le réflexe *nimby** (« *not in my backyard* ») prévaut régulièrement face aux implantations d'éoliennes, par exemple.

B. LES ENJEUX DES ÉNERGIES RENOUVELABLES

Le développement des énergies renouvelables est une des réponses mises en avant face à la logique de **déplétion* des ressources fossiles** et se présente comme indispensable pour freiner le changement climatique. Pour cela, plusieurs sources d'énergie sont proposées : la force éolienne, l'énergie solaire thermique mais aussi photovoltaïque, la géothermie (liée à la chaleur de l'eau et de la terre en profondeur), ainsi que la biomasse (transformation de déchets pour produire du gaz et de l'électricité, ou encore élaboration de biocarburants par fermentation alcoolique).

La **filière éolienne** connaît une croissance des plus significatives parmi les énergies renouvelables, en particulier l'éolien offshore (dans l'espace maritime) pour lequel les critiques éventuelles sur le paysage et les désagréments des riverains ont moins d'effets. Une éolienne peut produire 1 à 2 mégawatts et fournir les besoins domestiques de 1 000 à 2 000 personnes. L'Allemagne a clairement investi dans ce domaine afin de permettre sa sortie du nucléaire. Les pays d'Europe du Nord sont d'ailleurs pionniers, mais cela reste une source d'énergie chère : la maintenance en mer et le transport sous-marin de l'électricité renchérissent considérablement le coût. S'y ajoute, dans le cas allemand, la

DÉFINITIONS

Nimby : acronyme américain (« *not in my backyard* » pour « pas dans mon jardin ») qui renvoie à la contradiction entre des exigences globales et leur acceptation locale.

Déplétion : on parle d'économie de déplétion à propos des ressources fossiles non renouvelables pour décrire la gestion d'une ressource de plus en plus rare, une fois passé son pic d'exploitation (pour le pétrole, le *peak oil*), c'est-à-dire le moment où plus de la moitié des réserves accessibles ont été utilisées, et où, arithmétiquement, la continuation de l'exploitation se traduit par une courbe ascendante des prix. Le *peak oil* est, pour beaucoup de géologues, situé entre 2010 et 2020, ce que réfutent compagnies pétrolières et États producteurs.

nécessité de développer un réseau de lignes à haute tension pour acheminer l'électricité produite en mer du Nord vers les régions industrielles du sud-est, à l'autre bout du pays. L'**énergie solaire** apparaît comme une réponse viable pour la production d'eau chaude, mais l'utilisation de panneaux photovoltaïques reste très controversée. Autant la production d'électricité photovoltaïque n'occasionne pas de pollution particulière, autant la fabrication des modules est un processus industriel qui n'est pas neutre vis-à-vis de l'environnement (voracité, notamment, en terres rares). La discontinuité entre les espaces producteurs les plus prometteurs et les territoires les plus gourmands impose aussi un transport problématique de l'électricité produite. Malgré une baisse des coûts globale de la production énergétique solaire, l'ambitieux projet Desertec a été abandonné fin 2014. L'interconnexion coûteuse des réseaux électriques entre les pays du Maghreb et de l'Europe s'est ajoutée aux réticences des Espagnols, qui développent déjà des centrales solaires et exportent une part de leur production électrique vers le Maroc.

En dehors de la question déterminante de la viabilité économique, un autre problème de ces **énergies nouvelles** réside dans l'**intermittence de leur fonctionnement**. En effet, on ne sait pas stocker l'électricité produite, alors que les modes de consommation exigent une continuité dans l'alimentation.

ZOOM ▶ L'essor des agrocarburants

À partir de la filière huile (diesel) et de la filière alcool (éthanol), les agrocarburants se présentent comme **une solution de remplacement et un carburant de substitution au pétrole**. La production d'agrocarburants dans le monde a connu une très forte augmentation, passant de 5 milliards de litres en 1980 à plus de 100 milliards de litres en 2018 dans le cas de l'éthanol. En complément, le biodiesel se développe depuis le début des années 1990. Alors que la **première génération** utilisait principalement des plantes alimentaires (ce qui ne manque pas de poser problème quand des populations ne disposent pas de nourriture en quantité et en qualité suffisantes), la **deuxième génération** valorise les résidus de culture, tels que la transformation de la lignine et de la cellulose du bois ou de la paille en alcool ou en gaz. Le problème identifié dans ces deux cas est le risque de déforestation pour répondre aux importants besoins en carburants et la nécessité de mobiliser de vastes surfaces agricoles, des engrais et machines agricoles qui participent à la pollution du milieu naturel. Une **troisième génération**, encore expérimentale, à base de microalgues (forts rendements et sans déforestation) n'est pas encore rentable économiquement. Pour le moment, ce système repose sur des systèmes agricoles industriels et participe à l'essor du palmier à huile dans les zones de forêts tropicales. **Le coût environnemental est donc fort et les bénéfices se font au détriment des paysans locaux.** 11 % de la SAU mondiale sont aujourd'hui dédiés à la production de carburants pour 6,5 % du trafic routier, au détriment de la production agricole et sans bénéfice énergétique décisif : les processus de transformation sont fortement consommateurs d'énergie fossile.

C. LES AMBIGUÏTÉS DU NUCLÉAIRE CIVIL

L'**énergie nucléaire** fait partie des modèles proposés pour **réduire les émissions de GES** et pour amoindrir la **dépendance** envers les hydrocarbures et le charbon très polluants. L'amélioration du potentiel énergétique de la fission doit renforcer son attractivité (une fission de quatrième génération est à l'étude, après celle de la troisième génération que représentent les EPR développés par Areva en Finlande, en France – à Flamanville – et en Chine). C'est l'orientation privilégiée de la France depuis 1974 qui a mis en place son plan électronucléaire après le premier choc pétrolier.

Les risques de la filière ont de nouveau mis son développement sur la sellette à l'occasion de la catastrophe de Fukushima (11 mars 2011). Les gains économiques se heurtent à l'acceptabilité sociale de risques statistiquement multipliés par l'essor du nombre de réacteurs :

– probabilité accrue d'accidents, liés à un dysfonctionnement industriel (Tchernobyl), à une catastrophe naturelle (Fukushima) ou à un attentat ;

– problématique de la gestion du transport et du stockage des **déchets radioactifs**, dont la durée de nocivité est de plusieurs milliers d'années ;

– enfin, augmentation du risque de dissémination de matériels nucléaires entre des mains mal intentionnées (groupes terroristes ou États proliférants).

Après le coup d'arrêt provisoire lié à l'accident de Fukushima, le nucléaire civil a repris son extension. Si l'Allemagne s'est engagée à s'en retirer, le programme chinois a repris après un moratoire, l'Inde entend privilégier dans son mix énergétique les nouvelles centrales et les pays émergents, comme le Vietnam et l'Indonésie, ont suspendu leurs projets.

L'extraction de l'uranium, par ailleurs, entraîne des risques sanitaires. Qu'elle se pratique dans les puits ouverts ou sous terre, l'extraction a des impacts sur l'environnement et sur la santé des travailleurs et des populations locales (gaz radon, thorium, contamination de la poussière des machines et outils).

À cela s'ajoute le maintien important d'**inégalités régionales et technologiques** : seuls 31 États sont détenteurs du nucléaire civil, dont 3 pays produisent 60 % de l'électricité nucléaire (France, États-Unis et Japon jusqu'à la catastrophe de Fukushima). La lourdeur des investissements, le niveau d'exigence technologique et les impératifs de sécurité réservent à un nombre limité de pays, et d'entreprises, la maîtrise de la filière.

Réacteurs nucléaires installés et projetés

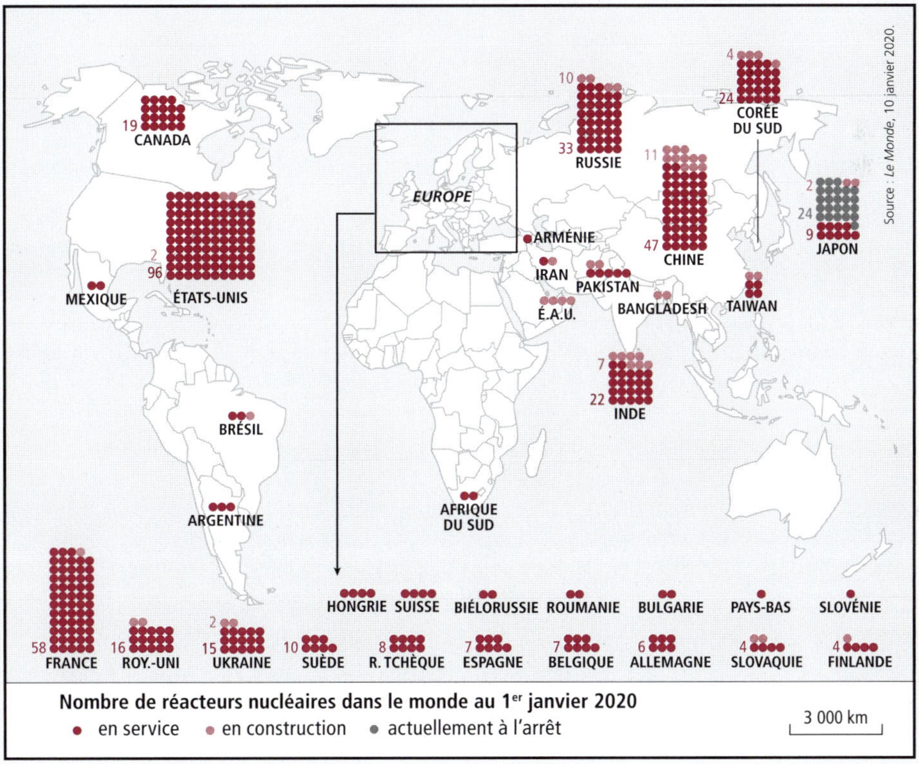

La question de l'énergie et des matières premières est intimement liée à la mondialisation : l'essor considérable des échanges ne peut avoir lieu sans la maîtrise des énergies nécessaires pour les réaliser ; la hausse du niveau de vie entraîne celle de la consommation d'énergie ; le commerce mondial de ces produits constitue une composante essentielle des échanges mondialisés. Sans compter les relations entre les pays exportateurs cherchant à tirer le meilleur parti de leurs ressources et les pays importateurs soucieux de sécuriser leurs approvisionnements. Ajoutons enfin la question des risques liés à des produits souvent dangereux (au moins pour une partie de l'énergie) depuis l'échelle locale de production et de consommation jusqu'à l'échelle planétaire (changement climatique). **La question de l'énergie et, à un moindre degré, celle des matières premières constituent pourtant un talon d'Achille de la mondialisation**, puisque la croissance toujours plus importante de leur consommation bute sur les perspectives d'épuisement des ressources, les atteintes à l'environnement et l'exacerbation des tensions géopolitiques liées à l'inégale distribution de la production et de la consommation. L'idée d'une transition énergétique, plus que jamais à l'ordre du jour, suppose un changement substantiel des technologies et des usages de l'énergie, ce qui pose la question de son acceptation sociale.

13 DÉFIS DÉMOGRAPHIQUES ET ENJEUX SANITAIRES

Depuis la seconde moitié du XVIIIe siècle, la Terre est entrée dans une phase de croissance démographique soutenue dont le rythme s'est nettement accéléré tout au long du XXe siècle jusqu'aux années 1970. Ainsi, la population mondiale est passée de 1 milliard d'habitants vers 1800 à 7,7 milliards en 2021. Pour cette raison, certains auteurs évoquent **le XXe siècle comme un basculement du monde qui connaît dans le même temps une interconnexion croissante des lieux qui le composent**. Selon le géographe J.-M. Zaninetti, « la circulation mondiale des hommes, des capitaux et des informations a rétréci le monde à la dimension d'un "village planétaire", mais, dans le même mouvement, les hommes ont rempli le monde d'eux-mêmes et de leurs artefacts ».

Cet essor remarquable de la population mondiale impose des recompositions dans l'appréhension des défis démographiques et des questions sanitaires. L'allongement de la vie, qui participe à la croissance démographique, résulte de l'amélioration importante des conditions de vie, des progrès de la médecine et de leur diffusion. Pourtant, **les inégalités en matière de santé n'ont jamais été aussi fortes et ont même tendance à se renforcer**. Aujourd'hui, plus d'un tiers de l'humanité vit dans des environnements privés des conditions fondamentales pour la santé humaine, comme une nourriture suffisante et équilibrée ou un accès sécurisé à une eau saine et à l'assainissement [→ CH. 14 et 17]. Aux disparités des niveaux de développement, aux différentes structures sociales et territoriales des composantes mondiales, s'ajoutent les effets de la mondialisation économique, de l'accroissement des flux de toute nature, de l'urbanisation croissante, du creusement des écarts entre les pays les plus riches et les plus pauvres, soit autant de facteurs qui participent à l'hétérogénéité sanitaire de la planète. Cependant, la mondialisation contribue aussi à diffuser des **formes d'homogénéisation sanitaire** (obésité, cancers, affections chroniques, au nord comme au sud) en lien avec les processus mondiaux d'urbanisation, d'essor démographique et d'espérance de vie, de vieillissement, tandis que d'autres problèmes sanitaires (maladies infectieuses recrudescentes, malnutrition, etc.) reflètent toujours l'**inégal développement des sociétés mondiales**.

Notions principales

Transition énergétique : passage d'une énergie d'origine carbonée à des sources renouvelables et à une meilleure maîtrise de la consommation.
Changement climatique : ensemble des transformations en cours du climat, notamment le réchauffement global, entraîné par les activités humaines.
Droit à polluer : possibilité pour une entreprise d'échanger dans un marché régulé les surplus de gaz à effet de serre produit par ses activités.

CHRONOLOGIE

1800 : L'espérance de vie à la naissance entre 30 à 35 ans (aujourd'hui, la moyenne mondiale est de 65 ans).
1948 : Création de l'Organisation mondiale de la santé (OMS). Institution spécialisée de l'ONU pour la santé publique, son siège est à Genève.
1981-1983 : Découverte des premiers cas de VIH/sida aux États-Unis en 1981 (centre de contrôle des maladies d'Atlanta). Identification du virus 2 ans plus tard par l'Institut Pasteur.
1989 : Charte européenne de l'environnement et de la santé.

1996 : Maladie de la « vache folle » ou encéphalopathie spongiforme bovine.

2002-2003 : Épidémie mondiale du SRAS (syndrome respiratoire aigu sévère), forme de pneumonie atypique très contagieuse.

2008 : Plus de la moitié de la population mondiale est désormais urbaine.

2013 : 7 milliards d'hommes et de femmes.

2015 : + 54 % de la population mondiale est urbaine, + 50 % de la population dans une bande littorale de 200 km.

Fin 2019 : Début de la pandémie mondiale de SARS-CoV-2 – Covid-19, contamination de plus de 112 millions de personnes en un an, dans 189 pays (les États-Unis, l'Inde et le Brésil sont les plus touchés.

I. Deux défis démographiques majeurs : l'inertie de la croissance et le vieillissement

A. UNE PLANÈTE INÉGALEMENT OCCUPÉE

Avec une densité moyenne de 58 hab./km², l'**écoumène** (ensemble des terres habitées et exploitées par l'homme) n'apparaît pas comme très peuplé. Pour un pays comme la France, dont la densité moyenne est d'environ 112 hab./km², cela équivaut aux densités que l'on peut rencontrer dans la région du Limousin (43 hab./km²). Outre cette faible densité de peuplement à l'échelle mondiale, **les populations sont très inégalement réparties** : on remarque des espaces très densément peuplés – dans les grandes agglomérations, les densités dépassent les 10 000 hab./km² (Paris : 20 775 hab./km²) –, tandis que s'étendent de véritables déserts humains (Sahara : moins de 1 hab./km²). Ces inégalités de peuplement s'expliquent par de nombreux facteurs, physiques, historiques, sociaux et économiques.

1. Trois grands foyers de peuplement modifiés à la marge par la mondialisation contemporaine

Les plus fortes densités se concentrent sur quelques grands foyers de peuplement, berceaux de civilisations humaines qui existaient déjà dans l'Antiquité. **L'Asie concentre les trois cinquièmes de la population de la planète** avec deux foyers principaux : l'Asie de l'Est, dont la Chine, et l'Asie du Sud, avec l'Inde en particulier. Toute cette région du monde connaît des densités moyennes très élevées, y compris dans les zones rurales, qui connaissent des densités records, notamment dans les deltas vietnamiens et l'île de Java (plus de 1 000 hab./km²). En chiffres absolus, 1,5 milliard d'êtres humains sont concentrés dans le subcontinent indien, mais à une échelle plus fine, la moitié de la population vit dans la plaine indo-gangétique. De même pour la Chine : à l'échelle du pays, on voit apparaître une opposition forte en termes de densités entre la Chine littorale et la Chine intérieure, qui peut s'observer aussi à l'échelle des provinces (comme celle du Jiangsu, 654 hab./km²). Les plus fortes densités régionales au monde s'observent sur les littoraux, comme au Bangladesh (1 278 hab./km²) ou aux Pays-Bas (507 hab./km²). **L'Europe est en effet le troisième grand foyer**. Avec 700 millions d'habitants seulement (mais sur 4,1 % des terres émergées), l'espace européen est surtout très dense, notamment du fait de son tissu urbain, particulièrement au sein de la **mégalopole européenne qui s'étale de Londres à Milan en passant par la Rhénanie** (densité moyenne de 280 hab./km²). À ces grands ensembles, il faut ajouter les foyers secondaires, tels que le littoral atlantique de l'Amérique du Nord, le golfe de Guinée et les littoraux latino-américains (notamment au Brésil).

Ainsi, à l'échelle mondiale, on peut observer que **les espaces les plus peuplés et les plus denses sont principalement les littoraux**. Les facteurs explicatifs sont en partie climatiques (la mer apporte de l'humidité dans la plupart des climats et des températures plus douces), mais les raisons principales sont humaines : la mer permet la pêche et les échanges, donc le développement d'activités non agricoles. Comme le montre l'histoire des côtes méditerranéennes, l'intérêt de l'installation près de la mer est très dépendant du contexte : un temps attractives à l'époque romaine, les côtes sont devenues répulsives chaque fois que le danger venait de la mer, comme lors de périodes d'invasion ou de grandes migrations, répulsives aussi tant que le Languedoc était infesté de moustiques et exposé à la malaria. Ces zones sont redevenues attractives aujourd'hui grâce aux ports, aux activités touristiques et, d'une manière plus générale, au processus de mondialisation. Près de 1,5 milliard de personnes vivent sur une bande côtière de 15 km et le mouvement de littoralisation se poursuit.

Ces grandes concentrations évoluent peu dans l'ensemble. Mais, à une échelle plus fine, les changements sont plus rapides et sensibles, notamment en raison des mouvements migratoires. Le phénomène dominant qui apparaît est que ces espaces pleins, tant en nombre d'habitants qu'en densité, se superposent avec les très grandes villes et les principaux espaces urbanisés. **Répondre aux besoins spécifiques des modes de vie urbains**, concernant désormais plus de la moitié de la population mondiale, est un véritable défi dont les questions sanitaires constituent un aspect essentiel.

2. Les déserts humains et les nouveaux enjeux de leur gestion

Un peuplement de faible densité se caractérise par la spécificité de sa mise en place, liée à des contraintes physiques et à des activités produisant des modes d'organisation de l'espace et des sociétés permettant leur mise en valeur. Ces espaces, souvent considérés comme les limites de l'écoumène, sont en réalité **l'objet d'enjeux politiques de contrôle de l'espace et l'objet de représentations qui leur donnent un rôle important à l'échelle mondiale**. En effet, les politiques de peuplement sont essentielles pour assurer le contrôle d'un espace, tout comme les tentatives de sédentarisation de populations nomades.

Les étendues vides de presque toute présence humaine qui apparaissent sur la carte mondiale peuvent être regroupées en différentes catégories selon leurs caractéristiques géographiques, comme les très hauts reliefs, certains milieux tropicaux humides (la cuvette congolaise, la forêt amazonienne) et les espaces arides ou polaires (l'Arctique, le Groenland, la Sibérie, le Sahara, le Namib et le Kalahari). Associés à des représentations globales, ces espaces participent au mythe de la nature intacte de toute influence humaine et deviennent d'**importants enjeux de protection d'environnements fragiles, de réserves d'espace, mais aussi de ressources pour l'humanité**. S'étendant souvent sur plusieurs États, ils peuvent aussi être l'objet de concertations et tractations internationales pour leur gestion, mais aussi sujets à des migrations touristiques importantes.

B. DEUX TOURNANTS DÉMOGRAPHIQUES EN MOINS DE TROIS SIÈCLES

1. Une croissance remarquable qui ralentit depuis les années 1970

Lorsque la population mondiale atteint 1 milliard d'habitants vers 1800, le décollage démographique de la planète a déjà débuté depuis plusieurs décennies dans une partie de l'Europe occidentale. Commence alors une longue phase de croissance marquée par des rythmes d'accroissement d'abord limités (+ 1 %/an au début du XXe siècle), puis très élevés, surtout après la Seconde Guerre mondiale (environ 2 %/an). C'est alors une véritable explosion démographique qui fait passer la population mondiale de 2,5 milliards en 1950 à 5 milliards en 1987.

■ **Nombre d'années nécessaires pour augmenter la population mondiale de 1 milliard d'habitants**

De l'origine de l'humanité à 1800	1 milliard
130 ans : 1930	2 milliards
30 ans : 1960	3 milliards
14 ans : 1974	4 milliards
13 ans : 1987	5 milliards
12 ans : 1999	6 milliards
14 ans : 2013	7 milliards
16 ans : 2027 (estimations)	8 milliards
27 ans : 2054 (estimations)	9 milliards

Source : www.statistiques-mondiales.com

Compte tenu de l'inertie des structures démographiques, l'essor de la population mondiale se poursuit pour atteindre les 7 milliards aujourd'hui. **En réalité, un autre tournant majeur de l'histoire démographique planétaire est en cours depuis les années 1970 :** le ralentissement sensible du rythme de croissance. En à peine plus de quatre décennies, le taux d'accroissement de la population mondiale est passé de 2,1 %/an (taux record de 1965) à 1 %/an en 2020, soit une baisse considérable de presque la moitié. Désormais, les projections des démographes des Nations unies tablent sur une population de 9 milliards à l'horizon 2050 et une stabilisation de la population mondiale autour de 10 milliards d'individus vers 2100, encore que planent de nombreuses incertitudes sur la fiabilité des projections.

2. Transition démographique* et transition urbaine*

En 1929, le démographe américain Warren Thompson publie une histoire de la population dans laquelle il souligne les changements décisifs dans les taux de natalité et de mortalité à travers le monde depuis le XVIIIe siècle. Il propose d'appeler « transition démographique » cette transformation ; le concept est repris et popularisé en 1945 par la division de la population de l'ONU. Discuté un temps, le modèle de la transition démographique semble pertinent tout en connaissant des adaptations locales. Il n'a par ailleurs pas vocation à imaginer les évolutions démographiques postérieures à la fin de la phase de transition.

L'évolution de la population dans le monde s'explique par les contextes sociaux et historiques des grands ensembles. Les facteurs de ces changements sont issus des évolutions des contextes politiques et de l'amélioration des conditions de vie (connaissances médicales et techniques), notamment des femmes (qui meurent moins pendant la grossesse, l'accouchement et ses suites) et des enfants. **Dans le temps et l'espace, les rythmes**

DÉFINITIONS

Transition démographique : passage d'un régime démographique traditionnel (forte mortalité et forte fécondité) à un régime démographique moderne (faible mortalité et faible natalité). La mortalité commence par diminuer avant la fécondité, ce qui entraîne donc une phase de très forte croissance démographique, avant de se stabiliser. Ce modèle peut évoluer du fait des politiques spécifiques mises en place par certains États.

Transition urbaine : modèle dérivé de la transition démographique, selon lequel tous les pays du monde connaîtraient, à des rythmes décalés, la même évolution vers un taux d'urbanisation élevé et une stabilisation de la croissance des villes.

diffèrent : la transition s'est faite plus lentement en Europe et en Amérique du Nord (150 ans), puisque la baisse de la mortalité au XIXe siècle a été lente. Dans les pays en cours de transition, cette phase peut être réduite à une cinquantaine d'années, du fait d'une baisse de la mortalité beaucoup plus rapide grâce aux progrès de la médecine diffusés rapidement. Ces derniers pays, dits « du Sud », connaissent ainsi une croissance démographique très forte, devenant un enjeu majeur à l'échelle mondiale. La masse de la population est en effet un des éléments géopolitiques importants. Or, **les déséquilibres régionaux s'accentuent** : en un siècle, la part des Européens dans le monde (Russes inclus) est passée de 20 % à 9 %, alors que la population de l'Afrique a crû de 8 à 17 % du total mondial. Les perspectives indiquent l'accentuation de ces recompositions à l'échelle mondiale. On notera d'ailleurs que **cette pression démographique pèse de plus en plus sur des espaces de taille limitée** où la population se concentre, notamment les agglomérations urbaines et les littoraux.

Il s'agit de ne pas donner au modèle de la transition démographique une capacité prédictive. En revanche, il permet une **comparaison des situations entre les États** afin de souligner les relations avec les changements sociaux, les crises politiques et/ou économiques. Ainsi, le modèle met en évidence la diversification des comportements plus qu'une uniformisation, tout en identifiant des récurrences plus globales. Après 1950, la population dans son ensemble a augmenté de manière significative, à des rythmes croissants jusqu'au milieu des années 1970, qui se sont progressivement diversifiés d'un pays à l'autre sous l'effet des reculs variables de la fécondité et de la mortalité : la « baisse de la fécondité ne débute jamais au même moment dans toutes les régions et dans tous les groupes sociaux au sein d'un pays, et elle ne va pas au même rythme » (I. Attané et M. Barbieri, 2009) mais, comme ailleurs dans le monde, les transitions de la fécondité dans la région se produisent d'abord dans les populations urbaines et parmi les groupes sociaux les plus instruits.

■ Schéma théorique de la transition démographique

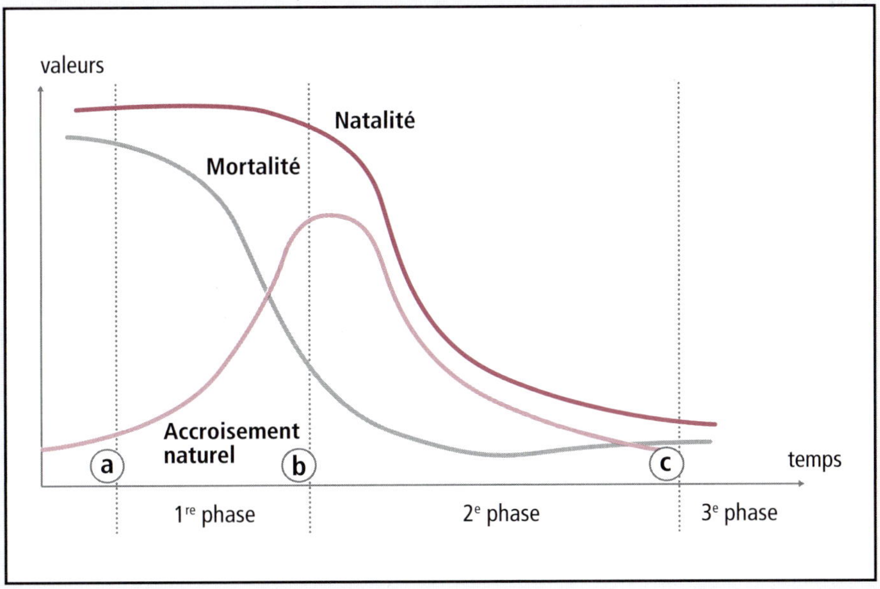

Des rythmes de croissance démographique très différents selon les États pour la décennie 2005-2015

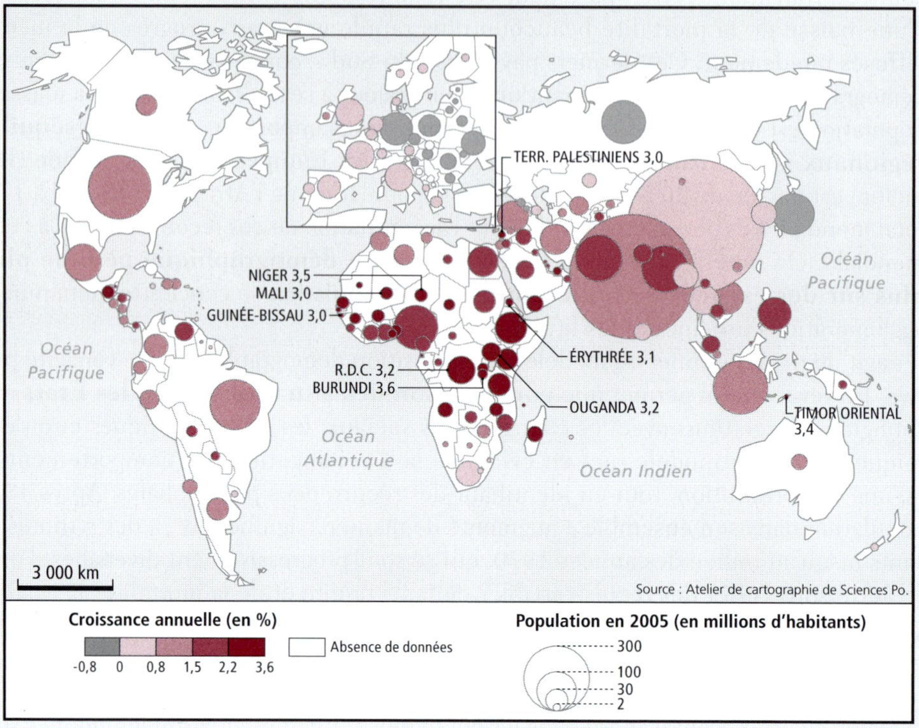

Perspectives démographiques pour les États de la planète en 2050

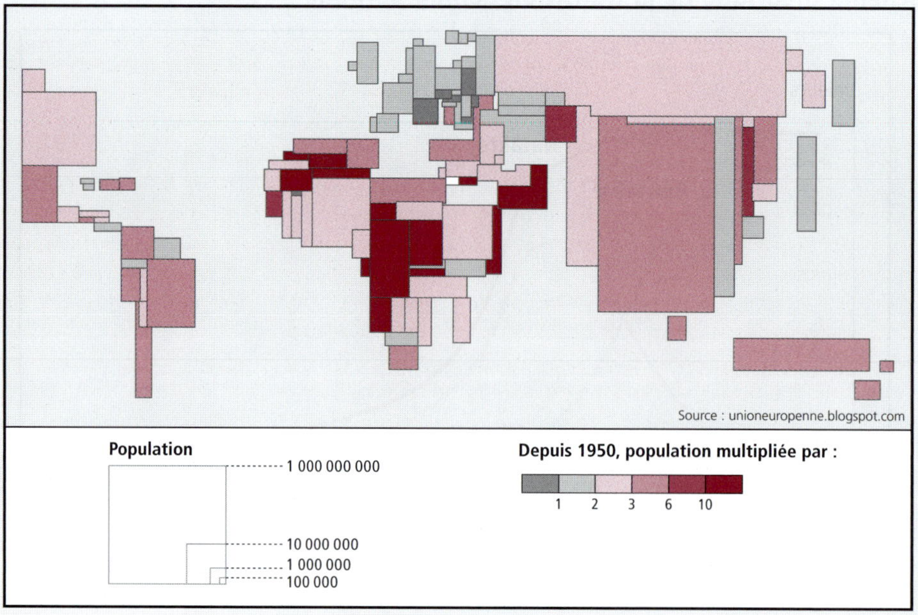

3. Politiques malthusiennes ou natalistes : des raisons socio-économiques et des arrière-pensées géopolitiques

L'accentuation des inégalités et la difficulté de répondre aux besoins fondamentaux d'une part importante de l'humanité (en eau, en alimentation, en logement décent) relancent les thèses malthusiennes : la croissance démographique serait insoutenable pour les équilibres de la planète.

REPÈRES

Malthus : économiste libéral, il a théorisé le concept de surpopulation. À partir du constat que la population se développait plus vite que les ressources dont elle disposait, il pronostique, en 1798, une catastrophe démographique (*Essai sur le principe de population*). Pour lui, seule une baisse importante et volontaire de la natalité, des plus pauvres en particulier, peut l'empêcher. On appelle donc « malthusianisme » une doctrine hostile à l'accroissement de la population d'un territoire et préconisant la restriction volontaire de la natalité.

Pour faire évoluer les pratiques sociales et les comportements démographiques, certains États mettent en place des **politiques volontaristes** de contrôle des naissances. Cela se justifie par l'idée qu'avoir moins de bouches à nourrir, élever ou éduquer participe à une meilleure diffusion de l'amélioration des conditions de vie. Mais ces changements sociaux profonds peuvent avoir des effets non anticipés du fait des contextes culturels locaux.
Ces conceptions peuvent être totalement inversées en fonction de la situation démographique et politique de l'État concerné. Ainsi sont mises en œuvre des politiques natalistes mues par des formes de nationalisme ou de rivalité avec les pays voisins. C'est ce que l'on peut voir notamment dans le cas du Pakistan par rapport à l'Inde, mais surtout dans les stratégies volontaires organisées par l'État d'Israël.

ZOOM ▶ Les aspects géopolitiques de la natalité en Israël

Appuyé par un impératif religieux « Fructifiez, multipliez, emplissez la terre, conquérez-la » (Genèse 1:28), l'État israélien est parvenu à concilier la tradition religieuse juive avec la technique contemporaine (favorisant la gestation pour autrui, les dons de sperme et les inséminations artificielles en cas de stérilité). Israël a un taux de natalité de 21 ‰, supérieur à celui de tous les pays occidentaux, mais toujours inférieur à celui des habitants des territoires occupés (33 ‰). Médias et politiques s'allient pour rappeler le « danger démographique » qui menace l'existence d'une majorité juive, alors que les prévisions envisagent à terme une majorité palestinienne « entre la Méditerranée et le Jourdain » (Israël et les territoires occupés inclus). Pourtant, la fécondité palestinienne diminue sur le moyen terme, même à Gaza, et celle des Juifs israéliens se maintient, voire augmente. Cette géopolitique de la natalité est observable aussi à une échelle plus fine, du fait du poids croissant des orthodoxes. En Cisjordanie, le taux de fécondité des 500 000 colons serait aujourd'hui proche de 5 enfants par femme (supérieur à celui des autres populations du territoire), ce sont les colons qui contribuent le plus au maintien d'une fécondité élevée en Israël (2,6 enfants par femme). Ainsi, ils pourraient représenter le quart de la population en 2025.

Les politiques de soutien ou de limitations de la natalité sont ainsi profondément liées aux orientations nationales et priorités décidéesen fonction des objectifs économiques et des idéologies formulées par les gouvernements et cadres culturels de la société. Ainsi, si pour la Chine et le Vietnam, la maîtrise des naissances vise à garantir l'édification du socialisme dans les années 1980, au Laos ou au Cambodge, il s'agit plus de garantir le développement et la préservation des ressources, marquant la diffusion du modèle de durabilité dans le développement au début des années 2000.

ZOOM ▶ La politique de l'enfant unique en Chine

La question démographique est depuis longtemps un défi majeur pour la Chine. Elle est liée à l'immensité du pays, mais aussi à la capacité peuplante d'une civilisation à forte productivité agricole et, plus récemment, à la transition démographique, que la population chinoise a entamée dans les années 1940. Avec sa politique de « l'enfant unique », le gouvernement chinois a cherché à limiter les naissances. 400 millions de naissances auraient ainsi été évitées.

En 1972, commence la première campagne « *wan, xi, shao* » (se marier tard, espacer les naissances si possible tous les quatre ans, avoir peu d'enfants, deux étant l'idéal), qui crée des centres de planning familial dans tout le pays. On observe une diminution rapide de l'indice de fécondité dans ces années-là (7,50 en 1963; 5,81 en 1970; 3,57 en 1975). La peur de l'arrivée massive à l'âge fécond des générations nées entre 1961 et 1967-1970 (les premiers auraient 20 ans en 1980) pousse le gouvernement chinois à mettre en place une politique plus contraignante: « la politique de l'enfant unique », en janvier 1979, sous l'impulsion de Deng Xiaoping. Ce système fonctionne avec des pénalités pour les familles ayant deux enfants et plus, et des avantages pour celles qui n'ont qu'un enfant. On assiste alors à des infanticides de filles, mais surtout à un nombre important de naissances de fillettes non déclarées (plus de 20 millions ?), même si le gouvernement a assoupli le système grâce à quelques dérogations (si le premier enfant est handicapé ou si c'est une fille à la campagne, pour les 55 minorités ethniques). En effet, dans la tradition chinoise, c'est le garçon qui reste habiter avec les parents et qui pourra assurer leurs besoins, en l'absence de système de retraite.

Le taux brut de reproduction (nombre moyen de filles par femme) est un indicateur qui permet d'identifier en partie les inégalités entre filles et garçons. On estime que, sur 1000 naissances, il naît 512 garçons et 488 filles, quand il n'y a pas de manipulations. Si le nombre de filles est inférieur, ce qui se combine aussi parfois avec une mortalité infantile plus forte, cela témoigne d'un déséquilibre lié à des pratiques (échographies, avortements sélectifs à la naissance, moindres soins ou alimentation insuffisante ensuite). La nuptialité* risque alors de baisser, notamment pour les hommes les plus défavorisés, et la natalité va baisser du fait des femmes moins nombreuses. La population chinoise va encore augmenter jusqu'à 1,5 milliard d'habitants autour de 2030, mais le vieillissement est inéluctable, avec 17 % de plus de 60 ans en 2018.

Ces dernières années ont été marquées par de nouveaux assouplissements de cette politique (en 2013, autorisation d'avoir deux enfants si l'un des deux parents était lui-même enfant unique) puis par sa suppression: depuis 2016, tous les couples ont l'autorisation d'avoir deux enfants (mais les contraintes se maintiennent pour les naissances additionnelles). Ce changement d'approche du Parti communiste vise à remédier au déséquilibre entre le nombre d'hommes et de femmes, au vieillissement accéléré que connaît la population chinoise et au ralentissement de la croissance économique. En effet, le rapport 116 hommes pour 100 femmes a des conséquences sur la nuptialité, en baisse, alors que le renouvellement des générations n'est plus assuré.

La baisse de la fécondité globale participe à la stabilisation de la population mondiale à terme. Dans le même temps, elle contribue au vieillissement de la population et à ses conséquences sociales et économiques. Cependant, tous les États ne sont pas égaux face à ces phénomènes démographiques et n'y répondent pas de la même manière.

C. LE VIEILLISSEMENT : LE MONDE AU RISQUE DE L'ALLONGEMENT DE LA VIE

1. Les progrès de l'espérance de vie : les signes du développement humain

L'**espérance de vie** à la naissance est un indicateur qui permet d'identifier le niveau de mortalité dans une population à un moment donné. Estimant le **nombre d'années que pourrait vivre un nouveau-né**, ce calcul prend en compte les différents **risques de décès** identifiés pour chaque âge dans la société où il naît. Au cours des 60 dernières années, l'espérance de vie moyenne à la naissance a augmenté de plus de 20 ans dans l'ensemble du monde,

DÉFINITION

Nuptialité : selon l'INSEE, le taux de nuptialité mesure le rapport du nombre de mariages de l'année à la population totale moyenne de cette même année.

passant de 46,5 ans en 1950-1955 à 72,6 ans en 2018[1]. Cela représente un accroissement moyen de l'espérance de vie de 4 mois par an au cours de cette période. Cet **allongement rapide de la durée de la vie** est lié au développement économique et humain : amélioration de la quantité et de la qualité alimentaires, politiques d'hygiène et de santé publique (campagnes de vaccination), progrès de la médecine (permettant notamment de faire reculer la mortalité infantile).

Cet indicateur peut être complété par l'**espérance de vie corrigée de l'incapacité** (EVCI), élaborée par l'OMS en 2000, qui soustrait à l'espérance de vie les années de maladies graves et d'invalidité majeure : sur les 191 États membres de l'OMS, l'EVCI est supérieure ou égale à 70 années dans 24 pays et supérieure à 60 années dans plus de la moitié. Le Japon arrive en tête – 74,5 années –, suivi de l'Australie et de la France – 73,1 années. À l'opposé, 32 pays sont à moins de 40 années : à l'exception de l'Afghanistan, tous sont localisés en Afrique subsaharienne, dont trois sont en dessous des 30 ans : Malawi, Niger, Sierra Leone. L'EVCI permet ainsi d'identifier les **contrastes majeurs dans le monde liés aux disparités de développement et de conditions de vie**.

La progression mondiale cache localement des situations critiques de recul de l'espérance de vie. Les zones de diminution témoignent de contextes locaux difficiles (souvent temporaires) et de mutations profondes des systèmes politiques, sociaux et économiques. Ainsi, certains pays issus de l'ex-URSS, autrefois bien placés du fait des politiques publiques et de l'accès aux soins, ont vu leur espérance de vie moyenne baisser à la chute du système soviétique et dans les débuts de la transition postsoviétique.

2. Le vieillissement : un phénomène mondial à ses débuts seulement

La croissance démographique, le progrès de l'espérance de vie et la baisse de la fécondité sont les trois éléments de l'équation expliquant l'accroissement du nombre de personnes âgées, et de leur part dans la population. C'est la **population qui augmente le plus vite dans le monde**. Ces évolutions, signes d'un développement global, modifient les structures démographiques, notamment dans certaines sociétés (l'Europe est la plus touchée, mais aussi le Japon) dont les enjeux de santé sont essentiels. Du fait des politiques de contrôle des naissances, la Chine va, elle aussi, connaître, de manière accélérée, une **baisse du nombre de ses actifs** (70 millions de moins en 2050 par rapport à 2010), entraînant un déficit de main-d'œuvre et de nouveaux besoins. Selon les projections démographiques des Nations unies, la part des personnes âgées de plus de 65 ans devrait tripler entre 2000 et 2050, pour atteindre 330 millions de personnes (24 % de la population totale).

ZOOM ▶ L'Europe vieillissante

On observe en Europe un indice de fécondité très bas depuis les années 1970. Le continent forme la partie du monde où la natalité et le nombre d'enfants par femme sont les plus bas. À l'intérieur de l'Union européenne, aucun État ne dépasse depuis la fin des années 1980 le seuil de 2,1 enfants par femme, seuil de renouvellement des générations. De ce fait, malgré l'immigration, nombre de régions et d'États en Europe perdent ou vont perdre des habitants. On parle de « dépopulation ».

Le phénomène s'est répandu en Europe orientale après la chute de l'URSS et la désorganisation des structures sociales et économiques de ces espaces, et il s'étend, dans les années 2000, à des pays comme l'Allemagne (depuis 2003) ou l'Italie (depuis 2006).

1. Source : Division des Nations unies pour la population.

■ Les pyramides des âges de la population mondiale en 1950 et en 2010

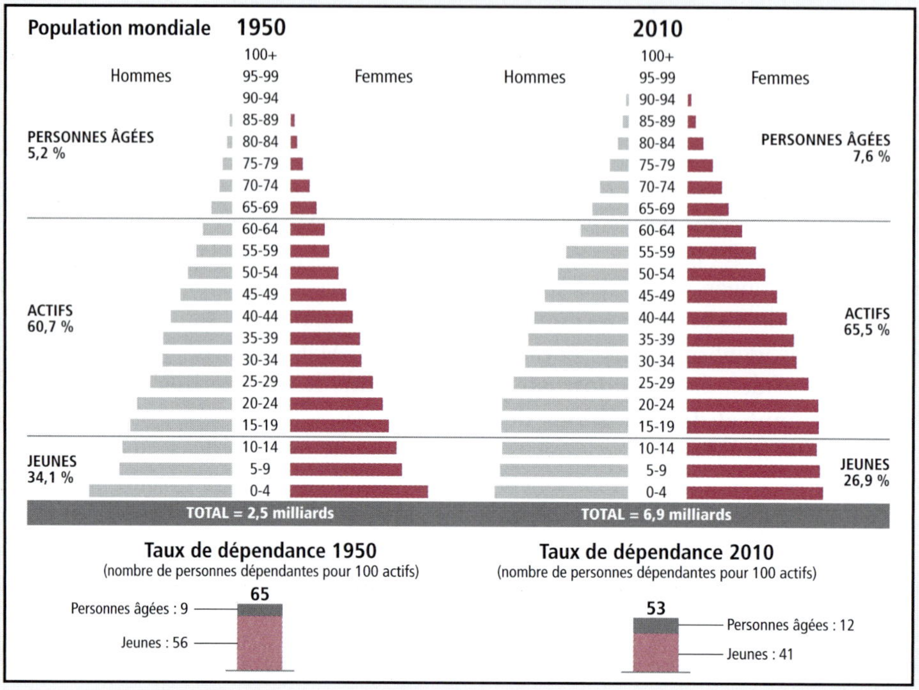

3. Anticiper le vieillissement démographique

Pour l'instant, la part des jeunes dans la population de la plupart des pays du Sud reste forte, alors que celle des personnes âgées n'a pas encore beaucoup augmenté. Cette situation représente, pour quelques décennies seulement, une opportunité démographique pour les pays du Sud, leur permettant de développer leur économie tout en se préparant à supporter prochainement une importante population âgée. Alors que les pays du Nord tentent d'apporter dès maintenant des réponses concrètes aux problèmes du vieillissement de leurs populations (évolution des systèmes de retraite, prise en compte de la dépendance croissante, etc.), les pays du Sud doivent affronter une situation de vieillissement très rapide dans un contexte marqué par l'érosion de la solidarité familiale sans qu'une solidarité collective (systèmes de retraite) ne soit en mesure de prendre le relais.

II. Inégalités et crises sanitaires : de nouveaux enjeux mondialisés

En 1946, l'OMS définit en 1946 la santé comme « **un état de complet bien-être physique, mental et social qui ne consiste pas seulement en une absence de maladie ou d'incapacité** ». Avec la mondialisation croissante, les questions de santé témoignent du renforcement continu des interdépendances démographiques, sociétales et environnementales. Cette mondialisation sanitaire s'applique aussi bien aux risques qu'aux stratégies de riposte, d'où l'intérêt d'évaluer les aspects positifs et négatifs de la globalisation pour la santé des hommes.

Pour aller plus loin
Le site de l'OMS
liennathan.fr/f6ep62

A. LA MONDIALISATION DES QUESTIONS DE SANTÉ

1. Les effets du changement climatique sur la santé

Dans le contexte actuel de la densification humaine, particulièrement dans les espaces littoraux et urbanisés, les modifications du climat exposent des populations croissantes à ses manifestations extrêmes, telles que les vagues de chaleur ou de froid (facteurs de surmortalité pour les personnes les plus vulnérables), les cyclones et ouragans (avec leurs conséquences directes et indirectes), l'élévation du niveau de la mer (engendrant des « réfugiés environnementaux »). De tels bouleversements écologiques ne sont pas sans effets sur les ressources alimentaires, les disponibilités en eau et la géographie des risques infectieux. Si l'on prend ce dernier exemple, le réchauffement ferait tomber les barrières thermiques qui maintiennent les maladies tropicales dans leur environnement traditionnel. Selon J.-M. Amat-Roze, « une nouvelle géographie des insectes vecteurs bouleverserait la carte de plusieurs maladies à transmission vectorielle », comme le paludisme ou la fièvre jaune.

2. Mobilités et maladies transmissibles

Les relations entre la santé et la mobilité sont aussi anciennes que l'histoire des sociétés humaines, mais plusieurs moments marquent des étapes fondamentales : les Grandes découvertes permettent l'unification microbienne du monde au XVIe siècle, la révolution des transports amplifie le processus au XIXe siècle, la mondialisation contemporaine parachève le mouvement avec l'éclosion de pandémies* fulgurantes et de maladies émergentes. **Il n'y a pas d'épidémie sans transmission.** Tant que les communautés étaient de taille modeste et assez isolées les unes des autres (faiblesse des réseaux de communication), le risque de propagation épidémique restait assez limité. La concentration massive de personnes

DÉFINITION

Pandémie : épidémie qui se répand largement sur un ou plusieurs continents, parfois même à toute la planète. L'épidémie désigne l'augmentation rapide de l'incidence d'une pathologie en un lieu et à un moment donné (causées par une maladie contagieuse, le plus souvent d'origine infectieuse).

■ **Changement climatique et santé humaine**

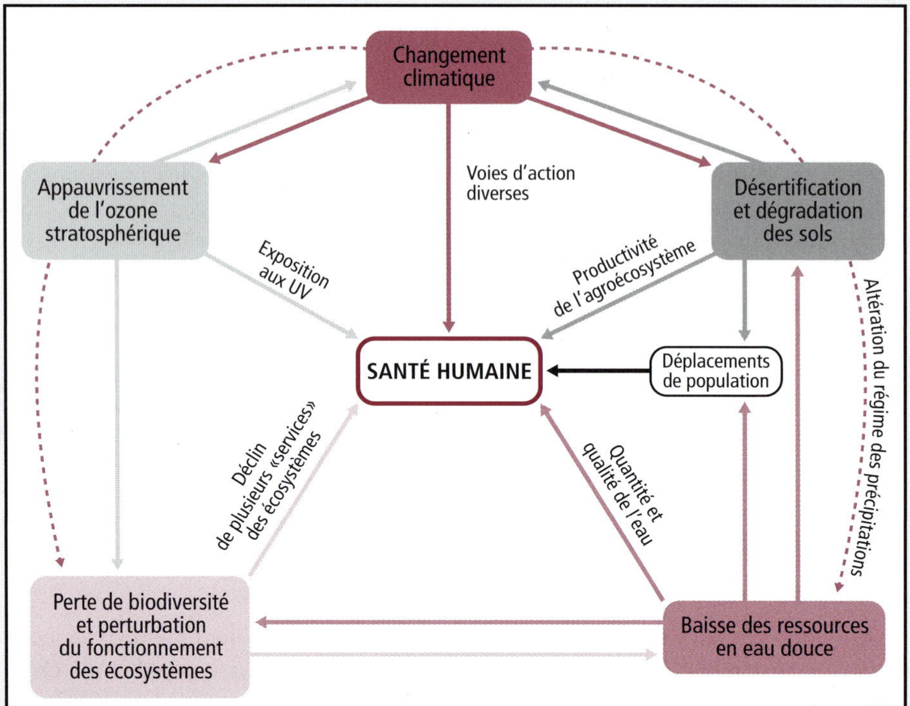

Source : *OMS.*

au sein de cités de plus en plus grandes, dans des camps militaires, ou dans des marchés ponctuels, associée à un manque réel de mesures hygiéniques, a contribué à l'accentuation du risque épidémique. Au-delà des constantes dans les modes de diffusion des maladies, on peut observer leurs recompositions liées aux aspects contemporains des modes de vie et de transport.

Pour un même lieu de départ et un même mode de propagation (lié aux échanges intercontinentaux), on observe des **diffusions spatiales différenciées entre la peste noire**, par vagues à partir des points d'entrée des espaces terrestres (les ports), **et le SRAS et la Covid-19**, de manière plus réticulaire [→ TABLEAU]. La contamination par une même épidémie de plusieurs continents témoigne de la vulnérabilité qui perdure quand elle touche aux pratiques spatiales des sociétés. Le SRAS montre ainsi la faiblesse actuelle de la société globalisée, structurée en réseau. En contrepoint, on peut relever des continents entiers (Amérique du Sud et Afrique) à l'écart de cette contamination, montrant leur moindre connexion à ces réseaux entre les pôles mondiaux que sont les métropoles globales.

Malgré les progrès de la science et de la médecine, le nombre de victimes des maladies transmissibles devrait augmenter, car la mondialisation favorise l'interconnexion croissante des lieux et des espaces.

Ajoutons aussi, au titre des effets sanitaires liés aux mobilités, le **rôle des flux de l'économie de trafic** (pour utiliser cette expression faute de mieux). L'essor du tourisme sexuel (troisième commerce illégal dans le monde après la drogue et les armes), la mondialisation des marchés de la drogue et des médicaments dangereux constituent des vecteurs importants pour les risques.

Les pandémies, une diffusion liée aux mobilités mondiales : comparaison de trois épidémies

	La peste noire	Le SRAS (syndrome respiratoire aigu sévère)	Le SRAS-CoV-2 – Covid-19
Lieu d'origine	Chine – Asie centrale	Chine, province du Guandong	Chine, Wuhan
Espaces touchés par la diffusion de l'épidémie (dans l'ordre de contamination)	Hubei, province chinoise → provinces voisines → rives de la mer Noire (Crimée) → ports du pourtour méditerranéen : Messine, Gênes et Marseille, Venise, Constantinople, Alexandrie, Le Caire → à l'Est vers Gaza, Beyrouth, Damas → côte nord de l'Afrique (Tunis jusqu'au Maroc) *La peste arrive dans des pays ravagés par la guerre de Cent Ans.* → Sud-Ouest de la France par Toulouse (Garonne) → Bordeaux → côte Atlantique à Weymouth (côte sud de l'Angleterre) → Bristol → Irlande → Londres → Bergen (mer du Nord + Scandinavie) → Norvège à Danemark → Allemagne → Pologne à Russie, en 1352.	Guandong (flambée) : services hospitaliers : un médecin → hôtel de Hong Kong → 16 personnes du même étage → hôpital de Hong Kong + Singapour, Toronto, Vietnam → expansion à 30 pays, notamment dans les villes des pays développés (Europe, États-Unis et Canada) et pays voisins de la Chine du Sud (Singapour, Taïwan, Thaïlande, etc.), quelques cas ponctuels dans quelques grandes métropoles.	Chine – Asie de l'Est – États-Unis / France et Europe – reste du monde
Trajets, modes de transport et de contamination	Coïncidence entre les itinéraires de contagions et les grandes voies commerciales terrestres et maritimes : route de la soie ; rôle des bateaux.	Par contact. Lieux de traitement des symptômes. Vols intercontinentaux.	Par contact des gouttelettes. Contamination forte dans les lieux d'échanges et de rencontres.
Nombre de personnes affectées	Effondrement démographique. 25 millions de morts, soit un tiers de la population en Europe : 100 000 morts à Naples, 80 000 à Paris, 16 000 à Marseille, 80 000 à Reims, 50 000 à Londres.	8 422 cas et 916 décès recensés le 7 août 2003 (OMS), dont plus de 95 % dans le Pacifique occidental. Touche principalement les personnels de santé.	112 millions de personnes en février 2021 et 2,5 millions de décès à la même date (notamment États-Unis, Brésil et Mexique).
Temporalité	1331 : Chine – Asie centrale 1346 : arrivée sur la mer Noire 1347 : Marseille et le pourtour de l'espace méditerranéen 1348 à 1352 : contamination de toute l'Europe	Novembre 2002. Flambée en février 2003. Diffusion internationale entre mars et juillet 2003.	Fin 2019, identification mi-décembre 2019. Diffusion mondiale à partir de janvier 2020, par vagues.
Information sur l'épidémie	Importante littérature liée à l'univers fantasmagorique autour de la mort et de l'Apocalypse, mais dont on tire des observations plus ou moins scientifiques.	Mise en réseau de 10 laboratoires par l'OMS : identification du virus en 2 semaines.	Course aux vaccins entre plusieurs laboratoires. Annonce d'élaboration dès novembre 2020 (en test).
Réponse sociale et sanitaire	Prémices d'une gestion de crise : afin de prémunir les habitants de toute contagion, les pestiférés sont maintenus à l'extérieur des villes. Dans le même temps, les voyageurs avec leurs marchandises font l'objet de quarantaines très strictes. Mesures d'exclusion des malades, voire de répulsion.	Émission d'avis d'alerte par l'OMS : classement des pays selon 3 niveaux de risque et 3 niveaux de capacité à réagir à l'épidémie de SRAS pour déterminer l'ordre de priorité des bénéficiaires d'une aide de l'OMS.	Confinement plus ou moins radical, localisé à certaines villes ou étendu à des États entiers. Limitation des échanges transfrontaliers. Difficultés d'approvisionnement en matériel de protection.

Les évolutions de la mortalité et des facteurs de morbidité ont été modélisées par la transition épidémiologique*. Mise en évidence par Abdel Omran en 1971, elle permet de montrer le passage des maladies infectieuses et des famines, qui touchent principalement les enfants et agit fortement sur la mortalité infantile, à une phase du recul des pandémies (une période où l'espérance de vie est multipliée par deux, passant de 30 à 60 ans), pour aller vers une situation de diffusion des maladies dégénératives.

La dernière épidémie récente du virus Ebola se comprend aussi au prisme des mobilités dans la région d'Afrique de l'Ouest. Fin 2013, c'est dans une région à la frontière de trois États (Liberia, Sierra Leone et Guinée) qu'est diagnostiqué le premier cas, mais l'épidémie n'étant pas déclarée pendant trois mois, la diffusion n'a pu être contrôlée. À l'intérieur de ce foyer initial, les dynamiques de propagation et leur caractère transnational s'appuient sur une histoire des flux humains marqués régionalement par quinze années de conflits en plus d'une faiblesse du système de soins.

3. L'universalisation des maladies non transmissibles

La **mondialisation des risques sanitaires en lien avec l'évolution des modes de vie** est un des phénomènes marquants des dernières décennies. Certains auteurs parlent de « maladies du développement ». Même dans les pays à forte mortalité, près de la moitié de la morbidité* est due aux maladies non transmissibles. L'essor de la longévité et l'évolution des facteurs de risques sanitaires font que la plupart des pays sont confrontés à la double charge des maladies transmissibles et non transmissibles avec la permanence d'infections anciennes (paludisme, tuberculose, rougeole) et l'émergence de maladies infectieuses (VIH/sida, Ebola, SRAS, Covid-19). Parmi les maladies non transmissibles mondialisées, les maladies cardiovasculaires et l'obésité connaissent un développement sensible.

ZOOM ▶ Mondialisation et virus émergents

Depuis le début du XIXe siècle, les alertes et les épidémies n'ont pas manqué : SRAS (depuis 2003), cas humains dus au virus H5N1 de la grippe aviaire, pandémie grippale due au virus A-H1N1 (depuis 2009), coronavirus et virus grippal H7N9 (depuis 2013), soit au moins cinq virus émergents en 10 ans.

Les phénomènes d'émergence suivent le même mécanisme : les virus se propagent aux êtres humains à l'occasion de contacts directs avec les animaux qui hébergent ces virus. Ainsi, dans le sud de la Chine, la promiscuité entre les populations et les animaux de basse-cour (canards et porcs) favorise le passage de la barrière d'espèce dans le cas des virus grippaux. La mondialisation joue un rôle incontestable dans la diffusion de ces virus émergents lié à l'essor des déplacements humains et... des animaux (sans compter les migrations d'espèces animales sauvages). S'y ajoutent très certainement des facteurs environnementaux qui abaissent les défenses immunitaires, favorisant alors le développement du virus dans l'organisme humain.

Ajoutons que les progrès scientifiques contribuent également au sentiment d'intensification, car la découverte du VIH/sida en 1981 a poussé les responsables sanitaires à développer des outils de surveillance et de réponse aux épidémies.

DÉFINITIONS

Transition épidémiologique : « Période de baisse de la mortalité qui accompagne la transition démographique. Elle s'accompagne d'une amélioration de l'hygiène, de l'alimentation et de l'organisation des services de santé et d'une transformation des causes de décès, les maladies infectieuses disparaissant progressivement au profit des maladies chroniques et dégénératives et des accidents. » (INED)

Morbidité : nombre de personnes souffrant de maladie pendant un temps donné, en général une année, dans une population.

Le réseau mondial d'alerte et d'action en cas d'épidémie mis en place par l'OMS en 2000 a permis d'identifier plus rapidement les infections émergentes. Alors qu'il a fallu 2 ans entre la détection des premiers cas de sida et l'identification du VIH en 1983, il n'aura fallu que 2 mois entre les premiers cas de SRAS signalés et la mise en évidence du coronavirus qui le causait.

Depuis fin 2019, la pandémie SARS-CoV-2 – Covid-19 (Coronavirus *disease* de 2019) contribue à mettre en évidence les modalités et formes de la mondialisation, l'importance des politiques publiques et de la prise en compte (ou en charge) politique de la gestion des crises sanitaires, et la prégnance persistante des inégalités, à différentes échelles. En quelques mois, plus de la moitié de l'humanité s'est vu appliquer des formes plus ou moins strictes de **restriction aux déplacements** sous forme de couvre-feu, de confinement partiel ou total, comme seule réponse possible, non pas pour protéger, mais pour éviter la saturation totale des infrastructures sanitaires et hospitalières. La gravité de la maladie, sa très forte transmissibilité et sa létalité en conséquence ont impliqué une **prise en charge politique de la gestion de la crise**, cherchant un équilibre précaire entre protection sanitaire et exigence économique. Sans présager des évolutions possibles de la pandémie, plusieurs éléments doivent être soulignés: **la crise sanitaire a mis en exergue l'importance des inégalités** économiques et sociales entre les groupes sociaux, entre ceux en mesure de rester confinés et ceux devant aller travailler, et ainsi s'exposer potentiellement à une contamination, à corréler avec l'utilité sociale de leur métier dont la reconnaissance sociale et salariale est loin d'être proportionnée. À cela s'ajoutent les facteurs de comorbidité exposant plus vivement les personnes avec des maladies chroniques; la qualité de leur prise en charge dépend fortement de leurs ressources et du système de santé dont les personnes dépendent, fragilisant là encore les plus précaires avec une couverture sociale moindre. Enfin, en termes géopolitiques, on peut constater que la mondialisation apparaît tant comme cause de la diffusion rapide à l'échelle mondiale que « victime » par les conséquences économiques de la gestion de la crise. Plus spécifiquement, les fonctions régaliennes ont été rapidement réactivées: les États ont ainsi fermé leurs frontières, y compris au sein de structures suprarégionales comme l'Union européenne, réagissant nationalement avant de trouver des positions communes à l'échelle de l'espace Schengen.

Le tableau de la page suivante permet de faire apparaître les principaux facteurs de risque et de mortalité en fonction du niveau de développement des pays. Selon les conditions sanitaires et les pratiques sociales, on observe que les dangers ne se situent pas au même niveau. Plus encore, on peut identifier une évolution davantage liée aux **comportements des individus** pour les pays développés, alors que le premier groupe est plus touché par des facteurs environnementaux et des « **maladies de l'insuffisance** » (un manque d'accès aux infrastructures et services fondamentaux: eau, alimentation).

L'urbanisation, la sédentarisation et l'adoption de nouveaux modes de vie (notamment de nouvelles habitudes alimentaires) modifient la société mondiale et, par contrecoup, les caractéristiques sanitaires.

4. Des inégalités sanitaires à différentes échelles

Les processus d'uniformisation des modes de vie ne réduisent pas les disparités de santé, qui ont même tendance à s'accentuer.

Autre inégalité mondiale selon l'OMS: 15 % de la population consomment 91 % de la production de substances pharmaceutiques.

Mais ces grandes différences planétaires masquent des disparités à toutes les échelles. Aujourd'hui, c'est sans doute à l'échelle intra-urbaine que se trouvent les plus profondes fractures. Selon J.-M. Amat-Roze, « le fossé est moins entre pays en développement et pays développés qu'entre les personnes pauvres, où qu'elles soient, et tous les autres ». Même si le propos mérite des précautions d'utilisation, le PNUD évoque à ce sujet, dans son *Rapport mondial sur le développement* de 2005, l'émergence d'une « classe défavorisée planétaire ».

■ Enjeux sanitaires : des « maladies de l'insuffisance » aux « maladies de l'excès » au début du XXIe siècle

Facteurs de risque	PED à forte mortalité : le taux de mortalité est fort chez l'enfant et chez l'adulte (impact du VIH/sida)		PED à faible mortalité : le taux de mortalité est faible chez l'enfant et chez l'adulte		Pays développés : le taux de mortalité est très faible chez l'enfant	
	Rang	Taux en %	Rang	Taux en %	Rang	Taux en %
Insuffisance pondérale	1	14,9	4	3,1		
Pratiques sexuelles à risque	2	10,2			9	0,8
Eau non potable et défaut d'assainissement et d'hygiène	3	5,5	10	1,8		
Fumée de combustibles solides à l'intérieur des habitations	4	3,7	8	1,9		
Carence en zinc	5	3,2				
Carence en fer	6	3,1	9	1,8	10	0,7
Carence en vitamine A	7	3,0				
Hypertension artérielle	8	2,5	2	5,0	2	10,9
Tabagisme	9	2,0	3	4,0	1	12,2
Hypercholestérolémie	10	1,9	6	2,1	4	7,6
Abus d'alcool			1	6,2	3	9,2
Surcharge pondérale			5	2,7	5	7,4
Apport insuffisant en fruits et légumes			7	1,9	6	3,9
Sédentarité					7	3,3
Usage de drogues illicites					8	1,8

D'après le *Rapport sur la santé dans le monde*, 2002, OMS.

■ Espérance de vie en bonne santé par États et territoires en 2016

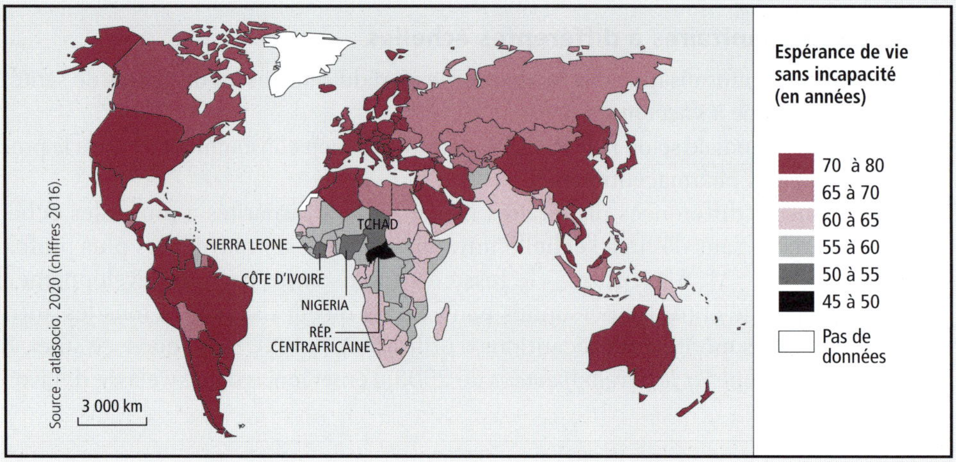

B. LA MONDIALISATION DES STRATÉGIES DE RIPOSTE

1. La gouvernance de la santé

Si l'OMS est créée en 1948, il faut attendre la décennie 1970 pour qu'elle affirme son hégémonie en matière de politique sanitaire à l'échelle mondiale (programmes de vaccination, de recherche sur les maladies tropicales endémiques, etc.). Pendant cette décennie, son action s'applique en premier lieu aux pays pauvres, en Afrique subsaharienne principalement. À partir des années 1980, ses activités changent d'échelle parce que des problèmes menacent la santé des populations au nord comme au sud (choc de l'émergence du VIH/sida, essor de l'obésité et du tabagisme, menaces bioterroristes). Ainsi, l'OMS a créé en 2000 le GOARN

ZOOM ▶ L'Union européenne et la santé

Depuis les années 1980, l'UE joue un **rôle moteur** en matière de santé au sein des pays développés. Dès 1989, la CEE signe une charte spécifique pour l'environnement et la santé qui pose le principe que la « bonne santé et le bien-être exigent un environnement propre et harmonieux dans lequel tous les facteurs physiques, psychologiques, sociaux et esthétiques reçoivent leur place ». Ce texte participe à l'armada de la protection sanitaire dans la logique contemporaine de la mondialisation et du développement durable, appuyant l'autorité des agences telles que l'Agence européenne d'évaluation des médicaments (EMEA), créée en 1995, pour centraliser la procédure de mise sur le marché des médicaments. Les agences sont des structures d'expertise sectorielle dont le rôle est l'évaluation scientifique des risques et leur surveillance. Elles n'ont pas un rôle de mise en œuvre directe de politiques, mais elles s'inscrivent dans un plan d'aide à la communication, à la décision et à la gestion. Les **agences sanitaires européennes** ont des relais nationaux, mais leur harmonisation européenne est encore incomplète. La directive *Reach* de la Commission européenne (règlement de 2007 sur l'enregistrement, l'évaluation, les autorisations et les dérogations sur les substances chimiques) ajoute que ce n'est plus aux autorités publiques de prouver que ces produits sont, dans certains cas, nocifs, mais aux entreprises de montrer l'innocuité de leurs produits. En 2005, les ministres européens de la Santé proposaient d'indiquer la mention « bon pour la santé » sur les produits alimentaires ayant un profil nutritionnel global positif.

ZOOM ▶ VIH/sida et mondialisation

Le VIH/sida est considéré comme une pandémie, en tant qu'épidémie de masse d'une maladie transmissible et s'étendant à différents continents (38 millions de personnes sont porteuses du virus en 2019, dont 70 % en Afrique). Cette maladie s'est développée sur l'ensemble du globe, du fait de la propagation et de la diffusion d'un phénomène viral, liées à la mondialisation des échanges. Les migrations et mobilités – déplacements de personnes, durables (migrations liées aux guerres et conflits en Afrique, notamment) ou ponctuels (pèlerinages et tourisme, en particulier sexuel) – sont permises, entre autres, par l'ouverture des différentes frontières. Ainsi, on observe une explosion du sida dans les pays d'Europe de l'Est et en Russie à partir du milieu des années 1990. Ces échanges sont accompagnés aussi par la diffusion de pratiques spécifiques qui favorisent la propagation de la maladie (comme la toxicomanie). Cette maladie témoigne, dans ses modalités de diffusion, d'une échelle mondiale des échanges. Cependant, l'accessibilité inégale à la prévention et aux soins témoigne d'une mondialisation incomplète. Aujourd'hui, les populations des États du Sud commencent à accéder aux traitements anti-sida grâce à des génériques. Sur 26 millions de séropositifs en Afrique, les deux tiers sont traités par trithérapie en 2020. Parmi les acteurs privés dans les crises sanitaires, il faut rappeler l'importance des laboratoires pharmaceutiques et de recherche. Alors que la mortalité due à ce virus a chuté de manière spectaculaire en Europe et en Amérique du Nord depuis l'introduction des trithérapies en 1996, les pays du Sud et l'Afrique subsaharienne en particulier n'en ont pas profité dans un premier temps. La situation africaine, selon l'agence ONUSIDA en mai 2013, s'est néanmoins nettement améliorée : la mortalité due au virus a baissé d'un tiers entre 2005 et 2011. À l'échelle mondiale, les décès liés à cette maladie ont chuté de la moitié depuis le pic de 2005 (mais cela représente toujours 690 000 personnes en 2019).

(réseau global d'alerte et de réponse) et a modifié en 2005 son règlement sanitaire international, qui couvre désormais un champ élargi d'urgences de santé publique.
Face aux défis de la lutte contre les pandémies et de l'amélioration de la santé des hommes, les organismes des Nations unies recherchent désormais l'association des différents acteurs (OMS, HCR, Unicef, Banque mondiale, ONG, fondations, etc.), comme l'illustre, par exemple, l'organisation mondiale de la lutte contre le VIH/sida ou la grippe aviaire. La gouvernance mondiale de la santé est devenue une large polyphonie, d'autant plus que sont nées, au cours des années 1970, des associations privées regroupant des professionnels de la santé bénévoles pour venir en aide aux populations victimes des guerres ou des catastrophes (exemples de Médecins sans frontières, fondée en 1971, et de Médecins du monde, créée en 1980). Incontestablement, la lutte contre le VIH/sida a joué un rôle d'accélérateur dans la mise en place de cette gouvernance mondiale.

Pour aller plus loin

Le site de l'ONUSIDA
liennathan.fr/n22k7p

2. Les enjeux économiques de la santé

Les dépenses publiques de santé conditionnent l'existence d'un système de soin performant et accessible à tous, mais reposent sur un investissement économique de plus en plus important. Les améliorations technologiques et institutionnelles sont ainsi profondément liées à la richesse des pays et à leur volonté politique de financer ce service. Cela reproduit alors les inégalités mondiales fragilisant les pays et populations les plus pauvres. Pour cette raison principale, **les ressources financières investies dans la santé dans le monde ne sont pas engagées où les besoins sont les plus forts**. Cependant, les États-Unis, qui consacrent la part du PIB la plus importante au monde à leur système de santé, ne sont pas considérés comme performants par l'OMS du fait de l'iniquité d'accès aux soins (les dépenses de santé privées s'élèvent à 56 % des dépenses de santé globales du pays, contre 25 % en moyenne dans les autres pays riches).
À côté de ces dépenses publiques, **les entreprises privées jouent un rôle essentiel dans le secteur de la santé**. En termes de recherche et développement (R&D), d'importantes multinationales sont au cœur des évolutions de la santé mondiale, du fait du poids des brevets et de leur rôle dans les politiques publiques. À la naissance de l'OMC, ont été adoptés les accords sur les ADPIC (aspects des droits de propriété intellectuelle qui touchent au commerce). Tous les États membres se sont engagés à mettre leurs législations en accord avec ces règles internationales au plus tard en 2006 sous peine de sanctions économiques. Ces accords obligent les États à accorder des brevets protégeant les médicaments pendant 20 ans. Cette uniformisation de la législation sur les brevets peut être vue comme une arme des grands groupes pharmaceutiques multinationaux contre les industries locales, permettant la **privatisation** des connaissances au nom de la nécessité de rentabiliser des recherches coûteuses. Des restrictions fortes en découlent, notamment pour le développement des génériques, dans les pays où l'accès aux soins reste un luxe. Ainsi, les lobbys des grands laboratoires font pression sur l'OMC et les États afin d'assurer des monopoles dans de vastes marchés émergents notamment. L'autre implication est la baisse de la recherche privée par ces mêmes laboratoires pour certaines maladies faute de marché solvable (malgré des dépenses lourdes dans la recherche : dans les cinq entreprises, tous secteurs confondus, qui investissent le plus dans la R&D, on compte trois laboratoires pharmaceutiques). Le cas du paludisme (touchant principalement des pays pauvres) est particulièrement représentatif.

ZOOM ▶ L'Inde et les génériques

Jusqu'en 2005, l'Inde refusait de reconnaître le brevetage de molécules, encourageant ainsi ses laboratoires à dupliquer légalement, pour son marché intérieur, les médicaments du monde entier. Acquérant ainsi un savoir-faire apprécié, ils ont pu s'adapter depuis aux règles de l'OMC sur la propriété intellectuelle. Mais les géants occidentaux de la santé, qui cherchent à profiter de la forte croissance du marché indien du médicament (14 % chaque année), doivent composer avec la vigilance de la Cour suprême indienne. Celle-ci a débouté, en 2013, le groupe suisse Novartis qui tente depuis 2006 de faire breveter en Inde son médicament le plus vendu, le Glivec, un anticancer qui lui assure 12 % de son chiffre d'affaires. Vendu 4 000 dollars par mois, il est doublé en Inde par un générique disponible à moins de 73 dollars. La justice refuse de reconnaître dans le Glivec la « nouveauté ou la créativité » qui justifierait la protection d'un brevet, mais y voit plutôt un effet d'*evergreening*, un procédé classique de modification marginale d'un produit risquant de tomber dans le domaine public et d'être ainsi éliminé par les génériques. L'Inde est devenue un exportateur majeur de ces derniers, exportant ainsi dans 140 pays un antirétrovirus du sida fabriqué par le laboratoire Cipla.

Les enjeux économiques de la santé dépendent aussi de l'essor des mobilités à l'échelle mondiale liées aux disparités de développement. L'émigration de personnes qualifiées vers des pays à plus haut revenu est une constante, qui s'effectue au détriment des besoins importants sont présents dans les régions d'origine. Les déserts médicaux en Europe sont en partie palliés par des médecins étrangers pour répondre aux besoins de leur population enclavée, mais les conséquences sont lourdes quand le départ des agents de santé concerne des pays ou continents entiers au bénéfice des États de l'OCDE. Les pays à faibles revenus sont particulièrement durement touchés : parmi les 57 pays où la pénurie était jugée critique, 36 étaient des pays d'Afrique subsaharienne. Les migrations internationales de médecins et de personnels infirmiers étant de plus en plus visibles, on impute souvent la responsabilité des pénuries au phénomène migratoire. D'où un débat dans lequel on oppose les aspects négatifs des migrations et les droits individuels des personnels de santé à quitter n'importe quel pays, y compris le leur. La fuite des diplômés des États en situation de difficulté d'accès aux soins devient ainsi très problématique, notamment pour l'Afrique subsaharienne, qui concentre 24 % des maladies pour seulement 3 % du personnel sanitaire.

■ Classement des plus grands groupes pharmaceutiques dans le monde, par chiffres d'affaires (projection 2020), en milliards de dollars

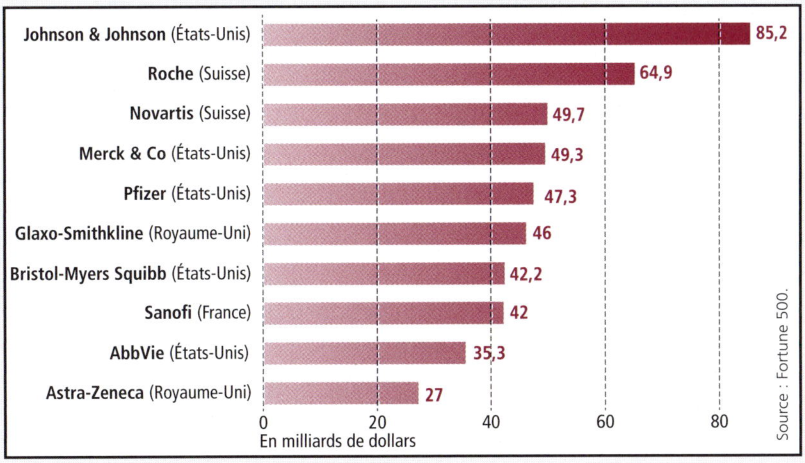

■ **Le marché pharmaceutique mondial par zones géographiques en 2019 (en prix producteur)**

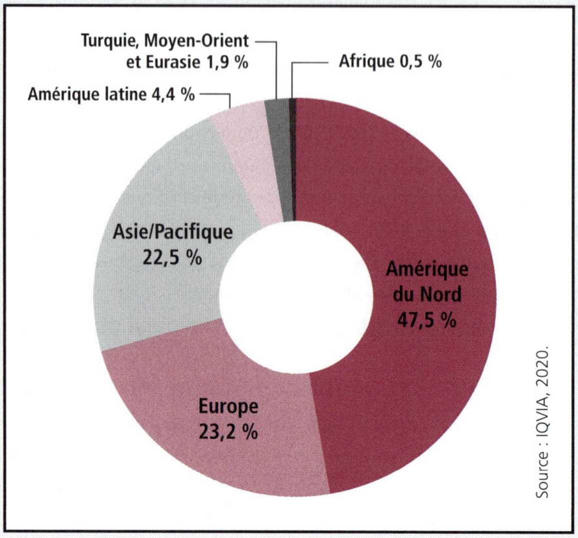

Inversement, les disparités des coûts et la facilité de déplacement produisent de nouvelles mobilités ayant comme objet l'accès aux soins. **Depuis la fin des années 1990, le tourisme médical connaît un essor notable à l'échelle mondiale.** La mondialisation est constitutive de ces transformations des pratiques puisqu'elle a permis l'intensification et la massification du trafic aérien, l'internationalisation des normes sanitaires, tout en maintenant une différenciation des prix. L'import de couronnes dentaires d'Europe de l'Est en France se développe fortement ; on observe aussi la création de *packages tours* (vers la Thaïlande ou les pays de Maghreb) incluant billet d'avion, séjour en hôtel avec traitement médical et convalescence en bord de mer pour des clientèles aisées, mais qui parfois ne pourraient se le permettre dans leur propre pays.

Ainsi, la globalisation accélérée des problèmes de santé publique met en évidence des phénomènes croissants d'interdépendance sans pour autant gommer les traits spécifiques du milieu local. Pour cette raison, certains chercheurs ont choisi le néologisme « glocalisation sanitaire » pour nommer cette combinaison multiscalaire.

14 NOURRIR LES HOMMES

Parmi les **17 Objectifs du développement durable** définis en septembre 2015 par le PNUD (Programme des Nations unies pour le développement), l'objectif « Faim zéro » occupe la deuxième position, juste après celui consacré à l'élimination de la pauvreté. Il vise notamment à « **éliminer la faim, assurer la sécurité alimentaire, améliorer la nutrition et promouvoir l'agriculture durable** ». La situation de l'alimentation de la population dans le monde est en réalité très contrastée : alors que 690 millions de personnes, soit environ 9 % de la population mondiale, sont sous-alimentées, une autre partie de la population mondiale se caractérise par une situation de surnutrition et des taux d'obésité élevés (13,6 % de la population adulte en 2016). Ainsi, en ajoutant à la fois les carences alimentaires et les excès, on arrive à la conclusion que la moitié de l'humanité souffre de malnutrition. En dépit de ces inégalités très fortes qui demeurent à l'échelle de la planète, il est indéniable que l'agriculture mondiale est parvenue à répondre, certes imparfaitement, aux besoins alimentaires d'une population en forte croissance depuis les années 1950. Fortement sollicitées, la majorité des agricultures du monde se sont transformées en profondeur sous l'effet d'une révolution agricole qualifiée de « productiviste », née aux États-Unis et en Europe avant de se diffuser vers les pays du Sud. Ces derniers se caractérisent majoritairement par un système agricole dual, opposant une **agriculture de subsistance**, parfois menacée de disparition, d'une part, à une **grande agriculture commerciale**, intégrée à des filières globalisées, d'autre part.

Alors que plus de la moitié de la population de la planète est désormais urbaine, les enjeux de l'alimentation des citadins sont ainsi devenus majeurs. Les grandes villes sont en effet fortement dépendantes des espaces productifs agricoles et surtout des **filières agroalimentaires** qui assurent le transport, la transformation et la distribution des productions. La crise sanitaire contemporaine du SARS-CoV-2 vient rappeler les enjeux majeurs de l'approvisionnement des espaces urbains et de la sécurité alimentaire de leurs habitants. Les villes sont également le lieu privilégié de la mondialisation des modes de consommation, interrogeant ainsi la dimension culturelle et identitaire de l'alimentation.

Ce chapitre cherche alors à répondre aux questions suivantes : comment nourrir la planète et ses 7,8 milliards d'hommes aujourd'hui – plus de 9 milliards en 2050 –, avec quelles productions (nature, quantité et qualité de l'alimentation) et quels producteurs ? Pour quels consommateurs et selon quelles modalités d'accès à l'alimentation ? Il s'agit donc d'étudier à la fois les lieux, les territoires et les réseaux de la production, de la transformation et de la commercialisation de l'alimentation mondiale.

Notions principales

Agriculture de subsistance : par opposition à l'agriculture commerciale, destinée à être vendue, production qui vise à l'alimentation de sa famille (agriculture vivrière).

Famine : manque de nourriture pour une région, mesuré en-dessous de 1 200 kilocalories par jour et par personne, la moyenne s'étendant normalement de 1 600 à 2 900 kcal.

Filière agroalimentaire : système productif qui se déroule, en amont, de la recherche agronomique, à l'agriculture et à la transformation industrielle et, en aval, à la distribution.

Politique agricole commune (PAC) : compétence exclusive de la CEE depuis 1962 puis de l'Union européenne, elle garantit les prix des produits agricoles et organise les marchés.

CHRONOLOGIE

XVIIIe siècle : Première révolution agricole en Angleterre
Années 1950-1970 : Révolution agricole productiviste et révolutions vertes
1980-1990 : Processus de libéralisation des agricultures des pays du Sud
Années 2000-2010 : Prémices d'une troisième révolution agricole (biotechnologies, techniques culturales simplifiées)
2000 : Objectifs du millénaire pour le développement. Objectif 1 : « éliminer l'extrême pauvreté et la faim »
2008 : Crise des prix agricoles et « émeutes de la faim » dans le monde
Années 2010 : Inscription du « repas gastronomique des Français », de la « diète méditerranéenne » et de la « cuisine traditionnelle mexicaine » au patrimoine culturel immatériel de l'humanité (UNESCO)
2014 : Année internationale de l'agriculture familiale
2015 : Nouveaux Objectifs du développement durable. Objectif 2 : « Faim zéro »
2019 : Opposition des agriculteurs français et européens aux traités de libre-échange CETA (en vigueur depuis 2017 dans l'UE) et Mercosur (en attente de ratification)
2020 : Lancement du « *Green Deal* » européen et négociations de la nouvelle politique agricole commune (entrée en vigueur reportée à 2023). Attribution du prix Nobel de la paix au Programme alimentaire mondial (PAM)

I. Alimenter en quantité et en qualité une population mondiale en croissance : entre inégalités et homogénéisation

A. L'INÉGALE RÉPARTITION DE L'ALIMENTATION MONDIALE : UN BREF ÉTAT DES LIEUX

1. La faim dans le monde

Si une lente amélioration de la situation alimentaire à l'échelle globale est indéniable, on observe une différenciation géographique très forte des régions du monde. Ainsi, en Afrique subsaharienne, plus d'une personne sur quatre est chroniquement sous-alimentée, alors qu'en Asie, région la plus peuplée du monde, se concentre la majorité des affamés en valeur absolue : 381 millions de personnes. à l'inverse, ce sont l'Amérique latine et les Caraïbes qui ont réalisé les plus grands progrès en matière de sécurité alimentaire.
Environ 690 millions de personnes souffrent encore de la faim aujourd'hui (FAO, 2019) et les menaces de graves crises alimentaires demeurent très fortes dans différents pays de la planète, à l'instar du Yémen, de la République démocratique du Congo, du Nigeria ou du Soudan du Sud. Ceux-ci ont connu une aggravation récente de leur situation alimentaire en raison de la conjonction de conflits et de facteurs climatiques et sanitaires. Au Sahel, la flambée des violences djihadistes et intercommunautaires au Mali et au Burkina Faso, les conséquences du changement climatique sur l'environnement et les problèmes de gouvernance des États se conjuguent à la Covid-19. Déjà touchés par diverses crises alimentaires dans la dernière décennie, les pays du Sahel doivent ainsi affronter un risque de famine sans précédent au tournant des années 2020.
Selon le groupe de travail des Nations unies sur la faim, 80 % des personnes sous-alimentées vivent en milieu rural : la moitié d'entre elles appartiennent à des foyers de petits agricul-

La faim dans le monde

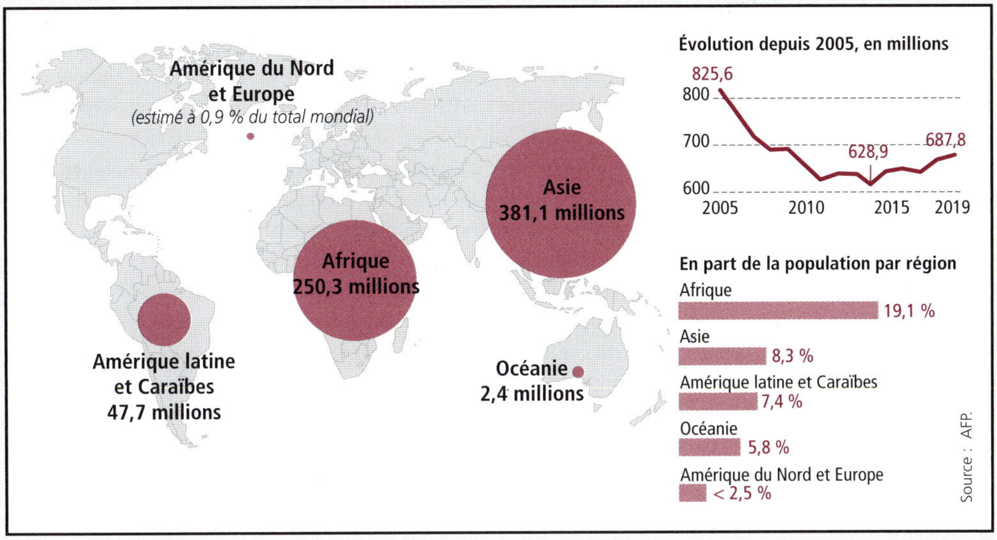

Estimations de la FAO pour 2019.

teurs, 20 % sont des ouvriers agricoles ou des paysans sans terre et 10 % sont des éleveurs nomades. La grande majorité des individus qui ont faim dans le monde appartiennent donc, paradoxalement, à des familles paysannes. à l'inverse, les situations de malnutrition par excès touchent avant tout les populations citadines. D'abord localisées dans les pays développés, où les taux d'obésité ont fortement augmenté (environ 28 % chez les adultes aux États-Unis, mais aussi en France, où l'obésité concerne 14,5 % de la population adulte), ces situations gagnent rapidement les pays émergents d'Amérique latine et d'Asie, où les classes urbaines pauvres sont les plus touchées, ceci en lien avec la diffusion de snacks riches en graisses et en sucres à très bas coût, le manque d'éducation et la défaillance des pouvoirs publics.

2. Le spectre continu des crises alimentaires

C'est indéniablement la crise alimentaire de 2008 et les **émeutes de la faim*** qui ont eu lieu dans de nombreux pays du Sud (dont le Mexique, l'Équateur, l'Égypte, le Sénégal, le Cameroun et l'Indonésie), qui ont fait (re)prendre conscience des risques à la fois sociaux, économiques et politiques liés à l'alimentation de la population mondiale. Cette crise, marquée par l'emballement du prix des denrées agricoles, a été particulièrement préjudiciable aux grands pays importateurs de produits alimentaires et a touché en premier lieu les catégories urbaines pauvres dépendantes ; mais elle a aussi été très négativement ressentie par certaines catégories sociales urbaines intermédiaires. Il ne s'agit « pas de situations de pénurie alimentaire aggravée, comme dans les zones de conflit ou lors des épisodes de grande sécheresse. [...] Ce qui est en cause dans cette crise, c'est la capacité propre des ménages urbains à se nourrir [...]. Et surtout celle des classes moyennes, jusque-là épargnées par une insécurité alimentaire essentiellement considérée comme rurale : ce sont elles qui ont

DÉFINITION

Émeutes de la faim : en 2008 à la suite du redressement brutal des prix agricoles, au Mexique puis en Afrique et en Asie, vague des manifestations contre le coût de la nourriture.

ZOOM ▶ Les enjeux de la définition de la famine

Au cœur de la problématique de la faim, la définition de la famine suscite de nombreuses controverses. L'ONU a ainsi mis en place différents critères pour définir l'exceptionnalité de cette situation : un taux de mortalité supérieur à deux personnes par jour pour 10 000 individus, une malnutrition aiguë touchant plus de 30 % de la population, moins de 2 100 kcal disponibles par jour et par personne, moins de 4 litres d'eau par jour et par personne, une perte effective totale de tout moyen d'existence, 20 % de la population d'une même région qui doit être concernée. Le chercheur Stephen Devereux (*Theories of Famine*, 1993) indique, quant à lui, qu'une famine est une « crise de subsistance touchant des groupes de population particuliers dans une région délimitée et sur une période de temps déterminée ». Au-delà de ces difficultés de définition, un enjeu majeur est celui des discours et des termes employés, qui peuvent être très différents selon les personnes interrogées – experts et scientifiques, médias, ONG, institutions internationales, gouvernements. Ainsi, lors de la crise de 2005 au Niger, alors que les experts scientifiques ont employé le terme « famine », la communauté internationale a eu recours à des expressions moins sensibles, telles que « crise alimentaire », sans doute sous la pression du gouvernement nigérien qui ne reconnaissait pas l'existence d'une telle situation de gravité. En l'absence d'un consensus entre les acteurs concernés, la gestion de la crise et la mise en œuvre de l'aide alimentaire sont alors d'autant plus lentes, manquant de coordination et d'efficacité.

ZOOM ▶ Un instrument multilatéral de stabilisation des prix

La coordination entre les principaux pays concernés par les marchés des céréales s'est considérablement améliorée grâce à la mise en place du système d'information sur les marchés agricoles (**AMIS**, *Agriculture Market Information System*), lancé en 2011 sous la présidence française du G20, en vue de rendre plus transparent le fonctionnement des marchés. L'encouragement à la constitution de stocks de céréales pour lisser les prix a aussi, jusqu'à présent, permis d'éviter de trop fortes tensions sur les marchés (la faiblesse des stocks avait été un des déclencheurs de l'explosion des prix de 2008). Le rôle de l'AMIS dans la sensibilisation accrue des États aux enjeux de leur sécurité alimentaire et la diffusion instantanée des prix de marché ont contribué au maintien des chaînes d'approvisionnement mondiales au cours de la crise sanitaire liée à la Covid-19.

été les plus vivement touchées. N'ayant habituellement pas de difficultés majeures pour s'alimenter, ces classes moyennes ont éprouvé un très fort sentiment de déclassement social et de désarroi[1] ». À l'échelle internationale, cette crise alimentaire a ouvert une « fenêtre politique » permettant à de grandes institutions internationales comme la FAO de redéployer un discours mobilisateur consacré à l'agriculture et au développement agricole[2], ceci après deux décennies de libéralisation et de désengagement des États encouragés par les institutions financières internationales (FMI et Banque mondiale).

L'alimentation s'impose ainsi comme un facteur géopolitique majeur, et les questions agricoles et alimentaires sont centrales dans la sécurité et la stabilité des territoires et des États. En témoigne l'attribution, en 2020, du prix Nobel de la paix au Programme alimentaire mondial des Nations unies, dont l'objectif est d'empêcher que la faim constitue une arme de guerre.

Pour aller plus loin

Le site de la FAO
liennathan.fr/zia748

1. Pierre Janin, « Les émeutes de la faim : une lecture (géo-politique) du changement (social) », *Politique étrangère*, 2009.
2. Pierre Janin, « Faim et politique : mobilisations et instrumentations », *Politique africaine*, 2010.

B. PENSER LE LIEN ENTRE AGRICULTURE ET ALIMENTATION

1. Des systèmes alimentaires en mutation

La notion de **système alimentaire** permet de faire le lien entre alimentation des populations et agriculture, puisqu'elle désigne « la façon dont les hommes s'organisent dans l'espace et dans le temps pour produire, distribuer et consommer leur nourriture » (Louis Malassis). Au cours de l'histoire des sociétés humaines, les systèmes alimentaires sont passés par différentes étapes qui révèlent les mutations profondes de la relation entre production et alimentation. Aux débuts de l'activité agricole, il y a environ 10 000 ans, se constituent les premières exploitations agricoles qui sont à la fois le lieu de la production alimentaire et celui de la consommation. Si ce stade d'autoconsommation est encore largement présent dans les pays les plus pauvres et concerne toujours aujourd'hui plusieurs centaines de millions de personnes dans le monde, une séparation entre lieu de production et lieu de consommation s'est progressivement affirmée. Le processus de commercialisation a ainsi complexifié et allongé de façon croissante les **chaînes alimentaires** reliant producteurs agricoles et consommateurs. à partir du milieu des années 1950, se met en place l'âge agro-industriel du système alimentaire, avec une généralisation du mode de production industriel, caractérisé notamment par la standardisation des productions, et de la consommation de masse. Cette étape **agro-industrielle**, dans un contexte d'urbanisation accéléré, s'accompagne d'un allongement très important de la chaîne agroalimentaire et d'une très forte réduction du temps consacré à la préparation et à la prise des repas. Depuis la fin du XXe siècle, se dessine un quatrième âge de l'alimentation, qualifié de « **système agro-tertiaire** », au sein duquel les aliments tendent à devenir – du point de vue de leur contenu économique – non plus des biens matériels, mais des services. Ainsi, aux États-Unis, près de la moitié du prix final du produit alimentaire moyen est formée par des prestations de services ou des prélèvements : transport, marketing, intérêts bancaires et assurances, marges de distribution, impôts et taxes, profits. La part constituée par les matières premières agricoles est tombée en dessous de 20 %. En ce qui concerne la consommation, la moitié du budget des ménages consacré à l'alimentation est dépensée dans les restaurants, largement dominés par les *fast-foods*.

2. Géographie des systèmes alimentaires

Ces mutations majeures des systèmes alimentaires ont affecté inégalement les pays de la planète. La prédominance du modèle agro-industriel, représentant environ 40 à 45 % de l'alimentation mondiale, semble s'affirmer au Nord comme au Sud, avec une forte croissance en Asie du Sud-Est, en Amérique latine et en Afrique australe. Ce modèle n'est cependant pas encore majoritaire. Ce sont en effet les formes dites « traditionnelles », marquées par une forte dimension artisanale, qui représentent toujours 50 à 55 % de la consommation alimentaire mondiale (Jean-Louis Rastoin *et al.*, 2010) et restent la source principale d'approvisionnement de nombreuses populations des pays des Suds. Au Nord, où le développement du modèle agro-industriel est plus ancien, ces systèmes traditionnels se maintiennent ou se (re)développent, en revendiquant une plus grande prise en compte des enjeux de la durabilité sociale et environnementale, notamment via la promotion de produits certifiés, de terroir ou encore biologiques.

C. MONDIALISATION ET ENJEUX ALIMENTAIRES

La mondialisation contemporaine est marquée par la multiplication des échanges, dont ceux des produits agricoles : les exportations mondiales de produits agricoles ont presque triplé en valeur et ont augmenté d'environ 60 % entre 2000 et 2012 (FAO). Pour autant, l'immense majorité de la production agricole ne franchit pas de frontières : le blé, principal produit agricole échangé en valeur, n'est commercialisé internationalement qu'à hauteur d'environ 15 % de sa production. Se pose néanmoins la question de la transformation des pratiques alimentaires que ces échanges induisent et de l'**homogénéisation des modes de consommation** à l'échelle mondiale. La pandémie liée au coronavirus vient toutefois questionner ces modèles alimentaires dominants et met au premier plan la question de la relocalisation des agricultures et de l'alimentation.

1. Le modèle de la transition alimentaire

La diffusion de nouvelles habitudes alimentaires s'inscrit notamment dans le processus de **transition alimentaire**, qui a commencé au début du XIXe siècle dans les pays industrialisés avant de toucher, à partir des années 1970-1980, les pays en développement, où il se poursuit aujourd'hui. La transition alimentaire est le passage d'une alimentation fondée sur la consommation directe de céréales et féculents (riches en fibres et sucres complexes) à une alimentation comprenant davantage de sucres simples, de graisses (notamment des produits transformés par l'industrie) et de protéines d'origine animale. Un marqueur de cette transition est la progression continue de maladies chroniques liées à la suralimentation (obésité, diabète, maladies cardiovasculaires). Alors que la consommation de viande dépend historiquement de facteurs culturels et civilisationnels, les populations d'origine européenne consommant de longue date davantage de calories d'origine animale que les populations asiatiques, qui sont des civilisations du végétal (riz), on assiste aujourd'hui à la diffusion de ces modes de consommation européens et nord-américains auprès des populations des pays en développement, ceci en lien avec la croissance du niveau de revenus/habitant.

2. Mondialisation des pratiques alimentaires, risques socioculturels et environnementaux

Cependant, selon de nombreux experts, les modèles alimentaires des pays occidentaux, caractérisés par une plus forte consommation de protéines d'origine animale, ne pourront pas se généraliser à l'échelle du globe sans poser de sérieux problèmes sanitaires ou environnementaux. Les menus protéinés, fondés sur la viande et les produits laitiers, ont en effet des impacts nombreux : ils entraînent une forte augmentation de la demande de céréales

La consommation de terres arables par l'élevage

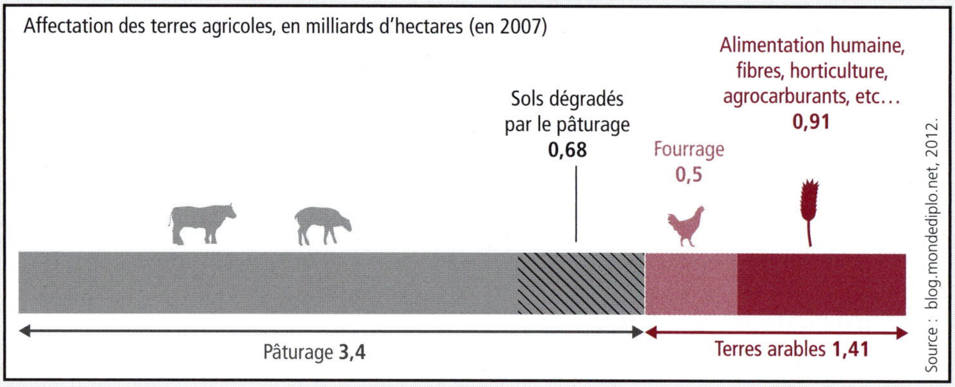

ZOOM ▶ Vers la patrimonialisation des pratiques alimentaires ?

En réaction au processus d'homogénéisation des cultures alimentaires et à la diffusion de nouvelles pratiques encouragées par les firmes agroalimentaires, différents mouvements en faveur de la patrimonialisation culinaire et alimentaire ont vu le jour dans la dernière décennie. Ainsi, en 2010, l'UNESCO a inscrit au patrimoine culturel immatériel de l'humanité le « repas gastronomique des Français » et la « diète méditerranéenne ». L'alimentation constitue en effet une pratique culturelle fondamentale et s'impose comme un **marqueur identitaire** pour de nombreux peuples à l'échelle de la planète. Le processus de patrimonialisation des pratiques alimentaires – au sens de leur sauvegarde, leur valorisation et leur promotion – soulève une grande diversité d'enjeux puisqu'il représente à la fois un atout politique pour le pays, un levier touristique à différentes échelles, un argument marketing pour les producteurs, restaurateurs ou commerçants, ou encore un argument de défense communautaire et culturelle. La patrimonialisation alimentaire se fait cependant à double tranchant. D'une part, elle peut engendrer une désappropriation par les peuples concernés, dans la mesure où les aliments, à l'image du quinoa andin ou de l'açaï amazonien, attirent de nouveaux acteurs productifs, disparaissent des marchés locaux pour alimenter d'autres types de marchés, l'envolée de leurs prix les rendant inaccessibles pour leurs consommateurs initiaux. D'autre part, elle peut aussi « s'accompagner d'une forme de réappropriation par les populations locales autour de leurs valeurs alimentaires mises en avant dans les médias, les restaurants et les discours », selon l'anthropologue Pascale de Robert.

pour nourrir le bétail et une part croissante des superficies de terres va alors à l'alimentation animale aux dépens de l'alimentation humaine directe. Ainsi, plus du tiers des céréales produites dans le monde est désormais destiné à la nourriture d'animaux d'élevage. Cette proportion nettement plus élevée dans les pays riches – de l'ordre de 50 à 60 % – progresse rapidement dans de nombreux pays émergents, à l'instar de la Chine. La croissance de la consommation de viande s'accompagne d'**impacts environnementaux majeurs**, tant en termes de consommation de terres arables, de déforestation, de besoins croissants en eau et de rejets de méthane, à l'effet de serre redoutable.

3. Covid-19 et enjeux agroalimentaires : une préoccupation mondiale

Fermeture de frontières, choix de plusieurs grands pays exportateurs de constituer des stocks préventifs, inquiétudes de nombreux citoyens de la planète pour leur approvisionnement quotidien, promotion de la reterritorialisation d'une agriculture globalisée et d'une prise en compte environnementale accrue, promotion de l'agriculture urbaine : autant de processus associés à la crise sanitaire de la Covid-19. Celle-ci a mis en lumière la dépendance de nombreuses agricultures des pays développés vis-à-vis de la main-d'œuvre à bon marché venue de l'étranger. De véritables ponts aériens ont été mis en œuvre pour acheminer des travailleurs saisonniers vers les exploitations agricoles fruitières et maraîchères. Ainsi, des travailleurs roumains ont fait l'objet d'un acheminement aérien vers l'Allemagne et l'Autriche pour assurer la récolte des asperges au printemps 2020. À l'automne, ce sont les saisonniers marocains qui ont été transportés par des avions Transavia, loués au frais des producteurs, vers les exploitations de clémentines en Corse.

La pandémie liée au coronavirus a plus largement suscité de nombreux débats sur les enjeux de la souveraineté agricole et alimentaire et encouragé diverses mesures étatiques, visant à assurer et améliorer la sécurité alimentaire des populations. En Chine, le président Xi Jinping a lancé une campagne anti-gaspillage alimentaire depuis la mi-août 2020. L'agriculture et ses impacts sur l'environnement sont par ailleurs au cœur de débats scientifiques – et médiatiques – renouvelés. Les maladies transmises à l'homme par le règne animal, désignées par le terme « zoonose », suscitent des réflexions croissantes sur les interactions entre activités humaines et nature et leurs conséquences épidémiologiques. Les usages croissants du foncier et la déforestation à des fins agricoles produisent des « interfaces à risque », où populations, troupeaux d'élevage et réservoirs de vie sauvage entrent en contact[3].

II. Des campagnes nourricières : les territoires de la production agricole dans la mondialisation

A. DES INÉGALITÉS TRÈS FORTES ENTRE AGRICULTURES ET AGRICULTEURS À DIFFÉRENTES ÉCHELLES

Dans le contexte de mise en concurrence accrue des agriculteurs à l'échelle de la planète, les inégalités entre modèles productifs, acteurs agricoles et territoires ruraux tendent à se renforcer.

1. Des inégalités qui demeurent entre agricultures des pays développés et des pays en développement

Il s'agit à la fois d'inégalités en termes de capacité de production, mais aussi d'accès aux filières et aux marchés les plus rémunérateurs. Le cas de l'Afrique subsaharienne, et notamment de la zone sahélienne, est particulièrement emblématique des difficultés de certains territoires à nourrir leur population et à assurer un revenu décent aux paysanneries. La comparaison entre la *corn belt* des États-Unis et la zone sahélienne, menée par Hubert Cochet[4], est à ce titre particulièrement éclairante. D'un côté, les agriculteurs américains les mieux équipés peuvent cultiver aujourd'hui 450 hectares de maïs et soja par actif, à l'aide de tracteurs très puissants, de semoirs et moissonneuses-batteuses de très grande largeur et en simplifiant au maximum les techniques culturales *via* l'utilisation de **variétés génétiquement modifiées**. Avec des rendements de 100 quintaux par hectare pour le maïs, un travailleur peut, à lui seul, produire 22 500 quintaux de maïs par an. À l'opposé, dans le cas de la zone sahélienne, les agriculteurs doivent faire face à des conditions pédologiques et climatiques défavorables, ne disposent d'aucune capacité d'innovation et sont dans l'impossibilité de produire la quantité minimale de grains nécessaire à l'alimentation annuelle de leur famille. Ainsi, au nord du Burkina Faso, les agriculteurs, seulement équipés de houes et d'instruments de sarclage, ne peuvent pas mettre en culture plus de 0,6 ou 0,7 hectare par actif et leurs rendements sont extrêmement faibles, rarement au-delà de 3 quintaux à l'hectare. Les greniers de céréales étant vides au bout de quelques mois, c'est la vente du bétail qui permet de réunir l'argent nécessaire aux achats alimentaires.

2. Des inégalités accrues entre producteurs d'un même pays, au Nord comme au Sud

Si les différences de capacités productives entre pays demeurent fortes, les inégalités entre producteurs se lisent également au sein d'un même pays, d'une même région ou d'un même village, en fonction du niveau de capitalisation des exploitations, des types de production et de marché, des capacités d'adaptation aux innovations. Ainsi, le secteur dit « de l'**agrobusiness** », que l'on retrouve au Nord comme au Sud, est dominé par de grandes entreprises capitalistes

3. Gibb *et al.*, *Nature*, 2020, vol. 584.
4. Hubert Cochet, *L'Agriculture comparée*, Éditions Quae, 2010.

dont l'objectif est la recherche de modes de production les plus performants et compétitifs. Leur mode de fonctionnement, fondé sur une gestion managériale et l'emploi d'une main-d'œuvre salariée, contraste fortement avec des exploitations plus traditionnelles encore en grande partie familiales dans la majorité des pays du monde. La montée en puissance de ces grandes exploitations suscite de nombreuses polémiques, entretenues par des syndicats et des associations de défense paysanne, mais aussi par des associations de consommateurs. La France a ainsi connu un débat virulent né de l'installation d'une « ferme des 1 000 vaches » dans la Somme, considérée comme une menace pour l'avenir des petits éleveurs laitiers français, dans un contexte caractérisé par la baisse des prix du lait et la fin des quotas laitiers en Europe. Au-delà de cette opposition idéologique entre deux modes de production, l'enjeu majeur pour les producteurs de toutes tailles demeure le prix d'achat très bas de leurs productions, d'où le choix de plus en plus contraint d'accroître les cheptels (comme les superficies). Ce sont donc des choix de politiques publiques qui permettront, ou non, aux petits éleveurs de survivre ou de disparaître.

B. TYPOLOGIE DES TERRITOIRES PRODUCTIFS CONTEMPORAINS

À la lumière des inégalités évoquées précédemment, différents types de territoires et d'acteurs de la production agricole et agroalimentaire, au Nord et au Sud, peuvent être mis en évidence. Comment se distinguent-ils et quels sont leurs atouts et contraintes spécifiques ?

1. Les territoires de la production agro-industrielle : les campagnes motrices de la mondialisation agricole et alimentaire

Les campagnes dites « productivistes » et « intensives », qui accueillent les grandes exploitations industrielles exportatrices et les bassins de production associés à une filière agro-industrielle (betteraves, soja, pommes de terre…), sont devenues les emblèmes de la mondialisation agricole et alimentaire, au Nord comme au Sud. Parmi les pays particulièrement représentatifs de ces campagnes motrices de la mondialisation, on trouve les nouveaux grands pays agricoles qui ont émergé depuis les années 1990, à l'image du Brésil ou de l'Argentine en Amérique du Sud, mais aussi de nombreux pays en développement, tels le Mexique, l'Afrique du Sud, le Kenya, qui se sont spécialisés dans certaines productions à haute valeur ajoutée pour l'exportation ou la transformation industrielle (tomates

ZOOM ▶ Territoires et productions agricoles, moteurs de l'insertion du Brésil dans la mondialisation

En réponse à la forte demande mondiale de produits agricoles depuis les années 2000, le Brésil a connu une expansion rapide des cultures de soja, de riz, de maïs, de canne à sucre, ainsi que de l'élevage, contribuant à son rôle moteur dans les échanges agricoles mondiaux. D'après le rapport sur les perspectives agricoles pour la période 2015-2024, publié par la FAO et l'OCDE, « le Brésil est prêt pour devenir le plus grand fournisseur » de produits agroalimentaires au monde, devant les États-Unis. Les exportations agricoles et alimentaires brésiliennes s'élevaient à 96 milliards de dollars en 2017, soit 6,5 fois plus qu'en 2000. Le Brésil est ainsi devenu le deuxième exportateur mondial de soja, production destinée en priorité, comme le maïs, à la consommation animale européenne et chinoise. Le pays est par ailleurs en tête des exportateurs mondiaux de volailles et de viande bovine. Cette augmentation des exportations agricoles et sa spécialisation dans un nombre réduit de productions ont toutefois des conséquences majeures : très grande dépendance du pays vis-à-vis des marchés internationaux, domination d'une minorité de puissants entrepreneurs qui exercent de fortes pressions sur les pouvoirs publics, extension des surfaces agricoles aux dépens de la forêt. Ainsi, 80 % des défrichements sont dus à l'élevage bovin extensif, très grand consommateur d'espace et à l'origine de nombreuses inquiétudes sur l'avenir du couvert forestier amazonien et de certains peuples autochtones.

pour les concentrés, fruits pour l'industrie du jus). Ces campagnes participent activement à la multiplication des échanges – par voie aérienne et maritime – de produits frais et transformés, à la diffusion de cultures au-delà de leurs aires de production (haricots verts et roses en Afrique subsaharienne, kiwis et avocats en Égypte...) et contribuent ainsi à la disponibilité tout au long de l'année de **produits standardisés** dans les supermarchés de la planète. Outre les enjeux sociaux et environnementaux auxquels elles doivent faire face, ces campagnes sont aussi le symbole de ce que les chercheurs anglo-saxons désignent par l'expression «*food from nowhere*».

2. Les campagnes des petites paysanneries traditionnelles, menacées de disparition ?

Dans cette catégorie, peuvent être regroupés différents types d'espaces ruraux appartenant à différentes aires géographiques. On y trouve les espaces ruraux enclavés, mal reliés aux grands marchés mondiaux et caractérisés par des modes de production artisanaux, à l'image des campagnes vivrières d'Afrique subsaharienne ou des paysanneries andines. Ce sont aussi les campagnes occidentales autrefois vivantes, caractérisées aujourd'hui par des agricultures devenues non compétitives et offrant peu d'alternatives économiques : celles des petites exploitations des pays du Nord qui n'ont pas les moyens de s'agrandir ou de se moderniser et qui ne trouvent pas de repreneur. Enfin, ce sont les campagnes dont les paysanneries sont en proie à des spirales d'endettement et d'appauvrissement, en raison notamment du désengagement des États ou de leur dépendance économique et financière vis-à-vis de créditeurs, d'entreprises semencières et d'engrais..., à l'instar de certaines campagnes indiennes, où la révolution verte a engendré des processus d'endettement pouvant mener au suicide des paysans, ou encore les campagnes du Nordeste brésilien qui cumulent les difficultés. Ces différents territoires sont ainsi emblématiques d'un processus de marginalisation accéléré depuis les dernières décennies.

3. Les territoires des agricultures familiales, majoritaires à l'échelle mondiale

Derrière le qualificatif «familial», on entend principalement un mode de production et d'organisation reposant sur le travail familial et sur des interrelations fortes entre chaque famille d'agriculteurs et son exploitation. Les agricultures familiales contribuent de façon majeure à la production mondiale, assurant environ 70 à 80 % de celle-ci, et sont également une source directe de revenus et d'emploi pour environ 40 % de la population mondiale. Consacrées par l'«Année internationale de l'agriculture familiale» en 2014 et promues par les politiques publiques au sein de nombreux États, les exploitations agricoles familiales sont, selon la FAO, «l'une des clés de la sécurité alimentaire et du développement rural durable ; la sécurité alimentaire et la préservation de l'environnement dans le monde dépendent des 500 millions d'exploitations agricoles familiales, sur lesquelles repose l'agriculture dans la plupart des pays. Les exploitations agricoles familiales constituent un groupe extrêmement hétérogène». Elles sont en effet omniprésentes à la surface de la planète mais aussi très différentes les unes des autres, désignant à la fois le maraîcher breton à la tête de quelques hectares qu'il exploite avec son conjoint, le producteur de maïs du Middle-West américain qui exploite seul ses terres, en passant par les familles paysannes ouest-africaines productrices de manioc, de cacao ou d'ananas pour les marchés domestiques ou internationaux. Fortement ancrées dans des territoires qu'elles façonnent et aménagent par leurs pratiques, ces agricultures jouent un rôle primordial dans la gestion des ressources naturelles et de la biodiversité, le maintien de la diversité culturelle et le développement local. Alors que les structures agricoles sociétaires se développent dans la plupart des pays du monde, les agricultures familiales sont ainsi confrontées à une concurrence accrue : une concurrence économique, mais aussi une concurrence pour l'accès aux ressources, notamment à l'eau dans les pays où l'irrigation est un enjeu majeur, ce qui pose la question clé du partage équitable des ressources entre producteurs.

C. DES TERRITOIRES PRODUCTIFS CONVOITÉS : L'ACCAPAREMENT DES TERRES EN QUESTION

1. Des terres arables de plus en plus convoitées

Dans un contexte de forte volatilité des prix agricoles, de nombreux États de la planète cherchent à réduire leur dépendance vis-à-vis des marchés internationaux et à assurer la sécurité alimentaire de leur population en produisant plutôt qu'en recourant aux importations. Ces États, mais aussi différents acteurs économiques et financiers (entreprises privées, fonds d'investissement), qui y voient une source de profits majeurs, considèrent alors les terres arables comme de véritables ressources stratégiques à acquérir. Ce processus d'acquisition de terres par des États étrangers ou par de grandes firmes, désigné par l'expression « accaparement des terres » (***land grabbing****), est fortement médiatisé et se situe au cœur de nombreux débats et polémiques, caractérisés par l'engagement des ONG de défense des paysanneries et des ressources environnementales. Il existe toutefois un décalage, mis en évidence par la Banque mondiale, entre l'abondance des articles et des données médiatiques et la mise en œuvre concrète des projets mentionnés. Ainsi, si ce processus est bien à l'œuvre, il faut en nuancer les proportions : sur l'ensemble des projets africains mentionnés par la presse, environ un quart est en cours de planification, une proportion équivalente en est aux débuts de la production et seulement un nombre réduit en pleine production.

2. Acquéreurs de terres et pays hôtes

Parmi les pays acquéreurs de ces ressources foncières, on trouve les pays qui n'ont pas ou plus les surfaces exploitables nécessaires à leur autonomie alimentaire. Il s'agit principalement de la Chine, du Japon, de la Corée du Sud ou encore des pays du Golfe. Ils cherchent alors à investir dans les régions du monde qui disposent des ressources foncières et hydriques abondantes soit de façon directe, notamment par leurs fonds souverains (Émirats arabes unis, Qatar), soit par des entreprises étatiques, soit enfin *via* leurs industriels privés. Le projet d'acquisition de 1,3 million d'hectares de terres arables lancé en 2008 par la firme sud-coréenne Daewoo avait suscité de telles oppositions, en raison du manque de consultation de la société civile, du caractère sacré associé aux terres concernées et des difficultés alimentaires d'une partie de la population malgache, qu'il a débouché sur un renversement du gouvernement.

Les principales réserves foncières se situent aujourd'hui dans le monde tropical : Amérique latine (Brésil, Argentine, Bolivie, Colombie, Pérou), Asie du Sud-Est (Indonésie) et Afrique subsaharienne. Environ la moitié des projets concerne l'Afrique avec, parmi les principaux pays d'accueil, le Cameroun, l'Éthiopie, la République démocratique du Congo, le Ghana, Madagascar, le Soudan, la Tanzanie et la Zambie. Toutefois, les investisseurs se tournent progressivement vers les réserves foncières de nouveaux pays, à l'instar de l'Europe centrale et orientale ou de l'Océanie, voire des pays d'Europe occidentale.

DÉFINITION

Land grabbing : l'« accaparement des terres » décrit l'acquisition par des entreprises d'un pays tiers de vastes superficies en vue d'une production agricole, souvent par un contrat de location de très longue durée.

ZOOM ▶ La Chine, à la conquête des terres agricoles mondiales ?

Au printemps 2016, la presse française médiatise l'achat par un investisseur chinois de terres agricoles dans la Région Centre. Cet investissement s'inscrit dans une stratégie commencée en 2014 par la société chinoise Hong Yang International Investment Company. Celle-ci prend le contrôle, fin 2014, d'une société agricole d'un millier d'hectares détenue par des Irlandais en Indre ; le groupe chinois achète ainsi 98 % des parts de la société, les 2 % restants demeurant aux anciens exploitants. En 2015, c'est une autre exploitation de 550 ha dans le même département qui est acquise sur le même modèle. Plus récemment encore, deux autres exploitations de l'Indre ont été achetées, offrant ainsi au total une unité de production céréalière de 1 750 ha en France. Le même investisseur a aussi acquis une exploitation laitière de 13 000 ha en Mongolie. La Chine est considérée aujourd'hui comme l'un des pays les plus actifs dans le processus d'acquisition foncière à l'échelle mondiale, notamment en Afrique. Aussi, la chercheuse américaine Deborah Brautigam a-t-elle publié un ouvrage intitulé *Will Africa feed China?* en 2015. Elle montre en réalité qu'il existe un décalage majeur entre l'intérêt réel que portent la Chine et ses investisseurs à l'Afrique, qui compte environ 60 % des terres arables encore disponibles de la planète, et la réalité concrète encore limitée des investissements.

3. Des risques d'ordre social, économique et environnemental

Souvent présentés par les investisseurs comme une opportunité de développement économique et de créations d'emplois pour les pays hôtes et leurs populations, ces grands investissements fonciers font cependant l'objet de nombreuses controverses, en raison des impacts sociaux et environnementaux qu'ils peuvent entraîner au sein des territoires d'accueil. En effet, s'ils reposent sur une simple logique de rentabilité financière à court terme et sont mal encadrés par des États défaillants, ces projets peuvent engendrer de multiples risques pour les populations à différentes échelles : spoliation de terres, paupérisation d'une partie de la population rurale, réduction de la sécurité alimentaire du pays, pollution environnementale. Ainsi, le développement d'une agriculture intensive exclusivement tournée vers l'exportation, à l'image des cultures d'**agrocarburants** ou de produits à forte valeur ajoutée non consommés localement ou peu nutritifs (fraises, haricots verts), peut réduire la part des cultures vivrières

ZOOM ▶ Accords de libre-échange et menaces sur les agriculteurs européens

Deux accords de libre-échange sont au cœur des inquiétudes des acteurs français et européens : d'une part, le CETA (*Comprehensive Economic and Trade Agreement*), qui est un accord commercial bilatéral de libre-échange entre l'UE et le Canada, entré en vigueur en 2017 et ratifié en France en 2019 ; et d'autre part, l'accord entre l'UE et le Mercosur, qui regroupe quatre pays d'Amérique du Sud (l'Argentine, le Brésil, le Paraguay et l'Uruguay). Les négociations de ce second accord commercial ont été conclues en juin 2019 à l'échelle de l'UE, mais la France a choisi de s'opposer au projet tel qu'il est envisagé. Ce refus (2020) s'inscrit notamment dans la ligne des propositions de la Convention Citoyenne pour le Climat, qui propose d'« inscrire le respect des engagements de l'Accord de Paris (2015) comme objectifs contraignants des accords commerciaux ».

Plus largement, ces deux traités sont fortement contestés par les agriculteurs français et par diverses ONG, qui dénoncent l'entrée sur le territoire européen et français de denrées alimentaires produites selon des normes socio-environnementales bien moins strictes, voire interdites en France : hormones de croissance, sélection génétique, farines animales... Les producteurs européens déplorent, en outre, le manque de reconnaissance des produits bénéficiant d'indications géographiques protégées et de signes de qualité (AOC, IGP, labels). Ces traités de libre-échange sont, en revanche, plébiscités par les industries agroalimentaires à la recherche de nouveaux marchés ou d'une position commerciale accrue. C'est notamment le cas de Lactalis, géant français des produits laitiers, qui a acquis en 2020 la branche laitière Kraft Heinz au Canada. Face à l'oligopole déjà extrêmement puissant des firmes agroalimentaires – les dix plus grandes firmes de l'alimentaire contrôlent ainsi à elles seules 90 % des échanges commerciaux –, les agriculteurs européens s'inquiètent du renforcement du pouvoir de marché des industriels et de la concentration accrue des chaînes de valeur agroalimentaires.

dans la production locale et, le cas échéant, menacer la sécurité alimentaire des populations concernées. Lorsque les projets s'inscrivent dans des logiques de court terme, visant à un retour rapide sur investissement, les risques environnementaux sont également majeurs : déforestation, surexploitation des ressources en eau, pollution des nappes et des terres par l'utilisation massive d'intrants chimiques...

III. Réseaux et lieux de la commercialisation et de la consommation : les enjeux de l'accès à l'alimentation

A. L'INSERTION CROISSANTE DES AGRICULTURES DU MONDE DANS DES FILIÈRES AGROALIMENTAIRES

1. La notion de filière agroalimentaire

Par l'expression « filière agroalimentaire », on désigne les relations qui lient toutes les activités contribuant à la production, à la transformation et à la commercialisation d'un type d'aliment : il s'agit ainsi de l'ensemble des activités économiques associant la production agricole aux secteurs industriels, commerciaux et financiers situés en amont et en aval. Ces différentes étapes mettent en réseau différents acteurs et différents lieux (parcelle agricole, chambre froide au sein de l'exploitation, usine de transformation, aéroport ou port, zone logistique, supermarché, par exemple) qui peuvent être éloignés les uns des autres et reliés entre eux par des **chaînes logistiques** plus ou moins complexes. Le prix final du produit acheté par le consommateur résulte ainsi des ajouts successifs de valeur ajoutée à chaque étape ; c'est d'ailleurs de plus en plus l'expression « **chaîne de valeurs** » qui est utilisée pour décrire ce processus.

2. Des filières agroalimentaires mondialisées, dominées par les acteurs de l'aval

Les filières agroalimentaires se caractérisent par des relations de pouvoir inégal entre les différents acteurs de la chaîne, avec notamment un rôle considérable des acteurs de l'aval : les grossistes, les industries de transformation et, de façon croissante, de puissantes chaînes de supermarchés, ainsi que des consommateurs dont les habitudes de consommation évoluent. Les producteurs de la planète sont ainsi confrontés à des marchés dont les acteurs, notamment les centrales d'achat des supermarchés [→ VOIR ZOOM CI-DESSOUS], ont le pouvoir d'imposer

ZOOM ▶ Producteurs *vs* centrales d'achat en France

Depuis le printemps 2015, les éleveurs français des filières laitière, bovine et porcine ont manifesté à de nombreuses reprises, notamment en Bretagne, par des actions de blocage des routes et des grandes surfaces alimentaires, afin de protester contre la faiblesse des prix du lait et de la viande et dénoncer les pratiques d'étiquetage des supermarchés. En France, seules quatre grandes centrales d'achat (Intermarché/groupe Casino, Carrefour/Dia, Auchan/Système U et E.Leclerc) détiennent 90 % du marché français de l'alimentation. « Face à eux, les 570 000 agriculteurs, 2 800 coopératives agricoles et 40 000 PME de l'agroalimentaire, atomisés et dispersés, ne font pas le poids », explique Olivier Mevel (cité in E. Massemin, *Reporterre*, article du 3 mars 2016). Pour dénoncer cette situation, des agriculteurs du Modef (Mouvement de défense des exploitants familiaux) organisent chaque mois d'août, à Paris et en banlieue parisienne, des ventes directes de leurs productions afin de sensibiliser les consommateurs au « juste prix ».

La filière de production de frites surgelées en France : le cas de McCain

PRODUCTION des pommes de terre

Bassins de production : Nord-Pas-de-Calais-Picardie, Champagne-Ardenne
Sélection des parcelles et définition du cahier des charges par l'entreprise agroalimentaire
Contrat de la firme McCain avec environ 1 000 agriculteurs français

↓

TRANSPORT et STOCKAGE des matières premières

Transport jusqu'aux 3 usines françaises
de Matougues (Marne), Béthune/Beaumarais et Harnes (Pas-de-Calais)

↓

TRANSFORMATION INDUSTRIELLE

Contrôle qualité, calibrage, lavage et déshabillage des pommes de terre
Préchauffage, découpage, blanchiment, séchage
Congélation et emballage, stockage en chambre froide
Regroupement dans un seul entrepôt à Harnes (Pas-de-Calais)

↓

TRANSPORT et DISTRIBUTION des produits finis congelés

Chaîne logistique depuis Hames jusqu'aux entrepôts des grandes surfaces (180 000 t) et des chaînes de restauration (250 000 t), telles McDonald's (McCain dispose de la moitié du marché européen), Quick (totalité du marché), Burger King et Kentucky Fried Chicken

Source : Géoconfluences.

leurs prix. Les exigences en termes de standardisation des produits, de traçabilité, de respect de normes sociales et environnementales sont par ailleurs particulièrement contraignantes. Ainsi, les productions de fruits et légumes standardisés destinées à l'exportation et à la vente dans les grandes chaînes de distribution doivent disposer des certifications les plus exigeantes, à l'image de *GlobalGAP* – mise en place en 1997 en Europe, cette certification atteste de l'usage de « bonnes pratiques agricoles » au sein des exploitations – ou *Tesco Nurture* – certification indépendante de la chaîne britannique de magasins Tesco, lancée en 1992 et fondée sur un audit annuel de chaque producteur.

B. DE L'AGRICULTEUR AU CONSOMMATEUR

1. Les différents circuits de commercialisation

Un circuit est dit « long » lorsque au moins deux intermédiaires interviennent entre le producteur et le consommateur, avec par exemple la vente par le producteur à un grossiste (coopérative, centrale d'achat, négociant) puis l'achat par le consommateur chez un détaillant. À l'inverse, **un circuit court est un circuit de distribution n'impliquant aucun ou qu'un seul intermédiaire** : il se caractérise donc avant tout par une proximité relationnelle, mais on observe aussi une forte proximité spatiale. En France, un agriculteur sur cinq commercialise une partie de sa production en circuit court, ce qui lui offre une rémunération accrue et une moindre dépendance vis-à-vis de grossistes ou d'autres intermédiaires. Il peut ainsi pratiquer la vente directe : soit à la ferme, via la cueillette par les consommateurs ou l'ouverture d'un magasin à la ferme, soit à l'extérieur de l'exploitation sur les marchés ou au sein de lieux de distribution (cas des **AMAP** – associations pour le maintien d'une agriculture paysanne). Le circuit court recouvre aussi la vente *via* un intermédiaire : un épicier, un restaurant, un opérateur de restauration collective, ce qui est de plus en plus encouragé par les communes dans un souci de développement territorial et de maintien de l'agriculture sur le territoire.

Les circuits courts, fortement plébiscités dans les pays développés, se présentent ainsi comme une alternative alimentaire au système agro-industriel. Cet intérêt pour les circuits courts s'explique par les nouvelles attentes des consommateurs, à la recherche de proximité pour plus de sécurité alimentaire à la suite des crises et scandales sanitaires récents (vache folle, lasagnes à la viande de cheval…). Toutefois, les circuits courts ne peuvent, pour le moment, alimenter l'ensemble de la population en raison d'une inadéquation entre la demande et l'offre. En ce qui concerne la demande de produits alimentaires, la diversité des produits est souvent jugée insuffisante ou rompt trop fortement avec les habitudes alimentaires. En outre, ces productions, caractérisées par des volumes plus faibles, ont des prix supérieurs, que les consommateurs ne sont pas toujours prêts à assumer, d'où un risque d'injustice alimentaire. Plus largement, un territoire densément peuplé, à l'image des plus grandes métropoles, a besoin de diversifier ses sources d'approvisionnement pour assurer la sécurité alimentaire de sa population. Par exemple, l'Île-de-France aurait besoin d'une surface six fois plus vaste de terres que celle actuellement exploitée pour nourrir ses 11 millions d'habitants. La combinaison de ces deux types de circuit – courts et longs – semble donc toujours incontournable.

Des systèmes alternatifs de commercialisation sont par ailleurs de plus en plus nombreux à être expérimentés au sein des pays du Nord, à l'image des supermarchés coopératifs.

ZOOM ▶ Park Slope Food Coop., un supermarché coopératif à New York

Créée en 1973 dans le quartier de Brooklyn, Park Slope Food Coop. est un supermarché coopératif réservé à ses seuls membres – environ 16 000 en 2016 ; leur nombre était monté à 25 000 après la crise financière de 2008. L'achat dans ses rayons est exclusivement destiné aux membres, et ceux-ci s'impliquent dans le fonctionnement du supermarché (à raison de 2 h 45 de travail bénévole toutes les quatre semaines), prennent part aux décisions stratégiques, aux choix des produits ou encore à l'organisation des plannings. Cette coopérative regroupe des New-Yorkais aisés dotés d'une forte conscience éthique et environnementale, mais aussi des personnes aux revenus modestes qui souhaitent bien manger et consommer autrement. Ce supermarché privilégie les produits biologiques mais surtout des fournisseurs locaux. Deux grandes exploitations de l'État de New York alimentent ainsi Park Slope Food Coop. Si ce modèle est unique aux États-Unis, il est progressivement transposé dans d'autres pays, se diffusant notamment en Europe. à l'automne 2016, s'est ouvert à Paris (18e) une coopérative alimentaire participative, La Louve, dont l'objectif est de proposer à ses membres une alimentation de qualité à prix réduits, en donnant la priorité aux circuits courts et aux produits de saison.

2. Sécurité *vs* souveraineté alimentaire : deux conceptions du lien producteurs-consommateurs dans la mondialisation

Beaucoup d'écrits ont été consacrés à ces deux concepts, devenus omniprésents dans les publications relatives à l'agriculture et à l'alimentation dans le monde. Alors que la **sécurité alimentaire** est un concept qui a été défini et approprié par l'Organisation mondiale du commerce (OMC), pour qui l'alimentation des populations mondiales doit s'inscrire dans un réseau d'échanges mondialisés, la **souveraineté alimentaire** est une notion forgée en réaction face aux discours des organisations internationales, en particulier celui de l'OMC, et à la primauté accordée aux marchés globalisés pour l'approvisionnement des populations. D'une part, la sécurité alimentaire est fondée sur l'insertion dans le commerce international et implique une mise en relation de territoires de production et de consommation souvent éloignés. D'autre part, la souveraineté alimentaire a été définie comme « le droit de chaque nation de maintenir et développer sa capacité de produire ses aliments de base dans le respect de la diversité des cultures et des produits », selon la déclaration de la *Via Campesina* lors du Sommet mondial de l'alimentation, à Rome en 1996. La *Via Campesina* (littéralement « voie paysanne ») est un mouvement paysan international qui regroupe environ 150 organisations locales et nationales. Fondée au début des années 1990 et incarnant l'idéologie du *food from somewhere*, son objectif est de défendre les petits et moyens producteurs ainsi que les agricultures locales face à l'agriculture industrielle et à la domination du « tout-marché » dans le secteur agricole et alimentaire.

Pour aller plus loin

Le site de Via Campesina, une ONG altermondialiste
liennathan.fr/7w7za9

CONCLUSION

Si les agricultures du monde ont été capables d'accroître considérablement leurs capacités productives pour répondre aux besoins d'une population en croissance rapide et aux nouvelles demandes (produits transformés ou standardisés), les inégalités entre producteurs et entre acteurs des filières agroalimentaires sont particulièrement criantes, ceci à toutes les échelles des territoires et à toutes les étapes du processus, de la production à la consommation finale. L'alimentation mondiale est plus que jamais d'actualité. Au-delà des débats, ce sont des choix de société qui s'imposent et qu'il s'agit de faire à toutes les échelles territoriales, tant sur la question des OGM, des accaparements de terres, des enjeux de la justice alimentaire et de la sécurité sanitaire, que de la mise en place d'une agriculture agroécologique. Selon Christian Rémésy, directeur de recherche à l'Institut national de la recherche pour l'agriculture, l'alimentation et l'environnement (INRAE), il est nécessaire de développer une autre politique alimentaire, plus cohérente. Dans un contexte où beaucoup d'agriculteurs ont déjà disparu dans les pays développés ou sont en voie de disparition au Sud, où les ressources foncières comme hydriques sont menacées, où les risques pour la santé liés à l'alimentation s'accroissent (tout en étant inégalement répartis selon les catégories socio-économiques), il semble vital de s'engager dans une nouvelle transition alimentaire.

15 LA BIFURCATION DE L'ANTHROPOCÈNE

L'environnement, soit les interactions entre les milieux naturels et les activités humaines, n'a longtemps été perçu que comme une variable de peu d'importance. Selon l'économiste français Jean-Baptiste Say, par exemple, dans son *Traité d'économie politique* (1803), « les richesses naturelles sont inépuisables, car, sans cela, nous ne les obtiendrions pas gratuitement. Ne pouvant être ni multipliées ni épuisées, elles ne sont pas l'objet des sciences économiques ». En Occident, les dégradations locales de l'environnement ont pourtant été perçues avec de plus en plus d'acuité à partir de la révolution industrielle. La croissance démographique, l'extension des processus industriels au reste du monde et les données accumulées par les sciences de la nature (climatologie, glaciologie, biologie...) ont abouti à une prise de conscience élargie que les atteintes à l'environnement s'exerçaient à une échelle globale. Depuis les années 1980, les institutions internationales tentent d'établir des consensus sur les problèmes à traiter et sur les moyens pour y parvenir. Les perturbations du climat constituent la plus spectaculaire manifestation d'un enjeu global mais, à côté de problématiques locales, l'érosion de la biodiversité, la pression accrue sur les systèmes naturels, comme les forêts et les océans, témoignent de la nécessité d'une approche multilatérale des défis environnementaux. Depuis 1992, des Sommets de la Terre, organisés par l'ONU, ont permis de médiatiser l'ensemble des risques et de créer une dynamique forte dans les opinions publiques. À la perspective d'une crise environnementale – réparable, par exemple, par le développement durable – a succédé néanmoins la perception d'un changement bien plus profond : l'**Anthropocène**, une bifurcation (J.-B. Fressoz et Ch. Bonneuil) qu'il n'est plus question de repousser, mais à laquelle il faut s'adapter.

Notions principales

Biosphère : l'ensemble des êtres vivants et de leurs milieux, l'ensemble des écosystèmes.
Développement durable : possibilité théorique de mener de front croissance économique, progrès social et préservation de l'environnement.
Décroissance : mouvement de pensée prônant une baisse contrôlée et volontaire de la consommation.

CHRONOLOGIE

1872 : Création du premier parc naturel, Yellowstone aux États-Unis.
1961 : Création du WWF (*World Wildlife Fund*), rebaptisé en 1986 *World Wide Fund for Nature*.
1967 : Naufrage du pétrolier *Torrey Canyon* au large de la Cornouaille.
1972 : Première conférence internationale sur l'environnement à Stockholm, fondation du PNUE (Programme des Nations unies pour l'environnement).
1972 : Rapport Meadows, *Halte à la croissance ?* (*The Limits to Growth*).
1986 : Le 26 avril, explosion de la centrale nucléaire de Tchernobyl (URSS), la pire catastrophe industrielle de l'histoire pour l'environnement.
1987 : Protocole de Montréal : convention internationale sur la suppression des chlorofluorocarbures (CFC), gaz de synthèse attaquant la couche d'ozone.
1987 : Rapport Brundtland (*Notre avenir à tous*) remis à l'ONU : définition de la notion de développement durable (*sustainable development*).

1988 : Mise en évidence du réchauffement climatique par James Hansen devant le Congrès américain. Création du Groupe d'experts intergouvernemental sur l'évolution du climat (GIEC) par l'Organisation météorologique mondiale (OMM) et le PNUE.
1992 : Premier Sommet de la Terre à Rio.
1997 : Conférence de Kyoto sur le changement climatique, « *Conference Of Parties* » n° 3, ou COP3.
2002 : Sommet de la Terre à Johannesburg. Pour la première fois, des entreprises y participent.
2011 : Le tsunami du 11 mars entraîne l'accident nucléaire de Fukushima, au Japon.
2015 : Accord de Paris, à la suite de la COP21, qui dessine l'action internationale pour lutter contre le changement climatique.
2016 : L'amendement de Kigali au Protocole de Montréal programme la disparition des gaz HFC.
2021 : COP15 de la Convention sur la diversité biologique, à Kunming, en Chine ; COP26 sur le climat à Glasgow, Écosse.

I. Prise de conscience

A. NATURE ET SOCIÉTÉS

1. Une rupture inédite

Quand Buffon relevait, en 1778, que « la face entière de la Terre porte aujourd'hui l'empreinte de la puissance de l'homme », c'était pour s'en réjouir. Là où les Lumières du XVIIIe siècle et le positivisme du XIXe opposaient à la nature, immobile et conservatrice, le progrès, associé à la liberté et à la richesse, **le XXe finissant a dressé le diagnostic des pertes et menaces entraînées par les activités humaines**.

Depuis le **rapport Meadows** sur le prix de la croissance, commandé en 1972 par le **Club de Rome***, la mesure des dangers pesant sur l'environnement a intégré leur dimension globale. Si les opinons publiques occidentales ont été progressivement sensibilisées, durant les Trente Glorieuses, aux atteintes locales à l'environnement, c'est surtout à partir des années 1980 qu'elles ont pris conscience des transformations mondialisées entraînées par les activités humaines. Le *Goddard Institute* de la NASA, c'est-à-dire son centre d'étude du climat, et son dirigeant, **James Hansen**, ont ainsi popularisé l'hypothèse hautement probable du réchauffement climatique. En 2000, le prix Nobel de chimie **Paul Crutzen** proposait d'appeler « **Anthropocène** » l'époque géologique actuelle, le système terrestre étant désormais influencé de façon prépondérante par les activités humaines (« *anthropos* » en grec). Pour la première fois, les phases de la temporalité géologique et celles de l'histoire humaine, jusqu'ici obéissant à des échelles chronologiques différentes, convergent. Cette époque – que l'Union internationale des sciences géologiques, lors de son sommet d'Oslo, en août 2016, recommande de reconnaître – succéderait à l'**Holocène**, commencé il y a environ 12 000 ans avec la fin de la dernière glaciation. Son début est discuté, et les dates proposées sont plus significatives par leurs implications idéologiques que pour leur caractère historique. On peut retenir 1945, première explosion atomique et début de la dissémination

DÉFINITION

Club de Rome : fondé en 1968, il est composé d'hommes politiques, d'experts et d'entrepreneurs, choisis par cooptation. Il entend peser sur les décisions politiques en publiant des rapports, dont le plus célèbre est le rapport Meadows de 1972.

universelle de particules radioactives, ou 1784, avec le perfectionnement de la machine à vapeur par James Watt. On peut remonter même au-delà, par exemple en 1610, quand l'effondrement de l'agriculture américaine, à la suite du choc microbien de la conquête, a entraîné un minimum historique de rejet de CO_2, avant une irrésistible poussée en avant. Le développement du riz il y a 5 000 ans en Asie, sans doute à l'origine d'une augmentation sensible de la concentration de méthane (CH_4), peut aussi être relevé, comme la chasse à grande échelle pratiquée par *Homo sapiens* il y a 50 000 ans, précipitant l'extinction d'une bonne part des grands mammifères de l'ère quaternaire.

Incontestablement, cependant, une « **grande transformation** » s'est mise en place depuis les années 1950 : les tendances socio-économiques dessinées depuis le début du XIXe siècle s'envolent (population, croissance économique, consommation d'énergie, urbanisation, construction de barrages, transports), tandis que les dynamiques du **système terrestre** (gaz à effet de serre, ozone stratosphérique, hausse des températures, acidification des océans, déforestation, érosion de la biodiversité, artificialisation des sols…) croissent de façon parfois exponentielle. On peut n'y voir qu'une corrélation ; on peut aussi, c'est le point de vue dominant des scientifiques, établir des relations de cause à effet. Des cycles naturels (eau, azote, phosphate) sont passés sous l'emprise des activités humaines, notamment depuis le développement de l'agriculture productiviste. Dans les sédiments, des marqueurs artificiels rejetés depuis un siècle et demi (radionucléides, plastiques, pesticides, perturbateurs endocriniens, gaz fluorés) sont autant de traces durables de la nouvelle époque. Par opposition à l'Holocène, marqué par une relative stabilité des gaz atmosphériques et des climats, **ce nouveau cours de l'évolution terrestre est caractérisé par la rapidité et la brutalité des transformations qui le travaillent**.

2. L'impasse de l'anthropocentrisme

L'anthropologue **Philippe Descola** décrit comme un « grand partage » la mise à distance de la nature par la pensée occidentale classique (*Par-delà nature et culture*, 2005). Pour Descartes, la nature n'est plus en effet « qu'une chose étendue, flexible et muable » dont l'homme est « comme maître et possesseur », offerte donc à la réflexion et à l'action humaine. De cette partition découle une position de surplomb qui repose sur l'affirmation d'une différence de nature, et non de degré, entre humain et non-humain, et qui sous-tend durablement le rapport entretenu par les sociétés occidentales à leur environnement.

Ce découplage a servi de socle à toute la pensée productiviste, la réflexion sur la croissance puis celle sur le développement les ont désencastrés de la nature, créant l'illusion d'un progrès économique autoentretenu et illimité, grâce au perfectionnement infini des techniques. L'Anthropocène est un technocène qui a transformé progressivement les milieux de vie (forêts, eaux, sous-sols, terres arables, pâturages…) en ressources, c'est-à-dire en biens marchandisables, annexant aussi l'énergie, les savoir-faire ou les ressources génétiques. L'impérialisme et la colonisation ont étendu cette logique à l'ensemble du globe.

ZOOM ▶ La pensée judéo-chrétienne et la crise écologique

La réflexion cartésienne sur les rapports de l'homme au monde s'inscrit ouvertement dans le droit fil de la Bible, dont le Livre de la Genèse invoque le commandement divin adressé à l'homme au sortir du Jardin d'Éden : « emplissez la terre et soumettez-la ». Mais l'Église a aussi opéré son aggiornamento sur ces questions-là, notamment à l'occasion de l'encyclique *Laudato si'* du pape François en 2015, pour qui la théologie chrétienne appelle à « une relation de réciprocité responsable entre l'être humain et la nature », condamnant « l'exploitation sauvage de la nature ».

Mais ce point de vue a été critiqué au XXe siècle, à travers la redécouverte de la complexité des sociétés animales, tandis que les anthropologues, étudiant d'autres manières d'habiter le monde, dénonçaient l'occidentalocentrisme. Le terme même de « nature » finit par en devenir suspect à certains, comme le climatologue anglais James Lovelock, qui lui substitue, dans les années 1970, celui de « Gaïa » (personnification de la Terre dans la mythologie grecque), une figure reprise par le philosophe Bruno Latour. De façon plus large, les sciences sociales valorisent l'élargissement aux composantes de l'environnement de la notion de **bien commun***, non plus comme ressources ouvertes à tous, mais comme responsabilité partagée. Ce qui remet en cause le principe d'appropriation, mais aussi l'individualisme au cœur de l'occidentalisation du monde. Les conséquences politiques de ces interrogations commencent à se faire jour, notamment avec l'extension du droit au non-humain. En 2017, la Nouvelle-Zélande a ainsi conféré au fleuve Whanganui un statut d'« entité vivante », l'Équateur et la Bolivie ont inscrit les droits de la nature dans leurs Constitutions. Une telle démarche n'évacue pourtant pas toutes les contradictions ; elle peut, à l'inverse, pousser à des hiérarchisations problématiques. Ainsi, selon Evo Morales (2013), alors président de la Bolivie, « le respect des droits de la **Pachamama** [la « Terre mère » dans les cosmogonies précolombiennes] est plus important que le respect des droits humains ».

3. La tentation démiurgique

Le XXe siècle a été riche en projets colossaux de transformation accélérée de l'environnement. Les scientifiques soviétiques ont ainsi rêvé de créer en Sibérie, par le détournement de fleuves, une mer intérieure artificielle qui adoucirait le climat. La puissance atomique a aussi été mobilisée dans l'espoir d'un remodelage de la nature par l'action humaine à grande échelle : les ingénieurs soviétiques réalisèrent 128 explosions nucléaires pour tester différents usages civils de la nouvelle technologie. Pas plus qu'aux États-Unis, aucun ne fut retenu.

Dans la continuité de cet optimisme technologique, des projets de **géo-ingénierie**, souvent issus des universités et des laboratoires californiens, se proposent de déployer des solutions définitives et prométhéennes : la plastification du Grand Nord permettrait de récupérer le méthane dégagé par le réchauffement des sols, des constellations de satellites-miroirs renverraient les rayons du soleil, comme pourrait le faire l'injection d'aérosols dans la haute atmosphère. La tentation du repli est aussi agitée à travers les utopies de colonisation spatiale vantées par Elon Musk, ou les projets de villes flottantes, indépendantes, elles aussi, de tout pouvoir étatique : autant de réflexes **libertariens*** et antidémocratiques nourris aux sources classiques de l'égoïsme social, de l'eugénisme et désormais du **transhumanisme***.

Les solutions en aval correspondent à une approche plus conservatrice, qui rêve de s'affranchir de la nécessité d'un changement de mode de vie. Les industriels du secteur minier entendent promouvoir les techniques de séquestration et de stockage du CO_2, qui sont loin d'être réalisables à grande échelle et à moindre coût. Les programmes de reforestation à l'échelle du monde pour créer des puits de carbone, souvent évoqués, exigent une forte coopération internationale. Ils se heurtent aux exigences de l'agriculture et à la pression

DÉFINITIONS

Biens communs : ressources, pas forcément matérielles, gérées collectivement par les usagers. Ils peuvent être à l'échelle globale (les océans, par exemple), comme locale (un pré communal, par exemple).

Libertariens : aux États-Unis, partisans de la forme la plus poussée du libéralisme, considérant toute intervention de l'État comme une atteinte à la responsabilité individuelle.

Transhumanisme : mouvement intellectuel prônant le dépassement de l'humanité et de ses contraintes par la technique, dans la croyance que celle-ci éliminera le vieillissement et augmentera les capacités humaines.

démographique des zones intertropicales. Si la Chine poursuit ses efforts dans ce domaine avec d'importants moyens, notamment au nord pour contenir le désert de Gobi, les résultats ne sont pas encore probants. Mais c'est surtout le projet africain de **Grande Muraille verte**, lancé en 2005, qui marque le pas. En 2020, 4 millions d'hectares seulement ont été aménagés sur les 100 millions visés à l'horizon 2030, le long d'une ligne de 8 000 kilomètres, du Sénégal à Djibouti. Le financement est loin d'atteindre les 4 milliards de dollars prévus en 2015 dans le cadre de l'Accord de Paris.

B. UN SUJET POLITIQUE

1. Protection et préservationnisme

Les critiques de l'environnementalisme insistent sur ses aspects conservateurs et préservationnistes, hérités de sa naissance occidentale. Les premiers parcs naturels ont été délimités aux marges des territoires exploités économiquement, aux États-Unis comme en Afrique ou en Inde, et souvent en expulsant les communautés indigènes. Les parcs nationaux africains dérivent ainsi des réserves créées par les colons entre 1850 et 1960, au service du fantasme d'une nature originelle, édénique, qu'il faudrait soustraire à la violence et à l'ignorance de ses habitants. Aux États-Unis, c'est le **mythe de la *wilderness***, la nature sauvage et puissante, développé par le philosophe Ralph Waldo Emerson (1803-1882) puis par son disciple Henry David Thoreau (1817-1862), qui préside à la fondation du parc de Yellowstone, en 1872, puis au *Wilderness Act* de 1964, la loi sur la protection de la nature. Dans cette optique, il s'agit de défendre des territoires « où l'humain est un visiteur qui ne fait que passer ». Le géographe Philippe Pelletier rappelle à quel point les premières sociétés de protection de la nature, souvent fondées et dirigées par des aristocrates, étaient imprégnées d'élitisme, voire d'eugénisme.

Les scientifiques s'accordent pourtant sur la nécessité de protéger des aires de plus en plus larges pour ralentir l'érosion de la biodiversité, une protection qui ne doit pas être une mise sous cloche, mais qui, pour être efficace, doit être garantie par les populations habitant ces territoires. La 15e édition de la Conférence des parties (COP) de la Convention des Nations unies sur la diversité biologique, en 2021, propose un objectif de 30 % de la surface du globe protégée, contre 15,3 % des terres et 7,5 % des mers en 2020. Mais les zones préservées jusqu'à présent l'ont souvent été moins pour la biodiversité qu'elles abritent que parce qu'elles étaient peu intéressantes à exploiter. Les biologistes estiment qu'il faudrait pourtant prioriser les zones de forte biodiversité, celles où vivent des espèces menacées, notamment les grands mammifères, ainsi que des espaces indispensables à la régulation des climats (forêts, toundra, espaces humides). Pour être efficaces, les aires protégées doivent aussi être reliées par des corridors permettant la migration des espèces, une des stratégies d'adaptation au réchauffement climatique. C'est ce que valorise l'Union européenne avec le **réseau Natura 2000***, qui s'appuie sur une trame verte.

2. Les années 1970 et 1980 : la croissance contre l'environnement

La perception de l'importance des bouleversements entraînés par les activités humaines n'a pas suivi une trajectoire linéaire. Les Trente Glorieuses n'avaient pas ignoré le problème, et l'environnement est progressivement devenu un enjeu dont se sont emparées les opinions

DÉFINITION

Réseau Natura 2000 : réseau européen de milliers de sites à forte valeur écologique gérés de façon durable (18 % des terres de l'Union européenne).

publiques à l'occasion de catastrophes (pollution au mercure à Minamata au Japon en 1956, naufrage du pétrolier *Torrey Canyon* en 1967). Les pesticides sont mis en cause dans le livre de Rachel Carson *Silent Spring*, paru en 1962 : vendu à plus de deux millions d'exemplaires dans le monde, cet ouvrage entraîne l'interdiction du **DDT*** aux États-Unis et la création de l'**EPA** (Agence de protection de l'environnement) en 1970. Les responsabilités du modèle économique sont questionnées par des cercles de réflexion, à l'instar du Club de Rome, qui commande une analyse à une équipe d'économistes du MIT : publié en 1972, le **rapport Meadows**, *The Limits to Growth*, dénonce le mythe d'une croissance que l'on voudrait infinie, alors qu'elle repose sur l'exploitation de ressources finies. Signe de cette préoccupation, l'ONU s'ouvre à cette dimension évidente de l'ordre mondial, absente pourtant de la charte fondatrice de 1945, et organise à **Stockholm, en 1972, une première conférence sur l'environnement**. La même année voit le lancement du Programme des Nations unies pour l'environnement (**PNUE**) ; s'il n'a pas le statut d'agence, tous les pays de l'ONU lui sont néanmoins associés depuis 2012. À son tour, l'UNESCO organise à Belgrade, en 1975, une conférence pour inciter à valoriser la question de l'environnement dans l'enseignement. Mais la vingtaine d'années suivantes est, à l'inverse, marquée par la marginalisation de cette question. Les politiques libérales imposent la croissance économique comme réponse à la crise des pays développés, les plus dynamiques des pays du Sud reproduisent le modèle productiviste pour s'affirmer sur la scène internationale et sortir de la pauvreté. **La diplomatie environnementale ne retrouve de l'allant qu'avec la sortie de la guerre froide**, une dynamique paradoxalement favorisée par l'accident de la centrale nucléaire de Tchernobyl, en 1986, et la prise de conscience qu'elle suscite dans le monde entier. Dans le même temps, l'accélération de la mondialisation relégitime le multilatéralisme : le rapport Brundtland de 1987 et le Protocole de Montréal la même année précèdent le Sommet de la Terre à Rio en 1992. Une centaine d'États y participent, ainsi que 1 500 ONG, qui établissent la Convention sur la diversité biologique, la Convention-cadre sur les changements climatiques et la Convention des Nations unies contre la désertification. L'**Agenda 21** qui est adopté constitue un cadre pour appliquer les principes du développement durable.

3. Montréal

Sur des problèmes ponctuels, des accords ont été réalisés, si un consensus scientifique se dégageait et que des solutions économiquement acceptables étaient envisageables. Le **traité de Montréal** de 1987 a interdit la production des chlorofluorocarbures (**CFC**), des gaz identifiés comme responsables d'un trou, au-dessus de l'Antarctique, dans la couche d'ozone de la haute atmosphère, une nappe qui protège naturellement la Terre des rayons ultraviolets du soleil. Depuis 1987, ce traité a permis la quasi-disparition de la production de ces gaz, qui n'existent pas à l'état naturel, le recul de leur accumulation dans la stratosphère et le début de comblement du trou. Le mécanisme institutionnel (responsabilités communes et différenciées, souplesse des exigences envers les pays en développement, progressivité des engagements) a ensuite été dupliqué pour la gouvernance du climat, à Kyoto en 1997, puis à Paris en 2015.

La fin de l'utilisation des CFC avait cependant entraîné un contrecoup imprévu : leur remplacement par des gaz encore plus nocifs, les hydrofluorocarbures (**HFC**), dont la production

DÉFINITION

DDT : insecticide organochloré puissamment utilisé, à partir de la Seconde Guerre mondiale, contre les poux et les moustiques, jusqu'à ce que l'on découvre ses effets secondaires dans les années 1960.

a depuis augmenté au rythme de 15 % chaque année. Si leur impact sur la couche d'ozone est bien moindre, leur effet de serre est 15 000 fois plus puissant que le CO_2. À Kigali, le 15 octobre 2016, les 197 États signataires du Protocole de Montréal se sont engagés à une suppression progressive des HFC, après sept ans de négociations. **À la différence de l'Accord de Paris, le Protocole de Montréal est un traité coercitif**, qui prévoit des sanctions en cas de non-respect des engagements. Par l'**amendement de Kigali**, les signataires s'engagent à réduire la production globale de HFC de 85 % en 2047 par rapport à 2016, selon un calendrier différencié : en 2019, les pays développés ont dû baisser de 10 % leur utilisation de gaz HFC avant suppression d'ici à 2050. Un deuxième groupe de pays émergents, dont la Chine, s'engage à geler sa production avant 2024. Le dernier groupe (l'Inde et les pays gros utilisateurs de climatisation) est tenu d'y arriver en 2028.

La suppression des HFC est l'un des instruments les plus immédiatement disponibles pour atteindre les objectifs de la COP21. Le dispositif doit éviter l'émission d'environ 72 milliards de tonnes équivalent CO_2 d'ici à 2050 (l'équivalent des émissions annuelles de l'Allemagne), soit 0,5 °C de réchauffement évité à l'échelle du monde d'ici à 2100. Des alternatives existent, le propane ou les hydrofluoro-oléfines, qui ne sont cependant pas neutres. Par ailleurs, des trafics de HFC ont déjà été démantelés, ce qui laisse entendre que les instruments de contrôle ne sont pas assez efficaces.

C. LES RÉPONSES DES SOCIÉTÉS

1. Économie circulaire, économie d'usage

Pour rompre avec la linéarité de la consommation, la voie de l'**économie circulaire**, prônée depuis 2000 par le Japon, depuis 2012 par l'Allemagne et les Pays-Bas, cherche à valoriser les déchets, à intégrer une exigence écologique à tous les niveaux, de la conception au recyclage. La notion de cycle (« *cradle to cradle* ») remplace celle de durée de vie du produit (« *cradle to grave* »). L'économie circulaire s'appuie sur l'**écoconception**, à savoir la conception de produits ou d'organisation en prévoyant la réutilisation de tout ou partie de leurs composants, l'**écologie industrielle**, l'**économie de fonctionnalité**, qui consiste à vendre un usage plutôt qu'un bien, le **réemploi** du produit en seconde main, la **réparation**, la **réutilisation** à partir des produits démontés et le **recyclage**.

Ce dernier se heurte pourtant à d'évidentes limites. L'accroissement de son usage par l'industrie ne peut que difficilement camoufler les limites d'une croissance reposant sur la valorisation des matières premières. La consommation mondiale de celles-ci s'accroît de plus de 2 % par an au XXIe siècle et le recyclage ne peut au mieux que reporter d'un demi-siècle leur épuisement. Près des trois quarts de l'acier sont déjà recyclés, alors que la croissance de sa consommation s'établit à 3,5 % chaque année depuis un siècle. Les gisements de fer continuent pourtant à être exploités de plus en plus intensément ; le recyclage n'a probablement fait gagner qu'une douzaine d'années avant l'épuisement de la ressource. Même bien organisé, le marché du recyclage, de la collecte à la transformation, est par ailleurs vorace en énergie.

L'idée d'un **commerce équitable** est antérieure à l'actuelle phase de la mondialisation ; elle apparaît dès les années 1940, s'étoffe avec l'ONG britannique Oxfam dans les années 1950 et connaît un important développement, à partir des années 1970, dans le secteur emblématique du café au Mexique, avec la création du label **Max Havelaar** par un prêtre-ouvrier néerlandais, Frans van der Hoff. La mondialisation permet paradoxalement d'élargir à une plus vaste échelle les logiques du commerce équitable (réduction des marges des intermédiaires, refus de la spéculation, encouragement de l'artisanat et de la petite agriculture comme vecteur du développement des pays des Sud). Avec les risques de dérive, de récupération et de détournement. Le commerce équitable donne un primat à la démarche citoyenne sur la consommation, se veut désormais au carrefour du développement durable, de l'économie sociale et solidaire, et de la solidarité internationale. Si son chiffre d'affaires croît plus vite que celui du commerce dans son ensemble (il dépasse le milliard d'euros depuis 2019 en France), il reste partout très minoritaire. Une vingtaine de millions de personnes seulement, à travers 1 500 groupements de producteurs, y participent dans le monde.

L'**économie d'usage**, enfin, autre modèle de rupture bousculant des marchés bien établis, s'appuie sur le potentiel de désintermédiation que permettent Internet et la téléphonie mobile. Le partage de biens par des utilisateurs qui les mutualisent (par exemple, en louant l'usage d'une automobile plutôt qu'en en possédant une) doit permettre une utilisation optimale des biens, et donc une moindre pression sur les ressources nécessaires à les produire. BlaBlaCar, Airbnb, Uber abaissent certes les coûts pour le consommateur, mais sans générer massivement d'emplois. Leurs détracteurs relèvent aussi que, derrière leurs revendications libératrices et libertaires, ils correspondent à un optimum de la dérégulation libérale (s'affranchissant notamment de nombreuses règles de sécurité). Leur extension se fait ainsi au détriment du droit du travail, mais aussi de l'environnement : des études montrent, pour la Californie, que la circulation automobile augmente à proportion du déploiement de Lyft ou Uber (qui mettent en contact, via leurs réseaux, des conducteurs et des passagers). Ils affaiblissent aussi les services publics ; les usagers d'Uber sont en effet moins souvent des conducteurs que des utilisateurs des transports en commun, dont la rentabilité est affectée par la perte de ces usagers.

2. Les limites du développement durable

À partir des années 1980, les institutions mondiales ont cherché à contrer la dégradation de l'environnement par la mise en œuvre de modes de production moins prédateurs. C'est ce cadre que le **rapport Brundtland**, remis à l'ONU en 1987, définissait sous le terme « **développement durable** », reposant sur trois piliers : l'économie, le social et l'environnement. Pour nombre de militants environnementalistes, l'opération ne serait guère différente du *greenwashing* utilisé par les entreprises pour se présenter, abusivement, comme actrices de la défense de l'environnement. Il s'agirait de perfectionner le capitalisme libéral sans remettre en cause son rôle dans les déséquilibres du monde : une visée souvent définie comme **conservationniste**. Le secteur de la pêche met en avant, dans cette logique, le concept central de « **rendement maximal soutenu** », inspiré de la gestion des forêts allemandes à la fin du XVIIIe siècle : une prédation qui n'excède pas la capacité d'un stock de poissons à se renouveler permettrait ainsi une pêche durable. Mais le calcul est toujours sujet à caution, et il ne prend pas en compte, dans une vision linéaire, cloisonnée et réversible de la nature, les aléas et les interactions entre espèces.

L'ONU a tenté de rafraîchir le concept en promouvant celui d'**économie verte**, apparue au sommet de Séoul en 2005 et mise en avant au Sommet de la Terre « Rio+20 » de 2012. Dans un rapport de 2011, le PNUE définit l'économie verte comme devant « entraîner une amélioration du bien-être humain et de l'équité sociale tout en réduisant de manière significative les risques environnementaux et la pénurie de ressources ». Une rupture consensuelle avec une « économie brune », prédatrice et dépendante de ressources fossiles et épuisables. Au risque de placer la sphère marchande en position de commandement de la biosphère, de l'atmosphère et de l'eau, réduits au rôle de fournisseurs de « **services écosystémiques** ». La notion, en vogue depuis une vingtaine d'années, sert de métrique pour mieux gérer les milieux naturels ; elle couvre ainsi le principe de la « **compensation écologique** » qui prône pour chaque aménagement, en échange, une restauration, ou une création, dans un autre lieu, des fonctions écologiques détruites.

L'Union européenne promeut une « économie verte et inclusive », la Banque mondiale préfère parler de « croissance verte et solidaire », tout en reconnaissant que « les modes de croissance suivis actuellement dans le monde ne sont pas viables et sont de surcroît totalement inefficaces ». Changer globalement de système suppose pourtant des accords internationaux sur la définition et l'estimation du coût environnemental ainsi qu'une intégration systématique dans les normes comptables privées et publiques : un processus long, peu adapté aux urgences environnementales.

3. L'enjeu énergétique

Concrètement, l'énergie est logiquement au cœur des transformations attendues, au vu de son importance cruciale dans le changement climatique. La **sobriété énergétique**, élimination du gaspillage et optimisation des comportements, constitue le volet le plus immédiatement mobilisable, avec des marges substantielles de baisse de la consommation dans les pays riches (amélioration de l'isolation des bâtiments, réduction des éclairages publics, responsabilisation des usagers...). Les pays en développement doivent en priorité améliorer leur **intensité énergétique**, en moyenne deux fois plus médiocre que celle des pays riches, pour que le total mondial diminue de 60 % d'ici 2050 (c'est, selon l'AIE, la condition pour ne pas dépasser une hausse de 2 °C de la température moyenne).

L'efficacité énergétique peut être améliorée en densifiant l'habitat, en déployant des réseaux intelligents de distribution de l'énergie (« ***smart grids**** »). Toutes les étapes de la chaîne énergétique doivent être repensées dans cette optique : la production (centrale à cogénération – électricité et chaleur), la transformation (par exemple, méthanisation des déchets afin de produire de l'électricité), le stockage, la distribution, la consommation. Les pouvoirs publics

ZOOM ▶ Le double défi de la transition énergétique

Le terme « transition » a été préféré par les politiques à celui, plus anxiogène, de « crise énergétique ». Un tel programme – remplacer sans heurts une énergie d'origine carbonée par une énergie issue d'une source renouvelable – suppose que cette dernière puisse se substituer intégralement à celle-là en garantissant un maintien de la croissance. Historiquement, en effet, la croissance économique a toujours suivi la hausse de la consommation énergétique. Selon les économistes Gaël Giraud et Zeynep Kahraman, il a fallu une augmentation annuelle de 10 % de la consommation d'énergie par habitant pour générer une hausse d'environ 6 % du PIB entre 1970 et 2010. De même, la croissance des Trente Glorieuses résulterait pour les deux tiers de la mobilisation de nouvelles ressources énergétiques, pour un tiers seulement d'innovation.

L'autre défi que doit relever la transition énergétique, c'est qu'il s'agirait d'une rupture historique sans équivalent : les nouvelles sources d'énergie se sont toujours additionnées aux anciennes, sans jamais les remplacer. Le charbon n'a pas supprimé la combustion du bois, essentiel aujourd'hui dans la consommation domestique africaine, pas plus que le pétrole n'a aboli celle du charbon, dont le pic de consommation n'est toujours pas atteint au début des années 2020. Il s'agirait donc d'une double nouveauté : créer autant, voire plus de richesses avec moins d'énergie, substituer des sources renouvelables à des sources qu'on abandonnerait. Or, si, en 2020, la compétitivité de l'énergie renouvelable a progressé bien davantage que prévu, le PNUE estime que la production de sources carbonées (hydrocarbures et charbon) devrait continuer à progresser de 2 % par an jusqu'en 2030.

DÉFINITION

Smart grids : les réseaux électriques intelligents optimisent la gestion des flux par une interaction permanente entre les usagers et les fournisseurs.

sont les seuls à pouvoir agir à une échelle efficace, en accompagnant les innovations et les meilleures pratiques par des mesures législatives. L'Union européenne a, par exemple, interdit sur son territoire la vente d'ampoules à filament, permettant une transition accélérée vers la généralisation des ampoules à basse consommation (à l'origine bien plus chère, puisque ne bénéficiant pas encore d'économies d'échelle). Mais l'AIE estime que les investissements dans la recherche en matière énergétique (17 milliards de dollars en 2014) sont insuffisants, et les capitaux privés insuffisamment mobilisés pour permettre une **transition énergétique** assez rapide pour être efficace.

4. La décroissance

La thèse de la décroissance, née dans les années 1960 avec la contestation écologique de la société de consommation, a repris de la consistance avec la crise de 2008-2009, et une stagnation de fait, non construite ni souhaitée, dans nombre de pays riches. En France, les réflexions de **Pierre Rabhi**, dans la foulée de celles de **Jacques Ellul**, théoricien chrétien, dès les années 1930, de l'abandon du productivisme (promoteur du slogan « Penser globalement, agir localement »), lui donnent une consistance spirituelle, au-delà du simple constat de l'épuisement inévitable des ressources. Les écrits de **Serge Latouche** définissent les objectifs économiques d'une société décroissante, dans laquelle « on vivrait mieux avec moins », ce qui reste politiquement un slogan difficilement vendable. L'idée de décroissance va plus loin que l'hypothèse du rapport Meadows de 1972, *Limits to Growth* (*Les limites à la croissance*), à l'origine de l'option d'une croissance zéro. Elle repose sur des changements de civilisation, avec l'adoption d'une **sobriété volontaire** et une suspicion, plus ou moins poussée selon les théoriciens, de la technique. Une **décroissance soutenable** supposerait l'adoption de mesures concertées à l'échelle mondiale, ce qui pose à une autre échelle la question politique.

Pour aller plus loin

Le site de Extinction Rebellion, mouvement social écologiste fondé en 2018 au Royaume-Uni
liennathan.fr/5h23zy

II. La grande transformation

A. LES SOLS ET LES EAUX

1. L'épuisement de la pédosphère*

L'accroissement sans précédent de la population au XXe siècle a exigé une **intensification de la pression agricole sur les sols**, épuisant des éléments nutritifs comme l'azote et le phosphore. La rotation des cultures et la fumure animale, les réponses séculaires à cet appauvrissement, ont été remplacées, dans le cadre d'une agriculture productiviste, par des intrants de synthèse et des phosphates importés, qui ont durablement changé la structure des

DÉFINITION

Pédosphère : la fine couche recouvrant la croûte terrestre (la lithosphère), soit le sol. Rarement épaisse de plus d'un mètre, constitué durant des millénaires, elle est faite de particules minérales, de matières organiques et de gaz.

sols, tandis que la généralisation des labourages augmente l'érosion. L'extraction de l'azote atmosphérique pour en extraire de l'azote assimilable comme engrais (procédé Haber-Bosch de 1913) a perturbé en profondeur le cycle de l'azote, les flux anthropiques y sont deux fois plus importants que les flux naturels. Le cycle du phosphore est encore plus fortement marqué : les flux artificiels (extraction du phosphate et usage comme engrais) sont huit fois plus importants que ceux qui ne sont pas provoqués par l'homme.

L'exploitation minière et les rejets industriels ont rejeté sur les sols, depuis le début de la révolution industrielle, des quantités toujours croissantes de métaux lourds (plomb, cadmium, mercure, zinc). Leur très longue persistance (3 000 ans dans le cas du plomb) stérilise à long terme certains sols, et rend dangereuses pour d'autres les productions agricoles. La seconde partie du XXe siècle a connu une multiplication des scandales en Europe, aux États-Unis et au Japon, lorsque l'on commença à mesurer les effets sanitaires de ces négligences industrielles. Le renforcement des législations et la baisse de l'activité industrielle et minière ont stabilisé ces rejets dans les pays développés, mais ils restent croissants dans les pays émergents. L'extraction minière transforme aussi la **lithosphère**, surtout depuis que les mines à ciel ouvert, plus faciles à exploiter, se sont généralisées (lignite en Allemagne, charbon dans le Wyoming, cuivre au Pérou). Les crêtes et les sommets sont arasés, les fonds de vallées comblés par les déblais. Les cratères descendent à plusieurs centaines de mètres de profondeur (1 200 m pour la mine de cuivre de Bingham Canyon, dans l'Utah) et s'étalent sur plusieurs km^2. Les surfaces dégradées par les activités humaines s'étendent sur environ 2 milliards d'hectares, soit un quart de la surface agricole mondiale. Les pratiques plus douces, comme la **permaculture**, qui ne considèrent pas les sols comme des substrats neutres mais prennent en compte leurs dynamiques, restent encore très minoritaires face aux facilités du productivisme : leurs rendements sont plutôt meilleurs, mais comme elles ne s'appuient pas sur des économies d'échelle, leurs coûts sont plus élevés.

2. Les transformations de l'hydrosphère

Les eaux de surface reçoivent l'érosion, elles sont donc aussi le réceptacle de la pollution des sols. Les engrais en excédent comme les pesticides y aboutissent aussi, tout comme ils s'infiltrent dans les eaux souterraines. Les rejets en mer, *via* les fleuves, de ces eaux surchargées en nutriments provoquent la prolifération d'algues qui absorbent une trop grande part de l'oxygène de l'eau pour que survivent les autres espèces. Ces **zones mortes** s'accumulent le long des littoraux, ou dans les mers fermées comme la Baltique, mais sont aussi désormais repérées au large : ces zones pauvres en oxygène se déploieraient sur 4,5 millions de km^2, une superficie équivalente à celle de l'Union européenne.

Les pollutions aquatiques ont constitué une des principales causes de mortalité au XXe siècle, un problème en partie réglé pour les villes des pays développés. Mais en 2017, encore 1,2 million de personnes mourraient en raison de l'insalubrité de l'eau, faute de traitement suffisant.

B. L'AIR

1. L'ère de l'automobile

Le XXe siècle a été façonné par l'automobile, dans une dynamique qui ne s'est pas épuisée au début du suivant : encore 97 millions de véhicules ont été construits en 2017, 1,4 milliard de véhicules circulent tout autour du monde, sur les 3 milliards construits depuis un peu plus d'un siècle. Aux États-Unis, la forme de la ville a été fixée par la généralisation de la voiture, rendant possible un étalement urbain forcément énergivore. Le « tout automobile » s'est imposé comme une évidence, rétrospectivement surprenante quand on songe au prix à payer en termes de tragédies (en France, en 1972, les accidents de la route tuaient 8 000 personnes; l'OMS relève 1,3 million de morts dans le monde en 2017, principale cause de décès chez les 15-29 ans, et 20 à 50 millions de blessés). L'extension des réseaux routiers reste par ailleurs l'une des grandes causes d'artificialisation des sols.

La circulation automobile a remplacé dans la plupart des villes des pays riches la pollution industrielle, elle s'y est additionnée dans celles des pays pauvres. **Les moteurs relâchent des particules fines** (les PM 2,5, d'un diamètre inférieur à 5 microns) qui se fixent dans les alvéoles pulmonaires et migrent dans le sang et les artères. La réaction des oxydes d'azote et les composés organiques donnent de l'ozone, autre polluant redoutable. Pour les pays de l'OCDE, le coût de la mortalité lié à la pollution des transports routiers s'élève à 785 milliards de dollars (2016), un coût désormais plus élevé dans les pays du Sud, où la circulation croît spectaculairement, tandis que les normes (taux de plomb ou de soufre dans les carburants, notamment) restent peu exigeantes. Les années 2020 pourraient cependant constituer un tournant: en 2015, le scandale du **Dieselgate** (Volkswagen avait truqué ses moteurs Diesel pour qu'ils paraissent conformes aux normes) a retourné les opinions publiques et accéléré une transition vers le véhicule électrique (dont le processus de fabrication est par ailleurs très polluant). Nombre de villes commencent à bannir les véhicules à moteur thermique (Oslo en 2025), des pays annoncent l'interdiction de leur vente en 2040 (France), voire dès 2030 (Royaume-Uni).

2. Le piège des villes

L'Inde, malgré un faible taux d'urbanisation (35 %) et une consommation d'énergie par habitant encore basse, s'est installée en tête des pays les plus atteints par la pollution aérienne. Les particules fines (PM 2,5) provoquent chaque année la mort prématurée (avant 65 ans) d'un million de personnes tandis que 84 % des Indiens sont exposés à des niveaux

Répartition des décès liés à la pollution de l'air, par grandes régions du monde

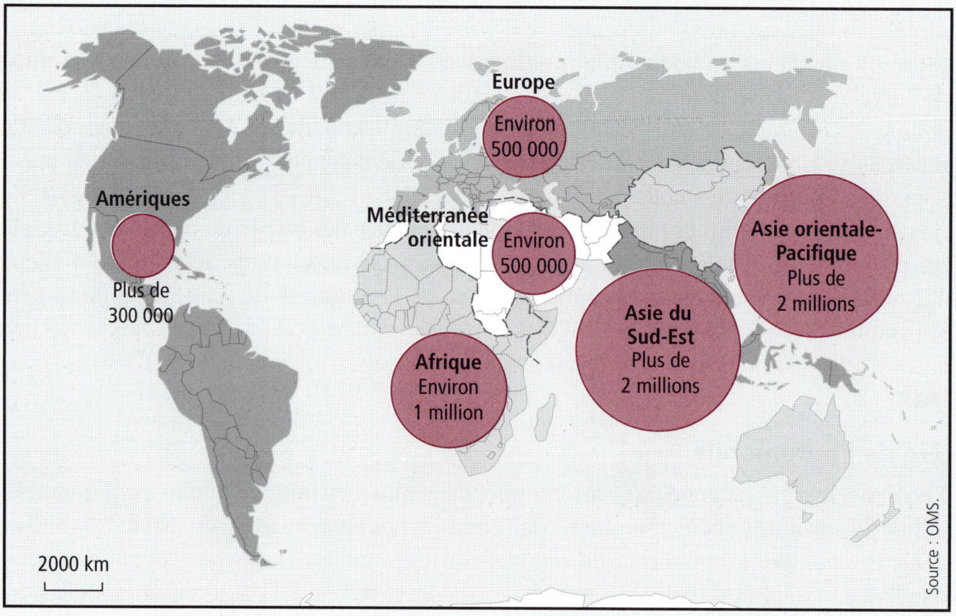

de pollution largement supérieurs aux normes de l'OMS. Les pics de pollution, liés à la circulation automobile, aux usines à charbon, à l'incinération à l'air libre des ordures, aux chantiers, sont à l'origine de ces dépassements (jusqu'à 40 fois les limites fixées par l'OMS le 10 novembre 2020 à Delhi). Le gouvernement Modi ne cesse pourtant d'alléger les contraintes environnementales depuis 2014, notamment dans l'utilisation du charbon, au nom de la compétitivité économique. La Chine a réussi, à l'inverse, à améliorer la qualité de l'air de ses principales métropoles par des mesures fortes, notamment à Pékin et dans la région du Hebei qui l'entoure.

Même les pays développés, malgré le déclin déjà ancien de l'industrie et des normes bien plus exigeantes, payent un lourd tribut aux pollutions aériennes : en Europe, les trois quarts des citadins sont exposés à des niveaux de particules fines qui dépassent les seuils de l'OMS. La mortalité prématurée annuelle monte à 417 000 en 2018 (selon l'Agence européenne pour l'environnement), un chiffre sous-évalué selon l'Institut Max-Planck de chimie, qui l'estime à 800 000, dont 67 000 en France (contre 48 000 morts selon Santé publique France). Une étude de chercheurs de Harvard et d'universités britanniques estimait même, en février 2021, que la pollution aérienne était responsable de 8,7 millions de morts prématurées dans le monde en 2018 (soit un décès sur cinq), et de 100 000 en France.

III. Les ruptures

A. LA SIXIÈME EXTINCTION

1. L'empreinte écologique

Si les écosystèmes ont toujours été modifiés par la proximité humaine, le phénomène prend, depuis la révolution industrielle, une ampleur sans précédent, à un rythme accéléré selon tous les indicateurs mobilisables. Ainsi, la pression exercée par l'humanité sur les écosystèmes pour satisfaire ses besoins correspond chaque année à l'équivalent de la capacité régénératrice de 1,6 Terre, selon le groupe de réflexion *Global Footprint Network*, et l'humanité aurait besoin de 2 planètes en 2030, de 3 après 2050. La pire **empreinte écologique*** par habitant est atteinte par le Qatar (8,9 fois ce que la Terre peut produire), il en faudrait 5 si la Terre vivait au rythme des États-Unis. Avec 2,7 planètes, la France est mal classée, tandis que les pays les plus pauvres, l'Afghanistan, Haïti, l'Érythrée, la Palestine et le Timor oriental, sont affectés de l'empreinte la plus faible (environ 0,3). Si l'indice est contesté, son évolution comme les comparaisons qu'il permet donnent un éclairage médiatique et mobilisateur à la question environnementale.

Si on passe d'une comparaison spatiale à un décompte chronologique, le jour à partir duquel l'humanité vit à crédit intervient de plus en plus tôt dans l'année : *Global Footprint Network* calcule ainsi, selon une méthodologie changeante, la date à partir de laquelle la consommation de ressources renouvelables pour une année est dépassée (la **biocapacité** est rapportée à l'empreinte écologique). Évalué à la fin décembre au début des années 1970, ce jour du dépassement (*Earth Overshoot Day*) était situé le 29 juillet en 2019.

DÉFINITION

Empreinte écologique : indicateur de la pression exercée par les sociétés humaines sur l'environnement.

La biocapacité mondiale

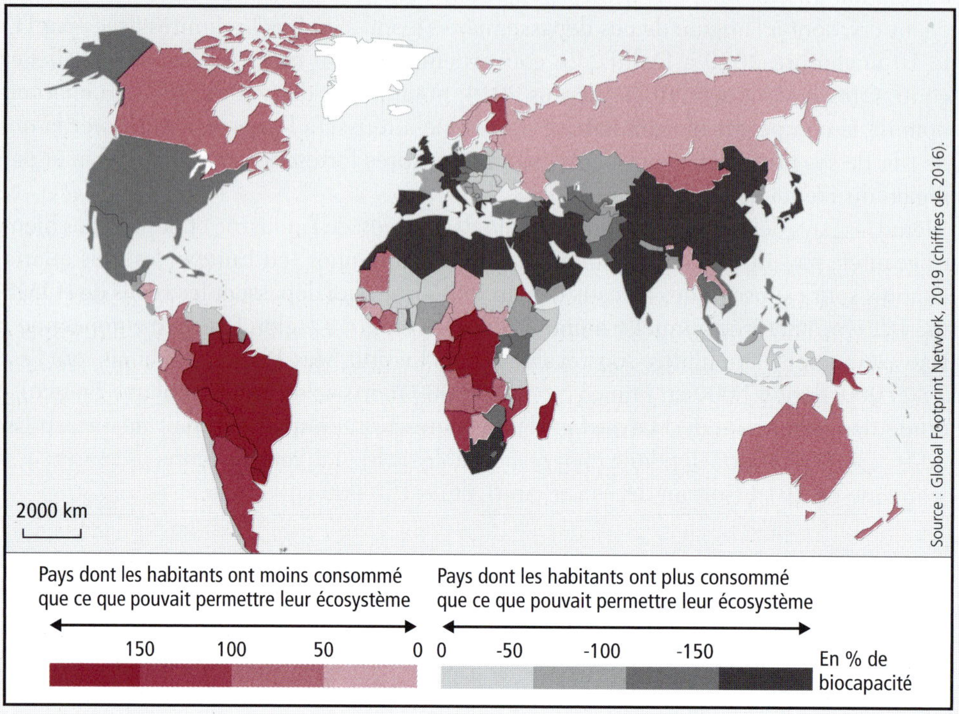

Évolution de la date du « jour du dépassement » de la Terre

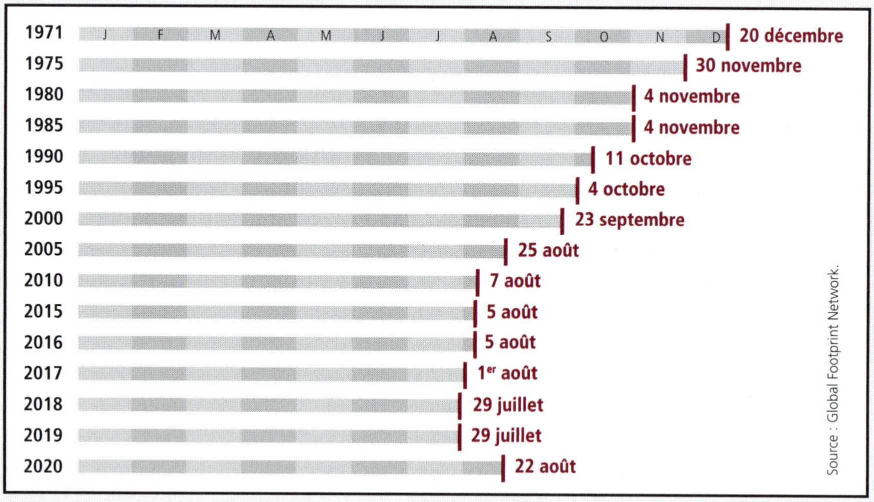

Pour aller plus loin

Le site de Footprintntwork, les promoteurs de l'empreinte écologique

liennathan.fr/5cd52u

2. Les menaces sur la biodiversité

Autre indicateur, l'**indice planète vivante**, élaboré par le WWF, mais repris par le **PNUE**, qui suit 9014 populations appartenant à 2 688 espèces animales. Il enregistre un déclin de 52% des populations d'espèces sauvages de 1970 à 2010, et de 60% dans les pays en développement (83% en Amérique latine). Une espèce sur huit est menacée à terme de disparition (sur peut-être 10 millions d'espèces animales et végétales, dont 80% ne sont pas encore connues). Pour l'**Union internationale pour la conservation de la nature** (UICN), c'est même un quart des espèces qui est sur sa liste rouge, donc menacée de disparition : un quart des mammifères (40% pour les marins), 41% des amphibiens. L'organisation non gouvernementale occupe une place singulière dans le paysage de la lutte pour la protection environnementale puisqu'elle est consultée par les organes de l'ONU. Depuis son congrès fondateur à Fontainebleau en 1948, elle a progressivement constitué un rare espace de dialogue entre des États, des agences gouvernementales, des ONG, des peuples indigènes, et ses recommandations ont abouti à l'adoption d'importantes conventions internationales : celle de **Ramsar** sur les zones humides et la Convention sur le commerce international des espèces de faune et de flore sauvages menacées d'extinction (**Cites**), créée en 1973. À l'instar de l'essentiel des organismes multilatéraux (177 pays en font partie), elle ne dispose pas d'instrument coercitif pour appliquer ses décisions, et doit s'en remettre à la bonne volonté des États membres pour mettre en œuvre des politiques de lutte contre le braconnage.

En élargissant les chiffres collectés par l'**UICN**, certains scientifiques avancent le chiffre de 7% du 1,9 million d'espèces animales et végétales connues qui auraient déjà disparu lors de ces dernières décennies. De quoi parler d'une **sixième extinction des espèces**, la première provoquée par l'homme (la cinquième, il y a 65 millions d'années, avait vu la disparition des dinosaures). Depuis 2012, l'ONU a créé la Plateforme intergouvernementale scientifique et politique sur la biodiversité et les services écosystémiques (**IPBES**), qui fonctionne sur le modèle du GIEC et regroupe 132 pays. Des militants environnementalistes l'accusent cependant de ne pas être toujours imperméable aux pressions industrielles, depuis un rapport contesté sur la pollinisation en 2015.

Les causes de ce recul incontestable de la biodiversité sont multiples et croisées ; elles sont toutes imputables aux activités humaines. Dans une tentative de hiérarchisation, l'IPBES pointe comme premiers responsables les **changements d'affectation des sols**, pour 30% des impacts (déforestation, étalement urbain, extraction minière). Suivent la **surexploitation des ressources naturelles** pour un quart (dont les trafics illégaux, qui dépasseraient 210 milliards de dollars par an), la **pollution** pour 14%, le **changement climatique** pour un pourcentage équivalent, puis les **espèces invasives** pour 11%. Dans tous les cas, les interactions humaines avec la nature sont incriminées.

ZOOM ▶ Les espèces menacées en 2020

La liste rouge des espèces menacées, publiées en décembre 2020 par l'UICN, établit un bilan pour 128918 espèces animales et végétales. 35765 sont classées comme « menacées d'extinction », dont 6811 en « danger critique », 11732 « en danger » et près de 14000 apparaissent comme « vulnérables ». Plus de la moitié des espèces de primates africains et 98% de celles des lémuriens de Madagascar sont menacées, le hamster européen est en danger critique d'extinction. Depuis 1964, l'UICN a enregistré l'extinction de plus d'un millier d'espèces. Des espèces communes disparaissent insensiblement dans les milieux tempérés ; ainsi, la population des chardonnerets a baissé de 40% en France entre 2005 et 2015, à l'instar des oiseaux des champs, dont les effectifs se sont effondrés d'un tiers en quinze ans dans les campagnes françaises.

L'ONU s'est emparée du dossier de la biodiversité, en réunissant les Conférences des parties (COP) de la **Convention sur la diversité biologique** depuis l'adoption de la convention à Rio en 1992. Aucun des vingt ambitieux « objectifs d'Aichi » fixés en 2010 lors de la COP10 de Nagoya n'a pourtant été validé dix ans plus tard : l'agriculture devait être « gérée d'une manière durable », la pollution « ramenée à un niveau n'ayant pas d'effet néfaste sur les fonctions des écosystèmes et la diversité biologique », « l'extinction d'espèces menacées connues évitée ». La prochaine décennie doit s'inscrire dans des objectifs réalistes, autour de l'approche « *One Health* », « Une seule santé », intégrant santés humaine, animale et environnementale.

3. Le rôle de la chimie agricole

Le **recul des abeilles**, « espèce sentinelle », constaté depuis les années 1990, fonctionne en effet comme un avertissement inquiétant. L'apport des abeilles à l'économie mondiale, par la pollinisation, est estimé entre 235 et 577 milliards de dollars chaque année : les trois quarts des cultures alimentaires dépendent de la pollinisation. Mais elle n'échappe pas à la disparition rapide des insectes, dont la biomasse se réduirait de 2,5 % chaque année au niveau mondial. Un tiers des colonies d'abeilles manqueraient en Europe, une situation encore plus inquiétante aux États-Unis.

Les causes du recul des pollinisateurs semblent multiples (réchauffement climatique, espèces invasives, pesticides, transformations de l'usage des sols), mais les nouvelles générations d'insecticides systémiques – comme les **néonicotinoïdes** – sont souvent pointées du doigt par les apiculteurs. Les insectes ne sont pas les seules victimes de ces produits de synthèse qui s'accumulent dans les sols. En 2020, une étude portant sur 180 échantillons de sols autour de Chizé, dans les Deux-Sèvres, a établi la persistance et l'accumulation des néonicotinoïdes, parmi une trentaine de pesticides (insecticides, fongicides ou herbicides), y compris en dehors des parcelles traitées. 80 % des vers de terre, notamment, en concentrent des quantités qui vont jusqu'à 400 fois la dose mesurée dans le nectar du colza.

ZOOM ▶ La logique des marchés débordée par la dégradation des milieux naturels

Dans la perspective optimiste du libéralisme (la « main invisible » d'Adam Smith), la diminution d'un bien se traduit par une augmentation de son coût, un signal-prix. Ce dernier a valeur d'alerte et doit susciter une prise de conscience, débouchant sur la recherche d'alternatives à la ressource, ou sur sa protection lorsqu'elle n'est pas substituable, comme c'est le cas lorsque la ressource coïncide avec l'ensemble des milieux naturels. Dans le cas de la disparition des abeilles, on arrive pourtant à des réponses inverses. Paradoxalement, la forte valeur économique de l'activité des insectes fait de sa raréfaction une opportunité. Des apiculteurs américains en arrivent ainsi à louer les services de leurs essaims à des arboriculteurs (amandiers, pommiers), spéculant alors, à court terme, sur la dégradation des milieux.

B. PAYSAGES

1. Les usages de la terre

L'IPBES estime qu'une poursuite du rythme actuel des activités humaines ne laisserait plus que 10 % des terres épargnées par l'activité humaine d'ici à 2050, contre un quart en 2020. L'intensification de l'exploitation des sols débouche pourtant sur une perte de leur productivité, c'est-à-dire de leur capacité à fournir de la biomasse pour répondre à la demande alimentaire ou énergétique : sur les quinze premières années du siècle, 20 % de la surface terrestre végétale a ainsi expérimenté la loi des rendements régressifs. C'est particulièrement vrai en Asie (27 % des sols), victime de l'épuisement des terres irriguées (Inde), moins en

Europe (14 %), où la dégradation des terres est un peu plus limitée par une moindre pression démographique.

Les besoins toujours croissants de l'alimentation se sont jusqu'à présent traduits par d'importants changements d'affectation des terres, entraînant 80 % de la déforestation, 17 % des émissions de gaz à effet de serre et une part décisive de la perte de biodiversité. **Une transformation du système alimentaire mondial est indispensable pour mettre fin à cette dégradation.** Ce qui passe par une hausse soutenable des rendements (par l'intensification du travail et non par l'usage de toujours plus d'intrants), une baisse du gaspillage et une diminution de moitié de la consommation de protéines animales là où elle est élevée.

2. La déforestation

Par leur extension (un tiers des terres émergées), par leur appropriation par de nombreuses populations (1,6 milliard de personnes en tirent leur subsistance), par leur rôle décisif, enfin, dans la machinerie climatique comme dans la biodiversité, les forêts constituent une des clés du dérèglement environnemental, mais aussi un des leviers les plus immédiatement utiles dans la lutte pour l'enrayer : en Europe, par exemple, les forêts ont absorbé, ces vingt-cinq dernières années, 10 % des émissions de gaz à effet de serre.

La déforestation n'est pas un mouvement général ; la couverture forestière est néanmoins passée de 31,6 % des terres émergées en 1990 à 30,6 % en 2015 (en vingt-cinq ans, c'est à peu près l'équivalent de la superficie de l'Afrique du Sud qui a été perdu). Le recul affecte surtout les forêts tropicales. Le mouvement général a tendance à diminuer, sauf en Afrique : la perte nette de surface boisée était de 12 millions d'hectares chaque année entre 2010-2015, une destruction réduite à une moyenne de 10 millions d'hectares durant la période 2015-2020. La hausse des plantations de production comble en partie les abattages, ce qui participe à une baisse de moitié du rythme de la déforestation. **Les pays du Nord, mais aussi la Chine, reboisent en effet assez abondamment** (mais les forêts plantées n'assurent pas la même efficacité écosystémique que les forêts naturelles), **tandis que le Brésil et l'Indonésie ont connu les plus grandes pertes ces dernières années**. 80 % des reculs sont dus à l'agriculture, essentiellement l'agriculture industrielle (soja au Brésil et dans la région de Gran Chaco entre l'Uruguay et le Paraguay, huile de palme en Afrique occidentale et caoutchouc

■ Évolution de la surface forestière (1990-2016)

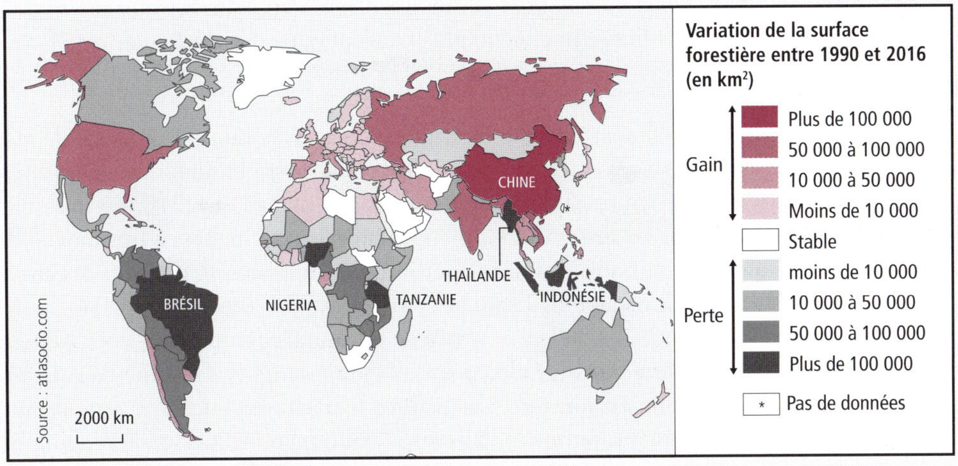

dans le bassin du Mékong). Le trafic de bois tropical, au détriment des forêts primaires, alimente, lui, la corruption et les conflits.

Les initiatives multilatérales se sont multipliées depuis les années 1990, notamment les incitations financières à préserver, au titre de puits de carbone, les forêts : c'est le sens du mécanisme de « réduction des émissions provenant de la déforestation et de la dégradation des forêts » (**REDD**+) mis en place par la Convention-cadre des Nations unies sur les changements climatiques. Les efforts de conservation sont rémunérés à proportion des tonnes de carbone séquestrées, un système peu incitatif tant que le marché du carbone reste déprimé. En 2014, le PNUE chiffrait par ailleurs à 30 milliards de dollars la somme annuelle nécessaire pour assurer la conservation des forêts tropicales, un investissement qui reste à financer par des instruments pérennes. Les acteurs institutionnels sont cependant suspects de privilégier une approche industrielle, négligeant les acteurs de terrain et l'économie informelle, dont la prise en compte pourrait pourtant être bien plus efficace.

Le secteur privé doit prendre en compte les campagnes d'opinion, et les entreprises concernées (papier, agroalimentaire, BTP) multiplient les labels et les certifications, pour le soja, l'huile de palme, l'élevage, le cacao, le caoutchouc ou le papier. La consommation du Nord reste en effet largement responsable de la pression sur les forêts du Sud, malgré le rôle évidemment croissant des villes et pays émergents : l'Europe absorbe près d'un quart du soja, presque autant de l'huile de palme. La traçabilité est donc indispensable pour responsabiliser les acteurs que sont les consommateurs et les distributeurs, mais elle suppose une transparence des entreprises et des normes universelles.

La capacité des pouvoirs publics à gérer la pression sur les forêts est aussi décisive. Haïti n'a jamais été en mesure de protéger efficacement ses écosystèmes, faute d'un appareil d'État efficace. Le déboisement n'a laissé que 4 % du pays aux forêts. De l'autre côté de la frontière, en République dominicaine, la couverture forestière se monte à presque 30 % : lors du passage de l'ouragan Jeanne en 2004, les sols, davantage protégés par les arbres, y ont bien mieux résisté. Tandis que les glissements de terrain et les inondations provoquaient 5 400 morts à Haïti, le bilan n'était que de 18 victimes du côté dominicain.

C. UN MONDE DE DÉCHETS

Les déchets urbains, les plus importants, ne cessent de progresser : leur production par habitant a doublé en dix ans, une dynamique qui devrait se consolider avec un nouveau doublement de 2020 à 2025. Leur traitement est très inégal : ils ne sont collectés qu'à moins de 40 % dans les pays du Sud, mais finissent alors le plus souvent dans des décharges à ciel ouvert.

1. Le plastique

Issu pour l'essentiel des hydrocarbures, le plastique a conquis le monde au XXe siècle, dépassant en 1979, en volume, la production d'acier (le ciment reste le matériau de synthèse le plus produit). Sur les 359 millions de tonnes sorties des usines en 2018, 40 millions ont été rejetés (23 millions sur les terres et 14 millions dans l'eau). Déchets à très longue durée de vie, les plastiques non retraités finissent pour une part importante dans les océans : leur volume y a été multiplié par dix depuis 1980 ; au rythme actuel, il triplera d'ici 2040, pour une masse totale qui correspondrait à 50 kg par mètre de littoral. Décomposé en microparticules, il se retrouve dispersé jusque dans les plus grandes profondeurs et s'insinue dans la chaîne alimentaire. L'Anthropocène est ainsi un plastocène ; le plastique est un marqueur chronologique dans les sols puisqu'il se retrouve dans les couches géologiques contemporaines, en « plastiglomérats » plus ou moins persistants.

Les efforts entrepris en 2020, s'ils étaient appliqués, n'arriveraient qu'à réduire le volume de 7 % d'ici vingt ans, tant les plastiques se sont imposés. Le recyclage est techniquement possible, mais peu rentable, ce qui conduit les pays développés à exporter leurs plastiques collectés (pour la moitié dans le cas de la France) vers l'Afrique et l'Asie essentiellement, dans des conditions peu contrôlées. En 2018, cependant, la Chine, premier marché du recyclage, a cessé ses importations, ce qui a pris au dépourvu de gros exportateurs comme la Californie (la consommation moyenne de plastique par habitant aux États-Unis, 105 kg, est le double de la moyenne mondiale). L'afflux vers les pays de l'Asie du Sud-Est les a poussés à leur tour à être plus exigeants. En 2020, la Turquie avait en revanche récupéré une part importante de ce marché. La limitation de la consommation semble être une des pistes les plus logiques pour sortir de cette crise, ce que l'Union européenne tente de mettre en œuvre avec l'interdiction des plastiques à usage unique. Depuis 2021, l'Union a aussi instauré une taxe de 80 centimes par kilo de plastique non recyclé, afin d'obtenir un recyclage intégral à l'horizon 2030, alors que le taux global ne dépasse pas 9 % en 2020. Mais les filières de recyclage restent à mettre en place, tandis que les entreprises pétrolières, soucieuses de relais de croissance alors que l'usage des carburants devrait diminuer sous l'effet des taxes, font pression pour maintenir la place prépondérante, et peu substituable, du plastique dans les objets du quotidien.

2. Les défis du nucléaire

Le sociologue allemand **Ulrich Beck** estimait, en 1986, après la catastrophe de Tchernobyl, que « nous proposons à l'humanité d'embarquer dans un avion pour lequel aucune piste d'atterrissage n'a encore été construite ». L'ère nucléaire, inaugurée tragiquement à Hiroshima le 6 août 1945, est doublement représentative de l'Anthropocène. Elle représente, d'une part, les risques industriels les plus lourds (Tchernobyl en 1986, Fukushima en 2011) ; elle inscrit, d'autre part, l'action humaine dans une temporalité qui excède celle de l'histoire, puisque les déchets produits par l'industrie de l'atome peuvent avoir une durée de vie de plusieurs centaines de milliers d'années. Parmi l'ensemble des déchets, ceux dits « de haute activité » ne constituent que 0,2 % du volume, mais ils concentrent 95 % de la radioactivité totale.

Production mondiale de plastique, en millions de tonnes par an

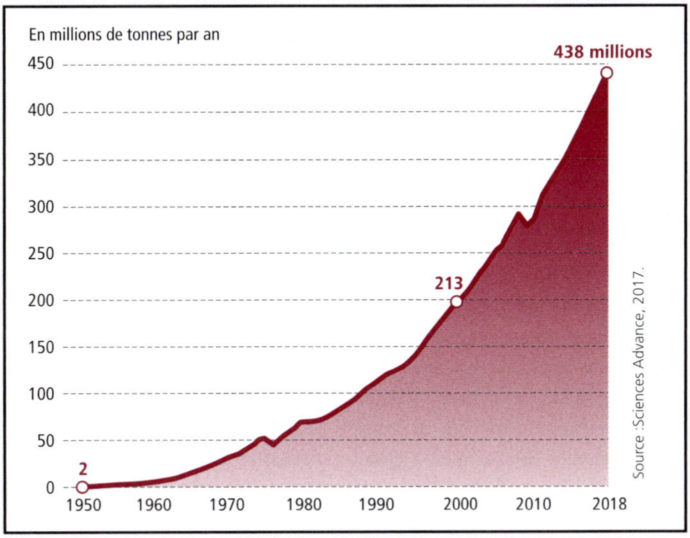

Le nucléaire militaire ne représente qu'une part minime des déchets (9 % en France), mais les essais à l'air libre, que la Chine a poursuivis jusqu'en 1980, ont essaimé des radio-isotopes, comme le césium 137, dans l'ensemble de l'atmosphère. Le nucléaire civil s'inscrit, lui, dans des logiques fortement mondialisées : supervisé par un organisme de l'ONU, l'**Agence internationale de l'énergie atomique**, régi par des traités internationaux, dont le traité de non-prolifération nucléaire de 1968, il fonctionne selon une chaîne qui associe producteurs de matières premières (Niger, Kazakhstan), usines d'enrichissement du minerai (aux États-Unis, par exemple), industriels (Westinghouse, Areva – devenue Orano), électriciens exploitants (TEPCO au Japon) et enfin, retraitement (dans l'usine de La Hague, notamment). D'où une circulation intense et des risques sensibles de dissémination, à mettre en balance avec la vertu climatique de l'énergie nucléaire, qui ne rejette que peu de gaz à effet de serre. La gestion des déchets a longtemps été négligée. Le Royaume-Uni, notamment, jusqu'à la convention de Londres de 1993, privilégiait l'immersion des fûts de résidus radioactifs dans l'océan Atlantique. Les États-Unis ont même étudié, dans les années 1980, la possibilité de les envoyer dans l'espace. Au début du XXIe siècle, la solution retenue est celle d'un stockage souterrain profond, dans des couches géologiques stables, après vitrification des déchets ultimes (ceux qui ne peuvent plus être retraités). Mais les populations des sites retenus n'acceptent que difficilement la perspective de voir leur territoire assigné à un tel dépôt pour des temps indéfinis (les autorités de tutelle réfléchissent à des signalétiques explicites pouvant être comprises dans des dizaines de milliers d'années par de lointains descendants qui ne comprendraient plus nos langues).

3. La persistance chimique

Le XXe siècle a aussi été celui du triomphe de la chimie de synthèse, qui a progressivement envahi les objets du quotidien, des vêtements aux meubles et aux ustensiles de cuisine. Des matériaux perçus comme particulièrement avantageux au moment de leur mise au point se sont ensuite révélés être redoutablement dangereux : le téflon de DuPont, efficace antiadhésif, est produit à l'aide d'un tensioactif cancérogène. Le bisphénol A, utilisé jusqu'en 2015 en France dans les plastiques alimentaires, est un perturbateur endocrinien (qui dérègle le système hormonal). Depuis 2001 et la **Convention de Stockholm sur les polluants organiques persistants**, un cadre mondial de régulation se met progressivement en place (le **règlement REACH** de l'Union européenne a été adopté en 2006).

Les législations pour lutter contre les pollutions de l'industrie chimique ont poussé à des délocalisations massives vers les pays émergents, moins exigeants, notamment en Asie. Par

ZOOM ▶ La puissance des groupes de la chimie

La chimie est particulièrement difficile à réguler du fait de sa tendance à la concentration oligopolistique, qui lui offre une position de force dans le dialogue avec les autorités publiques. Bayer est ainsi devenu le premier acteur dans le domaine des semences et de l'agrochimie en rachetant Monsanto en 2018 pour 63 milliards de dollars. Le groupe de Leverkusen, jusqu'alors identifié positivement à l'invention de l'aspirine, prenait un risque en termes d'image de marque, Monsanto étant, à l'inverse, associé à trois catastrophes environnementales : le DDT, l'agent orange et le glyphosate. L'absorption de l'Américain a entraîné l'Allemand dans une série de contentieux (7 800 procès aux États-Unis) qui l'ont fragilisé en Bourse : deux ans après la fusion, la capitalisation de Bayer était moins importante que le prix déboursé pour acheter son rival.

La fusion des Américains DuPont et Dow, en 2015, a donné naissance à Corteva, l'achat du Suisse Syngenta par le Chinois ChemChina en a fait le deuxième groupe chimique au monde.

les processus industriels qu'elle exige, l'industrie chimique a été à l'origine d'accidents industriels considérables. L'explosion, dans la nuit du 2 au 3 décembre 1984, de l'usine de pesticides de Union Carbide à Bhopal, la capitale du Madhya Pradesh, en Inde, a tué de 3 800 à 25 000 personnes, en blessant de 100 000 à 500 000. L'eau bue par les habitants a été gravement polluée durant une trentaine d'années, tandis que les responsables américains n'ont jamais été juridiquement inquiétés. Les négligences à l'origine de la tragédie résultent d'une quête de réduction des coûts, ce qui inscrit Bhopal au cœur des interprétations de l'Anthropocène comme **capitalocène**.

16 LES DÉFIS DU CHANGEMENT CLIMATIQUE

Au XIXe siècle, le principe de l'**effet de serre**, phénomène naturel indispensable à la vie sur Terre, est progressivement découvert : des gaz, principalement de la vapeur d'eau et du dioxyde de carbone (CO_2), renvoient vers la Terre une partie du rayonnement solaire. **Les activités humaines rajoutent leurs émissions à ce processus naturel**, de plus en plus nettement dès lors que l'entrée dans l'ère industrielle, à partir du XIXe siècle, se traduit par une croissance sans précédent de la population, de l'intensification agricole et de la consommation d'énergie. Cette nouvelle ère historique est décisive, elle fait sortir la planète, par l'activité de l'humanité, d'un « régime d'énergie somatique » (John McNeill), dans lequel l'énergie mobilisable résultait essentiellement de l'accumulation de la force physique humaine et animale. À la place, débute l'ère des combustibles fossiles, charbon puis hydrocarbures, durant laquelle l'énergie a été tirée de réserves souterraines qui résultaient de l'accumulation de millions d'années de photosynthèse.

En 1896, le chimiste suédois Arrhenius établit la loi du **réchauffement climatique**, selon laquelle une progression géométrique de la quantité de CO_2 dans l'atmosphère entraîne une croissance arithmétique de la température. La prise de conscience que le climat était perturbé par les activités humaines a ensuite lentement cheminé au XXe siècle. À partir des années 1970, elle s'exprime dans des termes qui n'ont pas radicalement changé depuis. En 1979, a ainsi eu lieu à Genève, à l'instigation de l'Organisation météorologique mondiale, une première Conférence internationale sur le climat. La même année surtout, la Maison-Blanche demande un éclairage à l'Académie nationale des sciences américaine, un avis publié sous le nom de **rapport Charney**. Son préambule était sans appel : « Nous avons la preuve irréfutable que l'atmosphère se modifie et que nous contribuons à ce changement. Les concentrations atmosphériques de dioxyde de carbone augmentent continûment, ce qui est lié à la combustion des ressources fossiles et à l'utilisation des sols. » Il a fallu pourtant attendre quelques années encore pour que la question climatique s'impose dans le paysage médiatique et dans le débat public. L'audition au Sénat américain, le 23 juin 1988, du directeur du *Goddard Institute for Space Studies*, le laboratoire d'étude du climat de la NASA, **James Hansen**, est souvent retenue comme l'événement déclencheur qui fit basculer le débat des cénacles scientifiques à l'espace public.

Perçue tardivement comme un enjeu crucial, **la question climatique s'inscrit désormais au cœur du champ politique** : elle est mise en avant par la société civile, au moins dans les démocraties occidentales, ce qui impose aux pouvoirs publics de prendre en considération des perspectives de moyen ou long terme, à rebours des intérêts immédiats de l'économie. Le mouvement *Fridays for Future*, lancé en 2018 par la lycéenne suédoise Greta Thunberg, en mobilisant les jeunesses européennes, a ainsi illustré ce déplacement des rapports de force. Même les régimes autoritaires ne peuvent plus ignorer cette demande de leur société : les dirigeants chinois sont aussi sous la pression d'une opinion publique qui associe de plus en plus la détérioration de son environnement à la problématique globale du climat. Les années 2020 sont en conséquence marquées par la recherche de stratégies efficaces de **transition énergétique**, clef de la lutte contre le dérèglement climatique.

Notions principales

Transition énergétique : passage d'une énergie d'origine carbonée à des sources renouvelables et à une meilleure maîtrise de la consommation.
Changement climatique : ensemble des transformations en cours du climat, notamment le réchauffement global, entraîné par les activités humaines.
Droit à polluer : possibilité pour une entreprise d'échanger dans un marché régulé les surplus de gaz à effet de serre produit par ses activités.

CHRONOLOGIE

1824 : Identification de l'effet de serre
1979 : Première Conférence internationale sur le climat
1988 : Mise en évidence du réchauffement climatique par James Hansen devant le Congrès américain. Création du Groupe d'experts intergouvernemental sur l'évolution du climat (GIEC) par l'Organisation météorologique mondiale (OMM) et le Programme des Nations unies pour l'environnement (PNUE)
1992 : Convention-cadre des Nations unies sur les changements climatiques
1997 : Conférence de Kyoto sur le changement climatique, (*Conference of the Parties* n° 3, ou COP3)
2015 : Accord de Paris, à la suite de la **COP21**, qui dessine l'action internationale pour lutter contre le changement climatique.
2017 : Le président D. Trump annonce le retrait des États-Unis de l'Accord de Paris, une décision annulée par son successeur J. Biden en 2021.
2018 : Lancement du mouvement de grève de l'école pour le climat, *Fridays for Future*, par Greta Thunberg

I. Une rupture historique

A. HAUSSE DES TEMPÉRATURES ET ÉMISSION DE GES

1. La dynamique des GES

En dehors de l'eau, les gaz à effet de serre sont constitués pour plus de 70 % de CO_2, pour un quart de méthane et de protoxyde d'azote, de gaz fluorés pour les 5 % restants. Si l'accumulation de ces gaz dans l'atmosphère a crû de façon générale depuis l'entrée dans l'ère industrielle, c'est l'augmentation du CO_2 qui a été la plus spectaculaire depuis deux siècles et demi. Calculée en partie par million (ppm), la présence de CO_2 dans l'atmosphère est restée approximativement stable du début des temps historiques jusqu'à la fin du XIXe siècle, autour de 280 ppm. L'accélération, depuis cette seconde révolution industrielle, de ce que l'on a longtemps décrit comme le progrès technique, lui a fait suivre une **croissance quasiment exponentielle**, jusqu'à dépasser, en 2013, les 400 ppm, un pic jamais atteint depuis 450 000 ans. Pour autant, l'atmosphère ne reçoit qu'une partie du dioxyde de carbone (environ 41 % de ce qui a été émis depuis deux siècles), la végétation et les sols en absorbent un tiers, les océans un quart, constituant ainsi des **puits de carbone** de plus en plus sollicités.

DÉFINITION

AIE : l'Agence internationale de l'énergie a été créée au lendemain du premier choc pétrolier, à la demande des États-Unis. Elle représente depuis le point de vue des pays consommateurs et livre annuellement un rapport sur les perspectives des marchés de l'énergie dans le monde.

■ Émissions annuelles de CO_2 dans le monde depuis 1990, en gigatonnes

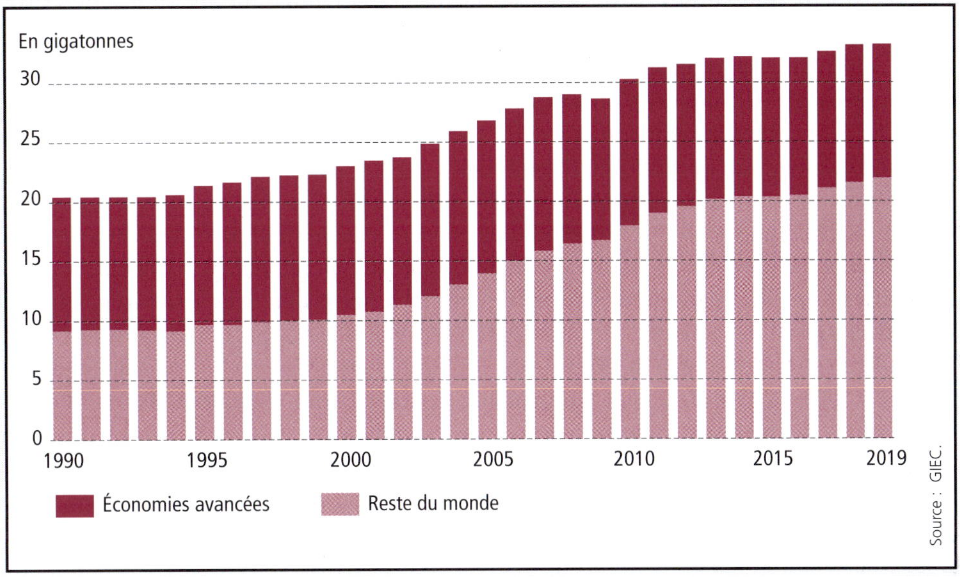

En 2018 encore, les chiffres de l'**AIE*** (Agence internationale de l'énergie) indiquaient une tendance continue à l'augmentation des GES : les émissions de CO_2, trois ans après les accords de Paris, continuaient d'augmenter de 2,1 %. Elles ont néanmoins presque stagné en 2019 (0,6 %), pour la première fois, avant la baisse conjoncturelle de 2020. Mais le bilan pour la phase de la mondialisation contemporaine reste sans équivalent dans l'histoire : **les rejets de CO_2 ont progressé de 62 % entre 1990 et 2019**. La production énergétique est responsable pour un tiers de ces émissions, l'agriculture et la déforestation un quart, l'industrie 18 % et les transports 15 %. Dans le secteur de l'énergie, l'utilisation accrue du charbon, notamment en Chine et en Inde, a annulé les progrès réalisés grâce au développement des énergies renouvelables. Par ailleurs, la déforestation ne faiblit pas, les transports augmentent tandis que les pays-ateliers captent les processus industriels sans s'encombrer, le plus souvent, d'une législation environnementale contraignante.

La croissance des émissions est cependant un peu moins vive que lors de la première décennie du siècle (de 2000 à 2010, les émissions de GES ont augmenté de 2,2 % par an), mais ce progrès relatif et fragile est très loin d'être suffisant pour valider les engagements de la communauté internationale.

ZOOM ▶ Le rôle accru du méthane dans le réchauffement

Après une stabilisation au début du siècle, les émissions de méthane ont progressé de 9 % entre 2006 et 2017, et sa concentration atmosphérique a plus que doublé depuis l'ère préindustrielle. Le méthane est naturellement produit par des zones humides et des bactéries pour 40 % de ses émissions. Il est aussi absorbé dans les sols par d'autres bactéries, et en partie dégradé dans l'atmosphère. Les résidus, en revanche, ont un potentiel de réchauffement 28 fois plus important que le CO^2. Les émissions sont en majorité d'origine **anthropique** (60 %), provoquées par l'élevage, notamment bovin, les fuites lors de l'extraction d'hydrocarbures (particulièrement pour la fracturation hydraulique) et la gestion des déchets.

2. Le réchauffement

Les relevés de températures moyennes à la surface du globe indiquaient, en 2020, que les cinq plus chaudes années jamais enregistrées depuis 1850 étaient les cinq dernières. **La température progresse en moyenne de 0,2 °C tous les dix ans depuis la fin des années 1970.** Elle est d'ores et déjà (d'octobre 2019 à septembre 2020) plus élevée de 1,28 °C qu'avant le déploiement de la civilisation industrielle. Au rythme suivi par les émissions de GES jusqu'en 2018, le seuil des 2 °C supplémentaires par rapport à l'époque préindustrielle pourrait être franchi dès 2030 ; la fin du siècle risque de connaître un réchauffement compris entre 3,7 °C et 4,8 °C : les conséquences échapperaient, dans ce cas, aux modélisations envisageables pour les capacités des ordinateurs des climatologues.

Les villes sont des marqueurs sensibles de la hausse des températures, qui y sont amplifiées par l'urbanisme. En 2020, 350 métropoles connaissent déjà plus de trois mois de chaleur extrême, au-delà de 35 °C. Si l'évolution était linéaire, elles pourraient alors être près de 1 000 en 2050, abritant 1,6 milliard de citadins. L'Inde est particulièrement exposée : alors que les températures moyennes y sont déjà supérieures de 2 à 3 °C à celles du début du XXe siècle, elles sont, en ville, de 5 à 7 °C plus chaudes que dans les campagnes environnantes : la canicule* de l'été 2015 a vu des températures de 48 °C à Nagpur, dans le centre du pays ; en 2019, elles ont même atteint 51 °C à Phalodi, au Rajasthan. En 2020, Bagdad, la capitale irakienne, a battu tous les records enregistrés, avec 51,6 °C. Mais les régions marquées par des climats chauds n'ont pas le monopole de ces températures extrêmes ; Los Angeles a ainsi atteint, en septembre 2020, les 49 °C, quelques semaines après un record sibérien de 38 °C enregistré dans la ville de Verkhoïansk.

Couplées à l'humidité, qui augmente dans certaines régions chaudes, notamment en Asie du Sud, ces fortes chaleurs risquent de rendre invivables, littéralement, des zones aujourd'hui habitées.

Pour aller plus loin
Le site du GIEC
liennathan.fr/2k4pg7

3. Les trajectoires

Le respect des engagements à maintenir une température supportable sur Terre passe, à terme, par la **neutralité carbone**, soit des émissions de CO_2 équivalentes à la capacité naturelle d'absorption des sols, de la végétation et des mers. Un objectif officiellement visé, en 2021, par l'Union européenne, le Royaume-Uni, les États-Unis, le Japon et la Corée du Sud à l'horizon 2050, pour 2060 pour la Chine. Il faudrait cependant que l'ensemble des émissions planétaires baissent de 3,3 % chaque année d'ici 2050 pour espérer atteindre, à la fin du siècle, une hausse moyenne de la température limitée à 2 °C, soit une réduction entre 40 % et 70 % d'ici à 2050, avant de les ramener à un niveau proche de zéro d'ici à la fin du siècle. **Ne pas dépasser 1,5 °C, comme prévu par l'Accord de Paris, exigerait la fin des nouvelles émissions autour de 2050.** Dans le premier cas, les efforts actuels (2021) des signataires de l'accord devraient être multipliés par trois, par cinq pour le second. Ces perspectives sont avancées avec d'autant plus de prudence par les climatologues qu'elles reposent sur une évolution relativement linéaire de la hausse des températures. Le risque

DÉFINITION

Canicule : selon l'Organisation météorologique mondiale, période de plus de cinq jours consécutifs au cours de laquelle la température excède de 5 °C la température moyenne habituelle.

d'atteindre des **seuils de rupture**, au-delà duquel le processus s'emballerait, est pourtant élevé si les températures moyennes dépassaient une hausse de 2 °C. Les probabilités d'une telle évolution devenue incontrôlable par quelque action humaine que ce soit sont ainsi envisagées en cas de modification, même minime, de la température et de la salinité de l'océan Glacial Arctique. La circulation océanique de l'Atlantique nord en serait perturbée, le Gulf Stream notamment, qui joue un rôle majeur dans la modération des températures européennes. Le réchauffement des terres arctiques, en Russie et au Canada, pourrait se traduire par la libération de masses considérables de méthane et de CO_2, résultant de la décomposition de matières organiques piégées depuis de millénaires dans les sols gelés en permanence, parfois sur des centaines de mètres d'épaisseur (le **permafrost** ou **pergélisol**). S'installerait alors une boucle de rétroaction redoutable, le méthane libéré augmentant les températures, ce qui entraînerait toujours plus d'émissions de méthane.

B. INTERDÉPENDANCE ET CONVERGENCE

1. Des responsabilités inégales

L'accumulation des GES dans l'atmosphère est historiquement d'abord due au développement ancien des pays d'Europe occidentale et aux États-Unis. **La croissance sans précédent de la Chine depuis quarante ans lui a en revanche valu de devenir le premier émetteur de CO_2 depuis le début du XXIe siècle**, avec 28 % du total au début des années 2020. Les États-Unis suivent désormais loin derrière, avec 15 %. Leurs émissions baissent, contre toute attente, depuis leur pic de 2007 (de presque un quart en 2020), un mouvement confirmé même sous l'Administration Trump, en raison de la désaffection pour le charbon. L'Union européenne, dont le maximum d'émissions date de 1979, suit avec une part de 10 % du total, l'Inde (7 %), puis la Russie et le Japon complètent le classement.

Si on rapporte les émissions par pays à chaque habitant, les pétromonarchies arrivent largement en tête, victimes de l'abondance pétrolière et de la systématisation de la climatisation. Les États-Unis sont loin devant l'Europe, désormais rattrapée par la Chine.

Principaux émetteurs de gaz à effet de serre, en milliards de tonnes équivalent CO_2 par pays

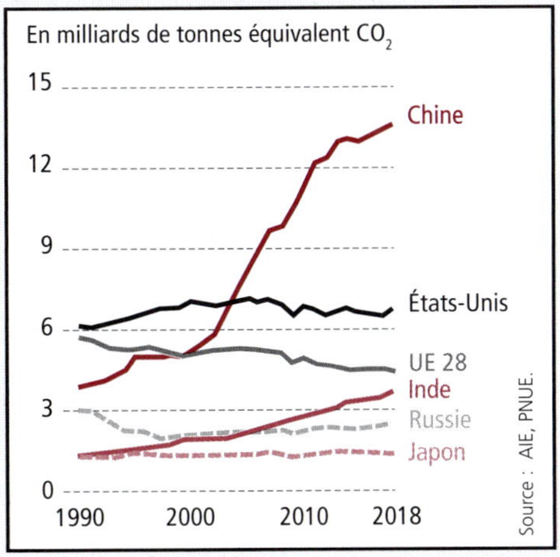

Émissions de GES des principaux pays du monde, en tonnes équivalent CO_2 par habitant

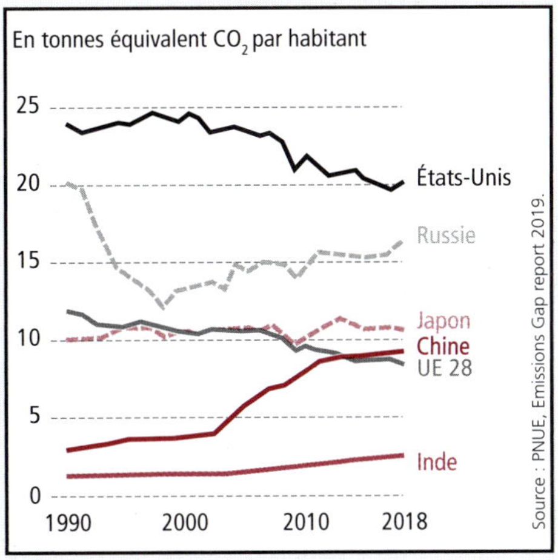

Émissions composant l'empreinte carbone de la France, en tonnes de CO_2 par habitant

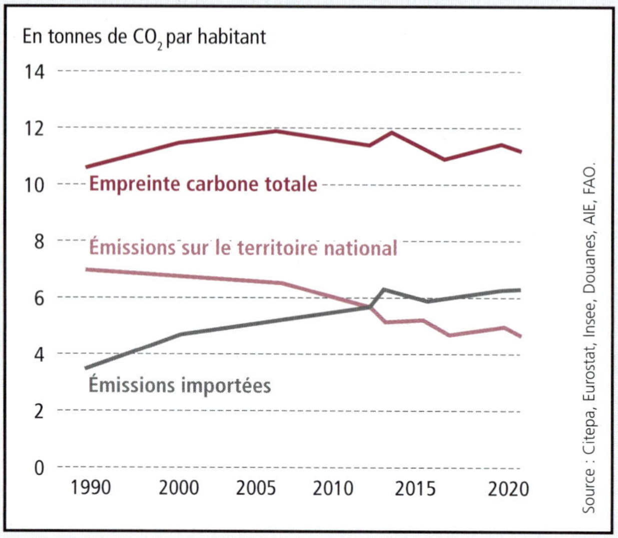

ZOOM ▶ L'Inde face au réchauffement climatique : surexposition et engagements non contraignants

L'équation indienne face aux défis du réchauffement climatique est simple, à défaut d'être aisément soluble. Son retard en équipement lui impose de produire plus d'énergie, alors qu'elle est déficitaire dans ce domaine : 300 millions d'Indiens vivent encore sans électricité, 363 millions sont sous le seuil de pauvreté. Mais elle est aussi l'un des pays les plus exposés aux conséquences des transformations du climat. D'où un engagement récent à développer des ressources renouvelables, et la ratification, en septembre 2016, de l'Accord de Paris.

Les émissions indiennes de GES ont progressé de deux tiers entre 1990 et 2012, atteignant le troisième rang mondial, et sans infléchissement du modèle de croissance, elles devraient presque doubler d'ici à 2030. Refusant toute contrainte, New Delhi s'est néanmoins engagée à réduire d'un tiers par rapport à 2005 l'**intensité carbone*** de son PIB d'ici à 2030.

Alors que la demande indienne devrait représenter un quart de la hausse mondiale de la consommation d'énergie d'ici à 2040, le gouvernement veut multiplier la capacité de production d'énergie renouvelable par quatre et demi par rapport à 2017, pour atteindre, avec le nucléaire, 40 % de sa production d'électricité fournie par du non-fossile en 2030. Le solaire sera particulièrement sollicité, et l'Inde est à l'origine de l'**Alliance solaire internationale**, un partenariat entre 120 pays. Mais même en suivant ce scénario optimiste, le charbon occuperait encore 40 % de la consommation énergétique.

Narendra Modi n'oublie pas de rappeler que les émissions par habitant de son pays sont 10 fois inférieures à celles des États-Unis et 4 fois à celles de la Chine. D'où un appel à « passer d'un discours sur le changement climatique à celui sur la justice climatique », qui justifie, à l'abri de l'argument de la responsabilité historique des pays industriels, une faible prise de responsabilité.

Le pays est pourtant déjà l'une des principales victimes du réchauffement. Les **moussons** sont plus abondantes et courtes, la **fonte des glaciers** himalayens entraîne crues et glissements de terrain, et les **cyclones** sont plus nombreux.

DÉFINITION

Intensité carbone : quantité de CO_2 rejetée par unité de richesse créée, souvent exprimée par point de PIB.

Les progrès récents des pays industrialisés n'en font cependant pas des modèles de vertu écologique : au-delà de l'amélioration de leur **efficacité énergétique**, ils sont en grande partie dus aux transferts industriels vers les pays émergents, qui constituent, d'une certaine façon, une exportation de leur pollution. Dans le cas français, l'**empreinte carbone*** réelle, qui intègre les émissions générées au cours de leur production par les biens que nous importons, est relativement stable. Depuis les années 2010, les émissions ainsi délocalisées, mais dont notre consommation est responsable, sont plus importantes que celles produites sur notre territoire, une situation valable pour l'ensemble des pays riches.

2. Les inégalités en amont et en aval

Au-delà des frontières, les niveaux de vie sont les déterminants les plus profonds pour expliquer la diversité des situations par rapport aux transformations du climat. En amont, **les 10 % les plus riches de la population mondiale émettent la moitié du CO_2, la moitié la plus pauvre des habitants de la planète n'en est responsable que de 7 %**. L'empreinte carbone de chacun des 1 % des plus riches habitants de la planète est 100 fois supérieure à celle de l'un de la moitié la plus pauvre. Sont en cause les différences de consommation, notamment celle des services (numériques, notamment), les transports et l'alimentation.

La vulnérabilité s'accroît par ailleurs inversement aux revenus : 140 millions d'habitants des pays en développement devraient, selon l'ONU, se trouver sans abri d'ici le milieu du siècle du fait du changement climatique. Vingt ans plus tard, en 2070, en supposant qu'il n'y ait pas de déplacement majeur de population, 1,2 milliard d'Indiens, un demi-milliard de Nigérians, 185 millions de Pakistanais ou encore 150 millions d'Indonésiens devraient vivre dans les conditions de température équivalentes à celle du Sahara aujourd'hui. Les plus vulnérables se trouvent aussi être les moins responsables dans la production de GES : l'Afrique, 17 % de la population mondiale en 2020, n'est à l'origine que de 3,5 % des émissions de CO_2. Les pays développés sont aussi exposés, cependant, à de nouvelles menaces entraînées par le réchauffement. Les insectes porteurs de germes pathogènes s'acclimatent à la hausse des températures, et des épidémies cantonnées jusqu'ici à la zone tropicale débordent sur les latitudes tempérées (dengue, chikungunya, Zika). Les barrières d'altitude sont aussi remises en cause. Les hauts plateaux africains, jusqu'ici préservés de la malaria par leurs températures tempérées, le sont de moins en moins : 40 millions d'Éthiopiens qui vivent au-dessus de 1 600 m d'altitude sont ainsi menacés à terme.

II. L'accélération des menaces

A. UNE VULNÉRABILITÉ VARIABLE

1. Les événements extrêmes

Le changement climatique se traduit par un réchauffement généralisé, mais aussi par d'autres symptômes, comme les phénomènes météorologiques extrêmes. Ces quarante dernières années, la fréquence d'apparition des cyclones de forte intensité

DÉFINITION

Empreinte carbone : quantité de carbone ou d'équivalent produite par l'activité d'une personne, d'une entreprise ou d'un État.

a augmenté d'environ 15 %, leur zone de déplacement s'est élargie et leur violence accrue. L'ensemble de ces phénomènes météorologiques a été multiplié par près de dix depuis les années 1960 : on en comptabilisait 30 en 1960, entre 300 et 400 chaque année du XXIe siècle. Les inondations et les glissements de terrain sont les plus fréquents, suivis des tempêtes, des sécheresses et des incendies qui s'ensuivent. Si certains phénomènes, comme les feux en Sibérie l'été, ont toujours été relevés, leur intensité et leur probabilité se sont largement accrues, sur une zone géographique de plus en plus étendue. Les incendies ont aussi ravagé, dans les années 2010, avec une force décuplée et durant des périodes de plus en plus longues, l'Australie, l'Amazonie ou la Californie. L'effet sur le réchauffement global en est doublement catastrophique : la combustion de milliers d'hectares de forêts libère de gigantesques quantités de GES tandis qu'elle supprime des puits de carbone indispensables à la régulation naturelle du climat.

Les phénomènes cycloniques sont plus fréquents et plus violents, ils sévissent aussi à des latitudes de plus en plus élevées, dans l'hémisphère Nord comme dans le Sud : l'élargissement de la bande d'impact, une cinquantaine de kilomètres par décennie, expose désormais des rivages jusqu'à présent protégés. Le phénomène s'inscrit dans une tendance générale à l'« **expansion des tropiques** », selon l'expression des météorologues, un étalement vers les latitudes tempérées des caractéristiques climatiques tropicales. Dans le sud-ouest de l'océan Indien, dont la température augmente plus rapidement qu'ailleurs, les cyclones frappent de plus en plus régulièrement des pays comme le Mozambique et Madagascar.

Le coût réel de cette augmentation est difficile à établir, tant il varie dans le temps (les niveaux de vie augmentant), mais surtout tant il ne peut prendre en compte le prix des vies supprimées (54 000 par an en moyenne ces trente dernières années) ou dévastées : chaque année, selon la Banque mondiale, **les catastrophes naturelles, très majoritairement climatiques, plongent 26 millions de personnes dans l'extrême pauvreté**. Selon les comptes du réassureur Swiss Re, l'ensemble des pertes économiques entraîné par les catastrophes naturelles s'élevait à 155 milliards de dollars en 2018, après 350 milliards en 2017. D'après les calculs de l'ONU, le coût a progressé de 150 % en vingt ans, s'établissant à 2 300 milliards de dollars sur la période 1998-2017. Des sommes qui constituent un plaidoyer en faveur de l'adaptation : on évalue généralement qu'un dollar investi dans la prévention en éviterait quatre ou six de pertes économiques liées aux événements climatiques.

2. La fonte des glaces

Outre le risque de fonte du pergélisol, le réchauffement de l'Arctique risque de libérer de gigantesques quantités d'eau jusqu'à présent maintenues gelées. À la suite de l'« amplification arctique », il se réchauffe deux fois plus vite que le reste du monde : la fonte accrue de la glace et de la neige remplace une couverture blanche très réfléchissante par de la végétation ou de l'océan, plus sombres, qui absorbent davantage les rayons du soleil, enclenchant un cercle vicieux. La fonte de la banquise est scrutée à chaque fin d'été depuis le début des relevés satellitaires en 1979. Par deux fois, en 2012 et en 2020, sa superficie est passée en dessous de 4 millions de kilomètres carrés, alors que la moyenne mesurée à la mi-septembre, entre 1981 et 2010, s'établit à 6,3 millions de kilomètres carrés de surface de mer gelée. Le phénomène n'augmente pas le niveau des océans, puisqu'il s'agit d'une pellicule d'eau de mer gelée, mais il fragilise les écosystèmes, d'autant plus qu'il aiguise les appétits des industries extractives et semble rendre rentables de nouvelles routes maritimes. La débâcle de l'**inlandsis** (calotte glaciaire) du Groenland représente en revanche une vraie menace. Le Groenland a perdu 532 milliards de tonnes de glace en 2019, un délestage qui conduirait à une disparition irrémédiable de l'inlandsis si ce régime de perte de masse persistait.

L'étendue des glaces de l'Antarctique s'est contractée dans des proportions comparables (27 % depuis 1979), menaçant, là aussi, d'accroître spectaculairement la hausse du niveau marin et de modifier les courants marins : le continent austral est recouvert par un inlandsis qui regroupe 90 % des glaces du globe, et sa fonte annuelle a été multipliée par cinq et demi depuis les années 1980 (250 milliards de tonnes de glace contre 40 milliards).

3. Les enjeux agricoles et industriels

Aux échelles locales, les transformations du climat remettent en cause de nombreuses adaptations agricoles. Elles affectent plus durement les pays les plus pauvres, bien en peine de mettre en place un accompagnement financier pour leurs agriculteurs. En Afrique, notamment, les variations pluviométriques vont probablement perturber la croissance, très forte ces dernières années, du maïs, alors qu'il constitue désormais un apport calorique décisif pour le continent. Les rendements devraient décroître de 20 à 40 % en Afrique de l'Ouest, tandis que les terroirs qui se prêtent à sa culture devraient se réduire de 30 à 50 %.

Les infrastructures ferroviaires, autoroutières et même aéroportuaires sont aussi confrontées à des aléas et à des avaries matérielles (déformation des rails, rupture des câbles...). Les centrales nucléaires sont menacées par les fortes chaleurs et les pénuries d'eau, indispensable à leur refroidissement. Les rejets de ces dernières ne doivent ainsi pas dépasser 28 °C en France, une limite désormais régulièrement atteinte lors des canicules. En 2018, sept des 126 réacteurs en opération en Europe ont dû ralentir leur activité en raison des fortes chaleurs.

Les vagues de chaleur entraînent une croissance forte des systèmes de climatisation, des dispositifs qui ont permis la croissance démographique du sud des États-Unis à partir des années 1950. Le refroidissement de l'air, pour des usages commerciaux, d'habitation, ou tertiaires, représente déjà aujourd'hui 20 % de la consommation d'électricité des bâtiments, mais d'après l'AIE, le refroidissement des bâtiments pourrait peser, en 2050, autant que le cumul de la consommation électrique actuelle de la Chine et de l'Inde si l'efficacité énergétique des bâtiments ne progresse pas sensiblement. Au milieu du siècle, les trois quarts de la population habiteront des villes qui nécessiteront, pour beaucoup, une climatisation, renforçant les îlots de chaleur (l'air chaud est expulsé au-dehors), un cercle vicieux à l'échelle locale.

4. La rupture des équilibres océaniques

L'immense volume des eaux océaniques joue un rôle décisif dans la régulation naturelle du climat en absorbant environ un quart des émissions de CO_2. Mais cette activité de puits de carbone est perturbée par le changement climatique : plus les eaux de surface sont chaudes, moins elles absorbent le CO_2. La dissolution du dioxyde de carbone par l'eau de mer modifie par ailleurs le pH des océans en l'acidifiant. Se met ainsi en place une dynamique autoentretenue, l'acidification des océans réduisant leur capacité à atténuer la hausse des températures, qui à son tour aggrave le phénomène.

Les perturbations pour les écosystèmes sont encore compliquées à saisir, mais un symptôme spectaculaire a marqué les opinions publiques : le recul des coraux, dont la calcification est ralentie par l'acidification de l'eau.

Les perturbations océaniques concernent aussi les rivages, menacés par l'expansion du volume des eaux de mer. **L'élévation du niveau des océans résulte de l'entrecroisement de conséquences du réchauffement :** dilatation thermique des océans, fonte des glaces continentales, perte de glace des calottes glaciaires du Groenland et de l'Antarctique, accroissement des retenues d'eau douce (barrages et prélèvements). Si le niveau des mers s'élevait de 50 cm d'ici 2050, des centaines de métropoles littorales où vivent aujourd'hui plus de 800 millions de personnes risqueraient d'être inondées. L'Asie est particulièrement exposée, elle qui doit sa spectaculaire affirmation dans la mondialisation à ses littoraux. Plus des deux tiers des habitants du monde exposés à un risque annuel d'inondations côtières habitent dans huit pays d'Asie (la Chine, pour près de 100 millions de personnes, le Bangladesh, l'Inde, le Vietnam, l'Indonésie, la Thaïlande, les Philippines et le Japon). Au Bangladesh, les deux tiers du territoire ne dépassent pas 5 m au-dessus du niveau de la mer, et 8 millions de Bangladais (sur 169 millions d'habitants en 2020) risquent d'avoir à fuir leurs terres d'ici à 2050, selon la Banque mondiale, tandis que le pays devrait perdre jusqu'à 40 % de sa superficie agricole. En Indonésie, Djakarta a planifié de gigantesques travaux de sécurisation. Une grande muraille de 7 m de haut, s'enfonçant à 16 m sous le niveau de la mer, doit s'étendre sur 32 km et permettre de former 17 îlots artificiels pour reloger une partie des 10 millions d'habitants menacés. Cette menace est loin d'être virtuelle, la hausse du niveau marin moyen a été calculée à 2,5 mm par an au cours de la décennie 1993-2004, un rythme qui a crû de 25 à 30 % dans les dix ans suivants (2004-2015), avec une élévation d'environ 3,3 mm chaque année. Les conséquences sont difficiles à cartographier, car la hausse est différemment absorbée par les littoraux, et elle n'est pas uniforme (elle est ainsi quatre fois plus forte dans le Pacifique sud).

Les prévisions du GIEC*, estimées très prudentes par beaucoup de spécialistes, tablent sur une hausse moyenne de 1 m d'ici la fin du siècle. Un pays comme le Vietnam perdrait, dans ce cas, 10 % de son territoire, notamment dans le delta du Mékong, très densément peuplé. Mais l'Agence américaine d'observation océanique et atmosphérique (NOAA, *National Oceanic and Atmospheric Administration*) envisage plutôt une hausse de 2 mètres.

Les scénarios extrêmes dessinent un monde dans lequel même l'adaptation des littoraux historiques serait illusoire, puisqu'une fonte de l'ensemble des glaces des pôles et des montagnes se traduirait par une élévation de 65 m du niveau des océans, remodelant la géographie du globe de façon radicale.

B. GÉOPOLITIQUE DU CHANGEMENT CLIMATIQUE

1. Les risques de déstabilisation

La hausse des températures et l'aridification, combinée à de fortes densités rurales, provoquent déjà des tensions que ne manquent pas d'exploiter de nombreux groupes terroristes : c'est le cas au Sahel, où les djihadistes jouent des opportunités que leur offre la compétition entre agriculteurs et éleveurs pour une eau de plus en plus difficilement accessible. Dans le bassin du lac Tchad, la baisse des rendements de la pêche, en appauvrissant les populations, favorise de même Boko Haram. L'instabilité résulte de la faible capacité de sociétés déjà affaiblie par des conflits à faire face aux transformations climatiques. Le Parlement européen identifie ainsi, en 2020, trois grandes zones très peu résilientes face au réchauffement : le Sahel d'abord, mais également, au sud du continent, une bande s'éten-

DÉFINITION

GIEC : le Groupe d'experts intergouvernemental sur l'évolution du climat a été créé à la demande du G7, en 1988, pour fournir une synthèse objective sur les questions climatiques. Il a depuis intégré des experts des pays du Sud pour être pleinement représentatif. Il est accusé par les climatosceptiques de catastrophisme, mais des études scientifiques – par exemple, celles sur le rythme de la hausse du niveau des océans – pointent régulièrement sa trop grande prudence et sa quête du consensus.

dant de l'Angola à Madagascar, très exposée elle aussi, comme l'est une troisième bande, du Moyen-Orient jusqu'en Asie du Sud. Au total, plus de 1 milliard de personnes vivent dans les 31 pays de ces trois zones, un ensemble disparate, qui n'évoluera pas de façon similaire, mais qui concentre les risques de déstabilisation.

Si les changements climatiques aggravent incontestablement les conflits d'usage, s'ils précipitent des déplacements de population qui favorisent les violences, les possibilités d'un conflit interétatique sont aussi scrutées par les états-majors (en France, depuis 2016, la question est étudiée par le ministère des Armées), comme par le Conseil de sécurité de l'ONU.

2. Les défis du leadership

Si les premiers modèles permettant de calculer les conséquences du changement climatique ont été élaborés dès les années 1950, à la suite des relevés d'accumulation du CO_2 effectuées par l'observatoire de Mauna Loa à Hawaï, il a fallu attendre 1979 pour que se tienne à Genève une première Conférence mondiale sur le climat. Mais les priorités économiques des années 1980 ont alors marginalisé la question. Marqués par l'obsession néolibérale du primat de la croissance économique, travaillés par le chômage, les pays développés ont négligé la question et perdu une décennie décisive dans la lutte contre le réchauffement, avant la création du **GIEC** (Groupe d'experts intergouvernemental sur l'évolution du climat) en 1988, puis la signature en 1992 de la Convention-cadre des Nations unies sur les changements climatiques. Si celle-ci a débouché sur un premier accord en 1997, celui de Kyoto, les États-Unis qui en étaient à l'origine ont ensuite, sous la direction de George W. Bush, refusé de le ratifier, comme ils ont annoncé se retirer en 2017 de l'Accord de Paris. Ce refus d'assumer le leadership dans un domaine crucial a été vu comme un renoncement des administrations républicaines. Les faibles marges de manœuvre parlementaire des présidents démocrates ont, d'un autre côté, empêché le déploiement des différentes mesures d'un « *Green New Deal* » sous Barack Obama (2008-2016), comme elles risquent de le faire sous Joe Biden.

La Chine, devenue la principale émettrice de gaz à effet de serre, a logiquement saisi l'occasion de s'imposer aussi dans ce domaine de la transition énergétique, vu comme un vecteur de puissance. En 2014, elle passait déjà un accord avec les États-Unis, préalable nécessaire au succès de la réunion de la **COP21** à Paris : dans une émulation réciproque, les deux principaux pollueurs s'engageaient à améliorer leur situation, la Chine se fixant un premier cap, à savoir réduire ses émissions de GES avant 2030. En 2020 surtout, en pleine crise pandémique, elle a pris les devants et annoncé viser la neutralité carbone en 2060. Ses intérêts sont évidents d'un point de vue économique : en 2020, elle est en position hégémonique sur les principaux marchés de la transition énergétique, ses entreprises dominant la production d'éoliennes (presque la moitié), de batteries lithium-ion (plus des deux tiers) et de panneaux solaires (les trois quarts). Si, pour Xi Jinping, « des eaux vertes et des collines verdoyantes donneront des montagnes d'or et d'argent », ces bénéfices économiques sont aussi recyclés politiquement : *Le Quotidien du Peuple*, organe officiel du PCC, présente la Chine comme imprégnée d'un « profond patrimoine culturel d'amour et de protection de la nature, hors de portée des autres cultures ». Le défi est cependant colossal pour Pékin, puisqu'il exige de **décarboner une économie profondément dépendante du charbon** (source de plus de 57 % de l'énergie consommée par le pays en 2020).

Le retour des États-Unis dans les négociations multilatérales à partir de 2021 peut laisser espérer des progrès plus rapides, d'autant plus que les initiatives non étatiques se sont multipliées, à l'image des engagements pris par de nombreuses mégapoles tout autour du monde. La marginalisation des voix climatosceptiques dans le concert des nations rend possible le déploiement d'une double logique vertueuse de coopération internationale et de compétition technologique.

3. L'impact migratoire

La remise en cause d'équilibres séculaires, voire millénaires, se traduit par des mouvements de population qui devraient s'accentuer. Les activités humaines qui ont présidé à la sédentarisation, l'élevage et l'agriculture, ont fixé une grande partie de la population dans une bande climatique relativement étroite, caractérisée par des températures moyennes oscillant autour de 11 °C à 15 °C, les régions tropicales et équatoriales (températures de 20 °C à 25 °C) étant moins intensément peuplées. Ce schéma est resté peu ou prou en place depuis 6000 ans (les dernières grandes glaciations se sont achevées 10000 ans avant le début de notre ère). Une hausse moyenne de la température du globe de 3 °C d'ici 2070 – scénario probable si les émissions de GES continuaient au rythme de ces dernières années – pourrait se traduire, pourtant, par un réchauffement bien plus élevé dans ces régions : pour la moitié de la population, à localisation égale du peuplement, la température augmenterait de plus de 7 °C. Dans les régions tempérées, la moyenne passerait à 20 °C (l'équivalent actuel de l'Afrique du Nord), tandis qu'elle pourrait s'élever à 29 °C dans les régions intertropicales. En 2020, une telle situation ne concerne que moins de 1 % de la surface terrestre (le Sahara, notamment), elle s'appliquerait dans un demi-siècle à presque 20 % de la planète, des territoires qui connaissent aujourd'hui le plus fort accroissement démographique : **sans mouvement migratoire massif, 3,5 milliards de personnes devraient alors vivre dans des conditions radicalement hostiles**. Une hausse plus contenue des températures (2 °C) abaisserait ce chiffre à 1,5 milliard, 1 milliard si la trajectoire respectait les engagements de l'Accord de Paris.

Le HCR (Haut-Commissariat des Nations unies pour les réfugiés) ne reconnaît pas le statut de réfugié climatique, qui participe en réalité pour une part de plus en plus forte à celui de réfugié économique. Mais on estime à **environ 25 millions chaque année les déplacés climatiques**, le plus souvent à l'intérieur du même pays. Pour la Banque mondiale, dans une étude de 2018, le total de ces déplacés climatiques pourrait s'élever à plus de 140 millions de personnes d'ici trente ans faute d'une politique d'adaptation suffisante. Ce rapport de la Banque mondiale reste très prudent sur les incidences politiques de ces mouvements, qui devraient entraîner aussi des franchissements de frontières, les déplacés devenant des migrants.

III. Perspectives et stratégies

A. UN SUJET POLITIQUE

1. Coût du réchauffement, prix de l'action climatique

Le rapport rédigé en 2006, pour le compte du gouvernement britannique, par l'économiste **Nicholas Stern**, ancien gouverneur de la Banque d'Angleterre, proposait une approche économique de l'impact du changement climatique. Évaluant le coût de la non-intervention face au processus, en regard des économies réalisées en cas de lutte contre le réchauffement, il délivrait un verdict sans appel : une prise en compte du réchauffement climatique à hauteur de 1 % du PIB mondial (anticipation, aménagement, réduction des émissions) permettrait de réduire le coût des conséquences. Plus on attend, en revanche, plus le prix de celles-ci (événements climatiques extrêmes, désertification, hausse des océans, réfugiés climatiques) s'alourdira.

Les modèles économiques utilisés pour décrire le coût d'une politique climatique radicale restent cependant incomplets. La transition énergétique coûterait à elle seule approximativement de 1 600 à 3 800 milliards de dollars par an dans le monde au cours de la période 2020-2050 (entre 1 à 3 % du PIB mondial), mais il faudrait défalquer de ce chiffre les gains de croissance qu'engendreraient des dépenses aussi massives (1,1 point de plus, selon le FMI). On peut aussi rapporter ce chiffre à ceux de la finance : c'est moins de 0,3 % des actifs financiers mondiaux, ou presque l'équivalent de l'augmentation du bilan des grandes banques centrales chaque année depuis 2007. Pourtant, encore en 2020, les investissements verts restent inférieurs à ceux qui soutiennent l'industrie carbonée.

Si le rapport gain/perte est sans la moindre ambiguïté, la nécessité de rompre avec un modèle historique de croissance s'est heurtée à deux objections. La première est celle des **climatosceptiques**, largement financés par l'industrie pétrolière et les réseaux conservateurs américains. Pour eux, c'était la thèse soutenue par le président américain G. W. Bush (2000-2008), rien ne prouve la nature **anthropique** du réchauffement climatique. L'autre objection est politique et renvoie à la question de la gouvernance mondiale : quels instruments peuvent être mobilisés pour mettre en œuvre un programme qui ne peut qu'être mondialisé ? L'insuffisance des investissements ressort de cette logique : faute d'une action de tous, celle d'acteurs isolés les pénalise. Par ailleurs, ces investissements, de plus en plus rentables, ne peuvent se faire que dans la durée, et les incertitudes de la finance internationale favorisent largement les investissements à court terme. Un horizon qu'il faut pourtant dépasser pour éviter un **effondrement historique** des sociétés humaines.

2. Kyoto, une première étape

Le **Protocole de Kyoto**, signé en 1997 sur une initiative américaine, portée par le vice-président démocrate Al Gore, a constitué la première application d'une réponse mondialisée à la crise climatique. Sur les 132 signataires, 38 pays développés – les autres en étaient exempts – s'étaient engagés à réduire de 5 % leurs émissions de GES en 2012 par rapport à 1990. La ratification russe, en 2005, a permis l'entrée en vigueur du traité, mais les États-Unis, entre-temps dirigés par les républicains, se sont finalement refusés à le signer. Premier accord d'importance, il ne règle pas le problème auquel il s'attaque, puisqu'à l'heure de son expiration, le 31 décembre 2012, si les signataires avaient globalement tenu leurs engagements, les émergents étaient devenus des contributeurs bien plus importants à l'émission de GES, sans avoir à assumer d'engagements.

L'histoire du Protocole témoigne aussi des évolutions dans la perception de la gouvernance mondiale. Deux approches se sont opposées. L'Europe – surtout l'Allemagne et la Grande-Bretagne – voulait assigner par le haut des objectifs de baisse d'émissions à chaque pays, une approche contraignante, « *top down* ». Pour le Japon ou les États-Unis, chaque État devait faire des propositions de réduction, le rôle de la gouvernance climatique étant alors simplement de les contrôler et de rappeler aux États leurs engagements. **Cette approche « *bottom up* » domine aujourd'hui la diplomatie climatique, elle s'est imposée à l'Accord de Paris de décembre 2015.** À rebours des taxes proposées par les Européens, les États-Unis ont aussi imposé des mécanismes flexibles, fondés sur le marché : achat ou vente des permis d'émission, possibilité donnée aux pays développés de réduire leur facture de CO_2 en investissant dans les pays du Sud, pour y développer des « projets de développement propre ».

3. L'Accord de Paris, insuffisant et ambitieux

Après l'échec de la Conférence de Copenhague qui devait donner, en 2009, un successeur au Protocole de Kyoto, **la Conférence de Paris, en décembre 2015, a scellé le premier accord intégral sur le climat**. Entré en vigueur en 2020, avec une révision prévue tous les cinq ans, celui-ci fixe comme objectif de limiter la hausse moyenne de la température mondiale « nettement en dessous de 2 °C », en visant 1,5 °C. Chaque pays choisit les moyens pour y arriver, l'accord est non contraignant, mais il repose sur l'idée, optimiste, d'une émulation sous la pression des opinions publiques.

L'UE, qui s'est toujours voulue exemplaire, est apparue moins volontariste, empêtrée dans sa dépendance énergétique, notamment au charbon pour l'Allemagne et la Pologne. Les États-Unis et la Chine étaient en revanche entrés, depuis 2014, dans une coopération concrète, notamment dans les domaines de l'efficacité énergétique et de la réduction des émissions des véhicules. Confrontés à la multiplication des événements climatiques extrêmes pour le premier et aux coûts sanitaires pour le second, les deux plus gros pollueurs de la négociation semblaient évoluer vers une acceptation de leurs responsabilités, avant le désengagement de Donald Trump en 2017. Incontestable succès diplomatique, l'accord est aussi un compromis dont les limites sont vite apparues. Les engagements pris en 2015 mettent la planète sur une trajectoire de réchauffement de 3,2 °C d'ici à la fin du siècle, bien plus que le maximum de 2 °C, ou 1,5 °C, prévu par l'accord. Ne pas dépasser 2 °C de réchauffement implique, en 2020, un triplement des efforts, rester en dessous de 1,5 °C une multiplication par cinq. Ce demi-degré de différence entraînerait des impacts forts en matière de multiplication des événements climatiques extrêmes, d'élévation du niveau de la mer ou de baisse des rendements agricoles.

Une des clefs du succès de l'accord résidera dans la capacité des pays riches et émergents à accompagner les pays les plus pauvres dans la voie du développement. Le **Fonds vert pour le climat**, avec ses 10 milliards de dollars prévus, a été imaginé par l'ONU comme un instrument d'accélération de l'aide vers les pays les moins développés. Le transfert annuel de 100 milliards de dollars des pays riches vers les pays pauvres à partir de 2020, annoncé à Copenhague en 2009, ne s'élevait qu'à 79 milliards en 2018, selon l'OCDE (pour les trois quarts sous forme de prêts) ; en revanche, il n'y aurait, selon l'ONG britannique Oxfam, qu'une vingtaine de milliards d'aide réelle cette même année. La plus grande partie de ces fonds vise par ailleurs à réduire les émissions de ces États, pourtant faibles, alors que la priorité devrait aller à leur adaptation. Aux deux tiers, enfin, les financements restent publics, les investissements privés étant pourtant indispensables pour initier une dynamique forte.

ZOOM ▶ Le Fonds vert pour le climat

Siégeant en Corée du Sud, le Fonds vert pour le climat est constitué à 80 % de dons des États ou d'organismes privés. Il est destiné à financer la **lutte** contre le changement climatique et l'**adaptation** des sociétés, notamment les plus pauvres, là où aucun retour sur investissement n'est attendu. Son conseil d'administration (27 membres) prend ses décisions à la majorité qualifiée. La France assurera sa contribution grâce aux revenus tirés de la taxe sur les transactions financières. Les États-Unis s'en sont retirés sous D. Trump, après avoir versé un milliard de dollars sur les trois prévus. Fin 2019, il a levé près de 10 milliards de dollars (la moitié venant de la France, de l'Allemagne et du Royaume-Uni) pour les quatre années à venir. En cinq ans d'activité (2014-2019), il a cependant permis de réunir 14 milliards de dollars d'investissement.

B. COMPORTEMENT, INTERDICTIONS, TAXES ET MARCHÉS

1. L'enjeu énergétique

Charbon et hydrocarbures sont à l'origine de 85 % des émissions humaines de CO_2, soit plus des deux tiers du total des rejets de gaz à effet de serre. Lutter contre le dérèglement climatique exige en conséquence de sortir le plus rapidement possible d'une économie carbonée.

La **sobriété énergétique** joue sur les comportements, et passe par l'élimination du gaspillage. L'amélioration de l'isolation, la réduction de l'éclairage urbain, l'information sur la consommation des appareils en veille font partie des pistes mises en avant par les pouvoirs publics, avec des marges importantes de réduction de la consommation dans les pays riches.

Les pays en développement devraient, eux, abaisser leur **intensité énergétique***, pour que le total mondial diminue de 60 % d'ici 2050 (c'est, selon l'AIE, la condition pour ne pas dépasser une hausse de 2° C de la température moyenne).

La densification de l'habitat, la mise en place de réseaux intelligents de distribution de l'énergie (***smart grids***) sont des éléments essentiels de l'amélioration de l'**efficacité énergétique***. Celle-ci repose sur des améliorations techniques à tous les niveaux de la chaîne énergétique : production (centrale à cogénération – électricité et chaleur), transformation (par exemple, méthanisation des déchets afin de produire de l'électricité), distribution, consommation. L'interdiction européenne de vente d'ampoules à filament, à partir du moment où d'autres types, moins énergivores, étaient disponibles, illustre l'indispensable rôle des pouvoirs publics dans ce domaine, mais aussi la nécessité d'opérer à une échelle plus large. Selon l'AIE, les efforts de R&D en matière énergétique (17 milliards de dollars en 2014) sont largement insuffisants, et les capitaux privés doivent être davantage sollicités.

Le développement des techniques de séquestration et de stockage du CO_2, qui n'est pas encore au point, ainsi que des programmes de reforestation massive pour créer des puits de carbone sont d'autres pistes, exigeant la même coopération internationale pour être efficaces.

Enfin, des accords internationaux sur l'estimation du coût environnemental sont nécessaires. Une fois ces procédures de quantification établies, elles doivent être intégrées dans les normes comptables internationales, privées et publiques.

2. Taxes carbone et droits à polluer

Pour sortir de la croissance carbonée, une nécessité, deux stratégies s'imposent : la **taxe pigouvienne***, intégrant le coût des **externalités négatives*** aux prix, ou la **fixation d'un prix à la pollution, échangeable sur un marché dédié**. L'idée d'intégrer la pollution au marché intègre à la logique libérale la question de la limitation des ressources et de leur destruction définitive, absente de l'hypothèse de la « main invisible » d'Adam Smith, et envisagée uniquement de façon conservatrice par Malthus.

La préférence pour un système d'échange des droits à polluer plutôt que pour une taxation s'est imposée dès le Protocole de Kyoto. Les 38 pays développés signataires d'un engagement se voyaient attribuer un certain quota d'émissions de GES, dont les unités pouvaient être

DÉFINITIONS

Intensité énergétique : quantité d'énergie nécessaire pour créer de la richesse, exprimée par exemple en tonnes équivalent pétrole (tep) par point de PIB. On parle d'**efficacité énergétique** pour qualifier le ratio inverse, c'est-à-dire la richesse créée par unité d'énergie consommée.

Taxe pigouvienne : le Britannique Arthur Cecil Pigou est le premier économiste à relever que l'économie dissimule des coûts cachés, notamment la pollution, qu'il faudrait intégrer aux prix, par le biais d'une taxe.

Externalités négatives : coûts pour la collectivité et l'environnement qui ne sont pas pris en compte dans le prix. La pollution générée par les processus industriels en constitue l'exemple type.

vendues ou achetées. Par ailleurs, un mécanisme de développement propre (**MDP**) permettait d'obtenir des crédits d'émissions en échange de transferts de technologies propres dans les pays en développement. Ceux-ci pouvaient ainsi bénéficier d'investissements dans un domaine qui ne relève pas, pour eux, de la priorité, et dans lequel ils n'auraient pas eu, sans ce mécanisme, d'incitations, puisque le Protocole les exemptait de toute contrainte. Enfin, **c'est l'Union européenne qui a véritablement lancé le marché du carbone**, avec l'inauguration, en 2003, du Système d'échange de quotas d'émission de l'UE (*European Union Emissions Trading Scheme*), fer de lance de sa politique climatique. Un plafond est assigné à 12 000 sites industriels dans six secteurs (au total, la moitié des émissions de l'UE). Le marché est organisé comme un marché financier classique : échange de quotas en Bourse, ou de gré à gré, au comptant ou à terme. Comme un marché classique, il connaît aussi son lot d'escroqueries. Mais il est surtout victime de l'effondrement du cours de la tonne de carbone : de 30 euros en 2008, elle est passée à 3,20 euros en 2013, avant de remonter, en 2019, pas très loin des 30 euros nécessaires pour que la vertu énergétique soit plus rentable que l'insouciance consommatrice. Les quotas étaient en effet devenus surabondants à partir de 2010, un autre dégât collatéral de la crise, ce qu'a répété la pandémie de 2020.

Variation du prix de la tonne de carbone émise sur le marché européen

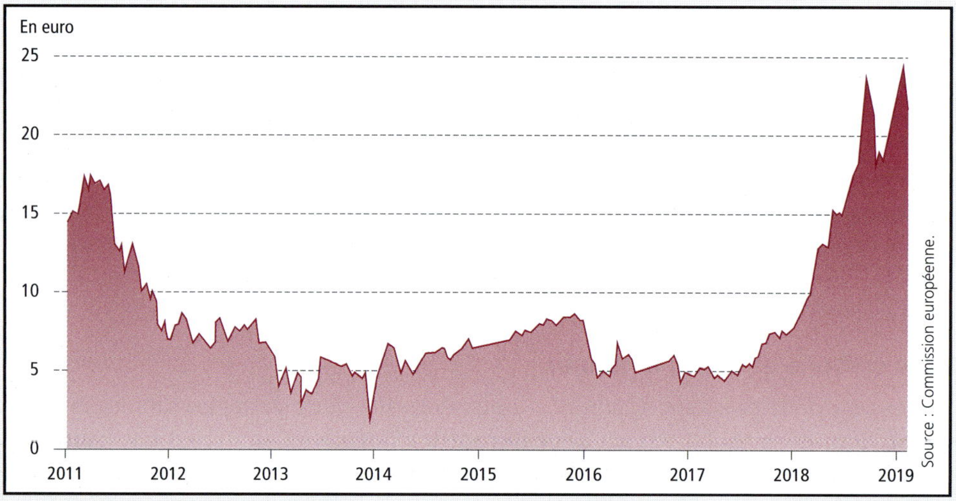

Après une longue dépression, la hausse récente du prix de la tonne de carbone dégagée pourrait rendre le marché incitatif si elle se prolongeait (en 2008, cependant, le coût d'une tonne de carbone était de 30 euros). En revanche, la crise de 2020 a fait de nouveau chuter ce prix. En attendant un marché mondialisé, les efforts européens ne sont que de peu d'effets, si ce n'est d'attiser les critiques, qui y voient une baisse supplémentaire de compétitivité de l'Union face aux États-Unis et aux émergents. Ils ne prennent en compte qu'une des dimensions du problème, l'industrie, puisque les transports, l'agriculture ou les usages domestiques y échappent. L'idée pourtant chemine, et des États américains comme des entreprises se sont organisés, sans cadre contraignant, tout comme la Chine, qui depuis 2013 expérimente dans le Guangdong, sa plus riche et industrielle province, un marché régional. Hommage du vice à la vertu, le marché pourrait faire mentir l'adage libéral selon lequel le marché n'est ni moral ni immoral, mais amoral.

Au-delà des taxes et échanges de droits à polluer, des instruments financiers donnant un avantage aux investissements bas carbone doivent aussi être imaginés, tandis que les quelque 600 milliards de dollars annuels de **subventions accordées aux énergies fossiles** doivent être démantelés. Historiquement, en effet, le développement de nouvelles sources d'énergie ne s'est jamais traduit par une substitution, mais par une addition (le charbon n'a pas remplacé le bois, ni le pétrole le charbon).

ZOOM ▶ Les enjeux du marché chinois du carbone

Les effets d'échelle sont toujours spectaculaires avec la Chine. Alors que le pays est parti tardivement (en 2013) dans l'expérimentation d'un marché du carbone, ce dernier devrait devenir le plus important au monde (cinq fois plus important que le marché européen). Après des expérimentations à l'échelle locale (Shenzhen) puis régionale avec le Guangdong, la plus riche province, un marché national a commencé à fonctionner expérimentalement en 2016. En 2020, il n'était toujours pas opérationnel et les interrogations n'étaient pas levées sur son fonctionnement (un marché unifié ou une juxtaposition de marchés locaux ?), sur sa définition (quelles activités y seront incluses ?), sur la fiabilité des mesures, ni, enfin, sur les modalités de vente des quotas. Si les prix restent aussi faibles qu'au milieu des années 2010 (en dessous de 10 euros la tonne de CO2 émise), le marché ne sera pas incitatif ; s'ils sont trop élevés, ils risquent de ne pas être appliqués à l'heure du ralentissement de la croissance.

3. Le rôle des marchés

Encore en novembre 2020, la Réserve fédérale américaine reconnaissait que « **les marchés financiers ont des difficultés à analyser et chiffrer les risques climatiques** ». Pourtant, l'économie carbonée n'est plus aussi porteuse. La capitalisation boursière des principaux groupes mondiaux du charbon s'est ainsi fortement contractée durant la deuxième décennie du siècle, à proportion de la baisse des cours de la houille (aux États-Unis, 70 % de moins en dix ans). Peabody Energy, le numéro un américain du secteur, a perdu 95 % de sa valeur en cinq ans. Les investisseurs, même durant le mandat de Trump, ne croient plus à l'avenir d'une source d'énergie trop polluante. Les groupes pétroliers sont, eux, sous la pression de leurs actionnaires, qui les pressent de préparer la transition énergétique : en 2016, Exxon comme Chevron devaient accepter la publication annuelle d'une évaluation de l'impact financier des politiques de lutte contre le changement climatique.

Les Bourses font face aux campagnes de désinvestissement dans les énergies fossiles, lancées par des organisations environnementales, comme **350.org** (dont le nom vient du seuil de CO_2 en ppm à ne pas dépasser pour rester en dessous de 2 °C de hausse de la température). Le groupe de presse britannique *The Guardian* a rejoint un mouvement qui a incité des centaines d'institutions à des annonces de désengagement plus ou moins poussé (l'Église d'Angleterre, des universités américaines, l'université d'Oxford, les héritiers Rockefeller). Des investisseurs institutionnels, Axa et le Crédit agricole, et le plus important des fonds de pension, le Californien CalPERS, renforcent cette dynamique. De façon plus surprenante, le fonds souverain norvégien, le plus puissant au monde, qui gère les bénéfices tirés du pétrole, a rejoint le mouvement. Mais cet engagement est ambigu : il ne s'agit que de refuser de financer les techniques les plus discutables (fracturation hydraulique, schistes bitumineux, charbon), pas encore l'ensemble de l'industrie des combustibles fossiles. La motivation relève en grande partie de la prudence stratégique plus que de l'engagement. Et les sommes concernées pèsent encore peu par rapport aux milliers de milliards de dollars que représentent en Bourse, dans le monde, les groupes de l'énergie carbonée. Encore moins par rapport à l'ensemble des investissements mondiaux, plus de 100 000 milliards de dollars chaque année.

ZOOM ▶ Les évolutions de la stratégie d'Exxon, de l'offensive à la défensive

Depuis septembre 2020, Exxon, leader du secteur pétrolier, n'est plus pris en compte dans le calcul de l'indice Dow Jones, que le groupe, issu de la Standard Oil de Rockefeller, avait intégré dès 1928. Première capitalisation boursière encore en 2011, l'entreprise pèse toujours 173 milliards de dollars, loin cependant des 300 milliards de dollars qu'elle avait dépassés. Mais les marchés parient sur un inéluctable déclin d'un groupe dont le cours est surévalué par une politique systématique de redistribution généreuse de dividendes aux actionnaires, comme par des rachats systématiques d'actions, au détriment d'investissements productifs. Une politique suivie par les autres pétroliers : de 2010 et 2018, les profits d'ExxonMobil, Shell, BP, Chevron et Total ont atteint 329 milliards de dollars, mais ils ont consacré 536 milliards au versement de dividendes et aux rachats d'actions ; la différence a été financée par la vente d'actifs et par l'émission de dettes. L'industrie pétrolière espère par là pallier un déficit croissant d'image de marque, alors que de nombreuses enquêtes ont révélé que, pendant des décennies, elle a dépensé des sommes astronomiques pour nier son rôle dans le réchauffement climatique, tout en étant consciente de ses responsabilités.

Pour aller plus loin

Le site du spécialiste des enjeux environnementaux, ingénieur et consultant

liennathan.fr/v25c8w

4. Une porte étroite, mais entrouverte

La crise de 2020 a forcé les gouvernements à lancer d'ambitieux plans de relance, dont beaucoup intègrent une accélération de la transition énergétique. Les scénarios de **relance verte soutenue** (favorisant les technologies bas carbone, accélérant le désinvestissement général dans les énergies fossiles) peuvent, sur le papier, déboucher sur une allocation de 1,2 % du PIB mondial à la lutte contre le changement climatique. **La période récente a montré que croissance et transition énergétique n'étaient pas incompatibles :** entre 2007 et 2016, 22 pays représentant 20 % des émissions mondiales ont ainsi vu leur croissance économique consolidée tout en réduisant leurs émissions de CO_2. Les pays scandinaves tirent des résultats concrets de leur volontarisme environnemental : entre 1995 et 2012, leur PIB a progressé de 45 % en volume, avec une consommation d'énergie et des émissions en baisse de presque 20 %. Danemark, Suède et Norvège y sont parvenus grâce à une amélioration de l'efficacité énergétique, une politique favorable au renouvelable (environ un tiers de la consommation finale) et, depuis 2002, un marché unique de l'électricité entre pays aux ressources complémentaires (éolien au Danemark, nucléaire en Suède et Finlande, hydroélectrique en Norvège). La participation au marché européen du carbone n'a pas empêché la Suède d'introduire une **taxe carbone** depuis 1991. À l'origine, elle coûtait 24 euros par tonne de CO_2 émise, et elle est montée à 114 euros en 2019, une hausse compensée par la baisse d'autres taxes. Ce modèle a été repris par quelques pays depuis, dont la France en 2014 (une taxe de 22 euros en 2016, qui devait s'élever progressivement à 56 euros en 2020, mais qui, faute de pédagogie et de compensation, a soulevé les protestations des Gilets jaunes en 2018). Sous la pression électorale, même l'Allemagne a adopté à son tour une taxe carbone, devant progresser de 25 euros par tonne émise de GES à 55 euros en 2025, avant de basculer dans un système européen, à un prix établi entre 55 et 65 euros. À la différence du marché carbone qui ne concerne que l'industrie, la taxe est universelle (transports, agriculture, BTP).

Partie III

La France, une puissance en mutation depuis les années 1990

17 LES IMPACTS TERRITORIAUX DE LA MONDIALISATION EN FRANCE

La France est l'un des pays les plus intégrés dans les réseaux d'échanges de la mondialisation. Elle occupe ainsi la dix-septième place des économies les plus ouvertes, loin devant les États-Unis ou le Japon, dans un classement établi en 2018 par le Forum économique de Davos à partir de cinq critères : l'importance des échanges commerciaux dans l'activité économique, les flux de capitaux, les mouvements de main-d'œuvre, les échanges technologiques et l'intégration culturelle. **L'Union européenne constitue le cadre et l'échelle privilégiés de cette intégration.**

Les dynamiques de mondialisation mettent en concurrence les espaces et favorisent les principaux pôles des réseaux d'échanges internationaux et de la puissance économique, politique et culturelle planétaire. Il s'agit alors d'étudier dans quelle mesure la France participe de ces dynamiques, mais aussi quelles sont leurs **conséquences sur l'organisation et l'aménagement du territoire national**. Au-delà de la distinction binaire entre espaces gagnants et perdants, en quoi la mondialisation est-elle à l'origine de profondes recompositions spatiales à différentes échelles ? Dans quelle mesure celles-ci remettent-elles en cause les grands (dés)équilibres du territoire français ?

Quelques chiffres clés (2018-2019)

Population (millions d'habitants)	67,5 (22e rang mondial)
PIB (milliards de dollars)	2 775 (7e rang mondial)
Part du PIB dans le monde	3 %
Part de la dette publique	99 % du PIB
IDH	0,891 (26e rang mondial)
Taux de chômage	8,5 %

Source : INSEE, Banque mondiale, FMI.

Notions principales

Système productif : ensemble des activités produisant de la richesse dans un réseau d'interdépendances.

Métropolisation : renforcement des principaux pôles urbains, qui polarisent les activités à haute valeur ajoutée au détriment des ensembles plus petits.

Aménagement du territoire : politique nationale de réduction des inégalités territoriales par la décentralisation d'activités, le développement d'infrastructures et un système d'aides et d'incitations fiscales.

CHRONOLOGIE

1962 : Création de la politique agricole commune (PAC)
1969 : Création du technopôle de Sophia Antipolis
1981 : Ouverture de la première ligne TGV entre Paris et Lyon
2005 : Création des « pôles de compétitivité »
2007 : Lancement de la consultation internationale sur le Grand Paris
2008 : Crise des *subprimes* et début de la crise financière mondiale
2011 : Explosion de la crise des dettes souveraines
2015 : Alors que le taux de chômage atteint 10,5 % de la population active, on dénombre 2 440 000 millionnaires de nationalité française
2016 : Ouverture du quatorzième cycle de négociations du Partenariat transatlantique de commerce et d'investissement (TTIP), désavoué par le gouvernement français
2020 : Brexit ; crise du coronavirus

I. Une forte intégration à l'« euro-mondialisation »

A. LES MARCHANDISES : UNE PLACE NOTABLE MAIS FRAGILE DANS LE COMMERCE MONDIAL

1. Une ouverture croissante

De nombreux indicateurs attestent de l'**ouverture croissante et généralisée de l'économie française**. Alors que le commerce extérieur français de marchandises a été multiplié par près de cinq en valeur entre le début des années 1980 et la fin des années 2000, les échanges de services ont été multipliés par quatre sur la même période. De même, le taux de pénétration* du marché manufacturier français a plus que doublé dans les trois dernières décennies et dépasse 20 % en 2019.
Ce développement des échanges a de nombreux impacts sur le tissu économique français : plus de 6 millions d'emplois dépendent directement ou indirectement des exportations de biens et services. La France est également l'un des pays les plus ouverts aux investissements et aux capitaux étrangers.
Toutefois, bien que la globalisation continue, son rythme s'est ralenti avec la crise financière mondiale et sa nature a changé. Plus que le commerce de marchandises, **les nouvelles technologies de l'information et les réseaux sociaux sont désormais les moteurs principaux de la mondialisation**.

2. La forte polarisation de l'Union européenne

En 2019, la France réalise environ 60 % de ses importations et de ses exportations avec les pays membres de l'UE (47 % avec des pays membres de la zone euro) : **ses premiers fournisseurs et clients sont l'Allemagne, l'Italie, l'Espagne, la Belgique et le Royaume-Uni** [→ DOCUMENT CI-APRÈS]. Les conséquences de la sortie de ce dernier pays de l'Union européenne (« Brexit », effectif depuis le 1er février 2020) sur les échanges bilatéraux et communautaires sont encore difficiles à mesurer.
Si l'Afrique est assez bien représentée relativement à son poids modeste dans le commerce mondial, au contraire, les pays d'Asie et d'Amérique du Nord et du Sud ne contribuent qu'à 20 % des exportations françaises, alors qu'ils polarisent plus de la moitié du commerce international. Ce déséquilibre concerne l'ensemble des pays de l'UE, mais prend en France une

DÉFINITION
Taux de pénétration : rapport des importations sur la demande intérieure.

ampleur singulière ; ainsi, les échanges français avec la Chine et l'Inde restent très inférieurs à ceux de l'Allemagne (rapport de 1 à 3).
Il s'explique par plusieurs facteurs, comme la proximité géographique, les héritages historiques et culturels (colonisation, soutien politique et diplomatique), mais aussi les **faiblesses propres du système productif français** : spécialisation limitée ; retards dans plusieurs secteurs économiques émergents, en particulier les technologies de l'information et de la communication ; difficultés des petites et moyennes entreprises à s'insérer dans la mondialisation (les PME assurent 22 % des exportations nationales contre près du double en Allemagne).

■ **Structure géographique des exportations et des importations françaises en 2018**

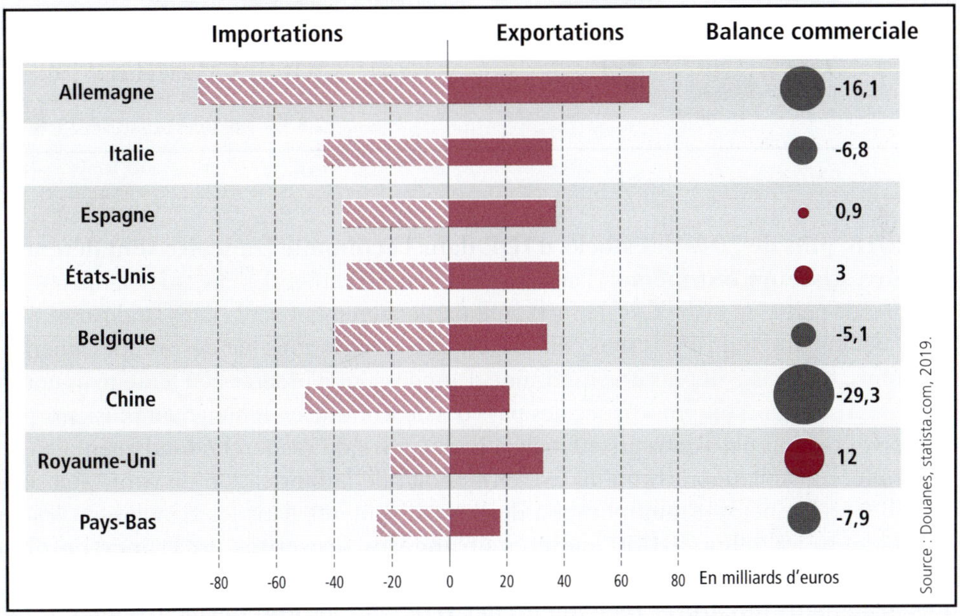

B. LES CAPITAUX : LE RÔLE CROISSANT DES INVESTISSEMENTS ÉTRANGERS

1. La France au cœur des flux IDE*

La France est tout à la fois un investisseur majeur à l'étranger et une terre d'accueil privilégiée de l'investissement international. Alors que le stock mondial d'IDE a été multiplié par 12 entre 1980 et 2004, celui détenu par la France a été multiplié par 26, tandis que celui d'investissements étrangers en France a été multiplié par 17. En 2018, après la crise financière et avant celle du coronavirus, la France est le quatrième pays du monde en matière d'émission de flux d'IDE et le douzième en matière de réception. À contre-courant de la tendance mondiale, les stocks français et en France continuent à progresser depuis cinq ans. Environ un tiers des flux entrants et sortants est orienté vers l'industrie manufacturière, alors qu'une grande partie des flux entrants concerne les activités financières et immobilières.

DÉFINITION

IDE (investissements directs étrangers) : mouvements internationaux de capitaux réalisés en vue de créer, maintenir ou développer une filiale à l'étranger.

■ **Les flux d'IDE entrants en France par pays et par secteurs d'activité en 2018**

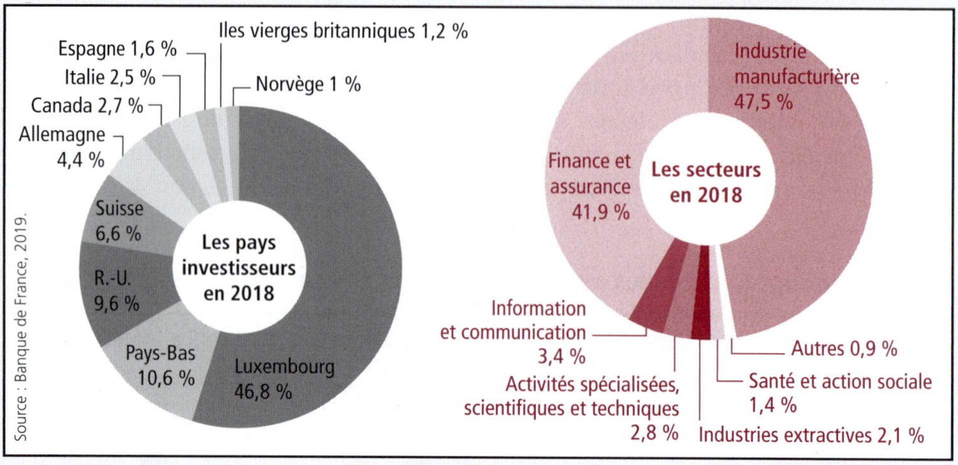

En 2018, près de 70 % des stocks d'IDE dans l'économie française sont détenus par des investisseurs européens (Pays-Bas, Belgique, Allemagne), les États-Unis possédant une grande partie du reste. Ces derniers sont particulièrement actifs dans l'industrie : près du quart des emplois industriels sous contrôle étranger sont fournis par des groupes américains. Toutefois, on assiste depuis une quinzaine d'années à une progression lente mais continue des investissements en provenance des pays d'Asie, comme en témoignent plusieurs projets chinois : création par l'entreprise Huawei d'un centre de recherche fondamentale en Île-de-France ; installation à Lyon du leader mondial de la fabrication de panneaux solaires (Yingli Green Energy) ; multiplication des investissements dans les vignobles et les terres agricoles. Au total, **les 20 000 sociétés étrangères présentes en France emploient deux millions de personnes et représentent 40 % des exportations du pays**.

Les principaux territoires réceptacles des IDE sont les grandes métropoles, le Grand Paris en tête, et les régions frontalières [→ DOCUMENT]. Les capitaux étrangers privilégient soit des logiques de branche (les groupes agroalimentaires s'installent dans l'Ouest ou le Bassin parisien en raison de la facilité d'approvisionnement en produits agricoles), soit des logiques de main-d'œuvre, qualifiée (les hautes technologies en Île-de-France, Rhône-Alpes-Auvergne et dans les métropoles du Sud-Ouest).

2. L'essor des partenariats industriels

Alors que le marché intérieur n'a plus la même importance dans l'économie, l'internationalisation des firmes françaises s'est accentuée. Cette dynamique concerne surtout les grandes entreprises et s'opère principalement par **constitution de groupes industriels et financiers transnationaux** ; ceux-ci réalisent désormais 65 % de leur production à l'étranger.

Plusieurs de ces créations ont eu lieu à l'échelle européenne, dans un objectif d'amélioration de la coopération et de la compétitivité au sein de l'UE. Le domaine aéronautique et aérospatial, avec la création du groupe Airbus, mais aussi avec la mise en place de l'Agence spatiale européenne, en est l'exemple phare. Né de la fusion en 2000 d'Aérospatiale-Matra (France) et de Daimler-Chrysler Aerospace (Allemagne), Airbus est aujourd'hui le deuxième groupe aérospatial à l'échelle mondiale. *Airbus aircraft* en

■ **Les effectifs salariés sous contrôle étranger par département en 2019**

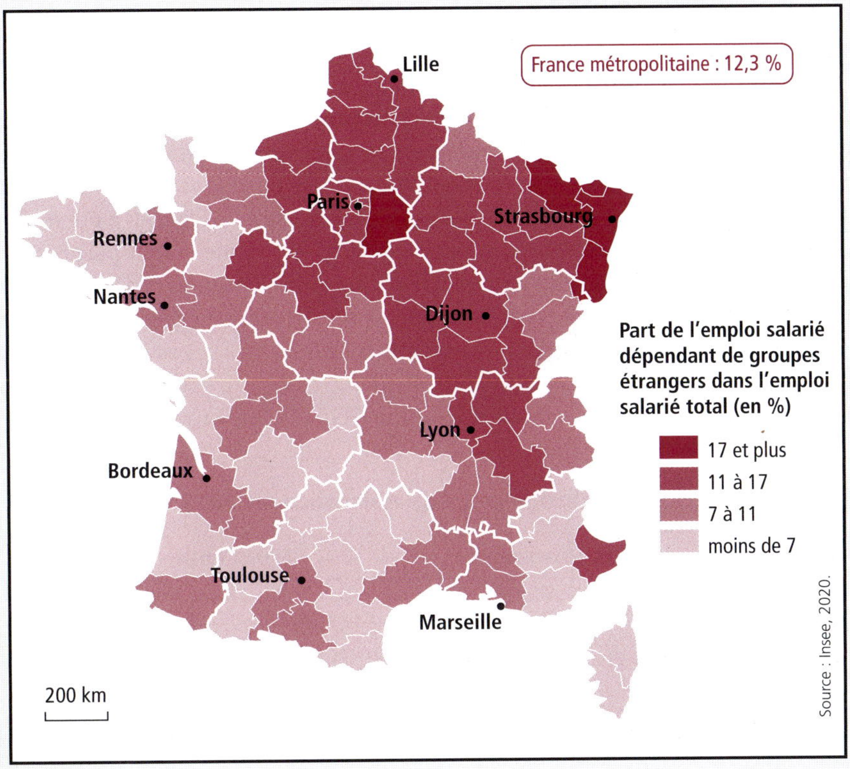

constitue la part la plus importante avec la moitié des effectifs, mais il comprend également deux autres entités : *Defence and Space* (aérospatiale, défense et sécurité), *Helicopter* (hélicoptères civils et militaires). Sa spécificité réside dans son implantation territoriale, qui prend la forme d'un archipel de sites de production situés en France, en Allemagne, au Royaume-Uni ou en Espagne et travaillant en réseau.

Toutefois, au-delà de quelques grandes réussites (dont le secteur du luxe offre un autre exemple), **la logique de la mondialisation l'emporte souvent sur la logique européenne**. Le secteur automobile illustre bien cette tension. Si le rapprochement récent entre PSA et Fiat Chrysler pourrait donner lieu à la création d'un géant européen, capable de faire face à General Motors ou Toyota, Renault a fait le choix, dès le début des années 2000, de l'alliance avec le Japonais Nissan. Troisième groupe automobile mondial en 2019, Renault-Nissan regroupe diverses filiales telles que DIAC, Dacia, Renault Sport. Renault détient également 80 % de la branche automobile du Coréen Samsung.

C. LES HOMMES : DES FLUX DE PLUS EN PLUS NOMBREUX ET COMPLEXES

1. Une place en évolution dans l'espace migratoire international

La population française a été façonnée par des vagues successives d'immigration. Massive pendant les Trente Glorieuses, dans une période de forte croissance économique, celle-ci a connu un net ralentissement à partir des années 1970. Ainsi, depuis 1975, la part des personnes immigrées dans la population totale s'est stabilisée entre 8 % et 10 % (9,9 %

en 2019, soit 6,3 millions d'immigrés). Alors que l'Union européenne est l'un des pôles d'attraction majeurs de l'immigration internationale, la France présente un solde migratoire faiblement positif (+46 000 personnes en 2019, après un pic à + 67 000 en 2016 dans le contexte de la crise dite « des réfugiés ») : **elle n'est plus une destination privilégiée au sein du système migratoire international**.

La mondialisation a contribué à la diversification des origines géographiques des migrants [→ DOCUMENT]. Alors qu'en 1962, les Espagnols et les Italiens formaient encore la moitié des immigrés présents sur le territoire français, ils représentaient en 2019 moins d'un immigré sur dix (8 %). À l'inverse, la part des immigrés nés au Maghreb a été multipliée par deux (environ 30 % de la population immigrée en 2019). Même si leur part reste modeste, un nombre croissant d'immigrés viennent d'Afrique subsaharienne (15 %) et d'Asie (15 %). L'immigration à destination du territoire français se caractérise également par une temporalité de plus en plus variable : alors que les itinéraires des migrants sont marqués par une complexité croissante, la France n'est souvent qu'une étape, un « rebond » selon l'expression de Gildas Simon, au sein d'un circuit migratoire d'échelle plus vaste.

Les immigrés en France selon le pays de naissance en 2018

Pays de naissance	France entière
Portugal	618 214
Italie	286 443
Espagne	247 619
Autres pays de l'Union européenne	750 611
Autres pays d'Europe	313 317
Algérie	823 433
Maroc	771 269
Tunisie	283 722
Autres pays d'Afrique	980 184
Turquie	246 337
Autres pays	1 040 738
Ensemble	**6 361 888**

Source : INSEE.

À l'échelle régionale, on constate une forte concentration des immigrés dans les régions du Nord et de l'Est (Île-de-France, Hauts-de-France, Grand Est, Rhône-Alpes, PACA), en raison de leur tradition industrielle et/ou de leur proximité frontalière. Les grandes aires urbaines (Lille, Lyon, Marseille) captent la plupart de ces populations. Ainsi, **la région parisienne est la principale aire de destination et de stabilisation du pays** : elle est à la fois un lieu d'arrivée, un espace de transit et un pôle de fixation en raison de la forte concentration d'activités et de l'attraction exercée par les communautés immigrées déjà établies. De véritables filières migratoires se sont mises en place, privilégiant le regroupement d'individus de même origine. À plus grande échelle, la concentration de populations immigrées dans

Les flux migratoires en France depuis 2006

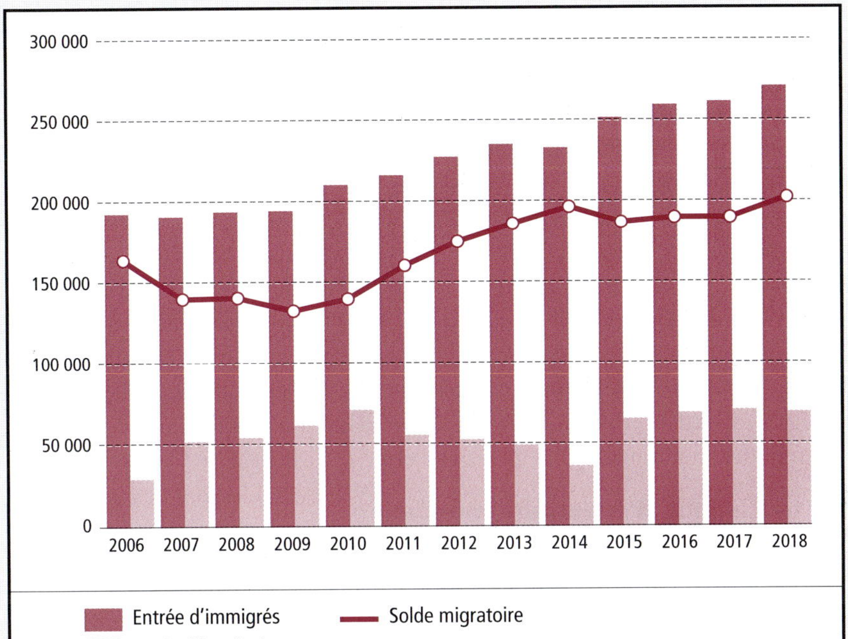

Source : Insee, 2019.

certains secteurs urbains contribue à l'émergence et au dynamisme de « quartiers ethniques », à l'image de Belleville, où se regroupent les communautés asiatiques à Paris, ou de Belsunce à Marseille, spécialisé dans le textile. Ce cosmopolitisme a de nombreux impacts sur le tissu urbain et commercial des métropoles, tout en jouant sur leur image internationale et sur leur rayonnement.

La mondialisation des flux migratoires a remis en cause la conception française de l'immigration. Depuis les débuts de la politique de « maîtrise des flux » en 1974, la France semble hésiter face aux enjeux que représentent la présence sur le territoire des « sans-papiers » et la place des immigrés dans la société. La loi de 2006 relative à l'immigration et à l'intégration marque une inflexion – largement controversée – pour tenter d'adapter l'immigration aux « capacités d'accueil » de la France et à ses besoins économiques (notion d'« immigration choisie »). La France appartient par ailleurs à l'« espace Schengen » depuis sa mise en place en 1995. Ratifiée par la plupart des pays de l'UE (à l'exception de l'Irlande et du Royaume-Uni) et par certains pays extérieurs (Islande, Norvège, Suisse), cette convention a permis d'assurer une libre circulation au sein des pays membres. Mais elle a aussi eu pour conséquence de renforcer les frontières externes de l'Europe et le contrôle à l'entrée des immigrants internationaux. Déjà contestés par plusieurs associations et par l'ensemble des Églises, ces cadres de régulation ont été mis à rude épreuve par l'**augmentation massive, à partir du début des années 2010, du nombre de migrants* souhaitant se rendre dans l'Union européenne**. Celle-ci est liée à la convergence de plusieurs facteurs, notamment l'aggravation des violences dans les États en proie à des guerres civiles (Syrie, Libye, Irak), mais aussi la persécution de minorités (Soudan) ou, plus généralement, la dégradation des conditions de vie des franges les plus précaires des populations de certains pays d'Afrique subsaharienne (Érythrée) et d'Asie (Afghanistan, Bangladesh). On estime qu'en 2019, environ un million de personnes sont entrées illégalement dans l'espace Schengen, souvent en franchissant la mer Méditerranée au péril de leur vie. La gestion de cet afflux a provoqué de vives tensions diplomatiques entre les pays de l'Union européenne, qui ont adopté des postures et des politiques très contrastées en termes d'accueil des migrants. Les autorités françaises ont une nouvelle fois semblé hésiter sur l'attitude à adopter en la matière, entre, d'une part, des injonctions à la solidarité, à l'instar de l'Allemagne (plus d'un million de migrants accueillis), et d'autre part, une grande frilosité liée à la défiance d'une partie de la population et à l'instrumentalisation de la question migratoire dans le débat politique. Encouragé par l'Union européenne, le gouvernement a dévoilé, en novembre 2019, un projet – pas encore mis en œuvre au début de l'année 2021 – d'instauration des quotas d'immigrés « professionnels ». Il s'agirait de faciliter l'immigration de main-d'œuvre dans les secteurs qui manquent de candidats qualifiés en France (comme l'ameublement, le BTP ou la télévente), tout en conservant la maîtrise des flux. Par ailleurs, un « réseau d'accueil » pour les immigrés en situation précaire a été déployé dans tout le pays, afin de soulager les zones les plus tendues, notamment la région parisienne et la Jungle de Calais.

2. Un pôle touristique d'envergure mondiale

La France se distingue par la place et le rôle qu'elle n'a cessé de tenir dans l'histoire mondiale du tourisme. Dès le XIXe siècle, la fréquentation aristocratique du littoral azuréen, des stations thermales ou des sommets alpins contribue à capter des flux issus de toute l'Europe. Ces pratiques se sont généralisées au cours du XXe siècle à la faveur de l'essor économique et des avancées sociales. Depuis deux décennies environ, la baisse du coût des transports (en particulier dans le secteur aérien) et les progrès de l'intégration régionale ont conduit à une **véritable explosion du tourisme international**. Celle-ci concerne tout particulièrement les pays européens, au premier rang desquels la France : avec environ 90 millions de visiteurs et 440 millions de nuitées en 2019 (un chiffre en progression constante jusqu'à la crise du coronavirus), **l'Hexagone est la première destination touristique mondiale** devant l'Espagne et l'Italie. Le pays bénéficie de sa situation au cœur d'une Europe occidentale prospère et densément peuplée, mais aussi d'un patrimoine naturel et culturel particulièrement riche et diversifié.

Si les touristes européens représentent encore, en 2019, environ 80 % des arrivées, 75 % des nuitées et 70 % des recettes, la période récente a été marquée par la croissance rapide des flux en provenance des pays émergents (Inde, Brésil et surtout Chine) et par l'irruption de la clientèle moyen-orientale et russe. Ces visiteurs sont particulièrement recherchés, car ils dépensent traditionnellement plus que la moyenne. En effet, **le tourisme** représente environ 2 millions d'emplois, des centaines de milliers d'entreprises et plus de 7 % du PIB. Certaines

DÉFINITIONS

Migrants : les termes employés pour qualifier les migrants sont multiples et labiles. Une distinction usuelle différencie les « réfugiés* », contraints de quitter leur pays pour des raisons vitales, des autres migrants cherchant de meilleures perspectives économiques. De nombreux chercheurs remettent toutefois en question la pertinence de cette approche. Ce débat sémantique illustre en réalité les clivages politiques et idéologiques qui traversent l'appréhension de la question migratoire en France.

Réfugiés : au sens de la Convention du 24 juillet 1951, un réfugié est « une personne qui se trouve hors du pays dont elle a la nationalité ou dans lequel elle a sa résidence habituelle ; qui craint avec raison d'être persécutée du fait de sa « race », de sa religion, de sa nationalité, de son appartenance à un certain groupe social ou de ses opinions politiques, et qui ne peut ou ne veut se réclamer de la protection de ce pays ou y retourner en raison de ladite crainte ».

régions particulièrement attractives captent l'essentiel des flux ; ainsi, la région parisienne (principalement Paris) et la Côte d'Azur représentent plus de la moitié des emplois induits [→ DOCUMENT]. Le tourisme international est également présent, de façon plus diffuse, dans le Val de Loire et dans les Alpes (tourisme hivernal).

Par ailleurs, l'attractivité touristique de la France a été sensiblement dégradée à la suite des attaques terroristes qui ont visé Paris et Nice en 2015 et 2016. Une partie de la clientèle internationale a évité la capitale française, avec des conséquences notables sur les secteurs de l'hôtellerie et de la restauration (– 13 % de revenus générés en 2015, notamment dans le secteur haut de gamme). Après une forte reprise de la fréquentation en 2018 et 2019, la récente crise du coronavirus met de nouveau à rude épreuve la « résilience touristique » du pays [→ ZOOM].

ZOOM ▶ Le tourisme au péril du coronavirus ?

La crise sanitaire liée à la pandémie de Covid-19 a provoqué, partout dans le monde, un effondrement de la fréquentation touristique. Lors de la première vague épidémique (printemps-été 2020), la France a mieux résisté que ses voisins européens, notamment l'Espagne et l'Italie, qui ont enregistré une baisse d'environ 70 %, tirée par la quasi-disparition de leur clientèle estivale internationale. En France, le recul n'a été que de 40 %, notamment parce que les Français ont massivement séjourné dans l'Hexagone. Les pertes de recettes touristiques globales pour l'ensemble de l'année 2020 n'en sont pas moins estimées, par l'agence Atout France, entre 50 et 60 milliards d'euros. La présence durable et diffuse du virus sur le territoire contribue à faire évoluer les destinations : le littoral et la campagne sont plébiscités, tandis que l'outre-mer et les grandes villes sont délaissés, fragilisant les acteurs du tourisme urbain et culturel. Simple ajustement conjoncturel ou prémices d'un changement de modèle ? Il est encore trop tôt pour le dire.

■ Les emplois salariés dans les secteurs d'activité du tourisme (2018)

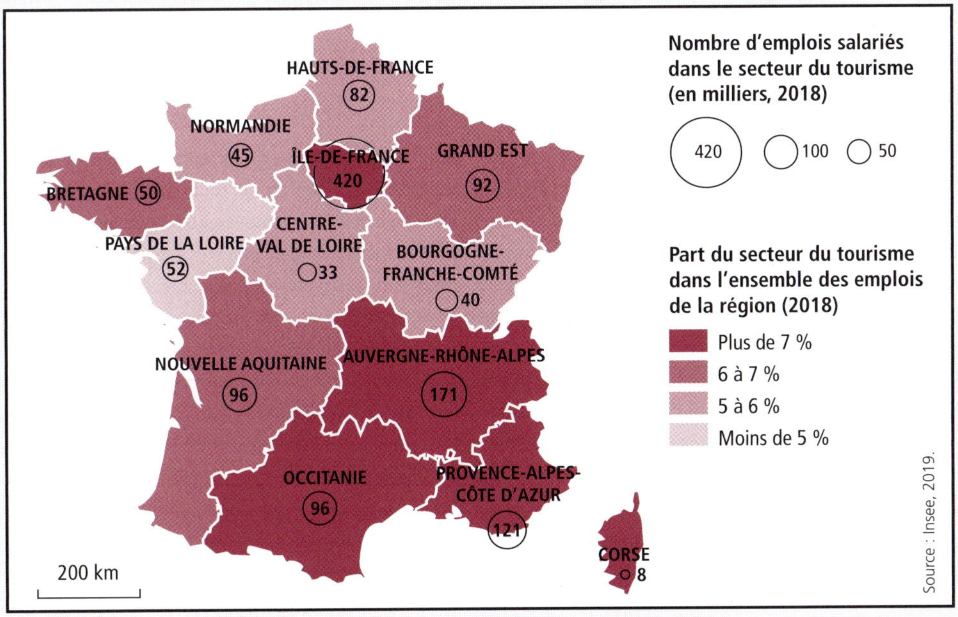

II. Des impacts territoriaux contrastés à différentes échelles

A. MUTATIONS DU SYSTÈME PRODUCTIF ET RECOMPOSITIONS DE L'ESPACE INDUSTRIEL

1. De la tertiarisation à la technopolisation

Jusqu'aux années 1960, la France industrielle se confond, pour l'essentiel, avec la France de l'industrie lourde, dont les activités sont liées à la présence de ressources minières ou de bassins de main-d'œuvre formée depuis des siècles (textile). Les paysages et les sociétés présentent de forts particularismes sur des étendues assez limitées (les « pays noirs » du Nord et de l'Est). Accompagnant la croissance, la modernisation du système productif dans les années 1960 et 1970 se traduit par une mutation vers **une économie néo-industrielle où les services et les activités de conception supplantent le monde de la production**. Ainsi, entre 1978 et 2008, 150 000 postes ont été créés en moyenne chaque année dans les services marchands, alors que 60 000 ont été détruits dans l'industrie ; la part de l'emploi industriel dans l'emploi total du secteur marchand passe de 33 % (5,5 millions d'emplois) à 19,9 % (3,8 millions). Cette **double dynamique de tertiarisation/désindustrialisation** est toutefois ambiguë. En effet, en France comme ailleurs, la partition classique en trois secteurs est de moins en moins opérante : non seulement l'industrie ne peut plus être confondue avec le secteur secondaire, mais on assiste à une « fusion de la production industrielle et du tertiaire à toutes les échelles, de l'entreprise locale à la multinationale[1] ».

À partir des années 1980, **la mondialisation contribue à renforcer et à accélérer ces évolutions**. D'un côté, elle encourage la spécialisation dans les activités les plus intensives en travail qualifié et en valeur ajoutée, qui se traduit notamment par **l'orientation croissante**

ZOOM ▶ Délocalisations et relocalisations

Le processus de délocalisation est un élément important des stratégies des entreprises, qui cherchent à implanter des sites de production dans les territoires les plus compétitifs. La délocalisation des industries de main-d'œuvre (textile, électroménager) vers les pays du Sud à bas coûts salariaux, notamment la Chine, est un thème récurrent qui focalise les inquiétudes de l'opinion publique comme des pouvoirs publics. Cependant, de nombreuses études montrent que les délocalisations qui ont engendré le plus de pertes d'emplois s'effectuent vers d'autres pays industrialisés d'Amérique du Nord ou de l'UE. Les pouvoirs publics cherchent à intervenir dans les stratégies des entreprises afin de maintenir des sites de production et des emplois, mais aussi d'attirer des investissements et d'encourager la création d'entreprises. Ainsi, l'implantation de Toyota à Onnaing près de Valenciennes (4 000 emplois créés depuis 2001) a été rendue possible par l'engagement d'acteurs institutionnels à différentes échelles. Plus largement, au cours des dernières années, l'État est directement intervenu – avec un succès inégal – pour empêcher la délocalisation de plusieurs activités jugées stratégiques (chantiers navals) ou essentielles à leur bassin d'emploi (automobile). Un processus de relocalisation concerne, par ailleurs, une minorité d'entreprises françaises depuis les années 1990. Trois facteurs principaux encouragent ce mouvement modeste et fragile (moins de 15 000 emplois relocalisés) : la mécanisation et la robotisation, qui permettent de remplacer le travail peu qualifié et de limiter les coûts salariaux ; des problèmes de qualité ou de sécurité de certains produits assemblés à l'étranger ; le coût du transport. Ainsi, certaines activités transférées en Chine des groupes Atol (lunettes) ou Smobby (jouets) ont été en partie relocalisées en France.

1. Félix Damette et Jacques Scheibling.

de l'activité industrielle vers le secteur des hautes technologies, appelée « technopolisation ». De l'autre, la pression concurrentielle accrue oblige les entreprises à augmenter leur compétitivité. Le système productif français s'est partiellement adapté à ce nouveau contexte. Il occupe des positions fortes dans plusieurs secteurs de haute technologie comme l'aéronautique, l'industrie nucléaire, le matériel militaire, les transports. Mais ses spécialisations sont trop limitées et laissent de côté des secteurs innovants comme l'informatique ou les biotechnologies.

Les principales difficultés concernent toutefois les industries manufacturières : alors que la petite taille des sociétés est devenue un handicap pour affronter le marché globalisé, **leur compétitivité a été mise à mal par la concurrence des pays émergents dans plusieurs secteurs traditionnels**, ce qui a occasionné de nombreuses fermetures et délocalisations de sites de production [→ ZOOM CI-APRÈS]. Dans ces conditions, la question de l'adaptation de la France à la mondialisation fait l'objet de nombreux débats politiques et scientifiques. Le ralentissement durable de l'économie européenne a contribué à lui donner une acuité nouvelle, en cristallisant les craintes d'un décrochage du pays.

2. « Évitement industriel » et spécialisation fonctionnelle

Au sein du territoire français, ces évolutions ont entraîné de **profondes recompositions de l'espace industriel**. Le déclin des bassins de la première industrialisation a conduit à une disparition des anciens « pays noirs » et à une dilution des paysages industriels traditionnels. Au contraire, la technopolisation s'est accompagnée d'un mouvement de **reconcentration de l'industrie**, traduisant l'attrait des plus grandes aires urbaines sur les créations d'emplois hautement qualifiés. Enfin, la dissociation territoriale entre industries de base, industries de consommation et branches de pointe conduit à une **spécialisation fonctionnelle de plus en plus prononcée**.

La géographie productive n'est toutefois que lentement remodelée, comme en témoigne le poids encore très disparate de l'industrie de part et d'autre de la ligne Le Havre-Marseille – devenue une ligne La Rochelle-Valence à la suite de la diffusion industrielle vers l'ouest et le sud du Bassin parisien.

B. UNE MÉTROPOLISATION SINGULIÈRE

1. Un mouvement sélectif de reconcentration métropolitaine

La métropolisation est l'une des principales traductions spatiales de la mondialisation. Elle désigne la **concentration croissante des hommes et des activités économiques dans les villes occupant les positions les plus élevées des hiérarchies urbaines** nationales et internationales. Cette dynamique concerne notamment la partie la plus qualifiée, innovante et internationalisée du système productif et de la population active. En effet, les trente dernières années ont apporté des changements profonds dans la localisation des fonctions urbaines. Dans le contexte de la mondialisation, les entreprises recherchent avant tout ce qui facilite leur adaptation aux nouvelles conditions de leur activité : marché important, ouvert et internationalisé ; services externalisés ; sous-traitants ; formation de haut niveau ; équipements et services publics ; accessibilité aux grands réseaux de transports internationaux.

Une bonne combinaison de ces éléments, ou « **synergie métropolitaine** », constitue une « assurance-flexibilité[2] » pour des entreprises soumises à un contexte sans cesse évolutif.

2. Pierre Veltz.

Dans ces conditions, **une sélection s'est opérée entre les villes** : d'un côté, celles où se concentrent les fonctions supérieures, de commandement ou de production à haute valeur ajoutée [→ ZOOM CI-DESSOUS], deviennent les moteurs de la croissance ; de l'autre, celles où se localisent les fonctions banales sont marginalisées.

ZOOM ▶ Les fonctions métropolitaines supérieures

La catégorie des « fonctions métropolitaines » a été créée par l'Insee après le recensement de 1990 afin de compléter l'analyse traditionnelle par secteur d'activité et de mettre en évidence les fonctions caractéristiques des plus grandes villes (en 2008, quinze aires urbaines concentrent plus de deux tiers de l'emploi qui en résulte). Plusieurs fois actualisée depuis, elle comprend les activités suivantes.

– *Conception-recherche* : professions de la conception, de la recherche et de l'innovation. Dans l'industrie, elles recouvrent les phases préliminaires à la fabrication. Elle se distingue de la fonction suivante par la dimension d'innovation incluse dans les travaux des métiers concernés.

– *Prestations intellectuelles* : professions de mise à disposition de connaissances spécifiques pour le conseil, l'analyse, l'expertise.

– *Commerce interentreprises* : professions en relation directe avec le commerce de gros et le commerce entre les entreprises, que ce soit pour l'achat ou la vente.

– *Gestion* : professions de la gestion d'entreprise, de la banque et de l'assurance.

– *Culture-loisirs* : professions de la culture et des loisirs, sportifs ou non.

Pour aller plus loin

Le site du ministère de la Cohésion des territoires et des relations avec les collectivités territoriales, héritier de la DATAR
liennathan.fr/y98e8y

2. Le poids écrasant de Paris

En France, **cette double dynamique de mondialisation-métropolisation a conduit au renforcement du rôle de Paris dans le système productif national et international**. En effet, en raison de ses nombreux avantages comparatifs, la région capitale a capté la plupart des fonctions métropolitaines et des emplois stratégiques créés dans le pays : « pendant que la province se développait, la région parisienne entrait dans une catégorie différente, celle des grandes métropoles mondiales[3] ».

Aussi, si le clivage entre « Paris et le désert français[4] » est désormais obsolète, en raison du développement et de l'attractivité croissante des métropoles régionales, **la domination fonctionnelle de la capitale s'est accentuée**. Dans le domaine politique, Paris regroupe les sièges du pouvoir exécutif, législatif et judiciaire, ainsi que l'administration centrale et les représentations diplomatiques étrangères. Dans le domaine économique, le poids de Paris concerne surtout le secteur tertiaire et notamment sa partie la plus qualifiée et la plus abstraite, comme la finance (91 % des transactions financières). La capitale concentre également les sièges sociaux des entreprises nationales (382 des 500 plus importantes du pays) et multinationales, regroupés dans les quartiers d'affaires centraux (Opéra, VIIIe arrondissement) ou péricentraux (La Défense : 20 % du PIB de l'Île-de-France). Paris joue également un rôle prépondérant en matière d'innovation et de recherche (41 % des chercheurs – et jusqu'à 54 % dans la recherche industrielle –, 35 % des étudiants des grandes écoles). La prééminence parisienne se traduit également dans le domaine culturel, la capitale concentrant les équipements les plus prestigieux (musées, salles de concerts) et la grande majorité des actifs travaillant dans le secteur de la création et de l'édition. Desservi par un dense réseau de

3. Jean Robert.
4. Jean-François Gravier, 1947.

transports qui en fait l'une des villes les plus accessibles du monde, Paris est enfin un pôle touristique majeur et un important centre international de congrès.

Dans ces conditions, **Paris est la seule métropole française considérée comme « complète »**, c'est-à-dire cumulant l'ensemble des fonctions stratégiques, **et « mondiale »**, c'est-à-dire concentrant les activités les plus internationalisées. Dans les classements internationaux, elle figure aux côtés (ou directement à la suite, selon les auteurs) des villes globales que sont Londres, New York et Tokyo, places centrales de la globalisation économique. Les autres villes françaises sont en retrait et correspondent davantage à des « métropoles incomplètes », de rang européen (Lyon, Lille, Toulouse) ou simplement national (Nantes, Rennes, Bordeaux).

Cette position dominante s'accompagne toutefois de **faiblesses structurelles**. Après une période de concentration métropolitaine rapide, le taux de croissance du PIB de l'Île-de-France est aujourd'hui moins élevé que celui du reste du pays. En outre, plus la productivité régionale s'accroît (sa part dans le PIB national est passée de 22 % à 29 % entre 1988 et 2008), plus le revenu distribué localement régresse ou stagne (20 % du revenu national). Cette **disjonction entre insertion croissante dans les échanges mondialisés et développement local** a pu être analysée comme la manifestation d'un « paradoxe francilien[5] ». Dans un contexte de concurrence exacerbée entre métropoles mondiales, ces faiblesses ont contribué à relancer le débat sur les performances économiques et les problèmes de gouvernance* de la région capitale.

3. Les effets territoriaux de la métropolisation

a) Déterritorialisation ou reterritorialisation ?

Les grandes métropoles s'inscrivent dans un réseau d'échanges de natures diverses (économique, humaine, informationnelle) qui les rend interdépendantes. Ce réseau a pu être défini comme un **« archipel mégalopolitain mondial »** [→ CH. 8], polarisé par les trois grandes mégalopoles mondiales, dont la dorsale européenne, qui s'étale du bassin de Londres au nord de l'Italie. Si seul le quart nord-est du territoire français s'inscrit pleinement dans cet ensemble mégalopolitain, Paris y est rattaché par de puissantes infrastructures (Eurostar, Thalys, TGV Est européen) et de nombreux échanges qui attestent de sa participation aux dynamiques mégalopolitaines.

Les conséquences de l'émergence de cette « économie d'archipel » sur le territoire français font l'objet de débats. Certains auteurs mettent en avant **la perte de l'ancrage régional et l'apparition de nouvelles discontinuités spatiales**. Ainsi, le quartier de La Défense entretient plus d'échanges avec la City londonienne qu'avec les zones d'activités des villes du Bassin parisien ; de même, le renouveau économique de Lille n'a eu que peu d'effets sur le développement du bassin minier, alors que les industries aéronautiques de Toulouse fonctionnent en réseau avec Hambourg et Londres, mais peu avec celles de leur région, à l'exception des sociétés de sous-traitance installées près de la ville. D'autres insistent, au contraire, sur les **nouvelles formes de territorialisation industrielle**. D'une part, la métropolisation témoigne d'un enracinement des firmes à l'échelle locale, qui valorise les avantages comparatifs des territoires urbains : compétences locales, qualité des infrastruc-

DÉFINITION

Gouvernance : ensemble des mesures, des organes de décision et d'information permettant d'assurer le bon fonctionnement d'un État, d'une institution ou d'une organisation publique ou privée.

5. Laurent Davezies.

tures, densité des réseaux sociaux et entrepreneuriaux accumulés au fil du temps. D'autre part, de nombreuses entreprises industrielles articulent avec succès insertion dans la compétition globalisée et maintien d'une forte base territoriale locale et/ou régionale. Ainsi, la DATAR[6] encourage, depuis les années 2000, l'organisation de « systèmes productifs localisés* » (SPL) spécialisés autour d'un produit ou d'un métier (textile autour de Cholet, plasturgie dans la région d'Oyonnax). L'évolution contrastée des villes moyennes témoigne de l'ambivalence de ces dynamiques [→ ZOOM CI-DESSOUS].

ZOOM ▶ Les villes moyennes dans la mondialisation

Les villes moyennes françaises sont souvent présentées comme faisant partie des plus touchées par les difficultés urbaines et socio-économiques. Fortement enracinées dans le récit territorial national, elles ont connu de profonds bouleversements au cours des trente dernières années : les réorganisations postfordistes ont fragilisé leur base productive, souvent faiblement diversifiée, tandis que le double effet de la métropolisation et de la contraction des dépenses publiques a affaibli leur capacité historique de polarisation de leur environnement rural. En somme, c'est le modèle de développement territorial des villes moyennes qui semble durablement remis en cause, au point que certains experts ont pu annoncer leur « disparition ». De nombreux travaux récents invitent pourtant à nuancer et à contextualiser ces représentations.

Si les bases industrielles des villes moyennes, souvent très spécialisées et à faible teneur technologique, ont été incontestablement fragilisées par la mondialisation, leurs capacités d'adaptation aux mutations en cours ne sont pas négligeables. Ainsi, des grappes productives innovantes se sont développées autour de villes moyennes comme Châtellerault (aéronautique) ou Cognac (agroalimentaire). Par ailleurs, la pérennité de leur fonction d'encadrement contribue à une certaine résilience de ces villes face à la crise. En réalité, les villes moyennes connaissent des dynamiques contrastées, largement déterminées par les systèmes territoriaux au sein desquelles elles s'inscrivent, notamment par leurs rapports aux métropoles environnantes. L'émergence, dans les pratiques quotidiennes comme dans les politiques publiques, de vastes pôles métropolitains associant une métropole régionale et plusieurs villes moyennes satellites attestent des rapports complexes qui se nouent entre les différents niveaux de la hiérarchie urbaine, entre concurrence, dépendance et complémentarité. Ainsi, la stratégie territoriale d'Albi, élaborée autour du triptyque patrimoine/université/innovation, constitue un exemple original de différenciation positive vis-à-vis de la métropole toulousaine voisine.

Enfin, depuis 2017, les villes moyennes ont été replacées au premier plan de l'agenda politique national. Le plan « Action cœur » de ville vise à favoriser le maintien ou le développement des fonctions commerciales et économiques dans les centres des villes moyennes, afin d'améliorer à la fois leur attractivité et le cadre de vie de leurs habitants. 222 d'entre elles, réparties sur l'ensemble du territoire national, ont signé une convention avec des partenaires publics et privés, qui programme un ensemble de projets inscrits dans les objectifs du plan. Alors que la crise sanitaire confère une nouvelle attractivité résidentielle à ces villes « à taille humaine » et à moindre coût, le gouvernement a amplifié ses efforts en faisant des villes moyennes les têtes de pont de la déclinaison territoriale du plan de relance.

b) À l'échelle de l'espace urbanisé : une spécialisation sociospatiale croissante

Les quartiers d'affaires, ou ***central business districts*** (CBD) dans la terminologie anglo-saxonne, constituent sans doute le type d'espace métropolitain le plus reconnaissable : urbanisme sur dalle, tours de bureaux, organisation autour d'un pôle multimodal de transports, exclusivité des activités tertiaires, marquages sociaux associés à une fréquentation diurne par des cadres. En France, le quartier de La Défense en est un cas à la fois pionnier et emblém-

DÉFINITION

Système productif localisé : organisation productive localisée autour d'un bassin d'emploi et mettant en relation diverses unités productives ayant des activités similaires ou complémentaires.

6. Devenue, depuis 2014, le Commissariat général à l'égalité des territoires (CGET).

tique (premier quartier d'affaires en Europe en termes de surface de bureaux), dont le modèle a été transposé dans la plupart des métropoles régionales (La Part-Dieu à Lyon, Mériadeck à Bordeaux, Euralille à Lille).

Le développement de CBD ne représente toutefois qu'un des aspects des **transformations fonctionnelles des zones centrales**, marquées notamment par : la disparition de la fonction de production, en lien avec la désindustrialisation ; une hyperconcentration des activités tertiaires à caractère directionnel ; de fortes tensions sur la fonction résidentielle, le prix de l'immobilier contraignant les populations modestes à délaisser le centre pour les périphéries, tandis que les élites urbaines et les « classes créatives » investissent les quartiers autrefois populaires (**gentrification***) ; une mise en tourisme, associée à de nouvelles pratiques festives et événementielles.

Le centre-ville constitue désormais une vitrine pour la métropole et un enjeu essentiel en termes de fréquentation touristique.

Mais **les périphéries urbaines sont également les réceptacles des dynamiques métropolitaines** : périurbanisation généralisée ; accueil des fonctions logistiques indispensables au fonctionnement métropolitain (aéroports, plateformes multimodales) ; installation de fonctions directionnelles et d'activités technologiques dans de nouvelles « centralités périphériques » (parcs d'activités, technopôles*) ; ouverture d'immenses centres commerciaux ; croissance et complexification des mobilités.

Plus généralement, **la métropolisation contribue à renforcer la spécialisation fonctionnelle et sociale des espaces urbains**. Ainsi, les quartiers les plus prospères côtoient, parfois sans transition, les secteurs de relégation ; plusieurs mondes urbains vivent en parallèle. Le sociologue Jacques Donzelot a évoqué une « **ville à trois vitesses** » pour rendre compte des logiques de séparation sociospatiale à l'œuvre depuis les années 1980 dans les aires urbaines façonnées par la mondialisation : les « grands ensembles » relégués, surtout présents dans certaines banlieues ; les espaces périurbains ; les centres embourgeoisés. Des travaux récents contestent cette vision et mettent en avant la complexité et l'**inscription à différentes échelles des dynamiques de recomposition socio-économique des espaces urbains**.

C. LA VALORISATION DES INTERFACES

1. Nouvelles échelles, nouvelles centralités

Fondée sur un développement des échanges au sein d'un marché unique garantissant la libre circulation des biens et des personnes, l'« euro-mondialisation » a profondément changé l'organisation et les représentations du territoire français. Dans un grand nombre de domaines, **l'échelle française seule n'a plus de sens**.

a) Internationalisation des flux et évolutions de l'accessibilité

Ainsi, **les trafics sur les réseaux français sont de plus en plus marqués par la dimension européenne**. Le trafic international représente désormais 40 % des tonnes-kilomètres transportées, porté notamment par la forte croissance des flux de transit : occupant une

DÉFINITIONS

Gentrification : phénomène urbain d'embourgeoisement, par lequel le profil économique et social des habitants d'un quartier se transforme au profit d'une couche supérieure.

Technopôle : parc d'activités à haute valeur ajoutée dont l'objectif est de créer des synergies entre production, recherche et formation. À différencier de « technopole » (sans accent), désignant une ville dont les fonctions lui permettent de jouer un rôle moteur dans la production de richesse et de développement.

position d'isthme, l'Hexagone est un **carrefour majeur au sein des pays de l'Europe de l'Ouest**. L'internationalisation des flux, mais aussi la promotion par l'Union européenne d'un réseau transeuropéen de transport, ont contribué à redessiner la France des transports : si l'axe principal nord-sud (Lille-Paris-Lyon-Marseille), superposant trafics routier, ferroviaire (TGV) et aérien, voit son importance renforcée, on assiste à l'émergence d'un corridor de circulation entre les péninsules Ibérique et Italienne par la plaine du Languedoc. Un autre couloir, d'importance moindre, relie le Benelux et la région parisienne à l'Espagne *via* Bordeaux.
Par ailleurs, **la mondialisation conduit à envisager la situation et l'accessibilité des territoires à de nouvelles échelles** : alors que l'organisation de la centralité française, marquée par la place dominante de Paris, dévalorisait les espaces périphériques, la position d'interface est désormais valorisée. Ainsi, l'interconnexion des systèmes de communication permet aux grandes villes frontalières du Nord et de l'Est de s'affirmer comme des carrefours, ou tout au moins des relais, entre la France et l'axe rhénan, principal corridor nord-sud européen [→ ZOOM].

ZOOM ▶ Le carrefour lillois

Sa situation frontalière, renforcée par la discontinuité des réseaux de transport entre la France et la Belgique, a longtemps fait de la capitale des Flandres un cul-de-sac hexagonal. L'ouverture internationale a bouleversé ce schéma : l'amélioration de l'équipement autoroutier (A1, A22, A23, A27) et surtout l'interconnexion entre les réseaux nationaux ont fait de Lille un carrefour majeur entre Europe du Nord et Europe du Sud. Cette accessibilité accrue a permis de décloisonner les marchés du travail régionaux et d'étendre l'influence de la métropole largement au-delà de la frontière. Mais le véritable tournant pour Lille a été l'ouverture du tunnel sous la Manche en 1994. Grâce à une forte mobilisation des acteurs régionaux et à l'autorité politique de Pierre Mauroy (qui était alors maire de Lille et Premier ministre), la SNCF a accepté de modifier le tracé de la ligne à grande vitesse entre Paris et Londres, initialement prévu sans étape jusqu'à Calais, pour desservir la ville. Lille devient alors le carrefour des axes TGV Paris-Londres, Paris-Bruxelles et Londres-Bruxelles. Cette situation à mi-chemin entre trois capitales et à proximité du plus puissant ensemble logistique européen (Anvers-Rotterdam-Amsterdam) constitue l'atout majeur d'un vaste plan de redynamisation économique, qui se traduit notamment par la construction d'un nouveau quartier d'affaires autour de la gare TGV Lille Europe (Euralille) et par l'essor de la plate-forme multimodale Delta 3 de Dourges, à 20 kilomètres au sud de la ville.

b) Hiérarchisation des transports et essor des grands *hubs*

Les réseaux de transport à haut niveau de service (lignes à grande vitesse et liaisons autoroutières) se sont développés de façon sélective : ils desservent principalement les territoires à forte concentration d'activités et de population, au premier rang desquels les métropoles, qui engendrent les flux les plus importants. Ainsi, en interconnectant seulement les plus grandes villes, **les transports rapides sont à la fois une cause et une conséquence de la métropolisation du territoire français**. À titre d'exemple, la maille du TGV impose des nœuds tous les 250 à 400 km, de telle sorte que de vastes zones interstitielles subissent un « effet tunnel* » : chaque ouverture de LGV a exclu des villes qui jouaient jusqu'alors un rôle de relais au sein des grands axes ferroviaires, comme Amiens (évitée au profit de Lille) ou Dijon (au profit de Lyon).

DÉFINITION

« Effet tunnel » : situation d'un espace traversé par un axe de transport, mais n'en bénéficiant pas. Ainsi, un espace éloigné des points d'accès d'une autoroute, de gares ou d'une ligne à grande vitesse (LGV) souffre d'un « effet tunnel ».

Le trafic aérien porte au paroxysme la logique de polarisation : les aéroports d'Orly et de Roissy captent 60 % du trafic passagers de la France métropolitaine et 90 % du fret [→ ZOOM, CI-DESSOUS]. La faiblesse des aéroports de province, dont aucun ne dépasse le seuil des 10 millions de passagers, est illustrée par l'absence de liaisons régulières transocéaniques (malgré le soutien des collectivités locales, la ligne Lyon-New York a rencontré un échec commercial récurrent).

ZOOM ▶ Le *hub* de Roissy

Alors que le poids démographique relatif de l'Île-de-France tend à se réduire depuis 20 ans, la concentration du trafic aérien à Orly et Roissy-Charles-de-Gaulle a continué de s'accentuer pour les passagers comme pour le fret. Cette polarisation est liée à l'application du modèle *hubs and spokes* (littéralement « moyeux et rayons »), développé aux États-Unis à la fin des années 1970 à la suite de la déréglementation du secteur aérien. La stratégie consiste à faire converger les lignes secondaires vers un aéroport unique, qui joue le rôle de plateforme de correspondance en assurant un nombre très important de connexions entre les villes. Disposer d'un aéroport « pivot », ou *hub*, est donc devenu un outil stratégique indispensable pour les grandes compagnies aériennes. Ainsi, la mise en place par Air France du *hub* de Roissy en 1996 est à l'origine, avec la création d'une alliance internationale avec la compagnie néerlandaise KLM, de son spectaculaire redressement au tournant des années 1990 et 2000. 117 villes, dont 90 étrangères, sont accessibles en aller-retour dans la journée, ce qui permet à la compagnie de drainer *via* Paris d'importants trafics en correspondance moyen/long-courrier. Air France capte également des passagers en correspondance train/avion grâce à la présence, au cœur de son *hub*, d'une gare TGV : des liaisons rapides sont proposées entre la Région Nord-Pas-de-Calais ou Bruxelles et le monde entier.

Toutefois, la pandémie de Covid-19 a porté un coup d'arrêt brutal au développement de la compagnie. Depuis le printemps 2020, la compagnie perd environ 15 millions d'euros par jour, en raison notamment d'un taux de remplissage moyen qui ne dépasse pas 30 %. Air France-KLM a besoin d'une recapitalisation à hauteur de 7 milliards d'euros pour assurer son avenir. La France et les Pays-Bas pourraient apporter respectivement 3 milliards et 1 milliard, tandis que le groupe veut lever 2 milliards d'euros de prêts hybrides sur les marchés.

Cette évolution concerne également le transport de marchandises : la réorganisation des modalités et des circuits de distribution des produits s'est traduite par l'émergence de nœuds de réception et de redistribution des marchandises, qui sont d'autant plus performants qu'ils accueillent plusieurs modes de transport et facilitent les ruptures de charge ou les transits. On parle alors de **plate-forme multimodale**, dont Roissy est également une illustration. La plate-forme Delta 3, inaugurée en 2003 à Dourges, dans le Pas-de-Calais, à une vingtaine de kilomètres au sud de la métropole lilloise, à proximité des grands foyers de production et de consommation de l'Europe du Nord, en est un autre exemple associant transport ferroviaire, fluvial et autoroutier.

Plus généralement, les distorsions de l'espace-temps engendrées par la vitesse ont de nombreuses conséquences sur le territoire : élargissement des aires de marché, multiplication des opportunités d'activités, mais aussi et surtout, renforcement de la concurrence entre les lieux et de leur spécialisation. Loin d'être facteur d'homogénéisation, **le développement des transports modernes est donc source de hiérarchisation et de différenciation spatiales**.

2. L'attractivité sélective des littoraux

La croissance et l'internationalisation des échanges maritimes ont conduit à faire des littoraux des espaces privilégiés de la mondialisation. En France, dès les années 1970, **plusieurs branches industrielles (sidérurgie, pétrochimie) ont été littoralisées** afin de bénéficier de l'abaissement des coûts de transport des matières premières. Ces implantations ont

reçu l'aide de l'État dans le cadre de l'aménagement du territoire, comme le site industrialo-portuaire de Dunkerque, mais les créations d'emplois ont été modestes et n'ont pas permis d'enclencher des dynamiques industrielles pérennes.
De même, **les principaux ports français ont pris tardivement le virage de la conteneurisation** et se trouvent aujourd'hui en retard sur leurs concurrents de la *Northern Range* pour Le Havre (Rotterdam, Anvers ou Hambourg) et du bassin méditerranéen pour Marseille (Algésiras en Espagne, Gioia Tauro en Italie). La France dispose pourtant d'un armateur puissant à l'échelle internationale : la compagnie CMA-CGM (troisième rang mondial dans le trafic de conteneurs), dont le siège se trouve à Marseille. De grands projets contemporains visent à combler ce retard par l'équipement des ports en infrastructures de stockage et de réception des conteneurs (Port 2000 au Havre, 4XL à Fos-sur-Mer).
Aujourd'hui, en même temps que déclinent les formes traditionnelles de mise en valeur (pêche, aquaculture), soumises à une rude concurrence, les littoraux sont investis par de **nouvelles dynamiques**, témoignant d'un « balnéotropisme » croissant : installation de retraités, développement des résidences secondaires, « mise en tourisme ». Mais ils sont aussi une terre d'accueil privilégiée des fonctions technopolitaines ; ainsi, l'installation de Sophia Antipolis à proximité de Nice a été le point de départ de la création d'un « arc méditerranéen technopolitain », incluant notamment Aix-Marseille et Montpellier. Ces évolutions conduisent à une **sélection croissante entre espaces dynamiques et espaces en déprise**, et à l'apparition d'importants conflits d'usage.

3. Les dynamiques des espaces frontaliers

a) Des espaces charnières

Les régions frontalières sont devenues des espaces charnières qui bénéficient **de nombreuses dynamiques économiques, sociales et politiques supranationales**, tendant à en faire de nouvelles centralités à l'échelle européenne.
Si la frontière n'est plus une rupture, elle continue cependant à représenter une discontinuité qui peut être source de **flux de natures diverses** : marchandises, capitaux, touristes et surtout travailleurs. En 2018, on estime à environ 360 000 (+ 44 % depuis 1999) le nombre de personnes résidant en France qui franchissent quotidiennement une frontière pour aller travailler dans les pays voisins, notamment en Belgique, au Luxembourg, en Allemagne et en Suisse ; seuls 11 000 résidents des pays européens voisins effectuent le trajet inverse. Cette dissymétrie s'explique par la recherche de salaires plus élevés ou par l'attractivité supérieure des marchés de l'emploi, alors que de nombreuses régions frontalières françaises ont connu de fortes pertes d'activités (déclin de l'industrie dans les régions du Nord et de l'Est).

b) Des coopérations transfrontalières multiples

Les régions frontalières sont aujourd'hui des **lieux privilégiés de coopération institutionnelle**. Les formes et les échelles de cette coopération sont multiples : agglomérations transfrontalières (binôme urbain Strasbourg-Ortenau, eurométropole franco-belge Lille-Courtrai-Tournai) ; coopérations infrarégionales (Regio Basiliensis, Pôle européen de développement de Longwy) ; eurorégions, qui élargissent l'espace frontalier au-delà de sa définition traditionnelle et développent des politiques spécifiques d'aménagement du territoire dans divers secteurs (économie locale, activités culturelles, institutions scolaires, réseaux de transport, protection environnementale). On recense ainsi sur le territoire français les eurorégions Kent-Nord-Pas-de-Calais entre France et Grande-Bretagne ; Saarlorlux entre France, Allemagne et Luxembourg ; Alpes-Méditerranée entre France et Italie ; etc. Lancé en 1984 par la CEE, **le programme Interreg a pour objectif d'encourager les programmes de coopération transfrontalière** par des dotations financières.

D'autres ensembles, marqués par des contours plus flous et par une moindre institutionnalisation, ont aussi vu le jour à plus petite échelle, notamment pour les régions océaniques qui ne sont pas en contact frontalier avec d'autres pays européens. Ainsi en est-il de l'Arc atlantique, qui regroupe un ensemble de régions dont le caractère périphérique semble se renforcer avec l'intégration des pays de l'Est au sein de l'UE. Cependant, malgré plusieurs décennies de lobbying, la capacité de ces régions à s'affirmer en Europe reste encore limitée et « beaucoup reste à faire pour construire une macrorégion qui ne serait pas une périphérie[7] ».

III. Enjeux et défis pour le XXIe siècle

A. GAGNANTS ET PERDANTS DE LA NOUVELLE DONNE TERRITORIALE

1. Des contrastes à toutes les échelles

La mondialisation apparaît désormais comme le principal facteur de compréhension des disparités territoriales. Une interprétation classique de ce constat tend à opposer des **territoires gagnants** à des **territoires perdants**. D'un côté, on trouverait, aux côtés des grands pôles urbains concentrant l'essentiel des activités marchandes et productives : les espaces agricoles productivistes ayant su tirer profit, non sans remises en question sociales et environnementales, de la politique agricole commune : régions de grande culture céréalière mécanisée du Bassin parisien, régions d'élevage intensif ayant développé des systèmes hors-sol comme en Bretagne ; les espaces technopolitains des régions de l'Ouest et du Sud, bénéficiant de l'influence de métropoles dynamiques ; les bassins d'emploi spécialisés s'appuyant sur un dense réseau de PMI innovantes. D'un autre côté, se rassembleraient les territoires marginalisés et/ou appauvris par la mondialisation : espaces agricoles en difficulté, aux exploitations trop petites et insuffisamment modernisées (moyenne montagne) ; diagonale des faibles densités, marquée par la déprise socioéconomique et le manque d'accessibilité ; vieilles régions industrielles (du Nord et de l'Est) en cours de reconversion ; bassins d'emploi de villes moyennes monofonctionnelles ou de foyers portuaires en déclin.

Il convient toutefois de nuancer cette approche. D'une part, à la suite des travaux de Laurent Davezies, on sait qu'il y a parfois **disjonction entre insertion économique, richesse et développement local**. Ainsi, dans de nombreux territoires, la source du dynamisme provient non des activités productives, mais des revenus du secteur public (salaires des fonctionnaires), de la consommation des résidents secondaires et des touristes, des prestations sociales et des retraites. Cette « **économie résidentielle*** » rend la lecture des disparités territoriales plus complexe : une région comme le Limousin dispose d'un revenu net (après impôts et transferts) par habitant proche de la moyenne nationale, alors que son PIB par habitant est inférieur de près de 20 % à cette même moyenne. D'autre part, **l'ins-**

DÉFINITION

Économie résidentielle : économie fondée sur la consommation de la population réellement présente sur un territoire (résidents permanents et touristes). Pour sa part, l'Insee a retenu l'expression « économie présentielle » pour nommer cette sphère économique qui se distingue donc des activités productives réalisées par les entreprises implantées sur un territoire.

7. Raymond Wœssner.

cription spatiale des difficultés est de plus en plus microgéographique et n'isole que rarement des régions continues : les plus fortes inégalités de revenus ne se trouvent-elles pas au cœur même de l'Île-de-France ? Comme le rappelle le géographe Roger Brunet, « le territoire français a plus d'une pente ».

2. Des différenciations renouvelées par la crise

Au début de l'année 2021, et en attendant une large diffusion d'un vaccin fiable, la France n'est pas encore sortie de la crise économique provoquée par la pandémie de Covid-19. En dépit de plusieurs signaux encourageants (progression des investissements des entreprises, reprise de la consommation des ménages, légère décrue du chômage), l'économie peine à enclencher une nouvelle dynamique de croissance. Il est vrai que les quinze dernières années ont été marquées par de nombreuses turbulences.

La crise financière de 2008 a été davantage une crise de la production : la valeur ajoutée de nombreux secteurs s'est effondrée dans presque tous les pays occidentaux. Cependant, la France a été relativement épargnée : la baisse du PIB n'a pas été accompagnée par un recul de la consommation des ménages, ni par une réduction de la masse salariale. La protection du modèle social français, fondé sur l'emploi public et sur la consommation, a limité le contrecoup. Mais **ces amortisseurs publics ont été à leur tour fortement fragilisés** à la suite de la crise de la dette souveraine, qui a explosé véritablement en 2011. Ce double retournement a fait émerger de **nouvelles inégalités territoriales**, qui ont fait l'objet d'analyses controversées. Alors que le géographe Christophe Guilluy oppose de façon schématique une « France métropolitaine », bien insérée dans la mondialisation, à une « France périphérique », plutôt rurale et périurbaine, marginalisée socialement et spatialement, Laurent Davezies présente pour sa part l'image d'une France « à plusieurs vitesses » : la France « marchande dynamique » des métropoles technopolisées (40 % de la population) ; la France du Sud-Ouest « non marchande dynamique » du fait des revenus issus de la consommation touristique et résidentielle ; la France « marchande en difficulté », incluant les territoires touchés par l'infléchissement de l'industrie ; enfin, la France « non marchande en difficulté » sans base économique solide et fortement dépendante des dépenses publiques. Toutefois, la plupart des travaux scientifiques récents invitent à dépasser ces oppositions par trop schématiques et à prendre acte du **caractère généralisé de la métropolisation** [→ ZOOM]. Ce processus disloque les ordonnancements territoriaux et crée des inégalités partout et à toutes les échelles, au sein des métropoles comme en dehors d'elles.

B. LES DILEMMES DE L'AMÉNAGEMENT DU TERRITOIRE

1. De nouveaux acteurs

Enfin, les dynamiques de mondialisation ont contribué à l'émergence d'autres logiques territoriales et d'action publique. Cette recomposition s'est opérée autour de deux axes, remettant en question le modèle d'État-nation à la française à la fois **par le haut** et **par le bas**. D'un côté, les lois de **décentralisation** de 1982-1983, complétées en 2002-2004 (« Acte II ») et en 2014-2016 (« Acte III »), ont débouché sur une nouvelle organisation administrative accordant aux collectivités locales (régions, départements, intercommunalités, métropoles, communes) des compétences territoriales avec des capacités d'investissements, en matière d'infrastructures par exemple. D'un autre côté, **l'aménagement du territoire français dépend de plus en plus des objectifs, des acteurs, des financements des politiques de l'Union européenne**. Ainsi, la France a obtenu 15,5 milliards d'euros pour la période 2014-2020 au titre de la politique européenne de cohésion économique, sociale et territoriale.

ZOOM ▶ Des « deux France » à la démultiplication des inégalités

La rhétorique des « deux France » s'inscrit dans une histoire longue : l'est urbain et industrialisé contre l'ouest rural et paysan au XIXe siècle ; Paris et le « désert français » au lendemain de la Seconde Guerre mondiale; la « diagonale du vide » des années 1970. Ces lignes de fracture se fondaient, au moins partiellement, sur des observations objectives et rendaient compte au moins autant des oppositions que des complémentarités entre les territoires. Au contraire, la notion de « France périphérique » et ses variantes se bornent à postuler un clivage irréductible entre des territoires « gagnants » et des territoires « perdants ». Pourtant, des dizaines de travaux de sciences sociales ont documenté de manière beaucoup plus précise et rigoureuse les effets inégalitaires de la mondialisation sur les sociétés et sur les territoires. On peut en rappeler ici quatre de leurs principaux résultats.

(1) Les grandes transformations socio-économiques des quarante dernières années, comme la tertiarisation de l'économie et la polarisation de la société, ont concerné **tous les types de territoires** dans des proportions assez comparables, y compris entre les métropoles (hors Île-de-France) et le reste du pays. Ainsi, la part des ouvriers et des employés a décliné de manière continue et régulière depuis 1980 dans les espaces ruraux aussi bien qu'urbains. Contrairement à de nombreuses idées reçues qui voudraient faire des franges périurbaines et rurales les lieux d'ancrage des nouvelles classes populaires, le cœur des villes accueille encore, en stock, une large majorité d'entre eux.

(2) Les disparités territoriales ne distinguent plus nettement telles ou telles catégories (urbain / rural, Paris / Province, métropoles / France périphérique); elles s'inscrivent désormais à des **échelles fines au sein de tous les territoires**. Ainsi, les grandes villes sont à la fois des lieux privilégiés de concentration des richesses et des points de fixation de la pauvreté; les ménages aux faibles niveaux de vie y sont fortement surreprésentés, y compris dans les métropoles régionales les plus dynamiques, comme Lyon ou Toulouse. Au contraire, de très nombreux territoires non métropolitains sont en bonne santé démographique et économique. Avec un taux de chômage de 5 % et un taux de pauvreté de 12 %, le département du Cantal, souvent cité comme emblème de la France périphérique, pourrait presque apparaître comme un havre de prospérité en regard d'une des métropoles les plus attractives de France, Montpellier (13 % de chômeurs et 19 % de pauvres).

(3) Selon les points de vue, les temporalités et les indicateurs considérés, **on trouve des « gagnants » et des « perdants » partout en France**, dans des combinaisons diverses et labiles. Non seulement les difficultés ne sont pas toujours cumulatives, mais elles dépendent désormais moins des « stocks » (la population et l'emploi sur place) que des « flux » (les mobilités résidentielles et quotidiennes). Ainsi, la géographie de la décroissance démographique ne dessine plus une « diagonale du vide » immuable mais la dispersion de poches cumulant déficits naturel et migratoire, notamment dans les franges sud (Berry) et est (Ardennes, plateau de Langres) du Bassin parisien. Au cœur de la région capitale, la Seine-Saint-Denis est le 7e département de France métropolitaine pour la richesse produite, mais l'avant-dernier pour le revenu médian des ménages: suivant un mécanisme de sas, plus les populations s'insèrent et déménagent, plus les quartiers s'appauvrissent.

(4) En France plus qu'ailleurs en Europe, et plus encore que dans les autres pays industrialisés, les impacts de la mondialisation sont partiellement compensés par de **puissants mécanismes de redistribution à la fois sociale et territoriale**. Fondés sur un système complexe de prélèvements et de transferts, adossés à une fonction publique nombreuse et présente dans l'ensemble du territoire national, ces mécanismes ont permis de faire de la France l'un des pays les moins inégalitaires de l'OCDE. Ainsi, les contrastes interrégionaux y sont nettement moins prononcés qu'en Allemagne, en Italie ou en Grande-Bretagne; à l'échelle départementale, les inégalités de revenus n'ont jamais été aussi faibles que dans les années 2010. Par ailleurs, un réseau de services et d'équipements publics dans les espaces peu denses a été déployé au nom de l'équité territoriale. Ces filtres expliquent, dans une large mesure, la moindre progression des inégalités en France que chez ses voisins depuis les crises de 2008 et de 2011. De même, l'État n'a jamais « abandonné » les campagnes et les villes petites et moyennes au profit des métropoles, comme le voudrait une vulgate simpliste relayée par certains essayistes et responsables politiques. En matière de dotations par habitant, la banlieue lyonnaise est nettement moins bien lotie que la Haute-Loire, alors que les difficultés sociales y sont autrement plus intenses. Quant aux déserts médicaux, ils se trouvent aussi bien dans certaines campagnes isolées qu'en Île-de-France. Toutefois, la contraction des dépenses de l'État et des collectivités ainsi que les injonctions récurrentes à la « rationalisation » des politiques publiques ont incontestablement fragilisé de nombreux territoires. Les nombreuses revendications des Gilets jaunes exigeant plus de « justice spatiale » rappellent que les Français sont à la fois profondément attachés à ce modèle protecteur et de plus en plus inquiets des conséquences des réformes passées et en cours sur son fonctionnement et son avenir.

2. L'enjeu de l'accessibilité

Tel est le cas, notamment, des politiques de transport. Depuis 1994, l'Europe promeut la constitution d'un réseau transeuropéen de transport (RTE-T), fondé sur un ensemble de projets prioritaires visant la **réalisation d'un espace communautaire unifié**. En France, les principaux projets concernent le raccordement TGV/ICE à Strasbourg, la LGV Rhin/Rhône, le tunnel entre Lyon et Turin, et la LGV languedocienne entre Barcelone et Montpellier. Dans ce contexte, les politiques de transport sont soumises à des **exigences contradictoires** : la volonté de réduire les inégalités de desserte et de garantir à tous les territoires un niveau satisfaisant d'accessibilité se heurte à la nécessité de renforcer l'équipement en liaisons de haut niveau des espaces les plus dynamiques et les plus ouverts. Les pressions croissantes sur les budgets publics consacrés aux transports donnent à ce débat une acuité particulière : d'un côté, le saupoudrage risquerait de pénaliser les espaces moteurs du pays dans la compétition internationale ; de l'autre, une sélection trop rigoureuse des projets pourrait conduire à l'extension des zones marginalisées.

En 2007, le **Grenelle de l'environnement** a marqué une inflexion vers une prise en compte accrue du développement durable. D'un côté, le développement des capacités routières et aéroportuaires a été strictement limité. De l'autre, une priorité politique et financière a été accordée aux transports collectifs ferroviaires et fluviaux. Toutefois, de nombreux observateurs estiment que la crise économique conduit les décideurs à sacrifier les exigences écologiques sur l'autel de la compétitivité du pays. Si la construction du nouvel aéroport de Nantes sur le site contesté de Notre-Dame-des-Landes a finalement été abandonnée le 17 janvier 2018, cette tension s'est de nouveau manifestée avec acuité lors de la crise des Gilets jaunes, déclenchée par l'augmentation de la taxe intérieure de consommation sur les produits énergétiques (TICPE).

3. L'enjeu de la compétitivité

Plus généralement, en matière d'aménagement du territoire, après plusieurs décennies de politiques visant à réduire les déséquilibres spatiaux, **priorité est désormais donnée au renforcement de la compétitivité des territoires**. En témoignent notamment la baisse des aides étatiques aux espaces industriels en difficulté et la mise en place en 2005 des « pôles de compétitivité ».

Prenant le relais du développement des technopôles dans les années 1970 (Sophia Antipolis, ZIRST de Meylan), cette politique se caractérise par le regroupement sur un même site d'entreprises, d'établissements d'enseignement supérieur et d'organismes de recherche ayant vocation à travailler en synergie pour mettre en œuvre des projets innovants de développement économique. Bénéficiant d'exonérations fiscales, ces pôles hiérarchisés sont avant tout situés dans les grandes métropoles : l'Île-de-France en possède huit, dont quatre « mondiaux » ou à « vocation mondiale » (Finance Innovation, Medicen Paris Region, Systematic, Cap Digital). De la même façon, un petit nombre de « campus d'excellence », localisés dans les principales aires urbaines du pays, ont été retenus par le gouvernement pour devenir la vitrine scientifique de la France à l'échelle mondiale.

Les collectivités territoriales participent également de cette recherche de compétitivité. Régions, villes, intercommunalités mettent en place de véritables **stratégies de marketing territorial** pour devancer leurs concurrentes et attirer des capitaux, des activités performantes, des populations qualifiées, des institutions internationales, mais aussi des évènements culturels, sportifs ou politiques. Ainsi, Marseille a largement profité de son statut de « capitale européenne de la culture » pour l'année 2013 afin d'améliorer sa place et son image

ZOOM ▶ Lyonbiopôle

Lyonbiopôle est un pôle de compétitivité à vocation mondiale qui a pour objectif de conforter la position dominante de la région lyonnaise dans le domaine biotechnologies (28 000 emplois) et, en particulier, dans celui des vaccins. Il repose sur l'engagement de grandes entreprises lyonnaises comme BioMérieux, Sanofi Pasteur (filiale de Sanofi-Aventis spécialisée dans les vaccins) et Mérial, de PME-PMI locales, de firmes étrangères, d'acteurs universitaires et hospitaliers, d'institutions publiques (le CEA à Grenoble), mais aussi des collectivités territoriales (le Grand Lyon ou la Région Rhône-Alpes). Lyonbiopôle s'appuie sur un dense réseau industriel local : depuis 1990, environ 50 PME et start-up ont été créées dans le secteur des sciences de la vie dans la région. Les nombreux partenariats industriels à l'échelle mondiale et l'insertion des acteurs régionaux de la recherche dans des réseaux européens contribuent à la visibilité du pôle de compétitivité à l'échelle internationale.

dans la compétition entre grandes villes du bassin méditerranéen. Dans une autre perspective, la récente réforme de la carte administrative régionale opérée par la loi NOTRe*, qui clôt l'« acte III » de la décentralisation mis en œuvre sous la présidence de François Hollande, vise à renforcer les compétences et le poids économique des régions et des grandes villes à l'échelle européenne.

Enfin, le double processus de métropolisation et d'ouverture accrue de l'économie française explique l'évolution du regard porté par les aménageurs sur la prééminence macrocéphale de la capitale française. Considéré comme une pathologie au lendemain de la Seconde Guerre mondiale, **le poids de Paris est de plus en plus analysé comme un atout de la France dans une économie globalisée** : avec près de 680 milliards d'euros de PIB en 2019, soit 31 % du PIB national et plus que l'Irlande ou la Belgique, l'Île-de-France est le principal « joker territorial[8] » de la compétitivité du pays. C'est ainsi qu'est né en 2007 le projet du Grand Paris, dont l'objectif affiché est d'accroître l'attractivité de la région capitale pour soutenir l'économie française [→ ZOOM CI-APRÈS].

Dans ces conditions, les politiques publiques seront-elles obligées de choisir inévitablement entre la cohésion territoriale, la sobriété écologique et la compétitivité économique ? Quels seront les mécanismes de régulation territoriale les plus efficaces ? Faudra-t-il aider les lieux en crise (au travers d'actions de sauvetage) ou, à l'inverse, aider les gens à quitter ces aires en panne (« *people to jobs or jobs to people?* ») ? Ces dilemmes et ces questions seront au cœur de l'action publique territoriale dans les dix ou vingt prochaines années.

Pour aller plus loin

Le rapport de Terra nova : « Après la décentralisation : 15 propositions pour refonder l'action territoriale »
liennathan.fr/e2wa54

DÉFINITION

Loi NOTRe : la loi du 7 août 2015 portant « nouvelle organisation territoriale de la République » a pour objet principal de renforcer les compétences des régions et des établissements publics de coopération intercommunale, en particulier par la création des 14 « métropoles » institutionnelles.

8. Laurent Davezies.

ZOOM ▶ Le projet du Grand Paris

Le projet du Grand Paris lancé en 2007 a été pour l'essentiel réduit au « Grand Paris Express », qui articule la mise en place d'un métro avec le développement économique et social de territoires définis comme stratégiques, sur la base de « contrats de développement territorial » (CDT). Un compromis qui ne masque pas les incertitudes financières : la construction des quatre lignes du Grand Paris Express est estimée à 26,5 milliards d'euros.

Les lois MAPTAM* et Notre mettent en place une métropole « intégrée », constituée d'un nouvel établissement public de coopération intercommunale (EPCI). Depuis 2016, la Métropole du Grand Paris (MGP), regroupant la ville de Paris et 130 communes (toutes celles de la petite couronne - Hauts-de-Seine, Seine-Saint-Denis et Val-de-Marne - ainsi que sept communes de la grande couronne), soit près de sept millions d'habitants. Les communes membres de la métropole (sauf Paris) sont par ailleurs réparties en onze EPCI, qui se partagent les compétences avec la MGP (chargée notamment du logement et de l'urbanisme), mais aussi la région (responsable des transports).

Le millefeuille administratif qui prévaut encore justifiait la création d'un échelon de décision identifiable, mais les rivalités politiques ont vidé la MGP de la plus grande partie des attributions prévues à l'origine. Les territoires du Grand Paris concentrent la richesse mais aussi les disparités territoriales et sociales les plus criantes de France, entre emplois précaires et postes à haute rémunération, quartiers en grande difficultés et zones de spéculation immobilière. Un rapport de 2018 estime au minimum à 160 000 les créations d'emplois lorsque les lignes du métro, qui bénéficieront à 2 millions de Franciliens, seront terminées. Elles sont aussi supposées doper l'emploi dans des bassins peu dynamiques, et peut-être limiter ainsi les déplacements (en 2014 un francilien passait chaque jour en moyenne 1 heure 20 dans les transports).

DÉFINITION

Loi MAPTAM: la loi du 27 janvier 2014 de modernisation de l'action publique territoriale et d'affirmation des métropoles, dite « loi MAPTAM », a notamment créé plusieurs métropoles, dont trois dotées de règles particulières: la Métropole du Grand Paris [VOIR CI-DESSUS]; la métropole d'Aix-Marseille-Provence, en fusionnant les six intercommunalités dont au moins une des communes appartient à l'unité urbaine de Marseille; la métropole de Lyon, qui remplacera la communauté urbaine de Lyon et exercera, sur son périmètre, les compétences du département du Rhône. Quatorze autres métropoles dites « de droit commun » ont été créées au 1er janvier 2015.

La région parisienne en 2019 : quelques chiffres clés

12,1 millions d'habitants
1 010 hab./km²

12 012 km²

707 000 étudiants

6,3 millions d'emplois

54,2 millions de m² de surface de bureau

680 milliards de PIB
55 227 € de PIB/hab.

1 093 000 entreprises
1 210 000 sites
212 000 entreprises créées en 2019
11 500 entreprises en faillite en 2019

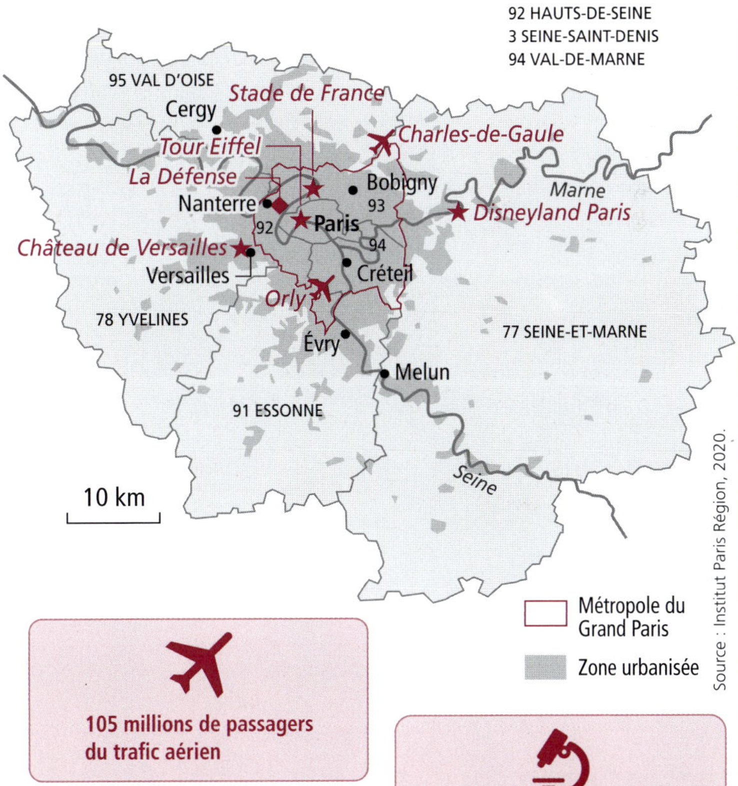

Source : Institut Paris Région, 2020.

105 millions de passagers du trafic aérien

7 gares de TGV
19 millions de passagers du trafic ferroviaire

143,9 milliards d'importations
89,8 milliards d'exportations

162 000 emplois dans la R&D
115 000 chercheurs
19,8 milliards d'euros d'investissement dans la R&D

18 LA PLACE ET LE RÔLE DE LA FRANCE DANS LE MONDE : HÉRITAGES ET PERSPECTIVES

Fière de sa culture, de sa langue et de son héritage politique (Déclaration des droits de l'homme), la France a toujours prétendu être **porteuse d'une vocation universelle**. Toutefois, si elle a conservé une influence diplomatique et culturelle qui dépasse le cadre européen, **son rôle mondial a été fortement remis en question au cours des dernières décennies**. Son insertion contrastée dans la mondialisation, marquée par des réussites notables, mais aussi par des fragilités récurrentes et par l'émergence de nouveaux concurrents, fait que la France a de plus en plus de mal à trouver sa place dans un monde où on l'attend de moins en moins. Ce décalage croissant entre des ambitions toujours élevées et une tendance au repli économique et diplomatique alimente la **rhétorique du « déclin français »**.

Pourtant, si la France ne peut plus être considérée comme une grande puissance, elle joue encore un rôle notable dans les affaires du monde. Avec moins de 1 % de la population mondiale et de 0,5 % des terres émergées, l'Hexagone a conservé des **atouts notables** : le cinquième ou sixième produit intérieur brut du monde, un siège permanent au Conseil de sécurité de l'ONU, la maîtrise de l'arme nucléaire, une image de marque culturelle et patrimoniale reconnue dans le monde entier, incarnée par sa capitale, Paris, une des premières destinations touristiques de la planète.

Comment faire vivre et fructifier cet héritage dans un contexte de plus en plus incertain, marqué par une compétition économique croissante et l'apparition de nouveaux enjeux géopolitiques, mais aussi par l'installation durable de la menace terroriste ? Dans quelle mesure la France parviendra-t-elle à renouveler les ressorts classiques de sa puissance et à les articuler avec ceux de ses voisins européens ?

Notions principales

Françafrique : ensemble des relations politico-économiques croisées, souvent opaques, entre la France et son ancien empire colonial africain.

Altermondialisme : ensemble des mouvements de la société civile critiques du cours néolibéral de la mondialisation.

CHRONOLOGIE

1945 : La France obtient un siège permanent (avec droit de veto) au Conseil de sécurité de l'ONU.

1957 : Le traité de Rome institue la Communauté économique européenne (CEE) ; la France en est l'un des membres fondateurs.

1960 : Premier essai nucléaire souterrain sur le site algérien de Reggane.

1962 : Création de la politique agricole commune (PAC).

1970 : Création de l'Agence de coopération culturelle et technique, devenue Organisation internationale de la francophonie.

1975 : Création du G7 (G6 à l'époque) à l'initiative de Valéry Giscard d'Estaing (« discuter des affaires du monde sans une armée de conseillers »).

1992 : Le traité de Maastricht institue l'Union européenne.

1998 : Création de l'association altermondialiste Attac.

2005 : Le « non » l'emporte lors du référendum sur la Constitution européenne.
2008 : Présidence française de l'Union européenne.
2009 : Réintégration de la France dans le commandement intégré de l'OTAN.
2011 : Présidence française du G8/G20.
2013 : Opérations Serval au Mali.
2015 : Attentats perpétrés par l'organisation terroriste EI à Paris.
2016 : Signature du contrat de vente de 36 avions de combat Rafale à l'Inde.
2018 : 70 chefs d'État et de gouvernement, dont V. Poutine et D. Trump, sont présents à Paris pour commémorer le centenaire de l'armistice de la Première Guerre mondiale.
2020 : Manifestations dans plusieurs pays musulmans contre la republication des caricatures de Mahomet par *Charlie Hebdo*
2024 : Jeux Olympiques de Paris

I. Une puissance intermédiaire dans un monde en mutation

A. UNE PRÉSENCE SINGULIÈRE À L'ÉCHELLE INTERNATIONALE

1. L'héritage colonial

Constitué à partir du XVIe siècle, l'empire colonial français a connu une évolution contrastée. Le premier espace colonial comprend des territoires nord-américains, quelques îles des Antilles (Saint-Domingue, Martinique, Guadeloupe) et des établissements épars en Inde et en Afrique. Malgré les pertes consécutives à la guerre de Sept Ans en 1763 (Canada et Inde), il connaît une certaine prospérité grâce aux exportations de sucre et de café. Un second espace colonial, constitué à partir des années 1830, se compose principalement de régions d'Afrique conquises à partir des anciens comptoirs, mais aussi d'Asie (Indochine) et d'Océanie (Polynésie française, Nouvelle-Calédonie). **À son apogée, en 1939, il est le deuxième plus vaste du monde** (13 millions de kilomètres carrés), loin toutefois derrière l'empire colonial britannique.
Aujourd'hui, les héritages territoriaux de cette colonisation (« confettis de l'empire ») couvrent 121 000 km^2 et correspondent à une douzaine de possessions insulaires dans l'Atlantique, les Antilles, l'océan Indien, le Pacifique sud, au large de l'Antarctique, ainsi que la Guyane. Elles sont peuplées par environ 2,7 millions d'habitants, qui jouissent d'une représentation politique au niveau national, ainsi que de divers degrés d'autonomie. Ces territoires assurent à la France une **présence territoriale partout dans le monde et lui confèrent des avantages géostratégiques**. Ainsi, la Polynésie a servi de base aux essais nucléaires, alors que la Guyane accueille le Centre spatial français et européen de Kourou.
Par ailleurs, **la France a gardé des liens économiques et diplomatiques privilégiés avec ses anciennes colonies**. Ainsi, en Afrique subsaharienne, le franc CFA (franc de la Communauté financière africaine) a été pendant soixante ans la monnaie commune à quinze pays issus de la désagrégation de l'ancien empire colonial français. Ce système monétaire était fondé sur quatre principes, témoins du rôle déterminant de la France dans son fonctionnement : la centralisation des réserves de change au Trésor public français, la fixité de la parité franc CFA/euro, la libre convertibilité du franc CFA à l'euro, la libre circulation des capitaux entre la France et les pays africains de la zone franc. En décembre 2019, les présidents français Emmanuel Macron et ivoirien Alassane Ouattara ont annoncé à Abidjan la disparition à

venir du franc CFA et son remplacement par l'éco. Désavoué par une part grandissante des opinions publiques africaines, le coût politique de cette monnaie était devenu trop lourd pour le chef de l'État français qui, depuis son arrivée à l'Élysée, affiche la volonté de construire une nouvelle relation débarrassée des « vestiges » du passé avec les pays africains. Mais si la France cesse d'être cogestionnaire de la nouvelle monnaie, elle en demeure le garant financier.

2. La France d'outre-mer

La France d'outre-mer regroupe l'ensemble des territoires sous souveraineté française situés hors du continent européen. Majoritairement issus de la première colonisation, ils ont connu des **évolutions contrastées** au cours des vingt dernières années. Sur le plan politique, la décentralisation **s'est amplifiée** et l'autonomie a progressé, de façon parfois chaotique. Ainsi, la Nouvelle-Calédonie a connu une dizaine de statuts et trois référendums d'autodétermination depuis 1956, dans un contexte de conflictualité latente entre Kanaks (population mélanésienne) et Caldoches (majoritairement européens).

Au contraire, la **dépendance économique vis-à-vis de la métropole**, héritage de l'exploitation coloniale, s'est accentuée. Les processus locaux de développement financier, industriel et commercial demeurent modestes et incertains : activité spatiale en Guyane, extraction et transformation du nickel en Nouvelle-Calédonie, tourisme en Polynésie française. Les liens avec les pays voisins restent peu développés, à l'exception de la Nouvelle-Calédonie, qui possède l'un des ports les mieux équipés du Pacifique sud, Nouméa.

Les dynamiques spatiales des territoires d'outre-mer traduisent ces évolutions : les chefs-lieux, en contact direct avec la métropole, ne cessent de se développer et de s'étendre aux dépens des marges, îles périphériques ou espaces ruraux intérieurs ou éloignés. **La métropolisation y prend ainsi une forme spécifique et accentuée.** Sur le plan social, la relative prospérité des populations ultramarines est largement artificielle, car elle repose essentiellement sur les transferts publics de Paris ou de Bruxelles.

ZOOM ▶ Les statuts de l'outre-mer français

L'acronyme DOM-TOM (départements et territoires d'outre-mer) était jusqu'en 2001 couramment utilisé pour synthétiser la variété des statuts juridiq2ues de ces terres. Depuis la révision constitutionnelle de 2003, cette appellation a été progressivement remplacée par DOM-COM ou DROM-COM. Celle-ci inclut :

– **les départements et régions d'outre-mer** (DROM), dont le statut est le même que celui des départements et des régions de métropole (depuis 1946 : Guadeloupe et dépendances, Martinique, Guyane, Réunion ; depuis 2011 : Mayotte, qui a seulement un conseil général). Ils peuvent être habilités à fixer eux-mêmes les règles applicables sur leur territoire dans un nombre limité de domaines. Les DROM sont des régions ultrapériphériques de l'Union européenne (Mayotte depuis le 1er janvier 2014) ;

– **les collectivités d'outre-mer** (COM), territoires aux statuts divers : Saint-Pierre-et-Miquelon, déclarée « collectivité territoriale de la République française » ; Saint-Barthélemy et Saint-Martin, détachés de la Guadeloupe le 15 juillet 2007 ; Wallis-et-Futuna, déclaré « territoire d'outre-mer » ; la Polynésie française, qui a le statut particulier de « pays d'outre-mer » (POM), lui accordant une autonomie plus large ;

– **la Nouvelle-Calédonie**, qui constitue une collectivité *sui generis* et où deux référendu d'autodétermination sur l'indépendance ont été organisés en 2018 et 2020 (un troisième étant prévu en 20222) ;

– **les Terres australes et antarctiques françaises (TAAF)**, comme l'îlot Tromelin, qui disposent d'une administration propre, basée à la Réunion ;

– **l'île Clipperton,** qui fait partie des propriétés domaniales de l'État.

ZOOM ▶ Le Centre spatial guyanais

La décision de construire le Centre spatial guyanais (CSG) date de 1964, après l'abandon du site de lancement algérien d'Hammaguir. Le choix de la Guyane fut dicté par plusieurs facteurs: une latitude favorable (proximité de l'Équateur); une localisation optimale par rapport aux grands foyers de peuplement; une situation à l'abri des cyclones et des grands séismes; de vastes disponibilités foncières, permettant l'aménagement d'une zone de 750 km². À partir de 1977, le programme Ariane, sous l'impulsion de l'Agence spatiale européenne, assure le développement du centre. En 40 ans, près de 300 fusées ont décollé depuis le site de Kourou, essentiellement pour le lancement de satellites de télécommunications. Les 1 500 emplois du CSG induisent près de 8000 emplois indirects, soit 16 % de la population active de la Guyane et 30 % de la masse salariale.

3. La France, puissance maritime en devenir?

La France possède des territoires dans tous les océans, ce qui lui donne une **place stratégique dans le contrôle des mers**, de leurs trafics et de leurs ressources de toutes sortes (pêche, gisements minéraux sous-marins). En effet, en matière maritime, les droits de souveraineté s'exercent dans le cadre de zones économiques exclusives* (ZEE).

Au total, la ZEE française, qui a bénéficié d'une extension récente [→ ZOOM], représente près de **12 millions de km²**, dont la moitié outre-mer. **La France est ainsi, selon ce critère, la deuxième puissance maritime mondiale** derrière les États-Unis et loin devant l'Australie.

ZOOM ▶ L'extension au plateau continental

La Convention de Montego Bay permet aux États côtiers d'étendre leur plateau continental jusqu'à une limite maximale de 350 milles, s'ils peuvent démontrer scientifiquement que leur territoire terrestre se prolonge sur le fond des océans. Toutefois, les droits sur cette zone ne s'exercent que sur le sol et le sous-sol marin, et non sur la masse d'eau, qui reste du domaine international. La France a engagé des démarches en ce sens auprès de la Commission des limites du plateau continental (CLPC), aboutissant, en 2015, à des extensions substantielles de sa ZEE autour de la Guyane (72000 km²), des îles Kerguelen (423000 km²), de la Martinique et de la Guadeloupe (8000 km²), et de la Nouvelle-Calédonie (76000 km²). D'autres procédures sont en cours; ainsi, les autorités ont investi près de 30 millions d'euros depuis 2003 en missions et études diverses liées à l'extension du plateau continental afin de renforcer la souveraineté de la France et de sécuriser de futures opérations de prospection des fonds marins.

Parfois âprement disputées, comme en témoigne le contentieux non résolu entre la France et le Canada autour de Saint-Pierre-et-Miquelon, ces ZEE constituent un potentiel encore largement inexploité [→ ZOOM].

DÉFINITION

Zone économique exclusive: le droit de la mer est régi par la Convention des Nations unies du 10 décembre 1982 (dite « Convention de Montego Bay »). Les ZEE comprennent, à partir de la limite moyenne atteinte par les marées sur le littoral: les eaux territoriales (12 milles marins), la zone dite « contiguë » (12 milles), une zone d'exclusivité en matière d'exploration et d'exploitation des fonds marins, dont la largeur est limitée à 200 milles marins depuis la ligne de base.

ZOOM ▶ La ZEE de Polynésie

La ZEE de Polynésie représente près de 40 % de la ZEE française. Elle est essentielle à l'économie locale en raison de la diversité des activités qui s'y pratiquent : pêche, aquaculture, tourisme. Cette ZEE présente aussi d'autres potentiels qui pourraient être développés à moyen et long termes, notamment la pêche hauturière ou l'exploitation des ressources minérales et des énergies renouvelables. La France y exerce sa responsabilité en veillant à la gestion durable des milieux et à la sécurisation maritime (lutte contre les trafics et la pêche illicites), ainsi qu'en organisant des opérations de secours en mer et de prévention des risques majeurs.

B. UNE PLACE NOTABLE, MAIS FRAGILISÉE, DANS L'ÉCONOMIE MONDIALISÉE

1. Des positions fortes et de nombreux atouts

En 2019, malgré une conjoncture encore difficile, **la France affiche le sixième PIB du monde**, devant le Royaume-Uni. Elle demeure une grande puissance industrielle, même si, au terme d'une longue phase de désindustrialisation, son industrie manufacturière ne représente plus que 12,4 % du PIB, contre plus de 16 % à la fin du XXe siècle. Elle est aussi le premier pays agricole de l'Union européenne avec l'Allemagne et le troisième au monde derrière le Brésil et les États-Unis. Si l'agriculture ne représente plus que 2 % du PIB, elle est la tête de pont d'un puissant secteur agroalimentaire (deuxième exportateur mondial de denrées agricoles), qui compte plusieurs firmes transnationales de premier plan (Danone). Sa place dans les flux de marchandises (cinquième exportateur et importateur mondial) et de capitaux (deuxième pays émetteur d'IDE) rappelle que **la France reste un acteur important de l'économie globalisée**.

La France exporte dans le monde entier un savoir-faire reconnu et compétitif dans les domaines des banques et assurances (AXA), de l'environnement et de l'eau (Veolia, Engie), du bâtiment et des travaux publics (Bouygues), des infrastructures et du matériel de transport (Michelin, Alstom, malgré la fragilisation de son site historique de Belfort), de l'industrie pharmaceutique (quatrième exportateur mondial de médicaments), de l'aéronautique (Airbus, Dassault), du nucléaire civil (EDF). Elle est, par ailleurs, le **leader mondial de l'industrie du luxe**, qui réalise plus de 80 % de ses ventes sur le marché international et participe à l'image de marque du pays. Les vins et spiritueux (Moët-Hennessy), les parfums et cosmétiques (L'Oréal), la maroquinerie et la joaillerie (LVMH) constituent les atouts de la France à l'export. Ces grandes firmes opèrent de multiples fusions et rachats d'entreprises étrangères afin d'accroître leur internationalisation ; d'après le classement Forbes de 2019, **31 d'entre elles sont classées parmi les 500 premières FTN du globe** (29 allemandes et 6 italiennes).

■ Les 12 entreprises françaises parmi les 200 premières FTN (2019)

Total (20e), AXA Groupe (46e), Carrefour (81e), Crédit agricole (91e), Peugeot PSA (96e), BNP Paribas (104e), Électricité de France (110e), Engie (126e), Renault (143e), Auchan (164e), Société Générale (174e), Christian Dior (187e).

Source : *Forbes, Global 2000*, 2019.

Réciproquement, la France est une **terre particulièrement attractive pour les IDE**. Les enquêtes auprès des investisseurs étrangers montrent qu'elle se distingue notamment par : la qualité de ses infrastructures et de ses équipements et services publics ; la productivité de sa main-d'œuvre ; le haut niveau de compétence de ses ingénieurs, techniciens et chercheurs, notamment dans les sciences (mathématiques, physique, chimie, médecine, biologie).

2. Des faiblesses structurelles, accentuées par la crise

La part de marché de la France au sein du commerce mondial ne cesse de se réduire depuis une vingtaine d'années (pour les exportations : de 5,8 % en 1995 à moins de 3 % en 2019). Cette tendance affecte la grande majorité des pays dits « développés », mais elle a pris en France une ampleur plus importante que chez ses partenaires européens, notamment l'Allemagne et l'Italie. Ainsi, la France est la principale perdante de la redistribution des échanges au sein de l'Europe, alors que l'Allemagne et les nouveaux États membres de l'UE en ont largement bénéficié.

ZOOM ▶ L'enseignement supérieur, entre faiblesses et mutations

En dépit de la renommée de certaines institutions (la Sorbonne) et des grandes écoles (HEC, Polytechnique, ENS), les établissements français sont peu nombreux et mal positionnés dans les différents classements des universités mondiales, dominés par les États-Unis (15 des 20 premières places), le Royaume-Uni et la Chine. L'existence d'une structure de recherche partiellement détachée des universités (le CNRS), le poids accordé par le classement aux publications dans le monde anglo-saxon, enfin, et surtout, la petite taille et la fragmentation des établissements français sont les principaux facteurs explicatifs de ces performances modestes. Toutefois, la politique de regroupements scientifiques menée depuis 2010 commence à porter ses fruits. En 2020, le classement de Shanghai – qui, malgré de nombreuses critiques, fait encore référence en la matière – comprend 30 établissements français, parmi lesquels 5 se situent dans les 100 premiers (2 de plus par rapport à 2019), 3 dans les 50 premiers (1 de plus qu'en 2019), dont une université dans les 20 premières (l'université Paris-Saclay, première université française du classement et troisième en Europe, après Cambridge et Oxford en Angleterre).

Plusieurs facteurs expliquent ce recul. En premier lieu, l'économie française propose une **gamme de produits trop limitée** : environ deux tiers des exportations de haute technologie relèvent du secteur de l'aéronautique civile et militaire – secteur risqué. Dassault a longtemps peiné à exporter son avion de combat Rafale. La signature de trois commandes en 2015 a cependant éclairci l'horizon du programme : avec l'Égypte (24 appareils pour 4,5 milliards d'euros), avec le Qatar (24 appareils pour 6,3 milliards d'euros) et surtout avec l'Inde (36 appareils pour 7,9 milliards d'euros). En butte à l'activisme géopolitique de la Turquie, la Grèce, spectaculairement soutenue par Paris face à Ankara, a passé commande, en 2020, de 6 avions neufs et de 12 autres d'occasion.

Bien qu'ayant maintenu un standing international dans les sciences fondamentales, la France a laissé ses avantages comparatifs s'éroder dans le domaine des technologies de l'information (au profit des pays émergents), des biotechnologies (au profit des États-Unis et du Royaume-Uni) ou de l'électronique grand public (téléphones, ordinateurs, téléviseurs). Dans ce dernier segment, la France ne compte qu'une dizaine d'acteurs de taille modeste (quelques milliers d'emplois) et ne pèse rien face aux poids lourds américains, japonais ou coréens. **L'insuffisance de la recherche-développement**, dont la part des dépenses dans le PIB a peu progressé depuis 20 ans (au contraire de l'Allemagne), contribue à ce **déficit de compétitivité technologique**.

En deuxième lieu, le tissu industriel français est handicapé par le **nombre limité de PME indépendantes et compétitives**. En effet, la politique de modernisation industrielle, volontariste et centralisée, menée pendant les Trente Glorieuses a privilégié les grandes entreprises – privées ou publiques – et a délaissé les structures petites et moyennes. Dans ces conditions, nombre d'entre elles ne trouvent pas en France un « écosystème » politique et réglementaire favorable à leur développement.

En troisième et dernier lieu, l'instabilité du climat social, la croissance atone et la réglementation du travail, jugée assez rigide, sont fréquemment considérées comme des **obstacles pour les investisseurs**, notamment en matière de transports. Le choix de la compagnie Ryanair de quitter l'aéroport de Marseille est à ce titre révélateur. Une information judiciaire a été ouverte au printemps 2010 contre cette compagnie aérienne à bas coût pour non-conformité aux règles du travail français. En représailles, la société irlandaise a fermé son site marseillais en janvier 2011 et a transféré ses avions et employés vers d'autres aéroports situés en Espagne et en Italie, avant de se raviser quelques mois plus tard – mais ce type de menaces est récurrent. De même, malgré une situation exceptionnelle et des efforts de modernisation, le Grand port maritime (GPM) de Marseille ne parvient pas à rattraper son retard sur ses concurrents européens, en raison de son manque de fiabilité. Ces faiblesses alimentent **la peur d'un décrochage de l'économie française** et compromettent non seulement la visibilité du pays à l'étranger, mais aussi son poids dans les instances de gouvernance internationales ; en effet, une forte dynamique économique est la condition d'une politique étrangère ambitieuse.

L'évolution du solde commercial de la France entre 1971 et 2019

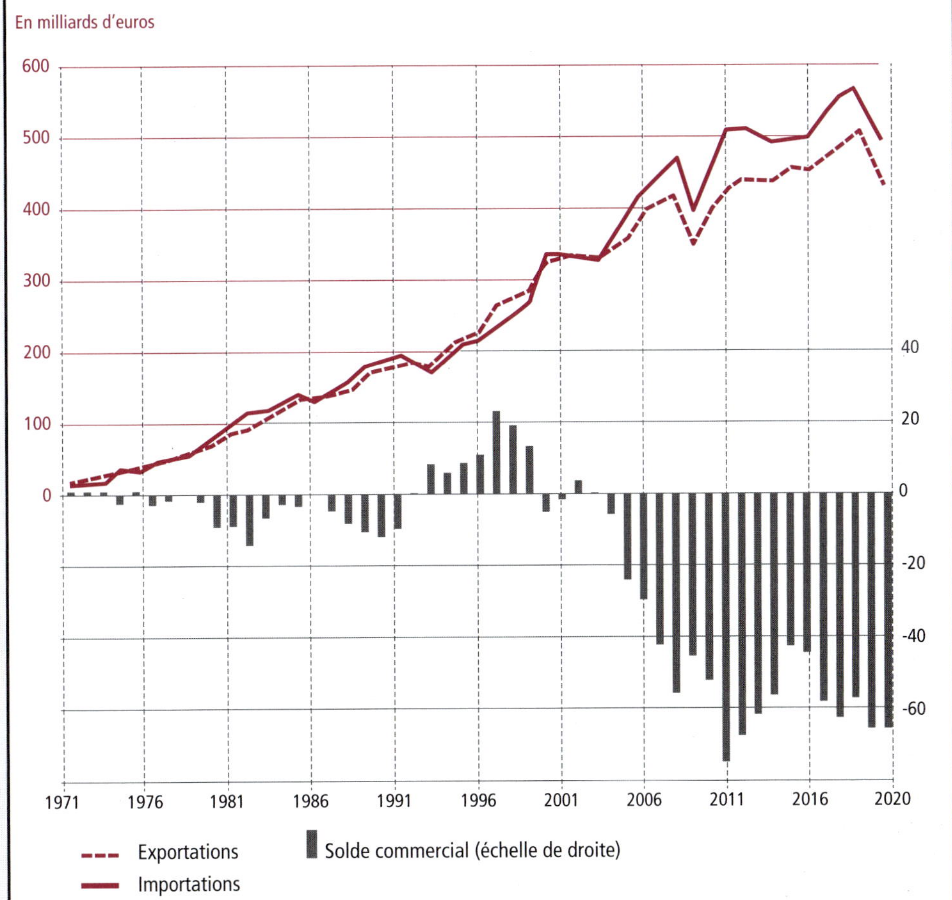

Source : Insee, 2021.

Cependant, la décennie 2010 a ouvert des **perspectives plus encourageantes** : le déficit commercial, s'il persiste, a cessé de se dégrader. Certes, cette baisse trouve ses origines principales dans le repli des cours du brut après 2015, qui a permis à la France de réduire sa facture énergétique, ainsi que dans les taux de change, parfois favorables. Toutefois, pour la première fois depuis le milieu des années 2000, les exportations françaises progressent plus vite que le commerce mondial.

Pour aller plus loin

- Le site de Bpifrance, la banque publique d'investissement : liennathan.fr/p26i4q

3. L'avenir du *made in France*

Les prises de position de l'ancien ministre du Redressement productif Arnaud Montebourg sont l'une des expressions bien connues d'un courant promu dès 2005 par Dominique de Villepin : celui du **patriotisme économique**. En mettant brutalement en lumière la dépendance de l'Hexagone en matière d'approvisionnement en médicaments et matériel médical, la crise du coronavirus lui a donné une nouvelle actualité.

Pour certains économistes, la promotion des produits français apparaît comme une solution pour limiter la désindustrialisation et les relocalisations d'entreprises qui font perdre au pays des milliers d'emplois chaque année. Il est vrai que la qualité du *made in France* est fortement appréciée par les importateurs étrangers : « les produits français sont presque toujours placés derrière les produits allemands, mais devant les produits espagnols ou italiens sur les critères hors prix. Ainsi, les biens d'équipement du logement, les produits agroalimentaires et les produits d'hygiène-beauté sont deuxièmes sur dix, juste derrière l'Allemagne », constate l'institut d'études économiques COE-Rexecode dans une enquête récente sur la compétitivité.

Toutefois, **ce concept est flou** : entre les sociétés françaises dont les produits ne sont pas fabriqués dans l'Hexagone et les entreprises étrangères qui y ont implanté des usines, qui privilégier ? En d'autres termes, est-il préférable d'acheter une Toyota Yaris produite près de Valenciennes ou une Peugeot 208 assemblée à Trnava en Slovaquie ? Par ailleurs, plusieurs grands acteurs de l'économie mondiale, comme l'OMC, ont mis la France en garde contre une dérive possible vers une forme détournée de protectionnisme*. Des observateurs étrangers ont également critiqué l'illusion de la « ligne Maginot pour la France des entreprises » (*Financial Times*). D'autres, au contraire, estiment qu'un protectionnisme raisonné, c'est-à-dire ciblé sur quelques secteurs stratégiques ou exposés à une concurrence trop déséquilibrée, est déjà à l'œuvre dans de nombreux pays émergents (de la Chine au Brésil) et qu'il ne conduirait pas nécessairement à un repli économique et social sur les frontières nationales.

Enfin, plusieurs responsables politiques appellent à **déplacer le débat à l'échelle européenne**. Pour eux, la réponse à la concurrence mondialisée passerait par la création de synergies au sein de l'UE dans la recherche-développement (y compris en matière de vaccins) et la relance de grands projets industriels communs, mais aussi par une meilleure protection du marché européen et par la défense raisonnée d'un modèle de capitalisme social et régulateur.

DÉFINITION

Protectionnisme : politique économique d'un État visant à protéger l'économie nationale contre la concurrence au moyen de mesures tarifaires (droits de douane) et/ou non tarifaires (quotas, normes, etc.).

II. Le difficile maintien d'une influence géopolitique

A. DES AMBITIONS REVUES À LA BAISSE

1. Un acteur majeur de la gouvernance mondiale

La France est largement présente au sein des grandes organisations internationales. Elle dispose depuis 1945 d'un siège permanent au Conseil de sécurité de l'ONU, ce qui lui confère un droit de veto – qu'elle a menacé d'utiliser en 2003 pour s'opposer à une intervention militaire américaine en Irak. Elle fait également partie des clubs de discussion des pays les plus riches de la planète, qui s'imposent de plus en plus comme des instances de gouvernance économique, sociale et politique à l'échelle mondiale. Ainsi, le G8, officiellement créé à Birmingham en 1998, est né d'une initiative de Valéry Giscard d'Estaing en 1975 dans un contexte de crise économique.

Dans ces instances, la France cherche à préserver son influence et milite en faveur d'une **régulation globale** des problèmes écologiques (lutte contre le changement climatique), économiques (aide au développement, stabilité des marchés de devises et de matières premières, réforme des instruments de gestion de l'économie mondiale, régulation d'Internet) et géopolitiques (réponse aux menaces sécuritaires globales comme les ambitions nucléaires de l'Iran, promotion d'une solution politique au conflit au Proche-Orient). Cette diplomatie se voulant à la fois active et multilatérale n'a pas empêché un certain isolement de la France en 2020, lorsqu'elle a fermement défendu sa vision de la liberté d'expression après l'assassinat, en octobre, d'un professeur, Samuel Paty, par un intégriste islamiste. Le président turc Recep Tayyip Erdogan s'est alors érigé en premier pourfendeur de l'« islamophobie » française. La

Les Français dans les organisations internationales

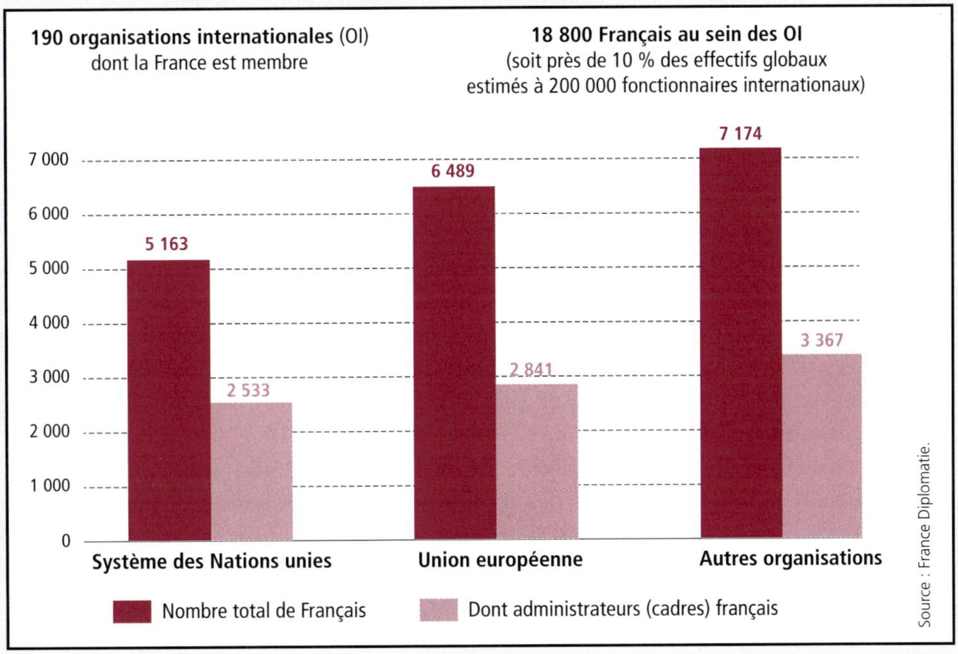

conception française de la laïcité n'est pas non plus bien comprise d'un allié aussi crucial que les États-Unis.

Par ailleurs, avec environ 19 000 ressortissants présents dans les organisations internationales, la France se situe au deuxième rang mondial derrière les États-Unis. Ce chiffre s'explique par des raisons historiques, la France étant membre fondateur d'une grande majorité d'entre elles, mais aussi par la **présence à Paris de nombreux sièges d'organisations**, comme l'Unesco ou l'OCDE. Toutefois, si la France parvient à placer ses fonctionnaires aux postes les plus prestigieux (FMI, OMC, BCE au début du XXIe siècle), son influence réelle sur les grandes orientations de ces organisations a diminué.

2. De nombreuses initiatives en matière d'altermondialisme

Les sondages d'opinion classent régulièrement la France parmi les pays les plus réticents à la mondialisation. De fait, le pays joue un **rôle majeur dans le mouvement altermondialiste**, notamment sous l'impulsion de l'association Attac, fondée en France en 1998 et désormais présente dans 55 pays. À l'origine du Forum social mondial, celle-ci milite pour l'instauration d'une taxe sur les transactions financières. Attac s'est également activement investie dans le rapprochement entre dynamique altermondialiste et mouvements pour la justice climatique.

La mouvance altermondialiste française est toutefois très diversifiée. Elle rassemble des acteurs issus du syndicalisme (ouvrier comme paysan), des ONG issues du courant tiers-mondiste, des organisations caritatives et humanitaires (Médecins sans frontières), des centres de recherche, des mouvements de « sans » (logement, travail, papiers), des écologistes, des libertaires, des réseaux informels (Anonymous). Les principales mobilisations ont lieu lors des sommets du FMI, de l'OMC ou du G8/G20, où des contre-manifestations et divers événements culturels sont organisés.

3. Une politique étrangère plus pragmatique

La France reste une puissance diplomatique, mais sans commune mesure avec les États-Unis, pilier de la gouvernance mondiale, ni même avec l'Allemagne, devenue la clé de voûte de la stabilité européenne. Sensible aux problèmes des pays en développement et bien implantée en Afrique et au Moyen-Orient, la diplomatie française demeure active (troisième plus grand nombre de représentations diplomatiques derrière les États-Unis et la Chine). Toutefois, un rôle majeur lors de quelques crises récentes (Côte d'Ivoire, Mali) ne saurait masquer une influence déclinante. En témoignent, notamment, les résultats modestes de la présidence française du G8/G20 en 2011, l'incapacité à convaincre les alliés états-unien et britannique d'intervenir militairement en Syrie à l'été 2013, ou la marginalisation de la diplomatie française en Libye et dans le règlement du conflit au Haut-Karabakh (2020). À l'inverse, l'organisation réussie de la COP21 en décembre 2015 à Paris illustre une capacité d'entraînement dans ce domaine crucial de la diplomatie climatique, opportunément valorisée par le président E. Macron face aux climatosceptiques D. Trump et J. Bolsonaro.

Les liens privilégiés et complexes tissés avec l'Afrique depuis les indépendances, parfois désignés sous le terme péjoratif de « **Françafrique** », se sont distendus. Comme l'ont montré les révolutions arabes, la France doit désormais gagner le droit de parler, voire d'intervenir, au sud comme au nord du Sahara, notamment dans ses anciennes colonies. Par ailleurs, au plan économique, la France doit se battre pour conserver ses parts de marché, menacées par l'intérêt grandissant que portent la Chine, le Japon, les États-Unis, et même le Brésil au continent africain.

Face à cette évolution, de nombreux acteurs diplomatiques appellent à refonder la politique étrangère de la France sur des **bases plus pragmatiques**, tenant compte des nouvelles contraintes, mais aussi des multiples leviers dont dispose encore le pays : réorganisation du Quai d'Orsay ; rationalisation du réseau diplomatique ; meilleure insertion dans les environnements multinationaux ; actions en faveur du rayonnement culturel français. L'objectif est de conserver un pouvoir d'influence et d'action significatif, mais essentiellement dans le cadre de l'Union européenne et à moindre coût.

B. UNE PUISSANCE MILITAIRE EN TRANSITION

1. Des capacités étoffées et des théâtres d'opérations variés

En 2019, la France est au **sixième rang mondial** (derrière les États-Unis, la Chine, l'Inde, l'Arabie saoudite et la Russie) **pour les dépenses militaires** (48 milliards d'euros). Le pays a beaucoup investi depuis 1995 (fin du service militaire) dans la professionnalisation de ses armées et dans le développement de leurs capacités de déploiement dans le monde. Les opérations en Libye (2011) et au Mali (à partir de 2013) ont montré l'efficacité des forces conventionnelles et de l'armement français, qui placent le pays au plus haut niveau en Europe avec le Royaume-Uni. Par ailleurs, la France fait partie du **club fermé des puissances nucléaires**. Le maintien des moyens de dissuasion, conçus comme un gage d'indépendance face aux grands acteurs de la scène internationale, reste un élément central de la stratégie militaire française. Toutefois, alors que certains experts s'interrogent sur la pertinence de la doctrine de la dissuasion en ce début de XXIe siècle, les pressions diplomatiques en faveur d'un désarmement global se multiplient. Mais la multiplication des risques, notamment en Europe, conforte le choix français de la dissuasion nucléaire, à l'heure où la pérennité de l'engagement américain n'est plus aussi assurée.

Au début de l'année 2020, environ 7 000 militaires sont engagés sur une dizaine de théâtres d'opérations extérieures (**OPEX**), dont les plus importantes se trouvent au Sahel (opération Barkhane : 5 100 hommes), au Liban, en Côte d'Ivoire et à Djibouti. Le retrait d'Afghanistan

ZOOM ▶ Les opérations Serval et Barkhane au Mali

L'opération Serval a été lancée à la demande des autorités maliennes et avec l'accord de l'ONU le 11 janvier 2013. Il s'agit d'une opération militaire, en appui des forces armées du Mali, dont les principaux objectifs sont : de permettre au gouvernement malien de recouvrer son intégrité territoriale et sa souveraineté ; de démanteler les groupes terroristes implantés au nord-est du pays ; de faciliter le déploiement sur le terrain d'une force d'intervention africaine (MISMA) ; d'assurer la sécurité des ressortissants français. Près de 4 000 militaires français ont été déployés ; environ 6 300 soldats des forces africaines (MISMA et tchadiens) complètent ce dispositif. Plusieurs dizaines de blindés légers et des véhicules de transport de troupes ont été acheminés. Dans les airs, quatre Rafale, six Mirage 200D, cinq avions ravitailleurs, ainsi que des hélicoptères de combat Tigre et Gazelle participent à cette « guerre contre le terrorisme », soutenue par l'ensemble des alliés occidentaux de la France, mais dans laquelle elle a assuré la quasi-totalité de l'effort militaire et logistique.

Depuis 2014, l'armée française continue sa lutte contre les groupes armés djihadistes dans toute la région dans le cadre de l'opération Barkhane. Celle-ci est menée en partenariat avec les cinq pays de la zone sahélo-saharienne, le G5 Sahel (Mauritanie, Mali, Burkina Faso, Niger et Tchad). Le poste de commandement interarmées de théâtre est basé à N'Djamena, au Tchad. Début 2021, plus de 1 600 terroristes ont été « neutralisés » par l'armée française, qui a perdu 47 militaires au cours des affrontements. Alors que se multiplient les critiques sur la trop grande attention portée à l'aspect militaire de la lutte contre le terrorisme (et pas assez au terreau qui l'alimente), la transition politique au Mali ouvre une période plus incertaine pour l'opération.

Source : ministère de la Défense.

(achevé en 2014) a été compensé par les opérations Serval et Barkhane [→ ZOOM]. En ajoutant les forces dites « de présence » et « de souveraineté » déployées outre-mer, ce sont près de **23 000 soldats qui sont stationnés hors de la métropole**. Les OPEX sont marquées par la diversité de leurs objectifs et de leurs modalités d'intervention. La France contribue régulièrement à l'envoi de troupes sous mandat de l'ONU (Libye). Attachée au camp occidental tout au long de la guerre froide, elle est également l'un des principaux partenaires des opérations militaires de l'OTAN (Afghanistan, Kosovo). Après les avoir quittées en 1965, la France a réintégré en 2009 les structures de commandement intégrées de l'Alliance – à l'exception du domaine nucléaire ; au contraire de ses alliés allemand et britannique, Paris reste toutefois réticent face à l'extension du champ d'action de l'OTAN. Parallèlement, la France poursuit son ambition historique de renforcer la défense européenne en vue de « son autonomie stratégique ». Ainsi, Paris et Londres ont signé en novembre 2010 deux traités de défense, qui s'étendent jusqu'à la coopération nucléaire.

2. Préparer les guerres de demain avec des ambitions réduites ?

L'évolution de l'environnement géopolitique, associée à l'impératif de contraction des dépenses publiques (depuis 2000, la France dépense en moyenne 1 milliard d'euros par an dans les OPEX), a conduit à **réévaluer les capacités et les priorités de la France en matière de défense et de sécurité**. Plusieurs documents stratégiques ont proposé des réorientations, dans des directions parfois contradictoires. Alors que les objectifs de modernisation et de polyvalence sont jugés inatteignables, l'enjeu principal semble désormais celui de la **mutualisation** : entre les forces armées ; entre la Défense et le ministère de l'Intérieur ; entre la France et ses alliés.

Selon le quatrième *Livre blanc sur la Défense*, publié en 2013, **la protection du territoire, la dissuasion nucléaire** (dont les moyens sont préservés) **et les interventions extérieures demeurent les piliers de la stratégie nationale**. Le cercle des intérêts français est recentré autour de l'Europe et de son « voisinage immédiat ». Toutefois, le Maghreb et le Sahel restent des « zones prioritaires », où la France souhaite impliquer ses partenaires tout en en conservant ses positions dominantes (préservation des bases françaises en Afrique). L'Asie est définie comme une zone de « coopération politico-stratégique », où la France tiendra ses « responsabilités de puissance maritime ». Le développement des capacités militaires est limité à quelques grands projets, comme la production d'un missile antinavire léger en partenariat avec le Royaume-Uni. Toutefois, le budget des études et développement, soit environ 750 millions d'euros, a été préservé afin d'épargner l'important tissu de PME industrielles qui travaillent en lien avec le secteur de la défense et de l'armement.

Adoptée en juillet 2018, la loi relative à la programmation militaire pour les années 2019 à 2025 conforte ces orientations. Elle prévoit de porter le budget de la défense à 2 % du PIB d'ici 2025, sur la base d'un budget moyen de près de 40 milliards d'euros par an, dédié principalement à l'augmentation (de 6 000 unités) des effectifs des armées et à la modernisation de leurs capacités opérationnelles.

Pour aller plus loin

- Le *Livre blanc 2013 de la Défense et de la sécurité nationale* : liennathan.fr/em47p2

3. De nouvelles inflexions liées à la lutte contre le terrorisme islamiste transnational

La France a été frappée, entre 2015 et 2020, par des attaques terroristes revendiquées par des membres de l'organisation État islamique au Levan – Daech. Ces opérations, menées par des tueurs radicalisés (7 janvier 2015 à Paris, 14 juillet 2016 à Nice ; 23 mars 2018, dans un supermarché de Trèbes, près de Carcassonne ; 16 octobre 2020, devant un collège de Conflans-Sainte-Honorine) ou coordonnées depuis la Syrie et la Belgique (13 novembre 2016 à Paris et Saint-Denis) se sont soldées par un bilan humain sans précédent (270 morts et plusieurs milliers de blessés). L'Hexagone est le pays le plus touché par les attentats islamistes commis en Europe et en Amérique du Nord depuis la proclamation du « califat » de l'État islamique, le 29 juin 2014.

Ces attaques ont conduit la France à réorienter sa politique diplomatique et militaire, notamment en augmentant et en diversifiant les moyens de la lutte contre le terrorisme islamiste transnational.

En effet, l'État français s'est engagé sur un double front : défensif et sécuritaire sur le territoire national, à travers une mobilisation sans précédent des forces armées, de police et de renseignement (proclamation de l'« état d'urgence » le 14 novembre 2015) ; offensif et interventionniste dans les territoires contrôlés par l'organisation terroriste, notamment en Syrie. Certes, la France participait déjà à la coalition internationale frappant les positions de Daech en Irak et en Syrie. Les propagandistes de l'organisation terroriste présentent d'ailleurs volontiers les attentats de Paris et de Nice comme une « vengeance » contre ces opérations militaires. Mais pour les autorités françaises, les foyers djihadistes établis en Afrique et au Moyen-Orient représentent désormais officiellement une menace pour la sécurité nationale : **Daech est devenu le principal ennemi stratégique de la France**. Cette situation a conduit à certaines inflexions de la politique étrangère française, notamment à plus de conciliation avec la Russie, devenue un allié incontournable dans la région comme dans la « guerre contre le terrorisme ». En revanche, malgré des déclarations de principe, les initiatives du président Macron pour mettre en place un « front commun européen » contre le terrorisme n'ont pas (encore ?) rencontré le succès espéré.

C. LA FRANCE ET L'EUROPE : DU MOTEUR À LA RUPTURE ?

1. Un rôle majeur dans la construction européenne

La France a joué **un rôle majeur dans la construction européenne et dans la définition de ses objectifs**. Ainsi, les idées de Jean Monnet et de Robert Schuman ont contribué à façonner les premières politiques européennes, en particulier la mise en place de la CECA en 1951, puis de la CEE en 1957. Si la France a pu à maintes reprises déboussoler ses partenaires (échec du projet de communauté de défense européenne en 1954, veto à l'entrée de la Grande-Bretagne dans la CEE en 1963 et 1967, refus par référendum du projet de Constitution européenne en 2005), ses initiatives n'en ont pas moins été indispensables à l'accomplissement du projet européen.

La construction européenne a été pensée par les dirigeants français comme la meilleure garantie d'une paix durable, mais aussi comme le **moyen de prolonger le rayonnement de la France dans le monde**. La politique agricole commune (PAC) témoigne tout particulièrement de cette ambition. En effet, ses mécanismes et ses modalités d'application, mis en place en 1962, ont été largement inspirés par les représentants français : si la PAC a pour objectif principal d'assurer la sécurité alimentaire en Europe, elle permet également de soutenir l'agriculture française en assurant sa modernisation et en garantissant des débouchés et des prix planchers aux producteurs. Ainsi, ces derniers ont été les principaux bénéficiaires de la PAC. Toutefois, cette politique fait l'objet de critiques récurrentes de nombreux pays, à l'instar du Royaume-Uni, en raison de son poids financier (38 % du budget européen) et de son caractère jugé rigide et obsolète. Alors que les négociations en vue de sa réforme et de son adaptation aux exigences de transition écologique sont en cours en octobre 2020, la France apparaît quelque peu marginalisée.

Cet isolement rappelle plus largement que **le rôle de la France dans la construction européenne tend à se réduire depuis le début des années 1990**, au gré des élargissements successifs de l'UE et des turbulences économiques et politiques traversées par certains de ses pays membres (Grèce, Espagne). Si la dernière présidence française de l'UE, assurée par le Président Sarkozy entre juillet et décembre 2008, a cherché à réaffirmer le rôle d'impulsion français en Europe dans un contexte de crise, **le leadership est désormais clairement assuré par l'Allemagne** , comme en témoigne le rôle décisif joué par la chancelière Angela Merkel dans les négociations avec la Turquie pour la gestion des flux migratoires.

2. L'affaiblissement du lien avec l'Allemagne et l'euroscepticisme

L'idée européenne moderne est née d'une volonté de paix entre la France et l'Allemagne. Elle s'est pérennisée et demeure l'un des socles intangibles de l'UE. De fait, la coopération franco-allemande a été déterminante à chacune des étapes majeures du projet européen : alors que Valéry Giscard d'Estaing a jeté avec Helmut Schmidt les bases de l'union économique et monétaire avec le système monétaire européen (SME), François Mitterrand et Helmut Kohl ont accéléré l'intégration avec le traité de Maastricht (1992).

La relation entre la France et l'Allemagne a toutefois profondément changé au cours des dix dernières années. D'une part, le projet européen dans son ensemble a perdu une large part de son crédit et de son soutien dans l'opinion publique française : initialement perçue comme une tribune et un bloc permettant de mieux affronter la mondialisation, l'UE est de plus en plus assimilée à une structure bureaucratique aux limites floues et aux desseins obscurs. D'autre part, forte d'une réunification réussie, de profondes réformes structurelles engagées au début des années 2000 et de performances économiques remarquables, l'Allemagne a creusé l'écart avec ses voisins, en particulier avec la France. Elle était le seul pays européen à afficher un excédent budgétaire (dépassant les 19 milliards d'euros en 2019), avant de changer de doctrine en 2020 face à la pandémie, et s'est imposée comme **le principal référentiel économique et politique de l'Union**.

Dans ces conditions, **la France est fragilisée**. Sur fond de controverses idéologiques sur les politiques de sortie de crise (relance *versus* austérité), les responsables politiques semblent hésiter entre volonté de maintenir le rang du pays dans la gouvernance économique européenne et tentation de devenir le porte-parole des pays endettés du sud de l'Europe.

Plus généralement, les procès récurrents en légitimité adressés aux institutions européennes n'ont fait qu'accentuer un **courant europhobe**, qui réclamait jusqu'en 2020 l'organisation d'un référendum sur l'appartenance de la France à l'Union européenne, à l'instar de celui organisé en au Royaume-Uni en juin 2016, ayant conduit au Brexit. La réalisation chaotique de ce dernier alors que l'Union lançait d'un autre côté un ambitieux plan de relance de 750 milliards d'euros et que la BCE finançait le creusement de la dette a cependant raffermi l'image de l'Union européenne dans l'opinion publique.

III. Un rayonnement culturel incertain

A. LA FRANCOPHONIE ENTRE RECUL ET RENOUVEAU

1. Un statut privilégié, mais menacé

Le français est la cinquième langue la plus parlée dans le monde (après le chinois, l'anglais, l'espagnol et l'arabe), avec environ 120 millions de locuteurs natifs et 100 à 150 millions (selon les estimations) de locuteurs partiels. La carte de la francophonie se confond largement avec celle de l'expansion coloniale. Son ancrage dans les régions de la planète les plus dynamiques démographiquement lui garantit une progression régulière au moins jusqu'en 2050. Toutefois, dans les pays d'Afrique dont il est langue officielle, le français n'est souvent pas utilisé comme langue vernaculaire par la majorité de la population, pas même par l'élite, qui s'en sert essentiellement comme marque de prestige.

Le français est langue officielle dans 32 États et langue de travail (avec l'anglais) de l'ONU, mais aussi de plusieurs organisations internationales ou régionales, comme l'Union européenne et le Comité international olympique (CIO). S'il demeure une langue importante de la diplomatie internationale aux côtés de l'anglais et de l'espagnol, il a perdu le statut prestigieux de langue des élites occidentales et sa viabilité comme langue de travail dans les enceintes internationales, et même européennes, est fortement remise en question.

2. De la défense linguistique à un projet culturel et politique ?

Pendant longtemps, le combat en faveur du français était assimilé à une tentative quelque peu obsolète de contenir l'expansion de la langue anglaise dans le monde. Depuis quelques années, **le projet francophone s'est modernisé et a dépassé le seul périmètre de la langue**. Ainsi, l'Organisation internationale de la francophonie (OIF), fondée en 1970, s'est progressivement ouverte à divers pays où le français ne sert ni de langue vernaculaire ni même de langue officielle (par exemple, l'Albanie). Regroupant 77 pays ou gouvernements, soit plus de 890 millions d'habitants répartis sur les cinq continents, elle s'est dotée d'un projet politique collectif mettant en valeur la diversité culturelle, le respect des droits de l'homme, la gouvernance démocratique et solidaire, l'attachement au multilatéralisme.

Par ailleurs, la langue française est véhiculée dans le monde entier par **un important dispositif d'écoles et de lycées français**, souvent très réputés au sein des élites locales. Le gouvernement français subventionne également un réseau d'associations qui enseignent la langue et la culture françaises à l'étranger : les Alliances françaises. Pour de nombreux observateurs, toutefois, l'avenir du français en tant que langue mondiale dépendra avant tout de son usage comme *lingua franca*, dans les États en croissance démographique du sud du Sahara : son expansion ou son recul au profit de l'anglais, voire du chinois, seront conditionnés par sa capacité à offrir à ses locuteurs des perspectives économiques – et donc par l'implication des pays francophones du Nord, la France en tête, dans le développement de ces pays.

B. LE MAINTIEN D'UNE INFLUENCE ET D'UNE IMAGE SINGULIÈRES

1. Une culture et un patrimoine de notoriété internationale

La France jouit d'un rayonnement culturel d'envergure mondiale qui, s'il ne peut faire jeu égal avec celui des États-Unis, s'appuie sur une grande diversité de supports. Ainsi, des auteurs et artistes français restent des **références culturelles internationales** : en musique (Berlioz, Ravel, Debussy), en sculpture (Rodin), en peinture (l'impressionnisme), en littérature (Hugo, Voltaire), en philosophie (Sartre, Camus). De façon significative, en matière de traductions littéraires, la France vend quatre fois plus de droits d'auteurs qu'elle n'en achète à l'étranger. Elle organise des festivals de notoriété mondiale (Cannes pour le cinéma, Avignon pour le théâtre). Au nom de la politique d'**exception culturelle**, qui prétend exempter d'une marchandisation complète les œuvres culturelles, elle soutient les productions nationales : le cinéma hexagonal est l'un des rares qui continue à s'exporter au-delà de ses frontières. Le savoir-faire français est également reconnu dans des secteurs traditionnels comme le luxe, la mode et la gastronomie, ou innovants comme la musique électronique (« *French Touch* ») et les jeux vidéo.

Par ailleurs, le pays est mondialement connu pour ses sites naturels spectaculaires (Alpes, Côte d'Azur, Mont-Saint-Michel), son **remarquable patrimoine architectural et urbain**, et plus généralement son art de vivre. Cette richesse, mais aussi la capacité de la France à la faire valoir expliquent le nombre important (44) de sites classés au patrimoine mondial de l'Unesco.

ZOOM ▶ Paris, métropole touristique

Paris voit arriver chaque année près de 28 millions de visiteurs, dont 18 millions d'étrangers. Le tourisme est ainsi un des secteurs économiques majeurs de la capitale. Dans un contexte de vive concurrence internationale, Paris est redevenue en 2012 la première destination mondiale pour les congrès, à égalité avec Vienne, tandis qu'elle demeure le leader mondial des foires et salons. 40 % des touristes étrangers à Paris relèvent de ce tourisme d'affaires. Outre les infrastructures d'accueil (halls d'exposition de la Porte de Versailles et du Bourget, parcs hôteliers), l'excellente accessibilité de la capitale, son patrimoine historique, ses équipements culturels (théâtres, opéras, musées, cinémas, salles de spectacles, etc.), ainsi que sa renommée internationale contribuent fortement à son attractivité touristique à l'échelle mondiale. Toutefois, Paris n'est plus considérée comme une ville pionnière dans le domaine de l'innovation et de la création culturelle contemporaine. Les élites créatives lui préfèrent aujourd'hui New York, Londres ou Berlin. Le risque est donc de figer l'image de la capitale dans celle d'une ville-musée, romantique, mais quelque peu endormie. Enfin, les attaques terroristes perpétrées par l'EI en janvier et en novembre 2015, si elles ont paradoxalement renforcé l'image de Paris comme « phare » du monde occidental, ont lourdement pénalisé l'attractivité touristique de la capitale. En 2020, une nouvelle période d'incertitudes s'est ouverte avec la crise sanitaire liée à la pandémie de Covid-19.

La France est soucieuse de conserver une **image positive** d'un pays où il fait bon vivre. Elle utilise pour cela divers relais internationaux : sites Internet des offices de tourisme et des agences officielles financées par l'État français ; chaînes de télévision internationales comme France 24. Le portail Internet LatitudeFrance est précisément destiné à améliorer l'image et l'attractivité de la France à l'étranger, en lien avec les **2 millions de ressortissants expatriés** (personnel diplomatique, ingénieurs et techniciens des grands groupes, professionnels de l'hôtellerie et de la gastronomie).

2. Des valeurs reconnues

Un dernier trait spécifique à la France est sans doute le « pouvoir de pensée globale[1] » dont elle continue à être créditée sur tous les continents. Hérité de la riche histoire du pays, avec comme référence majeure la Déclaration des droits de l'homme et du citoyen, ce pouvoir prend la forme d'une capacité d'imagination et d'un sens des coalitions et du multilatéralisme reconnus. Ainsi, **la devise française « Liberté, égalité, fraternité » fait sens** : selon un

1. Pascal Boniface.

sondage récent, 90 % des Marocains, 85 % des Indiens, 77 % des Brésiliens, 70 % des Polonais, etc., estiment qu'elle s'applique bien ou très bien à l'Hexagone. De même, à la suite de l'attaque terroriste contre la rédaction du journal *Charlie Hebdo* et à la prise d'otages dans un supermarché casher en janvier 2015, au retentissement international considérable, une réunion inédite de 44 dirigeants de divers pays s'est jointe au cortège d'hommage parisien du 11 janvier (en réunissant au moins 1,5 million de personnes, ce dernier constitue le plus important rassemblement de l'histoire moderne du pays).
Enfin, cette image de marque démocratique a longtemps fait du pays une **destination privilégiée des réfugiés politiques** : avec 178 000 dossiers déposés en 2019, la France était encore au deuxième rang européen des demandes d'asile après l'Allemagne. Toutefois, les controverses récurrentes sur l'installation de populations roms originaires d'Europe de l'Est, puis la politique d'accueil des réfugiés depuis le déclenchement de la crise migratoire en Europe, jugée très frileuse par plusieurs associations [→ CH. 12] et par les populations des pays concernés, ont quelque peu brouillé l'image d'une France « terre d'accueil ».

Bibliographie

ATLAS

Atlas de l'Anthropocène, Presses de Sciences Po, 2019, 164 p.

Atlas 2016 des enjeux maritimes, Le marin, Rennes, 2016.

Atlas géopolitique mondial 2020, édition du Rocher.

Balaresque, N., Oster, D., *La cartographie*, Nathan, 2014.

Barré, B., Mérenne-Schoumaker, B., *Atlas des énergies mondiale*, Paris, Autrement, 2017, 95 p.

Blachon, D., *Atlas mondial de l'eau*, Paris, Autrement, 2017, 98 p.

Carroué, L., *Atlas de la mondialisation*, Paris, Autrement, 2018.

Cattaruzza A., *Atlas des guerres et conflits*, Autrement, 2017, 96 p.

Durand, M.Fr. (dir.), *Espace mondial, l'atlas*, Paris, Presses de Sciences-po, 2018, 198 p.

Mérenne-Schoumaker, B., *Atlas des matières premières*, Paris, Autrement, 2020, 96 p.

Pison, G., *Atlas de la population mondiale*, Paris, Autrement, 2019, 240 p.

Tertrais, Br. (dir.), *Atlas militaire et stratégique*, Autrement, 2019, 96 p.

Tétard, Fr., *Grand Atlas*, Autrement, 2020, 128 p.

Wihtol de Wenden, C., *Atlas des migrations*, Paris, Autrement, 2018, 96 p.

GÉNÉRALITÉS

Adda, J., *La mondialisation de l'économie : genèse et problèmes*, Paris, La Découverte, 2012, 256 p.

Giraud P.N., *La mondialisation, émergences et fragmentation,* Auxerre, Sciences humaines Édition, 2008, 160 p.

Ghorra-Gobin C., *Dictionnaire critique de la mondialisation*, Paris, Armand Colin, 2012, 648 p.

J. Sapir, J. (2008), *La démondialisation, Paris, éditions du Seuil, 2008, 257 p.*

GLOBALISATION FINANCIÈRE ET ENTREPRISES

Artus, P. et Virard, M.P., *Globalisation, le pire est à venir*, Paris, La Découverte, 2008, 164 p.

Carroué L., *La planète financière*, Paris, Armand Colin, 2015, 253 p.

Krugman, P., *Sortez-nous de cette crise... maintenant !* Paris, Flammarion, 2012, 284 p.

Norel Ph., *L'invention du marché*, Paris, Le Seuil, 2004, 579 p.

MARCHÉS, ÉCHANGES ET FLUX

Berger, S., *Made in Monde, les nouvelles frontières de l'économie mondiale*, Paris, Seuil, 2006, 357 p.

Chalmin Ph. (dir), *Les marchés mondiaux, rapport Cyclope*, Economica, Paris, une nouvelle version chaque année.

Krugman, P., *La mondialisation n'est pas coupable : vertus et limites du libre-échange*, La Découverte, 2000, 218 p.

MONDIALISATION ET SOCIÉTÉ

Dictionnaire critique de l'Anthropocène, CNRS éditions, 2020, 926 p.

Bonneuil Chr., Fressoz J.-B., *L'événement Anthropocène*, Seuil, 2016, 332 p.

Bourguignon, Fr, *La mondialisation de l'inégalité*, Paris, Seuil – La République des Idées, 2012, 106 p.

Cohen, D., *Homo Economicus, prophète (égaré) des temps nouveaux*, Albin Michel, Paris, 2012, 280 p.

Florida, R., *The Rise of the creative class*, N.Y., Basic Books, 2012, 512 p.

John R. McNeill, *Du nouveau sous le soleil. Une histoire de l'environnement mondial au siècle*, Champ Vallon, 2010, 523 pages.

Piketty, Th., *Le capital au* XXIe *siècle*, Paris, Seuil, 2013.

Stigliz, J., *Le prix de l'inégalité*, Paris, Les liens qui libèrent, 2012, 540 p.

TERRITOIRES ET FRONTIÈRES

Colombel, Y., Oster, D. (dir.), *La France, territoires et aménagement face à la mondialisation*, Paris, Nathan, 2014, 317 p.

Foucher, M., *L'obsession des frontières*, Paris, Perrin, 2007, coll. Tempus 2012, 219 p.

Veltz, P., *Mondialisation, villes et territoires. L'économie d'archipel,* Paris, PUF, 2014, 288 p.

Liste des ressources numériques

CHAPITRE 1

CHAPITRE 2

CHAPITRE 3

CHAPITRE 4

CHAPITRE 5

CHAPITRE 6

CHAPITRE 7

CHAPITRE 8

CHAPITRE 9

Liste des notions principales

Liste des Zooms

CHAPITRE 1

CHAPITRE 2

CHAPITRE 3

CHAPITRE 4

CHAPITRE 5

CHAPITRE 6

CHAPITRE 7

CHAPITRE 8

CHAPITRE 9

CHAPITRE 10

CHAPITRE 11

CHAPITRE 12

CHAPITRE 13

CHAPITRE 14

CHAPITRE 15

CHAPITRE 16

CHAPITRE 17

CHAPITRE 18

Liste des cartes et des schémas

CHAPITRE 1

CHAPITRE 2

CHAPITRE 3

CHAPITRE 4

CHAPITRE 5

CHAPITRE 6

CHAPITRE 7

CHAPITRE 8

CHAPITRE 9

CHAPITRE 10

CHAPITRE 11

CHAPITRE 12

CHAPITRE 13

CHAPITRE 14

CHAPITRE 15

CHAPITRE 16

CHAPITRE 17

CHAPITRE 18

N° projet : 10286039 - Dépôt légal : Juillet 2021
Achevé d'imprimer en Juin 2022 en Italie par L.E.G.O. S.p. A., Lavis (TN)